Werkstoffkunde und Werkstoffprüfung für technische Berufe

Von
Dipl.-Ing.
EMIL GREVEN
Studienprofessor
Friedrichshafen
unter Mitarbeit von Fachleuten aus der
Werkstoff-Forschung, -Entwicklung, -Normung
und des Fertigungsbereiches

19., überarbeitete und erweiterte Auflage,
von Prof. Dr.-Ing. Wolfgang Magin
unter Mitarbeit von Prof. Dr.-Ing. Damian Großkreutz

HANDWERK UND TECHNIK · HAMBURG

Für die Mitwirkung bei der Erarbeitung des Manuskriptes danken Autor und Verlag den Herren:

Dipl.-Ing. J. Berve
Friedr. Krupp Hüttenwerke, Bochum

Dipl.-Ing. K. Fäßler
BASF Aktiengesellschaft, Ludwigshafen

Dipl.-Ing. H. Geng
Abteilungsleiter in Fa. Dornier, Friedrichshafen

Dr.-Ing. L. Meyer
Thyssen AG, vorm. August Thyssen-Hütte, Duisburg

Normeningenieur H. Nußbaumer
Abteilungsleiter in Fa. ZF Friedrichshafen

Dipl.-Ing. J. Sauter, Abteilungsleiter, Dipl.-Ing. M. Schulz und Dipl.-Ing. H. Mallener
in der Werkstoff- und Bauteilfestigkeitsforschungsstelle der Fa. ZF Friedrichshafen

Cheflaborant E. Stoll
im F+E Ressort der Fa. Georg Fischer AG Schaffhausen, CH

978-3-582-58890-6 Best.-Nr. 2211

Verlag Handwerk und Technik GmbH,
Lademannbogen 135, 22339 Hamburg; Postfach 63 05 00, 22331 Hamburg – 2020
E-Mail: info@handwerk-technik.de – Internet: www.handwerk-technik.de

Satz und Layout: CMS – Cross Media Solutions GmbH, 97082 Würzburg
Druck: Media-Print solutions GmbH, 33100 Paderborn
Umschlagfotos: Labor für Werkstoffkunde, Frankfurt University of Applied Sciences

Inhaltsverzeichnis

Bildquellenverzeichnis

ABB, Mannheim, S. 95
Alusuisse, Zürich, CH, S. 31, 79, 157
Bayer AG, Leverkusen, S. 188
Dornier, Friedrichshafen, S. 219
Fachverband Pulvermetallurgie, Hagen-Ernst, S. 193
Fischer AG, Schaffhausen, CH, S. 37, 108, 133, 134, 137, 138, 139, 140, 142, 143, 144, 145, 146, 147
Großkreutz, Prof. Dr.-Ing., Frankfurt University of Applied Sciences, S. 223, 224, 225, 226
Hegewald & Peschke Mess- und Prüftechnik GmbH, Nossen, S. 274
Krupp, Hüttenwerke, Bochum, S. 69
Labor für Technische Optik, Frankfurt University of Applied Sciences, S. 326
Labor für Werkstoffkunde, Frankfurt University of Applied Sciences, S. 81, 141, 264, 278, 328
Leica Vertrieb, Bensheim, S. 327
Mannesmann AG, Düsseldorf, S. 252
Max-Planck-Institut für Eisenforschung, Düsseldorf, S. 87, 89
nobelclad, Vert le Petit, F, S. 268
Sandvik, Sandviken, S, S. 184
Staatliche Materialprüfungsanstalt Darmstadt, S. 286
ThyssenKrupp Steel Europe AG, Duisburg, S. 101, 131
Troost, Prof. Dr.-Ing., RWTH Aachen, S. 286
VDI-Verlag, Düsseldorf, S. 23, 74, 83, 85, 86
Zahnradfabrik Friedrichshafen, S. 17, 18, 55, 96, 97, 99, 261

1 Einteilung und Eigenschaften der Werkstoffe

Werkstoffe sind in der Regel feste Stoffe. Sie unterscheiden sich durch ihre spezifischen physikalischen und chemischen Eigenschaften, z. B. elektrische Leitfähigkeit der Metalle, hohe Festigkeit der Stähle, geringes spezifisches Gewicht des Aluminiums, gute Korrosionsbeständigkeit der Kunststoffe. Aus den Werkstoffen werden mithilfe verschiedener Fertigungsverfahren (Urformen, Umformen, spanendes oder spanloses Trennen und Fügen) Bauteile und Bauteilgruppen hergestellt, die eine bestimmte Funktion zu erfüllen haben, z. B. Geräte, Werkzeuge, Maschinen, Anlagen, aber auch Gegenstände für den täglichen Gebrauch und Kunstwerke.

Nahezu alle Werkstoffe werden durch kombinierte physikalisch-chemische Prozesse aus in der Natur vorkommenden Rohstoffen gewonnen: Metalle durch Reduktions- und Schmelzverfahren aus den in Erzen enthaltenen Metalloxiden, Kunststoffe durch Polymerisation aus den Bestandteilen des Erdöls, des Erdgases oder der Kohle.

Von den Werkstoffen sind die Hilfsstoffe und die Brennstoffe zu unterscheiden: Die erstgenannten sind für den störungsfreien Ablauf technischer Prozesse erforderlich, z. B. Kühl- und Schmiermittel, die letztgenannten dienen als Lieferanten thermischer Energie. Allerdings ist die Zuordnung eines Stoffes zu einer der drei Gruppen häufig nur durch Betrachtung des jeweiligen Einsatzfalles möglich.

1.1 Einteilung der Werkstoffe

Werkstoffe werden unterteilt in Metalle und Nichtmetalle. Grundlage dieser Unterteilung ist der atomare Aufbau und die daraus folgenden Eigenschaften.

Metalle besitzen ein Kristallgitter: Die Atome sind in regelmäßigen räumlichen Strukturen angeordnet. Zwischen den Atomen bewegen sich die Elektronen der äußeren Elektronenschalen als freies „Elektronengas". Die Kristallgitterstruktur gibt den Metallen die hohe Festigkeit und die gute plastische Verformbarkeit, die freien Elektronen sind Ursache für die elektrische und Wärmeleitfähigkeit.

Nichtmetalle sind amorph aufgebaut: Die Atome sind regellos im Werkstoffvolumen angeordnet. Zu dieser Gruppe zählen die Keramiken sowie die meisten organischen Werkstoffe wie Hölzer und auch Kunststoffe. Diese Werkstoffe haben keine hohe Festigkeit, sind überwiegend nur gering plastisch verformbar und aufgrund der fehlenden freien Elektronen elektrische Isolatoren.

In **chemischer Hinsicht** sind die Metalle Basenbildner, die Nichtmetalle sind Säurebildner.

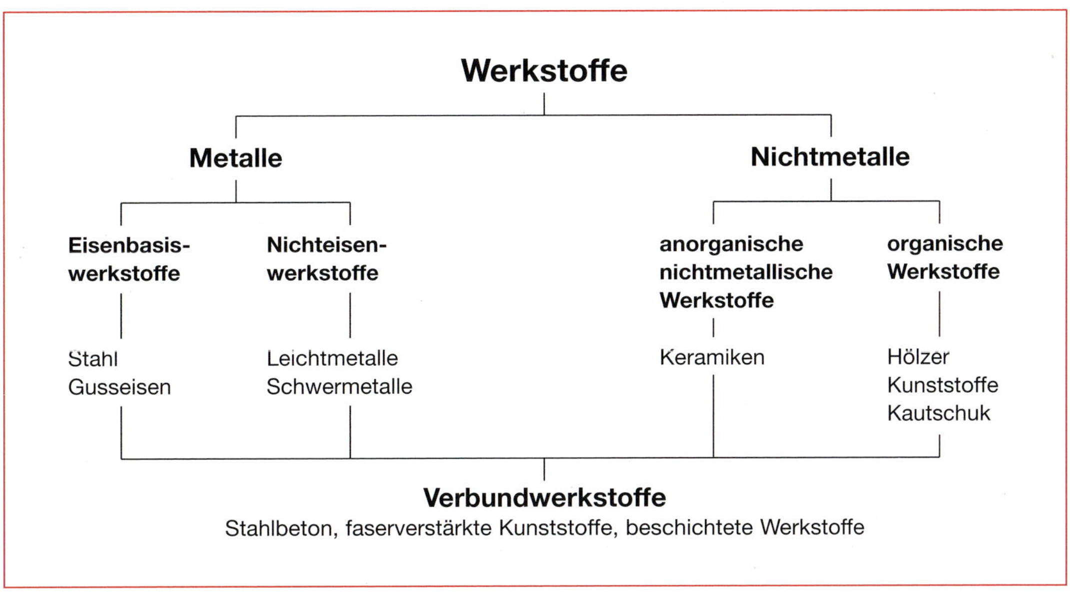

Metalle

Zu unterscheiden sind Reinmetalle und Legierungen.

Technisch reine Metalle enthalten nur einen geringen Prozentsatz von Fremdelementen. Sie sind nur mithilfe besonderer Reduktions-, Umschmelz- oder Elektrolyseverfahren herstellbar und dementsprechend teuer. Ihre mechanische Festigkeit ist meist niedrig, dagegen sind sie überwiegend sehr gut plastisch verformbar. Ihre Anwendung ist auf wenige Sonderfälle beschränkt, bei denen hohe Reinheit unbedingt erforderlich ist, z. B. Kupfer für elektrische Leiter.

Legierungen bestehen aus einem Grundmetall und mindestens einem Legierungselement. Als Grundmetall wird der Legierungsbestandteil mit dem größten Massenanteil bezeichnet („Basismetall"). Als Legierungselemente können sowohl Metalle als auch Nichtmetalle eingesetzt werden. Die technisch bedeutendste Legierung Stahl besteht aus dem Grundmetall Eisen und enthält als wichtigstes Legierungselement den Kohlenstoff.

Die Unterscheidung in Eisenmetalle und Nichteisenmetalle ist nur mit der besonderen technisch-wirtschaftlichen Bedeutung der Eisenmetalle zu begründen. Weder die Stellung des Elementes Eisen im Periodensystem noch die Metallkunde liefern Hinweise auf Besonderheiten, mit denen diese Sonderstellung innerhalb der Gruppe der Metalle gerechtfertigt werden könnte. Vom spezifischen Gewicht her gehören die Eisenmetalle zur Gruppe der Schwermetalle.

Eisenbasiswerkstoffe sind Stahl und Gusseisen.

Stähle enthalten weniger als 2,06 % Kohlenstoff. Sie sind kalt- und warmumformbar.

Gusseisenwerkstoffe enthalten mehr als 2,06 % Kohlenstoff. Ihre Formgebung erfolgt durch Gießen oder spanende Bearbeitung.

Nichteisenmetalle sind alle sonstigen Metalle.

Nach ihrem spezifischen Gewicht unterscheidet man **Leichtmetalle** und **Schwermetalle**. Als Grenze gilt allgemein der Wert $\varrho = 4{,}5\ g/cm^3$. Titan zählt somit noch zu den Leichtmetallen.

Weitere Unterscheidungsmerkmale sind die Stellung der Metalle in der **elektrochemischen Spannungsreihe** (**edle** bzw. **unedle Metalle**) oder ihre **Schmelztemperatur** (niedrigschmelzend $T_S < 1\,000$ °C, mittelschmelzend $T_S = 1\,000$ °C bis 2 000 °C, hochschmelzend $T_S > 2\,000$ °C).

Die Metalle sind die wichtigsten Konstruktionswerkstoffe. Ausschlaggebend dafür ist ihre natürliche hohe Festigkeit, die durch Legieren, Wärmebehandlungsverfahren (Härten, Vergüten, Ausscheidungshärten, Glühen) und mechanische Verfestigung in weiten Bereichen variiert werden kann. Weiterhin können durch Legieren wichtige Eigenschaften wie Korrosionsbeständigkeit, Verschleißfestigkeit, Warmfestigkeit u. a. gezielt verbessert werden. Auch hinsichtlich der Bauteilgestaltung sind durch die verschiedenen Fertigungstechniken (Urformen, Umformen, spanende und spanlose Bearbeitung und Fügen) nahezu keine Grenzen gesetzt.

Nichtmetalle

Nach ihrer chemischen Zusammensetzung unterscheidet man die Nichtmetalle in **anorganische Werkstoffe** und **organische Werkstoffe**. Organische Verbindungen sind alle Verbindungen des Kohlenstoffs mit Ausnahme der Oxide des Kohlenstoffs, der Kohlensäure, der Karbide und der Karbonate.

Zu den anorganischen nichtmetallischen Werkstoffen gehören die keramischen Werkstoffe, Gläser sowie die einatomigen Feststoffe.

Keramiken bestehen überwiegend aus Oxiden, z. B. Aluminiumoxid Al_2O_3. In den letzten Jahren haben aber auch nichtoxidische Keramiken, besonders auf der Basis des Siliziumkarbids SiC sowie Nitride und Boride, stark an Bedeutung gewonnen. Charakteristische Eigenschaft aller Keramiken ist immer noch ihre extreme Sprödigkeit, die Einsätze in zug-, schlag- oder stoßbelasteten Bauteilen ausschließt. Dagegen können keramische Werkstoffe hohe statische Druckbelastungen aufnehmen, sind hochtemperaturbeständig und extrem korrosionsfest. Anwendungen sind das Porzellan auf der Basis Al_2O_3 und Geschirr bzw. Fliesen aus Ton $2SiO_2 \times 2H_2O$, keramische Gläser für optische Anwendungen und schließlich die Hartkeramiken für Werkzeuge (Al_2O_3, WC, TiC, TiN, SiC u. ä.).

Zu den wichtigsten organischen Werkstoffen zählen die Hölzer, die Kunststoffe und die Werkstoffe auf Kautschukbasis.

Polymerwerkstoffe (Kunststoffe) bestehen aus sehr langen Molekülketten, den Makromolekülen, mit relativen Molekülmassen von 100000 und mehr. Sie werden nach ihren Ausgangsprodukten unterschieden in abgewandelte Naturstoffe, in denen die Makromoleküle bereits enthalten sind und nur durch Reinigungs- und Isolationsverfahren herausgelöst werden, und in vollsynthetische Kunststoffe, deren Makromoleküle durch Polymerisationsverfahren aus kurzen Molekülen, den Monomeren, aufgebaut werden.

Wichtigste Elemente in den Makromolekülen sind Kohlenstoff und Wasserstoff, weswegen sie auch zu den organischen Werkstoffen gezählt werden. Daher haben die Polymerwerkstoffe ein niedriges spezifisches Gewicht. Aufgrund der Atombindung sind sie elektrische Isolatoren (keine freien Elektronen), gegen viele chemische Reagenzien beständig, zersetzen sich aber schon bei Temperaturen zwischen 250 bis 400 °C durch Reaktion des Kohlenstoffs oder des Wasserstoffs in den Makromolekülen mit dem Luftsauerstoff.

Nach ihren Verarbeitungs- und mechanischen Eigenschaften werden die Polymerwerkstoffe unterteilt in die wiederholt durch Erwärmen plastisch verformbaren **Plastomere** („Thermoplaste"), in die aushärtenden und daher nur einmal plastisch verformbaren **Duromere** („Duroplaste") und in die gummielastischen, ebenfalls aushärtenden und nur einmal plastisch verformbaren **Elastomere** („Elastoplaste").

Verbundwerkstoffe

Verbundwerkstoffe sind Verbindungen aus zwei oder mehr Werkstoffen mit unterschiedlichen Eigenschaften.

Charakteristisch für die Verbundwerkstoffe ist die Aufgabenteilung: Bei beschichteten Bauteilen übernimmt der Grundwerkstoff alle mechanischen Belastungen, die Beschichtung den Korrosions- oder Verschleißschutz. Bei faserverstärkten Polymerwerkstoffen gibt die Polymermatrix die Bauteilform, während die Faserverstärkung die mechanische Festigkeit und Steifigkeit gewährleistet.

1.2 Technologische, mechanische, chemische und physikalische Eigenschaften der Werkstoffe

1.2.1 Technologische Eigenschaften

Technologie[1] ist der heute übliche Begriff für alle Fertigungsverfahren, mit denen aus Werkstoffen Bauteile und Bauteilgruppen hergestellt werden. Die technologischen Eigenschaften kennzeichnen dementsprechend das Verhalten der Werkstoffe bei der Bearbeitung.

Nach DIN 8580 werden die Fertigungsverfahren in folgende Hauptgruppen unterteilt:

1	2	3	4	5	6
Urformen	Umformen	Trennen	Fügen	Beschichten	Stoffeigenschaften ändern

[1] Das englische Wort „technology" bedeutet „Lehre von der Technik". Seitdem der französische Staatspräsident de Gaulle in einer Rede in der Bundesrepublik Deutschland das Wort „Technologie" anstelle von „Technik" verwendet hat, wird dieser Begriff in der heutigen Bedeutung verwendet.

Wesentliches Ordnungsprinzip ist dabei die Änderung des Zusammenhalts der Teilchen im Werkstoff wie auch der Einzelteile in einer komplexen Bauteilgruppe. Zusammenhalt kann geschaffen (1), beibehalten (2), vermindert (3) oder vermehrt (4, 5) werden. Die Hauptgruppen 1–5 werden auch als **formgebende Fertigungsverfahren** bezeichnet. Die Hauptgruppe 6 „Stoffeigenschaften ändern" hat in dieser Matrix eine Sonderstellung und enthält neben den Wärmebehandlungsverfahren die mechanischen Verfestigungsverfahren, thermomechanische Verfahren, das Sintern sowie weitere physikalische und chemische Prozesse.

Kennzeichnend für die Hauptgruppen 1–4 ist, dass sie überwiegend auf rein physikalischen Prozessen beruhen. Die Stoffeigenschaften bleiben also in der Regel unverändert.

Oberflächenbeschichtungen können sowohl physikalisch (z. B. Auftragsschweißen, Flammspritzen, Lackieren) als auch chemisch (z. B. Brünieren, Phosphatieren) erzeugt werden. Auch bei den Wärmebehandlungsverfahren können teilweise chemische Reaktionen ablaufen, die jedoch meist nur zur Freisetzung bestimmter für den Wärmebehandlungserfolg erforderlicher Stoffe dienen (z. B. Abgabe von Stickstoff aus Ammoniakverbindungen beim Nitrieren). Die Grundwerkstoffeigenschaften bleiben aber auch bei diesen Verfahren unverändert.

Die technologischen Eigenschaften werden durch besondere Prüftechniken ermittelt, in denen die Fertigungsprozesse messtechnisch erfassbar und reproduzierbar simuliert werden (▶ siehe auch Kapitel 16).

Die Eignung eines Werkstoffes für ein bestimmtes Fertigungsverfahren wird sehr oft auch nur qualitativ beschrieben mit Begriffen wie „gut gießbar", „kaltumformbar", warmumformbar", „leicht oder schwer zerspanbar", „gut schweißbar" oder „wärmebehandlungsfähig".

1.2.2 Mechanische Eigenschaften

Die mechanischen Eigenschaften kennzeichnen das Verhalten der Werkstoffe bei mechanischer Belastung. Mechanische Belastungen sind Kräfte und Momente, die statisch, d. h. zeitlich unveränderlich, oder dynamisch, d. h. mit zeitlich veränderlicher Größe und Richtung, auf ein Bauteil einwirken. Bauteile sind immer – und sei es nur durch ihr Eigengewicht – mechanisch belastet.

Aus den folgenden einfachen Versuchen können die wichtigsten mechanischen Eigenschaften eines Werkstoffes abgeleitet werden. Die Werkstoffprüfverfahren zur zahlenmäßig exakten Erfassung dieser und auch anderer Werkstoffeigenschaften werden in den Kapiteln 8.1.7 (Polymerwerkstoffe) und 15 (mechanische Werkstoffprüfung) beschrieben.

Benötigt wird ein geglühter, d. h. weicher, Stahldraht (Bindedraht) oder Kupferdraht von 1 ... 2 mm Durchmesser. Dieser Draht wird entsprechend Bild 1 quer im Schulraum straff aufgespannt.

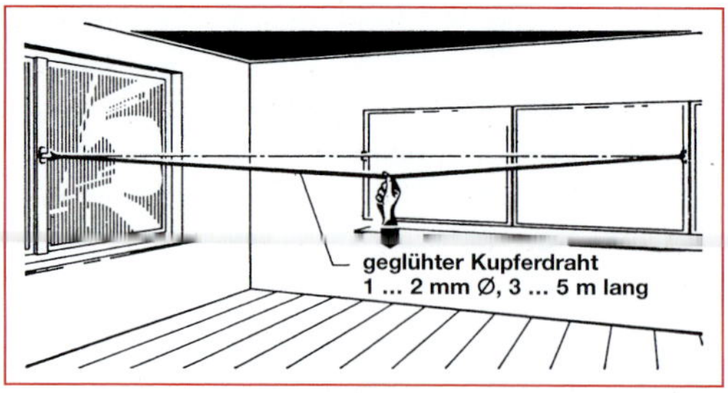

Bild 1 Der Draht wird mit einer Federwaage mittig mit einer geringen Kraft nach unten gezogen, d. h. auf Zug beansprucht.

Bild 2 Der Draht wird mittig mit einer deutlich größeren Kraft als im Versuch nach unten gezogen.

Die Belastung des Drahtes erzeugt eine Formänderung. Umgekehrt ist zu einer Formänderung immer eine Kraft erforderlich.

Versuch 1: Der Draht wird mithilfe einer Federwaage mittig mit einer geringen Kraft nach unten gezogen. Er wird dadurch etwas länger. Bei Entlastung auf Kraft 0 geht diese Formänderung ebenfalls auf 0 zurück. Diese Formänderung wird als **elastische Formänderung** bezeichnet.

Versuch 2: Wird die Belastung über eine bestimmte Kraft, die vom Werkstoff und vom Querschnitt des Drahtes abhängt, gesteigert, geht die Formänderung bei Entlastung auf Kraft 0 nicht mehr auf 0 zurück. Der Draht ist bleibend verlängert. Diese Formänderung wird als **plastische Formänderung** bezeichnet.

Versuch 3: Wird die Belastung immer weiter gesteigert, reißt der Draht. Fügt man die Teilstücke an der Bruchstelle zusammen, zeigt sich, dass der Draht gegenüber Versuch 2 noch deutlich länger geworden ist.

Zu unterscheiden sind:

die elastische Formänderung, die bei Wegnahme der Kraft auf 0 zurückgeht,
die plastische Formänderung, die bei Wegnahme der Kraft erhalten bleibt.

Der Werkstoff setzt seiner Verformung einen Widerstand entgegen. Diese Reaktion wird auch als **mechanische Spannung** bezeichnet und mathematisch als Quotient aus wirkender Kraft und Querschnittsfläche des Drahtes geschrieben:

$$\text{Zugspannung} = \frac{\text{Zugkraft}}{\text{Querschnittsfläche}} = \sigma = \frac{F}{S_0}$$

Die im Versuch 2 erreichte oder überschrittene Kraft wird als Streckgrenzenkraft F_e bezeichnet, die entsprechende Spannung ist die **Streckgrenze**:

$$\text{Streckgrenze} = \frac{\text{Streckgrenzenkraft}}{\text{Querschnittsfläche}} = R_e = \frac{F_e}{S_0}$$

Sie ist diejenige mechanische Spannung, bei der zur elastischen Verformung die plastische Verformung hinzukommt. Die elastische Verformung ist mit Erreichen der Streckgrenze nicht abgeschlossen, sondern steigt mit zunehmender Spannung weiter an.

Im Versuch 3 wird die Höchstzugkraft F_m erreicht oder überschritten. Bei dieser Kraft schnürt sich der Draht örtlich begrenzt ein und reißt an dieser Stelle. Aus der Höchstzugkraft und der Querschnittsfläche wird die **Zugfestigkeit** errechnet:

$$\text{Zugfestigkeit} = \frac{\text{Höchstzugkraft}}{\text{Querschnittsfläche}} = R_m = \frac{F_m}{S_0}$$

Streckgrenze und Zugfestigkeit werden als Festigkeitswerte bezeichnet. Sie beschreiben zahlenmäßig den Widerstand eines Werkstoffes gegen plastische Verformung (Streckgrenze) oder Trennung (Risswachstum, Bruch). Sie sind die wichtigsten Werkstoffkennwerte bei der Dimensionierung von Bauteilen.

Die mechanische Spannung darf an keiner Stelle in einem Bauteil die Streckgrenze überschreiten, wenn sich das Bauteil im Betrieb nicht plastisch verformen darf.

Die mechanische Spannung darf an keiner Stelle in einem Bauteil die Zugfestigkeit überschreiten, wenn das Bauteil im Betrieb nicht durch Bruch versagen darf.

Die Einheit der mechanischen Spannungen und der Festigkeitswerte ist „N/mm^2" oder „MPa" (Megapascal). Die Umrechnung ist 1 N/mm^2 = 1 MPa.

Die elastische Verformbarkeit der Werkstoffe wird mit dem **Elastizitätsmodul** beschrieben. Er ist der Quotient aus der wirkenden mechanischen Spannung und der dadurch hervorgerufenen elastischen Dehnung. Mathematisch gesehen ist er die Steigung der elastischen Geraden im Spannungs-Dehnungs-Schaubild (► S. 277). Der Elastizitätsmodul kann auch als Widerstand des Werkstoffes gegen eine elastische Verformung betrachtet werden.

Wird die nach dem Versuch 3 messbare plastische Verlängerung des Drahts auf die Anfangslänge bezogen, erhält man die Bruchdehnung. Sie wird üblicherweise in Prozent angegeben.

$$\text{Bruchdehnung} = \frac{\text{Länge nach dem Bruch} - \text{Anfangslänge}}{\text{Anfangslänge}} \, 100\,\% = A = \frac{L_u - L_0}{L_0} \, 100\,\%$$

Die Bruchdehnung kennzeichnet die maximale plastische Verformung. Sie wird daher als Verformungskennwert bezeichnet.

Die plastische Verformbarkeit geht an keiner Stelle in die Festigkeitsrechnung ein. Sie ist aber unbedingt zu beachten bei Bauteilen, die durch Kaltumformen hergestellt werden, z. B. Tiefziehen von Blechen bei der Automobilherstellung. Extrem wichtig ist sie bei Baugruppen, die im Falle einer Überlastung kinetische und elastische Energien durch plastische Verformung abbauen müssen, z. B. „Knautschzonen" im Automobil.

Spröde Werkstoffe sind nicht plastisch verformbar.
Zähe Werkstoffe sind gut plastisch verformbar.

1.2.3 Chemische Eigenschaften

Werkstoffe stehen immer im Kontakt mit einem Umgebungsmedium. Daher sind chemische Reaktionen in der Grenzfläche nie zu vermeiden. Beeinträchtigen diese chemischen Reaktionen die Werkstoff- und/oder Bauteileigenschaften, spricht man von **Korrosion**. Korrosionsbeständigkeit ist der Widerstand eines Werkstoffes gegen chemische Angriffe durch Luft, Wasser, Säuren und andere chemische Agentien.

Bei höheren Temperaturen reagieren Metalle besonders mit dem Sauerstoff der Luft. Bei Stählen wird diese Reaktion als „Verzundern" bezeichnet. Hitzebeständige Werkstoffe sind durch besondere Legierungselemente gegen diese Oxidation geschützt, wobei gleichzeitig auch die Warmfestigkeit und Zeitstandfestigkeit verbessert wird.

1.2.4 Physikalische Eigenschaften

Physikalische Eigenschaften sind das spezifische Gewicht (Dichte), die Wärmedehnung, die Schmelz- oder Erstarrungstemperatur, die Leitfähigkeit für Wärme und Elektrizität, die Magnetisierbarkeit und Ähnliche (▶ Tab. S. 151).

Aufgaben:

1. Beschreiben Sie die Einteilung der Werkstoffe mithilfe eines Schaubildes.
2. Wie unterscheiden sich Metalle und Nichtmetalle hinsichtlich des Atomaufbaus?
3. Beschreiben Sie die wichtigsten Eigenschaften technisch reiner Metalle und Legierungen.
4. Welche Werkstoffe gehören zur Gruppe der Eisenbasiswerkstoffe und zur Gruppe der Nichteisenmetalle?
5. Die Gruppe der Nichtmetalle wird unterteilt in anorganische und organische nichtmetallische Werkstoffe. Nennen Sie für beide Gruppen jeweils drei typische Vertreter.
6. Was versteht man unter einer elastischen Formänderung und unter einer plastischen Formänderung?
7. Beschreiben Sie die Bedeutung der Streckgrenze und der Zugfestigkeit eines Werkstoffes bei der Festigkeitsberechnung eines Bauteils.

2 Metallkunde der reinen Metalle

2.1 Der Aufbau fester Stoffe

2.1.1 Elemente und Atome

Elemente sind Stoffe, die mit chemischen Methoden nicht mehr in Stoffe mit anderen Eigenschaften zerlegt werden können. Sie bestehen aus gleichartigen **Atomen**, d. h. aus einer Atomart, die für dieses Element charakteristisch ist. Atome sind die kleinsten, chemisch nicht mehr teilbaren Teilchen eines Elementes. Die Atome eines Elementes haben eine bestimmte Masse und Größe. Ihre Durchmesser sind kleiner als ein Nanometer (1 nm = 10^{-9} m). Das Eisenatom hat z. B. einen Durchmesser von 0,248 nm. Ein Wassertropfen enthält ca. 6000 Trillionen (eine 6 mit 21 Nullen) Atome.

Atome bestehen aus einem **Atomkern** und den **Elektronenschalen**, die ihn umgeben (Bohrsches Atommodell). Der Atomkern setzt sich zusammen aus elektrisch positiv geladenen Protonen und elektrisch neutralen Neutronen. Sein Durchmesser ist noch etwa 100–1000 mal kleiner als der Durchmesser der Elektronenschalen. Die elektrisch negativ geladenen Elektronen umkreisen den Atomkern in unterschiedlichen Entfernungen auf den Elektronenschalen.

Atome sind nach außen elektrisch neutral, da die Anzahl der positiv geladenen Protonen und der negativ geladenen Elektronen gleich ist. Ihre Ladungen heben sich gegenseitig auf.

Isotope. Atome eines Elements können unterschiedlich viele Neutronen im Kern haben. Da die Neutronen keine elektrische Ladung tragen, beeinflussen sie nicht die chemischen Eigenschaften. Isotope unterscheiden sich daher nur durch ihre Masse. Kohlenstoff besitzt 6 Protonen und 6 Elektronen, kann aber 6, 7 oder 8 Neutronen im Kern enthalten (^{12}C, ^{13}C und ^{14}C).

Ionen. Durch physikalische Prozesse (hohe Temperaturen, elektrische Entladungen, energiereiche Strahlung) oder durch chemische Reaktionen (elektrolytische Dissoziation von Molekülen in Lösungen) können Elektronen abgespalten oder angelagert werden: Das ursprünglich elektrisch neutrale Atom wird bei Abspaltung zu einem elektrisch positiv geladenen Ion oder bei Anlagerung zu einem elektrisch negativ geladenen Ion.

2.1.2 Kristalliner und amorpher Aufbau

Nach der Atomanordnung unterscheidet man *kristallin* und *amorph* aufgebaute Stoffe.

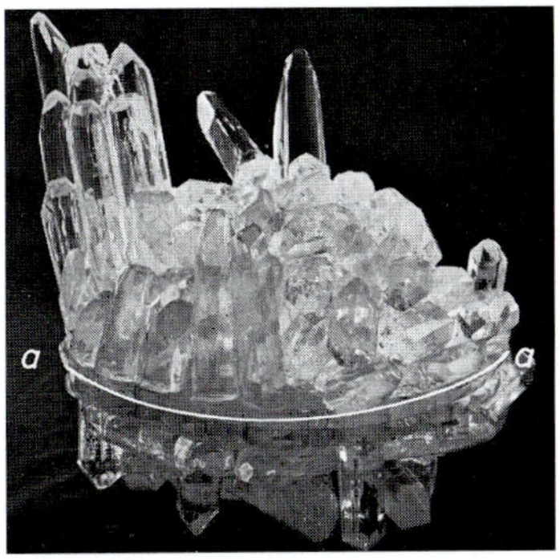

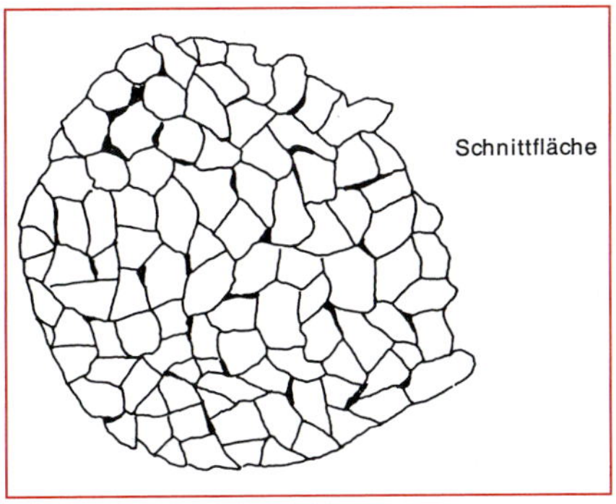

Bild 1 Kristallgruppe. Die Schnittfläche a–a, an der die Kristallgruppe zusammengewachsen ist, zeigt das Gefüge

krystallos (griechisch) = Eis. Die Atome sind in einem räumlich regelmäßigen Verband angeordnet. Als Kristall wird ein von ebenen Flächen begrenzter, natürlich oder künstlich gewachsener Körper bezeichnet. Nach der Kristallgröße unterscheidet man **kristallisierte Gefüge** aus gut sichtbaren Kristallen und **kristallinische Gefüge**, deren Kristalle nur unter dem Mikroskop erkennbar sind.

amorphos (griechisch) = gestaltlos. Die Atome sind regellos im Raum verteilt. Gase und Flüssigkeiten sind typische amorphe Stoffe. Feste amorphe Stoffe sind Wachs, Glas, Keramik und viele thermoplastische Kunststoffe. Sie haben oft keinen festen Schmelzpunkt, sondern gehen allmählich vom festen in einen plastisch verformbaren und schließlich teigigen Zustand über. Sie werden deshalb häufig auch als unterkühlte Flüssigkeiten bezeichnet.

Die Metalle sind im festen Zustand kristallin.

Der kristalline Aufbau der Metalle wird mit metallographischen Untersuchungen (▶ S. 326) nachgewiesen. Auf polierten und geätzten Metalloberflächen sind die Kristallite als unregelmäßig begrenzte Flächen erkennbar (▶ Bild 1). Die Grenzlinien werden als Korngrenzen bezeichnet. Die verschiedenen Färbungen der Kristallite beruhen darauf, dass die unterschiedlichen Lagen der Kristallflächen durch die Ätzung herausgearbeitet werden und das auftreffende Licht in verschiedene Richtungen reflektieren (▶ Bild 2).

Im Gegensatz zu der regelmäßigen Gestalt der voll ausgewachsenen Einzelkristalle haben Metallkristalle unregelmäßig begrenzte Formen, weil sie sich beim gleichzeitigen Wachsen aus Schmelzen gegenseitig behindern.

Die unregelmäßig begrenzten Metallkristalle heißen Kristallite oder Körner. Das im Auflichtmikroskop erkennbare Kristallit- oder Kornhaufwerk wird als Gefüge bezeichnet.

Bild 1 Geätzter Schliff einer Silber-Kupfer-Legierung (V = 300 : 1)

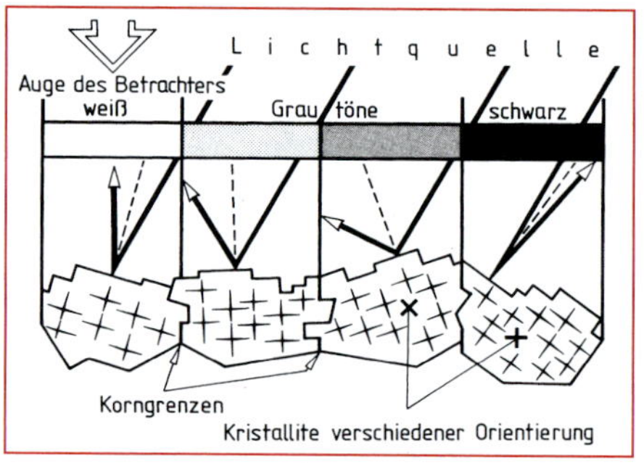

Bild 2 Schema eines metallografischen Schliffes

2.1.3 Bindungsarten bei Feststoffen

Der Zusammenschluss von Atomen zu Festkörpern beruht auf Wechselwirkungen zwischen den Elektronen auf den Außenschalen der Elektronenhüllen, den Valenzelektronen. Die nachfolgenden Erläuterungen der verschiedenen Festkörperbindungen benutzen zur besseren Anschaulichkeit das Bohrsche Atommodell. Primärbindungen beruhen auf dem Bestreben der Atome, zu vollbesetzten, d. h. mit 8, 18, 32 usw. Elektronen besetzten, Außenschalen zu kommen (edelgasähnlicher Zustand oder Edelgaskonfiguration).

Ionenbindung (heteropolare Bindung). Die zur Bindung führenden Valenzelektronen des einen Atoms treten in die Elektronenhülle des anderen Atoms über. Dadurch entstehen entgegengesetzt elektrisch geladene Ionen, zwischen denen elektrische (Coulombsche) Anziehungskräfte wirken. Da Metalle nur wenige Valenzelektronen auf den Außenschalen besitzen, stellen sie in der Ionenbindung den Elektronenspender. Nichtmetallen fehlen nur wenige Elektronen zu einer vollbesetzten Außenschale, daher sind sie die Elektronenabnehmer. Durch den Elektronenübergang erhalten beide Atome vollbesetzte Außenschalen.

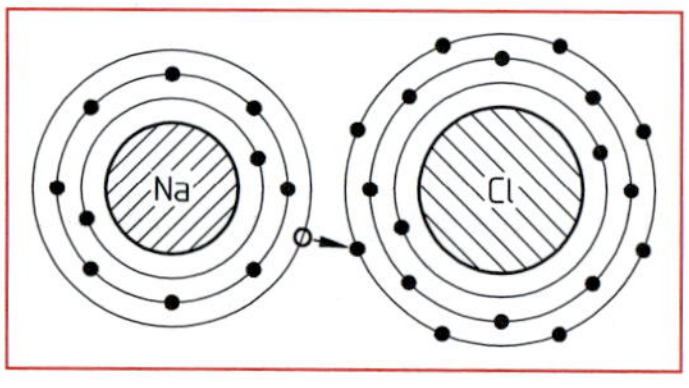

Bild 3 Ionenbindung oder heteropolare Bindung zwischen Natrium und Chlor. Das einzige Elektron auf der Außenschale des Natriums geht auf die mit 7 Elektronen besetzte Außenschale des Chlors über und erzeugt damit die Bindung. Na wird zum einfach elektrisch positiven Na-Ion, Cl wird zum einfach elektrisch negativ geladenen Cl-Ion. Infolge der elektrostatischen Anziehung bilden die beiden Ionen ein Molekül.

Ionenbindungen sind nur zwischen metallischen und nichtmetallischen Elementen möglich.

Stoffe mit einer Ionenbindung schmelzen und sieden erst bei höheren Temperaturen. Typisch für die Ionenbindung sind die Salze. Sie werden in wässrigen Lösungen dissoziiert zu elektrisch positiv geladenen Metallionen und elektrisch negativ geladenen Nichtmetallionen.

Atombindung (homöopolare oder kovalente Bindung). Nichtmetallische Elemente haben schon relativ gut besetzte Außenschalen. Sie sind also bestrebt, weitere Elektronen aufzunehmen. Zwei derartige Elemente können nur dann zu vollbesetzten Außenschalen kommen, wenn sie Elektronenpaare bilden, die den äußeren Elektronenschalen beider Bindungspartner zugeordnet sind.

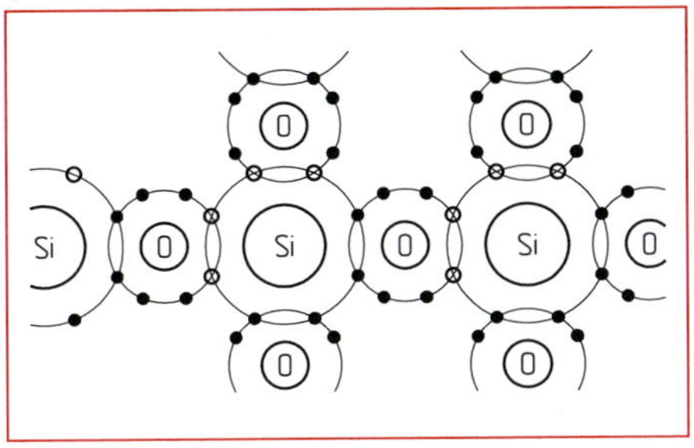

Bild 1 Atombindung zwischen Silizium und Sauerstoff. Versuch einer ebenen Darstellung. Zur Vereinfachung sind nur die äußeren Elektronenschalen dargestellt. Die Valenzelektronen des Si sind offene Kreise, die Valenzelektronen des O sind gefüllte Kreise. Silizium hat vier, Sauerstoff sechs Valenzelektronen. Um eine mit acht Elektronen vollbesetzte Außenschale zu erhalten, muss ein Siliziumatom mit vier Sauerstoffatomen Elektronenpaare bilden. Dadurch ergänzt es seine Elektronenschale mit zwei Elektronenpaaren von benachbarten Sauerstoffatomen, gibt aber gleichzeitig vier eigene Elektronen in zwei Elektronenpaare mit zwei weiteren Sauerstoffatomen, die dadurch acht Valenzelektronen erhalten.

Atombindungen sind nur zwischen nichtmetallischen Elementen möglich.

Atombindungen sind typisch für Gase mit Ausnahme der Edelgase und organische Stoffe.

Metallische Bindung. Metallatome besitzen weniger als vier Valenzelektronen und können daher untereinander weder durch Ionenbindung noch durch Atombindung auf vollbesetzte Außenschalen kommen. Durch die Freigabe ihrer Valenzelektronen verlieren sie zwar eine Außenschale, die nächste darunter liegende Schale ist dann aber vollbesetzt. Die Metallatome werden dadurch zu ein- oder mehrfach elektrisch positiv geladenen Ionen, die durch die frei beweglichen Valenzelektronen, gleichsam durch eine negative Ladungswolke, zusammengehalten werden. Man spricht auch vom „Elektronengas".

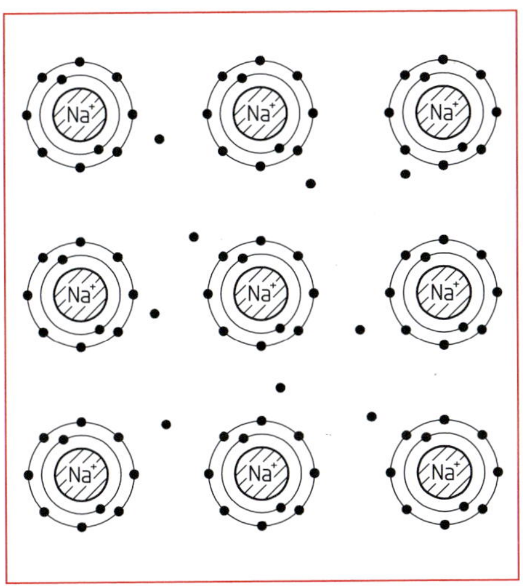

Bild 2 Metallische Bindung. Jedes Natriumatom hat ein Elektron abgegeben. Dadurch werden die Natriumatome zu einfach elektrisch positiv geladenen Natriumionen. Diese müssten sich eigentlich aufgrund der gleichnamigen elektrischen Ladungen abstoßen, werden aber durch die frei zwischen den Atomen beweglichen Valenzelektronen in einem festen Verbund zusammengehalten. Bei gleichen Atomen (Reinstmetallen) sind die Bindungskräfte in allen Raumrichtungen gleich, die Atome ordnen sich in einer räumlich regelmäßigen Gitterstruktur an. Diese wird als Kristallgitter bezeichnet.
Mit zunehmender Anzahl der Valenzelektronen wird die metallische Bindung allmählich durch eine nichtmetallische Bindung ersetzt. Zinn ist ein Beispiel dafür, dass auch in Abhängigkeit von der Temperatur verschiedene Bindungsarten vorkommen können. Oberhalb 18 °C ist es als „weißes Zinn" ein typisches Metall mit metallischer Bindung und dichtester Kugelpackung. Unterhalb 18 °C wandelt es sich in „graues Zinn" mit nichtmetallischer Bindung um. Die Umwandlung erfolgt allerdings sehr träge und ist durch Legierungszusätze beeinflussbar.

Die metallische Bindung ist gekennzeichnet durch die räumlich regelmäßige Anordnung der Atome *(Kristallgitter)* und durch die freien Elektronen, die nicht mehr an bestimmte Atome gebunden sind *(Elektronengas)*.

Diese Bindungsform ist Ursache für die metalltypischen Eigenschaften wie elektrische und Wärmeleitfähigkeit, elastische und plastische Verformbarkeit und die im Vergleich zu molekularen Werkstoffen hohen Festigkeiten in allen Raumrichtungen, aber auch für die hohe Korrosionsanfälligkeit.

Die freibeweglichen Elektronen schwingen an den Kristalloberflächen mit dem auffallenden Licht und senden dabei eine Strahlung aus, den typischen Metallglanz, der auch bei raueren, nicht oxidierten Oberflächen erkennbar ist. Amorphe molekulare Werkstoffe sind dagegen nichtglänzend, es sei denn, dass die Oberfläche hochglanzpoliert ist.

Sehr kurzwelliges Licht wie Röntgenstrahlung wird am Kristallgitter ebenso gebeugt wie sichtbares (langwelliges) Licht an einem optischen Gitter. Bei Bestrahlen einer Metalloberfläche mit Röntgenstrahlung bilden sich in Abhängigkeit von der Wellenlänge Interferenzmuster aus, die auf Röntgenfilmen sichtbar gemacht werden. Aus der Anordnung der Interferenzlinien, ihren Abständen und der Wellenlänge können die Atomanordnung im Kristallgitter sowie die Atomabstände („Gitterkonstanten") ermittelt werden.

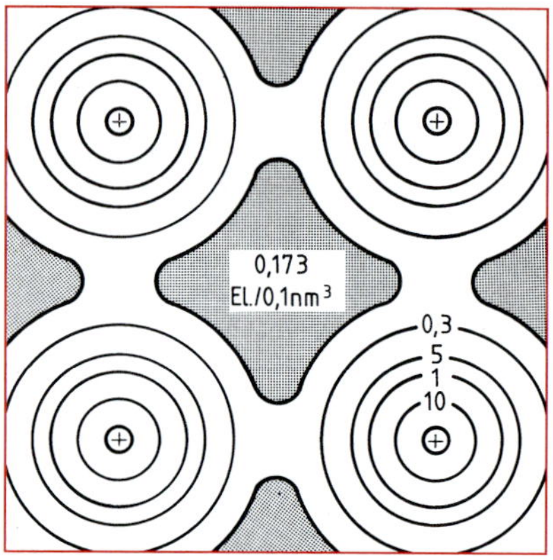

Bild 1 Röntgenographisch ermittelte kugelsymmetrische Verteilung der Elektronendichte von Aluminium. Die Kreise sind Bereiche gleicher Elektronendichte. Die Elektronendichte wird mit zunehmendem Abstand vom Atomkern schnell kleiner, die geringste Dichte liegt bei 0,3 Elektronen je 0,1 nm^3. Die grau unterlegten Bereiche sind die Zwischenräume, in denen sich die freigegebenen Valenzelektronen im gesamten Kristall bewegen. Die kugelsymmetrische Verteilung der Elektronen zeigt, dass die metallische Bindung nicht richtungsabhängig ist.

Zwischenmolekulare oder van der Waalssche Bindung.
Diese Bindung ist eine Sekundärbindung. Sie beruht auf den Anziehungskräften zwischen Molekülen, die einen elektrischen oder magnetischen Dipol bilden. Aus solchen Molekülen aufgebaute Kristalle heißen van der Waals-Kristalle. Darunter fallen alle kristallisierenden organischen Verbindungen. Bei thermoplastischen Kunststoffen sind die Moleküle in sich durch die starke Atombindung (= Primärbindung) zusammengehalten, die Molekülketten dagegen durch die schwache van der Waalssche Bindung (= Sekundärbindung). Letztere kann durch Wärmezufuhr weiter geschwächt werden, sodass die Moleküle gegeneinander verschoben werden können. Dadurch sind thermoplastische Kunststoffe nach Erwärmen plastisch verformbar. Die Stärke der zwischenmolekularen Kräfte hängen von der Größe, Gestalt, Ordnung und Temperatur ab.

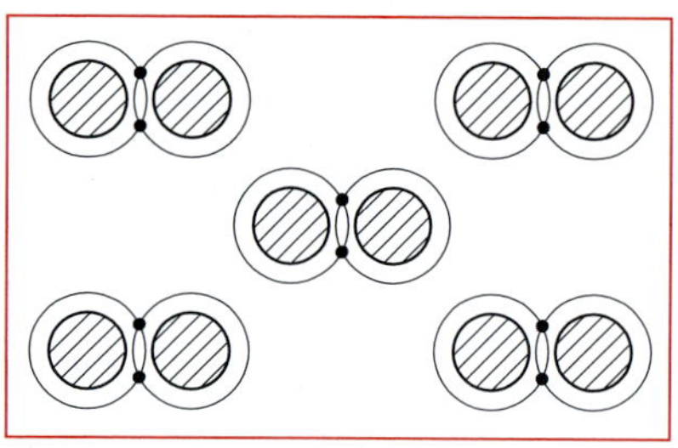

Bild 2 Van der Waalssche Bindung

2.2 Der kristalline Aufbau der Metalle

2.2.1 Bindungskräfte im Kristallgitter

Der Zusammenhalt der Feststoffe beruht auf den Wechselwirkungen zwischen den Valenzelektronen der an der Bindung beteiligten Atome. Diese Wechselwirkungen sind je nach Bindungsart verschieden und haben dementsprechend unterschiedliche Bindungskräfte zur Folge (▶ Bild 3). Höchste Bindungskräfte erreicht die Atombindung, darunter liegen in der Reihenfolge die ionische Bindung, die Metallbindung und die van-der-Waals-Bindung.

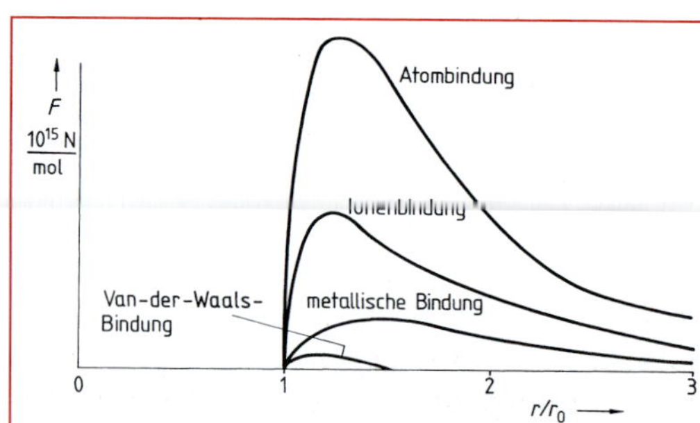

Bild 3 Bindungskräfte der verschiedenen Bindungsarten

Die Bindungskräfte sind auch abhängig vom Abstand der Atome innerhalb einer Bindung. Dies soll am Beispiel der metallischen Bindung erläutert werden. Durch Abgabe der Valenzelektronen werden die Metallatome zu ein- oder mehrfach elektrisch positiv geladenen Ionen, die sich aufgrund ihrer gleichnamigen elektrischen Ladungen abstoßen. Gleichzeitig erzeugen die freien Elektronen anziehende Kräfte. Wirken keine äußeren Kräfte auf den Körper, sind die abstoßenden und anziehenden Kräfte im Gleichgewicht. Die Metallatome/-ionen ordnen sich in einem Abstand an, der durch dieses Gleichgewicht vorgegeben ist und als **Gitterkonstante** r_0 bezeichnet wird (▶ Bild 1). Wirkt eine Zugkraft auf den Körper, werden die Atome/Ionen aus ihrer Gleichgewichtslage auseinandergezogen. Die anziehenden Kräfte überwiegen die abstoßenden Kräfte und es wird eine Rückstellkraft merkbar, die der Zugkraft entgegensteht. Wirkt dagegen eine Druckkraft, werden die Atome näher aneinandergeschoben. In diesem Fall sind die abstoßenden Kräfte stärker und es ist ebenfalls eine, jetzt jedoch umgekehrte, Rückstellkraft feststellbar. Da die anziehenden und abstoßenden Kräfte sich unterschiedlich mit dem Atomabstand verändern, sind die Rückstellkräfte bei äußeren Zug- bzw. Druckkräften unterschiedlich (▶ Bild 2).

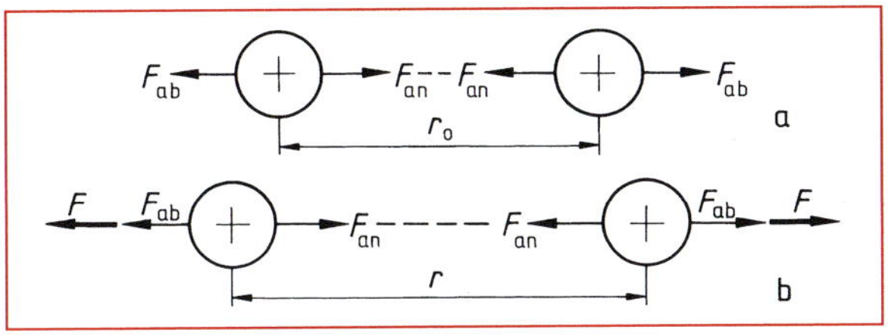

Bild 1 Kräfte an benachbarten Atomen eines Kristallgitters.
1 a Gleichgewichtszustand der anziehenden und abstoßenden Kräfte
1 b Verrückung durch eine äußere Zugkraft

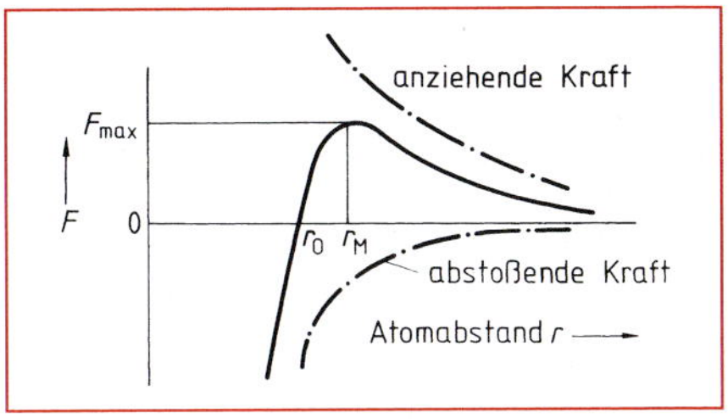

Bild 2 Anziehende und abstoßende Kräfte und resultierende Rückstellkraft in einem Kristallgitter

Wird die äußere Kraft weggenommen, kehren die Atome infolge der Rückstellkräfte wieder in ihre Gleichgewichtslage zurück. Diese reversible Veränderung der Atomabstände durch äußere Kräfte wird als **elastische Verformung** bezeichnet. Die Summe der Rückstellkräfte zwischen allen Atomen des Kristallgitters in einem Körper ist der Widerstand des Werkstoffes gegen eine elastische Verformung. Diese Widerstandskraft bezogen auf die Querschnittsfläche des Körpers wird als **Elastizitätsmodul** bezeichnet.

Wird die äußere Zugkraft auf den Wert F_{max} gesteigert und damit der Atomabstand über r_m vergrößert, werden die anziehenden Kräfte kleiner, die Bindung zwischen den Atomen bricht zusammen, der Körper reißt. Diese Kraft F_{max} bezogen auf die Querschnittsfläche des Körpers entspricht der theoretischen Zugfestigkeit des Werkstoffes.

Beide Definitionen gelten nur für ein ideales, d. h. fehlerfreies, Kristallgitter, das genau parallel zur Gitterausdehnung belastet wird. Reale Metalle enthalten Gitterbaufehler und ihre Gitterebenen sind infolge der ungerichteten Erstarrung aus der Schmelze in alle Raumrichtungen gegeneinander verdreht. Dadurch sind der reale Elastizitätsmodul und die reale Zugfestigkeit kleiner als die theoretischen Werte.

2.2.2 Kristallgitterbauformen

Bei der langsamen Erstarrung einer Reinstmetallschmelze bilden sich zunächst einige Kristallisationskeime aus wenigen Atomen. An diese Keime lagern sich unter Abgabe der Valenzelektronen weitere Atome an. Da die Bindungskräfte in allen Raumrichtungen gleich sind, entsteht dabei zwangsläufig die räumlich regelmäßige Anordnung eines Kristallgitters. Die geometrische Anordnung im Raum wird dabei unter anderem von der Größe der Atome und den Bindungskräften bestimmt. Insgesamt sind 230 Kristallgitterbauformen möglich, von denen aber nur vier bei den technisch wichtigen Werkstoffen auftreten.

Basis dieser vier Kristallgitterbauformen ist die **dichteste Kugelpackung,** das ist die größtmögliche Anzahl von Kugeln gleichen Durchmessers in einem gegebenen Volumen. Ordnet man die Kugeln zunächst nur in einer Schicht an, so ergibt sich ein gleichseitiges Dreieck (▶ Bild 3).

Bild 3 Dichteste Kugelpackung in einer Ebene

Legt man eine zweite Kugelschicht so dicht wie möglich auf die Schicht nach ▶ Bild 3 S. 21, liegen diese Kugeln in Mulden, die durch je drei Kugeln der ersten Schicht gebildet werden. Entsprechend sind alle weiteren Schichten aufgebaut (▶ Bild 1 a). Aus der zunächst dreieckigen Grundform kann, wie auf ▶ Bild 1 a und 1 b gezeigt, eine sechseckige Säule isoliert werden, die insgesamt 17 Kugeln enthält: 7 in der Basisschicht, 3 in der Zwischenlage, 7 in der oberen Schicht. Diese kleinste Einheit wird als **Elementarzelle** bezeichnet.

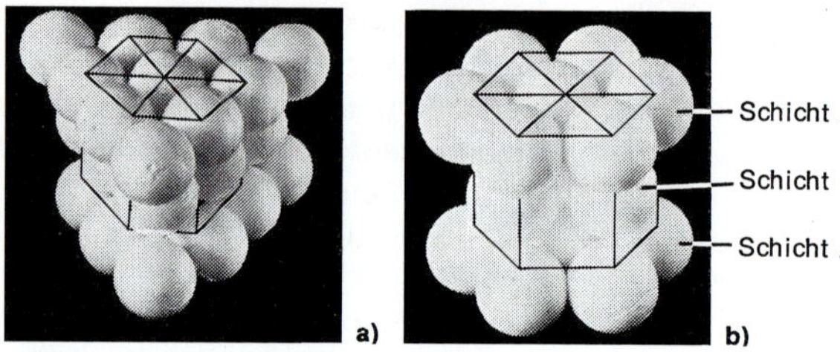

Bild 1 Hexagonal dichteste Kugelpackung.
1 a drei Schichten gemäß Bild 1 gestapelt
1 b sechseckige Säule aus Bild 2 a isoliert

Durch Veränderung des Betrachtungswinkels kann aus der gleichen dreieckigen Grundform auch eine Elementarzelle mit quadratischer Grundfläche herausgenommen werden (▶ Bild 2). Die Grundfläche wird von vier Kugeln auf den Ecken und einer Kugel im Schnittpunkt der Flächendiagonalen gebildet. Diese Elementarzelle enthält 14 Kugeln: 8 Eckatome und 6 Flächenatome.

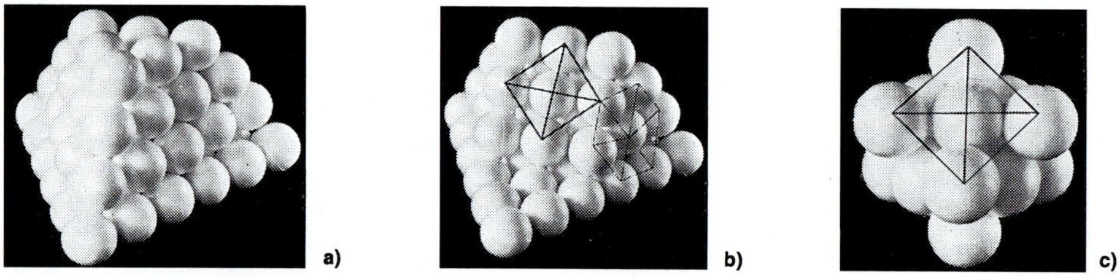

Bild 2 Kubisch dichteste Kugelpackung.
2 a Dichteste Kugelpackung im Raum
2 b quadratische Grundfläche durch Wegnahme einiger Kugeln aus Bild 2 a
2 c kubische Elementarzelle aus Bild 2 a isoliert

Die Sechsecksäule (= hexagonales System) und der Würfel (= kubisches System) sind die Grundformen der Elementarzellen der technisch wichtigen Werkstoffe.

Die folgenden Darstellungen zeigen die wichtigsten Elementarzellen als Kugelpackungen analog ▶ Bild 3 S. 21 und den Bildern 1 und 2 sowie als Prinzipskizzen beschränkt auf die Atomkerne. Die Verbindungslinien sollen nur die geometrische Gestalt der Elementarzellen verdeutlichen.

Hexagonale Elementarzelle: Gezeigt ist die **h**exagonale Elementarzelle mit **d**ichtester Kugel**p**ackung (**hdp**). Fehlt die zwischengeschobene Atomlage mit den drei Atomen, liegt eine einfache hexagonale Elementarzelle vor (**hex**). Hexagonal kristallisieren Beryllium, Magnesium, Zink, Cadmium, Cobalt und Titan. Diese Werkstoffe sind parallel zu den sechseckigen Grundflächen gut plastisch verformbar, senkrecht dagegen nur schlecht. Kohlenstoff als Graphit hat eine einfache hexagonale Gitterzelle, jedoch fehlt auch das Zentrumsatom in den Sechseckflächen. Die Bindungskräfte in der Senkrechten sind nur gering, sodass die Sechseckflächen leicht abgeschert werden können. Dadurch ist Graphit ein sehr gutes Schmiermittel.

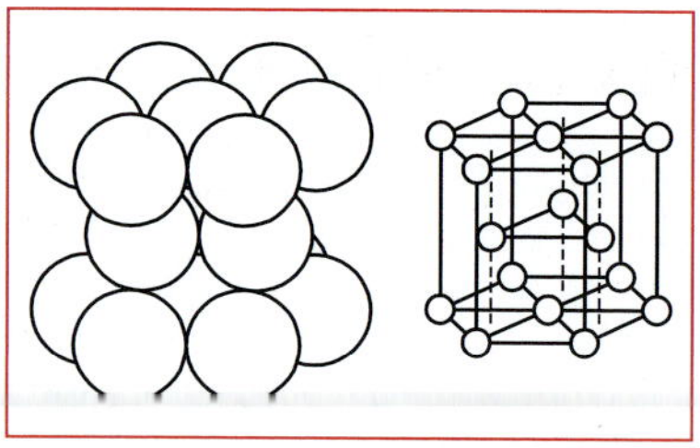

Bild 3 Hexagonale Elementarzelle mit dichtester Kugelpackung (hdp)

Einfaches kubisches Gitter: Die Elementarzelle ist ein gleichseitiger, rechtwinkliger Würfel. Diese Elementarzelle ist die Grundform aller kubischen Systeme. Allerdings kristallisiert kein Metall in dieser Form.

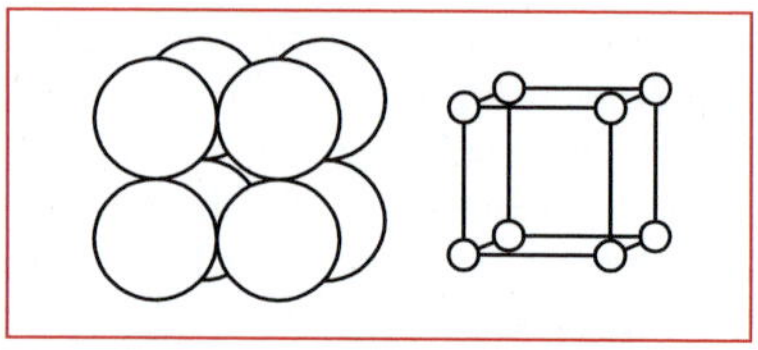

Bild 4 Einfache kubische Elementarzelle

Tetragonale Elementarzelle: Die Elementarzelle ist ein rechtwinkliger Quader mit quadratischer Grundfläche. Die Höhe ist deutlich größer als die Seitenlänge der Grundfläche. Die Kugeldarstellung zeigt, dass diese Elementarzelle dem Prinzip der dichtesten Kugelpackung widerspricht, in dieser reinen Form also nicht auftreten kann. Um eine tetragonale Aufweitung zu erreichen, müssen Fremdatome in die Elementarzelle eingebaut werden, z. B. Kohlenstoffatome auf Zwischengitterplätzen im Eisenkristallgitter (tetragonal verzerrte Martensitgitterzelle).

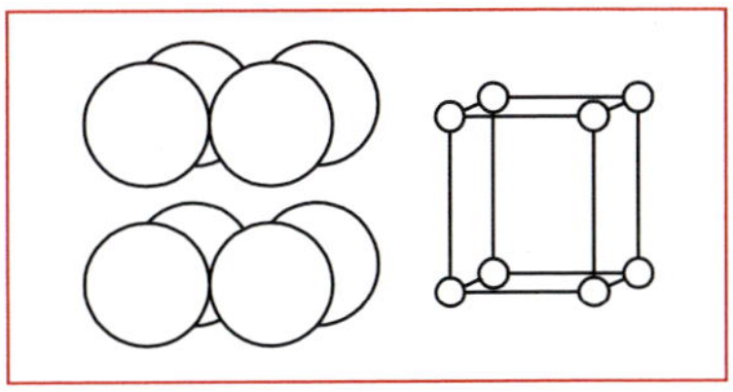

Bild 1 Tetragonale Elementarzelle

Kubischraumzentrierte Elementarzelle (krz): Diese Elementarzelle enthält ein zusätzliches Atom im Schnittpunkt der Raumdiagonalen. Sie ist daher etwas größer als die einfache kubische Elementarzelle. In dieser Form kristallisieren Chrom, Molybdän, Wolfram, Tantal, Vanadin und Eisen.

Reines Eisen zeigt bis 911 °C diese Kristallart, Eisen-Kohlenstoff-Legierungen bis 723 °C (α-Eisen oder Ferrit):

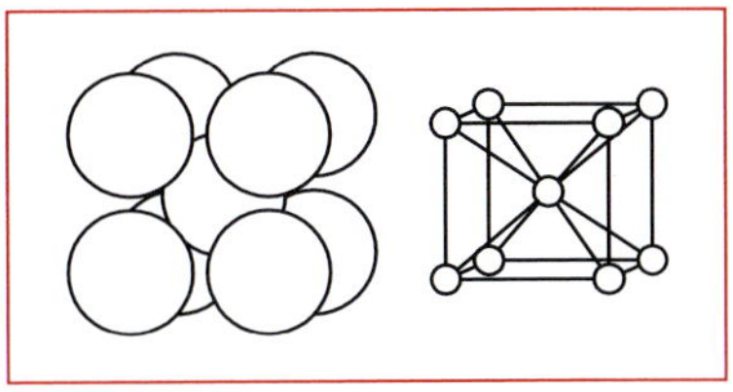

Bild 2 Kubischraumzentrierte Elementarzelle (krz)

Kubischflächenzentrierte Elementarzelle (kfz): Hier sitzen zusätzliche Atome auf den Schnittpunkten der Flächendiagonalen. Die Elementarzelle ist dadurch deutlich größer als die kubischraumzentrierte Elementarzelle. Diese Kristallgitterform besitzen die Metalle Aluminium, Kupfer, Nickel, Blei, Gold, Silber und Platin. Diese Metalle sind alle sehr gut plastisch umformbar.

Reines Eisen kristallisiert oberhalb 911 °C in dieser Form, Eisen-Kohlenstoff-Legierungen oberhalb 723 °C (γ-Eisen oder Austenit).

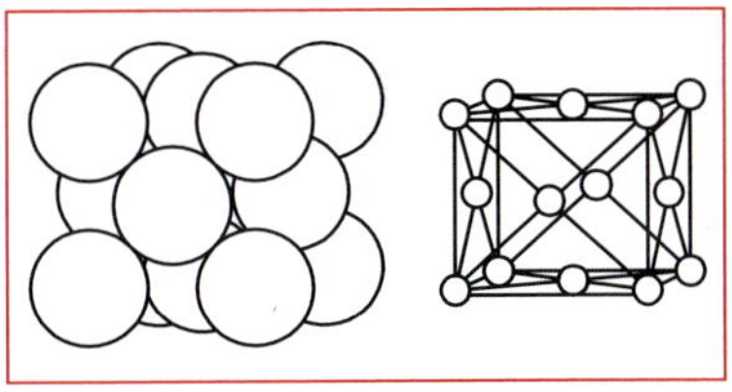

Bild 3 Kubischflächenzentrierte Elementarzelle (kfz)

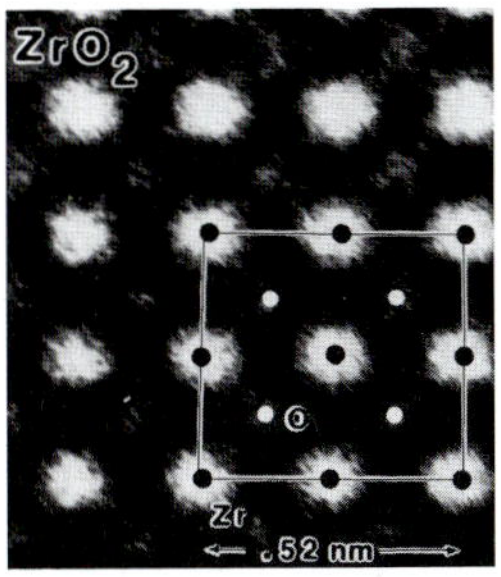

Bild 4 Aufnahme der Kristallgitterstruktur von Zirkonoxid. Die Elektronenmikroskopie wurde in den letzten Jahren so weiterentwickelt, dass inzwischen auch die Kristallgitterstruktur sowie einzelne Atome abgebildet werden können.

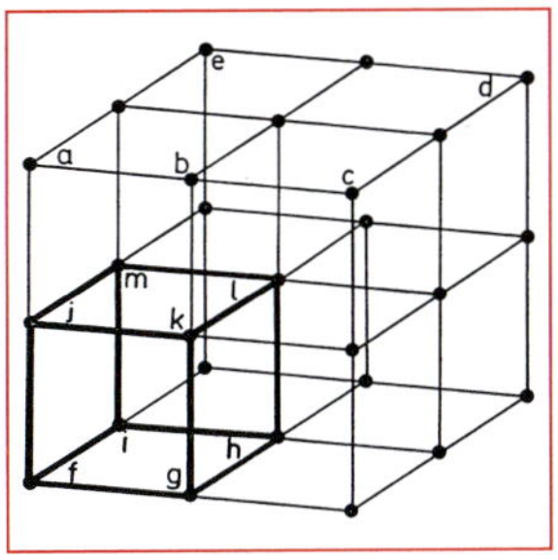

Bild 5 Begriffsdefinitionen für Kristallgitter.
ab: Gitterkonstante;
abc: Gittergerade;
acde: Gitterebene;
fghijklm: Elementarzelle

Die Raumerfüllung einer Elementarzelle durch die Atome wird Packungsdichte genannt.

Die Packungsdichte der hexagonalen Elementarzelle dichtester Kugelpackung (hdp) und der kubischflächenzentrierten Elementarzelle (kfz) sind mit jeweils 74 % gleich. Die kubischraumzentrierte Elementarzelle (krz) hat eine Packungsdichte von 68 %.

Demnach sind nur die hdp und kfz Elementarzelle dichtest gepackt, die krz Elementarzelle dagegen nicht. Die gleiche Packungsdichte der hdp und kfz Elementarzelle ist dadurch zu erklären, dass auch in der kfz Elementarzelle durch Veränderung des Betrachtungswinkels eine hexagonal besetzte Ebene zu finden ist (▶ Bild 6). Beide Kristallarten unterscheiden

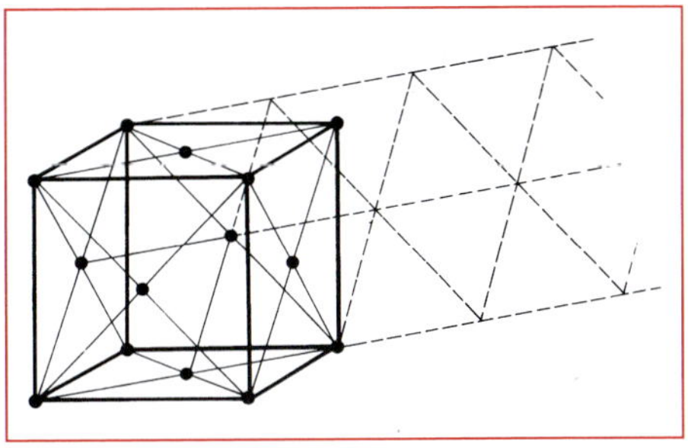

Bild 6 kubischflächenzentrierte Elementarzelle mit hexagonaler Gitterebene

sich nur in der Reihenfolge dieser atomar dichtest besetzten Gitterebene (Stapelfolge). Ist diese Reihenfolge gestört, liegt ein atomar dichtest gepacktes Raumgitter mit einem Stapelfehler vor.

Die mechanischen Eigenschaften kristalliner Werkstoffe sind direkt abhängig von der Kristallgitterbauform (▶ S. 27 ff.). Dies sei am Beispiel des Kohlenstoffs erläutert. Reiner Kohlenstoff kristallisiert in einem einfachen hexagonalen Gitter (▶ Bild 1). Die Bindungskräfte in den Sechseckstrukturen sind hoch, die Bindungen senkrecht zu den Sechseckstrukturen sind dagegen schwach. Bei mechanischer Belastung parallel zu den Sechseckstrukturen scheren diese sehr leicht ab. Graphit ist dadurch ein hervorragendes Trockenschmiermittel. Eine alltägliche Anwendung dieser Eigenschaft ist die „Bleistiftmine", die zu über 90 % aus reinem Graphit besteht, oder die Zeichenkohle. Bei hohen Drücken (200 … 600 bar) und hohen Temperaturen (3 600 … 1 000 °C) kristallisiert der Kohlenstoff in ein kubischflächenzentriertes Gitter um, in das weitere vier Kohlenstoffatome in die Tetraederlücken eingebaut sind (▶ Bild 2). Es entsteht der Diamant, das härteste Mineral.

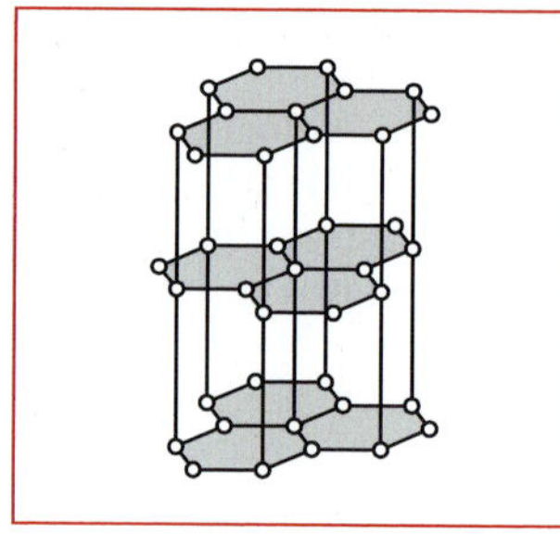

Bild 1 Graphit, einfaches hexagonales Gitter

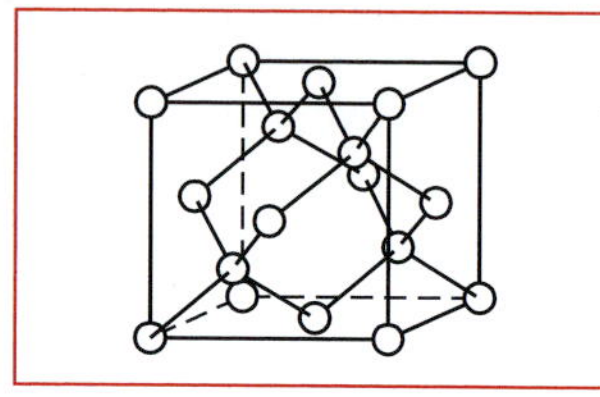

Bild 2 Diamant, kubischflächenzentriertes Gitter mit zusätzlichen C-Atomen in den Tetraederlücken

2.2.3 Millersche Indizierung

Raumdiagonalen und Würfelkanten der Elementarzellen sind unterschiedlich dicht mit Atomen besetzt. In Bild 3 sind in eine Gitterebene eines Kristalls (▶ Bild 5 S. 23) verschiedene Gittergeraden eingezeichnet, die diese unterschiedliche Besetzung zeigen.

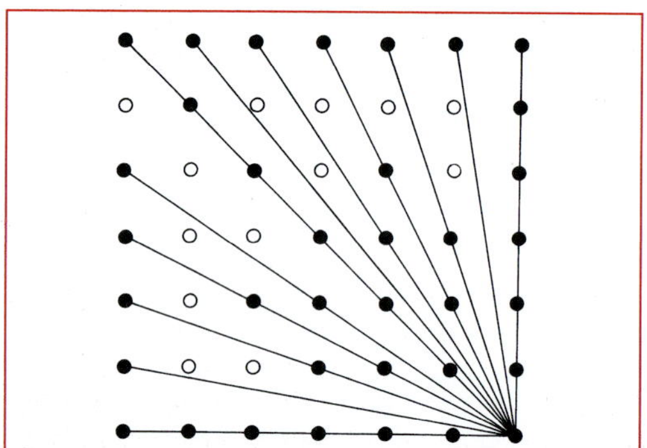

Bild 3 Gitterebene eines Kristalls mit mehreren, unterschiedlich dicht mit Atomen belegten Gittergeraden

Bei der plastischen Verformung der Metalle ist die Stellung der Gitterebenen von entscheidender Bedeutung. Ihre Beschreibung ist noch komplizierter als die der Gitterrichtungen. Daher ist zur einfachen Kennzeichnung von Gitterrichtungen und -ebenen die Verwendung der aus Klammern und Zahlen bestehenden sog. **Millerschen Indices** üblich (▶ Bild 4).

Gleichwertige, d. h. gleich dicht mit Atomen belegte Gitterrichtungen und -ebenen im kubischen Kristallsystem werden durch Millersche Indices in <> bzw. {} gekennzeichnet.

Gitter		Richtung	Atome a		Ebene	Atome a²
kfz		<110>	1,415		{111}	2,31
		<100>	1,000		{100}	2,00
		<111>	0,578		{110}	1,14
krz		<111>	1,157		{110}	1,14
		<100>	1,000		{100}	1,00
		<110>	0,707		{111}	0,57

Bild 4 Wichtige gleichwertige Richtungen und Ebenen in kfz und krz Elementarzellen. a = Gitterkonstante (▶ Bild 5 S. 23)

Im hexagonalen Kristallsystem werden die Gitterebenen mit den aus Klammern und vier Ziffern bestehenden Miller-Bravais-Indices bezeichnet.

Beispiel: Die in Bild 1 grau gekennzeichnete Gitter-/Netzebene ist durch ihre Schnittpunkte mit den Achsen festgelegt. Zur Kennzeichnung werden diese Achsenabschnitte in Bruchteilen der Atomabstände festgestellt: x-Achse 1/1 a, y-Achse 1/2 b, z-Achse 1/3 c. Diese Werte werden nebeneinander aufgelistet $\left(\frac{111}{123}\right)$ und auf gleichen Nenner $\left(\frac{632}{666}\right)$ gebracht. Anschließend wird der Kehrwert $\left(\frac{666}{632}\right)$ gebildet. Durch Kürzen der Einzelbrüche erhält man die Millerschen Indices (**123**).

Wird eine spezielle Schar von Ebenen gekennzeichnet wie im Beispiel, werden die Millerschen Indices in runde Klammern gesetzt. Für alle gleichwertigen Ebenen werden die Indices in geschweifte Klammern geschrieben.

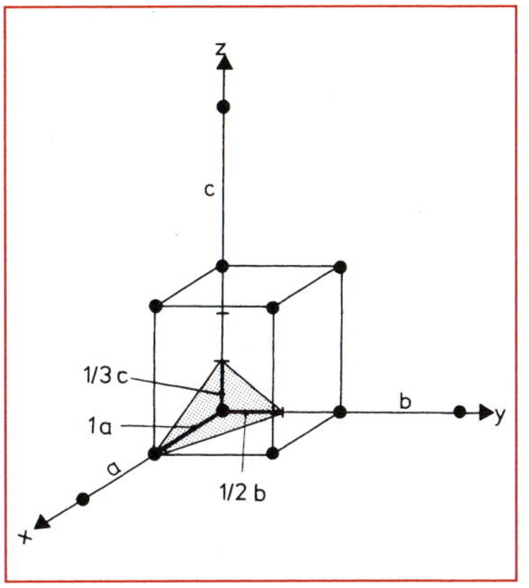

Bild 1 Kennzeichnung von Gitter-/Netzebenen. Lage der Ebenen

2.2.4 Isotropie und Textur

Die Anordnung der Atome in einem Kristallgitter hat zur Folge, dass die makroskopischen Eigenschaften richtungsabhängig sind. So beträgt z. B. der Elastizitätsmodul des Ferrits in Richtung der Raumdiagonalen 285 000 MPa, in Richtung der Würfelkanten dagegen nur 127 000 MPa. Erst durch die regellose Anordnung der Elementarzellen im Kristallhaufwerk ergibt sich der typische Elastizitätsmodul von 205 000 MPa. Diese Richtungsabhängigkeit wird als **Anisotropie** bezeichnet. Sind die Eigenschaften dagegen unabhängig von der Raumrichtung, spricht man von **Isotropie** (isos gr. = gleich, tropos gr. = Richtung). Bei feinkristallin erstarrten Metallen mit vollständiger Unordnung der Gitterlagen heben sich die anisotropen Eigenschaften der Elementarzellen gegenseitig auf. Sie verhalten sich makroskopisch isotrop oder **quasiisotrop** (= wie isotrop).

Amorphe Feststoffe wie Gläser und unverstärkte Kunststoffe verhalten sich meist isotrop.

Die Winkel, welche die Gitterebenen eines Kristallhaufwerks mit einer beliebig angenommenen Bezugsebene einschließen, kennzeichnen die **Orientierung** (▶ Bild 2 S. 18). Sind die Kristalle durch die Herstellung oder Bearbeitung gleich orientiert, spricht man von einer **Textur**. Texturen können beispielsweise durch die gerichtete Erstarrung aus einer Schmelze oder durch plastische Verformungen beim Drahtziehen (Ziehtextur) oder Walzen (Walztextur) entstehen. Werkstoffe mit Textur haben ausgesprochen anisotrope Eigenschaften. Die plastische Verformbarkeit kaltgewalzter Bleche ist quer zur Walzrichtung vielfach größer als parallel zur Walzrichtung. Diese Anisotropie macht sich besonders nachteilig bemerkbar beim Tiefziehen (Zipfelbildung beim Napfziehen, Rissbildung durch Überschreiten der plastischen Verformungsreserve quer zur Walzrichtung des Bleches).

Aufgaben:

1. Nennen Sie den wesentlichen Unterschied im Atomaufbau amorpher und kristalliner Werkstoffe.
2. Beschreiben Sie die die wesentlichen Eigenschaften der Ionenbindung, der Atombindung und der metallischen Bindung.
3. Worauf sind die gute elektrische Leitfähigkeit und die Wärmeleitfähigkeit der Metalle zurückzuführen?
4. Was versteht man unter einer dichtesten Kugelpackung?
5. Erläutern Sie den Begriff Elementarzelle.
6. Nennen und beschreiben Sie die drei Arten von Elementarzellen, die für Metalle typisch sind. Geben Sie für jede Elementarzelle drei Metalle an, die so kristallisieren.
7. Was ist eine Gitterkonstante?
8. Wozu dienen die Millerschen Indices?
9. Beschreiben Sie die Begriffe Isotropie, Anisotropie, Quasiisotropie und Textur.

2.3 Elastische und plastische Verformung der Metalle

2.3.1 Wirkungen von Normal- und Schubspannungen

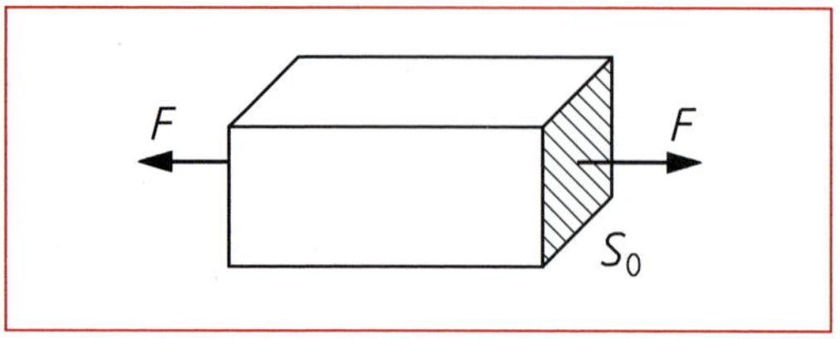

Bild 1 Normalspannung $\sigma = F/S_0$

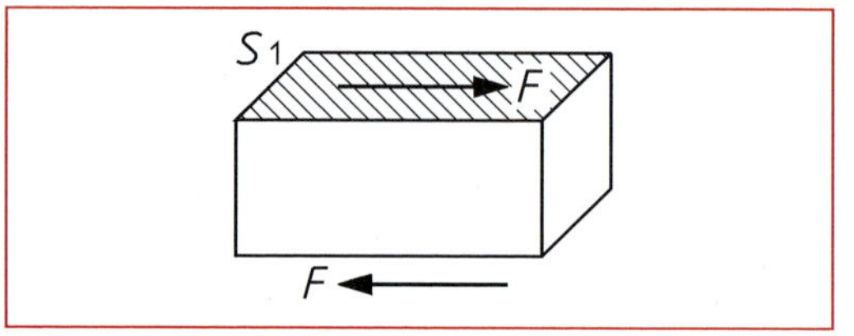

Bild 2 Schubspannung $\tau = F/S_1$

Die Normalspannung σ erhält man durch Division der Kraft F durch die Fläche S_0, auf der sie senkrecht (normal) steht (▶ Bild 1). Greift die Kraft F dagegen parallel zur Fläche S_1 an dem Körper an, so ergibt die Division F/S_1 die Schubspannung τ (▶ Bild 2).

Mechanische Spannungen sind also Kräfte, die auf die Fläche 1 normiert sind. Sie sind nicht mehr unmittelbar an den Ort des Kraftangriffspunktes gebunden: An jedem Punkt des Volumens wirken betragsmäßig gleich große Spannungen parallel zur Richtung der äußeren Kraft. Dementsprechend ist die Vorstellung zulässig, dass die mechanischen Spannungen auch an den Atomen des Kristallgitters angreifen. Diese Vorstellung soll nachfolgend zur Erläuterung der unterschiedlichen Mechanismen bei der elastischen und der plastischen Verformung metallischer Werkstoffe herangezogen werden.

Wirkung der Normalspannungen

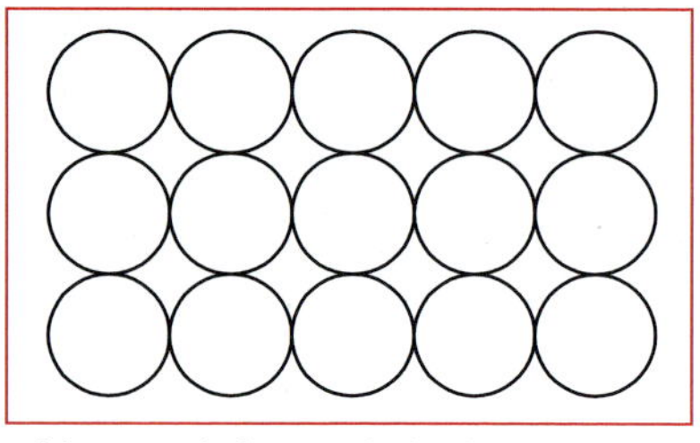

Bild 3 a unbelastetes kubisches Kristallgitter

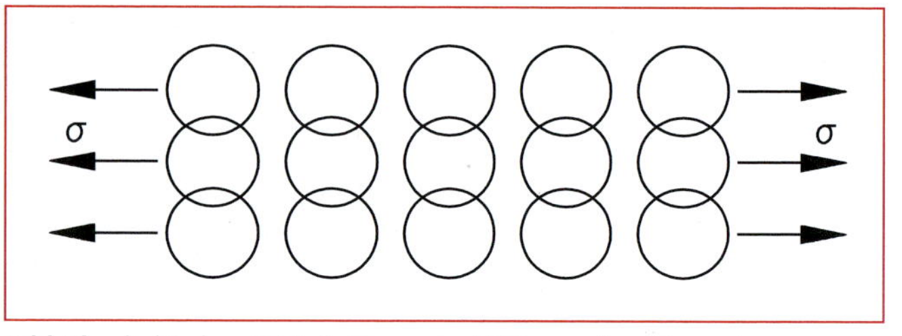

Bild 3 b kubisches Kristallgitter unter Wirkung einer Normalspannung

Wirkt auf ein Kristallgitter eine Normalspannung σ (▶ Bild 3 b), werden die Atome auseinandergezogen (Dehnung) und gleichzeitig quer zur Spannungsrichtung zusammengeschoben (Querkontraktion). Dadurch wird (▶ Bilder 1 und 2 S. 21) das Gleichgewicht der Bindungskräfte gestört. Es entstehen sowohl längs als auch quer zur Spannungsrichtung Rückstellkräfte, die der Verlagerung entgegenwirken. Wird die Normalspannung weggenommen, kehren die Atome infolge der Rückstellkräfte wieder in ihre Ausgangslage (▶ Bild 3 a) zurück.

Elastische Verformung: Die Verlagerung der Atome in einem Kristallgitter durch Normalspannungen geht auf 0 zurück, wenn die Normalspannung weggenommen wird. Sie ist reversibel.

Wird die Normalspannung allerdings zu groß, werden die Bindungskräfte kleiner, der Körper bricht (▶ S. 21).

Wirkung der Schubspannungen

Der grundlegende Ablauf der plastischen Verformung soll zunächst an dem stark vereinfachenden Modell des idealen fehlerfreien Kristallgitters gezeigt werden. In den nachfolgenden Kapiteln wird erläutert, dass die plastische Verformung der Metalle nur durch das Vorhandensein von Gitterbaufehlern möglich ist.

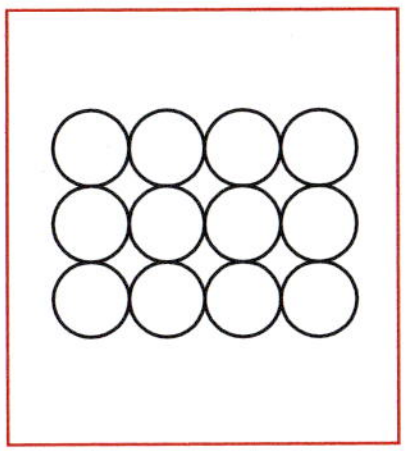

Bild 1 a unbelastetes Kristallgitter

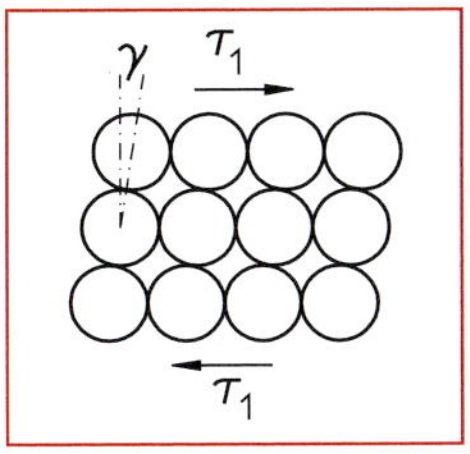

Bild 1 b Winkeländerung infolge einer kleinen Schubspannung τ_1

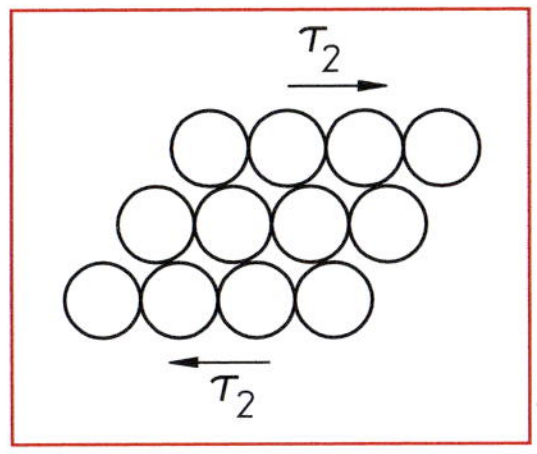

Bild 1 c Schubspannung $\tau_2 > \tau_{krit}$

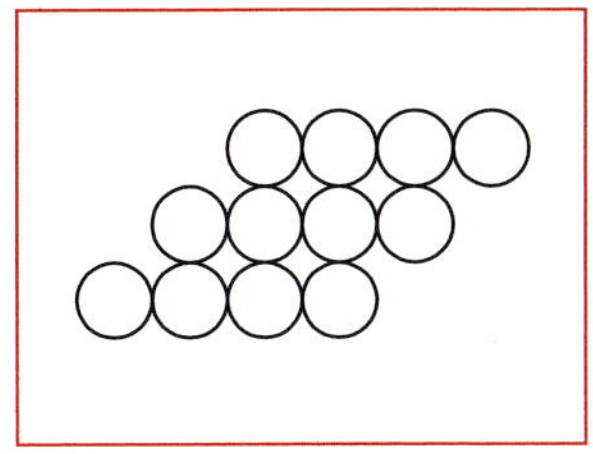

Bild 1 d Kristallgitter nach Wegnahme der Schubspannung τ_2

Greift an einem Kristallgitter eine Schubspannung τ_1 an, so werden die Atome zunächst parallel gegeneinander verschoben. Die Winkeländerung des Kristallgitters wird als Schiebung γ bezeichnet (▶ Bild 1 b). Auch dabei entstehen Rückstellkräfte. Wird zu diesem Zeitpunkt die Schubspannung τ_1 weggenommen, kehren die Atome wieder in ihre ursprüngliche Gleichgewichtslage zurück (elastische Winkeländerung). Wird dagegen die Schubspannung über die kritische Schubspannung τ_{krit} gesteigert, wird die Winkeländerung so groß, dass die Atome in den Wirkungsbereich der Bindungskräfte der jeweils nächsten Atome geraten. Die ursprünglichen Bindungen brechen zusammen, neue Bindungen bauen sich auf. Wird jetzt die Schubspannung weggenommen, geht zwar die nach wie vor vorhandene elastische Winkeländerung zurück, die Verschiebung der Atome gegeneinander bleibt aber erhalten. Sie kann nur durch eine mindestens gleich große Schubspannung in der Gegenrichtung rückgängig gemacht werden.

Plastische Verformung: Die Verschiebung der Atomlagen gegeneinander geht bei Wegnahme der Schubspannung nicht zurück. Sie ist irreversibel.

Die irreversible Verschiebung der Atomlagen gegeneinander wird in der Metallkunde als **Abgleitung**, in der Kristallographie als **Translation** bezeichnet.

Wichtig ist, dass die Schubspannungen zunächst eine elastische Verformung und erst nach Überschreiten der kritischen Schubspannung zusätzlich eine plastische Verformung hervorrufen. Die kritische Schubspannung τ_{krit}, bei der die Abgleitung einsetzt, ist die **Schubfließgrenze**. Sie ist aufgrund der Spannungsmechanik etwa gleich der halben Streckgrenze im Zugversuch.

Bei Überschreiten der Schubfließgrenze kommt zur elastischen Verformung die plastische Verformung hinzu.

2.3.2 Gleitrichtungen, Gleitebenen, Gleitsysteme

Der geringste Energieaufwand ist bei Abgleitungen in den dichtest besetzten Gitterebenen erforderlich, da hier schon geringe Winkeländerungen für die irreversible Verschiebung der Atomlagen ausreichen.

Die Gleitrichtungen sind durch die Gittergeraden mit dichtester Atombesetzung, die Gleitebenen durch die Gitterebenen mit dichtester Atompackung gegeben. Gleitrichtung und Gleitebene bilden zusammen das Gleitsystem.

Je mehr Gleitsysteme in einem Kristallgitter vorhanden sind, umso besser ist es plastisch verformbar.

Nach ▶ Bild 1 S. 28 haben die krz und die kfz Elementarzelle jeweils 12 Gleitsysteme. Dennoch ist die kfz Elementarzelle besser plastisch verformbar, da ihre Gleitebene mit 6 Atomen dichter besetzt ist als die Gleitebene der krz Elementarzelle mit 5 Atomen. Bei hexagonalen Elementarzellen hängt die plastische Verformbarkeit vom Achsenverhältnis b/a ab. Bei größeren Werten treten die Abgleitungen bevorzugt in den dichtest besetzten Basisebenen auf, bei kleineren Verhältnissen sind dagegen die Seitenflächen des Hexagons maßgebend.

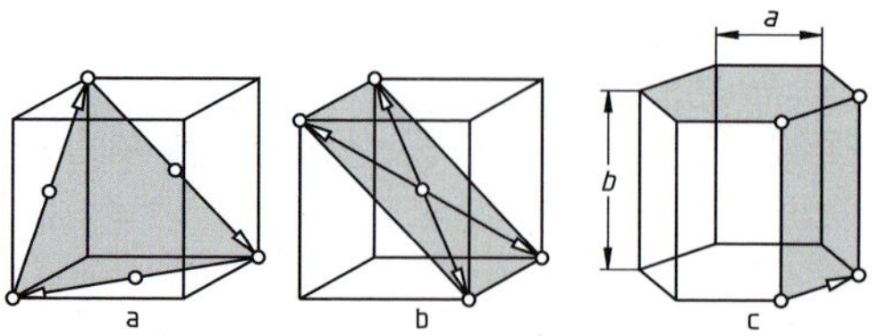

Gepfeilte Strecken = bevorzugte Gleitrichtungen, dunkle Flächen = Gleitebenen. In c sind die Gleitebenen bei $\frac{a}{b} \geq \frac{2}{3}\sqrt{6}$ die Seitenflächen, bei $\frac{b}{a} > \frac{2}{3}\sqrt{6}$ die Deckflächen.

Abb.	Gitter	Gleitebenen je Elementarzelle	Gleitrichtungen je Elementarzelle	Gleitsysteme je Elementarzelle	Beispiele
a	kfz	4	3	4.3 = 12	Al, Cu, Ag, Au, Pt, Ni, γ-Fe, β-Co
b	krz	6	2	6.2 = 12	Cr, V, Mo, Nb, Ta, W, α-Fe, β-Ti
c	hex $\frac{b}{a} \leq \frac{2}{3}\sqrt{6}$	1	3	1.3 = 3	Mg, Zn, Cd
c	hex $\frac{b}{a} > \frac{2}{3}\sqrt{6}$	1	3	1.3 = 3	Mg, Be, α-Ti

Bild 1 Gleitsysteme in Elementarzellen

Beste plastische Verformbarkeit weisen daher die Metalle mit kfz Elementarzelle auf (▶ Tab. Bild 1). Herausragend ist die Verformbarkeit von Gold, die von keinem anderen Metall erreicht wird (Herstellung von Blattgold mit einer Dicke von wenigen µm durch Walzen oder Schlagen bei Raumtemperatur). Gute plastische Verformbarkeit zeigt auch das α-Eisen (Ferrit), das als Hauptbestandteil der Baustähle deren Verformbarkeit bestimmt. Die geringe plastische Verformbarkeit der hexagonal kristallisierenden Metalle ist Ursache dafür, dass diese hauptsächlich als Gusswerkstoffe eingesetzt werden (Magnesium, Zink).

Einfachgleitung, Mehrfachgleitung, Zwillingsbildung

Bei Einfachgleitungen wird nur ein Gleitsystem betätigt, bei Doppelgleitung entsprechend zwei gleichberechtigte Gleitsysteme und bei Mehrfachgleitungen mehrere verschieden orientierte Gleitsysteme (▶ Bild 2).

Ein weiterer Verformungsmechanismus ist die **Zwillingsbildung** (▶ Bild 3). Dabei klappt ein Teil des Kristalls längs einer Zwillingsebene spiegelsymmetrisch zum restlichen Teil des Kristalls um. Die Zwillingsbildung tritt bevorzugt bei hohen Belastungsgeschwindigkeiten auf. Sie bringt die Teile des Kristalls mit noch nicht betätigten Gleitsystemen in eine günstige Lage und erleichtert dadurch die plastische Verformung. Verformungszwillinge sind im metallographischen Schliff bei homogenen Metallen als parallele Linien innerhalb der Kristallite zu erkennen.

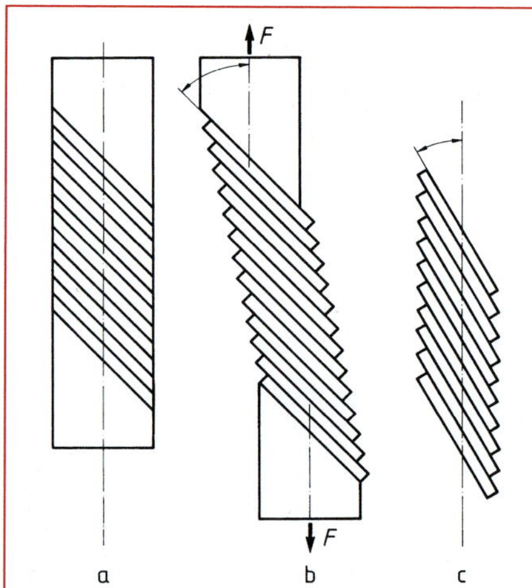

Bild 2 **Doppelgleitung.**
a) Zylindrischer Metalleinkristallstab. Die schrägen Linien sollen die Gleitebenen darstellen.
b) Bleibende Stabverlängerung bei völlig unbehinderter Abgleitung.
c) Da sich die Richtung der verformenden äußeren Zugkraft während des Gleitvorganges nicht ändert, muss die Stabachse in Wirklichkeit gerade bleiben. Um die gleiche Verlängerung wie in b) zu erreichen, müssen sich die Gleitebenen drehen und die Winkel zwischen Stabachse und Gleitebene verkleinern.

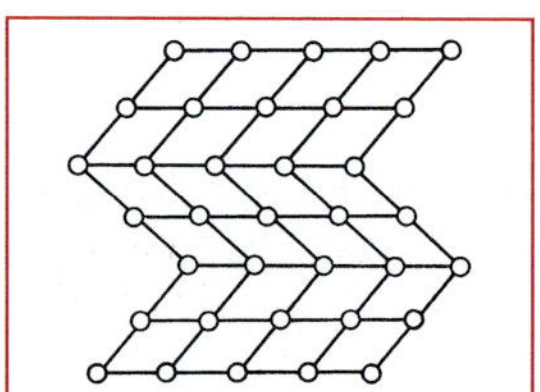

Bild 3 Zwillingsbildung in einem Kristall durch plastische Verformung

2.3.3 Gitterbaufehler

Die bisherigen Darstellungen der Verformungsmechanismen gehen von der idealisierten Vorstellung eines fehlerfreien Kristallgitters aus. Tatsächlich enthalten jedoch alle Metallkristalle Gitterbaufehler verschiedenster Art.

Zu unterscheiden sind:

elektrische Gitterbaufehler, die auf einer ungleichen Verteilung der elektrischen Ladung im Kristall beruhen, ▶ **p-/n-Halbleiter,** S. 232;

chemische Gitterbaufehler durch Einbau von Fremdatomen, ▶ **Mischkristallbildung,** S. 39;

strukturelle Gitterbaufehler durch Abweichungen von der streng periodischen Anordnung der Gitterbausteine.

Strukturelle Gitterbaufehler werden nach ihrer räumlichen Ausdehnung klassifiziert (▶ Bild 1):

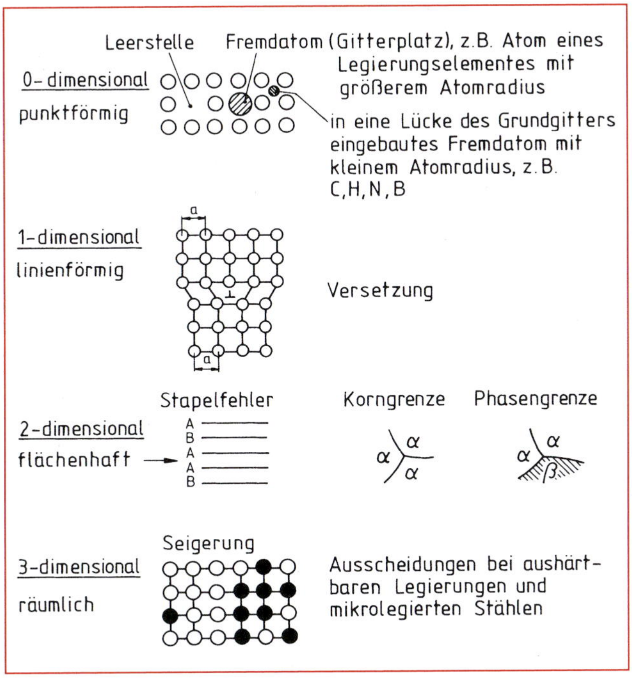

Bild 1 Schematische Darstellung der Gitterbaufehler

Punktförmige (0-dimensionale) Gitterbaufehler entstehen beim Erstarren aus Schmelzen, beim Erwärmen, plastischen Verformen und Bestrahlen mit energiereichen Strahlen. Während durch Kaltumformen erzeugte Leerstellen (= nicht von Atomen besetzte Gitterplätze) schnell wieder verschwinden, können durch Erwärmung erzeugte thermische Leerstellen durch schnelles Abkühlen eingefroren werden. Die Anzahl der thermischen Leerstellen nimmt mit sinkender Temperatur stark zu (10^3 am Schmelzpunkt, 10^9 bei Raumtemperatur).

Linienförmige (1-dimensionale) Gitterbaufehler werden als **Versetzungen** bezeichnet. Sie entstehen beim Erstarren von Schmelzen, beim plastischen Verformen und bei dynamischer Beanspruchung auch bei Spannungen unterhalb der Streckgrenze.

Flächige (2-dimensionale) Gitterbaufehler sind die Korngrenzen oder Phasengrenzen, die ebenfalls beim Erstarren aus der Schmelze gebildet werden, im Verlauf der Fertigung aber z. B. durch Wärmebehandlungsverfahren verändert werden können (Normalglühen von Stahlguss, Grobkornglühen bei Transformatorenblechen).

Ein weiterer flächenhafter Baufehler ist der so genannte **Stapelfehler,** ein Fehler in der Stapelfolge der Gitterebene, z. B. A-B-A-A-B in ▶ Bild 3 S. 21 und ▶ Bild 6 S. 23.

Räumliche (3-dimensionale) Gitterbaufehler sind nichtmetallische Einschlüsse aus dem Erschmelzungs- und Gießprozess sowie intermediäre oder intermetallische Phasen, die sich in Abhängigkeit von der Legierungszusammensetzung und der Temperatur bilden. Dazu zählen auch die Partikel, die sich beim Ausscheidungshärten bilden.

Die Gitterbaufehler beeinflussen maßgeblich die Eigenschaften der Metalle.

2.3.4 Einfluss der Versetzungen auf die plastische Verformbarkeit der Metalle

Die Versetzungsdichte in einem Metall wird nicht durch ihre Anzahl, sondern durch ihre Gesamtlänge je Volumeneinheit angegeben. Versetzungsfreie Kristalle sind nicht herstellbar. In weichgeglühten Kristallen liegt die Versetzungsdichte bei etwa 10^6 cm/cm^3, durch plastische Verformung kann sie ansteigen auf Werte um 10^{12} cm/cm^3 (das sind 10 km bis 10000000 km Länge in 1 cm^3 Volumen).

Berechnungen ergaben, dass in einem fehlerfreien Kristallgitter die erforderliche Schubspannung für das Abgleiten im gesamten Werkstoffvolumen um den Faktor 100 bis 1000 größer ist als in einem realen, mit Versetzungen behafteten Kristallgitter. Die theoretische Zugfestigkeit des reinen Eisens liegt bei 14000 MPa, die tatsächliche liegt bei etwa 200 MPa. Untersuchungen an **Whiskern,** das sind besonders gezüchtete sehr kleine, haarförmige Einkristalle nahezu ohne Gitterbaufehler, bestätigten diese Ergebnisse.

Daraus folgt, dass nicht das gleichzeitige Abgleiten ganzer Atomlagen, wie in ▶ Bild 1 S. 27 gezeigt, der maßgebliche Verformungsmechanismus sein kann. Um ein fehlerfreies Kristallgitter plastisch zu verformen, müssten nämlich alle Bindungen in einer Gleitebene gleichzeitig aufgelöst werden, was aber gleichzusetzen ist mit der Zerstörung des Kristallgitters.

Metalle sind nur durch das Vorhandensein von Versetzungen plastisch verformbar.

▶ Bild 1 a zeigt eine **Stufenversetzung** in einem einfachen kubischen Kristallgitter. Die Versetzung besteht aus einer zusätzlich eingeschobenen Atomreihe, die alle benachbarten Atome um etwa einen halben Atomabstand aus ihrer Gleichgewichtslage verdrängt. Dadurch entstehen oberhalb der Ebene G Druckspannungen, unterhalb dagegen Zugspannungen. Die Zone mit der größten Störung, das Versetzungszentrum, ist mit dem Symbol ⊥ gekennzeichnet. Der senkrechte Strich markiert die eingeschobene Atomreihe, der waagrechte Strich die Gleitebene, in der sich die Versetzung bewegen wird.

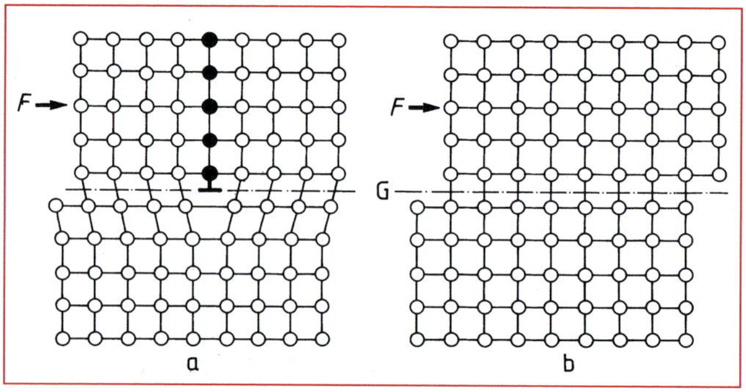

Bild 1 Stufenversetzung
a vor einer Abgleitung, b nach einer Abgleitung

Wirkt nun eine Schubkraft F auf das Kristallgitter, kommt das unterste Atom der zusätzlich eingeschobenen Atomreihe sehr schnell in den Wirkungsbereich des Nachbaratoms und verdrängt das bisher dort gebundene Atom um einen halben Atomabstand. Dieses verdrängte Atom wiederholt den gleichen Abgleitschritt usw. Es werden also nicht alle Atome in der Gleitebene G gleichzeitig bewegt, sondern die Abgleitung durchläuft sukzessiv das Kristallgitter. ▶ Bild 1 b zeigt den Zustand nach Abschluss der Abgleitung. Die erforderliche Schubkraft für die Auslösung der Versetzungswanderung ist um Größenordnungen niedriger als die Schubkraft, die erforderlich wäre, um alle Atome der Gleitebene gleichzeitig zu bewegen.

Das Verhältnis dieser Schubkräfte zueinander kann sehr gut mit dem **Teppichmodell** nachvollzogen werden: Ein größerer Teppich soll verschoben werden. Im ersten Fall (alle Atome der Gleitebene werden gleichzeitig bewegt) zieht man den Teppich insgesamt über den Boden. Dazu muss zunächst mit einer sehr großen Kraft auf der gesamten Fläche die Haftreibung zwischen Boden und Teppich überwunden werden. Wenn der Teppich gleitet, wird die Zugkraft nur unwesentlich kleiner. Im zweiten Fall (Versetzungsgleiten) wird am Ende des Teppichs durch Schieben eine Falte gebildet. Diese Falte wird anschließend kontinuierlich durch den Teppich bewegt. Die erforderlichen Kräfte sind erheblich niedriger.

Auch mit dem Wellblechmodell (▶ Bild 1 S. 31) können diese Kraftverhältnisse anschaulich dargestellt werden.

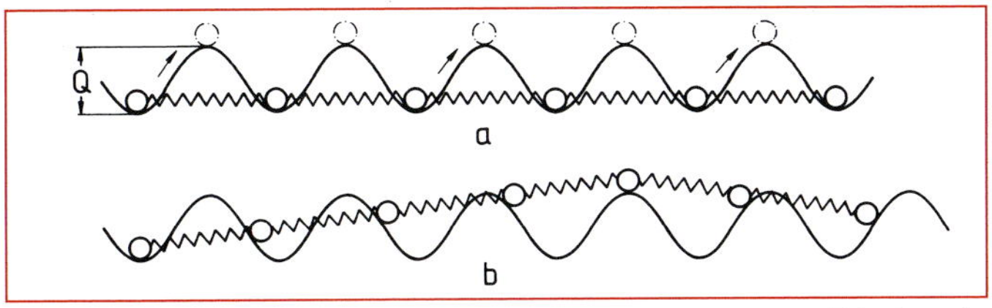

Bild 1 Wellblechmodell zur Erklärung der Aktivierungsenergie der plastischen Verformung. Die Kugeln sollen Atome, die Federn die zwischen den Atomen wirkenden Kräfte darstellen.
a) Die Z Atome einer Gittergeraden, ▶ Bild 5 S. 23, liegen in den Wellblechmulden, d. h. in stabilen Gleichgewichtslagen. Das Anheben eines Atoms auf die höchste Stelle des Wellblechs erfordert eine Q entsprechende Hubenergie. Von dieser labilen Gleichgewichtslage aus gleitet das Atom von selbst in die nächste Mulde. Zum Verschieben aller Atome der Gittergeraden in die benachbarten Mulden müssen die Z Atome gleichzeitig auf die höchsten Stellen des Wellblechs gehoben werden. Dazu ist eine der hohen Gesamtenergie ZQ entsprechend große Verschiebungskraft erforderlich.
b) Die Atome einer Gittergeraden sind gegenüber ihren stabilen Gleichgewichtslagen in a) **versetzt**, ihre Abstände zu den höchsten Stellen des Wellblechs verschieden. Beim Verschieben der Gittergeraden erreichen die Atome nacheinander die höchsten Stellen des Wellblechs, sodass eine gegenüber a) kleine Verschiebungskraft erforderlich ist.
Eine Atomanordnung dieser Art nennt man **Versetzung**, in diesem Falle Stufenversetzung. Eine parallel zur Bildebene liegende Versetzung wird **Schraubenversetzung** genannt. In der Regel genügt es, den Einfluss von Stufenversetzungen auf die Metalleigenschaften zu erfassen.

Die plastische Verformung von realen, mit Gitterbaufehlern behafteten Kristallen erfolgt durch Wandern von Versetzungen. Dazu sind wesentlich niedrigere Aktivierungsenergien bzw. Kräfte oder Spannungen erforderlich als bei idealen, fehlerfreien Kristallen.

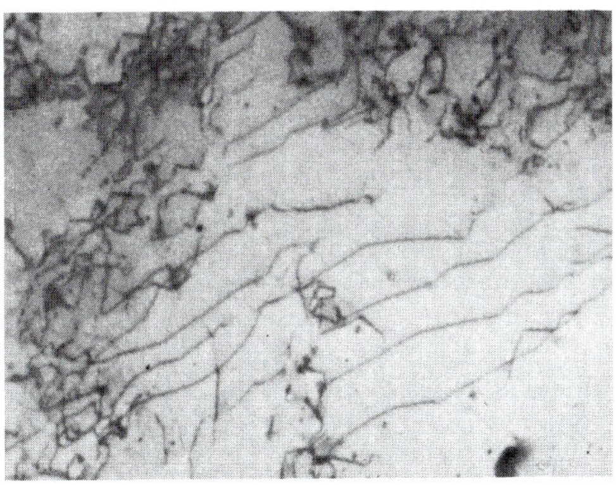

Bild 2 Versetzungslinien in Aluminium. Durchstrahlungselektronenmikroskop $V \approx 20000:1$

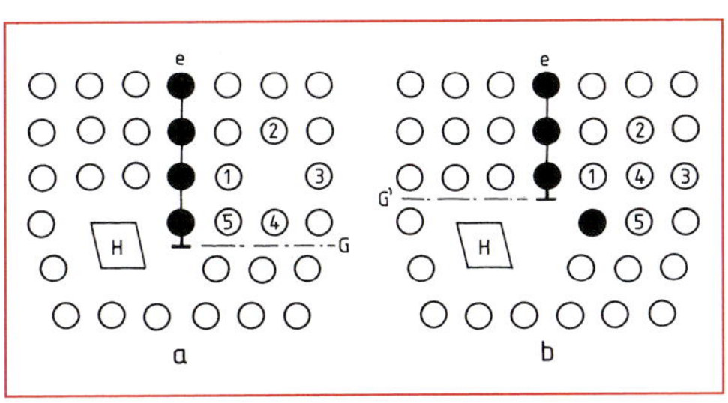

Bild 3 Klettern von Stufenversetzungen
a blockierte Versetzung
b Änderung der Gleitebene durch Klettern der Versetzung

Verbindet man in einem räumlichen Modell eines Kristallgitters die Versetzungszentren ⊥, erhält man die **Versetzungslinien**. Sie kennzeichnen die Bereiche der größten Gitterstörung in einem Kristall. Aufgrund der Zug- und Druckspannungen in ihrem unmittelbaren Umfeld sind sie leicht gekrümmt. Sie können nur an der Kristalloberfläche (Korngrenze) oder an einem räumlichen Gitterbaufehler enden. Die Versetzungslinien können im Durchstrahlungselektronenmikroskop bei Vergrößerungen zwischen 10000- und 20000-fach sichtbar gemacht werden (▶ Bild 2). Aus derartigen Untersuchungen stammen auch die Angaben über die Versetzungslängen und Versetzungsdichten.

Klettern von Versetzungen. Trifft eine Versetzung auf ein Hindernis in der Gleitebene G, ist sie zunächst blockiert (▶ Bild 3 a). Befinden sich allerdings in der Nähe Leerstellen, d. h. unbesetzte Gitterplätze, kann die Versetzung durch Platzwechsel der Gitteratome mit der Leerstelle über das Hindernis klettern (▶ Bild 3 b). Die Leerstelle „wandert“ quasi an die Stelle des Versetzungszentrums. Die Platzwechsel sind Diffusionsprozesse. Für ihren Ablauf sind dementsprechend ausreichend thermische Energien erforderlich. Versetzungsklettern kann also nur bei höheren Temperaturen stattfinden (thermisch aktivierter Prozess). Nach Abschluss der Platzwechsel kann die Versetzung in der neuen Gleitebene G′ weiterwandern.

Neubildung von Versetzungen beim Umformen

Durch **Kaltumformen** (= Umformen ohne Anwärmen, Umformen unterhalb der Rekristallisationstemperatur) entstehen neue Versetzungen. Dadurch wird die Versetzungsdichte um mehrere Zehnerpotenzen erhöht, sodass die Wanderung der Versetzungen durch gegenseitige Behinderung erschwert wird. Dieser Prozess wird als **Kaltverfestigung** bezeichnet.

Durch Kaltverfestigen werden die Streckgrenze und die Zugfestigkeit erhöht. Die Bruchdehnung und Brucheinschnürung werden dagegen durch Verbrauch der plastischen Verformungsreserven verringert.

Die durch Vermehrung und Stau von Versetzungen hervorgerufene Kaltverfestigung ist im Spannungs-Dehnungs-Schaubild durch eine Erweiterung des elastischen Bereiches und Verringerung des plastischen Bereiches gekennzeichnet (▶ Bild 1).

Mit sinkender Temperatur nimmt die Neigung der Metalle zur Kaltverfestigung zu. Stähle mit austenitischem Gefüge (▶ S. 126f.) können nur durch Kaltverfestigen auf höhere Festigkeitswerte angehoben werden. Gleiches gilt für die meisten Reinmetalle und viele Nichteisenmetalllegierungen.

Anwendungen des Kaltumformens:
Herstellen von Stahlerzeugnissen durch Ziehen von Drähten und Rohren, Tiefziehen von Teilen für Autokarosserien, Töpfen u. ä. Um die beim Ziehen erforderlichen hohen Zugspannungen aufnehmen zu können, ist die Verfestigung notwendig.

Erhöhung der Festigkeit, z. B. durch Recken oder Kaltwalzen von Betonstählen, Kaltwalzen austenitischer Bleche, Ziehen von Drähten aus kaltverfestigenden Werkstoffen.

Erzielen einer vorgeschriebenen Textur z. B. Tiefziehblech und Elektroblech.

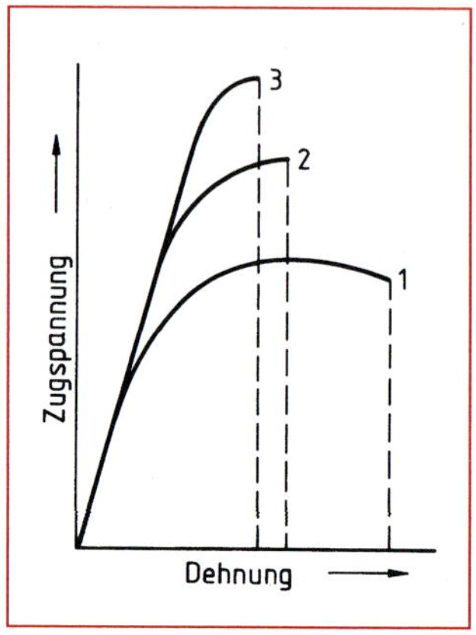

Bild 1 Zugversuche an unterschiedlich kaltgezogenen Aluminiumstäben
1 nicht verformt,
2 schwach verformt,
3 stark verformt

Je höher die Temperatur eines Metallstückes ist, umso größer sind die Wärmeschwingungen seiner Atome und umso leichter können Versetzungen wandern. Bei Erreichen der werkstoffspezifischen **Kristallerholungstemperatur** können sich Versetzungen in günstigere Positionen umordnen und sogar gegenseitig auslöschen. Wird die **Rekristallisationstemperatur** erreicht oder überschritten, bilden sich aus dem verformten und versetzungsreichen Gefüge vollständig neue versetzungsarme Kristallite. Die Kaltverfestigung wird dadurch beseitigt, der Werkstoff erhält seine ursprüngliche niedrigere Festigkeit und höhere plastische Verformbarkeit zurück.

Beim **Warmumformen** (= Umformen nach Anwärmen, Umformen oberhalb der Rekristallisationstemperatur) werden die Kristallite im Moment der Umformung neu gebildet. Dadurch sinkt der **Formänderungswiderstand**, d. h. der Widerstand des Metalls gegen die Änderung seiner äußeren Form, sehr stark ab, das **Formänderungsvermögen**, d. h. die Verformbarkeit eines Metalls bis zum Bruch, nimmt stark zu.

Anwendungen des Warmumformens
Gussblöcke: Zertrümmerung des Gussgefüges, (▶ S. 37) durch Durchknetung des Gussblocks, Erzeugung eines feinkörnigen Gefüges, Auflösung von Seigerungen; Formgebung von Halbzeugen.

Schmieden von Vorformen aus Walzwerkserzeugnissen: Die Zähigkeit der Werkstücke wird in der Streckrichtung verbessert, mit zunehmendem Verschmiedungsgrad in Querrichtung jedoch verschlechtert (in Querrichtung trennende Längszeilen). Verschmiedungsgrad = Anfangsquerschnitt : Endquerschnitt. Die Zugfestigkeit wird nicht erhöht.

2.3.5 Einfluss der Korngröße auf die plastische Verformbarkeit der Metalle

Metallische Werkstoffe sind ein Haufwerk aus verschieden orientierten Kristalliten = Körnern. Benachbarte Körner stoßen bei ihrer Entstehung unter verschiedenen Netzebenen-/winkeln (Orientierungen) zusammen, sodass **Zwischenbereiche mit starken Fehlordnungen = Korngrenzen** entstehen. Daher besteht die durch äußere Kräfte hervorgerufene Spannung im elastischen Bereich, d. h. vor dem Beginn der plastischen Verformung, aus einem *Kornanteil* und einem *Korngrenzanteil*.

Bei der **plastischen Verformung** eines Metalls behindern sich die Körner wegen ihrer unterschiedlich gerichteten Gleitebenen gegenseitig; denn benachbarte Körner müssen gleiche Formänderungen erfahren, damit ihr Zusammenhalt gewährleistet ist. Mit abnehmender Korngröße, d. h. zunehmender Kornzahl nimmt diese Behinderung zu, mit zunehmender Korngröße, d. h. abnehmender Kornzahl, nimmt die Behinderung durch die benachbarten Körner ab.

Der Kornanteil an der verformenden Spannung wird mit zunehmender Korngröße kleiner.

Bei Beginn der plastischen Verformung können die Versetzungen unbehindert lange Wanderwege innerhalb eines Korns zurücklegen und neue Versetzungen können ungestört entstehen. Mit zunehmender Verformung stauen sich die Versetzungen vor den Korngrenzen auf und die Spannungen vor diesen Hindernissen wachsen, bis sie die Blockade überwinden. Dieser Verfestigungsbeitrag der Korngrenzen ist umso geringer, je größer die Körner und die freien Weglängen der Versetzungen von Korngrenzen zu Korngrenzen, d. h. die Versetzungsbeweglichkeiten, sind.

Der Korngrenzenanteil wird mit zunehmender Korngröße kleiner.

Der Einfluss der Korngröße auf die Metalleigenschaften ist bei unverformten = unverfestigten Werkstoffen größer als bei verformten = verfestigten und tritt in der Abbildung 1 bei der Streckgrenze stärker hervor als bei der Zugfestigkeit.

Feines Korn bewirkt bessere Isotropie und höhere Zähigkeit bei vergleichbarer Festigkeit und Härte. Daher sollten Bauteile aus möglichst feinkörnigen Werkstoffen hergestellt werden.

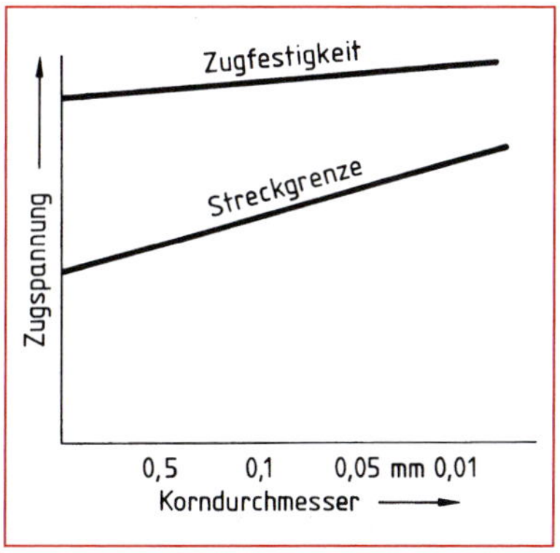

Bild 1 Abhängigkeit der Zugfestigkeit und der Streckgrenze von der Korngröße
Die Streckgrenze steigt mit zunehmender Korngröße stärker an als die Zugfestigkeit

Grobkörniges Gefüge ist besser spanabhebend zu bearbeiten, da infolge der geringeren Zähigkeit die Späne kurz brechen.

Feines Korn kann beim Gießen durch Impfen der Schmelze mit hochschmelzenden Kristallisationskeimen und durch schnelles Abkühlen aus der Schmelze erreicht werden. Normalglühen von Gussteilen führt ebenfalls zu feinerem Korn.
Geschmiedete und warmgewalzte Werkstoffe sind durch die mehrfache Zertrümmerung der Korngrenzen im Umformprozess und der dabei ablaufenden Gefügeneubildung in der Regel feinkörnig.

Die mittlere Korngröße wird gekennzeichnet durch eine Kennzahl, die durch den Vergleich mit genormten Bildreihentafeln oder durch Zählung der mittleren Anzahl Körner je Flächeneinheit ermittelt wird. Eine weitere Möglichkeit ist das Linienschnittverfahren. Für Stähle sind die Verfahren beschrieben in der DIN EN ISO 643: 2013 sowie in der ASTM E 112: 2013.

2.3.6 Festigkeitssteigernde Maßnahmen bei Metallen

Versetzungen erhöhen wie gezeigt die plastische Verformbarkeit und verringern die Festigkeit der Metalle durch ihre Fähigkeit, schon bei niedrigen äußeren Kräften zu wandern. Dies lässt aber den Umkehrschluss zu:

Durch Blockieren der Versetzungen wird die plastische Verformbarkeit der Metalle verringert und ihre Festigkeit erhöht.

Es gilt also, nach Möglichkeiten zu suchen, den Versetzungen möglichst viele und unüberwindbare Hindernisse in den Weg zu legen. Dazu werden im Kristallgitter gezielt Gitterbaufehler entsprechend ▶ Bild 1 S. 29 erzeugt. Entsprechend den vier unterschiedlichen Gitterbaufehlern spricht man auch von den **vier festigkeitssteigernden Mechanismen**:

Gitterbaufehler	Bezeichnung	Wirkungsweise	Verweis
0-dimensional	Mischkristallhärtung	Einbau von Fremdatomen auf Gitterplätzen (SMK) oder Zwischengitterplätzen (EMK). Größere Atome auf Gitterplätzen sowie Atome auf Zwischengitterplätzen oder kleinere Atome auf Gitterplätzen stellen Berge bzw. Täler im Versetzungsweg dar, die nur mit höheren Kräften überwunden werden können.	Seite 39 f.
1-dimensional	Kaltverfestigung	Durch Kaltumformen wird die Versetzungsdichte um Größenordnungen erhöht. Da sie sich nicht umgehen oder ausweichen können, blockieren sich gegenseitig.	Seite 32
2-dimensional	Korngrenzenhärtung	Die Kristallgitterstruktur ist an den Korngrenzen unterbrochen. Sie sind daher für Versetzungen nahezu unüberwindbar. Der Versetzungsweg ist auf das Kornvolumen beschränkt. Je kleiner die Körner sind, umso kürzer sind die Versetzungswege.	Seite 33
3-dimensional	Ausscheidungshärtung	Intermetallische und intermediäre Phasen sind Fremdkörper im Kristallgitter, die für Versetzungen unüberwindbar sind. Bei der Ausscheidungshärtung bilden sich aus zwangsweise im Kristallgitter gelösten Legierungsatomen in großer Zahl submikroskopisch kleine Partikel, die gleichmäßig im Korn verteilt sind und damit die Versetzungswege stark einschränken.	Seite 99 ff.

Diese festigkeitssteigernden Maßnahmen sind heute in allen Bereichen der Technik eingeführt. Sie sind durchweg sehr einfach durchführbar und auch kostengünstig. Allerdings sind nicht alle Maßnahmen auf alle Metalle gleich anwendbar.

Die Herstellung von legierten Metallen ist bei allen Metallgruppen Stand der Technik. Die Sonderform der Mischkristallhärtung durch Kristallgitterumwandlung und Zwangslösung eingelagerter Fremdatome ist auf die Eisen-Kohlenstoff-Legierungen (Stahl und Gusseisen) beschränkt, da nur bei Eisen temperaturabhängig zwei verschiedene Kristallgitterarten mit unterschiedlichen Kohlenstofflöslichkeiten auftreten (Umwandlungshärtung).

Reine Metalle sowie nahezu alle Legierungen können durch Kaltumformen (Drahtziehen, Kaltwalzen) kaltverfestigt werden.

Feinkörnige Metalle können durch spezielle Legierungselemente (Feinkornbaustähle), aber auch durch Kaltumformen mit bestimmten Umformgraden und nachfolgendes Rekristallisierungsglühen erzeugt werden.

Die Ausscheidungshärtung ist die wirkungsvollste härtesteigernde Maßnahme bei Nichteisenmetalllegierungen. Sie erfordert aber spezielle Legierungszusammensetzungen, da nicht alle Legierungselemente intermediäre oder intermetallische Phasen bilden können.

Aufgaben:

1. Beschreiben Sie die Vorgänge im Kristallgitter bei einer elastischen bzw. plastischen Verformung.
2. Warum ist die elastische Verformung reversibel, die plastische Verformung dagegen irreversibel?
3. Welche Bedeutung hat die Schubfließgrenze?
4. Was ist ein Gleitsystem?
5. Die erforderlichen Kräfte für die plastische Verformung sind in versetzungsbehafteten Kristallgittern um Größenordnungen niedriger als in versetzungsfreien Kristallgittern. Begründen Sie diese Aussage.
6. Was versteht man unter Kaltverfestigung?

7. Beschreiben Sie die Vorgänge im Gefüge, wenn beim Umformen die Kristallerholungstemperatur bzw. die Rekristallisationstemperatur erreicht oder überschritten wird.
8. Wann spricht man von einer Warmumformung?
9. Ein feinkörniges Gefüge ist in der Regel gut plastisch umformbar. Ist diese Aussage korrekt?
10. Nennen Sie die vier festigkeitssteigernden Mechanismen und beschreiben Sie kurz ihre Wirkungsweise.

2.4 Schmelzen und Erstarren reiner Metalle

2.4.1 Thermische Analyse

Die Eigenschaften der Metalle hängen ab vom Kristallgitteraufbau und vom Gefügeaufbau, d.h. von der Art, der Anordnung und der Gestalt der Kristallite. Um die Eigenschaften, aber auch Eigenschaftsänderungen durch Gefügeumwandlungen richtig beurteilen zu können, ist es erforderlich, die Abläufe bei der Entstehung und Veränderung zu untersuchen. Da bei Metallen grundsätzlich der schmelzflüssige Zustand am Anfang aller Herstellungsprozesse steht und wesentliche Gefügeänderungen durch Wärmeeinfluss bewirkt werden, wird die thermische Analyse als Untersuchungsmethode eingesetzt.

Bei der thermischen Analyse wird der zu untersuchende Stoff langsam erwärmt oder abgekühlt. Wesentlich ist dabei, dass die Wärmequelle eine konstante Wärmemenge je Zeiteinheit liefert bzw. beim Abkühlen eine konstante Wärmemenge je Zeiteinheit abgeführt wird. Aufgezeichnet werden der Temperaturverlauf in dem Stoff in Abhängigkeit von der Zeit und die Veränderungen des Stoffzustandes.

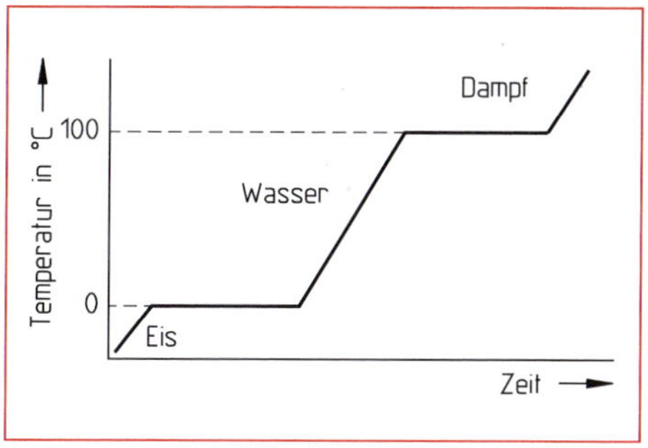

Bild 1 Thermische Analyse von Wasser

Beispiel: Die thermische Analyse von Wasser liefert die in ▶ Bild 1 gezeigte Temperatur-Zeit-Linie. Wird Eis von Minusgraden beginnend erwärmt, beginnt es bei 0 °C zu schmelzen. Während der Schmelzphase, solange also gleichzeitig Eis und Wasser im Gefäß vorhanden sind, steigt die Temperatur nicht an. Erst wenn alles Eis geschmolzen ist, erhöht sich die Temperatur kontinuierlich mit der Wärmezufuhr bis auf 100 °C. Hier beginnt das Wasser zu verdampfen und wiederum bleibt die Temperatur solange konstant bis alles Wasser verdampft ist. In einem geschlossenen System (Dampfkessel) könnte danach bei weiterer Wärmezufuhr die Temperaturerhöhung des Dampfes verfolgt werden.

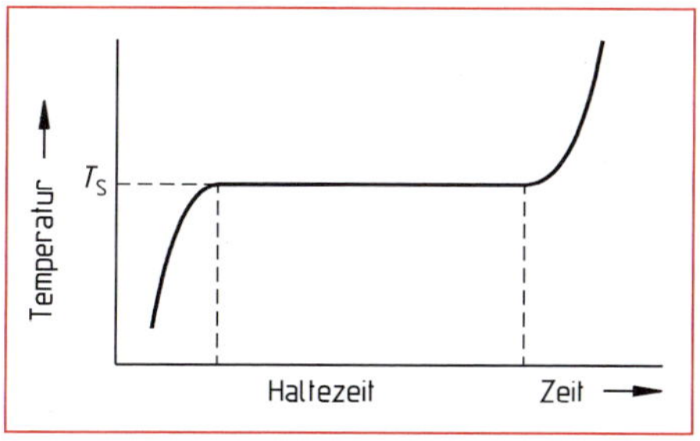

Bild 2 Schematisierte Schmelzkurve eines Metalls

Vergleichbare Temperatur-Zeit-Verläufe treten auch bei den Metallen auf (▶ Bild 2). Wird dem Metall eine konstante Wärmemenge pro Zeiteinheit zugeführt, steigt die Temperatur zunächst kontinuierlich an. Kurz vor Erreichen der Schmelztemperatur wird der Temperaturanstieg langsamer und bleibt bei Erreichen der Schmelztemperatur T_S über die Haltezeit konstant trotz weiterer Wärmezufuhr. Zu Beginn der Haltezeit beginnt der Metallblock zu schmelzen, am Ende der Haltezeit ist nur noch Schmelze im Tiegel. Erst danach steigt die Temperatur weiter an.

Die Temperatur T_S wird als **Schmelztemperatur** oder **Schmelzpunkt** bezeichnet. Sie ist bei reinen Metallen konstant.

Die während der Haltezeit zugeführte Wärmemenge ist die **Schmelzwärme**. Es ist genau die Energiemenge, die für die Auflösung der Bindungen der Metallatome im Kristallgitter benötigt wird.

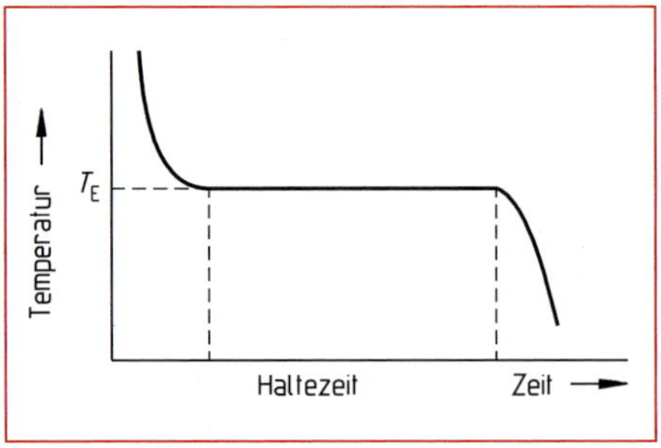

Bild 1 Schematisierte Abkühlkurve eines Metalls

Analog verläuft die Abkühlkurve ► Bild 1. Auch beim Abkühlen bleibt die Temperatur bei T_E über die Haltezeit konstant. Zu Beginn der Haltezeit bilden sich erste Kristallisationskeime in der Schmelze. Von diesen ausgehend läuft die Erstarrungsfront durch das Volumen. Am Ende der Haltezeit ist das Metall komplett erstarrt.

Die Temperatur T_E wird als **Erstarrungstemperatur** oder **Erstarrungspunkt** bezeichnet. Sie ist bei reinen Metallen konstant.

Die während der Haltezeit abgeführte Wärmemenge ist die **Kristallisationswärme**. Es ist genau die Energiemenge, die bei der Kristallisation, d.h. bei der Anlagerung der Metallatome an das Kristallgitter, freigesetzt wird.

Schmelz- und Erstarrungstemperatur sind bei reinen Metallen gleich.

Unter der Voraussetzung, dass aus dem System keine Wärme z.B. durch Abstrahlung nach außen verloren geht, sind die Schmelz- und die Kristallisationswärme gleich.

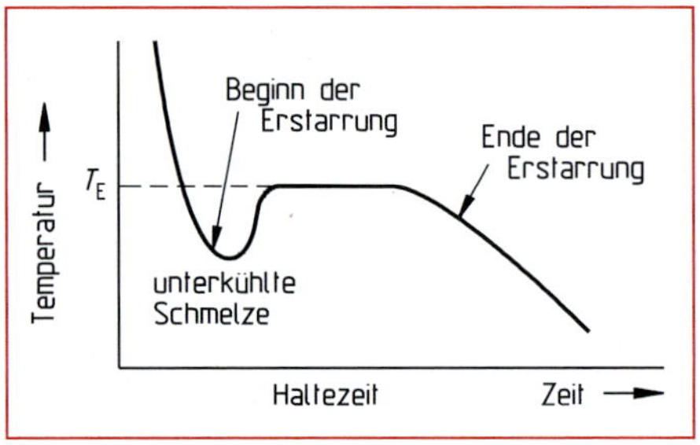

Bild 2 Temperatur-Zeit-Verlauf in realen Systemen

In realen Systemen, beispielsweise in Gießereien, ist die Forderung nach konstanter Wärmeabfuhr je Zeiteinheit aus technischen und auch wirtschaftlichen Gründen nicht machbar. Die Abkühlung in der Form erfolgt meist immer noch völlig ungeregelt in relativ kurzer Zeit. Dabei ergeben sich Abkühlkurven analog Bild 2. Die Temperatur der Schmelze sinkt infolge der schnellen Wärmeabfuhr sehr stark ab auf Werte unterhalb der Erstarrungstemperatur. Die Kristallisation der unterkühlten Schmelze setzt verspätet, dafür aber umso heftiger ein. Die dabei freigesetzte Kristallisationswärme erhöht die Temperatur kurzzeitig bis auf die Erstarrungstemperatur. Da zu diesem Zeitpunkt bereits ein großer Teil des Volumens erstarrt ist, kann die bei der Erstarrung der Restschmelze freiwerdende geringe Kristallisationswärme die nach außen abgeführte Wärme nicht mehr ausgleichen, sodass die Temperatur schon vor Ende der Kristallisationsphase weiter sinkt. Beginn und Ende der Erstarrung sind nicht mehr exakt feststellbar.

Amorphe Metalle. Die Kristallisation der Metalle kann durch extrem hohe Abkühlgeschwindigkeiten von mehreren 100 Grad/s unterdrückt werden. Dazu wird die Metallschmelze in einer Dicke von einigen µm auf Walzen abgezogen, die mit flüssigem Stickstoff (–196 °C) gekühlt werden. Dadurch bleibt den Metallatomen keine Zeit, das Kristallgitter auszubilden. Röntgenographische Untersuchungen zeigen ein diffuses Bild ohne die für Kristallgitter typischen Beugungsringe. Die amorphen Metalle sind kaum plastisch verformbar, zeichnen sich aber durch besondere elektrische und magnetische Eigenschaften aus. So weisen sie extrem niedrige Ummagnetisierungsverluste auf, wodurch sie beispielsweise hervorragend geeignet sind für die Herstellung der Tonköpfe für die magnetische Aufzeichnung hochfrequenter Analogsignale in Videorecordern oder der Schreib-/Leseköpfe von Computerfestplatten.

Aufgaben:

1. Erläutern Sie den Ablauf einer thermischen Analyse bei reinen Metallen.
2. Wie ist die Schmelz- bzw. die Erstarrungstemperatur reiner Metalle definiert?
3. Was versteht man unter der Schmelz- bzw. Kristallisationswärme?
4. Beschreiben Sie den realen Abkühlungsprozess im Vergleich zum idealen Abkühlungsprozess.
5. Wodurch unterscheiden sich amorphe Metalle von kristallinen Metallen?

2.4.2 Gussgefüge der Metalle

Flüssige Metalle und Metall-Legierungen erstarren meist von außen nach innen. Mit Ausnahme von Gusseisen und eutektischen Legierungen bildet sich dabei ein mehr oder weniger deutlich ausgeprägtes dreizoniges Gussgefüge nach ▶ Bild 1 und ▶ Bild 2 aus.

Bild 1 Makroätzung eines Blockquerschnittes aus austenitischem Cr-Ni-Stahlguss

Bild 2 Querschnitt durch einen Reinaluminium-Stranggussbarren
Die Randzone ist regellos, körnig erstarrt, in der Strangmitte Stengelkristallbildung

Die feinkristalline äußere Zone I entsteht durch große Kristall-Keimbildungsgeschwindigkeit infolge Unterkühlung der Schmelze an den kalten Formwänden.

In der Transkristallisationszone II wachsen die Kristalle dem Wärmefluss entgegen zu langgestreckten Stängelkristallen aus.

Die Gleichrichtung der Stängelkristalle heißt Gusstextur.

Die grobkristalline innere Zone III, die meist globulare (Globus = Kugel) Kristallite aufweist, entsteht bei sinkender Abkühlungsgeschwindigkeit; die Stängelkristalle schieben die als Kristallisationskeime wirkenden Verunreinigungen zur Mitte. Bei unterschiedlichen Kristallisationsgeschwindigkeiten in verschiedenen Richtungen, z. B. bei Formguss, entstehen tannenbaum- oder farnkrautblattähnliche Kristallskelette, sog. **Dendriten** nach ▶ Bild 3 und ▶ Bild 4.

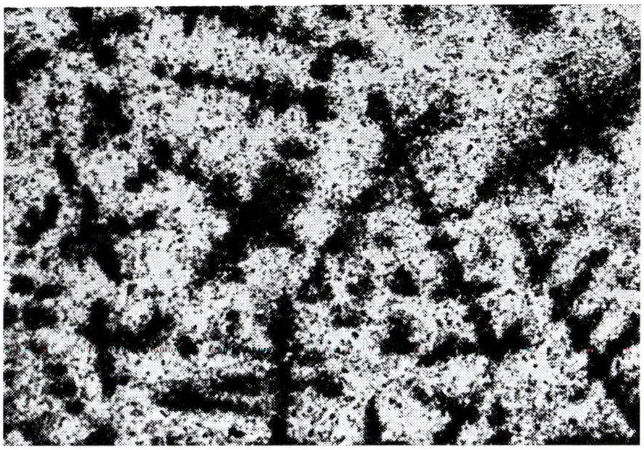

Bild 4 Eisendendriten
im Lunker eines Stahlgussstückes frei gewachsen

Bild 3 Legierter Baustahlguss mit Dendriten
(dendron = gr. Baum) Bildvergrößerung 1 : 10

Grobkörnigkeit, Dendriten und Transkristallisationszonen werden durch niedrige Gießtemperatur, schnelle Abkühlung der Schmelze, Gießen und Erstarren unter Druck und Zugabe von sog. Modifikatoren (Keimbildungszusätzen) vermieden.

3 Legierungskunde

3.1 Grundbegriffe der Legierungskunde

3.1.1 Eigenschaften von Legierungen

Die wenigsten Metalle kommen in reiner Form in der Natur vor. Auch die Erze, aus denen die meisten Gebrauchsmetalle erschmolzen werden, enthalten meist Fremdelemente, die im Reduktionsprozess nur ungenügend entfernt werden können und daher als Begleitelemente im Metall enthalten sind. Um Reinstmetalle zu erzeugen, sind aufwendige Verfahren, meist auf Elektrolysebasis, erforderlich. Sie sind dementsprechend teuer. Für technische Anwendungen sind Reinstmetalle mit einigen Ausnahmen (Leiterwerkstoffe in der Elektrotechnik) sowohl wegen ihrer Preise, aber auch wegen ihrer oft niedrigen mechanischen Festigkeiten uninteressant.

Technisch reine Metalle enthalten meist noch etwa 0,5 bis 1 % Verunreinigungen. Sie sind erheblich preisgünstiger als die Reinstmetalle, haben aber die gleichen niedrigen mechanischen Festigkeiten.

Schon sehr früh in der Menschheitsgeschichte wurde erkannt, dass durch gezielte Zugabe von Fremdelementen die Eigenschaften der Metalle in weiten Grenzen variiert werden können. Diese Entwicklung ist bis heute noch nicht beendet.

Beispiel 1: ▶ Bild 1 zeigt die möglichen Veränderungen der Zugfestigkeit von Kupfer-Nickel-Legierungen durch Änderung der Legierungszusammensetzung. Diese beiden Metalle eignen sich besonders gut für diese Darstellung, da sie in jedem beliebigen Mengenverhältnis mischbar sind. Reinkupfer hat eine Zugfestigkeit von knapp 200 MPa, Reinnickel von etwa 430 MPa. Bei Legierungsgehalten zwischen 69 bis 75 % Nickel und entsprechend 31 bis 25 % Kupfer steigt die Zugfestigkeit auf nahezu 600 MPa an. Die Festigkeitssteigerung wird allein durch Mischkristallbildung erreicht, d. h. Kupferatome werden vollkommen gleichmäßig in das Kristallgitter des Nickels eingebaut. Durch den etwas größeren Atomradius des Kupferatoms wird die Versetzungswanderung behindert, die plastische Verformbarkeit nimmt ab und die Festigkeit steigt an (1. festigkeitssteigernder Mechanismus, ▶ S. 34).

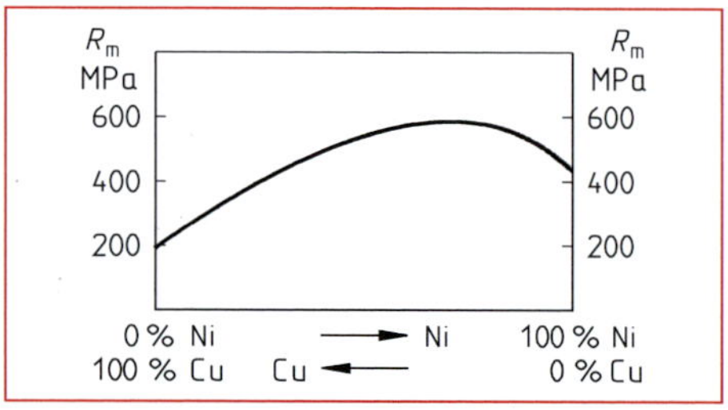

Bild 1 Abhängigkeit der Zugfestigkeit von der Zusammensetzung der Kupfer-Nickel-Legierungen

Beispiel 2: Die Eisenatome des Stahls gehen in wässrigen Korrosionsmedien durch Abgabe der Valenzelektronen bereitwillig in Ionenform in Lösung (▶ S. 258). Legiert man den Stahl jedoch mit mindestens 13 % Chrom und sorgt durch eine Wärmebehandlung dafür, dass die Chromatome frei im Eisenkristallgitter gelöst sind, bilden die Chromatome mit dem Sauerstoff der Luft auf der Stahloberfläche eine wenige Atomlagen dicke, absolut dichte Chromoxidschicht. Diese trennt das Korrosionsmedium von der Stahloberfläche, sodass kein Korrosionsangriff stattfinden kann (nichtrostende Stähle nach DIN EN 10088:2014, ▶ S. 126).

Dies sind nur zwei Beispiele für Möglichkeiten zur Veränderung von Metalleigenschaften durch Legieren. Weitere Beispiele sind verschleißfeste Legierungen für Werkzeuge, hochwarmfeste Legierungen für Verbrennungskraftmaschinen und Turbinen, hochfeste Leichtbaulegierungen für den Automobil- und Flugzeugbau, aber auch Schmucklegierungen. Die Palette enthält heute Legierungen aller Gebrauchsmetalle und bietet für nahezu jeden Einsatzfall eine optimale Werkstoffzusammensetzung.

Eigenschaften der Legierungen:

- Legierungen sind Metalle mit allen metalltypischen Eigenschaften wie Kristallgitter, Valenzelektronen, elektrische und Wärmeleitfähigkeit, hohe Festigkeit, plastische Verformbarkeit usw.
- Legierungen bestehen aus einem **Grundmetall** und mindestens einem **Legierungselement**, den **Legierungskomponenten**. Das Grundmetall ist der Legierungsbestandteil mit dem größten Massenanteil und ist die Basis der Legierung (Eisenbasislegierung, Nickelbasislegierung usw.). Der Massen-

anteil muss nicht größer als 50 % sein. Hochlegierte Werkstoffe können durchaus Grundmetallgehalte von weniger als 50 % haben (Nickelbasislegierungen im Gasturbinenbau mit etwa 40 % Nickel und bis zu 23 Legierungselementen).

- Als Legierungselemente können Metalle und Nichtmetalle eingesetzt werden. Das wichtigste Legierungselement des Stahls ist das Nichtmetall Kohlenstoff.
- Legierungselemente werden bewusst und in genau festgelegten Mengen zugegeben. Durch die Legierungselemente sollen bestimmte Werkstoffeigenschaften in vorgegebenen Grenzen verändert werden. Dies ist nur möglich bei genauer Abstimmung der Massenanteile der Legierungselemente untereinander und zur Masse des Grundmetalls.
- Verunreinigungen sind nicht beabsichtigte, meist nicht einfach (wirtschaftlich) entfernbare Fremdelemente und Fremdstoffe aus dem Erz, dem Reduktionsverfahren, dem Schmelz- und Gießprozess, welche die Eigenschaften der Legierung negativ beeinflussen. Ihre Gehalte sollten daher so niedrig wie möglich sein.

3.1.2 Mischkristalle

Die Atome der Legierungselemente oder auch der Verunreinigungen werden teilweise in das Kristallgitter des Grundmetalls eingebaut. Diese Kristallgitter werden als Mischkristalle bezeichnet.

In einem Mischkristall sind mindestens zwei verschiedene Atomarten enthalten.

Je nach Größe des Atomradius des Fremdelementes im Vergleich zum Atomradius des Grundmetalls werden unterschiedliche Mischkristalle gebildet.

Substitutionsmischkristalle (SMK)

Ein Atom des Fremdelementes ersetzt (= substituiert) ein Atom des Grundmetalls auf seinem Gitterplatz.

Eine von mehreren Voraussetzungen für die Bildung eines Substitutionsmischkristalles ist, dass sich die Atomradien des Fremdelementes und des Grundmetalls nicht zu stark unterscheiden. Die Stärke der Gitterstörung nimmt mit dem Unterschied der Atomradien zu.

Nahezu gleiche Atomradien: Beispiel Kupfer mit 0,1277 nm, Nickel mit 0,1245 nm. Jedes Kupferatom kann jedes Nickelatom auf dem jeweiligen Gitterplatz ersetzen und umgekehrt. Kupfer und Nickel können daher in jedem beliebigen Mengenverhältnis miteinander legiert werden. Die Gitterstörung ist gering, trotzdem wird die Festigkeit deutlich erhöht (▶ Bild 1 S. 38). Ebenfalls beliebig mischbar sind die Atome Gold und Silber, Gold und Kupfer, Gold und Platin (Schmucklegierungen) sowie Eisen und Nickel.

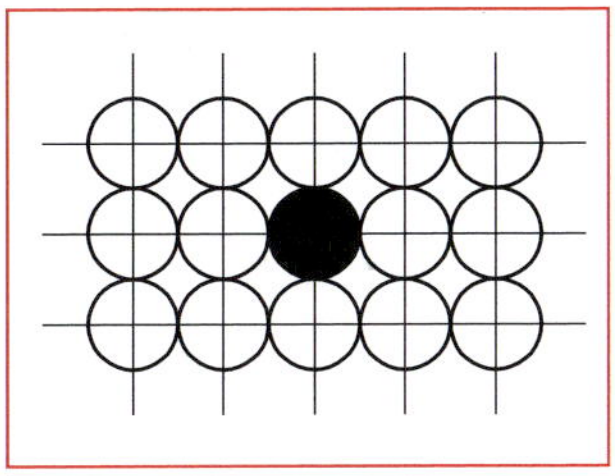

Bild 1 Substitutionsmischkristall mit Atomen nahezu gleicher Atomradien

Atomradius des Fremdelementes etwas kleiner (▶ Bild 1 S. 40) als Atomradius des Grundmetalls: Die Atome versuchen immer, die dichteste Kugelpackung zu bilden. Ist der Atomradius des Substitutionsatoms kleiner, rücken die benachbarten Grundmetallatome nach. Das Kristallgitter wird verzerrt. Man spricht von einer **Gitterkontraktion**.

Da die Gitterstörung größer ist als bei nahezu gleichen Atomradien, können nur noch begrenzt Atome des Grundmetalls durch Atome des Fremdelementes ersetzt werden.

Atomradius des Fremdelementes etwas größer (▶ Bild 2 S. 40) als Atomradius des Grundmetalls: In diesem Fall werden die Atome des Grundmetalls durch das substituierende Atom auseinander gerückt. Das Kristallgitter wird ebenfalls verzerrt. Man spricht von einer **Gitteraufweitung**.

Auch in diesem Fall sind nur noch begrenzt Atome des Grundmetalls durch Atome des Fremdelementes zu ersetzen.

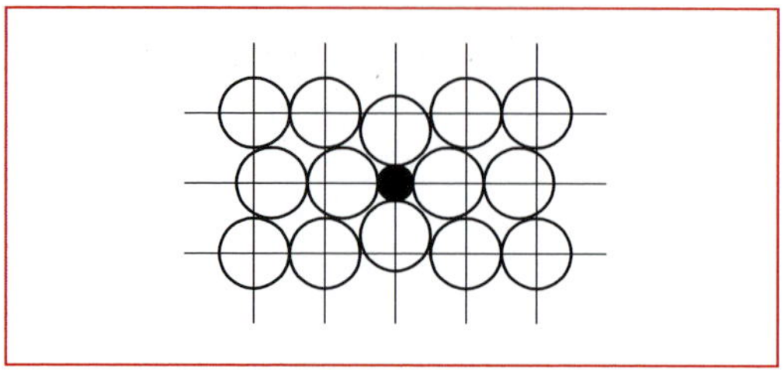

Bild 1 Substitutionsmischkristall: Atomradius Fremdelement < Atomradius Grundmetall

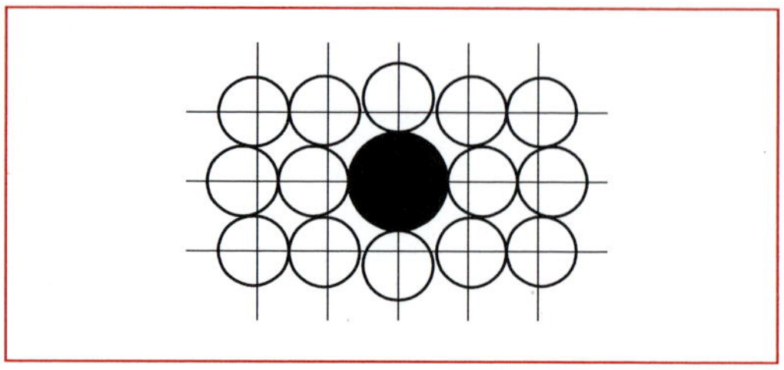

Bild 2 Substitutionsmischkristall: Atomradius Fremdelement > Atomradius Grundmetall

Einlagerungsmischkristall (EMK)

Ein Atom des Fremdelementes wird auf einem Zwischengitterplatz zwischen zwei Atomen des Grundmetalls eingelagert.

Voraussetzung für die Bildung eines Einlagerungsmischkristalls ist, dass der Atomradius des Fremdelementes sehr viel kleiner ist als der Atomradius des Grundmetalls. Daher können nur die Elemente bis zur Ordnungszahl 8 in Metallkristallgittern eingelagert werden. Die wichtigsten sind Wasserstoff, Kohlenstoff, Stickstoff und Sauerstoff.

Durch das eingelagerte Fremdatom wird das Kristallgitter sehr stark aufgeweitet. Die Gitterstörung pflanzt sich über viele Atomlagen fort, sodass ein sehr starker Zwangszustand gegeben ist. Daher können nur wenige Fremdatome in dieser Form in einem Kristallgitter eingebaut werden. Im kubischraumzentrierten Kristallgitter des Eisens kann bei Raumtemperatur gerade 0,0001 % Kohlenstoff gelöst werden. Das sind fünf Kohlenstoffatome je 1 000 000 Eisenatome.

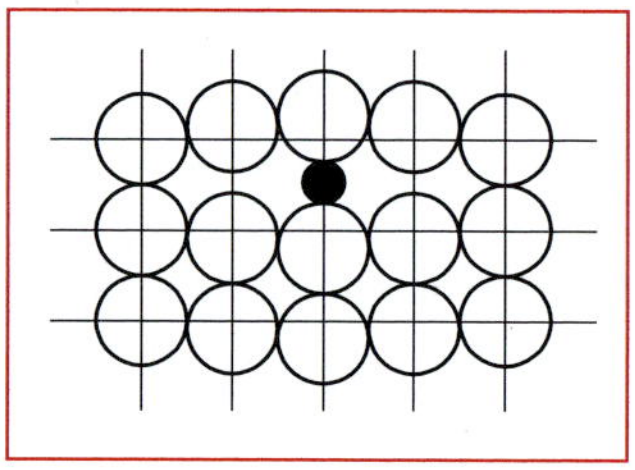

Bild 3 Einlagerungsmischkristall

Löslichkeit von Fremdatomen im Kristallgitter des Grundmetalls

Die Fähigkeit des Kristallgitters zur Aufnahme von Fremdatomen in Form von Mischkristallen wird als Löslichkeit bezeichnet.

Die Löslichkeit ist die maximal in einem Grundmetall lösbare Masse eines Fremdelementes bezogen auf die Gesamtmasse der Legierung.

► Bild 1 S. 41 zeigt die Löslichkeit von Fremdatomen in Kristallgittern, also im festen Zustand, in Abhängigkeit vom Atomradienverhältnis Fremdelement zu Grundmetall. Bei Einlagerungsmischkristallen erfordert der Einbau der Fremdatome sehr viel Energie, da die Gitterstörung sehr weit reicht, selbst wenn die eingelagerten Atome sehr klein sind. Daher ist die Löslichkeit sehr stark begrenzt. Sie liegt bei Raumtemperatur meist weit unter 1 %.

Bei Substitutionsmischkristallen sind die Gitterstörungen sehr viel kleiner. Sind die Atomradien nahezu gleich, ist die Löslichkeit unbeschränkt. Man spricht von vollkommener Löslichkeit der beiden Legierungspartner ineinander. Mit zunehmenden Unterschieden der Atomradien wird die Löslichkeit kleiner, da die Gitterstörungen zunehmen und mehr Energie für den Einbau erforderlich wird. Dies wird als begrenzte Löslichkeit bezeichnet.

Zwischen EMK und SMK liegt ein Bereich der vollkommenen Unlöslichkeit. Hier sind die Fremdatome zu groß, um noch auf Zwischengitterplätze eingebaut werden zu können, sie sind aber noch zu klein, um Atome des Grundmetalls auf Gitterplätzen zu substituieren. Sind die Fremdatome deutlich größer als die Grundmetallatome, können ebenfalls keine Substitutionsmischkristalle mehr gebildet werden. Auch in diesem Fall spricht man von vollkommener Unlöslichkeit.

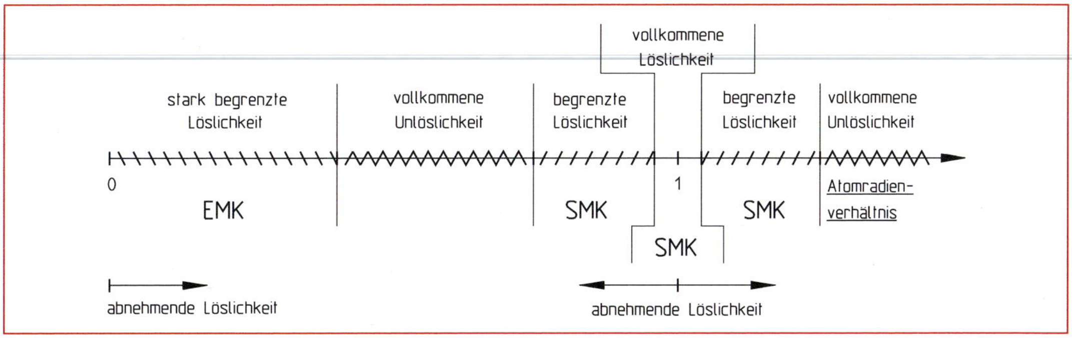

Bild 1 Löslichkeit von Fremdelementen im Kristallgitter eines Grundmetalls in Abhängigkeit vom Atomradienverhältnis Fremdelement zu Grundmetall

3.1.3 Intermediäre und intermetallische Phasen

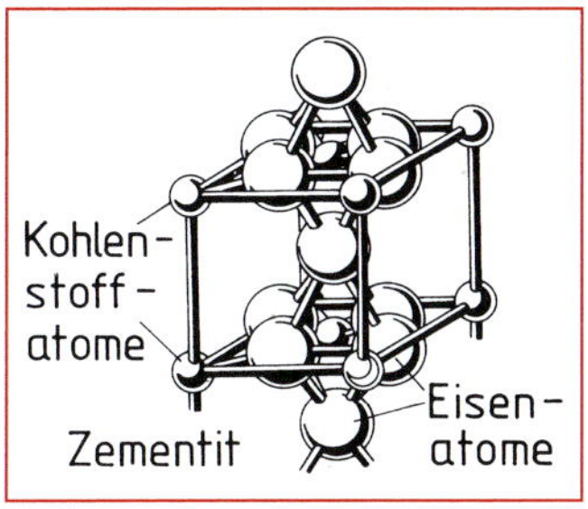

Bild 2 Kristallgitterstruktur des Eisenkarbids Fe_3C (Zementit)

Diese Phasen liegen zwischen chemischer Verbindung und metallischer Bindung. Die Atome sind in zwei oder mehreren ineinander verschachtelten Kristallgittern angeordnet. Diese Kristallgitter weichen im Allgemeinen von den Kristallgitterbauformen der jeweiligen reinen Elemente ab (▶ Bild 2). Intermediäre Phasen bestehen aus Metall- und Nichtmetallatomen, intermetallische Phasen enthalten verschiedene Metallatome. Die Elemente sind in ähnlichen Mengenverhältnissen enthalten wie in chemischen Verbindungen (stöchiometrische Zusammensetzung). Daher werden sie auch mit chemischen Formeln vergleichbar den Molekülen beschrieben, z. B. Eisenkarbid Fe_3C, Eisennitrid Fe_4 N, Wolframkarbid WC und γ-Messing Cu_5Zn_8. Fe_3C hat beispielsweise einen C-Gehalt von 6,67 %, während im α-Eisen bei Raumtemperatur maximal 0,0001 % C, im γ-Eisen bei 1 153 °C maximal 2,06 % C gelöst werden können. Durch die komplizierte Kristallgitterstruktur (▶ Bild 2) sind keine Gleitsysteme vorhanden, diese Phasen sind sehr spröde und hart. Dadurch führen schon geringe Anteile dieser Phasen in einer Legierung zu spürbaren Härtesteigerungen und Verlusten an plastischer Verformbarkeit. Deshalb sind sie oft unerwünscht. Andererseits wird ihre Härte systematisch genutzt zur Steigerung der Verschleißfestigkeit beispielsweise in Werkzeugstählen und Hartmetallen. Letztere enthalten bis zu 95 % WC und andere Sonderkarbide in Form kleiner Partikel, die in eine Kobaltmatrix als Bindemittel eingebettet sind.

Bekannt sind einige Tausend dieser intermediären und intermetallischen Phasen.

3.1.4 Kristallgemische

Das Gefüge einer Legierung ist in der Regel ein Kristallgemisch, d. h. ein Haufwerk aus verschiedenen Kristallarten. Die vier wichtigsten Kombinationen sind in ▶ Bild 3 zusammengestellt. Weitere Kombinationen, auch aus drei und mehr Kristallarten, sind möglich.

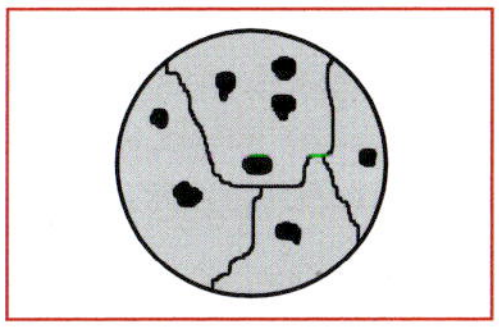

Bild 3 a Reines Kristall und reines Kristall, z. B. Kupfer (hellgrau) mit eingeschlossenen Bleipartikeln (dunkelgrau) (Automatenlegierung)

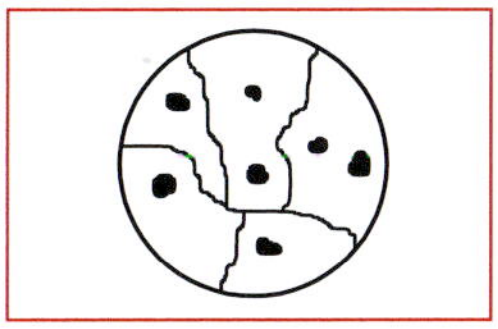

Bild 3 b Mischkristall und reines Kristall, z. B. Ferrit = α-Mischkristall (hell) mit eingeschlossenen Bleipartikeln (dunkelgrau) (Automatenlegierung)

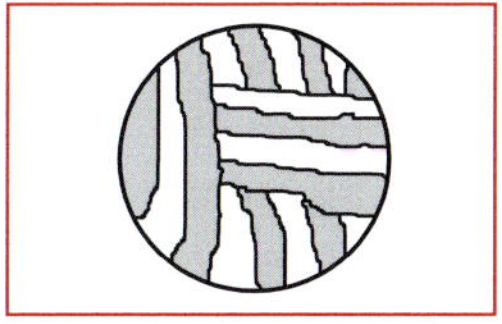

Bild 3 c Mischkristall und Mischkristall, z. B. α-Messing und β-Messing bei Kupfer-Zink-Legierungen

Bild 3 d Mischkristall und intermediäre Phase, z. B. Ferrit = α-Mischkristall und Zementit = Fe_3C im Perlit

Die unterschiedlichen Bestandteile werden als **Phasen** bezeichnet. Es sind homogene (= gleichartige) Bestandteile eines Legierungssystems. Phasen sind z. B. die unterschiedlichen Aggregatzustände fest-flüssig-gasförmig oder die verschiedenen Kristallarten. Sind mehrere Phasen in einem System enthalten, sind sie durch Grenzflächen voneinander getrennt oder können teilweise mit mechanischen Verfahren getrennt werden.

Homogener Zustand: Das betrachtete Werkstoffvolumen enthält nur eine Phase.

Heterogener Zustand: Im betrachteten Werkstoffvolumen sind mindestens zwei Phasen erkennbar.

Alle Kristallgemische sind heterogen.

Aufgaben:

1. Warum werden Legierungen hergestellt?
2. Nennen Sie die wesentlichen Eigenschaften von Legierungen.
3. Beschreiben Sie die zwei Arten von Mischkristallen. Wie werden sie gebildet?
4. Zeichnen Sie die Löslichkeit in Abhängigkeit vom Verhältnis der Atomradien Fremdmetall zu Grundmetall auf und erläutern Sie anhand dieses Bildes die Begriffe vollkommene Löslichkeit, begrenzte Löslichkeit und vollkommene Unlöslichkeit.
5. Erklären Sie die beiden Begriffe intermediäre Phase bzw. intermetallische Phase.
6. Skizzieren und erläutern Sie die vier wichtigsten Arten von Kristallgemischen.

3.2 Zustandsschaubilder

Durch Legierungsbildung können die Eigenschaften eines Metalls gezielt verändert werden. Die Eigenschaften werden demnach von der Art der Legierungselemente und von ihrem Massenanteil bestimmt (▶ Legierung Cu-Ni, Bild 1 S. 38).

Legierungen sind nur über den schmelzflüssigen Zustand herstellbar, da nur in der Schmelze eine gleichmäßige und vollständige Verteilung der Legierungselemente im Grundmetall möglich ist.

Sinterlegierungen sind keine echten Legierungen, da beim Sintern in der Regel nur eine Komponente den schmelzflüssigen Zustand erreicht und die Legierungselemente nur teilweise durch Diffusionsprozesse verteilt werden.

Um den Aufbau einer Legierung beurteilen zu können, müssen die Vorgänge beim Erstarren aus der Schmelze betrachtet werden. Dazu wird eine thermische Analyse der Legierung durchgeführt. Werden unterschiedliche Legierungszusammensetzungen untersucht und die Ergebnisse in einem Achsenkreuz in Abhängigkeit von der Legierungszusammensetzung aufgezeichnet, erhält man das **Zustandsschaubild** der Legierung.

In einem Zustandsschaubild sind alle möglichen Zustände einer Legierung eingetragen, die sich in Abhängigkeit von der Temperatur und der Legierungszusammensetzung einstellen können.

Zustandsschaubilder sind Gleichgewichtsschaubilder.

Sie gelten streng genommen nur für den Grenzfall der unendlich langsamen Erwärmung bzw. Abkühlung, d.h. für Prozesse im thermodynamischen Gleichgewicht. Beim Erstarren sind z.B. freigesetzte Kristallisationswärme und nach außen abgeführte Wärme im Gleichgewicht.

Die Löslichkeit der Legierungselemente untereinander und im Grundmetall ändert sich mit der Temperatur. Im Gleichgewichtssystem entspricht die momentane Konzentration der Legierungselemente in den verschiedenen Phasen immer gerade ihrer Löslichkeit.

Die Löslichkeit nimmt in der Regel mit der Temperatur ab, kann in Einzelfällen aber auch zunehmen. Beispiel Zucker in Kaffee: Mit abnehmender Temperatur kristallisiert der Zucker aus, der Kaffee wird zunehmend bitter.

Die Beständigkeitsbereiche unterschiedlicher Phasen, z.B. Schmelze, unterschiedliche Kristallarten, werden im Zustandsschaubild durch **Phasengrenzlinien** begrenzt. Sie kennzeichnen im festen Zustand auch die Löslichkeit der Legierungskomponenten ineinander.

Wird eine Phasengrenzlinie durch Temperaturänderung über- oder unterschritten, ändert sich der Zustand der Legierung: Die Art und/oder die Anzahl der Phasen ändert sich.

Zustandsschaubilder sind keine mathematisch zu deutenden Diagramme. Temperatur und Legierungszusammensetzung sind zwei voneinander völlig unabhängige Einflussgrößen. Die Phasengrenzlinien sind keine mathematischen Funktionen der Form Temperatur = f (Legierungszusammensetzung) oder umgekehrt. Sie sind nur durch Versuche herleitbar.

In einem Zustandsschaubild ist jeder Punkt erreichbar durch Einstellen einer gewünschten Legierungszusammensetzung und Erwärmen/Abkühlen auf die gewünschte Temperatur.

Dritte Einflussgröße ist der Druck. Durch Überdruck können größere Mengen von Gasen in einer Flüssigkeit gelöst werden als bei Atmosphärendruck. In der Legierungsherstellung spielt der Druck meist keine Rolle, da nahezu alle Legierungen bei Atmosphärendruck erschmolzen werden. In Sonderfällen wird unter Vakuum erschmolzen, da dadurch die Löslichkeit von Gasen in der Schmelze verringert wird. Man erreicht so besonders hohe Reinheitsgrade. Neuere Stähle für Dampfturbinen werden unter Stickstoffüberdruck erschmolzen, um den Stickstoffgehalt zu erhöhen, da im Kristallgitter gelöste Stickstoffatome die Warmfestigkeit steigern.

Nur die Zustandsschaubilder von Zweistofflegierungen sind einfach grafisch darstellbar. Schon bei Dreistoffsystemen muss für jede Temperatur eine eigene Grafik angefertigt werden. Vier- und Mehrstofflegierungen sind nicht mehr grafisch abzubilden. In den nachfolgenden Kapiteln werden daher nur die vier grundlegenden Zweistoffsysteme besprochen, um die Vorgehensweise bei der Erstellung und bei der Interpretation von Zustandsschaubildern zu zeigen.

3.2.1 Legierung mit vollkommener Unlöslichkeit im flüssigen und festen Zustand

Dieser Legierungstyp soll am Beispiel der Kombination Eisen und Blei erläutert werden. ▶ Tab. 1 enthält die wesentlichen Daten der beiden Legierungskomponenten.

	Eisen (Fe)	Blei (Pb)
Schmelztemperatur in °C	1536	327
spez. Gewicht in g/cm^3	7,87	11,34
Atomradien in nm = 10^{-9} m	0,126	0,175
Gittertyp	krz	kfz
Gitterkonstante in nm = 10^{-9} m	0,28617	0,4949
Ordnungszahlen	26	82

Tabelle 1 Daten der Elemente Eisen und Blei

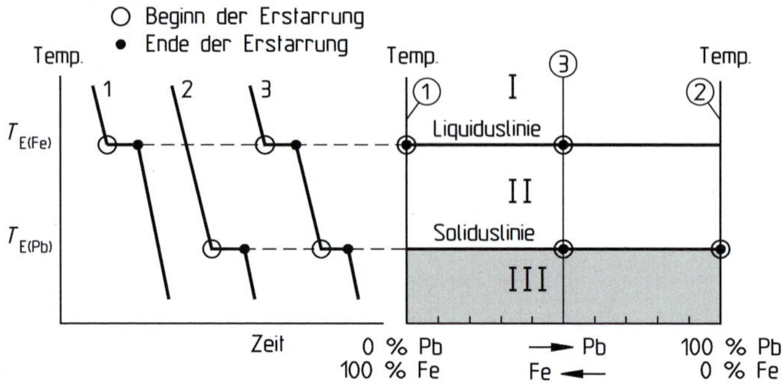

Bild 1 Legierung mit vollkommener Unlöslichkeit im flüssigen und festen Zustand, System Eisen-Blei
untersuchte Legierungszusammensetzungen:

1: 100 % Fe: Eisen erstarrt bei Erreichen der Temperatur von 1 535 °C. Die freiwerdende Kristallisationswärme gleicht die nach außen abgeführte Wärme aus, d. h. die Temperatur des Systems bleibt während der Erstarrung konstant.

2: 100 % Pb: Blei erstarrt bei Erreichen der Temperatur von 327 °C. Die freiwerdende Kristallisationswärme gleicht die nach außen abgeführte Wärme aus, d. h. die Temperatur des Systems bleibt während der Erstarrung konstant.

3: 50 % Fe und 50 % Pb: Eisen erstarrt bei Erreichen der Temperatur von 1 535 °C. Die freiwerdende Kristallisationswärme hält die Temperatur des Systems konstant. Blei bleibt schmelzflüssig. Blei erstarrt erst bei 327 °C, auch dabei hält die freiwerdende Kristallisationswärme die Temperatur konstant.

Die obere Phasengrenzlinie kennzeichnet den Beginn der Erstarrung im Legierungssystem. Eisen kristallisiert aus. Sie wird daher **Liquiduslinie** (= lateinisch: flüssig) genannt.

Liquiduslinie = oberhalb dieser Linie ist alles flüssig.

Die untere Phasengrenzlinie kennzeichnet das Ende der Erstarrung im Legierungssystem: Blei kristallisiert aus. Sie wird daher **Soliduslinie** (= lateinisch: fest) genannt.

Soliduslinie = unterhalb dieser Linie ist alles fest.

Die Phasengrenzlinien unterteilen das Zustandsschaubild Fe-Pb in drei Bereiche = Phasenfelder:

Phasenfeld I: Die Temperatur liegt oberhalb der Liquiduslinie: nur Schmelze. Fe hat ein geringeres spezifisches Gewicht als Pb, daher schwimmt die Fe-Schmelze auf der Pb-Schmelze. Durch Rühren können beide Komponenten zwar mechanisch gemischt werden, danach setzt sich aber sofort das Pb unten im Tiegel ab: vollkommene Unlöslichkeit im flüssigen Zustand.

Phasenfeld II: Die Temperatur liegt unterhalb der Liquiduslinie: Fe ist völlig auskristallisiert, die Temperatur ist aber noch oberhalb der Soliduslinie: Pb ist noch schmelzflüssig. Das Fe-Kristallgitter kann keine Pb-Atome aufnehmen, da deren Atomradien zu groß sind, d. h. Fe liegt als reines Kristall vor.

Phasenfeld III: Die Temperatur liegt unterhalb der Soliduslinie: auch Pb ist auskristallisiert. Da das Fe bereits erstarrt ist, können bei der Kristallisation des Pb keine Fe-Atome mehr in das Pb-Kristallgitter aufgenommen werden (sie müssten aus dem Fe-Block herausgelöst werden). Außerdem sind die Fe-Atome zu klein für ein SMK mit Pb bzw. zu groß für ein EMK mit Pb: Fe und Pb sind also vollkommen unlöslich im festen Zustand.

Im Legierungssystem Eisen-Blei ist der Aufbau unabhängig vom Mengenverhältnis, d. h. von der Konzentration der Legierungspartner. Ursachen dafür sind die sehr unterschiedlichen Schmelzpunkte, die unterschiedlichen spezifischen Gewichte und die unterschiedlichen Atomradien. Eisen schwimmt infolge seines geringeren spezifischen Gewichtes in der Schmelze immer auf dem Blei und erstarrt beim Abkühlen als Block über der Bleischmelze. Blei erstarrt dann beim Unterschreiten seiner Erstarrungstemperatur ebenfalls als Block unten im Schmelztiegel. Wird der Schmelztiegel entfernt, fallen die beiden Blöcke auseinander, es besteht keine Verbindung in der Berührfläche Eisen-Blei. Wird die Schmelze kräftig gerührt und danach so schnell abgekühlt, dass das Blei nicht nach unten absinken kann, sind in dem erstarrten Eisen zunächst noch schmelzflüssige Bleitropfen enthalten. Nach dem Unterschreiten der Erstarrungstemperatur des Bleis sind reine Bleieinschlüsse in einer ebenfalls reinen Eisenmatrix zu finden.

Einsatzfälle für Eisen-Blei-„Legierungen" sind die so genannten „Automatenstähle", die einen Bleizusatz von etwa 0,15 bis 0,30 % enthalten. Bei diesen geringen Zusätzen ist die Gefahr des Abstehens relativ gering, das Blei bleibt beim Abkühlen einigermaßen gleichmäßig verteilt. Durch die fehlende Bindung brechen die Späne beim Drehen an den Bleieinschlüssen ab, es entsteht ein sehr kurzer Span, der problemlos abgeführt werden kann. Bei Nichteisenmetallen wie Kupfer und Kupferlegierungen, Aluminium und Aluminiumlegierungen ist die Zugabe von Blei die einzige Möglichkeit, Automatenlegierungen herzustellen.

3.2.2 Legierung mit vollkommener Löslichkeit im flüssigen und festen Zustand

Dieser Legierungstyp wird am Beispiel der Legierung Kupfer-Nickel erklärt. Tabelle 1 enthält die wesentlichen Einflussgrößen, welche die vollkommene Löslichkeit im flüssigen und festen Zustand begründen.

	Kupfer (Cu)	Nickel (Ni)
Schmelztemperatur in °C	1083	1452
spez. Gewicht in g/cm^3	8,93	8,907
Atomradien in nm = 10^{-9} m	0,128	0,124
Gittertyp	kfz	kfz
Gitterkonstante in nm = 10^{-9} m	0,3607	0,3524
Ordnungszahlen	29	28
Wertigkeit	1; 2	2; 3
Valenzelektronen	1	2

Tabelle 1 Daten der Elemente Kupfer und Nickel

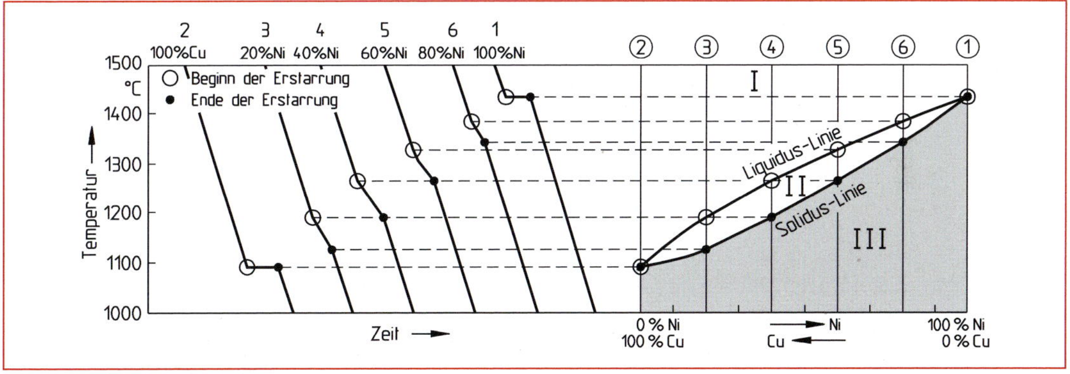

Bild 1 Legierung mit vollkommener Löslichkeit im flüssigen und festen Zustand, System Kupfer-Nickel
untersuchte Legierungszusammensetzungen:

1: 100 % Ni: Nickel erstarrt bei Erreichen der Temperatur von 1 452 °C. Die freiwerdende Kristallisationswärme gleicht die nach außen abgeführte Wärme aus, d. h. die Temperatur des Systems bleibt während der Erstarrung konstant.

2: 100 % Cu: Kupfer erstarrt bei Erreichen der Temperatur von 1 083 °C. Die freiwerdende Kristallisationswärme gleicht die nach außen abgeführte Wärme aus, d. h. die Temperatur des Systems bleibt während der Erstarrung konstant.

3–6: 20–80 % Ni und 80–20 % Cu: Durch Zugabe von Kupfer zu Nickel verschiebt sich der Erstarrungsbeginn zu tieferen Temperaturen gegenüber Rein-Nickel, durch Zugabe von Nickel zu Kupfer verschiebt sich der Erstarrungsbeginn zu höheren Temperaturen gegenüber Rein-Kupfer. Aus der Schmelze bilden sich erste Kristallgitter aus Ni-Atomen, die wegen der großen Ähnlichkeit auch Cu-Atome aufnehmen, bzw. Kristallgitter aus Cu-Atomen, die auch Ni-Atome aufnehmen (Substitutionsmischkristalle). Bei der Mischkristallbildung wird weniger Kristallisationswärme freigesetzt als aus dem System nach außen abgeführt wird, die Temperatur sinkt während der Erstarrung mit geringerer Geschwindigkeit ab: Die Abkühlkurven zeigen Knickpunkte beim Erstarrungsbeginn und beim Erstarrungsende.

Die obere Phasengrenzlinie ist die Verbindung aller Punkte „Beginn der Erstarrung“: **Liquiduslinie**: oberhalb ist alles flüssig.

Die untere Phasengrenzlinie ist die Verbindung aller Punkte „Ende der Erstarrung“: **Soliduslinie**: unterhalb ist alles fest.

Die Phasengrenzlinien unterteilen das Zustandsschaubild Cu-Ni in drei Bereiche = Phasenfelder:

Phasenfeld I: Die Temperatur liegt oberhalb der Liquiduslinie: nur Schmelze. Diese Aussage gilt auch für höher kupferhaltige Legierungen bei Temperaturen unter 1452 °C, also unterhalb der Erstarrungstemperatur des reinen Ni. Cu und Ni haben nahezu gleiche spezifische Gewichte auch in der Schmelze. Beim Aufschmelzen vermischen sich die beiden Komponenten vollständig ineinander und können auch durch längeres Abstehen nicht mehr getrennt werden. An jedem Ort im Schmelzvolumen entspricht daher die Zusammensetzung der eingestellten Legierungszusammensetzung: vollkommene Löslichkeit im flüssigen Zustand.

Phasenfeld II: Die Temperatur liegt unterhalb der Liquiduslinie: Die Kristallisation hat begonnen. Die Temperatur ist aber noch oberhalb der Soliduslinie: Die Kristallisation ist noch nicht abgeschlossen. Cu- und Ni-Atome sind sehr ähnlich. Es bilden sich daher mit abnehmender Temperatur zunehmend Mischkristalle, in die sowohl Cu- als auch Ni-Atome auf Gitterplätzen eingebaut werden. Cu- und Ni-Atome sind im Kristallgitter beliebig austauschbar: vollkommene Löslichkeit im festen Zustand.

Phasenfeld III: Die Temperatur liegt unterhalb der Soliduslinie: Die Kristallisation ist abgeschlossen. Beim Durchlaufen des Phasenfelds II haben sich die Cu- und Ni-Atome in einem gemeinsamen Kristallgitter angeordnet. Auch bei Unterschreiten der Soliduslinie bleibt diese Anordnung wegen der großen Ähnlichkeit der Atome erhalten. An jedem Ort im Volumen entspricht daher die Zusammensetzung der eingestellten Legierungszusammensetzung: vollkommene Löslichkeit im festen Zustand.

Bei der Erstarrung aus der Schmelze zeigt sich, dass nur die reinen Metalle einen Haltepunkt haben. Die Legierungen zeigen dagegen „Erstarrungsintervalle“ beim Übergang flüssig-fest. Beim Erstarren einer Legierung aus Kupfer und Nickel wird bei konstanter Wärmeabfuhr weniger Kristallisationswärme frei, als nach außen abgeführt wird. Dadurch sinkt die Temperatur der Legierung auch während des Erstarrens weiter ab, allerdings mit geringerer Geschwindigkeit. Dies zeigt sich in der Erstarrungskurve als Bereich mit flacherer Steigung, der durch zwei deutlich erkennbare Knickpunkte am Beginn bzw. Ende des Erstarrungsprozesses gekennzeichnet ist.

Innerhalb des Erstarrungsintervalls liegt ein breiförmiges, zunehmend zäheres „heterogenes“ Gemenge aus Schmelze und bereits erstarrten Mischkristallen vor.

In gleicher Weise tritt beim Erwärmen ein „Schmelzintervall“ auf, in dem bei konstanter Wärmezufuhr nur ein Teil der zugeführten Wärme zum Aufschmelzen verbraucht wird, d. h. die Temperatur steigt mit verringerter Geschwindigkeit an.

Der Energieinhalt des Systems bleibt also konstant, es wird keine Energie neu geschaffen und es geht keine Energie verloren.

3.2.3 Legierung mit vollkommener Löslichkeit im flüssigen Zustand und vollkommener Unlöslichkeit im festen Zustand

Dieser Legierungstyp ist eine Koppelung der bisher besprochenen beiden Legierungstypen. Nur wenige Legierungssysteme erstarren über den gesamten Konzentrationsbereich nach diesem Typ. Meist liegt er nur in Teilbereichen vor. Die Legierungskomponenten sind Elemente, sehr häufig aber auch intermediäre oder intermetallische Phasen, die naturgemäß nicht mehr in einem Kristallgitter gelöst werden können.

Eines der wenigen Legierungssysteme, das vollständig diesem Typ entspricht, ist das System Blei-Bismut (= Wismut). ▶ Tab. 1 S. 47 enthält die Daten der beiden Elemente.

	Blei (Pb)	Bismut (Bi)
Schmelztemperatur in °C	327	271
spez. Gewicht in g/cm³	11,34	9,8
Atomradien in nm = 10^{-9} m	0,175	0,182
Gittertyp	kfz	rhomboedrisch.
Gitterkonstante in nm = 10^{-9} m	0,4949	0,4736
Ordnungszahlen	82	83

Tabelle 1 Daten der Elemente Blei und Bismut

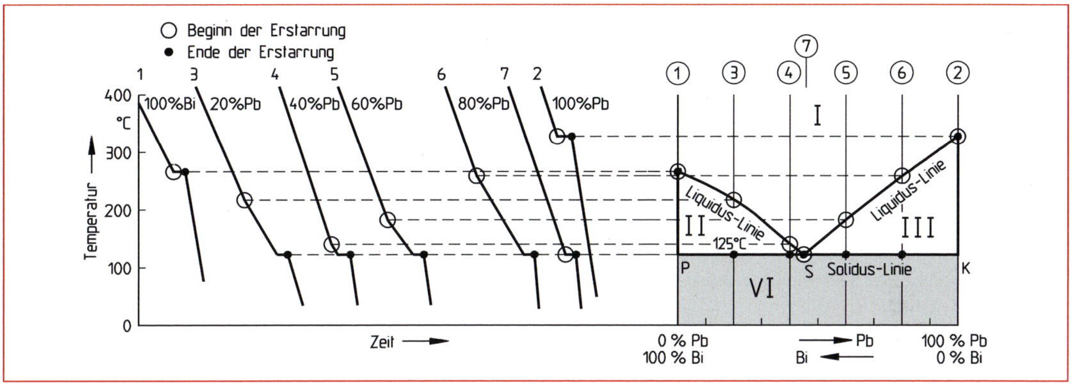

Bild 1 Legierung mit vollkommener Löslichkeit im flüssigen und vollkommener Unlöslichkeit im festen Zustand, System Blei-Bismut

untersuchte Legierungszusammensetzungen:

1: 100 % Bi: reine Komponente: Beginn und Ende der Erstarrung bei einer Temperatur von 271 °C.

2: 100 % Pb: reine Komponente: Beginn und Ende der Erstarrung bei einer Temperatur von 327 °C.

3 und 4: 80 % Bi und 20 % Pb bzw. 60 % Bi und 40 % Pb: Durch Zulegieren von Pb verschiebt sich der Beginn der Erstarrung zu tieferen Temperaturen. Die bei der Kristallisation freiwerdende Kristallisationswärme kann die nach außen abgeführte Wärme nicht ausgleichen, die Temperatur des Systems sinkt langsam ab (Knickpunkt). Die Restschmelze wird dadurch stark unterkühlt. Bei 125 °C kristallisiert die Restschmelze schlagartig aus („Eutektikum"), die dabei freiwerdende Kristallisationswärme hält die Temperatur des Systems kurzzeitig konstant bis zum Ende der Erstarrung (horizontaler Verlauf). Danach sinkt die Temperatur wieder entsprechend der Wärmeabfuhr nach außen.

5 und 6: 40 % Bi und 60 % Pb bzw. 20 % Bi und 80 % Pb: Durch Zulegieren der Komponente Bi verschiebt sich der Beginn der Erstarrung des Pb zu tieferen Temperaturen. Die bei der Kristallisation freiwerdende Kristallisationswärme kann die nach außen abgeführte Wärme nicht ausgleichen, die Temperatur des Systems sinkt langsam ab (Knickpunkt). Die Restschmelze wird dadurch stark unterkühlt. Bei 125 °C kristallisiert die Restschmelze schlagartig aus („Eutektikum"), die dabei freiwerdende Kristallisationswärme hält die Temperatur des Systems kurzzeitig konstant bis zum Ende der Erstarrung (horizontaler Verlauf). Danach sinkt die Temperatur wieder entsprechend der Wärmeabfuhr nach außen.

7: 56,5 % Bi und 43,5 % Pb: Bei dieser Legierungszusammensetzung verschiebt sich der Beginn der Erstarrung zu sehr tiefen Temperaturen weit unterhalb der Erstarrungstemperaturen der reinen Komponenten. Dadurch entsteht eine stark unterkühlte Schmelze, in der bei 125 °C schlagartig die Kristallisation einsetzt. Dadurch wird sehr viel Kristallisationswärme frei, die nach außen abgeführte Wärme wird ausgeglichen, die Temperatur des Systems bleibt bis zum Ende der Kristallisation konstant. Obwohl eindeutig eine Legierung vorliegt, ist die Abkühlkurve vergleichbar mit der eines reinen Metalls („Eutektikum").

Die obere Phasengrenzlinie ist die Verbindung aller Punkte „Beginn der Erstarrung": **Liquiduslinie**: oberhalb ist alles flüssig. Die beiden Äste der Liquiduslinie laufen von den Erstarrungstemperaturen der beiden reinen Komponenten Pb und Bi nach unten und treffen sich bei der Erstarrungstemperatur der Legierung 7.

Die untere Phasengrenzlinie ist die Verbindung aller Punkte „Ende der Erstarrung": **Soliduslinie**: unterhalb ist alles fest. Die Soliduslinie läuft von der Erstarrungstemperatur des reinen Bi entlang der Koordinatenachse 100 % Bi senkrecht nach unten, knickt bei 125 °C ab, verläuft parallel zur Konzentrationsachse bis zur Koordinatenachse 100 % Pb und dort wieder entlang der Achse bis zur Erstarrungstemperatur des reinen Pb.

Die Phasengrenzlinien unterteilen das Zustandsschaubild in vier Bereiche = Phasenfelder:

Phasenfeld I: Die Temperatur liegt oberhalb der Liquiduslinie: nur Schmelze. Diese Aussage gilt auch für die Legierung 7 unmittelbar vor Erreichen der Erstarrungstemperatur, also bei Temperaturen weit unterhalb der Erstarrungstemperaturen der reinen Komponenten. Die beiden Komponenten sind vollkommen löslich im flüssigen Zustand, daher sind sie vollständig ineinander vermischt. An jedem Ort im Schmelzvolumen entspricht die Zusammensetzung der eingestellten Legierungszusammensetzung.

Phasenfeld II: Die Temperatur liegt unterhalb der Liquiduslinie: Die Kristallisation hat begonnen. Die Temperatur ist aber noch oberhalb der Soliduslinie: Die Kristallisation ist noch nicht abgeschlossen. Bi-reiche Seite des Zustandsschaubildes: Aus der Schmelze bilden sich Bi-Kristallgitter, die aufgrund der rhomboedrischen Struktur keine Pb-Atome aufnehmen können. Durch ständige Auskristallisation weiterer Bi-Atome sinkt der Anteil Bi in der Restschmelze, die Konzentration verschiebt sich zu höheren Pb-Anteilen.

Phasenfeld III: Die Temperatur liegt unterhalb der Liquiduslinie: Die Kristallisation hat begonnen. Die Temperatur ist aber noch oberhalb der Soliduslinie: Die Kristallisation ist noch nicht abgeschlossen. Pb-reiche Seite des Zustandsschaubildes: Aus der Schmelze bilden sich Pb-Kristallgitter, die aufgrund der kubischflächenzentrierten Struktur keine Bi-Atome aufnehmen können. Durch ständige Auskristallisation weiterer Pb-Atome sinkt der Anteil Pb in der Restschmelze, die Konzentration verschiebt sich zu höheren Bi-Anteilen.

Phasenfeld IV: Die Temperatur liegt unterhalb der Soliduslinie: Die Kristallisation ist abgeschlossen. Wegen der unterschiedlichen Kristallgittertypen können weder Bi-Atome im Pb-Kristallgitter noch Pb-Atome im Bi-Kristallgitter aufgenommen werden: Vollkommene Unlöslichkeit im festen Zustand. Die beiden Komponenten liegen daher als reine Kristalle nebeneinander im Gefüge.

Wegen der vollkommenen Unlöslichkeit im festen Zustand sind bei diesem Legierungstyp keine Mischkristalle möglich.

Gefügeaufbau bei Raumtemperatur:

Bild 1 Eutektikum aus reinen Bi-Kristallen (hell) und reinen Pb-Kristallen (dunkel)

Legierung 7: Aufgrund der niedrigen Temperatur bilden sich in der Schmelze sehr viele Kristallisationskeime. In die entstehenden Kristallgitter können jedoch wegen der unterschiedlichen Kristallgittertypen keine Atome der anderen Komponente aufgenommen werden. Aus den Kristallgittern des Pb werden daher alle Bi-Atome und aus den Kristallgittern des Bi alle Pb-Atome verdrängt. Die verdrängten Atome bilden wiederum eigene Kristallgitter. Da die Atome wegen der niedrigen Temperatur und der schnellen Erstarrung keine großen Wege zurücklegen können, bildet sich ein feinlamellares Gefüge aus reinen Pb-Kristallen und reinen Bi-Kristallen. Diese besondere Anordnung der Kristalle wird als **Eutektikum** bezeichnet.

EUTEKTIKUM = feinlamellare, feinstreifige Anordnung der Kristalle im Gefüge (griechisch: eutäkein = leicht schmelzen oder eutaktos = wohl geordnet)

Die Legierungszusammensetzung 7 ist dementsprechend eine **eutektische Legierung**, die Temperatur 125 °C ist die eutektische Temperatur oder **Eutektikale** (= eutektische Gerade).

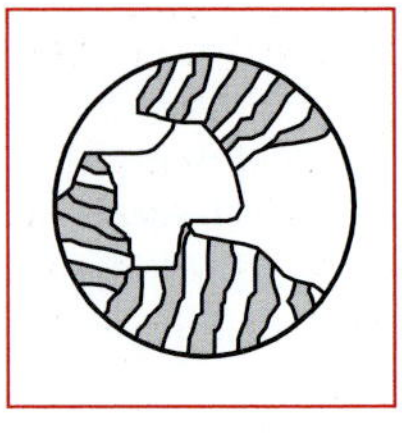

Bild 2 Legierung 3: reine Bi-Kristalle (hell) direkt aus der Schmelze, auskristallisiert beim Durchlaufen des Phasenfelds II, und Eutektikum, entstanden durch schlagartige Erstarrung der Restschmelze bei 125 °C.

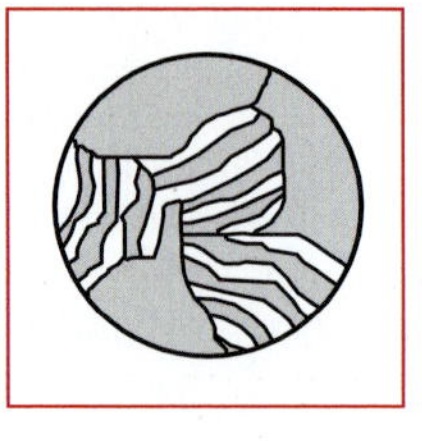

Bild 3 Legierung 6: reine Pb-Kristalle (dunkel) direkt aus der Schmelze, auskristallisiert beim Durchlaufen des Phasenfelds III, und Eutektikum, entstanden durch schlagartige Erstarrung der Restschmelze bei 125 °C.

3.2.4 Legierung mit vollkommener Löslichkeit im flüssigen Zustand und begrenzter Löslichkeit im festen Zustand (temperaturabhängige Löslichkeit im festen Zustand)

Bei der überwiegenden Anzahl aller Legierungen sind die Komponenten im festen Zustand ineinander weder vollkommen löslich noch vollkommen unlöslich. Es existieren Konzentrationsbereiche, in denen die Komponente A eine bestimmte Menge B lösen kann und die Komponente B eine bestimmte Menge A. Es gibt allerdings nur sehr wenige Legierungssysteme, die über den gesamten Konzentrationsbereich diesem Legierungstyp entsprechen, z.B. Blei-Zinn. Daher liegt den nachfolgenden Erläuterungen eine Modelllegierung aus den fiktiven Komponenten A und B zugrunde.

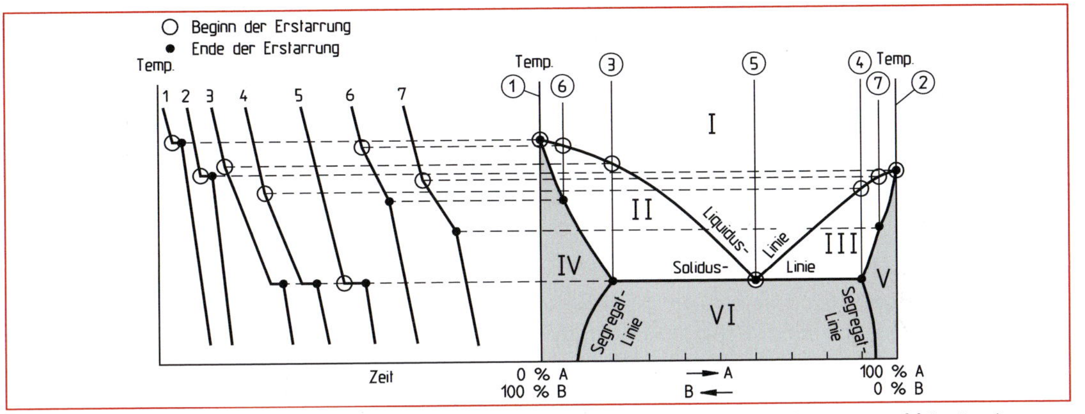

Bild 1 Legierung mit vollkommener Löslichkeit im flüssigen Zustand und begrenzter (temperaturabhängiger) Löslichkeit im festen Zustand, Modelllegierung aus den Komponenten A und B

untersuchte Legierungszusammensetzungen:

1: 100 % B: reine Komponente: Beginn und Ende der Erstarrung der reinen Komponente B.

2: 100 % A: reine Komponente: Beginn und Ende der Erstarrung der reinen Komponente A.

3: 20 % A und 80 % B: Durch Zulegieren der Komponente A verschiebt sich der Beginn der Erstarrung zu tieferen Temperaturen. Die bei der Kristallisation freiwerdende Kristallisationswärme kann die nach außen abgeführte Wärme nicht ausgleichen, die Temperatur des Systems sinkt langsam ab (Knickpunkt). Die Restschmelze wird dadurch stark unterkühlt. Bei Erreichen der spezifischen Temperatur kristallisiert die Restschmelze schlagartig aus („Eutektikum"), die dabei freiwerdende Kristallisationswärme hält die Temperatur des Systems kurzzeitig konstant bis zum Ende der Erstarrung (horizontaler Verlauf). Danach sinkt die Temperatur wieder entsprechend der Wärmeabfuhr nach außen.

4: 90 % A und 10 % B: Durch Zulegieren der Komponente B verschiebt sich der Beginn der Erstarrung zu tieferen Temperaturen. Die bei der Kristallisation freiwerdende Kristallisationswärme kann die nach außen abgeführte Wärme nicht ausgleichen, die Temperatur des Systems sinkt langsam ab (Knickpunkt). Die Restschmelze wird dadurch stark unterkühlt. Bei Erreichen der spezifischen Temperatur kristallisiert die Restschmelze schlagartig aus („Eutektikum"), die dabei freiwerdende Kristallisationswärme hält die Temperatur des Systems kurzzeitig konstant bis zum Ende der Erstarrung (horizontaler Verlauf). Danach sinkt die Temperatur wieder entsprechend der Wärmeabfuhr nach außen.

5: 60 % A und 40 % B: Bei dieser Legierungszusammensetzung verschiebt sich der Beginn der Erstarrung zu sehr tiefen Temperaturen weit unterhalb der Erstarrungstemperaturen der reinen Komponenten. Dadurch entsteht eine stark unterkühlte Schmelze, in der bei einer spezifischen Temperatur schlagartig die Kristallisation einsetzt. Dadurch wird sehr viel Kristallisationswärme freigesetzt, die die nach außen abgeführte Wärme ausgleicht, die Temperatur des Systems bleibt bis zum Ende der Kristallisation konstant. Obwohl eindeutig eine Legierung vorliegt, ist die Abkühlkurve vergleichbar mit der eines reinen Metalls („Eutektikum").

6: 5 % A und 95 % B: Durch Zulegieren der Komponente A verschiebt sich der Beginn der Erstarrung zu tieferen Temperaturen. Die Kristallisationswärme kann die nach außen abgeführte Wärme nicht ausgleichen, die Temperatur des Systems sinkt langsam ab (Knickpunkt). Der Legierungsanteil A ist jedoch so gering, dass die Kristallisation abgeschlossen ist, bevor in der Restschmelze die eutektische Zusammensetzung erreicht ist (Knickpunkt). Danach sinkt die Temperatur wieder entsprechend der nach außen abgeführten Wärme.

7: 95 % A und 5 % B: Durch Zulegieren der Komponente B verschiebt sich der Beginn der Erstarrung zu tieferen Temperaturen. Die Kristallisationswärme kann die nach außen abgeführte Wärme nicht ausgleichen, die Temperatur des Systems sinkt langsam ab (Knickpunkt). Der Legierungsanteil B ist jedoch so gering, dass die Kristallisation abgeschlossen ist, bevor in der Restschmelze die eutektische Zusammensetzung erreicht ist (Knickpunkt). Danach sinkt die Temperatur wieder entsprechend der nach außen abgeführten Wärme.

Die obere Phasengrenzlinie ist die Verbindung aller Punkte „Beginn der Erstarrung“: **Liquiduslinie**: oberhalb ist alles flüssig. Die beiden Äste der Liquiduslinie laufen von den Erstarrungstemperaturen der beiden reinen Komponenten A und B nach unten und treffen sich bei der Erstarrungstemperatur der Legierung 5.

Die untere Phasengrenzlinie ist die Verbindung aller Punkte „Ende der Erstarrung“: **Soliduslinie**: unterhalb ist alles fest. Die Eutektikale endet bei diesem Legierungstyp schon vor den Koordinatenachsen. Die Soliduslinie läuft von der Erstarrungstemperatur der reinen Komponente B zur Eutektikalen und von dieser wieder zur Erstarrungstemperatur der reinen Komponente A.

Bei diesem Legierungssystem treten auch unterhalb der Soliduslinie, d. h. im festen Zustand Zustandsänderungen auf, die allerdings nicht mehr über die Abkühlkurven nachweisbar sind. Da die Löslichkeit der beiden Kristallgitter für die jeweils andere Legierungskomponente abnimmt, kommt es zu Ausscheidungen: Aus dem Kristallgitter der Komponente B werden mit sinkender Temperatur zunehmend Atome der Komponente A verdrängt, die eigene A-Kristallgitter aufbauen. Ebenso werden aus den Kristallgittern der Komponente A mit sinkender Temperatur zunehmend Atome der Komponente B ausgeschieden, die eigene B-Kristallgitter aufbauen. In die neu entstehenden Kristallgitter werden begrenzt Atome der jeweils anderen Legierungskomponente aufgenommen. Die Ausscheidungsprozesse sind mit metallografischen Untersuchungen nachzuweisen. Daraus ergeben sich zwei weitere Phasengrenzlinien, die **Segregatlinien**.

Segregatlinien sind Löslichkeitslinien. Sie kennzeichnen die maximal mögliche Konzentration eines Legierungselementes im Kristallgitter des Grundmetalls.

linke Segregat-Linie = maximale Konzentration (= Löslichkeit) der Komponente A in B

rechte Segregat-Linie = maximale Konzentration (= Löslichkeit) der Komponente B in A

Die Phasengrenzlinien unterteilen das Zustandsschaubild in sechs Bereiche = Phasenfelder:

Phasenfeld I: Die Temperatur liegt oberhalb der Liquiduslinie: nur Schmelze. Diese Aussage gilt für alle Legierungszusammensetzungen. Die beiden Komponenten sind vollkommen löslich im flüssigen Zustand, daher sind sie vollständig ineinander vermischt. An jedem Ort im Schmelzvolumen entspricht die Zusammensetzung der eingestellten Legierungszusammensetzung.

Phasenfeld II: Die Temperatur liegt unterhalb der Liquiduslinie: Die Kristallisation hat begonnen. Sie liegt aber noch über der Soliduslinie: Die Kristallisation ist noch nicht abgeschlossen. B-reiche Seite des Zustandsschaubildes: Aus der Schmelze bilden sich B-Kristallgitter, in die begrenzt Atome der Komponente A aufgenommen werden. Es entstehen **β-Mischkristalle.** Da der Restschmelze mehr B-Atome als A-Atome durch die Kristallisation entzogen werden, sinkt der Anteil B in der Restschmelze stärker, die Konzentration verschiebt sich zu höheren A-Anteilen.

Phasenfeld III: Die Temperatur liegt unterhalb der Liquiduslinie: Die Kristallisation hat begonnen. Sie liegt aber noch über der Soliduslinie: Die Kristallisation ist noch nicht abgeschlossen. A-reiche Seite des Zustandsschaubildes: Aus der Schmelze bilden sich A-Kristallgitter, in die begrenzt Atome der Komponente B aufgenommen werden. Es entstehen **α-Mischkristalle**. Da der Restschmelze mehr A-Atome als B-Atome durch die Kristallisation entzogen werden, sinkt der Anteil A in der Restschmelze stärker, die Konzentration verschiebt sich zu höheren B-Anteilen.

Phasenfeld IV: Die Temperatur liegt unterhalb der Soliduslinie: Die Kristallisation ist abgeschlossen. B-reiche Seite mit sehr hohem Anteil B und sehr geringem Anteil A: Wegen des geringen A-Anteils sind trotz der begrenzten Löslichkeit im festen Zustand alle A-Atome im Kristallgitter B gelöst. Es gibt nur **β-Mischkristalle**.

Phasenfeld V: Die Temperatur liegt unterhalb der Soliduslinie: Die Kristallisation ist abgeschlossen. A-reiche Seite mit sehr hohem Anteil A und sehr geringem Anteil B: Wegen des geringen B-Anteils sind trotz der begrenzten Löslichkeit im festen Zustand alle B-Atome im Kristallgitter A gelöst. Es gibt nur **α-Mischkristalle**.

Phasenfeld VI: Die Temperatur liegt unterhalb der Soliduslinie: Die Kristallisation ist abgeschlossen. In diesem Phasenfeld treten nebeneinander sowohl **α-Mischkristalle** als auch **β-Mischkristalle** auf. B-Atome können wegen der begrenzten Löslichkeit im A-Kristallgitter und A-Atome im B-Kristallgitter gelöst werden.

Mischkristalle werden allgemein mit kleinen griechischen Buchstaben gekennzeichnet. Die Zuordnung eines Buchstabens zum Mischkristalltyp ist willkürlich.

Wegen der begrenzten Löslichkeit im festen Zustand sind bei diesem Legierungstyp nur Mischkristalle möglich.

Da sowohl A-Atome im B-Kristallgitter als auch B-Atome im A-Kristallgitter gelöst sind, müssen Substitutionsmischkristalle vorliegen.

Gefügeaufbau bei Raumtemperatur:

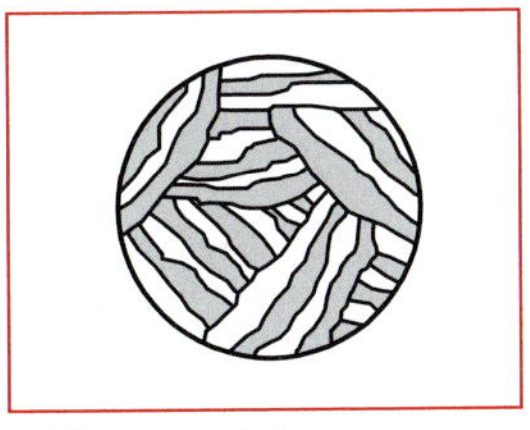

Bild 1 Eutektikum aus α-Mischkristallen (hell) und β-Mischkristallen (dunkel)

Legierung 5: Aufgrund der niedrigen Temperatur bilden sich sehr viele Kristallisationskeime. B-Atome bilden B-Kristallgitter, in die begrenzt A-Atome aufgenommen werden (**β-Mischkristalle**); A-Atome bilden A-Kristallgitter, in die begrenzt B-Atome aufgenommen werden (**α-Mischkristalle**). Da die Atome wegen der niedrigen Temperatur und der schnellen Erstarrung keine großen Wege zurücklegen können, bildet sich ein feinlamellares Gefüge aus **α-Mischkristallen** und **β-Mischkristallen** (Eutektikum). Die Legierungszusammensetzung 5 ist die eutektische Legierung.

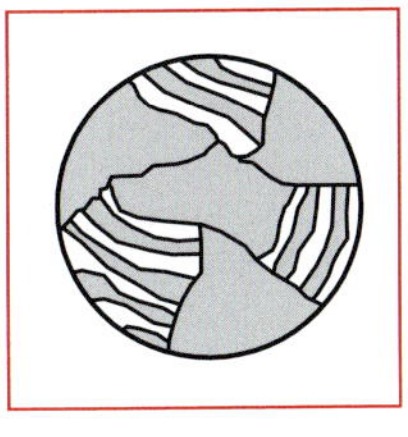

Bild 2 Legierung 3: β-Mischkristalle direkt aus der Schmelze, auskristallisiert beim Durchlaufen des Phasenfeldes II und Eutektikum, entstanden durch schlagartige Erstarrung der Restschmelze

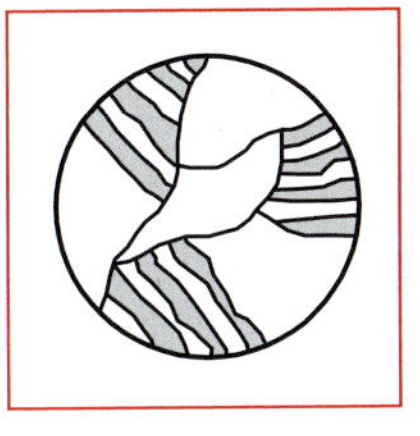

Bild 3 Legierung 4: α-Mischkristalle direkt aus der Schmelze, auskristallisiert beim Durchlaufen des Phasenfeldes III und Eutektikum, entstanden durch schlagartige Erstarrung der Restschmelze

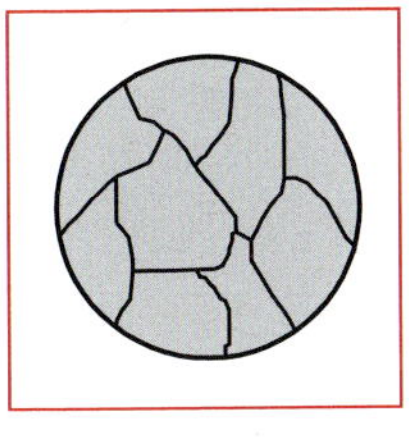

Bild 4 Legierung 6: Nur β-Mischkristalle, wegen des geringen A-Anteils sind alle A-Atome trotz der begrenzten Löslichkeit im festen Zustand im B-Kristallgitter gelöst.

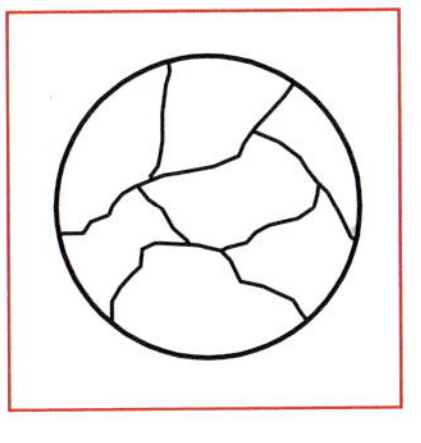

Bild 5 Legierung 7: Nur α-Mischkristalle, wegen des geringen B-Anteils sind alle B-Atome trotz der begrenzten Löslichkeit im festen Zustand im A-Kristallgitter gelöst.

3.2.5 Arbeiten mit Zustandsschaubildern

Ein Zustandsschaubild ist die bildliche Darstellung der Vorgänge in einer schmelzenden (Temperaturerhöhung) oder erstarrenden (Temperaturabsenkung) Legierung. Weiterhin werden auch Zustandsänderungen im erstarrten Werkstoff gezeigt. Diese werden durch metallografische oder dilatometrische Untersuchungen ermittelt (Dilatometrie = Messung der Längenänderungen bei Erwärmung oder Abkühlung).

Mithilfe der folgenden Arbeitsregeln ist eine einfache und zuverlässige Interpretation von Zustandsschaubildern möglich.

Arbeitsregeln:

1) Im Zustandsschaubild sind die Beständigkeitsbereiche der verschiedenen Phasen durch Phasengrenzlinien getrennt.

2) Im Zustandsschaubild ist jede Legierung durch Angabe ihrer Gehalte an Legierungselementen eindeutig festgelegt: senkrechter Schnitt.

3) Einzige variable Größe ist die Temperatur: Bewegung **nur** entlang des senkrechten Schnittes.

4) In Einphasengebieten bleibt die Art, die Menge und die Zusammensetzung der einen Phase konstant, auch wenn die Temperatur sich ändert.

5) Beim Überschreiten einer Phasengrenzlinie durch Temperaturänderung ändert sich der Zustand der Legierung: Die Art und/oder die Anzahl der Phasen ändert sich.

6) In den Zweiphasengebieten ändern sich die Mengenverhältnisse und die Zusammensetzungen der beiden Phasen kontinuierlich mit der Temperatur.

7) In den Zweiphasengebieten, die von der Linie der gewählten Legierungszusammensetzung geschnitten werden, – **und nur dort** – werden **Konoden** (= Linien gleicher Temperatur) zur Beschreibung des Legierungszustandes benutzt.

8) Innerhalb der Zweiphasengebiete geben die Schnittpunkte der Konoden mit den Phasengrenzlinien die bei dieser Temperatur vorliegenden Arten der Phasen und ihre Legierungszusammensetzung an:

Schnittpunkt Konode – Liquiduslinie	Schmelze
Schnittpunkt Konode – Soliduslinie	Mischkristalle
Schnittpunkt Konode – Koordinatenachse	reine Kristalle
Schnittpunkt Konode – Segregatlinie	Mischkristalle

9) In den Zweiphasengebieten werden die Mengenverhältnisse der Phasen mit dem Hebelgesetz berechnet.

Beispiel:

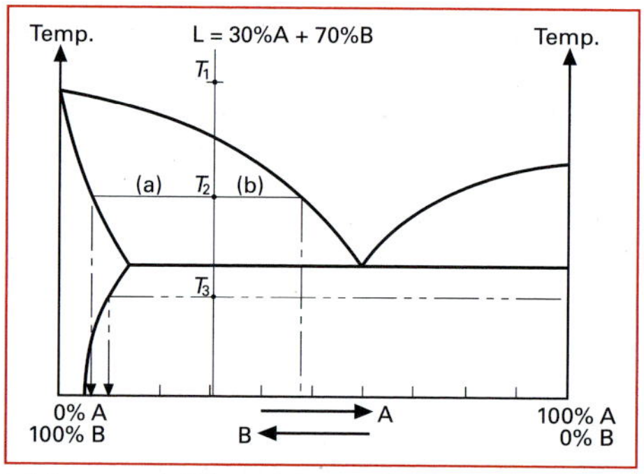

Bild 1 Modelllegierung aus den Komponenten A und B

Gewählt wird eine Legierung mit der Zusammensetzung: L = 30 % A und 70 % B

AR (= Arbeitsregel) 2: Senkrechter Schnitt bei L = 30 % A und 70 % B wird eingezeichnet

AR 3: Alle weiteren Betrachtungen beziehen sich nur noch auf diese eine Legierungszusammensetzung. Es wird allein die Temperatur verändert.

Temperatur T_1: Der Verlauf der Liquiduslinie ist typisch für eine Legierung mit vollkommener Löslichkeit im flüssigen Zustand. Da also ein Einphasengebiet vorliegt, gilt **AR 4:** Auch wenn die Temperatur erhöht oder verringert wird, ändert sich der Zustand der Legierung nicht.

Temperatur T_2: Die Liquiduslinie ist unterschritten. Es ist **AR 5** anzuwenden: Die Art und/oder die Anzahl der Phasen ändert sich: Die Kristallisation hat begonnen, d. h. das System enthält 2 verschiedene Phasen, nämlich Schmelze und Kristalle. Die Temperatur T_2 liegt also in einem Zweiphasenfeld. Daher gelten **AR 6:** Bei weiter abnehmender Temperatur erhöht sich der Anteil Kristalle, der Anteil Restschmelze nimmt ab, und **AR 7:** Im Zweiphasenfeld wird die Konode eingezeichnet = horizontale Linie von der Soliduslinie bis zur Liquiduslinie. **Wichtig:** Die Konode darf keinesfalls über die beiden Linien in ein anderes Phasenfeld verlängert werden, da dies unweigerlich zu Fehlern führt! Nach **AR 8** ergeben sich folgende Phasen und Phasenzusammensetzungen: Schnittpunkt links: Konode-Soliduslinie: β-Mischkristalle mit der Zusammensetzung (Lot auf die Konzentrationsachse): 6 % A und 94 % B bzw. Schnittpunkt rechts: Konode-Liquiduslinie: Schmelze mit der Zusammensetzung (Lot auf die Konzentrationsachse): 47 % A und 53 % B.

Wird die Temperatur weiter gesenkt, dann verschiebt sich der linke Schnittpunkt der Konode entlang der Soliduslinie, die β-Mischkristalle enthalten dann mehr A-Atome und weniger B-Atome als bei der Temperatur T_2. Entsprechend verschiebt sich der rechte Schnittpunkt entlang der Liquiduslinie, die Restschmelze wird A-reicher und B-ärmer.

Temperatur T_3: Die Soliduslinie ist unterschritten. Es ist **AR 5** anzuwenden: Die Art und/oder die Anzahl der Phasen ändert sich: Die Kristallisation ist abgeschlossen. Das Zustandsschaubild ist vergleichbar mit den Zustandsschaubildern der Kapitel 3.2.3 bzw. 3.2.4, d.h. in diesem Phasenfeld müssen ebenfalls zwei verschiedene Phasen vorliegen. Es hat sich also nur der Zustand geändert, die Restschmelze ist auch erstarrt. Es hat sich aber nicht die Anzahl der Phasen geändert. Dementsprechend ist **AR 7** heranzuziehen: Im Zweiphasenfeld wird die Konode eingezeichnet = horizontale Linie von der Segregatlinie links bis zur rechten Koordinatenachse. **WICHTIG:** Die Konode darf keinesfalls über die Segregatlinie in das angrenzende Phasenfeld verlängert werden! Nach **AR 8** sind folgende Phasen und Phasenzusammensetzungen bei T_3 gegeben: Schnittpunkt links: Konode-Segregatlinie: β-Mischkristalle mit der Zusammensetzung (Lot auf die Konzentrationsachse): 10 % A und 90 % B, bzw. Schnittpunkt rechts: Konode-Koordinatenachse: reine Kristalle mit (Lot auf die Konzentrationsachse): 100 % A.

Nach **AR 6** verschiebt sich der linke Schnittpunkt der Konode entlang der Segregatlinie, wenn die Temperatur weiter gesenkt wird. Entsprechend nimmt die Löslichkeit der β-Mischkristalle für A-Atome ab. Der Anteil β-Mischkristalle wird kleiner und es bilden sich zunehmend reine A-Kristalle.

Da zwar die Komponente A im B-Kristallgitter gelöst werden kann, nicht jedoch die Komponente B in A, muss das β-Mischkristall ein Einlagerungsmischkristall sein.

Hebelgesetz

Nach AR 9 können in Zweiphasengebieten die Mengenverhältnisse der beiden Phasen mit dem Hebelgesetz berechnet werden. Zur Erläuterung ist in Bild 1 der Ausschnitt des Zustandsschaubildes Bild 1 S. 52 bei der Temperatur T_2 dargestellt.

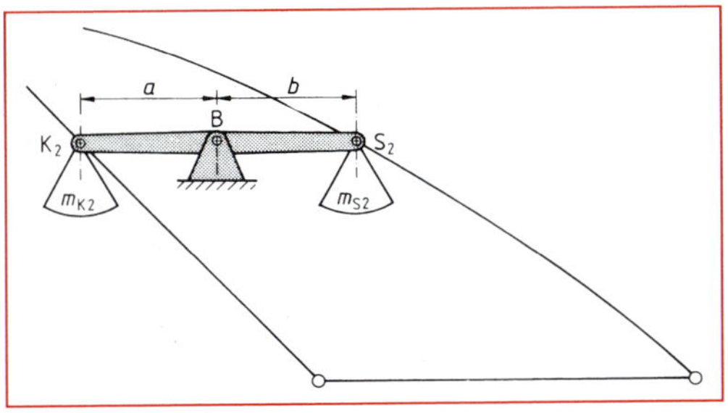

Bild 1 Ausschnitt bei Temperatur T_2 aus ▶ Bild 1 S. 52

Die Konode wird als Waagebalken mit dem Drehpunkt B (= Schnittpunkt mit der Legierungslinie L) gedacht. Dadurch ergeben sich die Hebelarme a und b. Nach AR 8 enthält das Phasenfeld Mischkristalle (Schnittpunkt der Konode mit der Soliduslinie) und Schmelze (Schnittpunkt der Konode mit der Liquiduslinie). Die Masse der Mischkristalle sei m_{K2}, die Masse der Schmelze m_{S2}. Da das Zustandsschaubild ein Gleichgewichtsschaubild ist muss der Waagebalken waagerecht stehen. Aus dieser Forderung folgt das Hebelgesetz:

$$m_{K2} \cdot a = m_{S2} \cdot b$$

m_{K2} = Masse der Mischkristalle bei T_2 m_{S2} = Masse der Schmelze bei T_2

$$m_{K2} = m_{S2} \cdot \frac{b}{a} \quad \text{bzw.} \quad m_{S2} = m_{K2} \cdot \frac{a}{b}$$

Beispiel ▶ Bild 1 S. 52: Hebelarme a = (30 % A – 6 % A) = 24 %; b = (47 % A – 30 % A) = 17 %

Die Hebelarme können auch einfach mit einem Lineal abgemessen werden, da nur das Verhältnis der Hebelarme zueinander wichtig ist.

Zur Berechnung der Massen ist eine zweite Gleichung erforderlich. Beide Massen zusammen sind gleich der Gesamtmasse m_{ges} der Legierung:

$$m_{K2} + m_{S2} = m_{ges} = 100\,\%$$

Schmelzmasse: $m_{S2} \cdot \frac{b}{a} + m_{S2} = m_{ges} = m_{S2} \cdot \left(\frac{17}{24} + 1\right) = 100\,\%;\ m_{S2} = \frac{100}{1{,}71}\,\% = 58{,}5\,\%$

Kristallmasse: $m_{K2} + m_{K2} \cdot \frac{a}{b} = m_{ges} = m_{K2} \cdot \left(1 + \frac{24}{17}\right) = 100\,\%;\ m_{K2} = \frac{100}{2{,}41}\,\% = 41{,}5\,\%$

3.2.6 Schnelle Erstarrung nichteutektischer Legierungen

Der unterschiedlich schräge Verlauf und der Abstand von Liquidus- und Soliduslinie sind der Grund dafür, dass sich sowohl die Mengenverhältnisse von Schmelze zu Mischkristall als auch ihre Zusammensetzungen mit abnehmender Temperatur ändern.

Wird eine Schmelze schnell abgekühlt, kann sich ihre Zusammensetzung durch Konvektion und Flüssigkeitsdiffusion schnell ändern, während die Beweglichkeit der Atome in den bereits gebildeten Mischkristallen vielfach kleiner ist.

Beispiel:

Betrachtet wird eine Eisen-Kohlenstoff-Legierung mit 1 % Kohlenstoff (▶ Bild 1). Beim Erstarrungsbeginn (Temperatur T_1) entstehen aus der Schmelze S_1 mit 1 % C Mischkristalle mit nur 0,35 % C. Bei weiterer Abkühlung auf T_2 wächst um die Mischkristalle K_1 eine Schicht K_2 mit 0,55 % C. Dadurch steigt der C-Gehalt der Restschmelze auf 1,5 % an. Am Ende der Erstarrung (Temperatur T_4) liegt der C-Gehalt der zuletzt gebildeten Mischkristalle bei 1 %, die allerletzten Schmelzreste haben einen C-Gehalt von etwa 2,45 %.

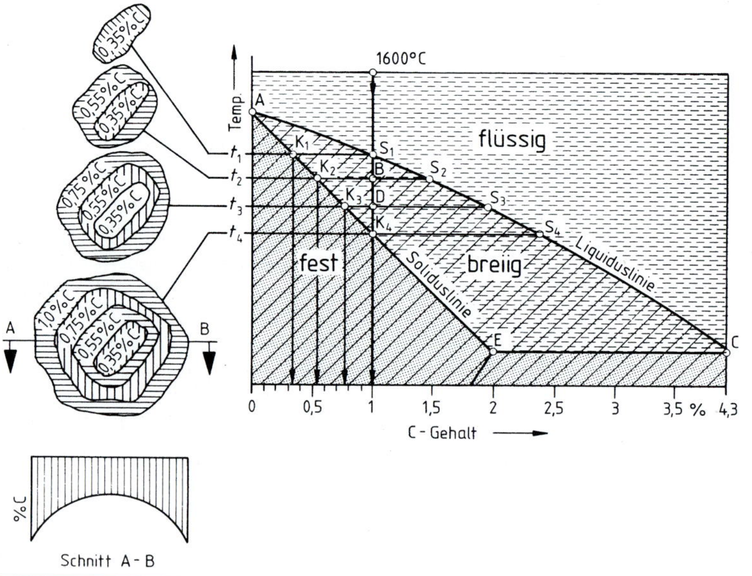

Bild 1 Erstarrung einer Eisen-Kohlenstoff-Legierung mit 1 % C durch schnelle Abkühlung, schematisch

Seigerungen[1]

Die ungleichmäßige Verteilung von Legierungsatomen in Kristallgittern heißt **Kristallseigerung** oder Mikroseigerung.

Die Kristallseigerung wird hauptsächlich von der Steigung der Soliduslinie bestimmt. Je flacher sie verläuft, umso größer sind die Konzentrationsunterschiede bei gleichen Temperaturdifferenzen. Bei senkrechtem Verlauf wäre die Zusammensetzung der Mischkristalle unabhängig von der Temperatur. Bei waagrechtem Verlauf tritt dagegen eine sofortige völlige Entmischung der Legierungskomponenten ein (System Eisen-Blei, ▶ S. 44).

Da nahezu alle technischen Legierungen eine mehr oder weniger steile Soliduslinie haben und die Abkühlungsgeschwindigkeiten in der Praxis immer größer sind als der Idealfall der unendlich langsamen Abkühlung, sind Kristallseigerungen nie ganz zu vermeiden.

[1] Das Wort Seigerung kommt von saiger, was in der Bergmannssprache senkrecht heißt. Dies deutet auf die schichtenförmige Überlagerung von Flüssigkeiten hin, die sich nicht miteinander mischen (Schwerkraftseigerung), z. B. Wasser-Quecksilber/Wasser-Öl.

Ein nachträglicher Konzentrationsausgleich, d.h. eine gleichmäßigere Verteilung der Legierungselemente, kann nur durch Bewegung der Legierungsatome im Kristallgitter, d.h. durch Diffusion erreicht werden. Um sie zu ermöglichen, müssen die Abstände der Gitteratome durch hohe Temperaturen vergrößert werden. Außerdem ist die Diffusionsgeschwindigkeit sehr gering, d.h. es sind lange Glühzeiten erforderlich (Diffusionsglühen ▶ S. 80).

Seigerungen im Makrobereich sind Schwerkraftseigerung, Blockseigerung und Gasblasenseigerung.

Schwerkraftseigerungen treten beim Erstarren von Legierungen auf, bei denen ein merklicher Dichteunterschied zwischen Kristallen und Restschmelze besteht. Je größer der Dichteunterschied ist, desto eher kommt es zum Absetzen/Hochsteigen der schweren/leichten Kristalle. Diese Entmischungen werden durch langsame und ruhige Erstarrung begünstigt und können nicht rückgängig gemacht werden. Durch besondere Gießmaßnahmen, z.B. schnelles Vergießen oder Erstarren im schwerefreien Raum (Weltraumbedingungen), kann die Ausbildung von Seigerungen dieser Art verhindert werden.

Blockseigerungen sind Seigerungen in größeren Bereichen, und zwar in der Größenordnung eines Blockquerschnittes. Sie entstehen dadurch, dass die Stängelkristalle nach ▶ Bild 1 S. 37 die in Eisenlegierungen stets enthaltenen Verunreinigungen, wie Schwefel und Phosphor, vor sich herschieben und das Blockinnere damit anreichern. Die Blockseigerung ist eine besonders bei unberuhigten Stählen häufig auftretende Entmischungserscheinung.

Im Stahl erzeugen Häufungen von Phosphor *Sprödigkeit* (Kaltbrüchigkeit), Ansammlungen von Schwefel *Rotbrüchigkeit.* Hohe örtliche Wolfram-, Titan-, Molybdän-Gehalte, d.h. also harte Stellen, kerben den Stahl ein; sie führen zu Werkstückbrüchen und beeinträchtigen das Härteverhalten.

Mithilfe besonderer Ätzmittel können Seigerungen im metallografischen Schliff sichtbar gemacht werden. **Phosphorseigerungen** werden mit dem Ätzmittel nach Oberhoffer entwickelt (▶ Bild 1). **Schwefelseigerungen** zeigen sich auf so genannten Baumann-Abdrücken.

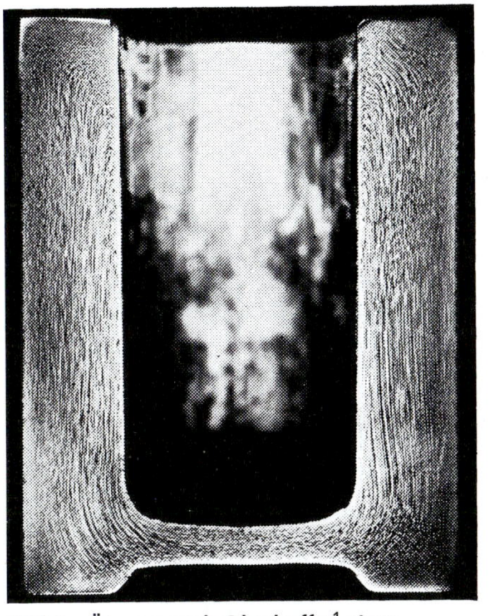

Bild 1 Ätzung nach Oberhoffer[1] einer geschmiedeten Schiebehülse: Die hellen Linien sind Phosphorseigerungen, die dunklen Bereiche sind seigerungsfreie Zonen

Schwefelabdrücke nach Baumann

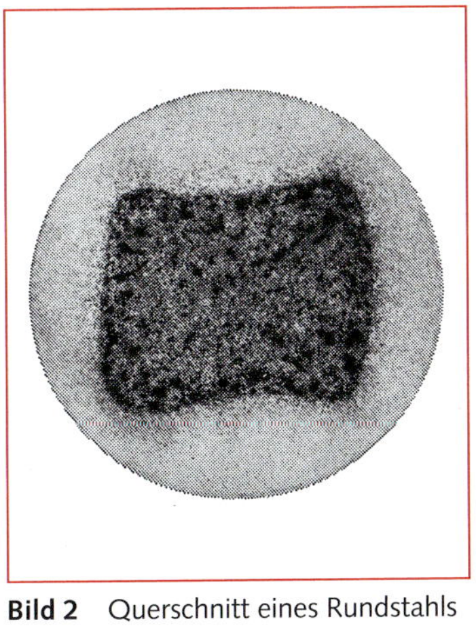

Bild 2 Querschnitt eines Rundstahls mit Blockseigerung

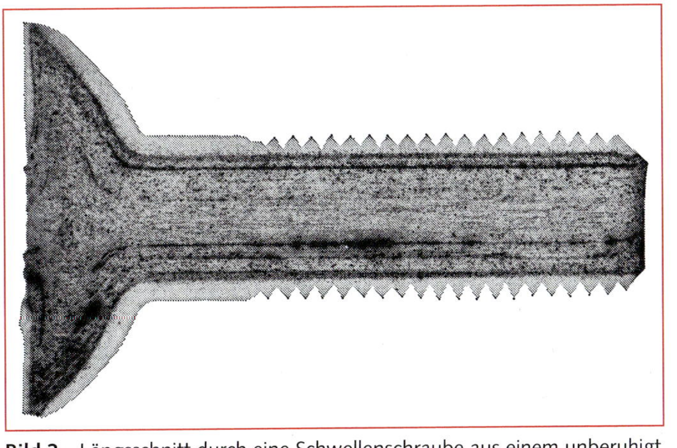

Bild 3 Längsschnitt durch eine Schwellenschraube aus einem unberuhigt vergossenen Stahl mit verstreckter Blockseigerung

[1] Prof. Dr. Paul Oberhoffer, 25.01.1882–16.07.1927, von 1920–1927 Leiter des Instituts für Eisenhüttenkunde und Gießerei der RWTH Aachen.

Aufgaben:

1. Was ist in einem Zustandsschaubild dargestellt?
2. Nennen Sie die Kristallarten, die bei Raumtemperatur in einer Legierung vorliegen mit
   - vollkommener Unlöslichkeit im festen Zustand,
   - mit vollkommener Löslichkeit im festen Zustand,
   - mit begrenzter Löslichkeit im festen Zustand.
3. Beschreiben Sie die Möglichkeiten, die das Hebelgesetz zur Beschreibung von Legierungen bietet.
4. Was sind Seigerungen und wie entstehen sie?

3.3 Diffusion

Bei einer Temperatur von –273,15 °C (absoluter Nullpunkt) sitzen die Metallatome vollkommen bewegungslos auf ihren Kristallgitterplätzen. Wird die Temperatur durch Wärmezufuhr erhöht, beginnen die Atome um diese Ruhelage zu schwingen. Die Schwingungsamplituden werden mit steigender Temperatur immer größer (erkennbar an der Wärmedehnung der Feststoffe). Ab einer gewissen Amplitudenhöhe sind die Atome in der Lage, auf benachbarte leere Gitterplätze zu springen. Diese Platzwechsel werden als **Diffusion** bezeichnet. Die Diffusion ist der einzige nennenswerte Massentransport in Feststoffen.

Voraussetzung für diese Platzwechsel sind demnach die Temperaturhöhe, d. h. der Energieinhalt, sowie Leerstellen im Kristallgitter. Die Anzahl der Leerstellen ist ebenfalls temperaturabhängig (▶ S. 29), sie kann durch schnelles Abkühlen erhöht werden.

Die Leerstellendiffusion ist die wichtigste Diffusionsart der Metalle.

Diffundieren die Atome des Grundmetalls, spricht man von **Selbstdiffusion**, s. Bild 1 a.

Bei der **Fremddiffusion**, s. Bild 1 b, bewegen sich Fremdatome im Kristallgitter des Grundmetalls, z. B. C-Atome im Eisenkristallgitter beim Glühen von Stahl. Antriebskraft bei der Fremddiffusion sind Konzentrationsunterschiede der Fremdatome im Kristallgitter, z. B. hohe C-Konzentration im zerfallenden Zementit (Fe_3C) und niedrige C-Konzentration im Gamma-Mischkristall bei Glühtemperaturen um 800 °C. Vergleichbare Diffusionsprozesse laufen ab bei den thermochemischen Randschichtverfestigungsverfahren, z. B. beim Nitrieren. Hier besteht ein Konzentrationsunterschied zwischen dem stickstoffabgebenden Medium und der Stahloberfläche, der die Eindiffusion von Stickstoffatomen in die Stahloberfläche erzwingt.

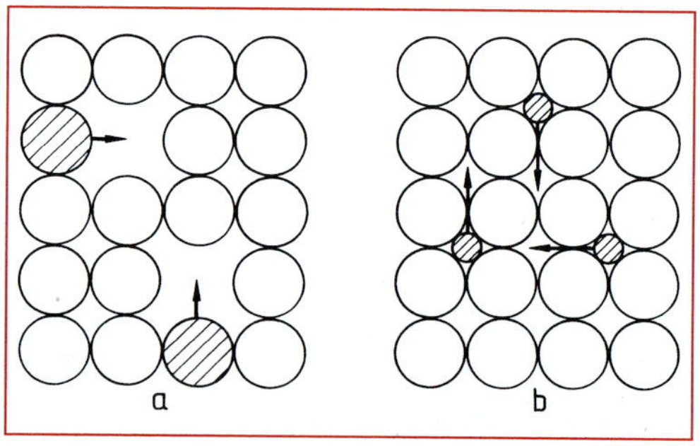

Bild 1 Diffusionsmechanismen
a) Selbstdiffusion, b) Fremddiffusion

Die **Diffusionsgeschwindigkeit** kleiner Atome ist wesentlich größer als die großer Atome. Wasserstoff als kleinstes Atom ist auch bei niedrigen Temperaturen besonders diffusionsfreudig (Wasserstoffaufladung bei galvanischen Abscheidungen!). Auch Kohlenstoff, Stickstoff und Sauerstoff erreichen relativ hohe Diffusionsgeschwindigkeiten. An Oberflächen und Korngrenzen, d. h. Bereichen mit besonders hoher Leerstellenzahl, sind die Diffusionsgeschwindigkeiten höher als im Kristallgitter. Vorausgegangene Kaltumformprozesse erhöhen die Anzahl der Leerstellen im Kristallgitter und führen damit ebenfalls zu einer deutlich höheren Diffusionsgeschwindigkeit (Rekristallisation kaltumgeformter Metalle, Stickstoffalterung bei lufterschmolzenen, kaltumgeformten Stählen).

Dritte Einflussgröße ist die **Zeit**. Die Diffusionsgeschwindigkeiten sind extrem niedrig. Infolgedessen können Diffusionsprozesse durch schnelles Abkühlen z. B. von der Glühtemperatur auf Raumtemperatur teilweise oder völlig unterdrückt werden (Härten von Stählen).

Diffusionsvorgänge treten auf bei allen Wärmebehandlungsverfahren, beim Sintern und beim Löten.

Aufgaben:

1. Beschreiben Sie den Ablauf der Diffusion. Welchen Einfluss hat dabei die Temperatur des Werkstoffs?
2. Erklären Sie die beiden Begriffe Selbstdiffusion und Fremddiffusion.
3. Wodurch wird die Fremddiffusion hervorgerufen?
4. Welche Einflussgrößen verändern die Diffusionsgeschwindigkeit?

4 Eisenbasismetalle

4.1 Roheisengewinnung

4.1.1 Eisenerze

Eisenerze sind eisenhaltige Gesteine, die als Rohstoffe für die Roheisenerzeugung dienen. Sie sind meist Oxide des Eisens mit Beimengungen, z. B. Mangan, Silicium, Phosphor, Schwefel, Kieselsäure, Tonerde, Kalk und Magnesium. Inlanderze sind nicht mehr wettbewerbsfähig. Heute sind nur noch die sog. **Reicherze** mit mehr als 55 % Fe abbauwürdig, die aus einer mittleren Entfernung von 3 500 Seemeilen (aus Venezuela, Brasilien, Liberia, Südafrika und Australien) nach Deutschland transportiert werden und z. T. 60 bis 70 % Fe enthalten. Die bisher bekannten Reicherzlagerstätten sind in etwa 50 Jahren erschöpft. Eisen hat jedoch einen Anteil von 4,7 % an der Erdkruste, allerdings gebunden in verschiedenen Eisenoxiden, sodass die gesamten Eisenerzvorräte in absehbarer Zeit als unerschöpflich gelten können.

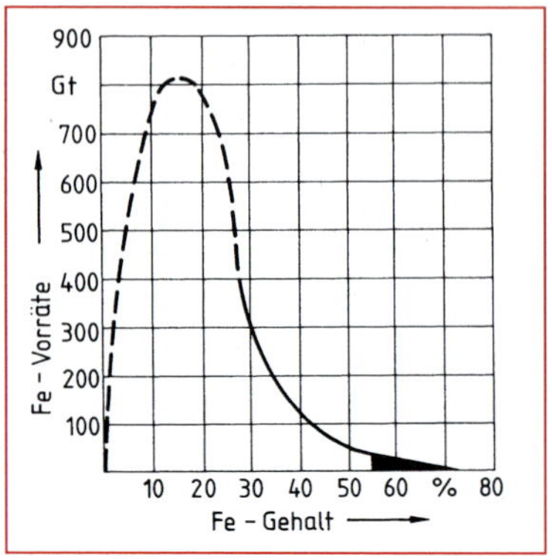

Bild 1 Gesamt-Weltvorräte an Eisenerz
(1 Gt = 10^9 t)

Die *Aufbereitung* der Reicherze erfolgt an ihren Lagerstätten. Dabei werden grobe Stücke gebrochen und Feinerze durch Sintern oder Pelletisieren stückig gemacht. In Pelletieranlagen entstehen durch Mahlen, Mischen mit Bindemitteln und Brennen kugelförmige feste Stücke von etwa 1 cm Durchmesser, sog. **Pellets**[1], die eine geringe Behinderung der Gasströme im Hoch-/Schachtofen gewährleisten.

4.1.2 Hochofen

4.1.2.1 Aufgaben und Beschickung des Hochofens

Aufgabe des Hochofens ist die *Roheisen-Gewinnung*, dabei verlaufen folgende Prozesse:

1. Reduktion des Eisens aus den Oxiden der Erze;
2. Aufschmelzung und Aufkohlung des reduzierten Eisens;
3. Aufschmelzung der erdigen Bestandteile der Erze, der sog. Gangart[2], der Zuschläge und der Koksasche zu einer gut fließenden Schlacke.

Beschickung: *Einsatzstoffe* sind der sog. *Möller* und *Koks* als Reduktionsmittel. Möller nennt man die Mischung aus Erzen und Zuschlägen, die den Ablauf des Schmelzprozesses ermöglichen (s. Schlacke). Erzmischungen ohne Zuschläge werden *Gattierung* genannt.

4.1.2.2 Vorgänge im Hochofen

Die Einsatzstoffe wandern im Hochofenschacht unter dem Einfluss der Schwerkraft allmählich nach unten. Die eingeblasene Heißluft steigt gegen den Strom der Feststoffe nach oben.

Die Reduktion der Eisenoxide, s. Sauerstoffabbau, ▶ Bild 2 S. 59, erfolgt durch die aufsteigenden Gase und durch den Kokskohlenstoff. In der Verbrennungszone, etwa in Höhe der Heißluftzufuhr, erfolgen CO_2-Bildung und Umsetzung des CO_2 mit Kokskohlenstoff nach:

$$CO_2 + C \rightarrow 2\,CO$$

---

1 Pellets = Tabletten
2 Gang = mit Erz gefüllte Spalten im Gestein. Die nichtmetallischen Mineralien der Erzgänge kennzeichnen die Gangart.

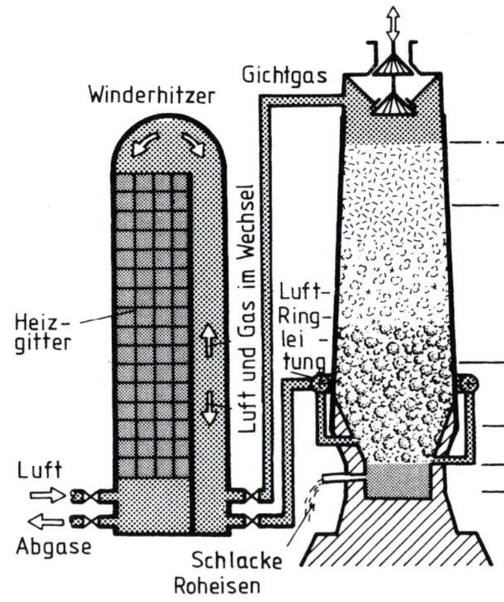

Bild 1 Hochofen mit Winderhitzer

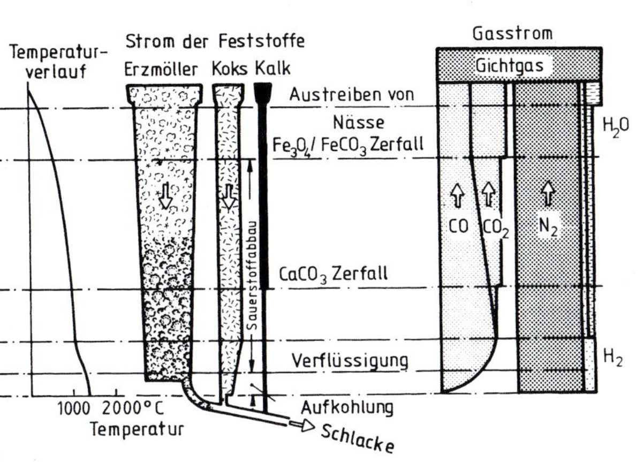

Bild 2 Gegenbewegung der Stoff- und Gasströme im Hochofen

CO baut aus den Eisenoxiden den Sauerstoff ab nach:

$$3\,Fe_2O_3 + CO \rightarrow 2\,Fe_3O_4 + CO_2$$
$$Fe_3O_4 + CO \rightarrow 3\,FeO + CO_2$$
$$FeO + CO \rightarrow Fe + CO_2$$

Aus der Feuchtigkeit des Möllers und der Heißluft entsteht Wasserstoff nach:

$$CO + H_2O \rightarrow CO_2 + H_2$$

Der Wasserstoff baut aus den Eisenoxiden den Sauerstoff ab nach:

$$3\,Fe_2O_3 + H_2 \rightarrow 2\,Fe_3O_4 + H_2O$$
$$Fe_3O_4 + H_2 \rightarrow 3\,FeO + H_2O$$
$$FeO + H_2 \rightarrow Fe + H_2O$$

Die Aufkohlung des reduzierten Eisens erfolgt in geringem Umfange im festen Zustand durch das CO nach:

$$2\,CO \rightarrow C + CO_2$$
$$3\,Fe + C \rightarrow Fe_3C$$

hauptsächlich jedoch im flüssigen Zustande durch Berührung mit dem Kokskohlenstoff, ▶ Bild 2.

Die Hochofenschlacke bildet sich aus den nichteisenenthaltenden Bestandteilen des Möllers und der Koksasche und nimmt schädliche Begleitelemente, z. B. P und S, auf. Sie schwimmt auf dem flüssigen Roheisen und wird zuerst abgelassen, *Schlackenabstich* vor *Roheisenabstich*.

4.1.2.3 Erzeugnisse des Hochofens

Durch die Aufkohlung des reduzierten Eisens entstehen Eisen-Kohlenstoff-Legierungen, die im Allg. über 2 % C und andere Begleitelemente enthalten. Nach DIN EN 10001:1991 werden diese Legierungen als **Roheisen** bezeichnet, wenn die Gehalte an anderen Elementen gleich oder kleiner sind als die in Tabelle 1 angegebenen Grenzwerte. Liegen einzelne Gehalte über diesen Werten, spricht man von Ferrolegierungen.

Element	Grenzgehalt
Mangan	≤ 30,0%
Silizium	≤ 8,0%
Phosphor	≤ 3,0%
Chrom	≤ 10,0%
andere Legierungselemente insgesamt	≤ 10,0%

Tabelle 1 Grenzen der Legierungsgehalte für Roheisen

Roheisen ist wegen seines hohen C-Gehaltes sehr spröde und daher als Konstruktionswerkstoff nicht brauchbar. Es ist zur Weiterverarbeitung zu Stahl oder Gusseisen bestimmt. Dazu wird es entweder im flüssigen Zustand direkt an das Stahlwerk geliefert oder als Roherzeugnis für die Gusseisenherstellung in Form von Masseln, ähnlich geformten festen Stücken oder als Granulat abgegossen.

Roheisensorten

Roheisen wird nach DIN EN 10001:1991 aufgrund seiner Legierungszusammensetzung entsprechend ▶ Tab. 1 in verschiedene Gruppen eingeteilt.

Nr.	Roheisengruppe Benennung			Kurzname	C ges in %	Si in %	Mn in %	P in %	max. S in %
1.1	unlegiert	Stahlroheisen	phosphorarm	Pig-P2	(3,3 … 4,8)	≤ 1,0	0,4 … 6,0 (0,5 … 1,5)	≤ 0,25	0,06
1.2			phosphorreich	Pig-P20	(3,0 … 4,5)		≤ 1,5	1,5 … 2,5	0,08
2.1		Giessereiroheisen		Pig-P1 Si	(3,3 … 4,5)	1,0 … 4,0 (1,5 … 3,5)	0,4 … 1,5	≤ 0,12	0,06
2.2				Pig-P3 Si				> 0,12 … 0,5	
2.3				Pig-P6 Si				> 0,5 … 1,0 (> 0,5 … 0,7)	
2.4				Pig-P12 Si				> 1,0 … 1,4	
2.5				Pig-P17 Si				> 1,4 … 2,0	
3.1			Sphäro	Pig-Nod	(3,5 … 4,6)	≤ 3,0	≤ 0,1	≤ 0,08	0,03
3.2			Sphäro-Mn	Pig-Nod Mn		≤ 4,0	≤ 0,1 … 0,4		
3.3			kohlenstoffarm	Pig-LC	> 2,0 … 3,5	≤ 3,0	> 0,4 … 1,5	≤ 0,30	0,06
4.0			sonst. unlegiertes Roheisen	Pig-SPU					
5.1	legiert		Spiegeleisen	Pig-Mn	(4,0 … 6,5)	max. 1,5	> 6,0 … 30,0	≤ 0,30 (≤ 0,20)	0,05
5.2			sonst. legiertes Roheisen	Pig-SPA					

Nicht eingeklammerte Werte sind für die Einteilung von Roheisen maßgebend. Eingeklammerte Werte sind Anhaltswerte für die Bereiche, in denen die tatsächlichen Gehalte überlicherweise liegen.
Für sonstige Elemente sind keine Mindestwerte festgelegt. Abhängig von den Rohstoffen können weitere in der Tabelle nicht aufgeführte Elemente mit Gehalten > 0,5% auftreten. Diese sind für die Einteilung jedoch nicht maßgebend.

Tabelle 1 Einteilung und Benennung von Roheisen nach seiner chemischen Zusammensetzung (nach DIN EN 10001)

Nebenprodukte des Hochofens sind Schlacke und Gichtgas.

Die **Hochofenschlacke** wird zur Herstellung von Zement („Eisenportlandzement"), Schlackensteinen, Straßenschotter und Schlackenwolle verwendet.

Das **Gichtgas** (auch Hochofengas) hat aufgrund des niedrigen CO-Gehaltes keinen hohen Heizwert. Es wird zum Aufheizen der Winderhitzer und als Heizgas für Kokereien (Kokserzeugung) verwendet. Früher wurden damit auch große Kolbenmotoren für den Antrieb der Druckluftmaschinen für den Hochofenwind betrieben.

Bei der Roheisenherstellung entstehen praktisch keine Abfälle, da nahezu alle Produkte des Hochofens weiterverwertet werden.

Die Eisenherstellung durch Verhütten von Erz begann ca. 1050 v. Chr. in Südkleinasien.

4.1.3 Reduktion des Eisens aus den Oxiden der Erze ohne Hochofenprozess

Um die Möllervorbereitung und den teuren Koks beim Hochofenprozess zu vermeiden, wurden als Alternativen zum Hochofenprozess eine Anzahl von Direktreduktions- und Schmelzreduktionsverfahren entwickelt.

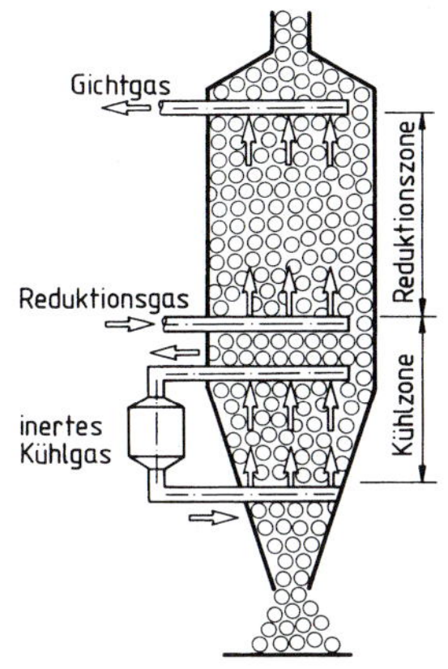

Direktreduktionsverfahren sind Verfahren zur Reduktion/Metallisierung von Eisenerzen mit festen oder gasförmigen Reduktionsmitteln unter Umgehung des Hochofenverfahrens. Als feste Reduktionsmittel kommen Stein-/Braunkohle in Betracht. Reduktionsgase werden durch Spaltung von Erd-/Koksofengas in CO und H_2 oder aus Schweröl gewonnen. Das Reinigen der metallisierten Erze von Gangart und Begleitelementen erfolgt in Elektroöfen.

Bild 1 Durchführung der Thyssen-/Purofer-/Midrex-Direktreduktion im Schachtofen. Die Einsatzstoffe, Stückerze/Pellets, gleiten unter dem Einfluss der Schwerkraft im Schachtofen langsam nach unten. Das auf 800 °C erhitzte Reduktionsgas steigt gegen den Strom der Einsatzstoffe nach oben und baut den in den Erzen enthaltenen Sauerstoff ab. Die Reduktion/Metallisierung der Erze erfolgt also auf direktem Wege, d. h. ohne flüssige Phase.

Das Ergebnis der Direktreduktion ist *Eisenschwamm*, der in Form einer schwammartigen Masse oder von Körnern hergestellt wird.

Da Eisenschwamm kostenmäßig mit Schrott konkurrieren muss, spielt er mengenmäßig eine untergeordnete Rolle.

Anwendungsgebiete sind Länder mit Gasvorkommen.

Schmelzreduktionsverfahren bezwecken die Reduktion des Erzes im flüssigen Zustand. Nach einem Verfahren von Klöckner werden Steinkohle und Sauerstoff von unten in eine Stahlschmelze geblasen, ▶ S. 63, und dadurch das Erschmelzen von Stahl aus 100 % Schrott ermöglicht. Nach ähnlichem Prinzip wird bei den verschiedenen Schmelzreduktionsverfahren durch den Einsatz von Erz und Kohle Roheisen erzeugt. Man unterscheidet Sauerstoff-Unterbaddüsentechnik, Sauerstoff-Aufblastechnik, Wirbelschichtverfahren und Mischenergieverfahren.

Roheisen wird auch in Zukunft zum größten Teil im Hochofen erzeugt werden.

Aufgaben:

1. Beschreiben Sie mit Worten (ohne chemische Gleichungen) die Vorgänge in einem Hochofen.
2. Ergebnis des Hochofenprozesses sind Roheisen oder Ferrolegierungen. Wie unterscheiden sich diese?
3. Nennen Sie die beiden Roheisengruppen.
4. Welche Nebenprodukte entstehen bei der Roheisengewinnung? Wozu werden diese verwendet?
5. Erläutern Sie das Direktreduktionsverfahren für Eisenerze.

4.2 Stahlherstellung

4.2.1 Eigenschaften und Bedeutung des Stahls

Stähle sind nach DIN EN 10020: 2000 Werkstoffe mit einem Massenanteil an Eisen, der größer ist als der jedes anderen Elements, und einem Kohlenstoffgehalt, der in der Regel unter 2,06 % liegt. Einige wenige mit Chrom legierte Stähle können auch etwas mehr als 2,06 % Kohlenstoff enthalten. Stähle können mit sehr vielen anderen Elementen legiert werden.

Stähle sind nach wie vor die technisch und wirtschaftlich bedeutendsten metallischen Werkstoffe. Die Gründe dafür sind einmal die im Vergleich zu anderen Metallen relativ niedrigen Herstellungskosten. Weiterhin können die Eigenschaften der Stähle durch Legierungsbildung mit einer Vielzahl von metallischen und nichtmetallischen Elementen und durch verschiedene Wärmebehandlungsverfahren an nahezu alle Bauteilanforderungen angepasst werden. Die Zugfestigkeit kann durch Legieren und Vergüten variiert werden zwischen 200 bis über 2000 MPa, durch Legieren mit Chrom werden die Stähle rost- und säurebeständig, durch Legieren mit Chrom und Nickel warmfest, durch Legieren mit Chrom, Molybdän und Wolfram verschleißfest. Eine Vielzahl der verfügbaren Legierungen sind gut bis sehr gut schweißbar. Auch die mechanische Bearbeitung durch Umformen, spanendes und spanloses Trennen ist bei der Mehrzahl der Stähle problemlos möglich. Stähle halten schließlich mit einer Wiederverwertungsquote von weltweit nahezu 50 % auch in diesem Bereich die Spitzenstellung aller Werkstoffe.

4.2.2 Ausgangsstoffe und Herstellungsverfahren

Die im Hochofen gewonnenen Stahlroheisenschmelzen und die Feststoffe Schrott, Eisenschwamm und Legierungselemente sind die Ausgangsstoffe für die Stahlherstellung in folgenden Stufen:

1. Vorbehandlung von Stahlroheisenschmelzen,
2. Umwandlung von Stahlroheisenschmelzen und festen Stoffen in Rohstahlvorschmelzen,
3. Nachbehandlung von Rohstahlvorschmelzen zur Endeinstellung der unterschiedlichen Eigenschaften der verschiedenen Stähle entsprechend ihren verschiedenen Verwendungszwecken.

4.2.2.1 Vorbehandlung von Stahlroheisenschmelzen

Zweck dieser Vorbehandlung ist die Entschwefelung und Entphosphorung von Stahlroheisenschmelzen. Die Durchführung erfolgt durch Einblasen, Einrühren oder das Tauchen von Feststoffen auf der Basis von Soda, Kalk, Magnesium und Calciumcarbid. Dabei wird der Schwefelgehalt der Schmelzen auf etwa 0,003 % abgesenkt, was die Durchführung der nachfolgenden Verfahren mit weniger basischen Schlacken ermöglicht.

4.2.2.2 Umwandlung von Stahlroheisenschmelzen und festen Stoffen in Rohstahlvorschmelzen

Frischen nennt man die oxidierende Behandlung von Stahlschmelzen zur Senkung des Kohlenstoffgehaltes und Verschlackung der unerwünschten Begleitelemente. Das dabei entstehende Kohlenstoffmonoxid steigt in der Schmelze empor und verursacht kochähnliche Erscheinungen, sodass das Frischen auch als *Kochen* bezeichnet wird.

Rohstahlvorschmelzen entstehen durch Frischen von Stahlroheisenschmelzen mit einem Sauerstoffblasverfahren und/oder durch Aufschmelzen und Frischen von Schrott und Eisenschwamm (► S. 61) in Elektroöfen.

Die Sauerstoffblasverfahren werden in birnenförmigen Gefäßen, sog. Oxigenstahlkonvertern, durchgeführt. Der Sauerstoff wird entweder durch eine wassergekühlte Lanze auf die Schmelze oder durch den

Konverterboden durch die Schmelze geblasen. Die durch die Reaktionswärme steigende Temperatur der Schmelze wird durch Schrottzusätze verringert. Die Sauerstoffblasverfahren sind die wichtigsten Verfahren zur Erzeugung von Rohstahlvorschmelzen bzw. Massenstählen.

In **Elektroöfen** wird die zum Aufschmelzen und Frischen erforderliche Wärme durch elektrischen Strom erzeugt. Übliche Bauweisen sind der Induktionsofen, der Elektrolichtbogenofen und der Plasmaofen[1]. Durch Steuerung der Energiezufuhr durch Prozessrechner und Kühlung der Ofenwände mit Wasser können mit einem Elektrolichtbogenofen bis zu 500000 t Rohstahl pro Jahr erschmolzen werden. In Plasmaöfen werden die Graphitelektroden durch Plasmabrenner ersetzt. Diese Öfen eignen sich besonders für das Einschmelzen von metallischen Feststoffen, z. B. Schrott.

Nach Beendigung der Prozesse in den Oxigenstahlkonvertern, Elektrolichtbogen- oder Plasmaöfen werden die Rohstahlvorschmelzen zur Nachbehandlung in **Gießpfannen** gegossen. Pfannen nennt man die mit feuerfesten Steinen ausgemauerten Gefäße zum Auffangen und Transport von Metallschmelzen. Gießpfannen haben in ihren Böden verschließbare Öffnungen zum Ausfließen der Metallschmelzen.

Störelemente in Rohstahlschmelzen, die sich nachteilig auf die Stahleigenschaften auswirken, sind Si-, Mn-, P- und S-Einschlüsse, sog. Begleitelemente und Gase.

Die Begleitelemente Si, Mn, P, S, die unbeabsichtigt im Stahl enthalten sind und nicht als Legierungselemente gelten, verringern die Umformbarkeit und Zähigkeit der Stähle.

Sauerstoff, Stickstoff und Wasserstoff sind im flüssigen Stahl leicht löslich. Die Gasaufnahme erfolgt beim Frischen mit Luft/Sauerstoff und beim Abgießen durch Berührung der vergrößerten Stahloberfläche mit der Umgebungsluft.

Höhere Gasgehalte erschweren die Weiterverarbeitung der gegossenen Stahlblöcke und beeinträchtigen die Gebrauchseigenschaften des Stahls.

Sauerstoff

Die Sauerstoffaufnahme der Stahlschmelzen ist von ihrem Kohlenstoffgehalt abhängig: Schmelzen mit 0,02 % C können etwa 0,1 % Sauerstoff, mit 1,0 % C nur etwa 0,002 % Sauerstoff enthalten.

Eisen kann drei Oxide bilden: Fe_2O_3, Fe_3O_4 und FeO. Nur das eisenreichste Oxid, FeO, tritt im Stahl auf und macht den Stahl ebenso **rotbrüchig** wie das Eisensulfid FeS.

In Stahlschmelzen stellt sich zunächst ein temperaturabhängiges Gleichgewicht zwischen Sauerstoff und Kohlenstoff ein:

$$FeO + C \gtrless Fe + CO$$

Nach dieser Gleichung entsteht während der Erstarrung der Schmelzen erneut CO. Elemente, die eine größere Affinität zum Sauerstoff haben als Eisen, bilden mit dem Sauerstoff des Kohlenstoffmonoxids feste Oxide, die vom Kohlenstoff nicht reduziert werden können, z. B. MnO, SiO_2, Al_2O_3 und FeO, die z. T. auf der Schmelze schwimmen und abgeschöpft werden, z. T. jedoch in der Schmelze bleiben und die Eigenschaften des Stahls nachteilig beeinflussen.

Stickstoff

Unter den üblichen Schmelzbedingungen enthalten Stahlschmelzen etwa 0,01 % bis 0,03 % Stickstoff, der sich mit dem Eisen zu Eisennitrid, Fe_4N, verbindet.

Durch langsames Abkühlen von Temperaturen über 590 °C und längeres Anlassen des Stahls kommt es zur Ausscheidung von Stickstoff, der *Alterung* und *Versprödung* (Blausprödigkeit) des Stahls verursacht (Bildung von Fe_4N-Nadeln). Gleichzeitig nehmen Härte und Festigkeit des Stahls zu und das Formänderungsvermögen ab.

Vanadium, Titan und Aluminium haben eine höhere Affinität zu Stickstoff als Eisen, sie binden den Stickstoff zu festen Nitriden.

1 Plasma ist stark ionisiertes Gas.

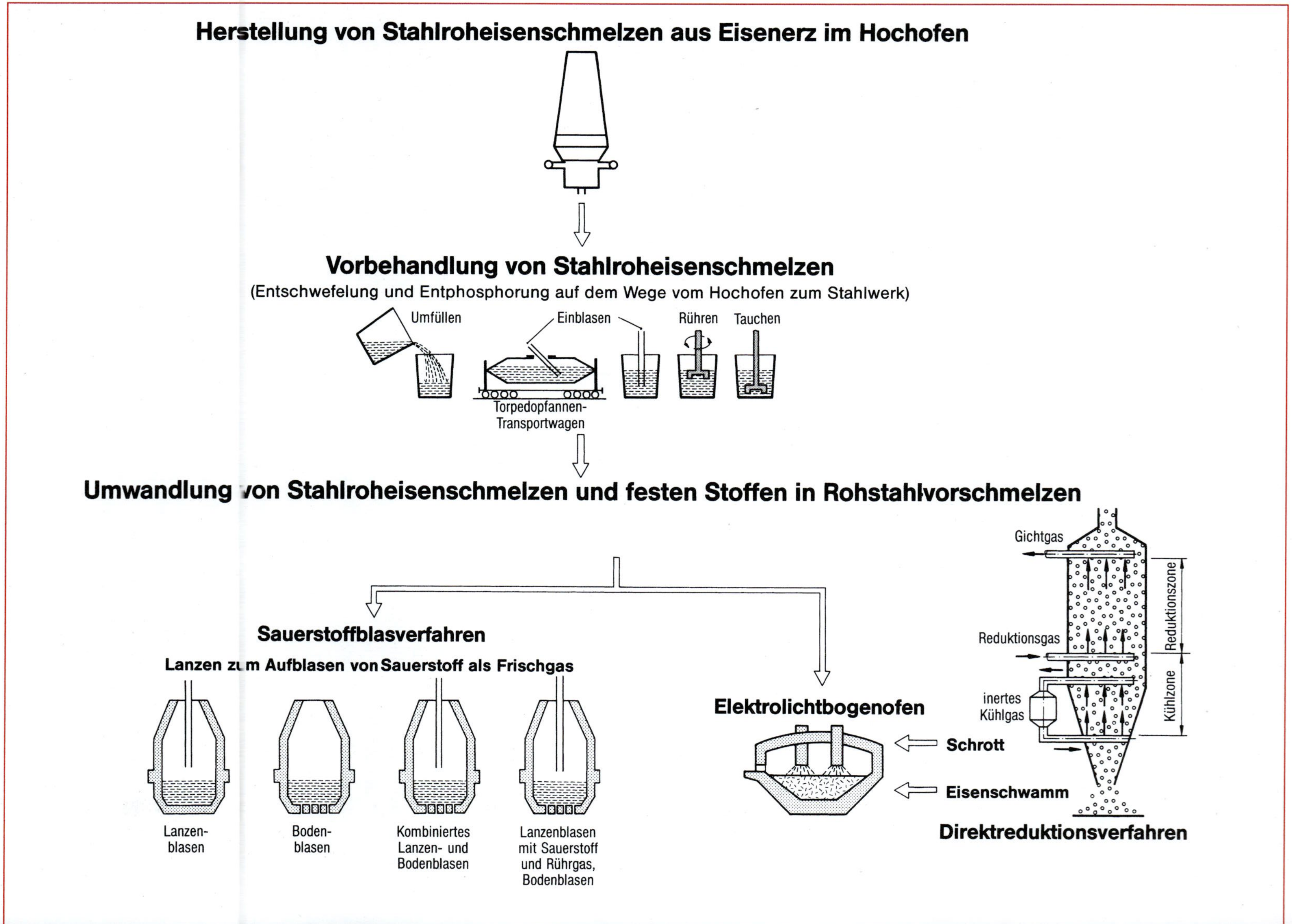
Herstellung von Stahlroheisenschmelzen aus Eisenerz im Hochofen
Vorbehandlung von Stahlroheisenschmelzen
(Entschwefelung und Entphosphorung auf dem Wege vom Hochofen zum Stahlwerk)
Umfüllen
Einblasen
Rühren
Tauchen
Torpedopfannen-Transportwagen
Umwandlung von Stahlroheisenschmelzen und festen Stoffen in Rohstahlvorschmelzen
Sauerstoffblasverfahren
Lanzen zum Aufblasen von Sauerstoff als Frischgas
Lanzen-blasen
Boden-blasen
Kombiniertes Lanzen- und Bodenblasen
Lanzenblasen mit Sauerstoff und Rührgas, Bodenblasen
Elektrolichtbogenofen
Schrott
Eisenschwamm
Gichtgas
Reduktionsgas
inertes Kühlgas
Reduktionszone
Kühlzone
Direktreduktionsverfahren

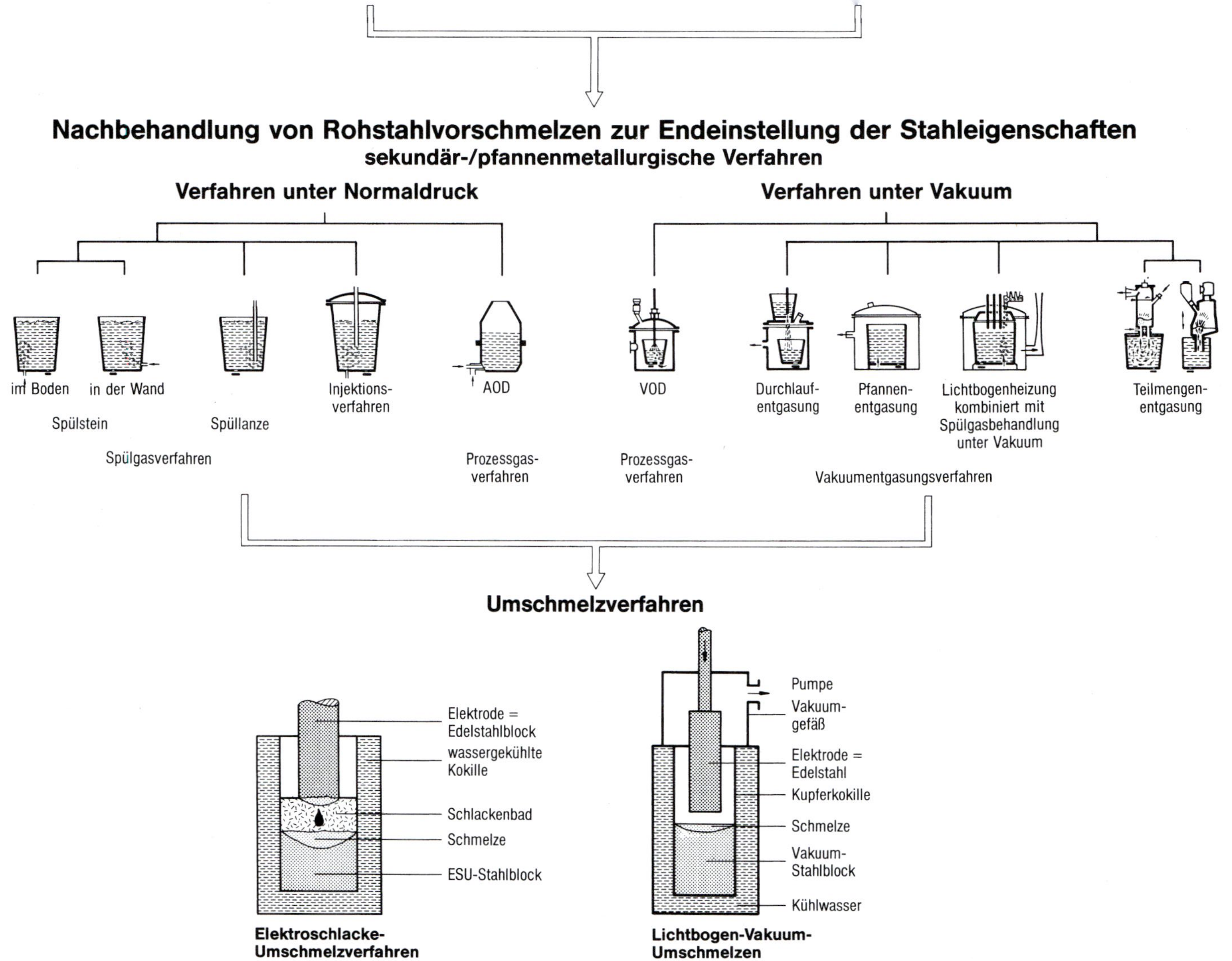

Bild 1 Fabrikationswege vom Erz, Schrott und Eisenschwamm zum Stahl

Wasserstoff

Die Löslichkeit des Wasserstoffs nimmt mit zunehmendem Legierungsgehalt zu, mit sinkender Temperatur ab. Beim Abkühlen eines Blockes aus höher legiertem Stahl werden 50 bis 80 % des in der Schmelze gelösten Wasserstoffs frei, der im Blockinnern hohe Drücke erzeugt.

Höhere Wasserstoffgehalte verspröden den Stahl und führen bei schneller Abkühlung und bei großen Schmiedestücken zu Korngrenzenrissen und kleinen Hohlräumen, sog. Flockenrissen.

Es gibt keine Zusatzstoffe, die den Wasserstoff in einer Schmelze abbinden und unschädlich machen, wie dies bei Sauerstoff und Stickstoff möglich ist.

4.2.2.3 Nachbehandlung von Rohstahlvorschmelzen zur Endeinstellung der Stahleigenschaften

Die Nachbehandlung von Rohstahlvorschmelzen umfasst die genaue Einstellung des Kohlenstoffgehaltes, des Reinheitsgrades (Beeinflussung der Fremdeinschlüsse = **Begleitelemente**) und der erforderlichen Gießtemperatur, das Legieren, Entgasen und Homogenisieren der Schmelzen. Diese metallurgische Arbeit wird in Pfannen vorgenommen; die Verfahren zu ihrer Durchführung werden **pfannenmetallurgische Verfahren** genannt. Man unterscheidet Nachbehandlung unter Normaldruck und Nachbehandlung unter Vakuum.

Nachbehandlung unter Normaldruck

Die Spülgasbehandlung erfolgt durch Spülen mit Inertgas, z. B. Argon, zur Homogenisierung und Verbesserung des Reinheitsgrades der Schmelzen. Die Durchführung ist einfach.

Injektionsverfahren. Weit verbreitet ist das Einblasen von Feststoffen in die Schmelzen zur Entschwefelung und Beeinflussung der Fremdeinschlüsse nach dem TN-Verfahren (Thyssen-Niederrhein-Verfahren). Dabei werden über eine Lanze mittels eines Inertgasstromes pulverförmige Reaktionsstoffe in die Schmelze geblasen.

Anwendung: In der Regel bei allen Walzfertigerzeugnissen (Bleche, Profile, Drähte) aus allgemeinen Baustählen, Schraubenstählen für unteren und mittleren Festigkeitsbereich, Automatenstählen, niedrig- und unlegierten Einsatz- und Vergütungsstählen, Betonstählen, Schiffbaustählen und Ausgangswerkstoffen für Umschmelzverfahren.

Prozessgasverfahren sind spezielle Anwendungsgebiete der Pfannenmetallurgie zur Herstellung niedriggekohlter, hochchromhaltiger rost-, säure- oder hitzebeständiger Stähle. Beim AOD-Verfahren (Argon-Oxygen-Decaburisation) wird als Frischgas ein Argon-Stickstoff-Sauerstoff-Gemisch in die Schmelze geblasen. Durch Veränderung der Zusammensetzung des Frischgases während des Blasens wird der Prozessablauf gesteuert. Dabei werden Kohlenstoffgehalte von 0,03 % erreicht.

Nachbehandlung unter Vakuum

Reaktionen im Vakuum

Entgasung. Bei dem in Vakuumgefäßen erreichbaren Druck von p_{abs} = 0,001 bar sind Wasserstoff und Stickstoff in Stahlschmelzen nur in geringem Umfang löslich und können abgepumpt werden.

Desoxidation. Der Lösungsdruck des Sauerstoffs liegt bei 1600 °C weit unter dem Druck in den Vakuumgefäßen. Ein Abpumpen des Sauerstoffs ist daher nicht möglich.

Während der Erstarrung nimmt das Lösungsvermögen der Stahlschmelzen für Gase sprunghaft ab: Der Sauerstoff bildet in der Restschmelze aufsteigende Blasen, die Schmelze „kocht" und erstarrt unberuhigt.

Unberuhigter Stahl ist durch ein Erstarrungsgefüge mit mehr oder minder ausgeprägter Blockseigerung, ▶ S. 55, und reiner Randzone gekennzeichnet. Anwendung: bei höheren Ansprüchen an die Oberflächen als an die Kerneigenschaften, z. B. Draht und Band (Blech).

Beruhigter Stahl (= ohne Gasblasenbildung erstarrter Stahl) entsteht durch Zusätze von Mn, Si, Al, Ca oder Ti zu den Schmelzen bei normalem Luftdruck. Bei dieser druckunabhängigen Desoxidation bilden die Zusätze mit dem Sauerstoff feste Oxide, deren Menge und Verteilung die Reinheit des Stahls bestimmen und seine physikalischen Eigenschaften beeinflussen.

Die druckabhängige Desoxidation durch Vakuumbehandlung erfolgt durch die Verbindung des Sauerstoffs mit Kohlenstoff zu CO. Das gasförmige CO kann abgepumpt werden und hinterlässt keine schädlichen Rückstände im Stahl.

Beruhigter Stahl besitzt eine weitgehende Gleichmäßigkeit, die sich vorteilhaft auf die Gebrauchseigenschaften auswirkt, z. B. beim Schweißen, Umformen ohne Anwärmen und Härten. Mit größeren Mengen Al/Ti desoxidierte Stähle sind feinkörnig.

Entkohlung. Die zur Senkung des Sauerstoffgehaltes (Desoxidation) genutzte Verbindung des Kohlenstoffes mit Sauerstoff im Vakuum kann auch zur Erzielung tiefster Kohlenstoffgehalte verwendet werden. Die Erniedrigung von hohen Kohlenstoffgehalten erfordert Sauerstoffzufuhr in das Vakuumgefäß.

Vakuumfrischen. Durch Zugabe von Erz, Zunder oder gasförmigem Sauerstoff im Vakuumgefäß kann das Vakuumfrischen von unlegierten und hochlegierten Stahlschmelzen durchgeführt werden. Schlackenreaktionen mit dem Ziel einer Entschwefelung werden angestrebt.

Legieren. Die Zugabe im Vakuum vereinfacht das Zulegieren von leicht oxidierenden Elementen und das Legieren in engen Grenzen (genaue Analyseneinstellung).

Nachbehandlungsverfahren unter Vakuum

Prozessgasverfahren. Das VOD-Verfahren (Vacuum-Oxygen-Decaburisation) entspricht dem AOD-Verfahren. Es wird im Vakuum durchgeführt.

Durchlauf- und Pfannenentgasung. Beim Einlaufen der Rohstahlschmelze in das Vakuumgefäß werden die druckabhängigen Löslichkeiten von Wasserstoff und Kohlenstoffmonooxid verringert. Die den Gießstrahl versprühenden freiwerdenden Gase werden abgepumpt. Durch Aufblasen von Sauerstoff auf die Schmelze kann die für das Entkohlen notwendige Oxidation erfolgen. Der durch Spülgas (Argon) bewirkte Umlauf der Schmelze fördert den Stoffaustausch beim Desoxidieren und Legieren.

Lichtbogenheizung kombiniert mit Spülgasbehandlung. Kleine Schmelzmengen erfordern eine zusätzliche Beheizung. Das Entgasen, Desoxidieren, Entkohlen und Legieren erfolgt wie bei der Durchlauf- und Pfannenentgasung.

Teilmengenentgasung. Nur 5 % bis 15 % der Rohstahlschmelze werden nacheinander behandelt. Beim Vakuumumlaufverfahren wird der Umlauf durch ein Fördergas erzwungen. Beim Vakuumhebeverfahren erfolgt das Ansaugen und Ablaufen der Teilmengen durch Heben und Senken des Vakuumgefäßes. Auch hier tritt starkes Versprühen der Schmelze im Vakuum auf. Zweck dieser Verfahren: Entgasen, Desoxidieren, Entkohlen, Legieren und Vakuumfrischen.

Anwendung der Nachbehandlung unter Vakuum

Herstellung von legierten und unlegierten Stählen, z. B. Wälzlagerstählen, höherlegierten Einsatz-, Nitrier- und Vergütungsstählen, Schraubenstählen für hohen Festigkeitsbereich, Schienen, höherfesten und hochfesten Baustählen ohne und mit Mikrolegierungen, Feinkornbaustählen, kaltzähen Stählen, Werkzeugstählen, Stählen für größere Schmiedestücke und Ausgangswerkstoffen für Umschmelzverfahren.

Umschmelzverfahren

Elektroschlacke-Umschmelzverfahren

Bei diesem Verfahren dient ein entgaster dünner Stahlblock als selbstverzehrende Elektrode, die in flüssige Schlacke von besonderer Art getaucht wird. Die Schmelzwärme wird beim Durchgang des elektrischen Stromes durch das Schlackenbad erzeugt. Der Stahl tropft durch die Schlacke, die mit den unerwünschten Beimengungen des Stahls und den im Stahl gelösten Gasen chemisch reagiert. Der gereinigte Stahl erstarrt auf der anderen Seite der Schlacke kontinuierlich. Durch besondere Vorsichtsmaßnahmen beim Umschmelzen bleibt der Gasgehalt des Stahls gering. Die umgeschmolzenen Blöcke haben feine, homogene und dichte Gefüge, hohe Reinheitsgrade und hohe mechanische Gütewerte auch in Querrichtung.

Rohblöcke für schwere Schmiedestücke bis zu 50 t, die z. B. für den Bau von Reaktordruckbehältern und großen Turbinen-/Generatorwellen erforderlich sind, werden aus mehreren dünnen Elektroden erschmolzen.

Die nach diesem Verfahren hergestellten Stähle werden als *Elektroschlacke-Umschmelzstähle*, kurz: **ESU-Stähle**, bezeichnet.

Lichtbogen-Vakuum-Umschmelzen. Ein dünner Edelstahlblock dient als selbstverzehrende Elektrode und ist der negative Pol im Vakuumofen. Der positive Pol ist eine wassergekühlte Kupferkokille. Unter dem Einfluss des Lichtbogens tropft der Elektrodenblock ab, und die Schmelze erstarrt zu einem Block mit gleichmäßigem Gefüge in der Kupferkokille.

Anwendung der Umschmelzverfahren

Herstellung von Stählen mit erhöhtem Reinheitsgrad und gleichmäßigem Erstarrungsgefüge für Sonderzwecke, z. B. Schnellarbeitsstähle, höchstfeste und hochwarmfeste Stähle, Blöcke für schwere Schmiedestücke und Sonderlegierungen.

Die Vielzahl der Stahl-Nachbehandlungsverfahren entspricht der großen Anzahl der herzustellenden Stahlsorten und den vielfältigen Eigenschaftsansprüchen an die Stahlerzeugnisse.

Aufgaben:

1. Was ist Stahl?
2. Stähle sind nach wie vor die technisch und wirtschaftlich bedeutendsten Werkstoffe. Geben Sie Gründe dafür an (mindestens fünf).
3. Welche Ausgangsstoffe werden für die Herstellung von Stahl verwendet?
4. Wodurch unterscheiden sich Stahlroheisenschmelzen und Rohstahlvorschmelzen?
5. Beschreiben Sie zwei Möglichkeiten zur Herstellung von Rohstahlvorschmelzen aus Stahlroheisenschmelzen.
6. Rohstahl hat meist noch einen höheren Kohlenstoffgehalt und enthält noch Elemente, die die Eigenschaften verschlechtern. Nennen Sie einige dieser störenden Elemente und ihre Auswirkungen auf die Stahleigenschaften.
7. Durch Nachbehandlung von Rohstahlvorschmelzen werden die Endeigenschaften der Stähle eingestellt. Welche Stahlsorten werden in der Regel unter Normaldruck, welche unter Vakuum hergestellt?
8. Wozu dienen Umschmelzverfahren bei der Stahlherstellung?

4.2.2.4 Herstellung von besonderen Formstücken und Walzfertigerzeugnissen aus Stahl

Die Stahlschmelzen werden entweder direkt in Formen vergossen (**Stahlguss**, ▶ S. 133) oder in Blöcke zum nachfolgenden Schmieden oder Walzen.

Zur Herstellung der Schmiede- oder Walzrohblöcke wird heute nur noch in Ausnahmefällen das **Blockgussverfahren** eingesetzt. Mehr als 90 % der Blöcke werden im **Stranggussverfahren** abgegossen. In der Kreisbogen-Stranggießanlage nach ▶ Bild 1 S. 69 fließt die Schmelze mit einer Absenkgeschwindigkeit von 1 bis 2 m/min durch eine wassergekühlte Kupferkokille ohne Boden. In der sich auf- und abwärts bewegenden Kokille erstarrt die Randzone der Schmelze zu einer etwa 10 mm dicken Strangschale. Durch Spritzwasserkühlung unterhalb der Kokille und durch innengekühlte Strangführungsrollen erstarrt der Strang vollständig. Danach wird der noch heiße Strang in Blöcke aufgeteilt, die zum Temperaturausgleich vor dem Walzen in Tieföfen zwischengelagert werden. Übliche Stranggussformate liegen bei 800 bis 2200 mm Breite und 200 bis 250 mm Dicke.

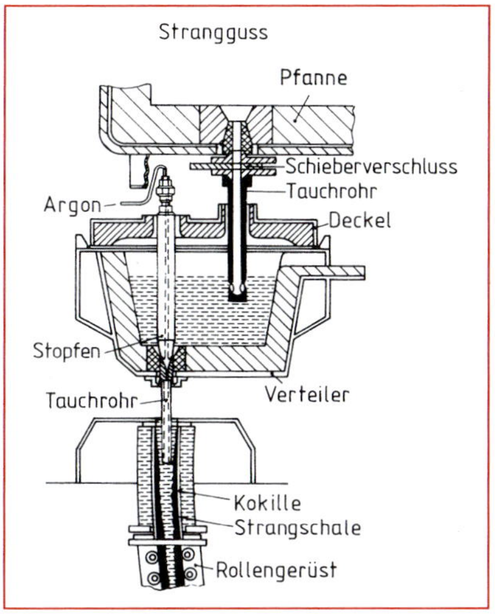

Bild 1 Schematische Darstellung des Stranggießens.

Seit einigen Jahren findet das **endformnahe Gießen** Verwendung, bei dem Dünnbrammen von 40 bis 50 mm Dicke erzeugt werden, die das direkte Auswalzen in einer Kompaktwalzstraße ermöglichen. Diese Technologie spart gegenüber Standardstrangguss- und -walzanlagen etwa 20 bis 30 % Investitionskosten und bis zu 50 % Energiekosten je Tonne erzeugten Warmbandes.

Vorteile des Stranggießens: Durch die hohe Erstarrungsgeschwindigkeit werden Seigerungen weitgehend vermieden. Die globulare Zone (▶ S. 37) ist klein. Die Strangquerschnitte können dem Walzfertigerzeugnis angepasst werden. Dadurch wird die Verformungsarbeit beim Walzen deutlich verringert.

Schmieden und Walzen sind Druck- bzw. Druck-Zug-Umformungsprozesse (▶ Bild 2). Man unterscheidet zwischen Warmwalzen, d. h. die Werkstücktemperatur liegt über der Rekristallisationstemperatur, und Kaltwalzen, d. h. die Werkstücktemperatur liegt unterhalb der Rekristallisationstemperatur.

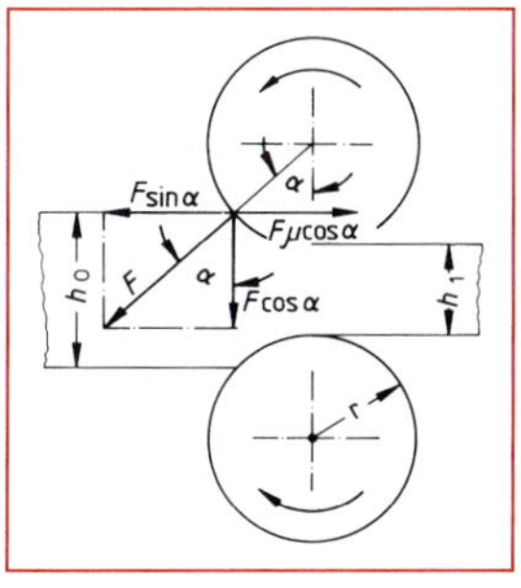

Bild 2 Walztheorie.
α = Walzwinkel; $\cos\alpha = 1 - \frac{h_0 - h_1}{2r}$; F = Druckkraft der Walzen;

$\mu \cdot F \cdot \cos\alpha$ = Reibungskraft, die den Werkstoff zwischen die Walzen zieht. Für das Durchziehen des Werkstoffes muss $F \sin\alpha < \mu F \cos\alpha$ oder $\tan\alpha < \mu$, der Walzwinkel kleiner als der Reibungswinkel sein. Bei gleichbleibendem Walzwinkel α und gleicher Dickenabnahme $h_0 - h_1$ ist für abnehmende Dicke h_0 ein abnehmender Walzendurchmesser erforderlich.

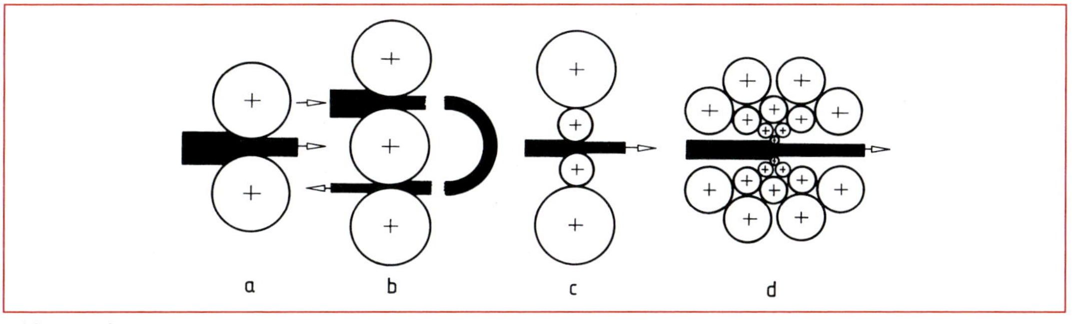

Bild 3 Walzgerüste.
a) *Duo-Umkehr-Gerüst.* Vor dem Rücklauf des Walzgutes (z. B. in eine andere Rille), nach jedem sog. Stich, wird die Drehrichtung der Walzen geändert.
b) *Trio-Gerüst* mit gleich bleibender Drehrichtung der Walzen. Anwendung a) und b): zum Warmwalzen von Blöcken, Stab- und Formstählen.
c) *Quarto-Gerüst* zum Warmwalzen von Flachzeug.
d) *Sendzimirwalzwerk* zum Walzen von dünnen Breitbändern (Blechen). Um eine Durchbiegung der dünnen Arbeitswalzen zu verhindern, werden diese von einem System von Rollen und Walzen gestützt.

Warmgewalzte Fertigerzeugnisse

In modernen Anlagen werden das endabmessungsnahe Stranggießen und der Warmwalzprozess miteinander gekoppelt.

Erzeugnisse in Profilform
Formstahl, I- und ⊏-Stahl, Breitflanschträger, Spundwandstahlprofile.

Stabstahl gewalzt, Rund- und Vierkantstahl, Dicke ≧ 5 mm, Halbrund-, Sechskant-, Achtkant- und Winkelstahl, T- und ⅂-Stahl, I- und ⊏-Stahl, Höhe < 80 mm.

Walzdraht, Spundbohlen, Vorzeug für Rohre.

Flacherzeugnisse
Breitflachstahl, Breite > 150 mm, Dicke ≧ 4 mm.

Bandstahl und Stahlbleche.

Nahtlose Rohre werden durch Walzen in zwei Verfahrensschritten hergestellt. Zunächst werden Rundblöcke durch Schrägwalzen über Dorne getrieben. Die so hergestellten Hohlblöcke werden über einem Walzdorn im Pilgerschrittwalzwerk zu Rohren ausgewalzt. Dabei werden durch hin- und hergehende Bewegungen der Hohlblöcke ihre Wanddicken schrittweise (Pilgerschritte) auf die gewünschten Maße gebracht.

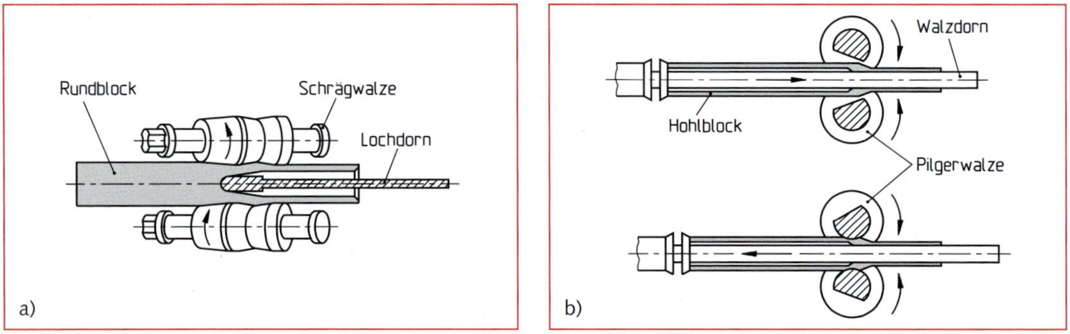

Bild 1 Herstellung nahtloser Rohre: a) Schrägwalzen; b) Pilgerschrittwalzen

Nahtlose Präzisionsstahlrohre werden als Konstruktionsrohre verwendet, d. h. als Bauteile von Maschinen und Geräten. Sie werden kaltgezogen oder kaltgewalzt und kalibriert (= auf genaues Maß gebracht). Die Maße und Grenzabmaße sind durchmesserabhängig (DIN EN 10305-1: 2016). Bezogen auf den Außendurchmesser liegen die Grenzabmaße zwischen ±0,08 mm (D = 4 bis 30 mm) und ±1,9 mm (D = 380 mm). Die Bezeichnung enthält den Namen oder die Kennzeichnung des Rohrherstellers, die Nennmaße, die Nummer der europäischen Norm, den Kurznamen oder die Werkstoffnummer, den Lieferzustand, die Schmelzennummer bei Festlegung der Option 26 (die Prüfeinheit darf nur Rohre enthalten, die aus einer Schmelze stammen), bei spezifischer Prüfung eine Identifizierungsnummer (z. B. Auftrags- oder Positionsnummer), die eine Zuordnung des Produkts oder der Liefereinheit zu der entsprechenden Bescheinigung gestattet. Wurde die Option 28 vereinbart, ist eine alternative Kennzeichnung festgelegt.

Geschweißte Rohre werden aus Blechen hergestellt. Die Bleche werden zu Rohren gebogen und dann zusammengeschweißt. Man unterscheidet geschweißte Rohre mit einer geraden Längsschweißnaht und geschweißte Rohre mit einer spiralförmigen Schweißnaht.

Geschweißte Präzisionsstahlrohre (DIN EN 10305-2: 2016) sind wie die nahtlosen Präzisionsstahlrohre kalibriert. Die Bezeichnung ist gleich der der nahtlosen Präzisionsstahlrohre.

Maßgewalzte geschweißte Präzisionsstahlrohre (DIN EN 10305-3: 2016) werden aus Band durch elektrisches Schweißen hergestellt.

Man unterscheidet Konstruktionsrohre und Leitungsrohre für Flüssigkeiten und Gase. Konstruktionsrohre sind in der Regel Präzisionsstahlrohre. Im Maschinenbau werden Präzisionsstahlrohre auch als Leitungsrohre eingesetzt.

Kaltgewalzte Fertigerzeugnisse

Erzeugnisse in Profilform
Fertigerzeugnisse, die ohne vorausgehende Erwärmung eine Querschnittsverminderung um mind. 25 % durch Walzen erfahren haben.

Flacherzeugnisse
Nach DIN EN 10139: 2016 gilt als kaltgewalztes Flachzeug, dessen letzte Dickenabnahme vor dem Schlussglühen erfolgt.

Angestrebte Kaltfeinblech-Herstellungsverfahren

Stahlroheisen durch Schmelzreduktion, ▶ S. 63 → Pfannenmetallurgie, ▶ S. 66 → Strang-Bandgießen, ▶ S. 68, 69 → Kaltwalzen → Wärmebehandlung/Feuerverzinkung → Kaltfeinblech oberflächenveredelt.

Strangpressen

Durch Strangpressen werden Stabstähle hergestellt, die wegen ihrer komplizierten Querschnitte durch Walzen nicht herstellbar sind. Beim Strangpressen wird ein erwärmter Block durch eine Matrize gepresst, die mit einem Ausschnitt versehen ist, der dem gewünschten Stabquerschnitt entspricht.

4.3 Das Eisen-Kohlenstoff-Schaubild

Reines Eisen unterscheidet sich von anderen Metallen dadurch, dass es bei unterschiedlichen Temperaturen in zwei Kristallgitterbauformen auftritt:

- **Temperatur < 911 °C: kubischraumzentriertes Kristallgitter**
- **Temperatur > 911 °C und < 1392°C: kubischflächenzentriertes Kristallgitter**
- **Temperatur > 1392 °C: kubischraumzentriertes Kristallgitter**

Der Zustand bei Temperaturen > 1392 °C wird nachfolgend nicht weiter betrachtet, da er für technische Anwendungen bedeutungslos ist.

Die Umwandlung kfz ↔ krz beim Unter- oder Überschreiten der Temperatur von 911 °C erfolgt weitgehend ohne Diffusion durch eine Umordnung der Atombindungen. Dies ist schematisch in Bild 1 dargestellt. Verbindet man die Flächenatome zweier übereinander liegender kubischflächenzentrierter Kristallgitterzellen, so erhält man eine kubischraumzentrierte Kristallgitterzelle. Zentrumsatom ist das gemeinsame Flächenatom der beiden kfz Gitterzellen.

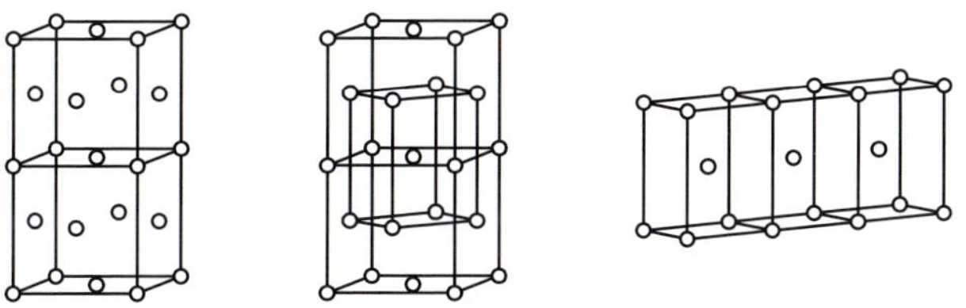

Bild 1 Umwandlung des kubischflächenzentrierten Kristallgitters in das kubischraumzentrierte Kristallgitter durch Umorientierung der Atombindungen

Die kubischraumzentrierte Gitterzelle ist deutlich kleiner als die kubischflächenzentrierte, da sie nur 8 gegenüber 14 Eisenatome enthält.

Da der Atomradius des Kohlenstoffs deutlich kleiner ist als der des Eisens, werden die Kohlenstoffatome auf Zwischengitterplätze zwischen die Eisenatome eingebaut. Bevorzugte Plätze für die Kohlenstoffatome sind in beiden Kristallgittern die Würfelkanten, da hier die benachbarten Eisenatomen am wenigsten verschoben werden müssen.

Eisen und Kohlenstoff bilden ein Einlagerungsmischkristall.

Zwischen 0 und 0,02 % Kohlenstoffgehalt sinkt die Umwandlungstemperatur kfz → krz kontinuierlich von 911 °C auf 723 °C ab und bleibt dann konstant bei dieser Temperatur.

Die technisch wichtigsten Phasen der Eisen-Kohlenstoff-Legierungen sind:

Name	metallkundl. Bezeichnung	Art	Kristalltyp	max- C-Gehalt bei Temp.	Härte [HV]
Ferrit	α-Mischkristall	Einlagerungs-MK	Kubischraumzentriert	0,02 % bei 723 °C	ca. 100 HV
Austenit	γ-Mischkristall	Einlagerungs-MK	Kubischflächenzentriert	2,06 % bei 1 153 °C	
Zementit	Fe_3C	Intermediäre Phase		6,67 % temp.-unabhängig	ca. 1 100 HV
Freier Graphit	nur bei Gusseisen mit Kohlenstoffgehalten > 2 %				

Die verschiedenen Phasen und ihre Beständigkeitsbereiche sind im Eisen-Kohlenstoff-Schaubild Bild 1 Seite 73 dargestellt. Das Schaubild wird bei einem Kohlenstoffgehalt von 7 % abgebrochen, da Legierungen mit größeren C-Gehalten technisch nicht mehr nutzbar sind.

Eisen-Kohlenstoff-Legierungen treten in zwei thermodynamischen Gleichgewichtszuständen auf:

- stabiles System (gestrichelte Phasengrenzlinien): Der Kohlenstoff bildet beim Erstarren aus der Schmelze freien Graphit im Gefüge (= Gusseisenwerkstoffe).
- metastabiles System (durchgezogene Phasengrenzlinien): Der Kohlenstoff bildet beim Erstarren aus der Schmelze mit Eisen die intermediäre Phase Fe_3C. Das metastabile System kann durch Energiezufuhr (Tempern = langzeitiges Glühen bei Temperaturen um 1 000 °C) in das stabile System umgewandelt werden: Das Fe_3C zerfällt dabei in α-Mischkristalle und Graphit (= Temperkohle, ▶ S. 143 ff.).

Aufgrund der beiden unterschiedlichen Kristallgitterbauformen des Eisens besteht das Eisen-Kohlenstoff-Schaubild aus zwei übereinandergestapelten Zustandsschaubildern (▶ Kap. 3): dem System kfz-Eisen-Kohlenstoff und dem System krz-Eisen-Kohlenstoff. Beide zeigen links die typische Form einer Legierung mit begrenzter Löslichkeit im festen Zustand und rechts einer Legierung mit vollkommener Unlöslichkeit im festen Zustand.

Das System kfz-Eisen-Kohlenstoff hat eine eutektische Legierungszusammensetzung bei 4,3 % C und 95,7 % Fe. Die Erstarrungstemperatur des Eutektikums liegt bei 1 153 °C (stabiles System) bzw. 1 147 °C (metastabiles System). Das Eutektikum des metastabilen Systems wird als **Ledeburit** bezeichnet.

Ledeburit ist ein feinlamellares Kristallgemisch aus γ-Mischkristallen (Austenit) und Fe_3C (Zementit).

Ledeburit ist also keine neue Phase, sondern nur eine besondere Anordnung der zwei Phasen γ-Mischkristalle und Fe_3C. Da das kubischflächenzentrierte Kristallgitter unterhalb 723 °C nicht beständig ist, zerfallen die γ-Mischkristalle des Ledeburits beim Unterschreiten dieser Temperatur in ein sehr feinlamellares Gemenge aus α-Mischkristallen und Fe_3C (= Perlit).

Das System krz-Eisen-Kohlenstoff hat mit 0,8 % Kohlenstoff und 99,2 % Eisen eine Legierungszusammensetzung, die sowohl vom Gefügeaufbau her als auch im Zustandsschaubild einer eutektischen Legierung sehr ähnlich ist. Da der Begriff Eutektikum allerdings an die Erstarrung aus der Schmelze gebunden ist, sich dieses Gefüge aber erst bei 723 °C, d. h. weit unterhalb der Soliduslinie, bildet, wird diese Legierung als „eutektoide“ Legierung bezeichnet (griechisch: „wie ein Eutektikum“).

Die eutektoide γ/α-Umwandlung erfolgt nahezu ohne Diffusion der Eisenatome durch eine Umordnung der Atombindungen vom kubischflächenzentrierten Gitter in das kubischraumzentrierte Gitter. Aufgrund der kleineren Atomabstände des kubischraumzentrierten α-Kristallgitters geht dabei die Kohlenstofflöslichkeit auf 0,02 % zurück. Die überschüssigen C-Atome müssen aus dem α-Mischkristall ausdiffundieren, werden dabei aber durch die geringen Atomabstände stark behindert. Die Folgen sind sehr geringe Diffusionsgeschwindigkeiten und sehr kurze Diffusionswege. Der Umwandlungsprozess beginnt daher an den Korngrenzen der γ-Mischkristalle wegen der dort besseren Diffusionsmöglichkei-

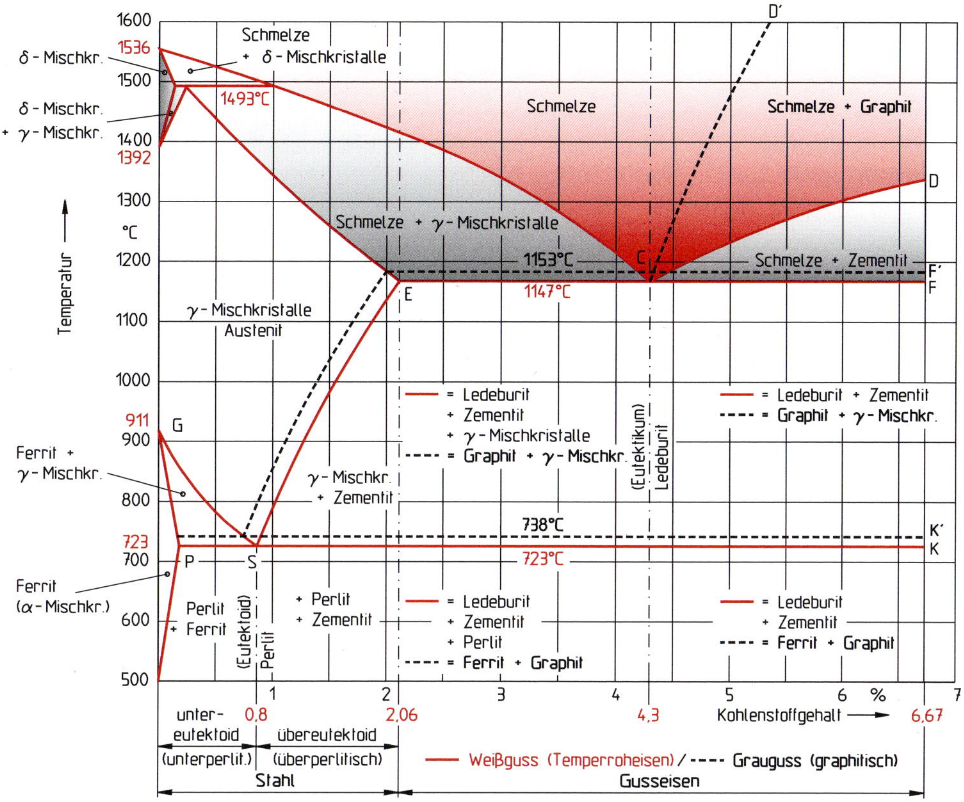

— **Metastabiles System: Fe-Fe$_3$C**

Durch Glühen veränderliches Gefüge

---- **Stabiles System: Fe-C**

Graphitausscheidungen durch Glühen nicht veränderlich

Gefügebestandteile bei Raumtemperatur nach langsamer Abkühlung (Metastabiles System)

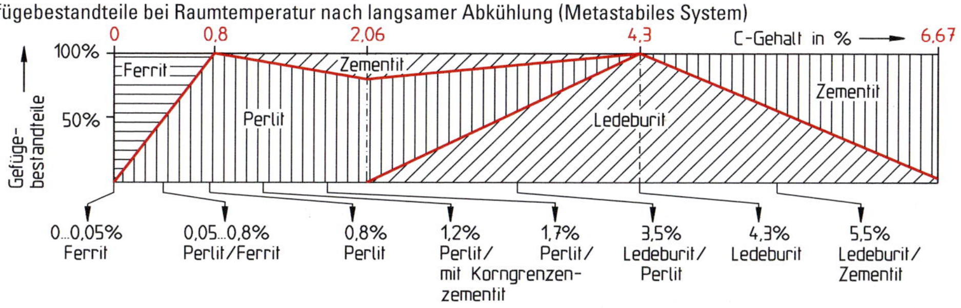

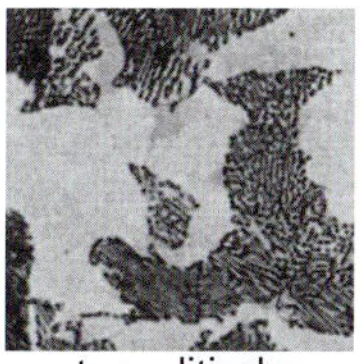

unterperlitischer Stahl

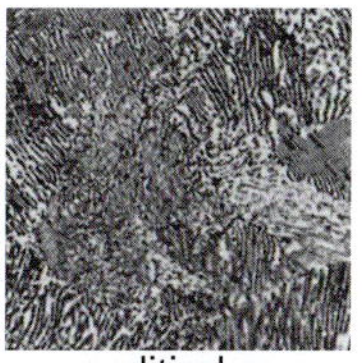

perlitischer Stahl

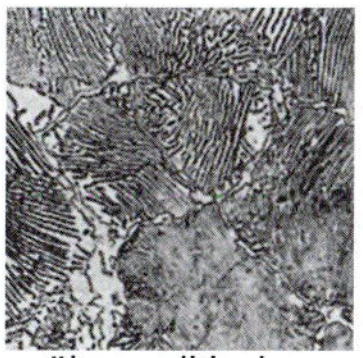

überperlitischer Stahl

ferritisch-perlitisches Gusseisen

Bild 1 Das Zustandsschaubild Eisen-Kohlenstoff. Dick ausgezogene Linien für Stahl = System Eisencarbid (Fe-Fe$_3$C) = metastabiles System (meta gr. zwischen) = **durch Glühen veränderliche Gefüge.** Gestrichelte Linien (für Gusseisen) = System Eisen-Graphit (Fe-C) = stabiles System = **Graphitausscheidungen durch Glühen nicht veränderlich.**

ten. Aus dem γ-Mischkristall ausdiffundierende C-Atome sammeln sich dort und bilden mit Eisenatomen Fe_3C (= Zementit). Diese Zementitkristalle wiederum entziehen der Umgebung C-Atome, sodass in den kohlenstoffverarmten Bereichen die γ/α-Umwandlung leichter ablaufen kann. Weitere C-Atome diffundieren aus dem α-Mischkristall aus und bilden wieder Zementit und so fort. Es entsteht ein extrem feinstreifiges Gefüge aus α-Mischkristallen und Zementit, das lamellenförmig in die Austenitkörner hineinwächst. Dieses Gefüge wird wegen seines perlmuttartigen Glanzes im Lichtmikroskop als **Perlit** bezeichnet. Es ist ebenfalls keine neue Phase, sondern eine besondere Anordnung der zwei Phasen α-Mischkristalle und Fe_3C.

Perlit ist ein extrem feinlamellares Kristallgemisch aus α-Mischkristallen (Ferrit) und Fe_3C (Zementit).

Diese Umwandlung ist wegen der Diffusionsvorgänge zeit- und temperaturabhängig. Die Breite der Perlitlamellen nimmt mit sinkender Umwandlungstemperatur sehr stark ab. Durch hohe Abkühlgeschwindigkeiten kann die Kohlenstoffdiffusion völlig unterbunden werden, es entsteht ein C-übersättigtes α-Mischkristall.

Die eutektoide Legierungszusammensetzung wird auch für die Einteilung der Stähle herangezogen:

C-Gehalt	Bezeichnung	Gefügeaufbau	Bild	Einsatzbereiche
< 0,8 %	untereutektoid	Ferrit + Perlit	1	Bau- und Konstruktionsstähle
= 0,8 %	eutektoid	Perlit	2	Werkzeugstähle, Wälzlagerstähle
> 0,8 %	übereutektoid	Perlit + Zementit	3	

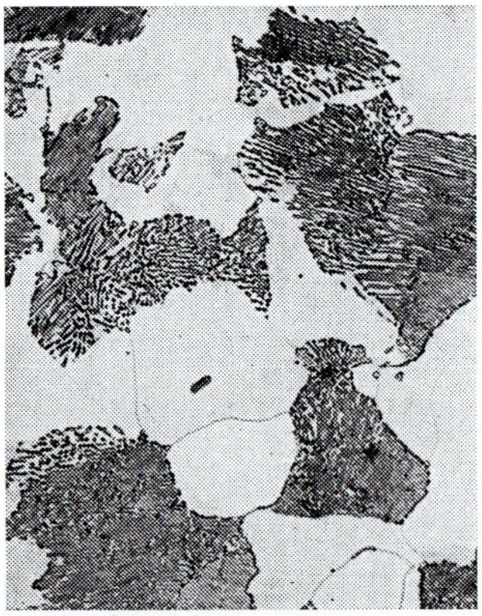

Bild 1 Gefüge einer untereutektoiden Eisen-Kohlenstoff-Legierung. Ferrit = hell und Perlit = dunkel. Vergr. 500 : 1.

Bild 2 Gefüge einer eutektoiden Eisen-Kohlenstoff-Legierung. Nur Perlit, d. h. Lamellen von Zementit und Ferrit. Vergr. 500 : 1.

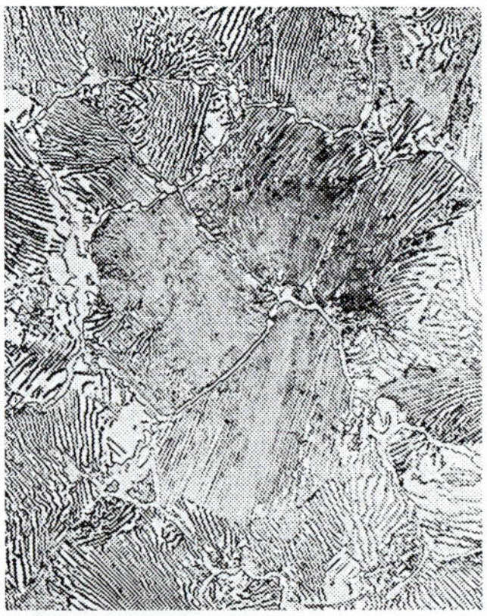

Bild 3 Gefüge einer übereutektoiden Eisen-Kohlenstoff-Legierung. Zementit = helles Netz auf den Korngrenzen und Perlit. Vergr. 500 : 1.

Untereutektoide Stähle können gut umgeformt und zerspant werden, sind bei C-Gehalten < 0,3 % ohne Zusatzmaßnahmen schweißbar und in einfachen Wärmebehandlungsprozessen härtbar. Sie eignen sich daher für alle Arten von Bauteilen und Konstruktionen.

Eutektoide und übereutektoide Stähle sind wegen ihres hohen Zementitgehaltes von Natur aus hart und verschleißbeständig. Sie werden daher bevorzugt für Werkzeuge und Bauteile eingesetzt, bei denen hohe Härte und Verschleißfestigkeit gefordert sind.

Der Kohlenstoffgehalt von etwa 2 % ist der Grenzwert für die Trennung der Eisenbasiswerkstoffe in Stähle und Gusseisenwerkstoffe.

	Stähle	Gusseisen
Kohlenstoffgehalt	< 2 %	> 2 %
Zustandsschaubild	metastabiles System	stabiles System
Kohlenstoff im	 Mischkristall Zementit	freien Graphit Mischkristall Zementit
Formgebung durch	Gießen Kalt- und Warmumformen Zerspanen	Gießen Zerspanen

Aufgaben:

1. Wodurch zeichnet sich das Element Eisen gegenüber anderen Metallen aus?
2. Welche maximalen Kohlenstoffgehalte können die Kristallgitterzellen des Eisens aufnehmen?
3. Erklären Sie, um was es sich bei den folgenden Gefügebezeichnungen handelt: Ferrit, Austenit, Zementit, Perlit und Ledeburit.
4. Nennen Sie die verschiedenen Möglichkeiten, wie Kohlenstoff im Eisen eingebaut sein kann.
5. Erklären Sie die beiden Begriffe: stabiles System Eisen-Kohlenstoff bzw. metastabiles System Eisen-Kohlenstoff. Was ist der wesentliche Unterschied zwischen den beiden Systemen?
6. Nennen Sie den wesentlichen Unterschied zwischen Stahl und Gusseisen.

4.4 Die Wärmebehandlungsverfahren für Stahl

Nach DIN EN ISO 4885: 2017 Punkt 3.108 ist eine Wärmebehandlung eine Folge von Behandlungsschritten, in deren Verlauf ein festes Eisenerzeugnis ganz oder teilweise Zeit-Temperatur-Folgen unterworfen wird, um seine Eigenschaften und/oder sein Gefüge zu ändern. Gegebenenfalls kann während dieser Behandlungen auch die chemische Zusammensetzung des Eisenerzeugnisses geändert werden (siehe auch thermochemische Behandlungsverfahren, ▶ S. 91 ff.). Die Temperaturen und die Dauer der verschiedenen Wärmebehandlungsschritte sind abhängig von der Legierungszusammensetzung und den geforderten Endeigenschaften.

Die wichtigsten Wärmebehandlungsverfahren für Eisenwerkstoffe, besonders für Stähle, sind in der DIN 17022: 1994, Teile 1 ... 5 aufgelistet und erklärt. Einige der Begriffe gelten auch für Nichteisenmetalle, sofern sie wärmebehandlungsfähig sind.

4.4.1 Glühverfahren

Durch Glühen wird i. a. die Festigkeit des Werkstoffes verringert und seine Zähigkeit erhöht. Daneben können Eigenspannungen abgebaut oder Gefügeneubildungen angeregt werden. Bild 1 zeigt den typischen Temperatur-Zeit-Verlauf gekennzeichnet durch die drei Abschnitte:

- langsame Erwärmung: Die Bauteile sollen möglichst gleichmäßig durchgewärmt werden, um Wärmespannungen und Verzug zu vermeiden.
- Halten auf Glühtemperatur: Die Diffusionsprozesse und Gefügeumwandlungen erfordern eine endliche Zeit.
- langsame Abkühlung: Alle Diffusionsprozesse, Kristallgitterumwandlungen und Gefügeänderungen müssen entsprechend den Vorgaben des Zustandsschaubildes vollständig ablaufen können (thermo-dynamisches Gleichgewicht!). Außerdem werden Wärmespannungen, Verzug und Risse vermieden.

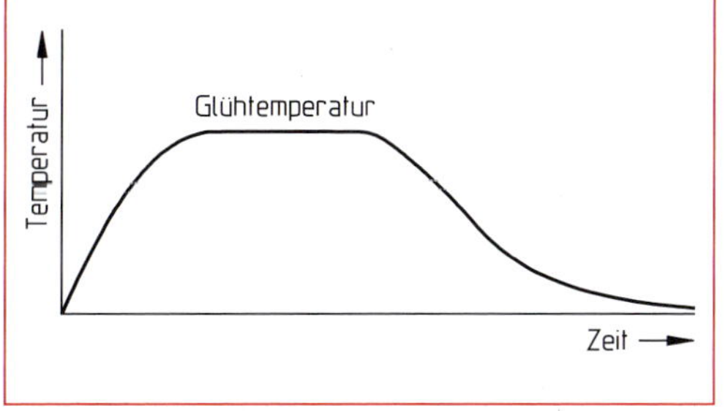

Bild 1 Prinzipieller Temperatur-Zeit-Verlauf der Glühverfahren

Die Glühtemperaturbereiche der verschiedenen Verfahren sind in Bild 1 eingezeichnet.

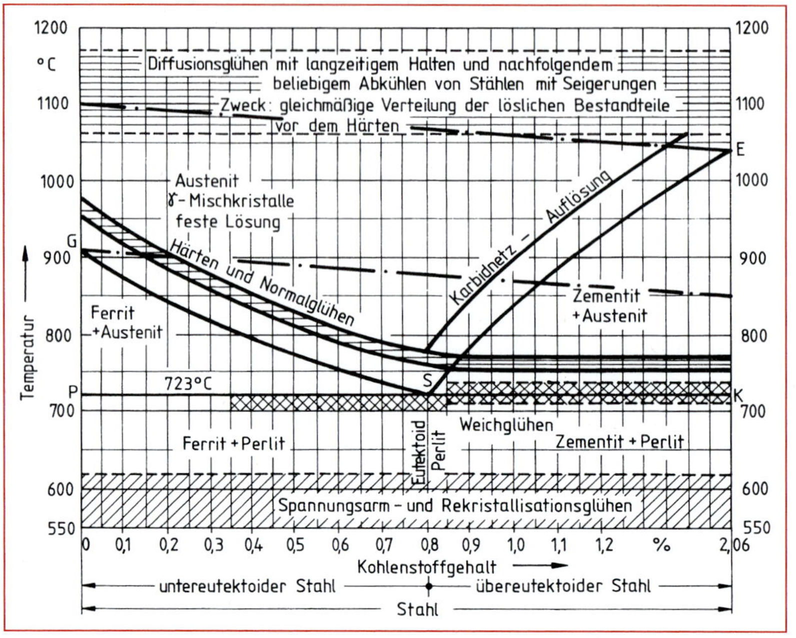

Bild 1 Glühtemperaturen für Stähle
Der Temperaturbereich für die Warmformgebung liegt auf der 0 % C-Linie zwischen 900 °C und 1 100 °C, auf der 2,06 % C-Linie zwischen 850 °C und 1 050 °C.

4.4.1.1 Normalglühen (Normalisieren)

Ziel des Normalglühens ist die Herstellung des Gefügegrund- oder -normalzustandes entsprechend den thermodynamischen Gleichgewichtsbedingungen des Eisen-Kohlenstoff-Schaubildes.

Das entstehende Gefüge ist weitgehend unabhängig von der Vorgeschichte des Stahles.

Die Wärmebehandlungsschritte sind: Glühen und langsames Abkühlen.

Die Glühtemperatur ist abhängig vom Kohlenstoffgehalt:

- untereutektoide Stähle: Die Glühtemperatur liegt 50–100 K über der Linie GS des Eisen-Kohlenstoff-Schaubildes, d. h. im Phasenfeld γ-Mischkristall. Damit sind alle anderen Gefügebestandteile vollständig aufgelöst und der Kohlenstoff hat aufgrund der größeren Atomabstände des kubisch-flächenzentrierten Kristallgitters ausreichende Diffusionsmöglichkeiten, um sich gleichmäßig im Volumen zu verteilen. Das Glühen bei dieser Temperatur wird dementsprechend auch als **Austenitisieren** bezeichnet. Beim langsamen Abkühlen bilden sich beim Unterschreiten der Linie GS α-Mischkristalle, deren Anteil mit weiter abnehmender Temperatur zunimmt. Aufgrund der um ein vielfaches geringeren C-Löslichkeit der α-Mischkristalle wird der Kohlenstoff in die noch vorhandenen γ-Mischkristalle verdrängt, deren C-Gehalt dadurch langsam bis auf 0,8 % ansteigt. Wird die Temperatur 723 °C unterschritten, wandeln die restlichen γ-Mischkristalle um in Perlit (► S. 74).
- übereutektoide Stähle: Um eine vollständige Austenitumwandlung zu erreichen, müssten diese Stähle bei Temperaturen bis 1 100 °C geglüht werden. Bei diesen Temperaturen würde aber eine irreversible Grobkornbildung auftreten, durch die die Stahleigenschaften negativ beeinflusst werden. Daher wird die Glühtemperatur unabhängig vom C-Gehalt auf den Bereich 750 … 800 °C beschränkt. Bei diesen Temperaturen wandelt nur der Perlit in einen feinkörnigen Austenit um. Der spröde Korngrenzenzementit formt sich ein. Beim anschließenden langsamen Abkühlen bildet sich beim Unterschreiten der 723 °C aus dem Austenit ein sehr feinkörniger Perlit.

Die Glühzeiten sind weitgehend abhängig von der Bauteildicke bzw. vom Bauteildurchmesser und können zwischen wenigen Minuten bis zu mehreren Stunden liegen.

Die Abkühlung erfolgt je nach Legierungszusammensetzung und Werkstückvolumen im Ofen, an ruhender Luft oder mit Pressluft. Die Abkühlgeschwindigkeit muss in jedem Fall so niedrig gewählt werden, dass alle Umwandlungs- und Diffusionsprozesse entsprechend dem Eisen-Kohlenstoff-Schaubild ablaufen können.

Das Normalglühen führt bei den unlegierten Stählen zu einem optimalen Verhältnis Festigkeit zu Zähigkeit. Daher werden die unlegierten Baustähle in der Regel im normalgeglühten Zustand geliefert. Das Normalglühen wird weiterhin eingesetzt bei Stahlgussteilen zur Auflösung des grobkörnigen Gussgefüges (Widmannstättensches Gefüge) sowie zum Ausgleich der unterschiedlichen Gefügezustände nach dem Schweißen (Gussgefüge in der Schweißnaht, aufgehärtete Wärmeeinflusszone). Für verschiedene Bauteile im Kessel- und Druckbehälterbau ist das Normalglühen nach dem Schweißen in den Abnahmevorschriften zwingend vorgeschrieben. Kompliziert geformte Bauteile aus übereutektoiden Stählen werden häufig vor dem Härten normalgeglüht, um eine gleichmäßigere Kohlenstoffverteilung und ein feinkörnigeres Gefüge zu erreichen. Damit werden die Glühzeiten beim anschließenden Härten verkürzt und die Verzugs- und Rissgefahr verringert.

4.4.1.2 Spannungsarmglühen

Eigenspannungen

Eigenspannungen sind mechanische Spannungen, die in einem Bauteil wirken, ohne dass es durch äußere Kräfte belastet wird. Eigenspannungen entstehen z. B. bei der Wärmebehandlung eines kompliziert geformten Bauteiles durch unterschiedliche Abkühlungsbedingungen (Wärmeeigenspannungen, Abschreckeigenspannungen) oder durch unterschiedliche Gefügeumwandlungen beim Härten (Härtespannungen). Sehr häufig treten Eigenspannungen auch nach dem Schweißen auf sowie nach dem Kaltumformen.

Höhere Eigenspannungen werden in plastisch verformbaren Werkstoffen sichtbar durch bleibende Verformungen („Verzug"), wenn sie größer als die Streckgrenze des Werkstoffes sind, bzw. in spröden Werkstoffen durch Risse („Härterisse", „Schweißrisse"), wenn sie die Zugfestigkeit überschreiten. Die Eigenspannungen werden zwar durch die Verformung oder das Aufreißen des Werkstoffes abgebaut, die Bauteile sind jedoch meist nicht mehr brauchbar.

Eigenspannungen beanspruchen einen Werkstoff in gleicher Weise wie Spannungen aus äußeren Lasten. Sie müssten daher bei einer Festigkeitsberechnung zu den Lastspannungen addiert werden, um die exakte Beanspruchungshöhe beurteilen zu können. Dies scheitert aber in der Regel daran, dass die Eigenspannungsbeträge nicht bekannt sind. Eigenspannungen sind nicht berechenbar, die Messmethoden sind sehr aufwendig oder nicht zerstörungsfrei. Insbesondere bei schwingbeanspruchten Bauteilen führen Zugeigenspannungen zu einer deutlichen Absenkung der dauerfest ertragbaren Spannungsamplitude, da sie die Mittelspannung in den Zugbereich verschieben (Begriffe ▶ S. 285 und 292).

Spannungsarmglühen

In ▶ Bild 1 zeigt die dick ausgezogene Linie den Verlauf der Streckgrenze eines Werkstoffes in Abhängigkeit von der Temperatur: Die Streckgrenze sinkt mit zunehmender Temperatur sehr stark ab. Die gestrichelte Linie kennzeichnet die Eigenspannung, die unabhängig von der Temperatur ist. Wird nun durch Temperaturerhöhung die Streckgrenze auf die Höhe der Eigenspannung abgesenkt, wird letztere durch plastische Verformung etwas abgebaut. Durch weitere Temperaturerhöhung sinkt die Streckgrenze weiter ab, während gleichzeitig die Eigenspannung durch weitere plastische Verformung verringert wird. Beide Kurven verlaufen parallel. Da die Temperatur nicht beliebig erhöht werden kann, muss der Prozess durch Abkühlen abgebrochen werden. Die Streckgrenze steigt wieder auf den Raumtemperaturwert an, die Eigenspannung verbleibt jedoch auf dem Niveau, das bei der höchsten Glühtemperatur erreicht worden war.

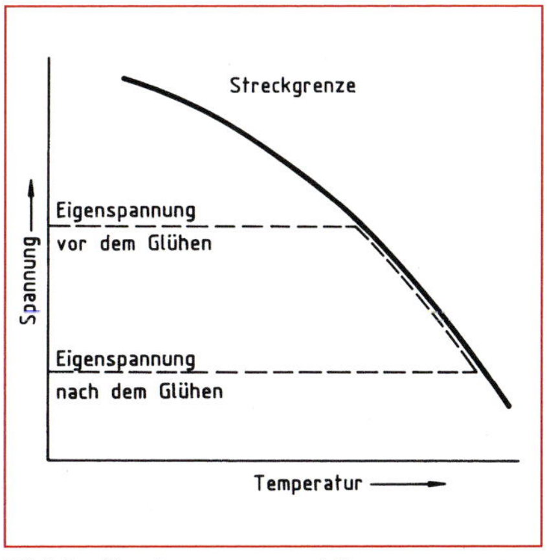

Bild 1 Streckgrenzen- und Eigenspannungsverlauf beim Spannungsarmglühen

Da die Streckgrenze nicht bis auf Null abgesenkt werden kann (= schmelzflüssiger Zustand), können Eigenspannungen mit diesem Verfahren nicht vollständig abgebaut werden. Daher ist auch die früher übliche Bezeichnung „Spannungsfreiglühen" falsch.

Die Temperaturen beim Spannungsarmglühen liegen zwischen 500 °C und 650 °C. Sie müssen bei vergüteten Bauteilen in jedem Fall unterhalb der letzten Anlasstemperatur bleiben, um ungewollte Gefüge- und Festigkeitsänderungen zu vermeiden. Die Glühdauer beträgt mehrere Stunden. Nach dem Glühen wird im Ofen abgekühlt, um neue Eigenspannungen zu vermeiden.

Entspannen

Gehärtete oder einsatzgehärtete Bauteile werden sehr häufig nach dem Abschrecken bei Temperaturen zwischen 150 °C und 250 °C entspannt, um Härtespannungen aus der Martensitumwandlung abzubauen. Diese Temperaturen sind zu niedrig für den oben beschriebenen Spannungsabbau durch plastische Verformung, sie ermöglichen jedoch eine begrenzte Kohlenstoffdiffusion, durch die die Gitterverzerrungen etwas abgebaut werden ohne größere Härteverluste.

4.4.1.3 Erholungs- und Rekristallisationsglühen

Die durch äußere Einwirkung entstandenen Gitterbaufehler können bei erhöhter Temperatur ausheilen.

Ausheilen von Gitterbaufehlern

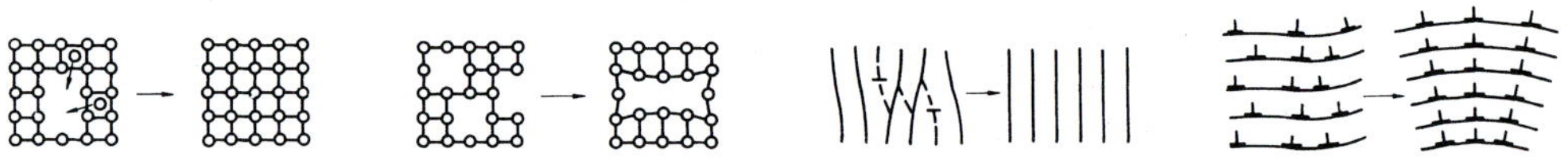

Zwischengitteratome diffundieren in Leerstellen

Kondensation von Leerstellen

Versetzungen mit entgegengesetzten Vorzeichen heben sich auf

Versetzungen mit gleichen Vorzeichen ordnen sich zu Kleinwinkelkorngrenzen. Bezug nicht mehr vorhanden

Ausheilvorgänge finden beim Glühen in den im ▶ Bild 1 S. 79 angegebenen Temperaturbereichen statt. Sie werden Erholung genannt, weil sich dadurch die Eigenschaften der Metalle teilweise wieder einstellen, die sie ohne Störungen der Raumgitter durch äußere Einflüsse hatten.

Eine andere Art von Ausheilung tritt beim Glühen von stark verformten Metallen mit hoher Versetzungsdichte in den Gleitebenen auf. Dabei entstehen durch weitere Verdichtung einer großen Zahl von Versetzungen völlig neue Korngrenzen wie im Bild unten. Da mit den neuen Korngrenzen auch neue Kristallite entstehen, wird der Vorgang als Rekristallisation bezeichnet.

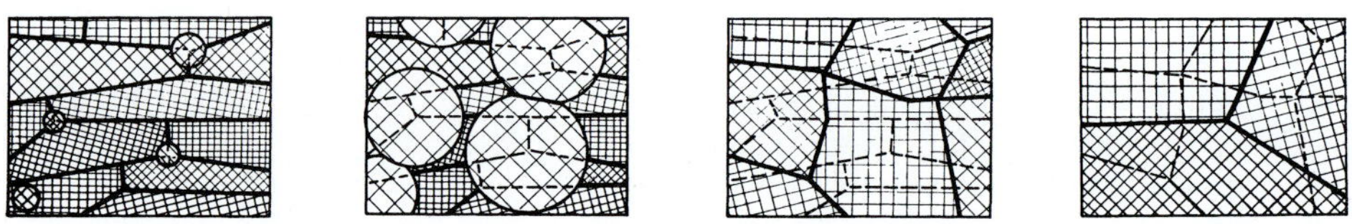

a b c d

Bild 1 Schematische Darstellung der Rekristallisation nach dem Umformen ohne Anwärmen (n. Masing)

a) Während des Glühens entstehen durch Verdichtung einer großen Zahl von Versetzungen stark gestörte Bereiche, die als Rekristallisationskeime bezeichnet werden und in der Abbildung als Kreise schematisch dargestellt worden sind.

b) Die Rekristallisationskeime weiten sich aus zu neuen Korngrenzen. Die durch Kreise schematisch dargestellten neuen Korngrenzen wandern in die vorhandenen defekten Kristallite und umschließen völlig neue defektfreie Kristallite. Die zum Wandern der Korngrenzen erforderliche Kraft ergibt sich aus dem durch Glühen erhöhten Energieunterschied, der zwischen den Kristalliten mit und ohne Gitterbaufehler besteht. Die Aktivierungsenergie für die Rekristallisation nimmt mit zunehmender Versetzungsdichte ab, s. Verformungsgrad und Korngröße in ▶ Bild 2 S. 79.

c) Die sog. *primäre Rekristallisation* ist beendet. Durch Rekristallisation ist ein Zustand mit niedriger Streckgrenze entstanden.

d) Durch lange Glühzeit oder hohe Glühtemperatur tritt die sog. *sekundäre Rekristallisation/Kornwachstum* auf. Dabei zehren die rekristallisierten Körner mit besonders günstigen Wachstumsbedingungen die benachbarten Körner auf, sodass ein grobkörniges Gefüge entsteht.

Durch Rekristallisationsglühen erhalten stark verformte Metalle völlig neue Kristallite mit ausgeheilten Gitterbaufehlern und eine niedrige Streckgrenze. Die Rekristallisation setzt jedoch erst ein, wenn die Rekristallisationstemperatur überschritten wird.

***Umformen ohne Anwärmen* = Kaltumformen = Umformen bei Raumtemperatur.**

***Umformen nach Anwärmen* = Warmumformen oder Halbwarmumformen.[1]**

***Warmumformen* = Umformung oberhalb der Rekristallisationstemperatur.**

***Halbwarmumformen* = Umformen kurz unterhalb der Rekristallisationstemperatur.**

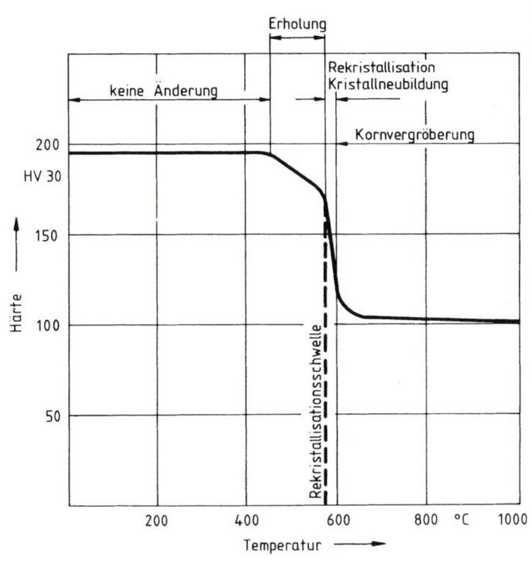

Bild 1 Abhängigkeit der Härte eines weichen Stahls von der Glühtemperatur nach dem Zugdruckumformen ohne Anwärmen mit etwa 60 % Verformungsgrad.

Das Umformen von Blei bei Raumtemperatur und Zinn bei 30 °C ist *Warmumformen*, das Umformen von Stahl bei 400 °C ist Halbwarmumformen. Beim Schmieden = Warmumformen trifft jeder Hammerschlag ein rekristallisiertes Gefüge.

Bei Metallen tritt nach geringen Umformungen keine Rekristallisation auf. Der sog. *kritische Reckgrad*, die Grenzverformung, oberhalb derer Rekristallisation eintritt, liegt für niedrig legierte Stähle bei etwa 8 bis 12 %.

Die Rekristallisationstemperatur ist vom Umformungsgrad und vom Werkstoff abhängig und muss von Fall zu Fall ermittelt werden. Beim Rekristallisationsglühen ist zu beachten, dass mit zunehmendem Verformungsgrad die Rekristallisationstemperatur sinkt und dass ein zu niedriger Umformungsgrad und zu hohes und langes Glühen grobkörnige Gefüge ergeben, ▶ Bild 2. Als Grenztemperatur gilt 0,4 T_s (Schmelztemperatur in K), sie entspricht der *Rekristallisationsschwelle*, bei der die Bildung neuer Kristalle beginnt.

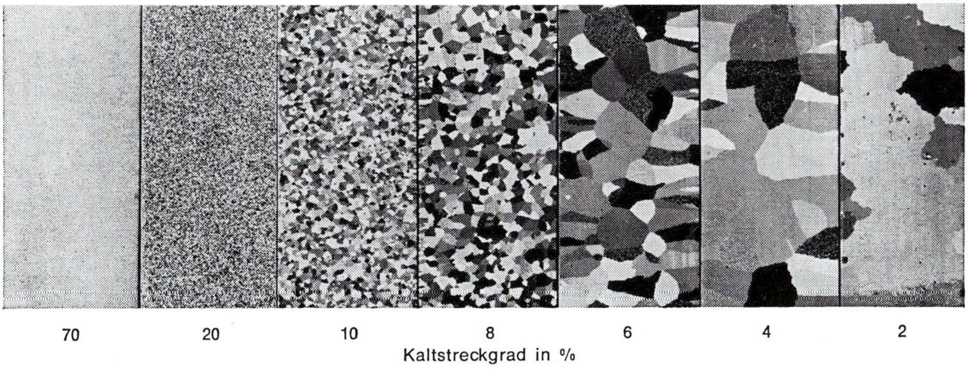

Bild 2 Rekristallisationskorngröße in Abhängigkeit vom Verformungsgrad
2 mm dicke Al-Bleche, verschieden kaltgestreckt und bei 500 °C/2 h geglüht.

[1] Zweck des Halbwarmumformens von Stahl: Verringerung der Umformkraft, Verbesserung der Zähigkeit.

4.4.1.4 Weichglühen

Beim Umformen ist die Lamellenstruktur des Perlits insbesondere bei den eutektoiden und übereutektoiden Stählen sehr ungünstig. Diese Stähle neigen bei höheren Umformgraden zum Aufreißen entlang der Zementitlamellen. Daher versucht man durch Glühen den lamellaren Zementit in eine kürzere, körnige Form überzuführen.

Auch bei diesem Verfahren ist die Glühtemperatur abhängig vom Kohlenstoffgehalt.

- untereutektoide Stähle werden knapp unterhalb von 723 °C geglüht. Das Überschreiten dieser Temperatur ist zu vermeiden, da sich sonst Karbidablagerungen an den Ferritkorngrenzen bilden können, die die Zähigkeit stark verringern. Zu beachten ist, dass Stähle mit niedrigen C-Gehalten so weich werden, dass sie beim Zerspanen „schmieren".
- übereutektoide Stähle werden einem Pendelglühen um 723 °C unterzogen. Dabei wird die Temperatur mehrfach über 723 °C erhöht bzw. unter 723 °C abgesenkt. Die Einformung des Zementits wird dadurch deutlich beschleunigt.

Da der Kohlenstoff des Zementits zur Einformung weite Wege zurücklegen muss, können die Glühzeiten bis 100 h betragen.

4.4.1.5 Grobkornglühen

Dieses Glühverfahren wird eingesetzt, um ein grobkörniges und damit besser zerspanbares Gefüge zu erzeugen. Dadurch neigen die Stähle weniger zum „Schmieren" und zur Fließspanbildung.

Die Glühtemperaturen liegen zwischen 950 und 1 100 °C. Danach wird bis 723 °C langsam, darunter schneller abgekühlt. Die Glühzeiten liegen bei mindestens 10 und bis zu 50 Stunden.

Das Verfahren ist wegen der hohen Glühtemperaturen sehr energieintensiv und damit teuer. Die grobkörnigen Stähle haben sehr schlechte Zähigkeitseigenschaften und sind daher nur beschränkt einsetzbar. Daher wird das Verfahren nur sehr selten eingesetzt, zumal es wesentlich kostengünstigere legierungstechnische Maßnahmen zur Erschmelzung gut zerspanbarer und gleichzeitig zäher Stähle gibt (mit Blei oder Schwefel legierte Automatenstähle).

Eine Ausnahme bilden die Transformatorenbleche aus sehr niedrig gekohlten Stählen, die auf Korngrößen im Zentimeterbereich geglüht werden, um die Ummagnetisierungsverluste möglichst niedrig zu halten. Bei diesen Stählen spielt allerdings die Zähigkeit keine Rolle.

4.4.1.6 Diffusions-/Homogenisierungsglühen

Dieses Verfahren dient zum Ausgleich von Konzentrationsunterschieden, die beim schnellen Erstarren aus der Schmelze entstehen (Kristallseigerungen, ► S. 54).

Da nicht nur Kohlenstoffatome, sondern auch Legierungsatome wie Chrom, Nickel, Molybdän u. a., also Atome mit ähnlichen Atomradien wie Eisen, zur Diffusion gebracht werden sollen, müssen die Glühtemperaturen bei 1 000 … 1 300 °C und die Glühzeiten bei 50 h und länger liegen.

Das Verfahren ist somit extrem energieintensiv und teuer. Außerdem tritt eine starke Grobkornbildung auf. Seigerungen im Makrobereich (Blockseigerungen, Schwerkraftseigerungen) können mit diesem Verfahren nicht ausgeglichen werden. Diffusionsglühen wird daher nur bei legierten Stahlgussteilen eingesetzt.

Schmiede- und Walzstähle müssen nicht diffusionsgeglüht werden. Hier erfolgt ein begrenzter Konzentrationsausgleich schon beim Glühen im Tiefofen. Die anschließende mechanische Umformung („Durchkneten") sorgt für eine gleichmäßige Verteilung der Legierungselemente im Werkstoffvolumen.

4.4.1.7 Randoxidation und Randentkohlung durch Glühen

Die hohen Glühtemperaturen begünstigen chemische Reaktionen der Atome in der Stahloberfläche mit den umgebenden Medien. Besonders beim Glühen an Luft sind Reaktionen mit Sauerstoff nicht zu vermeiden.

Eisenatome reagieren mit Sauerstoff zu Eisenoxiden (FeO, Fe_2O_3, Fe_3O_4).

Kohlenstoffatome reagieren mit Sauerstoff zu Kohlenmonoxid (CO) oder Kohlendioxid (CO_2).

Die erste Reaktion wird als **Randoxidation** oder **Verzundern** bezeichnet. Die Zunderschichten sind unterschiedlich fest mit der Stahloberfläche verbunden und sind porös und spröde. Sie müssen vor der Weiterverarbeitung entfernt werden. Zunderbildung ist immer mit einem Werkstoffverlust verbunden.

Die bei der zweiten Reaktion entstehenden gasförmigen Oxide diffundieren aus der Stahloberfläche aus. Dadurch wird den Randbereichen des Stahles der Kohlenstoff entzogen. ▶ Bild 1 zeigt eine durch Normalglühen an Luft entkohlte Randzone eines Stahles C45. Die entkohlte Zone reicht etwa 0,3 mm tief. Die entkohlte Randzone besteht aus fast reinem Eisen und weist dementsprechend völlig andere Eigenschaften auf als der nichtentkohlte Stahl und muss daher abgespant werden.

Randoxidation und Randentkohlung sind durch Glühen in neutralen (Stickstoff-) oder reduzierenden (Stickstoff-Wasserstoff-) Atmosphären oder im Vakuum zu vermeiden.

Bild 1 Randentkohlte Zone eines an Luft normalgeglühten Vergütungsstahles C45

Aufgaben:

1. Nennen Sie die verschiedenen Glühverfahren.
2. Welchen Zweck hat das Normalglühen?
3. Welche Temperatur muss beim Normalglühen eines Stahls C60 eingestellt werden?
4. Beschreiben Sie die Kristallgitter- und Gefügeumwandlungen, die bei einem unlegierten Stahl mit 0,45 % Kohlenstoff beim Erwärmen auf 850 °C und anschließendem langsamen Abkühlen aus dieser Temperatur auftreten (= Normalglühen).
5. Erklären Sie den Abbau von Eigenspannungen in einem Stahl beim Spannungsarmglühen.
6. Ein kaltumgeformtes Bauteil aus Stahl wird rekristallisationsgeglüht. Welche Prozesse laufen dabei im Gefüge ab? Wann sind diese Prozesse beendet?
7. Nennen und erklären Sie die negativen Begleiterscheinungen aller Glühverfahren an Luft auf die Randzone der Werkstücke.

4.4.2 Härten und Vergüten

Nach DIN EN ISO 4885: 2017 ist Härten eine Wärmebehandlung bestehend aus den Arbeitsschritten Austenitisieren und Abkühlen, sodass eine Härtezunahme durch mehr oder weniger vollständige Umwandlung des Austenits in Martensit und gegebenenfalls Bainit erfolgt. Die Härtetemperatur (= Austenitisierungstemperatur, Glühtemperatur vor dem Abschrecken) ist abhängig vom Kohlenstoffgehalt und liegt bei untereutektoiden Stählen 50 bis 100 K über der Linie GSK im Eisen-Kohlenstoff-Schaubild (▶ S. 73 bzw. 76), bei den übereutektoiden Stählen zwischen 750 und 800 °C. Danach muss so schnell abgekühlt werden (▶ Bild 2), dass die

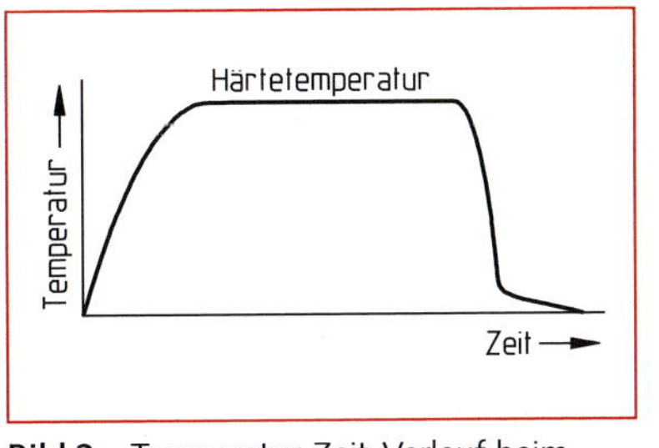

Bild 2 Temperatur-Zeit-Verlauf beim Härten

Diffusion der C-Atome im Kristallgitter möglichst vollständig unterbunden wird (Umwandlung in der Martensitstufe, s. u.). Die Behinderung der C-Diffusion kann durch Zugabe von Legierungselementen, insbesondere Mangan, Nickel, Chrom und Molybdän, wirkungsvoll unterstützt werden. Mit zunehmendem Gehalt an diesen Legierungselementen kann die Abkühlgeschwindigkeit herabgesetzt werden. Je nach erforderlichem Abkühlmittel spricht man von wasserhärtenden Stählen (unlegiert), ölhärtenden Stählen (niedriglegiert) und lufthärtenden Stählen (hochlegiert).

4.4.2.1 Metallkundliche Grundlagen des Umwandlungshärtens

▶ Bild 1 zeigt prinzipiell die Vorgänge bei der Martensitbildung. Bei Härtetemperatur ist das Eisenkristallgitter kubischflächenzentriert. Die Kohlenstoffatome sitzen bevorzugt auf den Würfelkanten, da hier nur vier benachbarte Eisenatome aus ihren ursprünglichen Gitterlagen verschoben werden müssen. Bei Abkühlung wandelt das Kristallgitter in den kubischraumzentrierten Zustand um. Da diese Gitterzelle wesentlich kleiner ist, müssen die Kohlenstoffatome die Zwischengitterplätze verlassen und diffundieren bei langsamer Abkühlung in benachbarte Zementitbereiche, die noch Kohlenstoff aufnehmen können. Mit zunehmender Abkühlgeschwindigkeit wird die Umwandlung vom kfz Kristallgitter in das krz Kristallgitter entsprechend ▶ Bild 2 zu immer tieferen Temperaturen verschoben. Die Diffusion der C-Atome im kfz Kristallgitter wird durch die schnell sinkende Temperatur immer stärker behindert. Nach der Kristallgitterumwandlung ist die Temperatur so niedrig, dass die C-Atome in dem sehr viel kleineren krz Kristallgitter keine Bewegungsmöglichkeit mehr haben. Die Kohlenstoffatome bleiben damit zwangsweise auf den Zwischengitterplätzen. Dadurch können aber auch die Eisenatome nicht die von der Gitterstruktur vorgegebenen Atomabstände einnehmen und es entsteht eine tetragonal verzerrte kubischraumzentrierte Kristallgitterzelle, die als „Martensit" bezeichnet wird.

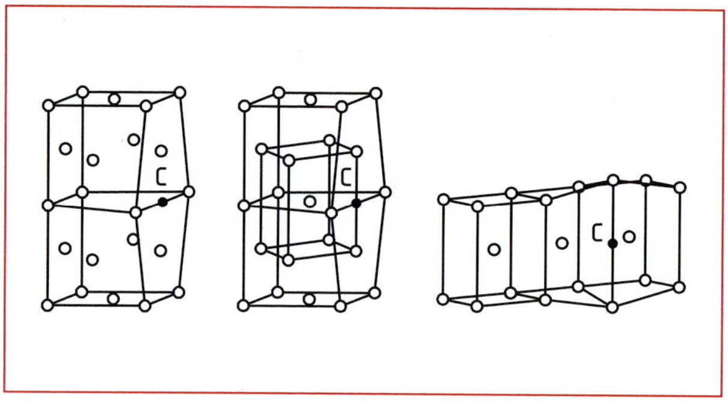

Bild 1 Umwandlung des kubischflächenzentrierten Kristallgitters in die tetragonal verzerrte kubischraumzentrierte Kristallgitterzelle (= „Martensit")

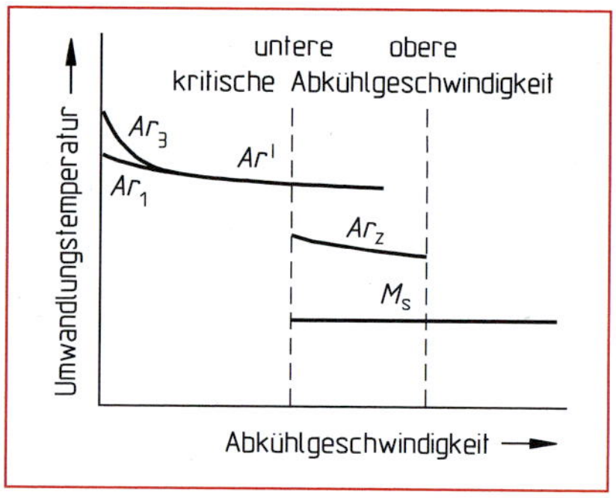

Bild 2 Absenkung der Kristallgitterumwandlungstemperatur mit zunehmender Abkühlungsgeschwindigkeit

Martensit ist eine kubischraumzentrierte Kristallgitterzelle, die durch zwangsweise gelöste Kohlenstoffatome tetragonal verzerrt ist.

Die Gitterverzerrung erzeugt hohe Gitterspannungen und blockiert die Versetzungswanderung: Der Stahl wird hart und spröde.

Die durch Härten erreichbare Höchsthärte nimmt mit zunehmenden Kohlenstoffgehalt zu, da mehr Martensit gebildet werden kann (▶ S. 103).

Die Temperatur dieser Martensitumwandlung ist in ▶ Bild 2 mit der Linie M_S gekennzeichnet. Die Abkühlgeschwindigkeit, bei der gerade erste Martensitgitterzellen gebildet werden, wird als **untere kritische Abkühlgeschwindigkeit** bezeichnet. Die Abkühlgeschwindigkeit, bei der das Gefüge vollständig in Martensit umwandelt, ist die **obere kritische Abkühlgeschwindigkeit**.

Im metallografischen Schliff zeigt das martensitische Gefüge eine feinnadelige Struktur, die erst bei höheren Vergrößerungen erkennbar ist.

Bei höheren Kohlenstoffgehalten werden die Gitterspannungen so groß, dass der kubisch-flächenzentrierte Austenit nicht mehr vollständig in Martensit umwandeln kann und als **Restaustenit** im Gefüge erhalten bleibt. Da seine Härte deutlich unter der des Martensits liegt, spricht man auch von **Weichfleckigkeit**. Der Restaustenit wirkt sich negativ auf die Verschleißeigenschaften aus und muss daher durch Tiefkühlen in flüssigem Stickstoff oder auch durch Anlassen beseitigt werden.

Bild 1 Martensitgefüge mit Restaustenit.
Helle Nadeln = Martensit, dunkler Grund = nicht umgewandelter Austenit. Bildvergr.: 500 : 1

Umwandlung in der Zwischenstufe

Bei Abkühlgeschwindigkeiten zwischen der unteren und der oberen kritischen Abkühlgeschwindigkeit (▶ Bild 2 S. 82) wandelt der Austenit zunächst in einer ähnlichen Reaktion wie bei der Martensitbildung um. Da die Temperatur aber noch ausreichend hoch ist, können die Kohlenstoffatome begrenzt diffundieren und bilden sofort feinverteilte Eisenkarbide. Es entsteht ein feinnadeliges Gefüge, das als **Zwischenstufengefüge** oder **Bainit** bezeichnet wird (▶ Bild 2).

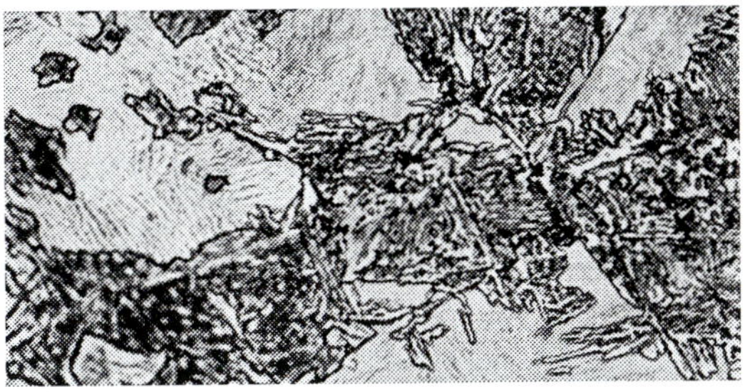

Bild 2 Zwischenstufengefüge/Bainit
a) Gefüge der unteren Zwischenstufe, Bildungstemperatur 325 °C
b) Gefüge der oberen Zwischenstufe, Bildungstemperatur 475 °C

4.4.2.2 Das Zeit-Temperatur-Umwandlungsschaubild (ZTU-Schaubild)

Das Eisen-Kohlenstoff-Schaubild gilt als Gleichgewichtsschaubild für den Grenzfall der unendlich langsamen Abkühlung. Phasenänderungen, die bei schneller Abkühlung wie beim Härten ablaufen, sind im Eisen-Kohlenstoff-Schaubild nicht darstellbar. Es muss daher mit einer dritten Achse, der Zeitachse, ergänzt werden, auf der es bei $t \to \infty$ steht (▶ Bild 1 S. 84). Die Phasenänderungen bei schneller Abkühlung können nur experimentell, z. B. dilatometrisch, ermittelt werden. Dabei ist zu beachten, dass für jede Legierungszusammensetzung eine eigene Versuchsreihe mit mehreren unterschiedlichen Abkühlgeschwindigkeiten durchzuführen ist. ▶ Bild 1 S. 84 zeigt das ZTU-Schaubild für den unlegierten Stahl C45, das an das Eisen-Kohlenstoff-Schaubild angeschlossen ist. Analog zu ▶ Bild 2 S. 82 ist zu erkennen, dass die Phasengrenzlinien und damit die Beständigkeitsbereiche der verschiedenen Phasen mit zunehmender Abkühlgeschwindigkeit zu tieferen Temperaturen verschoben werden.

ZTU-Schaubilder sind die Fortsetzung des Eisen-Kohlenstoff-Schaubildes zu kürzeren Abkühlzeiten.

Für jede Legierungszusammensetzung gilt ein eigenes ZTU-Schaubild.

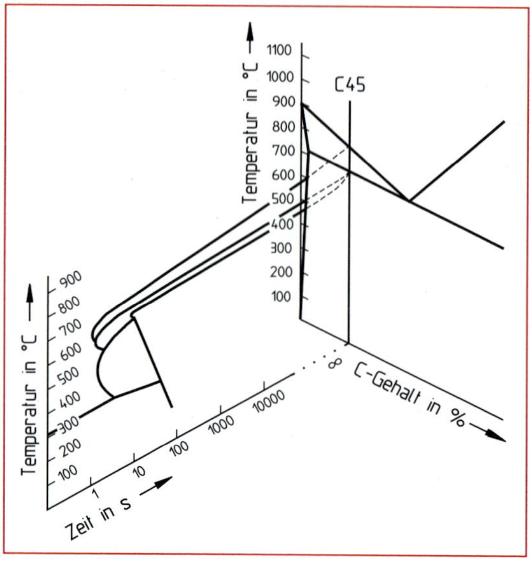

Bild 1 Zusammenhang von Eisen-Kohlenstoff-Schaubild und Zeit-Temperatur-Umwandlungsschaubild

Die Linien im ZTU-Schaubild sind Phasengrenzlinien.

Ein ZTU-Schaubild zeigt die Beständigkeitsbereiche der verschiedenen Phasen einer bestimmten Eisen-Kohlenstoff-Legierung in Abhängigkeit von der Temperatur und der Abkühlzeit.

Man unterscheidet *isothermische ZTU-Schaubilder* (isos gr. = gleich, thermos gr. = warm) zur Bestimmung des Austenit-Umwandlungsablaufes bei gleichbleibender Temperatur (► Bild 2) und *kontinuierliche ZTU-Schaubilder* (kontinuierlich = stetig, fortdauernd) zur Bestimmung des Austenit-Umwandlungsablaufes bei stetig abnehmender Temperatur (► Bild 1 S. 86).

Isothermische Umwandlung

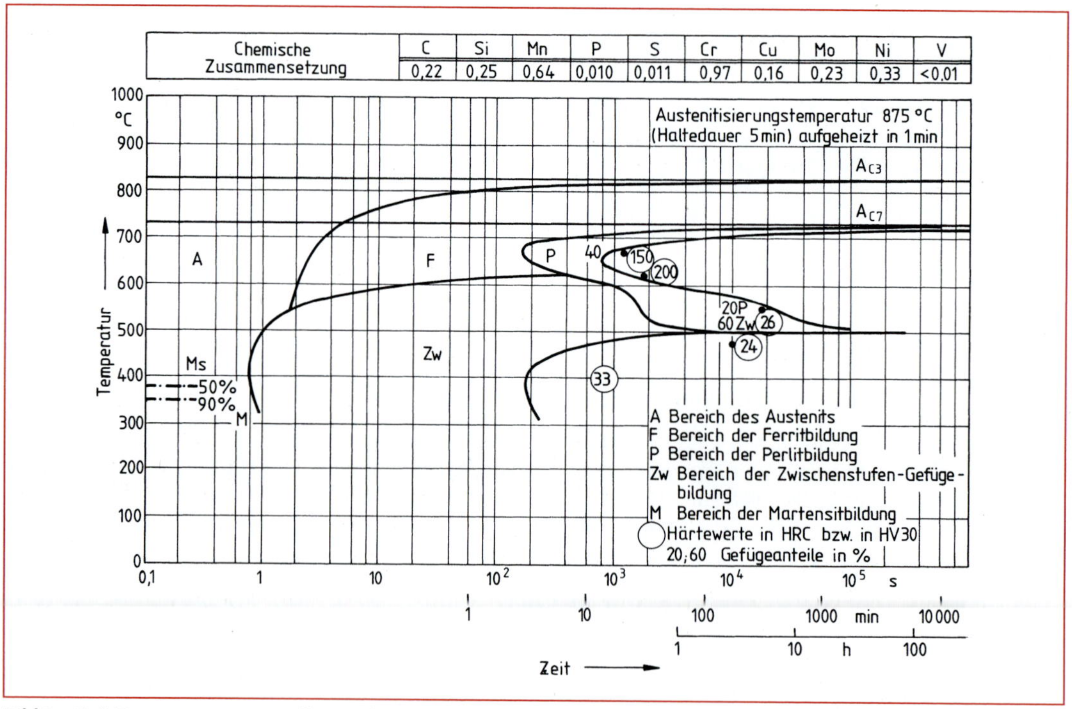

Bild 2 Zeit-Temperatur-Umwandlungsschaubild, für isothermische Umwandlung; Stahl 25CrMo4

Durchführung

Die Werkstücke werden von Austenitisierungstemperatur auf eine Halte-/Umwandlungstemperatur im Salzbad abgeschreckt. Die sich danach vollziehenden Umwandlungsvorgänge können an den Schnittpunkten der waagerechten Temperaturlinien mit den Linien der Gefügebereiche abgelesen werden.

Umwandlungsbeispiele nach ▶ Bild 2 S. 84

1. *Umwandlungstemperatur* 675 °C. Nach 3 Sekunden: Beginn der Ferritausscheidung; nach 160 Sekunden: Ende der Ferritausscheidung und Beginn der Perlitbildung; nach 800 Sekunden: Ende der Umwandlung.

Nach 800 Sekunden kann die Abkühlung des Werkstückes auf Raumtemperatur beliebig durchgeführt werden. Umwandlungsergebnis ▶ Bild 1 a.

2. *Umwandlungstemperatur* 405 °C. Nach 0,8 Sekunden: Beginn der Zwischenstufen-Gefügebildung; nach 180 Sekunden: Ende der Umwandlung.

Nach 180 Sekunden kann die Abkühlung des Werkstückes auf Raumtemperatur beliebig durchgeführt werden. Umwandlungsergebnis ▶ Bild 1 b.

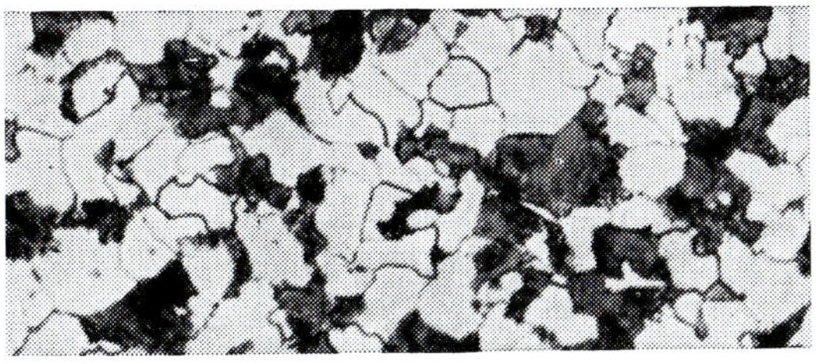

Bild 1 a Umwandlungstemperatur 675 °C
60 % Ferrit, 40 % Perlit, Härte 150 HV

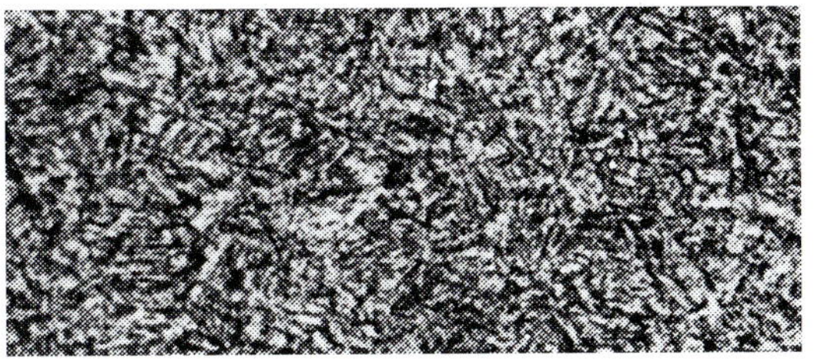

Bild 1 b Umwandlungstemperatur 405 °C
Zwischenstufengefüge. Härte 328 HV

Isothermische Wärmebehandlungsverfahren

Isothermische Wärmebehandlungsverfahren sind das Glühen auf kugeligen Zementit, das Zwischenstufenumwandeln und das Patentieren, ▶ S. 90.

Das isothermische Glühen auf kugeligen Zementit wird angewendet, wenn gute Bearbeitbarkeit und gleichmäßige Festigkeitseigenschaften über große Querschnitte erforderlich sind, z. B. bei schweren Schmiedestücken.

Kontinuierliche Umwandlung

Die Werkstücke werden mit gleichbleibender Abkühlungsgeschwindigkeit von Härtetemperatur auf Raumtemperatur abgekühlt. Die sich dabei vollziehenden Umwandlungsvorgänge können an den in ▶ Bild 1 S. 86 dünn gezeichneten und am unteren Ende mit Härtewerten in Kreisen versehenen Abkühlungslinien abgelesen werden.

Abkühlungsbeispiele nach ▶ Bild 1 S. 86

1. *Äußere Abkühlungslinie 200 HV.* Nach 166 Minuten: Beginn der Ferritausscheidung; nach 430 Minuten: Ende der Ferritausscheidung und Beginn der Perlitbildung; nach 500 Minuten: Ende der Umwandlung.

Ergebnis der sehr langsamen Abkühlung, z. B. Ofenabkühlung, ▶ Bild 2 a S. 86.

2. *Abkühlungslinie 20 HRC.* Nach 60 Sekunden: Beginn der Ferritausscheidung; nach 250 Sekunden: Ende der Ferritausscheidung und Beginn der Zwischenstufen-Gefügebildung; nach 760 Sekunden: Ende der Zwischenstufen-Gefügebildung und Beginn der Martensitbildung.

Umwandlungsergebnis ▶ Bild 2 b S. 86.

3. *Abkühlungslinie 40 HRC.* Nach 8 Sekunden: Beginn der Zwischenstufen-Gefügebildung; nach 30 Sekunden: Ende der Zwischenstufen-Gefügebildung und Beginn der Martensitbildung.

Umwandlungsergebnis ▶ Bild 2 c S. 86.

4. *Abkühlungslinie 49 HRC.* Nach 3 Sekunden: Beginn der Zwischenstufen-Gefügebildung; nach 7 Sekunden: Ende der Zwischenstufen-Gefügebildung und Beginn der Martensitbildung. – Umwandlungsergebnis ▶ Bild 2 d.

5. *Abkühlungslinie* K_1 = obere kritische Abkühlgeschwindigkeit, nur Martensitbildung.

6. *Abkühlungslinie* K_2 = untere kritische Abkühlungsgeschwindigkeit, Zwischenstufengefüge- und Martensitbildung.

Chemische Zusammensetzung	C	Si	Mn	P	S	Cr	Cu	Mo	Ni	V
	0,22	0,25	0,64	0,010	0,011	0,97	0,16	0,23	0,33	<0,01

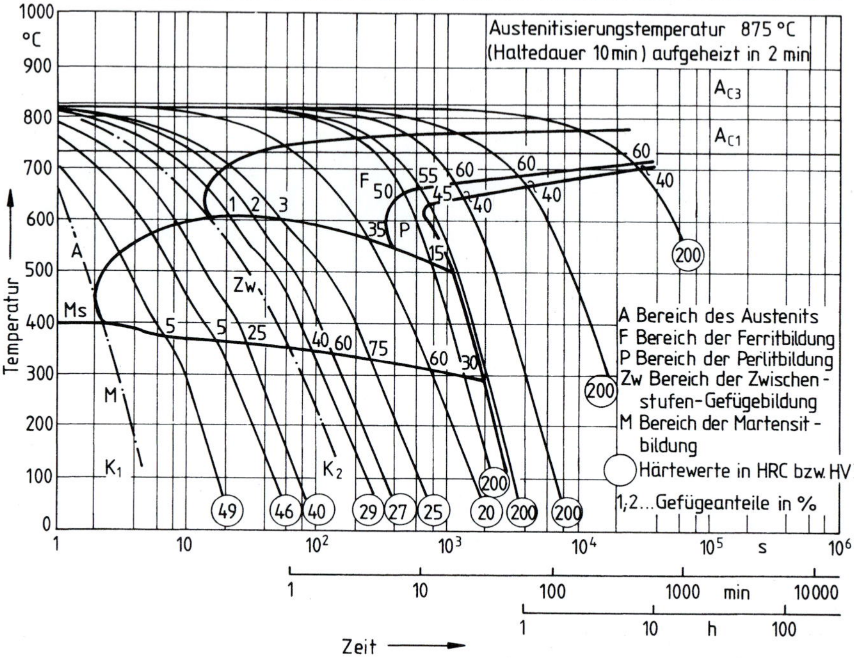

Bild 1 Zeit-Temperatur-Umwandlungsschaubild, ZTU-Schaubild für kontinuierliche Umwandlung; Stahl 25CrMo4

Bild 2 a 60 % Ferrit, 40 % Perlit
Härte 200 HV

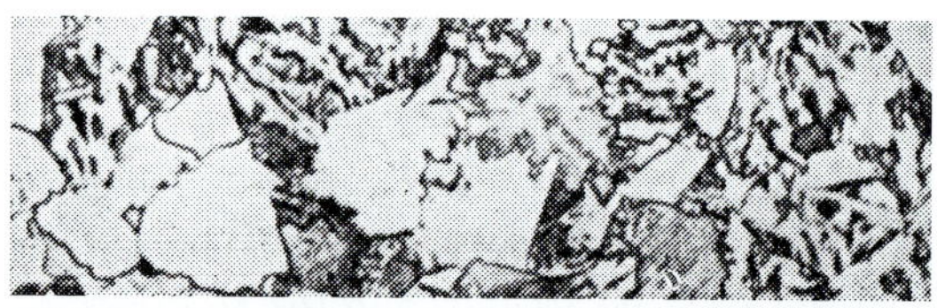

Bild 2 b 35 % Ferrit, 60 % Zwischenstufengefüge, 5 % Martensit – Härte 20 HRC

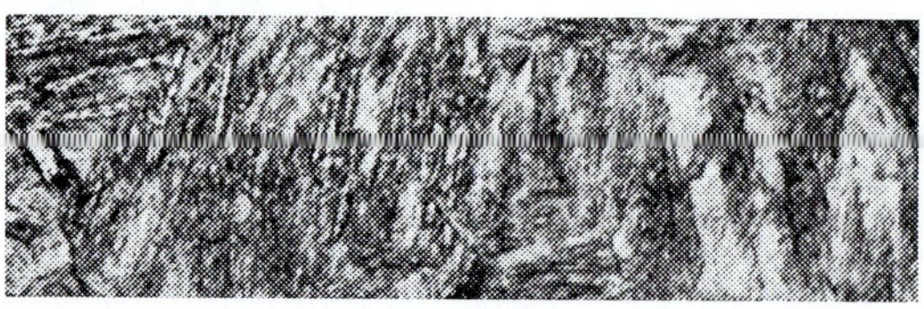

Bild 2 c 25 % Zwischenstufengefüge, 75 % Martensit
Härte 40 HRC

Bild 2 d 5 % Zwischenstufengefüge, 95 % Martensit
Härte 49 HRC

Kontinuierliche Wärmebehandlungsverfahren

Kontinuierliche Wärmebehandlungsverfahren sind alle Verfahren der Umwandlungshärtung und das Normal-, Grobkorn- und Weichglühen.

Aufstellung der ZTU-Schaubilder

Die zur Aufstellung der ZTU-Schaubilder erforderlichen Versuche werden in einem *Dilatometer*, Dilation = Dehnung, an 4 mm dicken und 30 mm langen Proben durchgeführt. Das Dilatometer zeichnet die Längenänderung der Probe in Abhängigkeit von der Temperatur bei vorgegebener Zeit auf. Dabei werden die Gefügeumwandlungen als Abweichungen vom normalen Temperatur-Dehnungsverlauf erkennbar. Die so ermittelten Umwandlungspunkte mehrerer Abkühlungskurven werden zu geschlossenen Kurven verbunden. Die in % angegebenen Gefügeanteile werden mit einem Mikroskop, die Härteangaben mit einem Härteprüfgerät ermittelt.

4.4.2.3 Härtespannungen und Härterisse

Durch Härten entstehen in gehärteten Stahlbauteilen folgende Eigenspannungen:

Kristallgitterspannungen durch die Zwangslösung des Kohlenstoffs in α-Eisen.

Gefügespannungen durch die Volumenunterschiede der unterschiedlichen Gefügebestandteile.

Wärmespannungen durch Temperaturunterschiede im Querschnitt.

Diese Spannungen können sich positiv und negativ addieren und haben vielfach Härteverzug und Härterisse zur Folge.

Bei gleichmäßig durchhärtenden Stählen werden Härteverzug und Härterisse vermieden, dagegen nimmt die Härterissgefahr mit zunehmender Werkstückdicke und Abkühlgeschwindigkeit bei nicht durchgehärteten Stählen zu.

Werkstücke mit komplizierten Formen und dicke Werkstücke, die gehärtet werden müssen, werden aus Stählen hergestellt, die eine milde Härtung gestatten.

Härtespannungen können auch längere Zeit nach dem Härten noch Härteverzug und Härterisse hervorrufen.

Man unterscheidet folgende, die Entstehungsursache kennzeichnende Rissarten:

interkristallin, d. h. entlang den Korngrenzen verlaufende Risse, ▶ Bild 1,

transkristallin, d. h. durch die Körner verlaufende Risse, ▶ Bild 2,

gemischt inter- und transkristallin verlaufende Risse, ▶ Bild 3.

Härterisse verlaufen gemischt inter- und transkristallin.

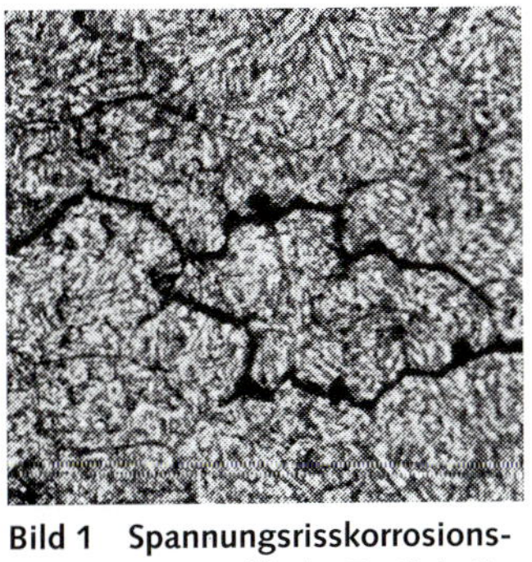

Bild 1 Spannungsrisskorrosionsriss in einem auf hohe Festigkeit vergüteten Stahl
Der Riss verläuft im Gegensatz zu den Härterissen völlig interkristallin.

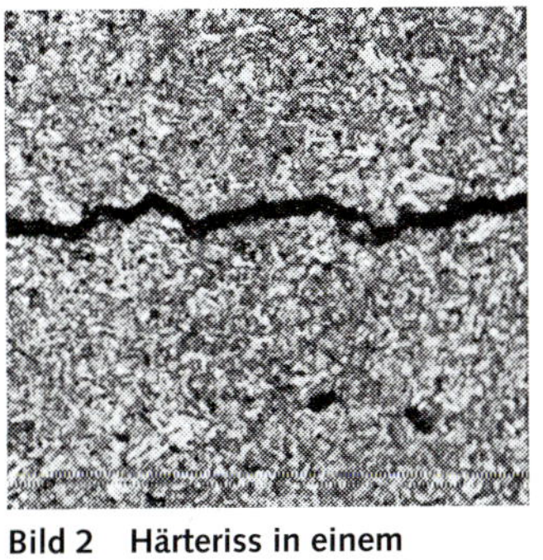

Bild 2 Härteriss in einem feinkörnig gehärteten Stahl
Obwohl es nicht gelungen ist, das feine Martensitkorn klar sichtbar zu machen, kann aus dem geraden Verlauf des Risses geschlossen werden, dass er bevorzugt transkristallin verläuft.

Bild 3 Härteriss in einem stark überhitzt gehärteten und daher grobkörnig gewordenen Stahl
Der verzweigte Verlauf des Risses könnte zu dem Trugschluss verleiten, dass er rein interkristallin verliefe. Die Ätzung beweist aber, dass dies nicht der Fall ist.

Aufgaben:

1. Wodurch unterscheiden sich die Temperatur-Zeit-Verläufe des Härtens und des Normalglühens?
2. Auf welche Temperatur muss ein Stahl C60 vor dem Abschrecken erwärmt werden, damit die maximal mögliche Härte erreicht wird?
3. Erklären Sie den Begriff Martensit.
4. Wie sind die obere bzw. die untere Abkühlgeschwindigkeit definiert?
5. Beschreiben Sie die Vorgänge im Kristallgitter/Gefüge eines untereutektoiden Stahls, der aus einer Temperatur oberhalb der Linie GS im Eisen-Kohlenstoff-Schaubild
   a) mit einer Abkühlgeschwindigkeit kleiner als die untere kritische Abkühlgeschwindigkeit,
   b) mit einer Abkühlgeschwindigkeit zwischen unterer und oberer kritischer Abkühlgeschwindigkeit,
   c) mit einer Abkühlgeschwindigeit oberhalb der kritischen Abkühlgeschwindigkeit, abgekühlt wird.
6. Was ist in einem Zeit-Temperatur-Schaubild dargestellt?
7. Beschreiben Sie den Ablauf einer Zwischenstufenumwandlung.
8. Erklären Sie die Entstehung von Härtespannungen oder sogar Härterissen beim Härten von Bauteilen.

4.4.2.4 Vergüten = Härten und Anlassen

Nach dem Härten sind die Stähle durch die zwangsweise im krz Kristallgitter gelösten Kohlenstoffatome extrem hart und spröde. In diesem Zustand sind sie nicht verwendbar. Daher muss durch eine kontrollierte Ausdiffusion von Kohlenstoffatomen aus dem Martensit der Zwangszustand begrenzt aufgelöst werden. Gesteuert wird dieser Diffusionsprozess durch gezielte Temperaturerhöhung über eine vorgegebene Zeit, wodurch die Kohlenstoffatome eine eingeschränkte Beweglichkeit erhalten: Die Härte sinkt ab, die Zähigkeit nimmt zu. Dieser kontrollierte Diffusionsprozess wird als **Anlassen** bezeichnet.

Anlassen nennt man das Erwärmen eines gehärteten Stahles auf eine Temperatur zwischen Raumtemperatur und 723 °C und das Halten auf dieser Temperatur über eine bestimmte Zeit.

Mit zunehmender Anlasstemperatur nimmt die Festigkeit, gekennzeichnet durch Härte, Zugfestigkeit und Streckgrenze, des gehärteten Stahles ab, während die Zähigkeit, gekennzeichnet durch Bruchdehnung, Brucheinschnürung und Kerbschlagzähigkeit, zunimmt.

Die zur Einstellung eines bestimmten Festigkeitswertes erforderliche Anlasstemperatur wird aus dem Anlassschaubild abgelesen, das für jede Legierungszusammensetzung experimentell erstellt werden muss. Dazu werden mehrere Proben eines Stahles unter gleichen Bedingungen gehärtet. Anschließend werden die Proben bei unterschiedlichen Temperaturen angelassen und die Auswirkungen mit mechanischen Prüfverfahren (Zugversuch, Härteprüfung) und metallografischen Untersuchungen dokumentiert. Die Ermittlung des Anlassschaubildes für den unlegierten Stahl C45 zeigen das nachfolgende ► Bild 1 sowie die Schliffbilder auf ► S. 89.

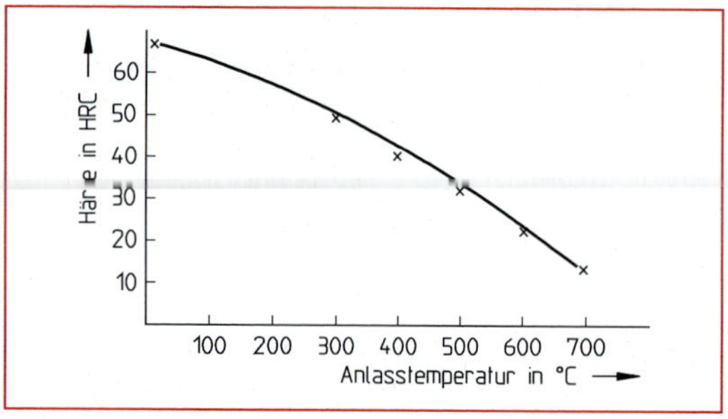

Bild 1 a Ermittlung des Anlassschaubildes für den Stahl C45

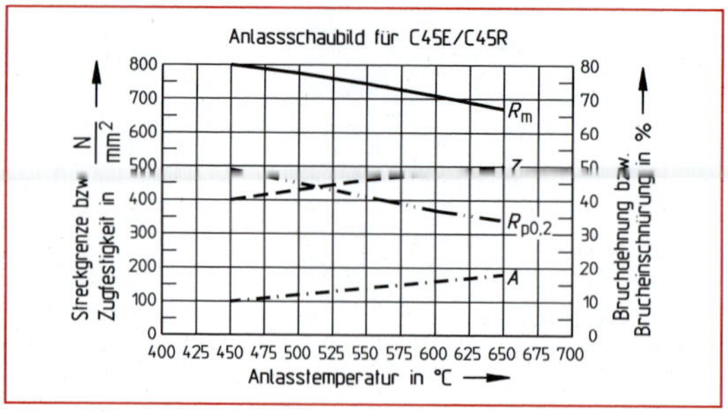

Bild 1 b Anlassschaubild für den Stahl C45

Das Schliffbild 1 a zeigt das vollmartensitische Gefüge unmittelbar nach dem Härten. Die Härte liegt über 65 HRC (Anlasstemperatur 0 bedeutet „nicht angelassen"). Nach dem Anlassen bei 300 °C ist im

Schliffbild bereits eine deutliche Auflösung des Martensits erkennbar (▶ Bild 1 b), die Härte sinkt auf 49 HRC. Bei weiter erhöhter Anlasstemperatur bilden sich infolge der Kohlenstoffausdiffusion aus dem Martensit zunehmend Karbidausscheidungen (▶ Bilder 1 c bis 1 f). Die Härte sinkt dabei stetig auf 14 HRC ab. Bei Überschreiten von 723 °C ist der Martensit durch die Ausdiffusion der C-Atome weitgehend aufgelöst und der Karbidanteil wandelt vollständig in Austenit um, womit die Härtung rückgängig gemacht ist.

Für die praktische Anwendung sind allerdings die Angabe von Streckgrenze, Zugfestigkeit, Bruchdehnung und Brucheinschnürung in Abhängigkeit von der Anlasstemperatur wichtiger als die Härte. ▶ Bild 1 b S. 88 zeigt das entsprechende Anlassschaubild ebenfalls für den Stahl C45.

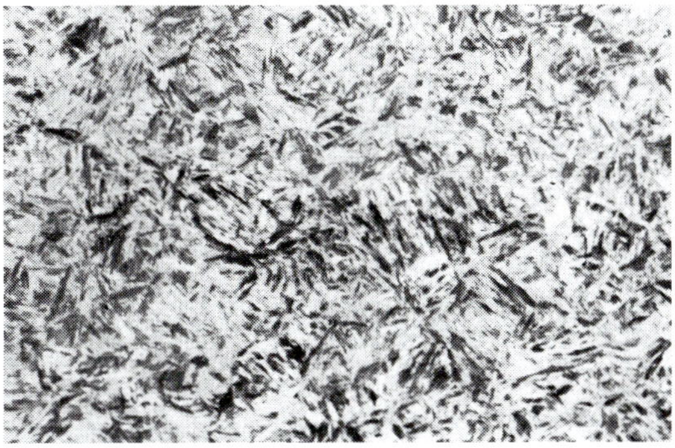

a) Gehärtet und nicht angelassen.

b) Anlasstemperatur 300 °C, Härte 49 HRC, Zersetzung des Martensits

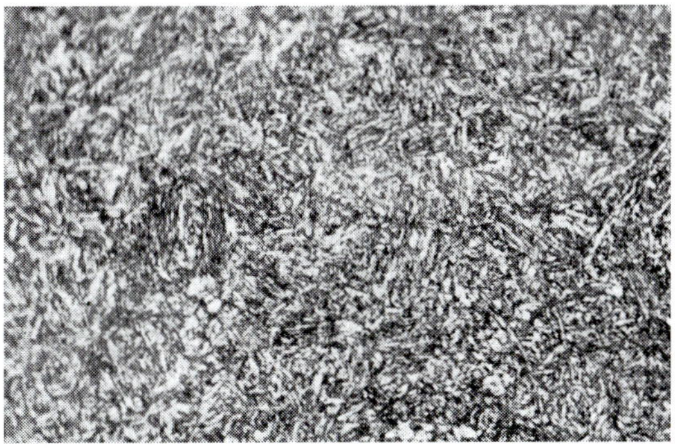

c) Anlasstemperatur 400 °C, Härte 41 HRC, Maximum der Ätzbarkeit erreicht

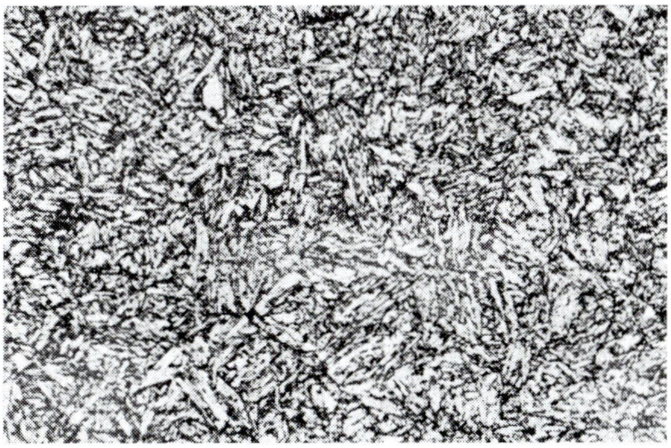

d) Anlasstemperatur 500 °C, Härte 33 HRC, Beginn der mikroskopisch sichtbaren Carbidausscheidung

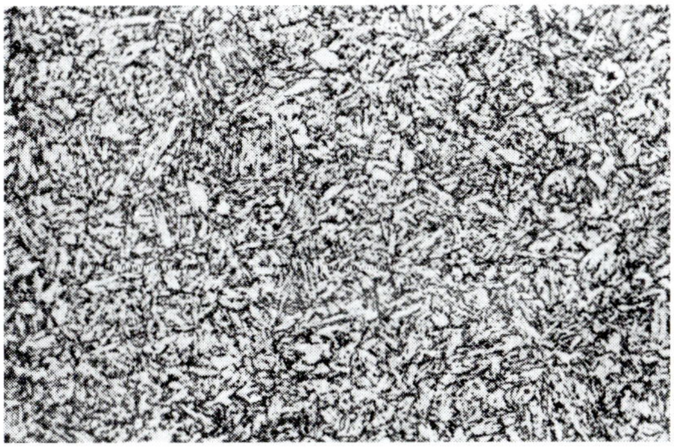

e) Anlasstemperatur 600 °C, Härte 23 HRC, fortschreitende Carbidzusammenballung

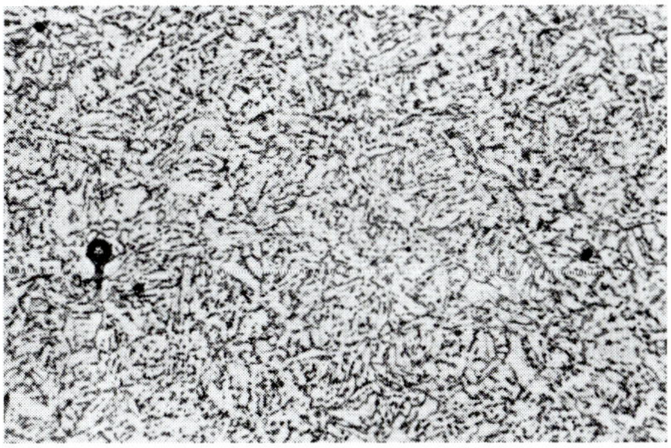

f) Anlasstemperatur 700 °C, Härte 14 HRC, fein verteilte Carbide in ferritischer Grundmasse

Bild 1 Einfluss des Anlassens bei verschiedenen Temperaturen auf das Gefüge eines gehärteten Stahls C45E

Diese Anlassschaubilder sind vom Stahllieferanten zu beziehen. Für die Vergütungsstähle (DIN EN ISO 683, Blätter 1–4: 2018) waren die Anlassschaubilder in der Vorläufernorm DIN 17200 veröffentlicht.

Aus dem Anlassschaubild eines Stahles können die Festigkeits- und Zähigkeitswerte abgelesen werden, die sich durch das Anlassen bei einer bestimmten Temperatur einstellen.

Die Anlasstemperaturen liegen üblicherweise zwischen etwa 400 und 650 °C. Lediglich Wälzlagerstähle und Werkzeugstähle werden bei Temperaturen um 200 °C angelassen, um die Härtespannungen durch eine begrenzte Kohlenstoffdiffusion etwas abzubauen, andererseits aber die für die Verschleißfestigkeit erforderliche Härte nicht zu stark abzubauen.

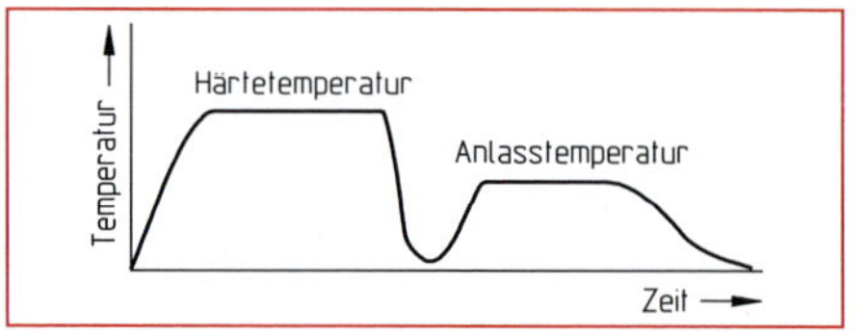

Bild 1 Temperatur-Zeit-Verlauf beim Vergüten

Der gesamte Wärmebehandlungsprozess aus den Teilschritten Härten und Anlassen wird als *Vergüten* bezeichnet. Ziel des Vergütens ist das Einstellen möglichst hoher Zähigkeitswerte bei geforderten Festigkeitswerten.

4.4.2.5 Patentieren und Zwischenstufenvergüten

Beim Patentieren und Zwischenstufenvergüten wird die Abkühlung gezielt durch das Perlit- bzw. Zwischenstufengebiet des ZTU-Schaubildes geführt. Sie gehören damit zu den Verfahren mit isothermer Umwandlung.

Patentieren

Beim Patentieren wird beim Durchlaufen des unteren Perlitbereiches (▶ Schaubild S. 84) ein besonders feinstreifiger Perlit erzeugt, der für die Kaltumformung besonders gut geeignet ist. Man unterscheidet:

- Badpatentieren durch Abschrecken in Salz- oder Bleischmelzen von 400 °C bis 500 °C und
- Luftpatentieren, bei dem bei hoher Temperatur erzeugter Austenit an Luft abgekühlt wird und so eine verzögerte Perlitumwandlung zwischen 400 °C und 500 °C eintritt.

Patentierte Stähle haben bei vergleichbarer Festigkeit deutlich höhere Zähigkeitswerte als konventionell vergütete Stähle. Sie ermöglichen daher beim Kaltumformen sehr hohe Umformgrade. Dadurch sind hohe Kaltverfestigungen bis zu Zugfestigkeiten über 4000 MPa möglich.

Das Patentieren wird besonders angewandt bei Drähten, deren Durchmesser durch Drahtziehen verkleinert werden soll. Diese werden eingesetzt für die Herstellung von Drahtseilen, kaltgewickelten Federn, Einlagen in Autoreifen und Klaviersaiten. Patentierte und kaltgewalzte Bleche werden zu Bändern zum Ausstanzen harter Scheiben und Platinen verwendet.

Zwischenstufenvergüten

Hier verläuft die Abkühlkurve durch das Zwischenstufengebiet (▶ Bild 2). Es entsteht ein extrem feines Ferrit-Zementit-Gefüge, das als Bainit bezeichnet wird. Zwischenstufenvergütete Stähle zeichnen sich gegenüber konventionell durch Härten und Anlassen vergütete Werkstoffe ebenfalls durch höhere Zähigkeitswerte bei vergleichbarer Festigkeit aus. Einsetzbar ist dieses Verfahren allerdings nur bei Bauteilen mit kleinen Querschnittsflächen, die eine gleichmäßige Wärmeabfuhr ermöglichen, damit unterschiedliche Gefügezustände in einem Bauteil vermieden werden.

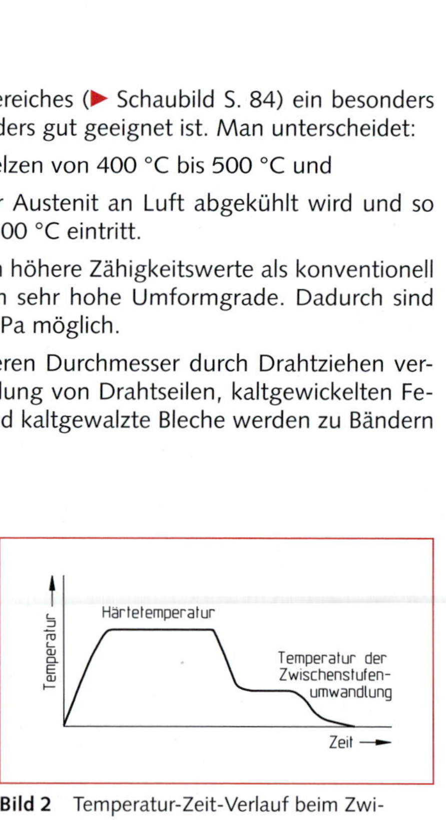

Bild 2 Temperatur-Zeit-Verlauf beim Zwischenstufenvergüten

Inzwischen werden das Patentieren und Zwischenstufenvergüten auch in Kombination mit dem Warmumformen angewendet. Dazu werden die Bauteile direkt aus der Schmiedehitze gesteuert abgekühlt, um bestimmte Gefügezustände zu erreichen. Das Verfahren ist besonders wirksam beim Einsatz so genannter mikrolegierter Stähle. Da bei diesem Verfahren sowohl das Anwärmen vor dem Härten als auch das Anwärmen auf Anlasstemperatur wegfallen, wird sehr viel Energie und auch Zeit eingespart, sodass diese Bauteile trotz des größeren Aufwandes bei der Werkstoffherstellung und auch bei der Abkühltechnik deutlich kostengünstiger sind.

Aufgaben:

1. Beschreiben Sie den Ablauf und den Zweck des Anlassens.
2. Erläutern Sie, wie ein Anlassschaubild erstellt wird.
3. Stellen Sie die Abhängigkeit der Festigkeitswerte und der Zähigkeitswerte von der Anlasstemperatur in einem Achsenkreuz dar.
4. Beschreiben Sie den Ablauf und das Ergebnis einer Vergütungsbehandlung.
5. Was versteht man unter Patentieren und Zwischenstufenvergüten?

4.4.3 Thermische und thermochemische Randschichtverfestigungsverfahren

Durch Randschichtverfestigungsverfahren („Randschichthärten") wird im Prinzip ein Verbundwerkstoff hergestellt mit einer sehr harten Randschicht, z. B. zur Aufnahme von hohen Flächenpressungen oder zum Verschleißschutz, und einem zähen Kern zur Übernahme der sonstigen mechanischen Belastungen, besonders der dynamischen oder stoßartigen Belastungen. Typische randschichtverfestigte Bauteile und Bauteilbereiche sind Zahnräder, Gewindespindeln, Lagersitze, Gleitführungen u. ä. Durch Randschichtverfestigungsverfahren kann auch die Dauerfestigkeit von Bauteilen erheblich gesteigert werden.

4.4.3.1 Randschichthärten[1] von Stählen mit 0,3 ... 0,5 % C

Nach DIN EN ISO 4885: 2018 versteht man unter Randschichthärten das auf die Randschicht eines Werkstückes beschränkte Härten an Stellen starker Beanspruchung. Hierbei wird unterschieden zwischen *Flamm- und Induktionshärten und Laserstrahlhärten.*

Flamm- und Induktionshärten

Metallurgisch gesehen besteht kein Unterschied zwischen Induktionshärtung und Flammhärtung. In beiden Fällen wird bei einem härtbaren Stahl die Oberflächenschicht ganz oder teilweise mit Brenner oder Induktionsspule erhitzt und durch Brausenabschreckung gehärtet.

Wärmeerzeugung: bei *Flammhärtung* von außen her mit Gasflammen durch Konvektion und Leitung (▶ Bild 1). Bei Induktionshärtung durch Erzeugung Joulescher Wärme im Material, also Widerstandserhitzung durch elektrischen Strom (▶ Bild 1 S. 92).

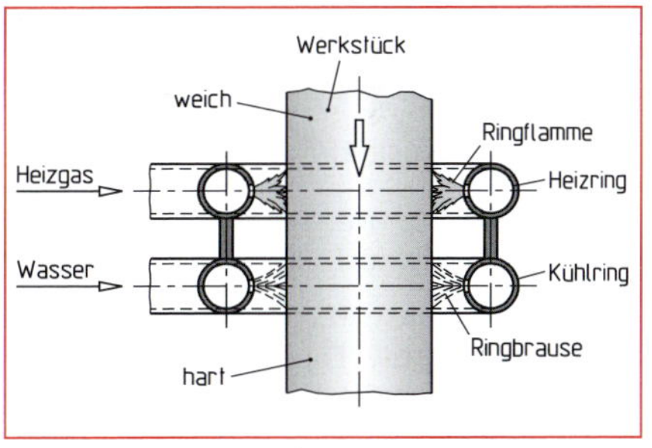

Bild 1 Schema der Flamm-Ringhärtung

[1] Härtungen nach Aufkohlen oder Carbonitrieren werden diesem Begriff nicht zugeordnet.

Beim *Induktionsverfahren* sind Hochfrequenzgenerator und Spule notwendig. Die Spule wird mit möglichst kleinem Luftspalt über die zu erhitzende Stelle geschoben. Sie besteht aus Kupferdraht oder Kupferrohr mit Wasserkühlung, wenn hohe Wärmeleistungen erforderlich sind.

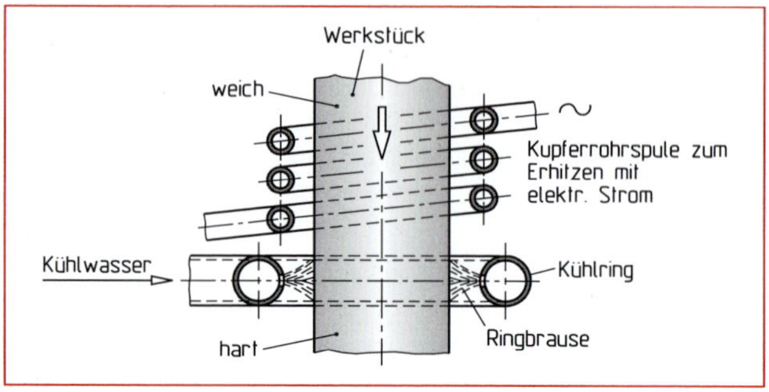

Bild 1 Schema des Induktionshärtens

Für das Flamm- und Induktionshärten werden je nach Anforderungen unlegierte Stähle nach DIN EN ISO 683-1: 2018 oder legierte Stähle nach DIN EN ISO 683-2: 2018 (▶ S. 121) verwendet. Die erreichbare Randhärte nimmt mit zunehmendem Kohlenstoffgehalt des Stahls zu (▶ S. 103). Mit steigender Härte wird allerdings die Gefahr der Härterissbildung erheblich größer.

Laserstrahlhärten

Ein Laser[1]-Lichtstrahl besteht aus parallel zueinander verlaufenden Lichtwellen gleichen Schwingungszustandes. Ein solcher Strahl kann sich über weite Entfernungen ausbreiten, ohne auseinander zu fächern und lässt sich mit optischen Linsen genau ausrichten.

Beim Laserstrahlhärten werden die Werkstückrandzonen bis zu einer einstellbaren Tiefe von einem Laserstrahl über die Austenitisierungstemperatur aufgeheizt. Mit der Weiterbewegung des Strahles wird die aufgenommene Wärmemenge in das Werkstückinnere abgeführt und dabei die zur Martensitbildung erforderliche kritische Abkühlgeschwindigkeit überschritten. Dadurch wird ein besonders gleichmäßiges, feinkörniges und damit qualitativ hochwertiges Martensitgefüge erzeugt.

Vorteile des Laserstrahlhärtens:

Mit keinem herkömmlichen Verfahren ist es möglich, die Werkstoffeigenschaften örtlich so begrenzt zu beeinflussen wie mit dem Laserstrahl. Durch die schnellen Aufheiz- und Abkühlvorgänge bei der Laserhärtung weist der Übergang vom Martensit- zum Grundgefüge keine Zwischenstufen auf. Dieses Härteverfahren ist sehr verzugsarm. Abschreckbäder entfallen.

4.4.3.2 Einsatzhärten

Einsatzhärten nennt man nach DIN EN ISO 4885: 2018 das Aufkohlen oder Carbonitrieren von Werkstücken mit darauf folgender Wärmebehandlung, die zur Härtung führt.

Im Allgemeinen wird bis zu einer Tiefe von 1,5 mm und einem Randkohlenstoffgehalt von 0,7 % bis 0,9 % aufgekohlt. Die Aufkohlungstiefe und die zu verwendende Stahlsorte sind von der Form und Größe des Werkstückes und von den Anforderungen an das Werkstück abhängig. Mit Rücksicht auf ihre Zähigkeit erfordern z. B. dünne Werkstücke einen nicht aufgekohlten Kern, während großvolumige Werkstücke Stähle mit höherer Härtbarkeit erfordern.

Unlegierte Einsatzstähle werden in Wasser gehärtet und nur für kleine Werkstücke mit geringen Anforderungen an ihre Festigkeit verwendet. Legierte Einsatzstähle werden in Öl oder im Warmbad gehärtet und für Werkstücke verwendet, an die hinsichtlich ihrer Festigkeitseigenschaften höhere Anforderungen gestellt werden.

Das Aufkohlen erfolgt beim Einsetzen durch mehrstündiges Glühen bei 900 °C bis 950 °C in kohlenstoffabgebenden Pulvern, Pasten, Salzbädern oder Gasen. Dabei dringen Kohlenstoffatome entlang den Korngrenzen in die Randschicht ein. Die Kohlungswirkung ist abhängig:

[1] Abk. für **L**ight **a**mplification by **s**timulated **e**mission of **r**adiation = Lichtverstärkung durch stimulierte Emission von Strahlung, sind Geräte, in denen Atome dazu angeregt werden, sichtbares Licht in sehr regelmäßiger Form auszusenden.

von der Dicke des Werkstückes, dünne Stücke kohlen schneller auf als dicke;

von der Güte des Einsatzmittels;

vom Diffusionsverhalten des Stahls, grobkörnige Stähle kohlen schneller auf als feinkörnige;

von der Umwälzung der Gase bei Gasaufkohlung;

von der Glühtemperatur, mit steigender Temperatur nimmt die Aufkohlungsgeschwindigkeit zu.

Stellen, die weich bleiben sollen, werden vor dem Aufkohlen mit Pasten oder durch Verkupfern abgedeckt oder nach dem Aufkohlen abgehoben, z. B. durch Drehen/Fräsen.

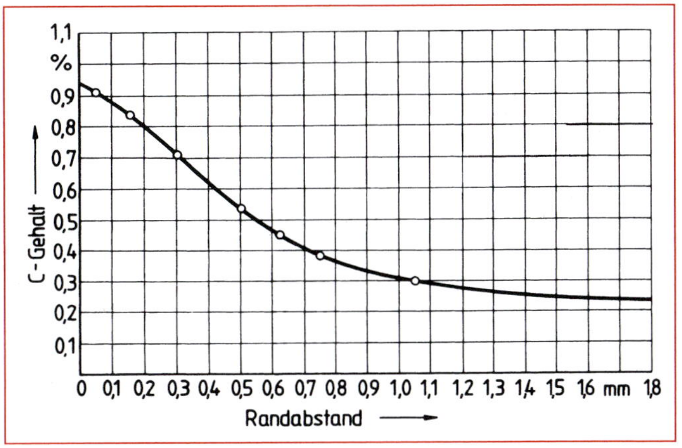

Bild 1 Verteilung des Kohlenstoffs in der aufgekohlten Randschicht
Werkstück aus 25CrMo4 in mild wirkendem Pulver 4,5 h bei 910 °C aufgekohlt

Kennzeichen für die Behandlungsfolgen

t_K = Ac_3 Kern; t_R = Ac_3 Rand; a = Einsetzen; bv = Verschlagenlassen; b1a = Wasser; b2 = Einsatzkasten; b3 = Luft; b1c = Salzbad; c1 = Härten in Wasser; d = Zwischenglühen; e1 = Öl/Wasser; f = Anlassen.

Behandlungsfolgen

Es gibt mehrere Möglichkeiten für die Folge von Aufkohlen und Härtungsbehandlungen. Den unterschiedlichen Erfordernissen entsprechend werden folgende Behandlungsfolgen für das Einsatzhärten angewendet:

Direkthärtung

Abschrecken eines aufgekohlten Werkstückes unmittelbar nach dem Aufkohlen, meist nach Abkühlen auf eine für das Härten der aufgekohlten Schicht geeignete Temperatur.

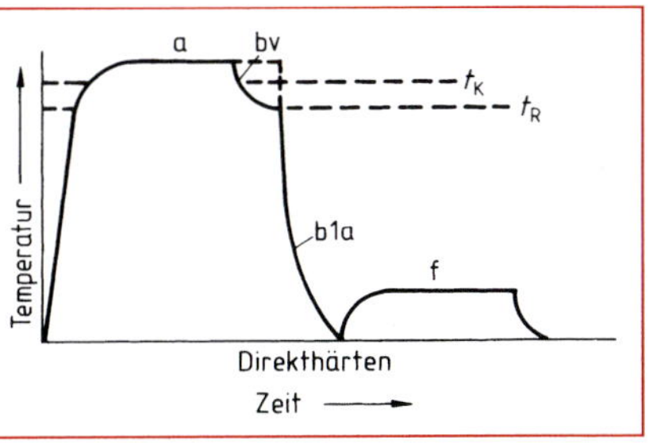

Die immer mehr zur Anwendung kommende *Direkthärtung* setzt Einsatzstähle mit bestimmten Eigenschaften voraus. Es sind dies: Feinkorngüte, schwache Überkohlungsneigung, geringe Neigung zur Restaustenitbildung. Die höher legierten Cr-Ni-Stähle sind hierzu nicht geeignet.

Die Härtung kann direkt aus der Aufkohlungshitze erfolgen. Sie wird aber vorwiegend von niedrigeren Temperaturen aus vorgenommen.

Verfahrenstechnisch ist auf den geringeren Härteverzug hinzuweisen, aber auch auf den Vorteil, dass eine solche Anlage direkt in eine Fertigungsstraße eingeplant werden kann. Nachteile sind die begrenzte Verwendbarkeit der Einsatzstähle und die hohen Anlagekosten.

Qualitativ ist auf die etwas schlechtere Beschaffenheit der Randzone, die eine Minderung der Dauerfestigkeit zur Folge haben kann, hinzuweisen.

Der Vorteil dieses Verfahrens ist geringer Verzug. Wegen seiner Automatisierbarkeit ist es für moderne Fertigung geeignet.

Einfachhärtung

Einmaliges Härten nach dem Aufkohlen mit Abkühlung auf Raumtemperatur nach dem Aufkohlen

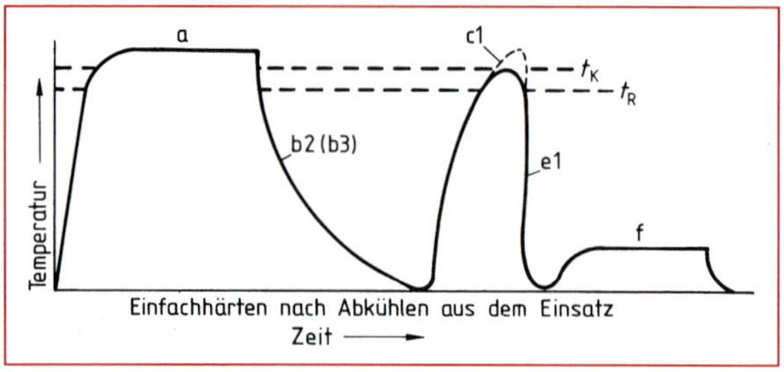

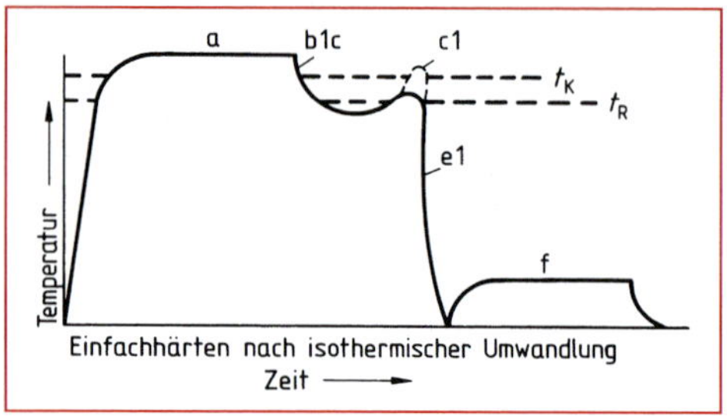

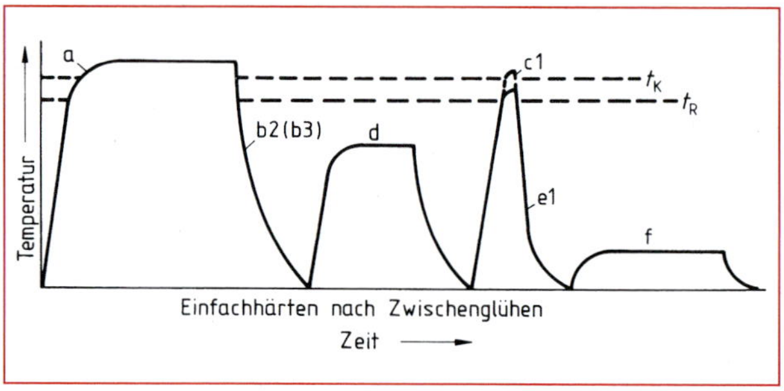

Nach dem Aufkohlen erfolgt das Abkühlen entweder im Aufkohlungskasten oder im Ofen. Danach wird durchgreifend auf Härtetemperatur erwärmt und anschließend abgeschreckt.

Die Wahl der Härtetemperatur ist ein Kompromiss; sie ist für den Rand etwas zu hoch.

Durch Einfachhärten entsteht meist ein besonders feinkörniges martensitisches Gefüge. Es wird daher häufig bei hochwertigen Werkstücken angewendet.

In Sonderfällen wird Einfachhärtung nach Zwischenglühung/isothermischer Umwandlung angewendet, z. B. in automatischen Härteanlagen.

Doppelhärtung

Zweimaliges Härten eines aufgekohlten Werkstückes. Das erste Abschrecken wird, meist unmittelbar nach dem Aufkohlen, von der Härtetemperatur des Kernwerkstoffes, das zweite von der Härtetemperatur des aufgekohlten Randes vorgenommen.

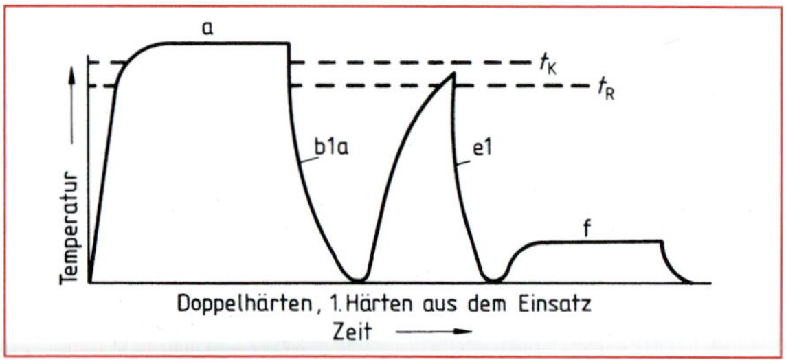

Der Nachteil dieses Verfahrens ist großer Verzug. Daher ist es für moderne Fertigung ungeeignet.

Wärmebehandlungseinrichtungen

Gasaufkohlung

Die Gasaufkohlung erfolgt in beheizten Retorten/Kammern, die mit Aufkohlungsgas begast werden. Als Aufkohlungsgase werden Gasmischungen verwendet, die als kohlenstoffabgebende Mittel Kohlenmonoxid, Methan und Propan enthalten. Diese sind mit sog. Trägergas aus Stickstoff und Wasserstoff vermischt, welches zur Einstellung der gewünschten Konzentration dient.

Das Aufkohlungsgas kann auch durch Verdampfen von flüssigen Aufkohlungsmitteln erzeugt werden.

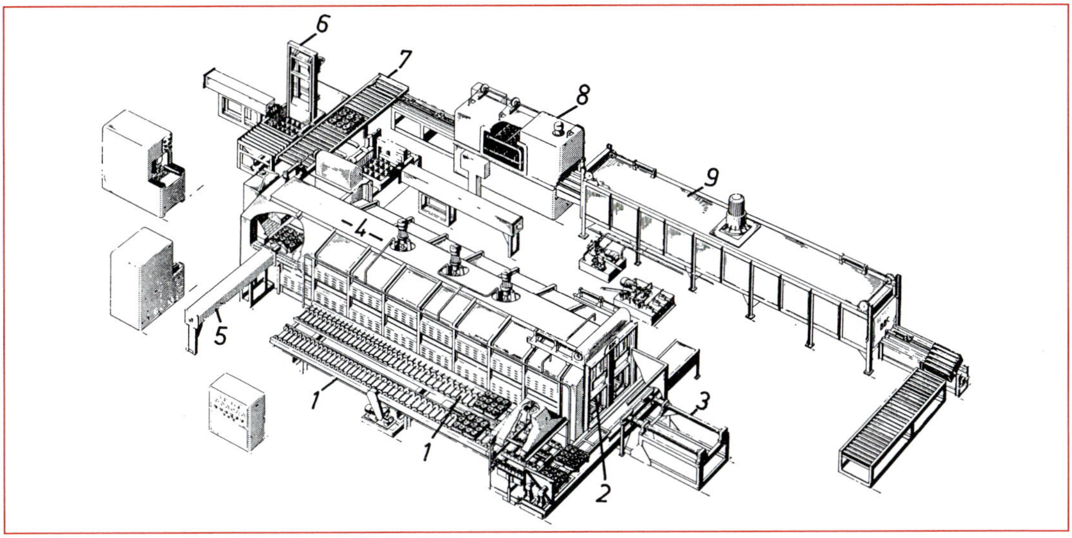

Die zu härtenden Werkstücke werden auf Roste gelegt, auf denen sie automatisch die Härteanlage passieren. Transportbänder (1) bringen die Roste mit den Werkstücken vor die Ofentüren (2); eine hydraulische Presse (3) schiebt etwa alle 20 Min. zwei nebeneinander liegende Roste gleichzeitig in den Ofen (4).
In den verschiedenen Zonen des Ofens kann die Temperatur unterschiedlich eingestellt werden, sodass die Werkstücke verschiedene Temperaturbereiche durchlaufen: Vorwärm-, Aufkohlungs- und Härtetemperatur. Die hydraulische Presse (5) schiebt die Werkstücke aus dem Ofen in ein Warmbad mit einer Temperatur von etwa 200 °C, der Elevator (6) befördert sie vom Bad aus auf das Transportband (7). Die Werkstücke werden in der Waschanlage (8) vom Salz befreit, im Ofen (9) angelassen.

Bild 1 Automatische Direkthärteanlage für Gasaufkohlung

Die für *Serienfertigung*, d. h. für gleichartige Stücke geeignete, *automatische Direkthärtung* ist darauf abgestellt, Aufkohlung und Härtung ohne Zwischenabkühlung oder Zwischenglühung in einem Arbeitsgang zu erreichen.

Aufkohlung im Salzbad

Bei der Aufkohlung im Salzbad werden die Werkstücke in Kohlenstoff (und Stickstoff) abgebenden Salzschmelzen, z. B. Natriumcyanid, eingetaucht.

Die Salzbäder sind hochgiftig. Entsprechende Vorsichtsmaßnahmen sind unbedingt einzuhalten.

Die besonderen Vorteile dieses Verfahrens sind:

Schnelle Aufkohlung infolge inniger Verbindung des Werkstückes mit dem flüssigen Einsatzmittel.

Partielle Aufkohlung durch teilweises Eintauchen der Werkstücke; das Abdecken der Stellen, die weich bleiben sollen, entfällt. Ein in das Bad gehängtes Probestück kann ständig kontrolliert werden, ohne dass der Aufkohlungsvorgang unterbrochen werden muss. Wegen der guten Kontrollmöglichkeit ist dieses Verfahren besonders für geringere Einsatztiefe bei dünnen Stücken geeignet.

Pulveraufkohlung

Die von Öl und Fett befreiten Werkstücke werden mit gebrauchsfertig gekauftem Einsatzpulver in Stahlblechkästen eingerüttelt. Die Deckel der Einsatzkästen werden verschlossen, damit keine Einsatzgase entweichen können. Die Kästen mit Inhalt werden im Ofen geglüht. Die Temperatur des aufgeheizten Ofens sinkt entsprechend der Anzahl der gleichzeitig in den Ofen eingebrachten kalten Kästen. Volle größere Öfen brauchen etwa 3 bis 4 Stunden zum Aufheizen der Werkstücke auf Aufkohlungstemperatur.

Wegen seiner Umständlichkeit ist dieses Aufkohlungsverfahren für Serienfertigung weniger geeignet. Es kommt hauptsächlich für *Einzelfertigung* oder für das Aufkohlen *ungleichartiger Stücke* in Betracht.

Pastenaufkohlung

Die aufzukohlenden Stellen der Werkstücke werden mit Aufkohlpaste bestrichen. Danach werden die Werkstücke auf Aufkohlungstemperatur erwärmt.

Härteeinrichtungen

Die aufgekohlten und auf Härtetemperatur erwärmten Werkstücke werden je nach Stahlsorte in Wasser- oder Ölbädern abgeschreckt. Ölbäder werden auf 50 °C bis 125 °C vorgewärmt. Bei besonders verzugsanfälligen Werkstücken wird die Warmbadhärtung durchgeführt.

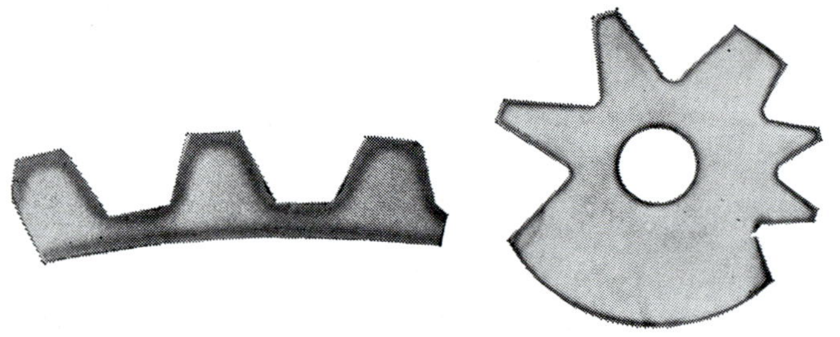

Bild 1 Werkstücke mit unterschiedlichen Einsatztiefen (= dunkle Ränder)

Anlassen

In den meisten Fällen werden einsatzgehärtete Teile zwischen 160 °C … 180 °C angelassen (entspannt). Dabei verliert das Werkstück zugunsten geringerer Eigenspannungen etwas an Härte. Bild 2 zeigt den Vorteil des Einsatzhärtens bei Zahnrädern.

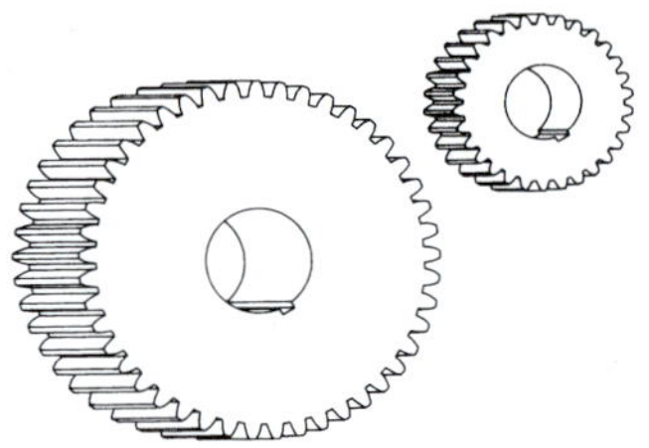

Bild 2 Größenvergleich eines einsatzgehärteten mit einem weichen Zahnrad bei gleicher Belastbarkeit und Lebensdauer
Kleines Rad: eingesetzt, gehärtet, Masse (Gewicht) 1,5 kg
Großes Rad: nicht eingesetzt und nicht gehärtet, Masse (Gewicht) 15 kg

4.4.3.3 Nitrieren/Aufsticken

Nitrieren/Aufsticken nennt man die Anreicherung der Oberflächenzonen von Stählen mit Stickstoff durch Diffusion, ► S. 56. Die Durchführung erfolgt bei Temperaturen von 500 °C bis 580 °C in Stickstoff abgebenden Gasen, Salzen oder Pulvern.

Der in den Stahl eindiffundierende Stickstoff bewirkt die Entstehung einer aus zwei Zonen bestehenden Nitrierschicht. Die Verbindungszone, die sog. weiße Schicht, besteht aus chemischen Verbindungen des Stickstoffs mit Eisen/Legierungselementen. In der sog. Diffusionszone entstehen stickstoffhaltige Mischkristalle. Je nach Stahllegierung/Abkühlungsgeschwindigkeit der Werkstücke bleibt der Stickstoff in der Grundmasse gelöst oder scheidet in Form von Nitriden aus.

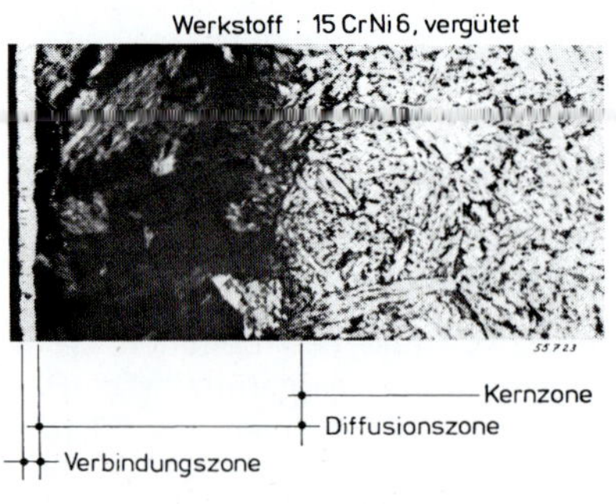

Bild 3 Aufbau der Nitrierschicht

Nitrieren von Stählen mit Nitridbildnerzusätzen

Gasnitrieren. Fertig bearbeitete Werkstücke aus Stählen mit nitridbildenden Legierungszusätzen, z. B. Aluminium, Chrom und Vanadium, werden in einem elektrisch beheizten Ofen bei 500 °C bis 550 °C von einem Ammoniakgasstrom umspült. Die Oberfläche der Werkstücke muss metallisch blank und fettfrei sein. Die Werkstücke werden vor dem Nitrieren vergütet.

Vorteile des Gasnitrierens:

Hohe und anlassbeständige Oberflächenhärte ohne Abschrecken;

die Nitrierungstemperatur liegt unter den üblichen Anlasstemperaturen, daher auch bei vergüteten Stählen einsetzbar;

kein Abschrecken erforderlich, daher verzugsarme Werkstücke;

hohe und anlassbeständige Oberflächenhärte (höher als beim Einsatzhärten);

erhöhter Rostwiderstand.

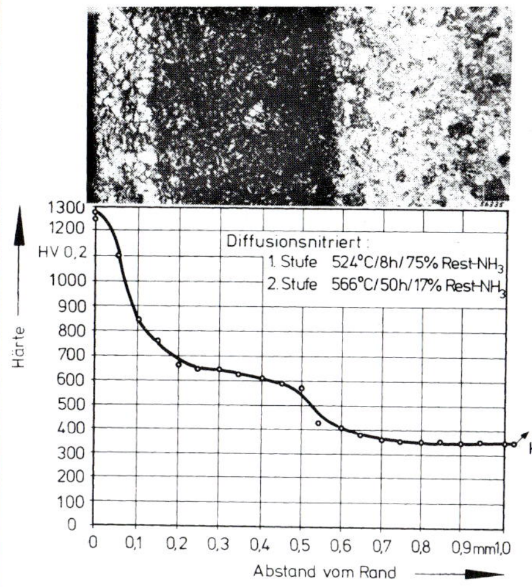

Bild 1 Härteverlauf durch die Nitrierschicht eines aluminiumlegierten Nitrierstahls

Nachteile des Gasnitrierens:

Glühdauer bis zu drei Tagen;

die Verbindungszone, weiße Schicht in ▶ Bild 3 S. 96, ist bei hochchromlegierten Stählen sehr hart und spröde und wird daher meist abgeschliffen.

Die *Bedeutung* des Gasnitrierens von Stählen mit Nitridbildnerzusätzen ergibt sich aus einem Vergleich mit dem Einsetzen (▶ Bild 2). Die Bildungs- und Zerfalltemperatur der durch Gasnitrieren gehärteten Schicht gestattet Betriebstemperaturen der nitrierten Teile von annähernd 500 °C, ohne dass die Oberflächenhärte abnimmt. Vom Härten der reinen Kohlenstoffstähle her ist bekannt, dass der durch Einsatzhärten erzeugte Martensit bereits bei Erwärmung auf 150 °C an Härte verliert. Gasnitriert wird deshalb im Motoren- und Getriebebau. Während sich die bei 900 °C eingesetzten Maschinenteile verziehen und nachgearbeitet werden müssen, sind die bei nur 500 °C gasnitrierten Teile verzugsarm und erfordern häufig keine Nacharbeit. Die Diffusionszone (Schichttiefe) beträgt zwischen 0,2 und 1,0 mm.

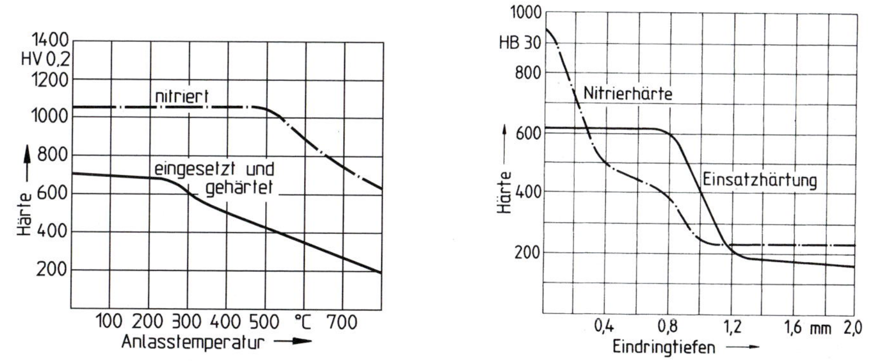

Bild 2 Eindringtiefe und Härte beim Gasnitrieren und Einsetzen mit nachfolgenden Härten

Gasnitrieren ergibt dünne, harte Oberflächen, die bei Betriebstemperaturen bis zu 500 °C beständig sind; Einsatzhärten ergibt dickere, weniger harte Oberflächen, die bis etwa 150 °C unverändert hart bleiben.

Der größere Aufwand an Legierungszusätzen ist bei diesen Stählen notwendig, um die vor der Nitrierbehandlung (500 °C) vergüteten Teile in ihrer Grundfestigkeit nicht anzulassen. Die Zerspanungsbedingungen sind gegenüber den Einsatzstählen wegen der höheren Grund-C-Gehalte und höheren Legierungsanteile schlechter, ganz abgesehen davon, dass die Nitrierstähle zumeist im vergüteten Zustand bearbeitet werden.

Nitrieren von Stählen ohne Nitridbildnerzusätze

Das Nitrieren unlegierter und niedriglegierter Stähle ohne Nitridbildnerzusätze wird heute meist mit Stickstoff und Kohlenstoff abgebenden Mitteln durchgeführt.

Durch die Eindiffusion von Stickstoff und Kohlenstoff entsteht eine Verbindungszone/weiße Schicht, ▶ Bild 1, aus zähen Carbonitriden mit hoher Beständigkeit bei reibender Beanspruchung, vor allem bei Wälzpressung.

Die wichtigsten Verfahren sind Bad-, Pulver- und ZF-Gasnitrieren.

Badnitrieren. Beim Badnitrieren ist das Nitriermittel eine Salzschmelze, die Natriumcyanid und Kaliumcyanat enthält. Für die Durchführung werden außenbeheizte Öfen verwendet. Um den die Nitrierwirkung beeinträchtigenden Eisengehalt der Salzschmelze niedrig zu halten, werden die Salztiegel aus Titanblech oder mit Titanblech plattiertem Stahlblech hergestellt.

Die Werkstücke werden in die **hochgiftige** Salzschmelze eingehängt und nach dem Behandlungsprozess sorgfältig gewaschen. **Das Waschwasser muss entgiftet und die verbrauchten Salze müssen in ungiftige Stoffe umgewandelt werden.**

Die Verweilzeit der Werkstücke in einem Salzbad von 570 °C beträgt im Normalfalle 60 bis 90 Minuten.

Anwendung: wenn kurze Behandlungszeit und nachgiebige und doch verschleißfeste Oberflächen billiger Stähle wichtiger sind als die in mehrtägiger Behandlungsdauer erzeugte extreme Oberflächenhärte der teuren Nitrierstähle.

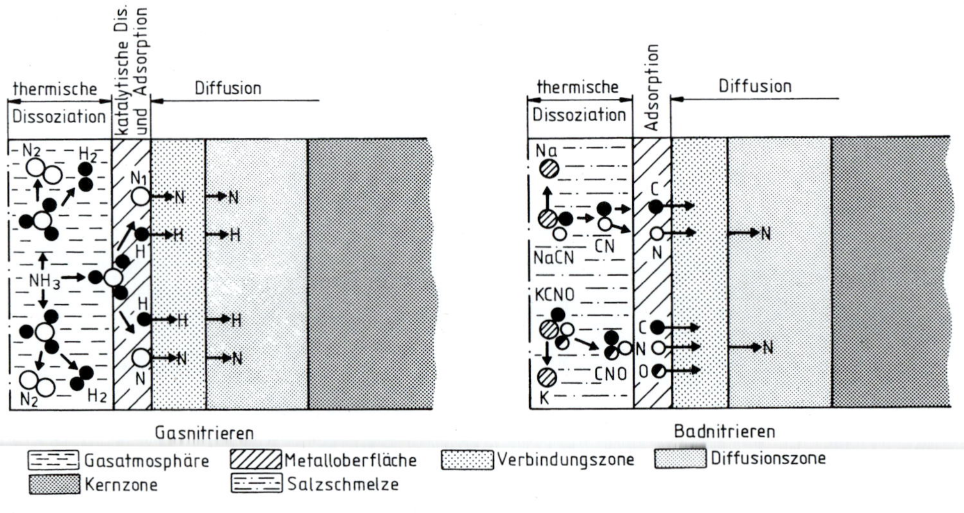

Bild 1 Nitriervorgänge

Das Gasnitrieren mit Ammoniak verläuft so, dass beim Erwärmen der Werkstücke das Ammoniak in der Ammoniakatmosphäre zum Teil thermisch aufgespalten wird, der Rest an den heißen Werkstückoberflächen (Eisen = Katalysator) unter Abgabe atomaren Stickstoffs zerfällt. Der katalytisch abgespaltene Stickstoff ist für die Nitrierung ausschlaggebend.

Badnitrieren, Tenifer-Verfahren, in Natriumcyanid und Kaliumcyanat enthaltenden Salzschmelzen: Die Verbindungen NaCN und KCNO geben N und C an die Werkstückoberfläche ab, sodass die sich bildenden Verbindungsschichten aus Nitriden und Carbonitriden bestehen. Die Carbonitride bewirken erhöhte Zähigkeit der Verbindungsschichten.

Carbonitrieren

Das Carbonitrieren ist eine Vereinigung von *Aufkohlen und Nitrieren*. Es erfolgt in stickstoff- und kohlenstoffhaltigen Gasen oder Bädern. Die Werkstoffoberfläche ist nach dem Carbonitrieren ebenso hart wie nach dem Einsatzhärten. Der Verzug ist größer als beim Nitrieren und kleiner als beim Einsatzhärten.

Pulvernitrieren. Die Werkstücke werden in Stahlkästen gelegt. Dann werden die Stahlkästen mit pulverförmigem Nitriermittel gefüllt und luftdicht verschlossen. Die Kästen mit Inhalt werden in beliebigen Öfen vier Stunden und mehr geglüht.

Anwendung: In Betrieben, die nur wenige Teile nitrieren müssen.

Gasnitrieren. Bei diesem Verfahren werden das Stickstoff abgebende Ammoniakgas und das Kohlenstoff abgebende Methylamingas als Nitriermittel verwendet. Das Aufsticken und das Aufkohlen erfolgen getrennt. Die Stickstoff-/Kohlenstoffzufuhr während des Nitriervorganges, d. h. die Ausbildung der Carbonitride in der Verbindungszone, ▶ Bild 1 S. 98, wird automatisch geregelt.

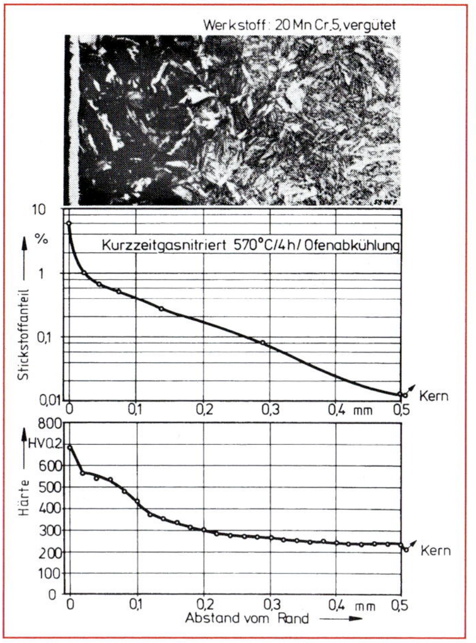

Bild 1 Stickstoff- und Härteverlauf durch die Nitrierschicht eines niedriglegierten Einsatzstahls

Zur Durchführung werden die Werkstücke in eine Retorte (Blechgefäß) eingehängt. Die gefüllte Retorte wird dem Ofen zugeführt. Die Verweilzeit der Werkstücke im Ofen beträgt 2 bis 3 Stunden, die Nitriertemperatur 570 °C.

Die Qualitäten der durch Badnitrieren und Gasnitrieren erzeugten Nitrierschichten entsprechen sich ebenso wie die Leistungsfähigkeit beider Verfahren.

Die Nachteile des Badnitrierens, große Salzbäder für sperrige Werkstücke und **Unschädlichmachung der giftigen Rückstände, werden beim Gasnitrieren vermieden**.

Aufgaben zur Randschichthärtung:

1. Nennen Sie den Zweck einer Randschichthärtung und drei dazu benutzte Verfahren.
2. Beschreiben Sie den Ablauf einer Einsatzhärtung eines Stahls.
3. Erläutern Sie die Begriffe Direkthärtung, Einfachhärtung bzw. Doppelhärtung.
4. Erklären Sie den Ablauf einer Nitrierbehandlung eines Stahls und die Ursachen der Randfestigkeitssteigerung, die dadurch erreicht wird.
5. Bei welchen Stählen ist das Einsatzhärten sinnvoll, bei welchen das Nitrieren? Erläutern Sie Ihre Aussagen.

4.4.4 Aushärten (Ausscheidungshärten) und thermomechanische Behandlung

Alle Maßnahmen zur Härtung/Verfestigung der Stähle beruhen auf der Erzeugung von Hindernissen, welche die Wanderung der Versetzungen erschweren. Die Hindernisse können wie die Gitterbaufehler geordnet werden. Da die Wanderung der Versetzungen erst beim Beginn der plastischen Verformung einsetzt, führen die erzeugten Hindernisse in erster Linie zur Erhöhung der Streckgrenzen.

Die bisher üblichen (konventionellen) Verfestigungsmechanismen, z. B. zunehmender Kohlenstoffgehalt, Mischkristallverfestigung durch Legierungselemente, Vergüten und Kaltverformen, sind mit einer Verringerung der Zähigkeit, Kaltumformbarkeit und Schweißeignung verknüpft. Diese Nachteile können in den bisher üblichen Stahlanwendungsgebieten in Kauf genommen werden.

Die Möglichkeit, durch Verringerung des Kohlenstoffgehaltes, kombinierte Anwendung von verschieden wirkenden Mikrolegierungselementen und thermomechanischer Behandlung hohe Festigkeit mit gleichzeitig guter Kaltumformbarkeit, Schweißbarkeit und Sprödbruchsicherheit zu erzielen, ist schon länger bekannt. Heute wird sie durch die auf ► S. 66 beschriebene Pfannenmetallurgie, thermomechanische Behandlung und Aushärtung verwirklicht.

Aushärtbar sind Stähle und Nichteisenmetalle, die bei höherer Temperatur homogene Mischkristalle bilden und im festen Zustand eine mit abnehmender Temperatur abnehmende Löslichkeit für bestimmte Legierungselemente haben (► S. 49). Diese Legierungen werden im Temperaturbereich der homogenen Mischkristalle geglüht und anschließend abgeschreckt. Dadurch entstehen übersättigte Mischkristalle, aus denen bei Raumtemperatur oder leicht erhöhten Temperaturen die Legierungselemente ausdiffundieren und mit Atomen des Grundmetalls oder anderen Legierungselementen im Gefüge intermediäre Phasen (z. B. Niobcarbonitride bei mikrolegierten Niob-Stickstoff-legierten Stählen oder Mg_2Si bei Aluminium-Magnesium-Silizium-Legierungen) oder intermetallische Verbindungen (Al_2Cu bei Aluminium-Kupfer-Legierungen) bilden. Diese intermediären Phasen und intermetallischen Verbindungen sind aufgrund ihres Aufbaues selbst sehr hart und stellen Hindernisse für das Wandern der Versetzungen dar. Sie behindern die plastische Verformung und erhöhen dadurch besonders die Streckgrenze und vermindern die plastische Verformbarkeit. Die aushärtende Wirkung ist besonders groß, wenn die Teilchen sehr klein sind (im Lichtmikroskop nicht mehr zu erkennen) und möglichst fein im Gefüge verteilt sind.

Die Aushärtung ist bei den Nichteisenmetallen, die nicht umwandlungshärtbar sind, von größter technischer Bedeutung.

Arbeitsschritte beim Aushärten:

1. **Lösungsglühen:** Durch Diffusion werden die Legierungselemente gleichmäßig im Kristallgitter verteilt (homogene Mischkristalle).
2. **Abschrecken:** Die Ausdiffusion der Legierungselemente wird verhindert, infolge der abnehmenden Löslichkeit bilden sich bei Raumtemperatur übersättigte Mischkristalle.
3. **Auslagern:** Durch Ausdiffusion aus den übersättigten Mischkristallen bilden sich je nach Legierung intermediäre Phasen oder intermetallische Verbindungen.

Auslagern bei Raumtemperatur = **Kaltauslagern**, bei höherer Temperatur = **Warmauslagern**.

Andere Beispiele für Ausscheidungshärten sind:

Aushärten durch Sondercarbide beim Anlassen von Warmarbeits- und Schnellarbeitsstählen;

Aushärten austenitischer Stähle und Legierungen durch intermetallische Phasen;

hochwarmfeste Legierungen.

Aluminiumlegierungen, ► S. 152 ff.

Nickel- und Eisenlegierungen, die als hitzebeständige Werkstoffe verwendet werden, z. B. NiCr15Co und NiFeCr12Mo.

Thermomechanische Behandlung nennt man die Verbindung von Umformvorgängen mit Wärmebehandlungen. Dabei werden die Verfestigungsmechanismen

Kornverfeinerung, Aushärtung und Erhöhung der Versetzungsdichte

ausgenutzt. Bei der Durchführung der thermomechanischen Behandlung treten diese Mechanismen in Kombination miteinander auf, sodass die Vorteile der einen die Nachteile der anderen überdecken.

Thermomechanische Behandlung von warmgewalzten Feinkornstählen zum Kaltumformen

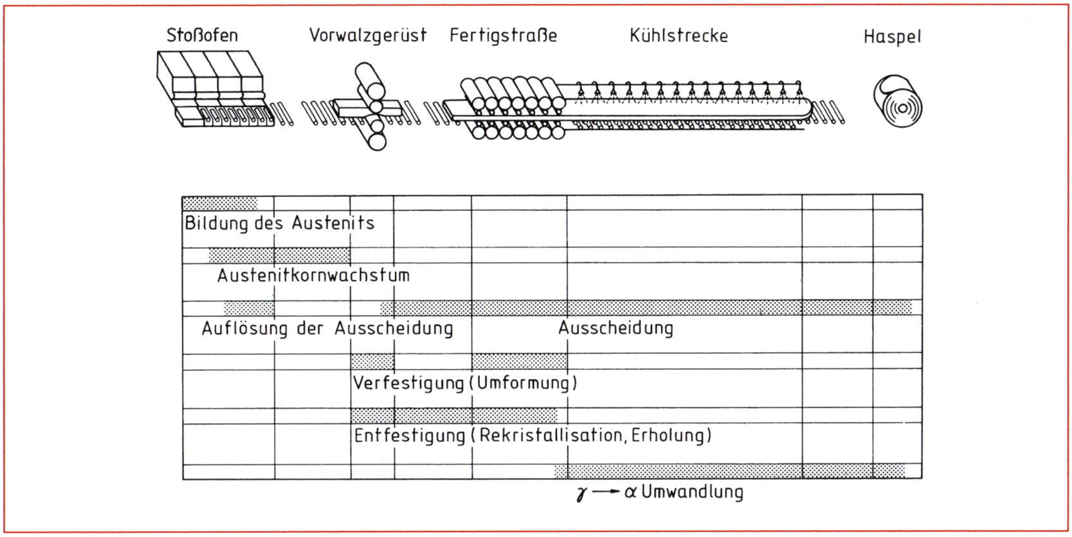

Bild 1 Thermomechanische Behandlung von warmgewalzten Feinkornstählen zum Kaltumformen, schematisch

Der erste Behandlungsschritt besteht im Lösungsglühen des in Form von Vorbrammen vorliegenden Walzgutes in einem Stoßofen. Die Lösungsglüh-/Stoßofentemperatur bestimmt die Menge der gelösten Mikrolegierungsbestandteile und die Austenitkorngröße. Das auf hohe Temperatur gebrachte Walzgut wird zunächst in den Vorgerüsten zu Vorband gewalzt. Dieses Vorwalzen ist für die mechanischen Eigenschaften des Vorbandes ohne Bedeutung und in ▶ Bild 1 nicht eingezeichnet.

In der Fertigstaffel wird das Vorband in schneller Folge stark verformt und durch eine hohe Versetzungsdichte verfestigt. Dabei wird durch die Mikrolegierungselemente Vanadium und Niob der Beginn der Rekristallisation zu längeren Zeiten verschoben, sodass ein gestrecktes Austenitkorn entsteht und in den letzten Fertiggerüsten die $\gamma \rightarrow \alpha$-Umwandlung, die Rekristallisation und die Ausscheidung von Niobcarbonitriden gleichzeitig ablaufen. Durch die Gleichzeitigkeit dieser Vorgänge entsteht feinkörniger Ferrit mit hoher Versetzungsdichte, die aushärtungsfähige Carbonitridteilchen enthält.

In der Kühlstrecke erfolgt die Einstellung der Aushärtungstemperatur. Die verzögerte Abkühlung im Coil bewirkt die Ausscheidung feiner Carbonitridteilchen und entspricht einer Aushärtungsbehandlung.

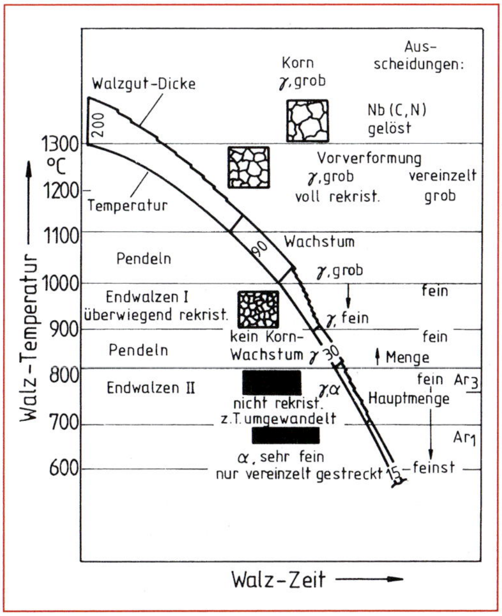

Bild 2 Zusammenhang zwischen Temperatur, Umformung und Verfestigungsmechanismen beim kontrollierten Walzen bzw. bei der thermomechanischen Behandlung von nioblegiertem Stahl nach Bild 1
Walzgutdicke: Anfang 200 mm, Ende 15 mm.
Pendeln: Das Walzgut wird so lange gehalten, bis die für das Endwalzen (I von 90 mm auf 30 mm Dicke, II von 30 mm auf 15 mm Dicke) erforderlichen Temperaturen erreicht sind.
Aushärtung: Unterhalb 700 °C Beginn des Aufwickelns, d. h. der verzögerten Abkühlung im Coil (Rolle). Maximale Aushärtung im Bereich von 600 °C … 630 °C.
Ar1 ist i. allg. der sich bei der eutektoiden Reaktion ergebende Haltepunkt.

Durch thermomechanische Behandlung von aushärtbaren mikrolegierten Stählen führen Aushärtung und Erhöhung der Versetzungsdichte zur Erhöhung der Streckgrenzen. Die dadurch bedingte Verminderung ihrer Zähigkeit/Sprödbruchsicherheit wird durch starke Kornverfeinerung aufgehoben.

Aushärtung von Karosserien aus Bake Hardening Stahl

Bei diesem Stahl wird die Übersättigung des im Ferrit gelösten Kohlenstoffs so eingestellt, dass nur durch die Art der Wärmebehandlung beim Lackeinbrennen eine Verfestigung des Stahles hervorgerufen wird, nicht bei üblicher Lagerung bei Raumtemperatur durch Alterung, ▶ S. 108. Bake Hardening bedeutet also eine Festigkeitssteigerung durch im Ferrit gelöste Kohlenstoffatome, die in übersättigter Lösung an die Versetzungen diffundieren und diese blockieren, ▶ S. 34.

Die Martensitaushärtung ist ein Sonderfall der thermomechanischen Behandlungen zur Erzielung von Streckgrenzwerten bis zu 4000 MPa. Bei den kohlenstoffarmen (C ≈ 0,05 %) martensitaushärtenden Stählen wird durch Ni-Gehalte von 18 % erreicht, dass sich bei der Abkühlung von etwa 800 °C bei Temperaturen um 200 °C beginnend ein weicher Martensit aus dem Austenit bildet. Beim Wiedererwärmen erfolgt die Rückumwandlung in Austenit erst oberhalb 500 °C. Die Löslichkeit des Austenits für Cobalt, Molybdaen, Titan u. a. Legierungselementen ist wesentlich größer als die des Martensits. Bei der Martensitumwandlung von 200 °C können sich die Legierungselemente aus dem Martensit jedoch nicht mehr ausscheiden, da die Anzahl der Leerstellen bei dieser Temperatur zu gering ist. Wird ein solcher übersättigter Martensit erwärmt, so treten bei 450 ... 500 °C Vorausscheidungen auf, die eine beträchtliche Aushärtung bewirken.

Verfahrensfolge in der Praxis:

1. Lösungsglühen und Abkühlen zur Martensitbildung. Die dabei erreichte Härte setzt sich zusammen aus Mischkristallhärtung und Versetzungsfestigung durch martensitische Umwandlung.
2. Kaltverformung. Dadurch tritt eine Härtesteigerung durch Versetzungsverfestigung ein.
3. Auslagern. Dabei erfolgt eine beträchtliche Härtesteigerung durch Teilchenhärtung.

Aufgaben zur Ausscheidungshärtung:

1. Erklären Sie den Begriff Ausscheidungshärten oder Aushärten.
2. Welche Legierungen, und zwar nicht nur Stähle, sind grundsätzlich ausscheidungshärtbar? (▶ siehe auch Kap. 3.2.4)
3. Beschreiben Sie die drei Arbeitsschritte einer Ausscheidungshärtung.
4. Was versteht man unter dem Begriff thermomechanische Behandlung?
5. Nennen Sie die Verfestigungsmechanismen, die bei der thermomechanischen Behandlung ausgenutzt werden.
6. Welche Eigenschaften erhalten mikrolegierte Stähle durch eine thermomechanische Behandlung?
7. Beschreiben Sie die Vorgänge im Gefüge eines Stahls, die zur Martensitaushärtung führen, und die dazu erforderlichen Arbeitsschritte.

4.5 Einfluss der Legierungselemente auf die Stahleigenschaften

Die DIN EN 10020: 2000 unterscheidet nur noch zwischen unlegierten, nichtrostenden und anderen legierten Stählen.

Unlegierte Stähle (▶ S. 117 bis 120) enthalten als festigkeitsbestimmendes Legierungselement nur Kohlenstoff sowie andere Elemente unterhalb festgelegter Grenzgehalte.

Andere legierte Stähle (▶ S. 121 bis 125) haben im Wesentlichen ähnliche Eigenschaften wie unlegierte Stähle. Durch den Gehalt an Legierungselementen, meist Mangan, Chrom, Molybdän und Nickel, wird besonders die Durchhärtbarkeit bzw. Durchvergütbarkeit deutlich verbessert. Die Gehalte der einzelnen Legierungselemente sind auf maximal 5 % begrenzt.

Nichtrostende Stähle (▶ S. 126) enthalten zur Erzielung besonderer Werkstoffeigenschaften mindestens ein Legierungselement, oft jedoch auch mehrere Legierungselemente mit einem Anteil größer 5 %. Sie werden meist nach diesen Sondereigenschaften benannt: nichtrostende Stähle, warmfeste Stähle, hitzebeständige Stähle, usw. Häufig wird auch eine Kombination der verschiedenen Eigenschaften gefordert, z. B. chemisch beständige und verschleißfeste Stähle. Die verschiedenen Legierungselemente können sich in ihren Wirkungen gegenseitig verstärken, aber auch abschwächen. Die Legierungsgehalte müssen daher bei der Herstellung genauestens eingehalten werden, ebenso werden besondere Anforderungen an den Reinheitsgrad gestellt. Diese Stähle werden dementsprechend nur in speziellen Erschmelzungsverfahren, z. B. Vakuum- oder Elektroschlacke-Umschmelzverfahren, hergestellt.

Schnellarbeitsstähle (▶ S. 113 und 180) enthalten Elemente, die mit dem Kohlenstoff Sondercarbide bilden für eine hohe Härte und Verschleißfestigkeit.

4.5.1 Einfluss des Kohlenstoffgehaltes auf die Festigkeit der Stähle

Die Härte und Festigkeit der Stähle wird sowohl im normalgeglühten als auch im gehärteten Zustand maßgeblich vom Kohlenstoffgehalt beeinflusst. ▶ Bild 1 zeigt diese Abhängigkeit in Form der beiden Grenzkurven.

normalgeglühter Zustand

Mit zunehmendem Kohlenstoffgehalt wird der Perlitanteil und damit der Anteil des sehr harten Zementits im Gefüge größer. Dadurch steigt die Zugfestigkeit an. Bei 0,8 % Kohlenstoff ist der maximale Zugfestigkeitswert erreicht, da das Gefüge vollständig perlitisch ist. Die weitere Erhöhung des Zementitanteils bei übereutektoiden Stählen ergibt keine weitere Festigkeitssteigerung.

gehärteter Zustand

Die maximale Festigkeitszunahme wird bei der Umwandlungshärtung dann erreicht, wenn jedes Kohlenstoffatom eine Martensitgitterzelle bildet. Daraus folgt aber, dass die Anzahl der Martensitgitterzellen und damit die Festigkeit umso größer wird, je mehr Kohlenstoffatome ein Stahl enthält. Dies wird deutlich in dem starken Anstieg der oberen Grenzkurve.

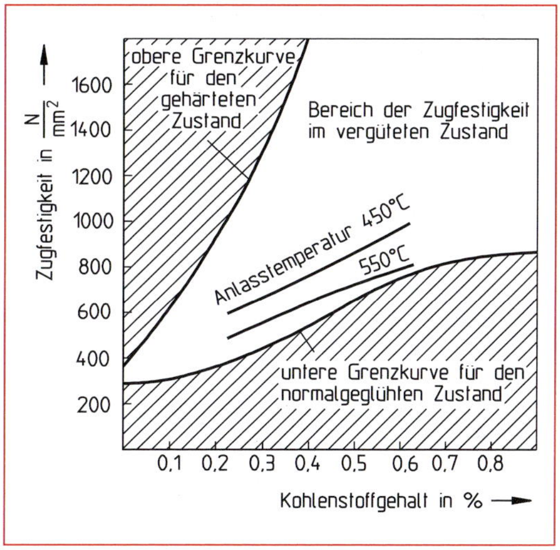

Bild 1 Zugfestigkeit der unlegierten Stähle in Abhängigkeit vom Kohlenstoffgehalt

Technisch nutzbar ist der Bereich zwischen den beiden Grenzkurven. Parameter in diesem Bereich ist die Anlasstemperatur, wie an den beiden zusätzlich eingezeichneten Kurven der Festigkeitswerte der unlegierten Vergütungsstähle mit 0,25 bis 0,6 % Kohlenstoff ersichtlich ist. Mit zunehmender Anlasstemperatur verschieben sich die Festigkeitswerte von der oberen Grenzkurve zur unteren Grenzkurve hin.

4.5.2 Einfluss anderer Legierungselemente auf die Stahleigenschaften

Einfluss von Legierungselementen auf die Durchhärtbarkeit und Durchvergütbarkeit

Bauteile mit größeren Durchmessern aus unlegierten Stählen zeigen nach dem Härten über dem Querschnitt eine deutliche Härteabnahme vom Rand zum Kern (▶ Bild 1 S. 104). Ursache dafür ist, dass im Kern die zur vollständigen Martensitbildung erforderliche obere kritische Abkühlgeschwindigkeit, häufig sogar nicht einmal die untere kritische Abkühlgeschwindigkeit erreicht wird. Der Kern wandelt bestenfalls in der Zwischenstufe, oft sogar nur in der Ferrit-Perlitstufe um.

Die erreichbare Abkühlgeschwindigkeit in Kelvin/s ist abhängig von der im Werkstück gespeicherten Wärmemenge, von der Wärmeleitung im Werkstück und dem Wärmeübergang an der Werkstückoberfläche. Diese Größen hängen nicht nur vom Werkstoff selbst, sondern maßgeblich von der Werkstückgröße und -form ab. In der folgenden ▶ Tab. 1 sind die Daten zweier Zylinder gegenübergestellt:

Durchmesser in mm	Länge in mm	Oberfläche in mm²	Volumen in mm³	Oberfläche/ Volumen
8	200	5127	10053	0,51
80	200	60319	1005310	0,06

Tabelle 1

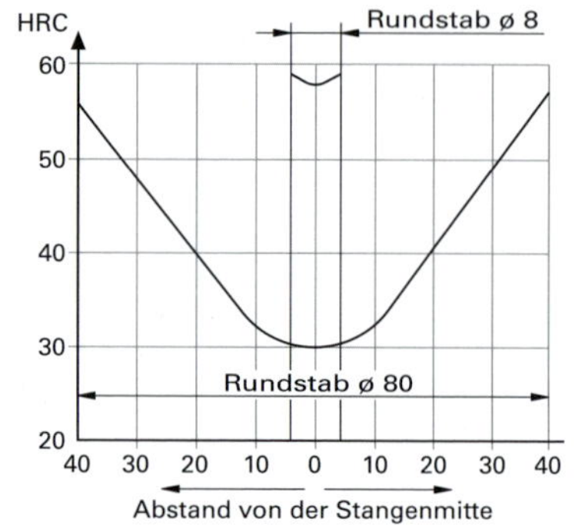

Bild 1 Härteverläufe in Zylindern mit 8 mm bzw. 80 mm Durchmesser aus einem unlegierten Stahl mit 0,4 % Kohlenstoff

Der größere Zylinder speichert infolge seines größeren Volumens wesentlich mehr Wärme als der kleinere, muss diese aber beim Abkühlen über eine im Verhältnis zum Volumen sehr viel kleinere Oberfläche abgeben. Dadurch ist die Wärmeabgabe je Zeiteinheit durch Wärmeübergang in das Abkühlmedium beim großen Zylinder sehr viel geringer als bei dem kleinen Zylinder. In der Randzone des großen Zylinders wird die obere kritische Abkühlgeschwindigkeit erreicht, sodass sich Martensit bilden kann. Der Wärmeabfluss aus dem Kern ist dagegen so stark verzögert, dass dort kein Martensit entstehen kann. Vielmehr wird durch die langsam aus dem Kern nach außen fließende Wärme der in der Randzone gebildete Martensit angelassen, sodass die Randhärte zusätzlich wieder absinkt.

Dicke Werkstücke aus unlegiertem Stahl härten nicht durch.

Abhilfe schaffen hier Legierungselemente, die die Kohlenstoffdiffusion auch bei niedrigeren Abkühlungsgeschwindigkeiten wirkungsvoll behindern. Es sind dies Legierungselemente wie Mangan, Chrom, Molybdän, Vanadin und Nickel, die mit dem Eisen Substitutionsmischkristalle bilden. Bei der Umwandlung des kfz Kristallgitters in das krz Kristallgitter müssen nicht nur die C-Atome ihre Gitterplätze wechseln, sondern teilweise auch die weniger beweglichen substituierten Atome. Durch ihre gegenüber den C-Atomen wesentlich geringere Diffusionsgeschwindigkeit behindern sie auch die Diffusion der C-Atome, sodass die kritische Abkühlgeschwindigkeit verringert wird. Mit zunehmendem Gehalt an diesen Legierungselementen wird die Durchhärtbarkeit verbessert bzw. es kann mit milder wirkenden Abschreckmedien (Öl, Luft) abgekühlt werden. Erkennbar wird dies an der Verschiebung der Phasengrenzlinien in den ZTU-Schaubildern zu längeren Zeiten hin (▶ Bild 1, S. 105).

Einfluss von Legierungselementen auf weitere Stahleigenschaften

Mischkristallverfestigung: Allein durch Zugabe von Legierungselementen wird die Festigkeit der Stähle erhöht und die Zähigkeit verringert. Ursache ist die Behinderung der Versetzungswanderung durch Mischkristallbildung (▶ siehe S. 31).

Bildung sehr harter Carbide: Schon das Eisencarbid Fe_3C erhöht bei größeren Anteilen (eutektoide und übereutektoide Stähle) die Festigkeit, Härte und Verschleißbeständigkeit der Stähle. Durch Zugabe weiterer Legierungselemente ist noch eine deutliche Steigerung möglich.

Mischcarbide, z. B. $(FeMn)_3C$, $(FeCr)_3C$ und $(FeSi)_3C$;

Doppelcarbide, z. B. Fe_3W_3C, s. Schnellarbeitsstähle

Sondercarbide und eisenfreie Carbide, z. B. Mo_2C, W_2C, TiC, V_4C_3 und Cr_4C

Die Neigung der Legierungselemente zur Carbidbildung nimmt in folgender Reihe von links nach rechts zu: Mn → Cr → W → Mo → V → Ti.

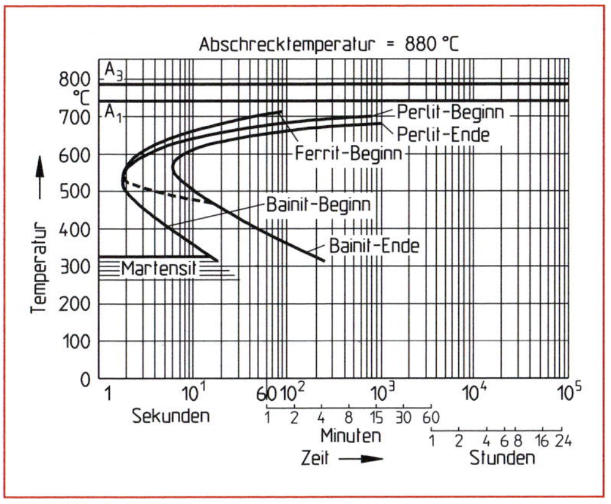

Bild 1 a ZTU-Schaubild für isothermische Umwandlung eines Stahls mit 0,45 % Kohlenstoff

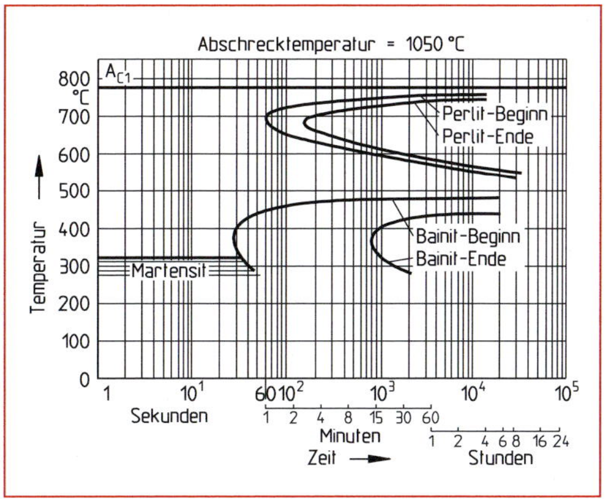

Bild 1 b ZTU-Schaubild für isothermische Umwandlung eines Stahls mit 0,45 % Kohlenstoff und 3,5 % Chrom

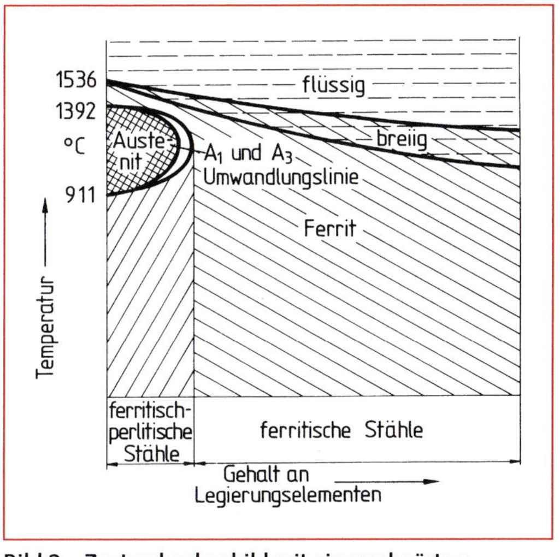

Bild 2 Zustandsschaubild mit eingeschnürtem γ-Gebiet

Kommt vor bei: Fe-Si; Fe-Cr; Fe-W; Fe-Mo; Fe-Ti; Fe-V; Fe-Al und Fe-P. Mit einem dieser Elemente höher legierten Stähle, z. B. Transformatorenstahl mit 3 bis 4 % Si, sind von Raumtemperatur bis zum Schmelzpunkt ferritisch und nicht härtbar.

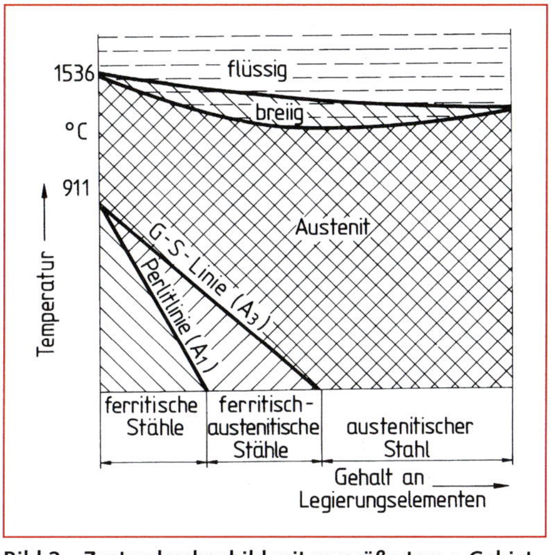

Bild 3 Zustandsschaubild mit vergrößertem γ-Gebiet

Kommt vor bei Fe-Mn und Fe-Ni. Stähle mit höherem Mn- oder Ni-Gehalt sind von Raumtemperatur bis zum Schmelzpunkt austenitisch und können weder gehärtet noch normalisiert werden.

Veränderung der Beständigkeitsbereiche der verschiedenen Phasen im Eisen-Kohlenstoff-Schaubild: Legierungselemente mit mittleren Atomradien verengen das Austenitgebiet und erweitern das Ferritgebiet zu höheren Temperaturen (▶ Bild 2), Legierungselemente mit kleineren Atomradien erweitern das Austenitgebiet zu tieferen Temperaturen (▶ Bild 3). Beispielsweise wird durch Zugabe von 18 % Chrom und 8 % Nickel die Temperatur der Kristallgitterumwandlung kfz → krz auf Temperaturen weit unterhalb 0 °C verschoben. Diese Stähle haben auch bei Raumtemperatur ein vollaustenitisches Gefüge und sind daher unmagnetisch.

Aluminium

Das am häufigsten benutzte Desoxidationsmittel ist Aluminium. Es bindet den Stickstoff ab und vermindert damit stark die Alterungsempfindlichkeit. In kleinen Zusätzen fördert es die Feinkörnigkeit. Infolge seiner großen Neigung zur Nitridbildung und wegen der hohen Härte dieser Aluminiumnitride wird Al meistens den Nitrierstählen zulegiert. Außerdem fördert Al die Zunderbeständigkeit und ist vielfach Legierungsbestandteil ferritischer hitzebeständiger Stähle.

Cobalt

Härte und Festigkeit werden durch Cobalt erhöht. Es ist kein Carbidbildner, hemmt das Kornwachstum bei höheren Temperaturen und verbessert in starkem Maße Anlassbeständigkeit und Warmfestigkeit. Da es auch die Schneidhaltigkeit in der Wärme erhöht, wird es vielfach Schnellarbeitsstählen, Warmarbeitsstählen, warmfesten Stählen und Hartmetallen zulegiert. Cobaltzusätze verbessern die Schnittleistung von Schnellarbeitsstählen. Es erhöht in hohen Gehalten Remanenz und Koerzitivkraft sowie die Wärmeleitfähigkeit und bildet deshalb für höchstwertige Dauermagnetstähle die Grundlage.

Chrom

Chrom erhöht die Einhärtungstiefe und ergibt höhere Druckfestigkeit. Es macht den Stahl öl- bzw. lufthärtend. Da es ein starker Carbidbildner ist, steigert es die Zugfestigkeit (je 1 % um 80 MPa bis 100 MPa) und auch die Streckgrenze, aber nicht in gleichem Maße. Die Kerbschlagzähigkeit wird verringert. Auch Schneidhaltigkeit und Verschleißfestigkeit nehmen zu. Chrom begünstigt die Warmfestigkeit und Druckwasserstoffbeständigkeit. Höhere Gehalte führen zur Zunderbeständigkeit. Ein Cr-Gehalt von über 13 % bewirkt Korrosionsbeständigkeit. Wärmeleitfähigkeit und elektrische Leitfähigkeit werden durch Chromzusatz vermindert, die Wärmeausdehnung wird gesenkt (Verwendung als Glaseinschmelzlegierung).

Kupfer

Durch Kupfer werden die Streckgrenze und das Streckgrenzenverhältnis sowie die Härtbarkeit erhöht, aber die Dehnung vermindert. Gehalte über 0,3 % können zu Ausscheidungen führen. Schon bei Gehalten unter 0,5 % wird die Witterungsbeständigkeit erheblich verbessert. In korrosionsbeständigen hochlegierten Stählen erhöht es in Gehalten über 1 % die Beständigkeit vor allem gegen Salzsäure und Schwefelsäure.

Magnesium

Auch Magnesium ist ein Desoxidations- und Entschwefelungsmittel. Bei Gusseisen und hoch C-haltigen Stählen, z. B. Werkzeugstählen, wird es zur Ausbildung kugeligen Graphits verwendet.

Mangan

Stähle mit mehr als 1,65 % Mangan gelten als legiert. Mangan wirkt desoxidierend und vermindert die Rotbruchgefahr. Es soll den Schwefel als Mangansulfid binden und damit den ungünstigen Einfluss von Eisensulfid verringern. Dies ist besonders für den Automatenstahl von Bedeutung. Die Streckgrenze und die Zugfestigkeit werden erhöht, und zwar die Zugfestigkeit bis 3 % Mn um etwa 100 MPa je % Mn. Mangan vergrößert die Einhärtetiefe. Stähle mit über 12 % Mn sind austenitisch und daher sehr zäh.

Molybdän

Im Allgemeinen wird Molybdän gemeinsam mit anderen Legierungselementen verwendet. Streckgrenze und Festigkeit sowie Warm- und Dauerstandfestigkeit werden erhöht. Die Anlasssprödigkeit, z. B. bei CrNi- und Mn-Stählen, lässt sich bereits mit einem niedrigen Mo-Gehalt weitgehend beseitigen. Molybdän begünstigt die Bildung eines feinkörnigen Gefüges und die Durchhärtung. Es ist ein starker Carbidbildner, wodurch die Schneideigenschaften bei Schnellarbeitsstählen verbessert werden. In Cr- und auch in austenitischen CrNi-Stählen wird die Korrosionsbeständigkeit durch Molybdän beträchtlich erhöht.

Nickel

Nickel erhöht die Streckgrenze und die Kerbschlagzähigkeit sehr stark, letzteres auch bei tieferen Temperaturen. Daher wird es zur Erhöhung der Zähigkeit bevorzugt für Einsatz- und Vergütungsstähle sowie für kaltzähe Stähle verwendet. Es bewirkt eine gute Durchhärtung, besonders wenn der Stahl gleichzeitig Chrom enthält. Nickel erweitert erheblich das γ-Gebiet und erzeugt in hoch Cr-haltigen korrosions- und zunderbeständigen Stählen eine Austenitstruktur bei Raumtemperatur und darunter. Die Wärmeleitfähigkeit und elektrische Leitfähigkeit werden stark vermindert.

Silizium

Stähle mit mehr als 0,5 % Silizium zählen zu den legierten Stählen. Silizium wirkt desoxidierend. Es erhöht die Streckgrenze und Zugfestigkeit, und zwar um etwa 100 MPa je % Si. Auch die Elastizitätsgrenze wird stark erhöht, was sich für Federstähle günstig auswirkt. Ferner verbessert Silizium die Verschleißfestigkeit. Um die Zunderbeständigkeit zu erhöhen, setzt man etwa 1 % Si den warmfesten und hitzebeständigen Stählen zu. Mit über 12 % Si ist weitgehende Säurebeständigkeit verbunden, was aber nur in gegossenen und nicht zerspanend bearbeitbarem Zustand nutzbar gemacht wird. Zu hohe Si-Gehalte beeinträchtigen die Warm- und Kaltverformbarkeit. Silizium setzt die elektrische Leitfähigkeit, die Koerzitivkraft und die Wattverluste stark herab, daher ist es für Dynamo- und Transformatorenbleche unentbehrlich.

Vanadium

Vanadium ist ein starker Carbidbildner. Es erhöht die Streckgrenze und Zugfestigkeit, geringe Zusätze steigern bereits die Warmfestigkeit und unterdrücken die Überhitzungsempfindlichkeit. Bei Schnellarbeitsstählen erhöht es die Schneidhaltigkeit. Die Anlassbeständigkeit wird wesentlich verbessert. Vanadium wird bevorzugt in Verbindung mit Chrom in Bau- und warmfesten Stählen und in Verbindung mit Wolfram in Schnell- und Warmarbeitsstählen verwendet. Da es die Elastizitätsgrenze erhöht, eignet es sich auch für Federstähle.

Wolfram

Wolfram erhöht die Streckgrenze und Zugfestigkeit, und zwar um etwa 40 MPa je 1 %, wobei die Zähigkeit verbessert wird. Es bildet sehr stark harte Carbide und erhöht damit die Härte und Schneidhaltigkeit, auch bei hohen Temperaturen (Rotglut). Die Lufthärtbarkeit wird begünstigt, das Kornwachstum behindert. Wolfram fördert die Anlassbeständigkeit und Warmfestigkeit. Es wird vor allem in Schnell- und Warmarbeitsstählen sowie in warmfesten Stählen verwendet. Die Zunderbeständigkeit wird durch Wolfram beeinträchtigt.

Zirkonium

Carbidbildner. Metallurgisches Zusatzelement zur Desoxidation, Denitrierung und Entschwefelung, da es wenig Desoxidationsprodukte zurücklässt. Günstiger Einfluss auf die Sulfidausbildung und Vermeidung von Rotbruch, deswegen Zirkoniumzusatz in völlig beruhigten schwefelhaltigen Automatenstählen günstig. Verbessert die Lebensdauer von Heizleiterwerkstoffen. Verengt das γ-Gebiet.

Aufgaben zu Legierungselementen:

1. Sie prüfen im Zugversuch je fünf Stahlproben mit zunehmendem Kohlenstoffgehalt (0,01 %, 0,1 %, 0,3 %, 0,5 % und 0,8 %) im normalgeglühten Zustand und im gehärteten Zustand (nicht angelassen).
   a) Warum steigt die Zugfestigkeit bei den normalgeglühten Stählen mit zunehmendem Kohlenstoffgehalt?
   b) Warum steigt die Zugfestigkeit bei den gehärteten Proben mit zunehmendem Kohlenstoffgehalt?
2. Erläutern Sie die Ursachen dafür, dass dickere Bauteile aus unlegierten Stählen nicht durchgehärtet werden können.
3. Welche legierungstechnischen Maßnahmen sind erforderlich, damit diese Bauteile durchgehärtet bzw. durchvergütet werden können?
4. Wie ändern sich die Beständigkeitsbereiche des Ferrits bzw. des Austenits durch Zugabe von Legierungselementen?

4.6 Alterung

Alterung ist eine bei Temperaturen unter 350 °C im Laufe der Zeit von selbst eintretende maßliche Änderung und Versprödung eines Bauteils. Maßliche Änderung entsteht in erster Linie durch den Ausgleich/Abbau von Eigenspannungen, ▶ Spannungsarmglühen S. 77, Versprödung ist die Folge von Stickstoff-/Kohlenstoffausscheidungen.

Der von Stahlschmelzen aufgenommene Stickstoff ist am α-Eisen bei ≈ 600 °C zu 0,1 %, bei Raumtemperatur nur bis zu ≈ 0,01 % löslich. Die bei tieferen Temperaturen ausscheidenden Nitride behindern die Wanderung der Versetzungen.

Die Folge ist eine Erhöhung der Streckgrenze und der Zugfestigkeit und eine Verminderung der Dehnung und der Kerbschlagzähigkeit. Gussstücke und wärmebehandelte Werkstücke aus Stahl, die maßhaltig und zäh sein müssen, werden vor ihrer Fertigbearbeitung gealtert, z. B. Motorenblöcke und Drehdorne. Man unterscheidet:

Natürliche Alterung durch längeres Lagern im Freien, z. B. Gussstücke, die sorgfältig gealtert sein müssen.

Künstliche Alterung durch Anlassen oder Tiefkühlen in flüssiger Luft, z. B. bei Wellen oder Zahnrädern, oder durch Glühen, z. B. bei Gussstücken, die aus finanziellen Gründen nicht lange gelagert werden können.

Verformungsalterung (Reckalterung), die früher speziell nach Recken von Stählen beobachtet wurde, nennt man die Erhöhung der Streckgrenze/Sprödigkeit, die bei unlegierten Stählen durch Auslagern nach plastischer Verformung um 8 … 12 % auftritt. Der Vorgang kann mit dem Mechanismus des unstetigen Überganges vom elastischen in den plastischen Bereich erklärt werden. Nach dem Verformen (Recken) bis in den Bereich der Lüdersdehnung oder darüber hinaus stellt sich eine neue ausgeprägte Streckgrenze erst dann wieder ein, wenn in einer Auslagerungszeit die gelösten C- und N-Atome wieder an die Versetzungen diffundieren und diese erneut blockieren konnten. Dabei ist die Wirkung von N stärker als die von C. Da die Diffusionsgeschwindigkeit mit steigender Temperatur zunimmt, beträgt die Auslagerungszeit bei Raumtemperatur Tage/Wochen, bei hoher Temperatur einige Minuten. Bei Halbwarmumformung (200 °C … 300 °C) stellt sich die neue Streckgrenze unmittelbar nach/während des Umformvorganges ein. Wegen der blauen Anlassfarbe in diesem Temperaturbereich spricht man von **Blausprödigkeit**.

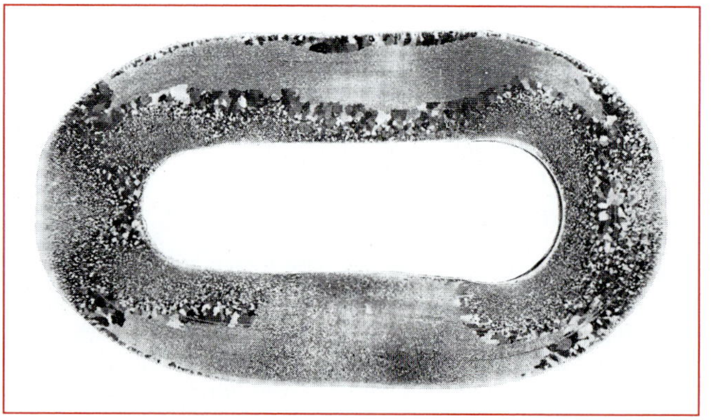

Bild 1 Gießpfannen-Lasthaken mit Grobkornbildung infolge Verformungsalterung. Diese ist auf ein Recken mit nachfolgender betriebsbedingter Erwärmung auf relativ hohe Temperaturen zurückzuführen.

4.7 Einteilung, Kurznamen und Nummern der Stähle

4.7.1 Einteilung der Stähle nach DIN EN 10020: 2000

Diese Norm definiert den Begriff „Stahl“ und beschreibt die Einteilung der Stahlsorten nach ihrer chemischen Zusammensetzung in unlegierte, nichtrostende und andere legierte Stähle sowie die Einteilung der unlegierten und legierten Stähle nach Hauptgüteklassen aufgrund ihrer Haupteigenschafts- und -anwendungsmerkmale.

Begriffsbestimmung Stahl

Als Stahl werden Werkstoffe bezeichnet, deren Massenanteil an Eisen größer ist als der jedes anderen Elementes und die im Allgemeinen weniger als 2 % C aufweisen und andere Elemente enthalten. Einige Chromstähle enthalten mehr als 2 % C. Der Wert von 2 % C wird jedoch im Allgemeinen als Grenzwert für die Unterscheidung zwischen Stahl und Gusseisen betrachtet.

4.7.1.1 Einteilung nach der chemischen Zusammensetzung

Unlegierte Stähle

Als unlegiert gilt ein Stahl, wenn die maßgebenden Gehalte der einzelnen Elemente in keinem Fall die in ► Tab. 1 angegebenen Werte erreichen.

Nichtrostende Stähle

Es sind legierte Stähle mit einem Massenanteil Kohlenstoff von höchstens 1,2 % und mindestens 10,5 % Chrom. In der Regel sind weitere Elemente zulegiert.

Andere legierte Stähle

Hier handelt es sich um Stähle, die nicht der Definition der nichtrostenden Stähle entsprechen und bei denen wenigstens einer der Grenzwerte nach ► Tab. 1 erreicht wird.

Vorgeschriebene Elemente		Grenzgehalt Massenanteil in %
Al	Aluminium	0,30
B	Bor	0,0008
Bi	Bismuth	0,10
Co	Cobalt	0,30
Cr	Chrom	0,30
Cu	Kupfer	0,40
La	Lanthanide (einzeln gewertet)	0,10
Mn	Mangan	1,65
Mo	Molybdän	0,08
Nb	Niob	0,06
Ni	Nickel	0,30
Pb	Blei	0,40
Se	Selen	0,10
Si	Silizium	0,60
Te	Tellur	0,10
Ti	Titan	0,05
V	Vanadium	0,10
W	Wolfram	0,10
Zr	Zirkon	0,05
Sonstige (mit Ausnahme von Kohlenstoff, Phosphor, Schwefel, Stickstoff jeweils		0,05

Tabelle 1 Grenzgehalte für die Einteilung in unlegierte und legierte Stähle (DIN EN 10020: 2000)

4.7.1.2 Einteilung nach Hauptgüteklassen

Unlegierte Stähle

- **Unlegierte Qualitätsstähle** sind Stahlsorten, für die im Allgemeinen festgelegte Anforderungen z. B. an die Zähigkeit, Korngröße und/oder Umformbarkeit bestehen.
- **Unlegierte Edelstähle** sind Stahlsorten mit erhöhten Anforderungen an den Reinheitsgrad, besonders bezüglich nichtmetallischer Einschlüsse. Sie sind meist für eine Vergütung oder Oberflächenhärtung bestimmt und sprechen auf diese Behandlung gleichmäßig an. Durch genaue Einstellung der chemischen Zusammensetzung und durch besondere Herstellungs- und Überwachungsbedingungen werden verbesserte Eigenschaften zur Erfüllung erhöhter Anforderungen erreicht. Zu diesen Eigenschaften zählen hohe oder eng eingeschränkte Streckgrenzen- und Härtbarkeitswerte verbunden mit der Eignung für Kaltumformen, Schweißen oder Zähigkeit. Diese Eigenschaften sind oft auch kombiniert.

Nichtrostende Stähle

- Nichtrostende Stähle enthalten höchstens 1,2 % Kohlenstoff und mindestens 10,5 % Chrom. Sie werden weiter unterteilt nach dem Nickelgehalt (weniger als 2,5 % oder mehr als 2,5 %) bzw. nach ihren Haupteigenschaften in korrosionsbeständig, hitzebeständig oder warmfest.

Andere legierte Stähle

- **Legierte Qualitätsstähle** sind Stähle, für die Anforderungen bestehen hinsichtlich Zähigkeit, Korngröße, Umformbarkeit und/oder weitere Eigenschaften. Sie sind im Allgemeinen nicht zum Vergüten oder Oberflächenhärten vorgesehen.
- **Legierte Edelstähle** Stähle, denen durch eine genaue Einstellung der chemischen Zusammensetzung sowie der Herstellungs- und Prüfbedingungen die unterschiedlichsten Verarbeitungs- und Gebrauchseigenschaften – häufig in Kombination miteinander und in eingeengten Grenzen – verliehen werden. Hierzu zählen nicht die nichtrostenden Stähle, die hitzebeständigen Stähle, die warmfesten Stähle, Wälzlagerstähle, Werkzeugstähle sowie Stähle für den Stahl- und Maschinenbau.

4.7.2 Bezeichnungssysteme für Stähle nach DIN EN 10027-1: 2017

Nach den Regeln der europäischen Normungsgremien (CEN/CENELEC Internal Regulations – Part 3, 2003-10) werden Bezeichnungssysteme grundsätzlich nach dem in Bild 1 gezeigten Schema gebildet.

Benennungsblock	Identifizierungsblock		
	EN-Nummernblock	– Merkmaleblock	
		– Hauptsymbol	Zusatzsymbol + Zusatzsymbol
Stahl	EN 10025	– S235	JR + C

Bild 1 Schema der Bezeichnungssysteme nach CEN/CENELEC[1] Internal Regulations – Part 3, 2003-10; Annex E, Kap. F.3 Designation Systems

Der Benennungsblock wird aus einem kurzen Begriff gebildet, der den genormten Gegenstand im Klartext bezeichnet. Der Identifizierungsblock besteht aus der Nummer der Erzeugnisnorm und dem Merkmaleblock, der eine nach bestimmten Regeln verschlüsselte Bezeichnung enthält.

Bei Stählen wird der Merkmaleblock aus einem Hauptsymbol nach DIN EN 10027-1: 2017 Tabellen 1 bis 15 gebildet. An das Hauptsymbol können Zusatzsymbole nach DIN EN 10027-1: 2017 Tabellen 16 bis 18 angefügt werden. Die Zusatzsymbole werden unterschieden in „Zusatzsymbole für Stahl" und „Zusatzsymbole für Stahlerzeugnisse". Die letztgenannten sind durch ein Pluszeichen (+) von den vorhergehenden Symbolen zu trennen.

Die Kurznamen werden in zwei Hauptgruppen eingeteilt (▶ Bild 2):

Gruppe 1: Kurznamen, die Hinweise auf die Verwendung und die mechanischen oder physikalischen Eigenschaften der Stähle enthalten (Tabellen 1 bis 11 in DIN EN 10027-1: 2017).

Gruppe 2: Kurznamen, die Hinweise auf die chemische Zusammensetzung der Stähle enthalten (Tabellen 12 bis 15 in DIN EN 10027-1: 2017).

Hauptsymbol nach DIN EN 10027-1:2017			Zusatzsymbole nach DIN EN 10027-1: 2017	
G oder PM (s. 4.7.2.1)	Kennbuchstabe für den Verwendungszweck (s. 4.7.2.2)	Kennzahl für eine mechanische Eigenschaft	Zusatzsymbole für Stahl Gruppe 1 und Gruppe 2 (Tabellen 1 bis 15 in DIN EN 10027-1: 2017)	+ Zusatzsymbole für Stahlerzeugnisse (Tabellen 16 bis 18 in DIN EN 10027-1: 2017)
		Kennzahl für eine physikalische Eigenschaft		
	Zeichenfolge zur Kennzeichnung der Legierungszusammensetzung (▶ Kap. 4.7.2.3)			

Bild 2 Stahlbezeichnungen mit Hauptsymbol und Zusatzsymbolen nach DIN EN 10027-1: 2017

[1] CEN (franz.: *Comité Européen de Normalisation*) Europäisches Komitee für Normung
CENELEC (franz.: *Comité Européen de Normalisation Électrotechnique*) Europäisches Komitee für elektrotechnische Normung

4.7.2.1 Kennbuchstabe für Stahlguss und pulvermetallurgisch hergestellte Stähle

Stähle für Gussstücke erhalten als Kennzeichnung den Buchstaben „G“ vor dem Kurznamen nach den Tabellen 1, 2, 4, 12, 13 und 14, pulvermetallurgisch hergestellte Stähle die Buchstaben „PM“ vor dem Kurznamen nach den Tabellen 14 und 15 der DIN EN 10027-1: 2017.

4.7.2.2 Kurznamen, die Hinweise auf die Verwendung und die mechanischen oder physikalischen Eigenschaften der Stähle enthalten (Tabellen 1 bis 11 DIN EN 10027-1: 2017)

Der Kurzname enthält als Hauptsymbol mindestens einen Großbuchstaben zur Kennzeichnung des Verwendungszweckes sowie eine mehrstellige Ziffer zur Beschreibung einer charakteristischen mechanischen oder physikalischen Eigenschaft. Das Hauptsymbol wird bei einigen Stahlgruppen durch einen zusätzlichen Kennbuchstaben vor der Ziffer ergänzt. ▶ Tab. 1 auf Seite 112 enthält eine Zusammenstellung dieser Hauptsymbole sowie kurze Erläuterungen.

Reichen die Hauptsymbole nicht für die vollständige Identifizierung einer Stahlsorte oder eines Stahlerzeugnisses aus, so können dem Hauptsymbol Zusatzsymbole (▶ siehe Bild 2 Seite 110) hinzugefügt werden. Die wichtigsten Zusatzsymbole sind im Anhang, S. 334/335, zusammengestellt.

4.7.2.3 Kurznamen, die Hinweise auf die chemische Zusammensetzung der Stähle enthalten (Tabellen 12 bis 15 DIN EN 10027-1: 2017)

Unlegierte Stähle mit einem mittleren Mangangehalt unter 1 % (ausgenommen Automatenstähle) (Tabelle 12 DIN EN 10027-1: 2017):

Der Kurzname setzt sich zusammen aus

a) dem Kennbuchstaben „C“ für Kohlenstoff und
b) einer Zahl, die dem Hundertfachen des Mittelwertes des für den Kohlenstoffgehalt vorgeschriebenen Bereichs entspricht.

Unlegierte Stähle mit einem mittleren Mangangehalt gleich oder größer 1 %, unlegierte Automatenstähle sowie legierte Stähle (außer Schnellarbeitsstähle) mit Gehalten der einzelnen Legierungselemente unter 5 Gewichtsprozent (Tabelle 13 DIN EN 10027-1: 2017):

Der Kurzname setzt sich zusammen aus

a) einer Zahl, die dem Hundertfachen des Mittelwertes des für den Kohlenstoffgehalt vorgeschriebenen Bereichs entspricht,
b) den chemischen Symbolen der den Stahl kennzeichnenden Legierungselemente geordnet nach abnehmenden Gehalten bzw. bei gleichen Gehalten in alphabetischer Reihenfolge,
c) Zahlen, die in der Reihenfolge der kennzeichnenden Legierungselemente einen Hinweis auf ihren Gehalt geben. Die Zahlen ergeben sich aus der Multiplikation des mittleren Gehaltes des betreffenden Legierungselementes mit dem in Tabelle 1 angegebenen Faktor und Rundung auf die nächste ganze Zahl. **Die für die einzelnen Elemente geltenden Zahlen sind durch Bindestriche voneinander zu trennen.**

Element	Faktor
Cr, Co, Mn, Ni, Si, W	4
Al, Be, Cu, Mo, Nb, Pb, Ta, Ti, V, Zr	10
Ce, N, P, S	100
B	1000

Tabelle 1 Faktoren für die Ermittlung der Kennzahlen für die Legierungsgehalte (Untergruppe 2.2)

Buchstabe	Erläuterung	Eigenschaft	Erläuterung
S (Tabelle 1)	Stähle für den Stahlbau	nnn	Mindeststreckgrenze R_e in MPa für den kleinsten Dickenbereich
P (Tabelle 2)	Stähle für Druckbehälter	nnn	Mindeststreckgrenze R_e in MPa für den kleinsten Dickenbereich
L (Tabelle 3)	Stähle für Leitungsrohre	nnn	Mindeststreckgrenze R_e in MPa für den kleinsten Dickenbereich
E (Tabelle 4)	Maschinenbaustähle	nnn	Mindeststreckgrenze R_e in MPa für den kleinsten Dickenbereich
B (Tabelle 5)	Betonstähle	nnn	charakteristische Streckgrenze R_e in MPa für den kleinsten Abmessungsbereich
Y (Tabelle 6)	Spannstähle	nnnn	Nennwert für Zugfestigkeit R_m in MPa
R (Tabelle 7)	Stähle für oder in Form von Schienen	nnn	festgelegte Mindesthärte nach Brinell (HBW)
D (Tabelle 8)	Flacherzeugnisse zum Kaltumformen	Cnn Dnn Xnn	kaltgewalzt warmgewalzt bestimmt für unmittelbare Kaltumformung Art des Walzens (warm oder kalt) nicht vorgeschrieben Die Symbole „nn“ werden von der verantwortlichen Stelle zur Charakterisierung des Stahles zugeordnet.
H (Tabelle 9)	Flacherzeugnisse aus höherfesten Stählen zum Kaltumformen	Cnnn Dnnn Xnnn CTnnn(n) DTnnn(n) XTnnn(n)	kaltgewalzt, nnn = festgelegte Mindeststreckgrenze in MPa warmgewalzt zur unmittelbaren Kaltumformung, nnn = festgelegte Mindeststreckgrenze in MPa Art des Walzens (warm oder kalt) nicht vorgeschrieben, nnn = festgelegte Mindeststreckgrenze in MPa kaltgewalzt, nnn(n) = festgelegte Mindestzugfestigkeit in MPa warmgewalzt zur unmittelbaren Kaltumformung, nnn(n) = festgelegte Mindestzugfestigkeit in MPa Art des Walzens nicht vorgeschrieben, nnn(n) = festgelegte Mindestzugfestigkeit in MPa
T (Tabelle 10)	Verpackungsblech und -band	Hnnn Snnn	Nennstreckgrenze R_e in MPa für kontinuierlich geglühte Sorten Nennstreckgrenze R_e in MPa für losweise geglühte Sorten
M (Tabelle 11)	Elektroblech und -band	nnn(n) nn Beide Angaben werden durch einen Bindestrich getrennt.	nnn(n) = höchstzulässiger Ummagnetisierungsverlust in W/kg x 100 nn = 100 x Nenndicke in mm

Streckgrenzenwerte werden mit drei Ziffern, Zugfestigkeitswerte mit vier Ziffern angegeben. Zugfestigkeitswerte kleiner 1 000 MPa werden mit einer führenden Null angegeben.

1 MPa = 1 N/mm²

Tabelle 1 Zusammenstellung der Hauptsymbole nach DIN EN 10027-1: 2017

Nichtrostende Stähle und andere legierte Stähle (außer Schnellarbeitsstähle), wenn mindestens ein Legierungselement einen Gewichtsanteil von mindestens 5 % hat (Tabelle 14 DIN EN 10027-1: 2017)

Der Kurzname setzt sich zusammen aus

a) dem Kennbuchstaben „X“,

b) einer Zahl, die dem Hundertfachen des Mittelwertes des für den Kohlenstoffgehalt vorgeschriebenen Bereichs entspricht,

c) den chemischen Symbolen der den Stahl kennzeichnenden Legierungselemente geordnet nach abnehmenden Gehalten bzw. bei gleichen Gehalten in alphabetischer Reihenfolge,

d) Zahlen, die in der Reihenfolge der kennzeichnenden Legierungselemente einen Hinweis auf ihren Gehalt geben. Diese Zahlen stellen den auf die nächste ganze Zahl gerundeten mittleren Gehalt des betreffenden Legierungselementes dar (Multiplikator 1). **Die für die einzelnen Elemente geltenden Zahlen sind durch Bindestriche voneinander zu trennen.**

Schnellarbeitsstähle (Tabelle 15 DIN EN 10027-1: 2017)

Der Kurzname setzt sich zusammen aus

a) den Kennbuchstaben „HS“

b) Zahlen, die in folgender Reihenfolge die Gehalte der folgenden Elemente angeben:

- Wolfram (W)
- Molybdän (Mo)
- Vanadin (V)
- Cobalt (Co)

Jede Zahl stellt den auf die nächste ganze Zahl gerundeten mittleren Gehalt des betreffenden Legierungselementes dar (Multiplikator 1). **Die für die einzelnen Elemente geltenden Zahlen sind durch Bindestriche voneinander zu trennen.**

Beispiele für Stahlbezeichnungen (nur Hauptsymbole und Zusatzsymbole der Gruppe 1 und Gruppe 2:

	Bezeichnung nach DIN EN 10027-1	frühere Bezeichnung nach DIN 17006 (zurückgezogen)
Warmgewalzte Erzeugnisse aus Baustählen – unlegierte Baustähle nach DIN EN 10025-2: 2004	S185 S235JR S235J0 S275JR S275J0 S355J0 E295 E335 E360	St 33 RSt 37-2 St 37-3U St 44-2 St 44-3U St 52-3U St 50-2 St 60-2 St 70-2
normalgeglühte/normalisierend gewalzte schweißgeeignete Feinkornbaustähle nach DIN EN 10025-3: 2004	S275 N S355 N S420 N S460 N	StE 285 StE 355 StE 420 StE 460
Unlegierte Stähle nach DIN EN ISO 683-1: 2018	C35 C45 C45E C45R	C 35 C 45 Ck 45 Cm 45

	Bezeichnung nach DIN EN 10027-1	frühere Bezeichnung nach DIN 17006 (zurückgezogen)
Unlegierte Stähle mit einem mittleren Mangangehalt, gleich oder größer 1 %, unlegierte Automatenstähle sowie legierte Stähle (außer Schnellarbeitsstähle) mit Gehalten der einzelnen Legierungselemente unter 5 Gewichtsprozent nach DIN EN ISO 683-2: 2018	37Cr4 42CrMo4 34CrNiMo6 13CrMo4-5 30NiCrMo16-6	37 Cr 4 42 CrMo 4 34 CrNiMo 6 13 CrMo 45 30 NiCrMo 166
Nichtrostende Stähle und andere Stähle mit Gehalten mindestens eines Legierungselements Gleich oder größer 5 % nach DIN EN 10088-1: 2014	X2CrNi12 X40Cr13 X10CrNi18-8 X6CrMoNb17-1	X2 CrNi 12 X40 Cr 13 X10 Cr Ni 188 X6 CrMoNb 171
Schnellarbeitsstähle nach DIN EN ISO 4957: 2018	HS6-5-2	S 6-5-2

Die Kurznamen der Stähle sind inzwischen in den europäischen (DIN EN) bzw. den weltweit gültigen (DIN EN ISO) Normen festgelegt und somit verbindlich.

4.7.3 Bezeichnung der Stähle durch Werkstoffnummern nach DIN EN 10027-2: 2015

Teil 2 der DIN EN 10027: 2015 beschreibt ein Nummernsystem für die Bezeichnung von Stahlsorten (Werkstoffnummern). Die Anwendung dieser Norm ist auf Stähle begrenzt. Es ist jedoch Vorsorge getroffen, dass das Werkstoffnummernsystem auch auf andere industriell hergestellte Werkstoffe erweitert werden kann (▶ S.161 Magnesium und Magnesiumlegierungen).

Die Vergabe von Werkstoffnummern für Stähle erfolgt auf Antrag von der „Europäischen Stahlregistratur". Die Antrags- und Vergaberichtlinien sind ebenfalls Inhalt der DIN EN 10027.

Der Vorteil der Werkstoffnummern gegenüber den Kurznamen nach DIN EN 10027-1 ist die genau festgelegte Stellenzahl, die die elektronische Datenverarbeitung erheblich vereinfacht. Nachteil des Systems ist, dass durch die Vergabe von Zählnummern eine eindeutige Identifikation eines Stahles nur mithilfe von Tabellen möglich ist.

Werkstoffhauptgruppennummer Stahl: 1. XXXXXX

Stahlgruppennummern: 1. **XX**XXXX

Die Stahlgruppennummern werden entsprechend den mechanischen bzw. physikalischen Eigenschaften oder der Legierungszusammensetzung zugeordnet. Dabei wird die in der DIN EN 10027-1 vorgenommene Einteilung in unlegierte Stähle und legierte Stähle übernommen.

Die in der ▶ Tab. 1 S. 115 fehlenden Gruppennummern 00 und 90 sind für die unlegierten Grundstähle vorgesehen. Die ebenfalls fehlenden Gruppennummern 08 und 98 sind den legierten Qualitätsstählen mit besonderen physikalischen Eigenschaften und die fehlenden Gruppennummern 09 und 99 den legierten Qualitätsstählen für verschiedene Anwendungsbereiche zugeordnet.

Zählnummern: 1. XX**XXXX**

Die Zählnummern werden von der Europäischen Stahlregistratur entsprechend dem zeitlichen Eingang der Anmeldungen neuer Stähle zugeordnet. Bei der Vergabe von neuen Werkstoffnummern mit einer vierstelligen Zählnummer ist sicherzustellen, dass die ersten beiden Stellen der Zählnummer vollständig hochgezählt sind (z. B. 1.99xx), bevor die letzten beiden Stellen der Zählnummer vergeben werden (z. B. 1.9901).

Unlegierte Stähle			Legierte Stähle						
Qualitätsstähle		Edelstähle	Edelstähle						
			Werkzeugstähle	Verschiedene Stähle	Nichtrostende und hitzebeständige Stähle	Bau-, Maschinenbau- und Behälterstähle			
		10 Stähle mit besonderen physikalischen Eigenschaften	20 Cr	30	40 Nichtrostende Stähle mit < 2,5 % Ni ohne Mo, Nb und Ti	50 Mn, Si, Cu	60 Cr-Ni mit ≥ 2,0 < 3 % Cr	70 Cr Cr-B	80 Cr-Si-Mo Cr-Si-Mn-Mo Cr-Si-Mo-V Cr-Si-Mn-Mo-V
01 Allgemeine Baustähle mit $R_m < 500\ N/mm^2$	91	11 Bau-, Maschinenbau-, Druckbehälterstähle mit < 0,50 % C	21 Cr-Si Cr-Mn Cr-Mn-Si	31	41 Nichtrostende Stähle mit < 2,5 % Ni mit Mo, ohne Nb und Ti	51 Mn-Si Mn-Cr	61	71 Cr-Si Cr-Mn Cr-Mn-B C-Si-Mn	81 Cr-Si-V Cr-Mn-V Cr-Si-Mn-V
02 Sonstige, nicht für eine Wärmebehandl. bestimmte Baustähle mit $R_m < 500\ N/mm^2$	92	12 Bau-, Maschinenbau-, Druckbehälterstähle mit ≥ 0,50 % C	22 Cr-V Cr-V-Si Cr-V-Mn Cr-V-Mn-Si	32 Schnellarbeitstähle mit Co	42	52 Mn-Cu Mn-V Si-V Mn-Si-V	62 Ni-Si Ni-Mn Ni-Cu	72 Cr-Mo mit < 0,35 % Mo Cr-Mo-B	82 Cr-Mo-W Cr-Mo-W-V
03 Stähle mit im Mittel < 0,12 % C oder $R_m < 400\ N/mm^2$	93	13 Bau-, Maschinenbau-, Druckbehälterstähle mit besond. Anforderungen	23 Cr-Mo Cr-Mo-V Mo-V	33 Schnellarbeitsstähle ohne Co	43 Nichtrostende Stähle mit ≥ 2,5 % Ni ohne Mo Nb und Ti	53 Mn-Ti Si-Ti	63 Ni-Mo Ni-Mo-Mn Ni-Mo-Cu Ni-Mo-V Ni-Mn-V	73 Cr-Mo mit > 0,35 % Mo	83
04 Stähle mit im Mittel ≥ 0,12 % < 0,25 % C oder $R_m \geq 400$ < $500\ N/mm^2$	94	14	24 W Cr-W	34 Verschleißfeste Stähle	44 Nichtrostende Stähle mit ≥ 2,5 % Ni und Mo, ohne Nb u. Ti	54 Mo Nb, Ti, V W	64	74	84 Cr-Si-Ti Cr-Mn-Ti Cr-Si-Mn-Ti
05 Stähle mit im Mittel ≥ 0,25 < 0,55 % oder $R_m \geq 500$ < $700\ N/mm^2$	95	15 Werkzeugstähle	25 W-V Cr-W-V	35 Wälzlager stähle	45 Nichtrostende Stähle mit Sonderzusätzen	55 B Mn-B < 1,65 % Mn	65 Cr-Ni-Mo mit < 0,4 % Mo + < 2 % Ni	75 Cr-V mit < 2,0 % Cr	85 Nitrierstähle
06 Stähle mit im Mittel > 0,55 % C oder $R_m > 700\ N/mm^2$	96	16 Werkzeugstähle	26 W außer Klassen 24, 25 und 27	36 Werkstoffe mit besond. magnetischen Eigenschaften ohne Co	46 Chemisch beständige u. hochwarmfeste Ni-Legierungen	56 Ni	66 Cr-Ni-Mo mit < 0,4 % Mo + ≥ 2,0 < 3,5 % Ni	76 Cr-V mit > 2,0 % Cr	86
07 Stähle mit höherem P- oder S-Gehalt	97	17 Werkzeugstähle	27 mit Ni	37 Werkstoffe mit besond. magnetischen Eigenschaften mit Co	47 Hitzebeständige Stähle mit < 2,5 % Ni	57 Cr-Ni mit < 1,0 % Cr	67 Cr-Ni-Mo mit < 0,4 % Mo + ≥ 3,5 < 5,0 % Ni oder ≥ 0,4 % Mo	77 Cr-Mo-V	87
		18 Werkzeugstähle	28 Sonstige	38 Werkstoffe mit besond. magnetischen Eigenschaften ohne Ni	48 Hitzebeständige Stähle mit ≥ 2,5 % Ni	58 Cr-Ni mit ≥ 1,0 < 1,5 % Cr	68 Cr-Ni-V Cr-Ni-W Cr-Ni-V-W	78	88
		19	29	39 Werkstoffe mit besond. physikalischen Eigenschaften mit Ni	49 Werkstoffe mit erhöhten Temperatureigenschaften	59 Cr-Ni mit ≥ 1,5 < 2,0 % Cr	69 Cr-Ni außer Klassen 57 bis 68	79 Cr-Mn-Mo Cr-Mn-Mo-V Cr-Mn-Mo-Ni	89

(86–89) Nicht für eine Wärmebehandlung beim Verbraucher bestimmte Stähle hochfeste schweißgeeignete Stähle

Tabelle 1 Stahlgruppennummern (DIN EN 10027-2: 2015, gekürzt)

4.7.4 Weitere Bezeichnungssysteme für Stähle

Die Bundesrepublik Deutschland und das DIN haben vertraglich festgelegt, dass nur das DIN zur Herausgabe deutscher Normen berechtigt ist.

Für viele Stähle, die nur in bestimmten Sparten eingesetzt werden, dort aber genau festgelegten Spezifikationen entsprechen müssen, ist kein Bedarf für allgemein gültige Normen. In diesen Fällen erstellen Fachverbände eigene Standards mit eigenen Werkstoffbezeichnungen, z. B. die Stahl-Eisen-Werkstoffblätter (SEW) des Vereins Deutscher Eisenhüttenleute (VDEh) oder die VDG-Merkblätter für Gusswerkstoffe (Verein Deutscher Gießereifachleute).

Besondere Werkstoffanforderungen zur Einhaltung gesetzlicher Sicherheitsbestimmungen im überwachungspflichtigen Bereich (Druckbehälter, Dampfkessel) sind in den Werkstoffblättern der Arbeitsgemeinschaft Druckbehälter (AD), des Deutschen Dampfkesselausschusses (DDA) und des Verbandes der Technischen Überwachungsverein (VdTÜV) festgeschrieben.

4.7.5 Handelsformen der Stähle

In der DIN EN 10079: 2007 sind die Bezeichnungen für Stahlerzeugnisse festgelegt, die in den verschiedenen Erzeugnisnormen zu verwenden sind. Die Norm definiert die Begriffe für Stahlerzeugnisse nach ihren Formen und Maßen und nach ihrem Aussehen und Oberflächenzustand. Die nachfolgende Tabelle enthält eine kurzgefasste Übersicht der wichtigsten Begriffe.

flüssiger Stahl		
fester Stahl und Halbzeug	fester Rohstahl	
	Halbzeug	quadratisch, rechteckig, flach, rund, vorprofiliert
	Flacherzeugnisse	ohne Oberflächenveredelung, Elektroblech und -band, Verpackungsblech, mit Oberflächenveredelung, profilierte Bleche, zusammengesetzte Erzeugnisse
	Langerzeugnisse	Walzdraht, Draht, warmgeformte Stäbe, Blankstahl, Beton- und Spannstahl, warmgewalzte Profile, geschweißte Profile, Kaltprofile, rohrförmige Erzeugnisse
	andere Erzeugnisse	Freiformschmiedestücke, Gesenkschmiedestücke, Gussstücke, pulvermetallurgische Erzeugnisse

Aufgaben:

1. Was ist Stahl?
2. Welche Stähle gelten als unlegiert, welche als legiert?
3. Nennen Sie die Güteklassen, in die die Stähle nach DIN EN 10020 eingeordnet werden.
4. Erläutern Sie den Aufbau des Bezeichnungssystems für Stähle.
5. Welche Stahlarten werden mit den Kennbuchstaben „S“, „E“, „B“ und „Y“ gekennzeichnet?
6. Erklären Sie die Kurzzeichen „S235“ und „E335“.
7. Den Kurznamen der Stähle für den Stahlbau können die Buchstaben „JR“, „KR“ und „LR“ nachgestellt werden. Wofür stehen diese Buchstaben? (siehe dazu die ► Tabelle im Anhang Seite 334)
8. Erklären Sie die folgenden Kurznamen für Stähle: „41CrMo4“, „X5CrNi18-10“, „HS6-5-2“
9. Zu welchen Stahlgruppen gehören die folgenden Stähle „S185“, „E360“, „C45“, „13CrMo4-5“, „X10CrNi18-8“?
10. Welche Stähle sind unter folgenden Werkstoffnummern zu finden: „1.01xx“, „1.15xx“, „1.40xx“, „1.43xx“, „1.65xx“?

4.8 Einteilung der Stähle nach dem Verwendungszweck (außer Werkzeugstähle)

Bei den nachfolgend beschriebenen Stahlgruppen handelt es sich um Schmiede- oder Walzstähle, sofern im Text nichts anderes erwähnt ist.

In den nachfolgenden Tabellen sind die Festigkeitswerte in „MPa" angegeben. Der Umrechnungsfaktor in „N/mm²" ist 1: 1 MPa = 1 N/mm².

4.8.1 Bau- und Konstruktionsstähle

4.8.1.1 Baustähle nach DIN EN 10025-2: 2005

Unlegierte Baustähle werden aufgrund ihrer mechanischen Eigenschaften und ihrer Schweißeignung im Wesentlichen im Hoch- und Tiefbau sowie im Behälter-, Fahrzeug- und Maschinenbau verwendet. Sie sind nicht für eine Wärmebehandlung vorgesehen außer Normal- und Spannungsarmglühen. Aus diesen Stählen werden durch Warmwalzen Form- und Stabstähle, Walzdrähte und Flacherzeugnisse hergestellt. Sie sind für die Verwendung bei normalen Umgebungstemperaturen in geschweißten, genieteten und geschraubten Bauteilen vorgesehen. Die mechanischen Eigenschaften sind bis zu Nenndicken von maximal 250 mm zu gewährleisten.

Das Erschmelzungsverfahren dieser Stähle ist dem Hersteller überlassen mit der Einschränkung, dass das Siemens-Martin-Verfahren nicht mehr eingesetzt werden darf. Die Stähle müssen den Anforderungen an unlegierte Qualitätsstähle (DIN EN 10020: 2000) entsprechen. Die chemische Zusammensetzung muss innerhalb der Vorgaben der Norm liegen. Die Stähle sind beruhigt oder vollberuhigt zu vergießen. Als Lieferzustand sind „wie gewalzt" (+AR), „normalgeglüht" (+N) oder „thermomechanisch umgeformt" (+M) zulässig.

Die Stähle S235 und S275 sind in den Güteklassen JR, J0 und J2, der Stahl S355 in den Güteklassen JR, J0, J2 und K2 lieferbar (Güteklassen ▶ Anhang S. 334). In dem Entwurf prEN 10025-2: 2018 ist der Stahl S450J0 gestrichen. An seiner Stelle ist der Stahl S460 in den Güteklassen JR, J0, J2 und K2 enthalten. Neu aufgenommen wurde der Stahl S500 in der Güteklasse J0. Die höheren Zähigkeitswerte der Sorten J0, J2 und K2 werden durch eine Verringerung des Kohlenstoffgehalts und besonders des Phosphor- und Schwefelgehalts erreicht. Dadurch werden die Stähle auch besser schweißbar.

Bild 1 zeigt den Einfluss des Kohlenstoffgehalts auf die Festigkeits- und Zähigkeitseigenschaften der unlegierten Stähle. Zunehmender Kohlenstoffgehalt

- erhöht die Zugfestigkeit, Streckgrenze, Härte und den Verschleißwiderstand,
- senkt die Bruchdehnung, Brucheinschnürung, Kerbschlagarbeit, Kalt- und Warmumformbarkeit, spanende Bearbeitbarkeit und Schweißeignung.

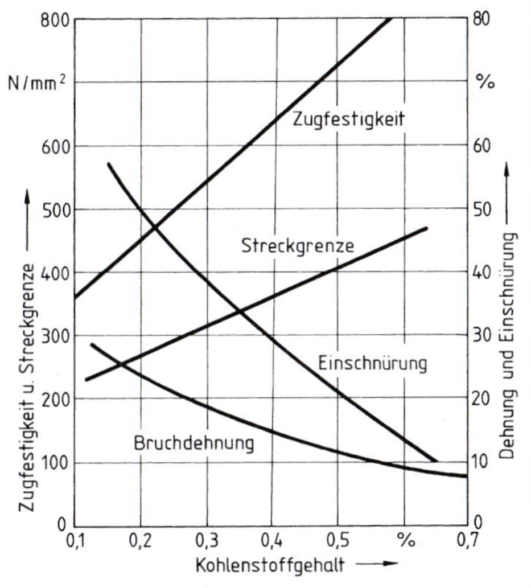

Bild 1 Abhängigkeit der Festigkeitseigenschaften von allgemeinen Baustählen im warmgewalzten Zustand vom Kohlenstoffgehalt

▶ Tab. 1 S. 119 zeigt die unlegierten Baustähle nach DIN EN 10025-2: 2005.

4.8.1.2 Wetterfeste Baustähle nach DIN EN 10025-5: 2005

Diese Stähle stellen eine besondere Gruppe innerhalb der Baustähle dar. Abgeleitet aus den beiden Sorten S235 und S355 haben sie durch Zulegieren von Chrom in Gehalten zwischen 0,30 bis 1,25 % und Kupfer in Gehalten zwischen 0,25 bis 0,55 % bei normalen Umgebungstemperaturen einen erhöhten Widerstand gegen atmosphärische Korrosion. Sie gehören dementsprechend zur Gruppe der legierten Edelstähle nach DIN EN 10020: 2000 (► S. 110). Sie werden entsprechend DIN EN 10027-1: 2017 Tabelle 1 mit einem nachgestellten „W" für wetterfest gekennzeichnet, zwei Stähle der Sorte S355 sind für die Verwendung als Spundwandstahl (zusätzliche Kennzeichnung mit „P") geeignet.

Die Sorte S235 wird in den Gütegruppen J0 und J2 geliefert, d. h. die gewährleistete Kerbschlagarbeit beträgt mindestens 27J bei 0 °C bzw. –20 °C. Bei der Sorte S355 ist zusätzlich die Güteklasse K2 genormt, was einer gewährleisteten Kerbschlagarbeit von 40 J bei –20 °C entspricht. Die Festigkeitswerte entsprechen den Werten der vergleichbaren Baustähle nach DIN EN 10025-2: 2005, sind allerdings nur bis zu Nenndicken von 150 mm vorgeschrieben.

Die vollständigen Bezeichnungen und Werkstoffnummern sind: S235J0W (1.8958), S235J2W (1.8961), S355J0W (1.8959), S355J2W (1.8965), S355 K2W (1.8967), S355J0WP (1.8945) und S355J2WP (1.8946).

In dem Entwurf prEN 10025-5: 2018 wurden die Sorten S355J4W (1.8913), S355J5W (1.8991), S420J0W (1.8943), S420J2W (1.8949), S420K2W (1.8997), S420J4W (1.8954), S420J5W (1.8992), S460J0W (1.8966), S460J2W (1.8980), S460K2W (1.8990), S460J4W (1.8981) und S460J5W (1.8993) ergänzt. Die Streckgrenzen- und Zugfestigkeitswerte dieser Stähle entsprechen weitgehend den Werten in der ► Tabelle 1 Seite 119.

4.8.1.3 Schweißgeeignete Feinkornbaustähle nach DIN EN 10025-3: 2005 und DIN EN 10025-4: 2005

DIN EN 10025-3: 2005 enthält die technischen Lieferbedingungen für normalgeglühte/normalisierend gewalzte schweißgeeignete Feinkronbaustähle, DIN EN 10025-4: 2005 die entsprechenden Angaben für thermomechanisch gewalzte schweißgeeignete Feinkornbaustähle.

Die Forderung des Stahlbaus nach höheren Festigkeiten bei gleichzeitig guter Schweißbarkeit können die Baustähle nach DIN EN 10025-2 nicht erfüllen. Daher wurden so genannte mikrolegierte Stähle mit wesentlich verbesserten mechanischen Eigenschaften entwickelt. Sie haben im Vergleich zu den Baustählen nach DIN EN 10025-2 Kohlenstoffgehalte von maximal 0,20 % und sind mit Niob, Vanadin, Aluminium, Titan, Chrom, Nickel, Molybdän, Kupfer, Bor, Zirkon und Stickstoff in teilweise sehr geringen Gehalten legiert. Sie sind daher auch in die Gruppe der legierten Edelstähle nach DIN EN 10020: 2000 (► S. 110) einzuordnen. Ihre besonderen mechanischen Eigenschaften erhalten sie durch einzelne oder auch durch Kombination mehrerer dieser Legierungselemente in Form von Mischkristallen und durch Ausscheidungshärtung bzw. thermomechanische Behandlung (► S. 100). Die gute Schweißbarkeit ist auf den niedrigen Kohlenstoffgehalt und die schweißneutralen Mikrolegierungselemente zurückzuführen. Die Stähle werden im Lieferzustand weiterverarbeitet.

Für diese beiden Normen liegen seit Juli 2018 ebenfalls Entwürfe vor. In der prEN 10025-4: 2018 ist der Stahl S500M ergänzt.

Stahlbezeichnung		Mindeststreckgrenze R_{eH}[a] in MPa[b] bei Nenndicken in mm									Zugfestigkeit R_m[a] in MPa[b] bei Nenndicken in mm				
Kurzname	Werkstoff-nummer	≤16	>16 ≤40	>40 ≤63	>63 ≤80	>80 ≤100	>100 ≤150	>150 ≤200	>200 ≤250	>250 ≤400[c]	<3	≥3 ≤100	>100 ≤150	>150 ≤250	>250 ≤400[c]
S185	1.0035	185	175	175	175	175	165	155	145	–	310…540	290…510	280…500	270…490	–
S235JR	1.0038	235	225	215	215	215	195	185	175	165	360…510	360…510	350…500	340…490	330…480
S235J0	1.0114														
S235J2	1.0117														
S275JR	1.0044	275	265	255	245	235	225	215	205	195	430…580	410…560	400…540	380…540	380…540
S275J0	1.0143														
S275J2	1.0145														
S355JR	1.0045	355	345	335	325	315	295	285	275	265	510…680	470…630	450…600	450…600	450…600
S355J0	1.0553														
S355J2	1.0577														
S355K2	1.0596														
S450J0[d]		450	430	410	390	380	380	–	–	–	–	550…720	530…700	–	–
S460JR[d]	1.0507	460	440	420	400	390	390	–	–	–	–	550…720	530…700	–	–
S460J0[d]	1.0538														
S460J2[d]	1.0552														
S460K2[d]	1.0581														
S500J0[d]	1.0502	500	480	460	450	450	450	–	–	–	–	580…760	560…750	–	–
E295[e]	1.0050[e]	295	285	275	265	255	245	235	225	–	490…660	470…610	450…610	440…610	–
E335[e]	1.0060[e]	335	325	315	305	295	275	265	255	–	590…770	570…710	550…710	540…710	–
E360[e]	1.0070[e]	360	355	345	335	325	305	295	285	–	690…900	670…830	650…830	640…830	–

[a] Für Blech, Band und Breitflachstahl in Breiten ≥600 mm gilt die Richtung quer (t) zur Walzrichtung. Für alle anderen Erzeugnisse gelten die Werte in Walzrichtung (l).
[b] 1 MPa = 1 N/mm²
[c] Die Werte gelten für Flacherzeugnisse.
[d] Nur für Langerzeugnisse anzuwenden.
[e] Diese Stähle werden üblicherweise nicht für U-Stahl, Winkel und Profile verwendet.

Tabelle 1 Unlegierte Baustähle nach DIN EN 10027-2: 2005 und prEN 10025-2: 2018. Der Stahl S450J0 ist in prEN 10025-2: 2018 gestrichen. An seiner Stelle steht der Stahl S460.

In der Tabelle 1 sind auszugsweise die wesentlichen Angaben zu diesen Stählen nach DIN EN 10025-3: 2005 und DIN EN 10025-4: 2005 bzw. prEN 10025-3: 2018 und prEN 10025-4: 2018 zusammengestellt.

Stahlbezeichnung		Mindeststreckgrenze R_{eH} in MPa Nenndicke in mm						Zugfestigkeit R_m in MPa Nenndicke in mm				
Kurzname	Werkstoffnummer	≤16	>16 ≤40	>40 ≤63	>63 ≤80	>80 ≤100	>100 ≤150	≤40	>40 ≤63	>63 ≤80	>80 ≤100	>100 ≤150
S275 N S275NL	1.0490 1.0491	275	265	255	245	235	225	370…510				350…480
S355 N S355NL	1.0545 1.0546	355	345	335	325	315	295	470…630				450…600
S420 N S420NL	1.8902 1.8912	420	400	390	370	360	340	520…680				500…650
S460 N S460NL	1.8901 1.8903	460	440	430	410	400	380	540…720				530…710
S275M S275ML	1.8818 1.8819	275	265	255	245	245	240	370…530	360…520	350…510	350…510	350…510
S355M S355ML	1.8823 1.8834	355	345	335	325	325	320	470…630	450…610	440…600	440…600	430…590
S420M S420ML	1.8825 1.8836	420	400	390	380	370	365	520…680	500…660	480…640	470…630	460…620
S460M S460ML	1.8827 1.8838	460	440	430	410	400	385	540…720	530…710	510…690	500…680	490…660
S500M S500ML	1.8829 1.8839	500	480	460	450	450	450	580…760	580…760	580…760	560…750	560…750

Tabelle 1 Schweißgeeignete Feinkornbaustähle. Auszug aus DIN EN 10025-3: 2005 und DIN EN 10025-4: 2005 bzw. prEN 10025-3: 2018 und prEN 10025-4: 2018

4.8.1.4 Baustähle mit höheren Streckgrenzen im vergüteten Zustand nach DIN EN 10025-6: 2009

Dies sind legierte Edelstähle, die grundsätzlich im vergüteten Zustand geliefert werden. Der Kohlenstoffgehalt liegt bei maximal 0,20 % (Schmelzanalyse). Die wesentlichen Legierungselemente sind (ebenfalls Schmelzanalyse) Chrom mit max. 1,50 %, Nickel max. 4,00 %, Silizium max. 0,80 %, Mangan max. 1,70 % und Molybdän max. 0,70 %. Bei der Stückanalyse liegen die Werte jeweils etwas höher.

Die Stähle werden in den Gütegruppen Q, QL und QL1 geliefert. Die Mindestfestigkeitswerte müssen bei den Stählen S460, S500, S550, S620 und S690 bei Durchmessern bis maximal 150 mm und bei den Stählen S890 und S960 bei Durchmessern bis maximal 125 mm in allen Gütegruppen eingehalten werden. Sie sind in der nachfolgenden Tabelle 2 aufgelistet.

Stahlbezeichnung		Mindeststreckgrenze R_{eH} in MPa Nenndicke in mm				Zugfestigkeit R_m in MPa Nenndicke in mm		
Kurzname	Werkstoffnummer	≥ 3 ≤ 50	> 50 ≤ 100	> 100 ≤ 125	> 125 ≤ 200	≥ 3 ≤ 50	> 50 ≤ 100	> 100 ≤ 150
S460Q	1.8908	460	440	400		550…720		500…670
S500Q	1.8924	500	480	440		590…770		540…720
S550Q	1.8904	550	530	490		640…820		590…770
S620Q	1.8914	620	580	560		700…890		650…830
S690Q	1.8931	690	650	630		770…940	760…930	710…900
S890Q	1.8940	890	830	830	–	940…1100	880…1100	–
S960Q	1.8941	960	850	850	–	980…1150	900…1100	–

Tabelle 2 Baustähle mit höheren Streckgrenzen im vergüteten Zustand. Auszug aus DIN EN 10025-6: 2009 bzw. prEN 10025-6: 2018

Kerbschlagbiegeversuche nach DIN EN ISO 148-1: 2017 sind an Proben mit V-Kerbe durchzuführen (▶ S. 280 ff.). Es ist die Hammerfinne mit einem Radius von 2 mm zu verwenden. Proben aus den genannten Werkstoffen, die längs zur Walzrichtung entnommen wurden, müssen folgende Mindestwerte der verbrauchten Kerbschlagarbeit zeigen: Gütegruppe Q bei 0 °C KV_2 = 40 J, bei −20 °C KV_2 = 30 J; Gütegruppe QL bei 0 °C KV_2 = 50 J, bei −20 °C KV_2 = 40 J, bei −40 °C, KV_2 = 30 J; Gütegruppe QL1 bei 0 °C KV_2 = 60 J, bei −20 °C KV_2 = 50 J, bei −40 °C, KV_2 = 40 J, bei −60 °C KV_2 = 30 J.

4.8.1.5 Vergütungsstähle nach DIN EN ISO 683-1: 2018 und DIN EN ISO 683-2: 2018

Diese Stähle sind aufgrund eines kontrollierten Erschmelzungsprozesses und wegen der Kohlenstoffgehalte zwischen 0,22 und 0,60 % für eine Vergütungsbehandlung vorgesehen. Nach DIN EN 10020 sind sie der Gruppe der Edelstähle zuzuordnen.

DIN EN ISO 683-1: 2018 enthält die technischen Lieferbedingungen für die unlegierten Stähle („C-Stähle"), DIN EN ISO 683-2: 2018 entsprechend die technischen Lieferbedingungen für legierte Stähle, die als Legierungselemente Chrom, Molybdän, Nickel, Vanadium, Mangan und Bor sowie Kombinationen dieser Elemente enthalten. Mangan erhöht die Durchvergütbarkeit bei dickeren Querschnitten, führt aber leicht zu Grobkorn. Chrom verbessert ebenfalls die Durchvergütbarkeit bei gleichzeitig feinem Korn, wodurch höhere Zähigkeitswerte erreicht werden. In Verbindung mit Molybdän führt Chrom zu einer höheren Anlassbeständigkeit. CrNiMo-legierte Stähle ermöglichen durchvergütete Bauteile bis zu Durchmessern von 200 mm. Durch Bor wird schon bei Zusätzen von 0,0008 % und größer die Härtbarkeit wesentlich erhöht. Durch Ausweitung des Zwischenstufengebietes sind bei kontinuierlicher Abkühlung vollbainitische Gefüge möglich.

Diese Stähle sind gut warmumformbar, wobei heute oft schon die Endfestigkeit durch kontrollierte Abkühlung aus der Warmumformtemperatur eingestellt wird (▶ S. 90). Die Kaltumformbarkeit ist begrenzt. Im normalgeglühten Zustand sind sie mit allen spanabhebenden Verfahren gut bearbeitbar. Wegen der höheren C-Gehalte sind sie nur sehr eingeschränkt schweißbar, wobei besonders bei den legierten Sorten vorgewärmt und auf extrem langsame Abkühlung geachtet werden muss, damit die Schweißnaht und die Wärmeeinflusszone nicht aufhärten. Geschweißte Bauteile sind erst nach dem Schweißen zu vergüten.

Stahlbezeichnung		Normalglühtemperatur in °C	Härtetemperatur in °C	Abschreckmittel	Anlasstemperatur in °C
Kurzname	Werkstoffnummer				
C25E, C25R	1.1158, 1.1163	880 … 920	860 … 900	Wasser	550 … 660
C35E, C35R	1.1181, 1.1180	860 … 900	840 … 880	Wasser oder Öl	550 … 660
C45E, C45R	1.1191, 1.1201	840 … 880	820 … 860	Wasser oder Öl	550 … 660
C60E, C60R	1.1221, 1.1223	820 … 860	800 … 840	Öl oder Wasser	550 … 660
28Mn6	1.1170		830 … 870	Wasser oder Öl	540 … 680
42Mn6	1.1055		830 … 880	Öl	550 … 650
34Cr4, 34CrS4	1.7033, 1.7037		830 … 870	Wasser oder Öl	540 … 680
41Cr4, 41CrS4	1.7035, 1.7039		820 … 860	Öl oder Wasser	540 … 680
42CrMo4, 42CrMoS4	1.7225, 1.7227		820 … 860	Öl oder Wasser	540 … 680
50CrMo4	1.7228		820 … 860	Öl	540 … 680
34CrNiMo6	1.6582		830 … 860	Öl	540 … 660
30CrNiMo8	1.6580		830 … 860	Öl	540 … 660
51CrV4	1.8159		820 … 860	Öl	540 … 680
20MnB5	1.5530		880 … 920	Wasser	400 … 600
30MnB5	1.5531		860 … 900	Wasser	400 … 600
39MnB5	1.5532		840 … 880	Wasser oder Öl	400 … 600
27MnCrB5-2	1.7182		880 … 920	Wasser oder Öl	400 … 600
33MnCrB5-2	1,7185		860 … 900	Öl	400 … 600
39MnCrB6-2	1.7189		840 … 880	Öl	400 … 600

Tabelle 1 Vergütungsstähle, Auswahl aus DIN EN ISO 683-1: 2018 und DIN EN ISO 683-2: 2018

▶ Tabelle 1 S. 121 enthält eine Auswahl von unlegierten und legierten Stählen aus den beiden Normen DIN EN ISO 683-1: 2018 und DIN EN ISO 683-2: 2018, mit Temperaturbereichen (Anhaltswerte) für das Normalglühen, Härten und Anlassen.

Die Verwendungsmöglichkeiten der Vergütungsstähle ergeben sich aus den Abmessungen des Bauteils und den geforderten Festigkeitseigenschaften. Diese Stähle werden vorwiegend eingesetzt für statisch und vor allem für dynamisch hochbelastete Bauteile wie Achsen, Wellen, Zahnräder u. Ä. Dabei ist zu beachten, dass auch bei den legierten Stählen die erreichbare Festigkeit und die Durchvergütbarkeit mit zunehmenden Bauteilquerschnitten abnimmt. In der ▶ Tabelle 1 S. 123 aus der zurückgezogenen DIN EN 10083 sind die Bereiche der zu erwartenden Festigkeiten in Abhängigkeit vom Bauteildurchmesser zusammengestellt. Sie ist eine gute Hilfe für die Auswahl eines Vergütungsstahls. Zur Erhöhung der Verschleißfestigkeit können diese Stähle durch Flamm- oder Induktionshärten randschichtgehärtet werden.

4.8.1.6 Automatenstähle nach DIN EN ISO 683-4: 2018

Spanen ist nach DIN 8589 ein Trennvorgang, bei dem mithilfe der Schneide eines Werkzeugs von einem Werkstoff Werkstoffschichten in Form von Spänen mechanisch abgetrennt werden, um die Werkstückform und/oder die Werkstückoberfläche zu verändern. Beim Spanen mit geometrisch bestimmter

	Stahlbezeichnung		Durchmesser d in mm	unbehandelt		vergütet		
	Kurzname	Werkstoffnummer		Härte HBW max.	Zugfestigkeit R_m in MPa	Streckgrenze R_{eH} min. in MPa	Zugfestigkeit R_m in MPa	Brucheinschnürung A_{min} in %
Automatenstähle, die nicht für eine Wärmebehandlung bestimmt sind	9S20	1.0711	$d \le 63$	154	330…520			
			$63 < d \le 100$	140	310…520			
	11SMn30 11SMnPb30 11SMn37 11SMnPb37	1.0715 1.0718 1.0736 1.0737	$5 < d \le 40$	169	380…570			
			$40 < d \le 63$	169	370…570			
			$63 < d \le 100$	154	360…520			
Automatenstähle zum Einsatzhärten	10S20 10SPb20	1.0721 1.0722	$5 < d \le 63$	156	360…530			
			$63 < d \le 100$	146	350…490			
	17SMn20	1.0735	$5 < d \le 10$	181	430…610			
			$10 < d \le 40$	178	430…600			
			$40 < d \le 63$	172	430…580			
			$63 < d \le 100$	160	420…540			
Automatenstähle zum Vergüten	35S20 35SPb20	1.0726 1.0756	$5 < d \le 10$	210	550…720	430	630…780	15
			$10 < d \le 16$	204	550…700	430	630…780	15
			$16 < d \le 40$	198	520…680	380	600…750	16
			$40 < d \le 63$	196	520…670	320	550…700	17
			$63 < d \le 100$	190	500…650	320	550…700	17
	38SMn28 38SMnPb28	1.0760 1.0761	$5 < d \le 10$	228	580…780	480	700…850	15
			$10 < d \le 16$	219	580…750	460	700…850	15
			$16 < d \le 40$	213	560…730	420	700…850	15
			$40 < d \le 63$	213	560…730	400	700…850	16
			$63 < d \le 100$	204	550…700	380	630…800	16
	46S20 46SPb20	1.0727 1.0757	$5 < d \le 10$	234	590…800	490	700…850	12
			$10 < d \le 16$	228	590…780	490	700…850	12
			$16 < d \le 40$	222	590…760	430	650…800	13
			$40 < d \le 63$	213	580…730	370	630…780	14
			$63 < d \le 100$	207	560…710	370	630…780	14

Tabelle 1 Mechanische Eigenschaften der Automatenstähle. Auszug aus DIN EN ISO 683-4: 2018

Mindest-streckgrenze in Mpa	$d \leq$ 16mm	16 < $d \leq$ 40 mm	40 < $d \leq$ 100 mm	100 < $d \leq$ 160 mm	160 < $d \leq$ 250 mm	Mindest-streckgrenze in Mpa
1 050	30CrNiMo8, 36NiCrMo16	30CrNiMo8, 36NiCrMo16				1 050
1 000	34CrNiMo6					1 000
950						950
900	42CrMo4, 50CrMo4, 51CrV4, 38MnB5, 39MnCrB6-2	34CrNiMo6	30CrNiMo8, 36NiCrMo16			900
	30NiCrMo16-6	30NiCrMo16-6	30NiCrMo16-6			
850	33MnCrB5-2	39MnCrB6-2				850
800	41Cr4, 34CrMo4, 30MnB5, 27MnCrB5-2	51CrV4, 33MnCrB5-2	34CrNiMo6, 39MnCrB6-2	30CrNiMo8, 36NiCrMo16	36NiCrMo16	800
				30NiCrMo16-6	30NiCrMo16-6	
	39NiCrMo3	50CrMo4				
750	37Cr4	42CrMo4, 27MnCrB5-2	33MnCrB5-2			750
	35NiCr6	35NiCr6, 39NiCrMo3				
700	34Cr4, 25CrMo4, 20MnB5	38MnB5	500CrMo4, 51CrV4, 27MnCrB5-2	34CrNiMo6	30CrNiMo8	700
			39NiCrMo3			
650	46Cr2	41Cr4, 34CrMo4, 30MnB5	42CrMo4	50CrMo4, 51CrV4		650
			35NiCr6			
		37Cr4		39NiCrMo3		
600		25CrMo4, 20MnB5			34CrNiMo6, 51CrV4	600
	28Mn6	34Cr4				
	C60, C60E					
			41Cr4			
550	C55, C55E, 38Cr2	46Cr2	34CrMo4	42CrMo4	50CrMo4	550
					39NiCrMo3	
	C55E, C55R	C60, C60E				
			37Cr4			
500		C55, C55E, 28Mn6		34CrMo4	42CrMo4	500
	C45, C45E					
450	C40, C40E	C55E, C55R	34Cr4, C60, C60E, 25CrMo4		34CrMo4	450
		38Cr2				
			28Mn6			
	C35, C35E	C45, C45E				
			C55, C55E			
400		C40, C40E	C55E, 46Cr2	25CrMo4		400
		C35, C35E				
			C45, C45E			
350			38Cr2, C40, C40E, C40R			350
	C22E, C22R		C35, C35E			
300						300
		C22E, C22R				
250						250

Tabelle 1 Verwendungsbereiche der vergüteten Stähle (Auszug aus der zurückgezogenen DIN 17200: 1987). Die untere Begrenzungslinie eines Tabellenfeldes gibt die jeweilige Mindeststreckgrenze des Stahls bzw. der Stähle in diesem Tabellenfeld an.

Schneide (Drehen, Bohren, Fräsen, Hobeln und Stoßen) müssen die abgetrennten Späne über Spanleitflächen auf den Werkzeugen aus dem Zerspanraum abgeführt werden. Sind die Späne kurz, ist der Spanabfluss meist problemlos. Sind die Späne dagegen länger („Fließspäne"), können sie den Zerspanungsprozess behindern.

Die zunehmende Automatisierung der Fertigung durch anfangs mechanische Drehautomaten bis zu den heutigen numerisch gesteuerten Fertigungszentren benötigt Werkstoffe, die trotz der im Bauteil geforderten hohen Festigkeit und Zähigkeit kurzbrüchige Späne bilden, damit der Fertigungsablauf nicht zur Spanbeseitigung unterbrochen werden muss. Legierungstechnisch ist ein kurzbrüchiger Span durch Zugabe von maximal 0,33 % Schwefel oder 0,33 % Blei erreichbar. Schwefel bildet mit Eisen bzw. Mangan Sulfide. Die Eisensulfide lagern sich beim Erstarren des Stahles als mehr oder weniger dicke Schale auf den Korngrenzen ab. Die Mangansulfide sind dagegen als Kristalle vollkommen regellos im Stahlgefüge verteilt. Blei bildet beim Erstarren des Stahles ebenfalls zufällig in die Stahlmatrix eingelagerte kleinste Bleikristalle. Da Blei und Eisen nicht legieren (▶ S. 43), haben diese Bleikristalle keine Bindung zum Eisen.

Bei der Zerspanung sind die Eisensulfidschalen, die Mangansulfide und die Bleikristalle Sollbruchstellen im Span.

Die Automatenstähle sind in der DIN EN ISO 683-4: 2018 genormt. Für die Automatenstähle, die nicht für eine Wärmebehandlung bestimmt sind, und die Automateneinsatzstähle werden die Brinellhärte und die Zugfestigkeitswerte im unbehandelten Zustand angegeben, für die Automatenvergütungsstähle die Streckgrenzen, die Zugfestigkeitswerte und die Brucheinschnürungen im unbehandelten und vergüteten Zustand (▶ Tabelle 1 Seite 122).

Neben diesen speziellen Automatenstählen werden auch einige Vergütungsstähle der DIN EN ISO 683-1: 2018 und DIN EN ISO 683-2: 2018 geliefert, die mit Schwefel legiert sind. Bei den Baustählen nach DIN EN 10 025-2: 2005 und prEN 10025-2: 2018 werden mit Blei legierte Varianten angeboten.

4.8.2 Stähle für thermochemische Randschichtverfestigung

4.8.2.1 Einsatzstähle nach DIN EN ISO 683-3: 2018

Einsatzstähle werden mit Kohlenstoffgehalten unter 0,2 % erschmolzen. Nach der spanlosen oder spanenden Formgebung wird die Randzone in einem kohlenstoffabgebenden Medium auf Kohlenstoffgehalte zwischen 0,7 und 0,9 % aufgekohlt und anschließend gehärtet. Dadurch sind Bauteile mit sehr harter und verschleißfester Oberfläche bei gleichzeitig sehr zähem Kern herstellbar, die z. B. in der Getriebetechnik erforderlich sind. Durch die hohe Randfestigkeit und durch die Druckeigenspannungen infolge der zusätzlich in das Kristallgitter eingebauten Kohlenstoffatome wird auch die Dauerfestigkeit dieser Bauteile deutlich angehoben. (Zur Verfahrensbeschreibung ▶ S. 92.)

Die Einsatzstähle sind in der DIN EN ISO 683-3: 2018 genormt. Die Norm enthält unlegierte sowie mit Chrom, Mangan, Molybdän und Nickel legierte Sorten. Für ▶ Tabelle 1 wurden einige Stähle aus dieser Norm als Beispiele ausgewählt.

	Stahlbezeichnung		Aufkohlungstemperatur in °C	Direkt- oder Einfachhärte-Temperatur in °C	Doppelhärten		Anlass-Temperatur in °C
	Kurzname	Werkstoffnummer			Kernhärte-Temperatur in °C	Randhärte-Temperatur in °C	
unlegierte Stähle	C10E C10R	1.1121 1.1207	880 … 980	830 … 870	880 … 920	780 … 820	150 … 200
	C15E C15R	1.1141 1.1140					
	C16E C16R	1.1148 1.1208					
	22Mn6	1.1160					

	Stahlbezeichnung		Aufkohlungs-temperatur in °C	Direkt- oder Einfachhärte-Temperatur in °C	Doppelhärten		Anlass-Temperatur in °C
	Kurzname	Werk-stoff-nummer			Kernhärte-Temperatur in °C	Randhärte-Temperatur in °C	
legierte Stähle	16MnCr5	1.7131	880 … 980	820 … 860	860 … 900	780 … 820	150 … 200
	16MnCrS5	1.7139					
	16MnCrB5	1.7160					
	20MnCr5	1.7147	880 … 980	820 … 860	860 … 900	780 … 820	150 … 200
	20MnCrS5	1.7149					
	20MoCr4	1.7321	880 … 980	820 … 860	860 … 900	780 … 820	150 … 200
	20MoCrS4	1.7323					
	16NiCr4	1.5714	880 … 980	820 … 860	850 … 890	780 … 820	150 … 200
	16NiCrS4	1.5715					
	18NiCr5-4	1.5810	880 … 980	820 … 860	840 … 880	780 … 820	150 … 200
	17CrNi6-6	1.5918	880 … 980	820 … 860	830 … 870	780 … 820	150 … 200
	17NiCrMo6-4	1.6566	880 … 980	810 … 850	830 … 870	780 … 820	150 … 200
	18CrNiMo7-6	1.6587	880 … 980	810 … 850	830 … 870	780 … 820	150 … 200

Tabelle 1 Wärmebehandlungstemperaturen der Einsatzstähle. Auszug aus DIN EN ISO 683-3: 2018

4.8.2.2 Nitrierstähle nach DIN EN 10085: 2001

Grundsätzlich können alle Stähle nitriert werden. Unlegierte Stähle zeigen allerdings nur eine geringe Härtesteigerung durch das Nitrieren, da sich in der Randzone nur grobnadelige Eisennitride bilden, die keine wesentliche Gitterverspannung zur Folge haben. Bei legierten Stählen verbindet sich der Stickstoff dagegen mit dem Eisen und den Legierungsatomen zu fein verteilten Eisennitriden und Sondernitriden und erzeugt dadurch Härtesteigerungen bis zu 1 100 HV1.

Besonders wirksam als Sondernitridbildner sind die Elemente Chrom und Aluminium. Daher sind die Nitrierstähle mit bis zu 3,30 % Chrom und 1,20 % Aluminium legiert.

Tabelle 2 zeigt eine Übersicht über die Nitrierstähle nach DIN EN 10085: 2001.

Stahlbezeichnung		$16 \le d \le 40$ mm				$40 < d \le 100$ mm				HV1[b]
Kurzname	Werk-stoff-nummer	R_m in Mpa[d]	R_e in Mpa[d] min.	A in % min.	KV in J min.	R_m in Mpa[d]	R_e in Mpa[d] min.	A in % min.	KV in J min.	
24CrMo13-6	1.8516	1 000 … 1 200	800	10	25	950 … 1 150	750	11	30	–
31CrMo12	1.8515	1 030 … 1 230	835	10	25	980 … 1 180	785	11	30	800
32CrAlMo7-10	1.8505	1 030 … 1 230	835	10	25	980 … 1 180	835	10	25	–
31CrMoV9	1.8519	1 100 … 1 300	900	9	25	1 000 … 1 200	800	10	30	800
33CrMoV12-9	1.8522	1 150 … 1 350	950	11	30	1 050 … 1 250	850	12	35	–
34CrAlNi7-10	1.8550	900 … 1 100	680	10	30	850 … 1 050	650	12	30	950
41CrAlMo7-10	1.8509	950 … 1 150	750	11	25	900 … 1 100	720	13	25	950
40CrMoV13-9	1.8523	950 … 1 150	750	11	25	900 … 1 100	720	13	25	–
34CrAlMo5-10[c]	1.8507	800 … 1 000	600	14	35	800 … 1 000	600	14	35	950

[a] R_m: Zugfestigkeit; R_e: Streckgrenze (0,2 %-Dehngrenze); A: Bruchdehnung; KV: Kerbschlagarbeit für V-Kerbproben.
[b] HV = Härte der nitrierten Oberfläche. Werte dienen als Anhalt/zur Information. Je nach Nitrierbehandlung und anfänglichen Vergütungsbedingungen kann die tatsächliche Oberflächenhärte abweichen.
[c] Verfügbar für Dicken 70 mm.
[d] 1 MPa = 1 N/mm^2

Tabelle 2 Nitrierstähle nach DIN EN 10085: 2001, mechanische Eigenschaften im vergüteten Zustand (Auswahl)

4.8.3 Stähle für besondere Einsatzfälle

Die nachfolgend aufgeführten Stähle gehören prinzipiell zu Gruppe der Bau- und Konstruktionsstähle. Ihre Legierungszusammensetzung ist jedoch auf besondere Einsatzbereiche abgestimmt.

4.8.3.1 Nichtrostende Stähle

Dieser Begriff beschreibt eigentlich nur unvollkommen die Eigenschaften der Stähle, die in dieser Gruppe eingeordnet werden. Aufgrund ihrer Legierungszusammensetzung sind sie häufig nicht nur beständig gegen Rost, sondern auch beständig gegen eine Vielzahl anderer Korrosionsarten (s. Kap. Korrosion). Die besondere Bedeutung dieser Stähle kommt darin zum Ausdruck, dass sie bei der grundlegenden Einteilung der Stähle in der Norm DIN EN 10020 als eigenständige Gruppe neben den unlegierten und den anderen legierten Stählen geführt werden.

Alle Stähle dieser Gruppe sind hochlegiert, wobei als Hauptlegierungselement Chrom in Gehalten über 10,50 % eingesetzt wird. Durch den hohen Chromanteil bildet sich auf der Oberfläche eine wenige Atomlagen dicke, sehr dichte Chromoxidschicht, die den Kontakt des Umgebungsmediums mit der Stahloberfläche verhindert. Wird zusätzlich mindestens 8 % Nickel zulegiert, sind die Stähle auch bei Raumtemperatur vollaustenitisch. Dieses sehr homogene Gefüge erhöht ebenfalls die Korrosionsbeständigkeit, da im Werkstoff keine Gefügebereiche mit unterschiedlichen elektrochemischen Potentialen vorhanden sind.

In der DIN EN 10088: 2014 wurde dem Wunsch nach neuen Stahlsorten mit kostengünstigeren Legierungszusätzen Folge geleistet. Daneben war auch die Weiterentwicklung der aktuellen Stähle wichtig. DIN EN 10088-1: 2014 enthält das Verzeichnis dieser Stähle sowie ihre Legierungszusammensetzungen. Im Teil 2 der Norm sind die technischen Lieferbedingungen für Blech und Band, im Teil 3 die technischen Lieferbedingungen für Halbzeug, Stäbe, Walzdraht, gezogenen Draht, Profile und Blankstahlerzeugnisse zusammengefasst. Daneben gibt es noch eine Vielzahl weiterer Normen, in denen die nichtrostenden Stähle eingehender beschrieben sind.

Die nichtrostenden Stähle werden entsprechend ihrem Gefügeaufbau unterteilt in:

- **ferritische Stähle** mit Kohlenstoffgehalten deutlich unter 0,10 % und Chromgehalten zwischen 10,50 % und 30,00 %. Weitere Legierungselemente mit nennenswerten Gehalten sind Silizium mit maximal 1,00 %, Mangan mit 1,00 % bis 1,50 % und bei einigen Sorten Molybdän bis maximal 4,5 %. Nickel wird nur bei drei Stählen in Gehalten bis 1,60 % eingesetzt. Durch den hohen Chromgehalt ist der Beständigkeitsbereich des Ferrits bis an die Soliduslinie angehoben, sodass diese Stähle nicht umwandlungshärtbar sind (▶ S. 105). Zusätzlich würde durch den geringen Kohlenstoffgehalt kaum Martensit gebildet werden. Diese Stähle können daher nur durch Kaltverfestigen höhere Festigkeiten erreichen.
- **martensitische und ausscheidungshärtbare Stähle** mit Kohlenstoffgehalten von 0,05 % bis 1,20 % und Chromgehalten zwischen 11,50 % und 15,00 %. Die Silizium- und Mangangehalte liegen ebenfalls bei maximal 1,00 % bzw. 1,50 %. Weitere Legierungselemente sind bei einigen Sorten Molybdän bis zu 3,00 % und Nickel zwischen 0,75 % und 7,80 %. Diese Stähle sind aufgrund ihrer teilweise höheren Kohlenstoffgehalte umwandlungshärtbar und vergütbar sowie durch Bildung kleinster, im Gefüge feinstverteilter Chromkarbide ausscheidungshärtbar.
- **austenitische Stähle** mit Kohlenstoffgehalten zwischen 0,02 % und maximal 0,10 % sowie Chromgehalten von 16,00 % bis 28,00 % und Nickelgehalten von 6,00 % bis 26 %. Zur weiteren Verbesserung der Lochkorrosionsbeständigkeit enthalten sehr viele Stähle Molybdän zwischen 2,00 % und 4,00 %. Silizium liegt in der Regel bei 0,70 % bis 1,00 % mit Ausnahme einer siliziumlegierten Sorte mit 3,70…4,50 %. Die Mangangehalte sind auf kleiner 2 % beschränkt mit Ausnahme von vier manganlegierten Sorten mit maximal 10,50 %. Als weitere Legierungselemente werden bei fast allen Sorten geringe Mengen Stickstoff und bei wenigen Stählen Niob und Titan zur Stabilisierung des Austenits eingesetzt. Kupfer in Gehalten zwischen 0,50 % und 4,00 % dient zur weiteren Verbesserung der Korrosionsbeständigkeit besonders in Salzsäure und Schwefelsäure. Durch die hohen Legierungsgehalte sind sie auch warmfest und zunderbeständig. Durch die Kombination hoher

Chrom- und Nickelgehalte reicht bei diesen Stählen das Austenitgebiet von der Soliduslinie bis zu Temperaturen weit unterhalb 0 °C, sodass sie nicht umwandlungshärtbar sind (▶ S. 106 Legierungselemente). Dagegen erreichen sie durch Kaltverfestigen hohe Festigkeitswerte. Durch das kubischflächenzentrierte Kristallgitter des Austenits sind die Stähle auch noch bei tiefen Temperaturen sehr gut plastisch verformbar. Vollaustenitische Stähle sind unmagnetisch. Ihr Wärmeausdehnungskoeffizient liegt bei etwa $16 \times 10^{-6} \times K^{-1}$ (ferritische und ferritisch-perlitische Stähle ungefähr $10 \times 10^{-6} \times K^{-1}$).

- **austenitisch-ferritische Stähle** („Duplex-Stähle") mit Kohlenstoffgehalten von maximal 0,030 %, Chromgehalten zwischen 21,00 % und 26,00 % und Nickelgehalten von 3,50 % bis 8,00 %. Weitere Legierungselemente sind Silizium bis 1,00 %, Mangan bis 2,00 % und zur Verbesserung der Lochkorrosionsbeständigkeit Molybdän zwischen 0,10 % und 4,00 %. Zur Austenitstabilisierung enthalten auch diese Stähle bis 0,30 % Stickstoff. Kennzeichnend für diese Stähle sind die höheren Festigkeiten und die Beständigkeit gegen Spannungsrisskorrosion aufgrund des Ferritanteils sowie die guten Zähigkeitswerte und die Beständigkeit gegen abtragende Korrosion durch den Austenitanteil. Nachteilig gegenüber den einphasigen Stählen ist die schlechtere Schweißbarkeit.

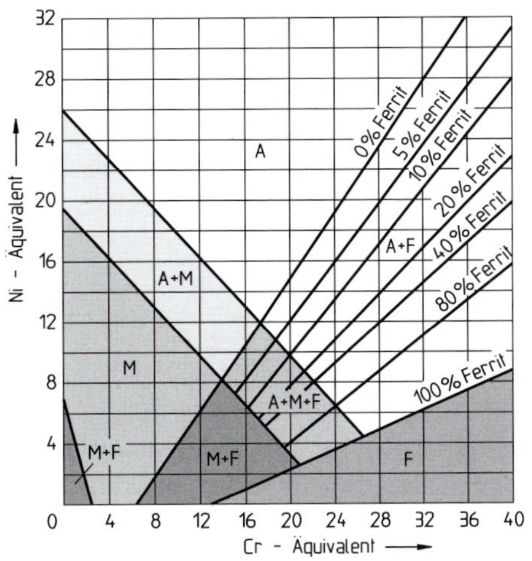

Bild 1 Phasendiagramm der nichtrostenden Stähle nach Schäffler und de-Long

Chrom-Äquivalent = %Cr + %Mo + 1,5 × %Si + 0,5 × %Nb

Nickel-Äquivalent = %Ni + 30 × %C + 0,5 × %Mn + 30 × %N

A = Austenit, F = Ferrit, M = Martensit

Diese Beschreibungen gelten im Wesentlichen auch für die ferritischen hitzebeständigen Stähle, die austenitischen und austenitisch-ferritischen hitzebeständigen Stähle, die martensitischen warmfesten Stähle und die austenitischen warmfesten Stähle, die jetzt ebenfalls in der DIN EN 10088-1: 2014 erfasst sind.

▶ Bild 1 zeigt die verschiedenen Stahlsorten in Abhängigkeit vom Chrom- und Nickeläquivalent.

Alle hochchromlegierten Stähle sind als passivschichtbildende Werkstoffe sehr empfindlich gegenüber chlorionenhaltigen sauren Medien, in denen je nach den weiteren Bedingungen Lochkorrosion, interkristalline Korrosion und Spannungsrisskorrosion auftreten können (▶ S. 258 ff.).

Kohlenstoff und Chrom bilden bei Temperaturen zwischen etwa 400 °C und 700 °C durch Diffusion chromreiche Karbide $Cr_{23}C_6$, wodurch der Chromgehalt in den benachbarten Gefügebereichen stark herabgesetzt und dementsprechend die Korrosionsanfälligkeit stark erhöht wird. Diese Temperaturen treten unter anderem beim Schweißen in der Wärmeeinflusszone auf. Als Gegenmaßnahme werden die ferritischen und austenitischen Stähle bei Temperaturen um 1 100 °C geglüht, wobei alle chromreichen Karbide aufgelöst werden, und anschließend abgeschreckt, um die neuerliche Karbidbildung zu vermeiden. Diese Wärmebehandlung wird als Lösungsglühen und Abschrecken bezeichnet.

▶ Tabelle 1 Seite 128 gibt eine Übersicht der Bereiche, in denen sich 0,2 %-Dehngrenze, Zugfestigkeit und Bruchdehnung der nichtrostenden Stähle in den Standardgüten bewegen können. Die tatsächlich in einem Bauteil auftretenden Werte sind abhängig von der Legierungszusammensetzung, dem Wärmebehandlungszustand und dem Kaltverfestigungsgrad.

Stahlgruppe	Zustand	0,2 %-Dehngrenze $R_{p0,2}$ in N/mm²	Zugfestigkeit R_m in N/mm²	Bruchdehnung A_5 in %
ferritisch	geglüht	210 … 300	380 … 650	17 … 25
martensitisch	vergütet	400 … 800	550 … 1 100	10 … 20
austenitisch	lösungsgeglüht	190 … 350	500 … 950	35 … 45
ferritisch-austenitisch	lösungsgeglüht	400 … 550	600 … 1 000	15 … 25

Tabelle 1 Übersicht über die mechanischen Eigenschaften nichtrostender Stähle in Standardgüten

4.8.3.2 Kaltzähe Stähle

Kaltzähe Stähle zeigen auch bei Temperaturen weit unterhalb 0 °C noch gute plastische Verformbarkeit. Besonders geeignet für den Nachweis der Tieftemperaturzähigkeit ist der Kerbschlagbiegeversuch (▶ S. 280 ff.). Bild 1 zeigt qualitativ die Kerbschlagarbeits-Temperatur-Kurven für die Stahlgruppen Baustähle, Feinkornbaustähle in Tieftemperaturgüte, nickellegierte Stähle und austenitische Stähle. Kennzeichnend ist, dass die ferritischen und ferritisch-perlitischen Stähle Übergangstemperaturen zwischen –120 und –40 °C haben. Durch Legieren mit Nickel (1 … 9 %) wird die Übergangstemperatur auf –150 °C und tiefer verschoben. Die austenitischen Stähle zeigen wegen ihres kfz Kristallgitters bis –273 °C keinen Steilabfall, brechen also auch bei tiefsten Temperaturen in der Hochlage.

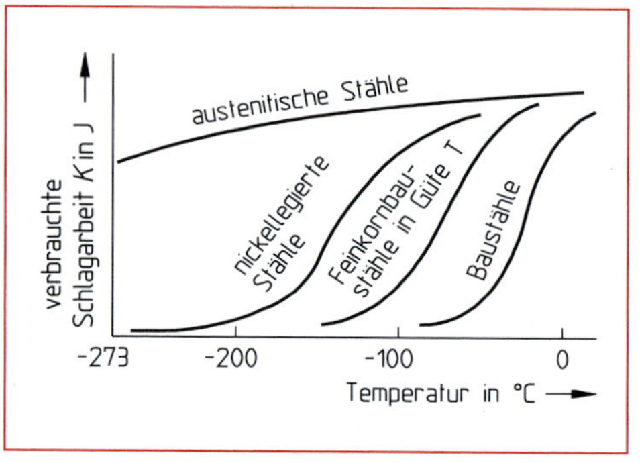

Bild 1 Kerbschlagarbeits-Temperatur-Schaubilder für verschiedene Stahlgruppen

Kaltzähe Feinkornbaustähle sind in DIN EN 10025-3: 2005 und DIN EN 10025-4: 2005 zu finden. Die nickellegierten kaltzähen Druckbehälterstähle sind in der DIN EN 10028-4: 2017, die vollaustenitischen Stähle in der DIN EN 10088-1: 2014 zusammengefasst.

4.8.3.3 Stähle für höhere Einsatztemperaturen

Der Einsatz in Wärmekraftanlagen wie Dampfturbinen, Heizkesseln, Wärmetauschern, Kühlmittelpumpen und anderen warmgehenden Bauteilen erfordert Stähle mit hohen Festigkeiten bei Temperaturen bis über 500 °C und langzeitiger statischer Belastung („Zeitstandbelastung") sowie dynamischer Belastung mit niedrigen Lastwechselfrequenzen, aber hohen Spannungsamplituden bis an oder sogar über die Streckgrenze („Langsamlastwechselermüdung", „Low Cycle Fatigue"). Aufgrund der Betriebsmedien müssen diese Stähle oft beständig sein gegen Zunderung (Oxidation bei hohen Temperaturen) und gegen Korrosion durch heiße Gase (= hitzebeständig).

Die Einsatztemperaturen der verschiedenen Stahlgruppen können etwa wie folgt angegeben werden:

- bis 350 °C: unlegierte Stähle, Baustähle, Kesselbleche, niedriglegierte Vergütungsstähle
- bis 550 °C: niedriglegierte Stähle mit niedrigen C-Gehalten und Cr, Mo und V
- bis 600 °C: hochlegierte, rein ferritische oder vergütbare Stähle mit Cr > 12 %
- bis 800 °C: hochlegierte, rein austenitische Stähle mit Cr und Ni sowie Mo, V, W, Nb
- über 800 °C: Superlegierungen auf Nickelbasis. Diese Werkstoffe sind keine Stähle!

Als Dimensionierungsgrößen werden für diese Werkstoffe neben den Festigkeitswerten bei Raumtemperatur die Ergebnisse aus Zeitstandversuchen wie 0,2 %-Dehngrenze und Zeitstandfestigkeit angeben (▶ S. 297), die bei unterschiedlichen Temperaturen und Zeiten ermittelt werden.

Die warmfesten bzw. kaltzähen Stähle sind in der DIN EN 10269: 2014 genormt. Unlegierte und legierte warmfeste Sorten mit Angabe von Zeitdehngrenzen- und Zeitstandfestigkeitswerten bis zu Temperaturen von 600 °C und Versuchsdauern bis 200000 h sind in der DIN EN 10028-2: 2017 enthalten. Austenitische Stähle mit Werten aus Zeitstandversuchen bis 1000 °C und Prüfzeiten bis 100000 h sind in der DIN EN 10028-7: 2016 zu finden. Die warmfesten und hitzebeständigen Stähle sind in die DIN EN 10088: 2014 aufgenommen worden (▶ S. 126 f.).

4.8.3.4 Ventilstähle nach DIN EN 10090: 1998

Die Anforderungen an die Ventilstähle für Verbrennungsmotoren sind wie folgt zusammenzufassen: hohe Dauerfestigkeit bei Zugschwellbelastung und oft überlagerter Biegung durch das Aufsetzen des Ventiltellers auf dem Ventilsitz bei hohen Temperaturen und starkem Korrosionsangriff durch die Verbrennungsgase.

Martensitische Ventilstähle enthalten 0,40 % bis 0,90 % Kohlenstoff, bis 3,30 % Silizium, 0,80 % bis 2,50 % Molybdän und zwischen 8,00 % und 18,50 % Chrom. Die austenitischen Sorten sind bei etwas niedrigeren C-Gehalten mit 19,50 % bis 24,00 % Chrom, bis zu 10,00 % Mangan und zwischen 1,50 % und 9,00 % Nickel legiert.

Neben diesen Stählen enthält die DIN EN 10090 auch zwei Ventillegierungen auf Nickelbasis.

4.8.3.5 Federstähle nach DIN EN 10089: 2003

Federstähle müssen in erster Linie ein sehr hohes Streckgrenzenverhältnis $R_{eh}/R_m > 0{,}9$ aufweisen, damit große Federwege ohne Gefahr einer plastischen Verformung möglich sind. Weiterhin werden hohe Dauerfestigkeitswerte bei Biege- bzw. Torsionswechsel- und -schwellbelastung erwartet. Legierungstechnisch werden diese Eigenschaften in erster Linie durch Siliziumgehalte zwischen 1,20 % und 2,00 % bei Chromgehalten von 0,50 % ... 0,80 % erreicht. Eine zweite Gruppe enthält mit max. 0,4 % weniger Silizium und dafür Chrom bis zu 1,20 %. Alle Federstähle sind mit Kohlenstoffgehalten von 0,35 % ... 0,65 % härtbar bzw. vergütbar.

Zur Einstellung des hohen Streckgrenzenverhältnisses werden Federdrähte durchweg kaltgezogen, Federbleche kaltgewalzt. Zur Steigerung der Dauerfestigkeit werden fertige Federn sehr häufig kugelgestrahlt, um Druckeigenspannungen in der Randzone zu erzeugen.

Während die warmgewalzten Federstähle Zugfestigkeitswerte bis 1750 MPa erreichen, können die patentiert gezogenen Federstahldrähte nach DIN EN 10270-1: 2017 je nach Sorte und Drahtdurchmesser Zugfestigkeiten über 3000 MPa aufweisen.

Ölschlussvergütete Federstahldrähte nach DIN EN 10270-2: 2012 erreichen je nach Sorte und Drahtdurchmesser Zugfestigkeiten bis 2400 MPa. Drähte für Federn aus nichtrostenden Stählen sind in der DIN EN 10270-3: 2012 genormt. Für Letztere ist die Kaltverfestigung zwingend notwendig, um das erforderliche Streckgrenzenverhältnis und Zugfestigkeiten je nach Sorte und Drahtdurchmesser zwischen etwa 1000 MPa und 2700 MPa zu erhalten.

4.8.3.6 Wälzlagerstähle nach DIN EN ISO 683-17: 2015

Wälzlagerstähle müssen höchstmögliche Härte, Verschleißfestigkeit und Dauerwälzfestigkeit bei ausreichender Zähigkeit in sich vereinen. Grundforderung ist daher die Erschmelzung auf höchstmögliche Reinheit in Vakuum- oder Elektroschlacke-Umschmelzverfahren, damit dauerbruchauslösende nichtmetallische Einschlüsse so weit als möglich vermieden werden. Wichtigste Vertreter dieser Grupp… ind nach wie vor Stähle mit Kohlenstoffgehalten um 1 % und Chromgehalten zwischen 0,90… 2,05 %, mit denen die maximale Martensithärte von etwa 900 HV erreicht wird. Daneben … Einsatzstähle, Vergütungsstähle sowie auch Stähle mit höheren Legierungsgehalten als Wä… genormt. Kennzeichnend für diese Stähle sind teilweise höhere Gehalte an Chrom, Moly… Vanadin bzw. Wolfram, die unter anderem zur Bildung sehr harter und verschleißfester K…

Die DIN EN ISO 683-17: 2015 enthält auch einige nichtrostende Wälzlagerstähle. Kennzeichnend für diese sind Kohlenstoffgehalte von mindestens 0,4 %, um eine ausreichende Martensitbildung zu gewährleisten, sowie Chromgehalte größer 12,5 % für die Rost- und Säurebeständigkeit. Eine Besonderheit stellt der Wälzlagerstahl X40CrMoVN16-2 dar, der 0,16 % bis 0,25 % Stickstoff enthält. Durch den Stickstoffgehalt bilden sich im Gefüge gleichmäßige und feinverteilte Karbonitride, die nicht die Korngrenzen schwächen und eine hohe Härte und Verschleißfestigkeit bewirken.

4.8.3.7 Stähle für Schrauben und Muttern

Unter Schrauben- und Mutternstahl versteht man alle zur Herstellung von Stahlschrauben besonders geeigneten Werkstoffe. Die wichtigste Eigenschaft dieser Werkstoffe war ursprünglich ihre gute Zerspanbarkeit auf Automaten; später kam die Forderung guter Verarbeitbarkeit bei Kalt- und Warmformung hinzu. Heute bedingen *Verarbeitbarkeit* und *Verwendungszweck* die Auswahl der Schraubenstähle.

Bezeichnungssystem für Schrauben nach DIN EN ISO 898: 2013

Die Festigkeitsklasse wird gekennzeichnet mit zwei Zahlen, die durch einen Punkt getrennt sind.

- Die Zahl links vom Punkt, die aus ein oder zwei Ziffern besteht, entspricht 1/100 der Nennzugfestigkeit $R_{m,\,nom}$ in Megapascal (MPa).
- Die Zahl rechts vom Punkt gibt das Streckgrenzenverhältnis an, das ist das Verhältnis zwischen Nennstreckgrenze (untere Streckgrenze $R_{el,\,nom}$) oder Nennwert der 0,2 %-Dehngrenze $R_{p0,2,\,nom}$ oder Nennwert der 0,0048 d Dehngrenze $R_{pf,\,nom}$ zur Nennzugfestigkeit $R_{m,\,nom}$ an. Der Punkt wird als Dezimalpunkt gelesen. (Tabelle 1)

Zahl rechts vom Punkt	.6	.8	.9
$\frac{R_{el,nom}}{R_{m,nom}}$ oder $\frac{R_{p02,nom}}{R_{m,nom}}$ oder $\frac{R_{pf,nom}}{R_{m,nom}}$	0.6	0.8	0.9

Tabelle 1 Verhältnis Nennstreckgrenze zu Nennzugfestigkeit

Beispiele: Schraube der Festigkeitsklasse 8.8
Nennzugfestigkeit 8 · 100 = 800 MPa
Nennstreckgrenze 800 MPA · 0,8 = 640 MPa
Schraube der Festigkeitsklasse 12.9
Nennzugfestigkeit 12 · 100 = 1 200 MPa
Nennstreckgrenze 1 200 MPa · 0,9 = 1 080 MPa

Bezeichnungssystem für Muttern nach DIN EN ISO 898-2: 2012

Die Festigkeitsklassen der Muttern werden mit einer Kennzahl bezeichnet, die der Zahl links des Dezimalpunktes der Bezeichnung der Schraube entspricht. D. h. die Festigkeitsklasse der Mutter ist mindestens gleich der Festigkeitsklasse der Schraube, mit der sie verschraubt wird (▶ Tab. 2). Es können jedoch auch Muttern einer höheren Festigkeitsklasse verschraubt werden.

Festigkeitsklasse der Mutter	Höchste Festigkeitsklasse der Paarungsschraube
5	5.8
6	6.8
8	8.8

Festigkeitsklasse der Mutter	Höchste Festigkeitsklasse der Paarungsschraube
9	9.8
10	10.9
12	12.9

Tabelle 2 Paarung normaler oder hoher Muttern mit den entsprechenden Schraubenfestigkeitsklassen

Muttern höherer Festigkeitsklassen können im Allgemeinen anstelle von Muttern niedrigerer Festigkeitsklassen verwendet werden.

4.8.3.8 Stähle für Sonderanwendungen

Drähte (DIN EN 10264: 2012)

Drähte für Stahlseile werden bei allgemeinen Anforderungen aus unlegierten, kaltgezogenen Stählen, bei erhöhten Anforderungen aus unlegierten, kaltgezogenen und kaltprofilierten Stählen oder aus nichtrostenden Stählen hergestellt. Die Nennzugfestigkeiten der Drähte aus unlegierten, kaltgezogenen Drähte liegen in Abhängigkeit vom Nenndurchmesser zwischen 1 180 und 2 160 MPa. Die Durchmessertoleranzen sind sehr eng gesetzt und liegen je nach Drahtdurchmesser zwischen ±0,008 mm und ±0,04 mm bei blanken Drähten. Die Zugfestigkeitswerte der Seile liegen in der Regel höher als die der Einzeldrähte, weil durch die schraubenartige Form im Seil die Drähte aufeinander gepresst werden und sich gegenseitig stützen.

Höherfeste Stähle für den Automobilbereich

Die Forderung nach Leichtbau bei gleichzeitig höherer Sicherheit hat in den letzten Jahren zu einer sprunghaften Entwicklung geführt, deren Ziel Stähle sind mit höheren Festigkeiten bei gleichzeitiger ausreichender Zähigkeit für den Umformprozess und einem erhöhten Energieabsorptionsvermögen durch plastische Verformung bei Unfällen. Diese Eigenschaften sind nur durch eine Kombination der vier festigkeitssteigernden Mechanismen (▶ S. 34) zu erreichen. Bild 1 zeigt diese Entwicklung in einem Schaubild, in dem die Bruchdehnung über der Zugfestigkeit aufgetragen ist (▶ Bild 1).

Nach wie vor am häufigsten wird der „Bake-Hardening"-Effekt ausgenutzt, der durch Ausscheidung von Kohlenstoffatomen an Versetzungen während des Lackeinbrennens Festigkeitssteigerungen bis 40 MPa ermöglicht (Abschreckalterung durch Kohlenstoff). Etwa 1995 wurden die Dual- und Mehrphasenstähle eingeführt, die ihre Festigkeitssteigerung durch eine gezielte Einlagerung harter Phasen wie Bainit und Martensit in eine weiche Matrix aus Ferrit oder Austenit erhalten. Neueste Entwicklungen sind die X-IP- (Xtremely formable + Xtremely high strength steel with Induced Plasticity)- und TWIP- (Twinning Induced Plasticity)-Stähle, die Festigkeiten bis etwa 1550 MPa bei Bruchdehnungen zwischen 15 bis 35 % erreichen. Auch die vollaustenitischen Stähle finden mehr und mehr Anwendungen in diesem Bereich. Eingesetzt werden sie in der Fahrzeugstruktur als Säulen, Seitenaufprallträger und Stoßfänger, also Bauteilen, die bei Unfällen besonders hohe Belastungen aufnehmen müssen.

Diese Stähle sind teilweise genormt in der DIN EN 10149: 2013 und DIN EN 10268: 2013.

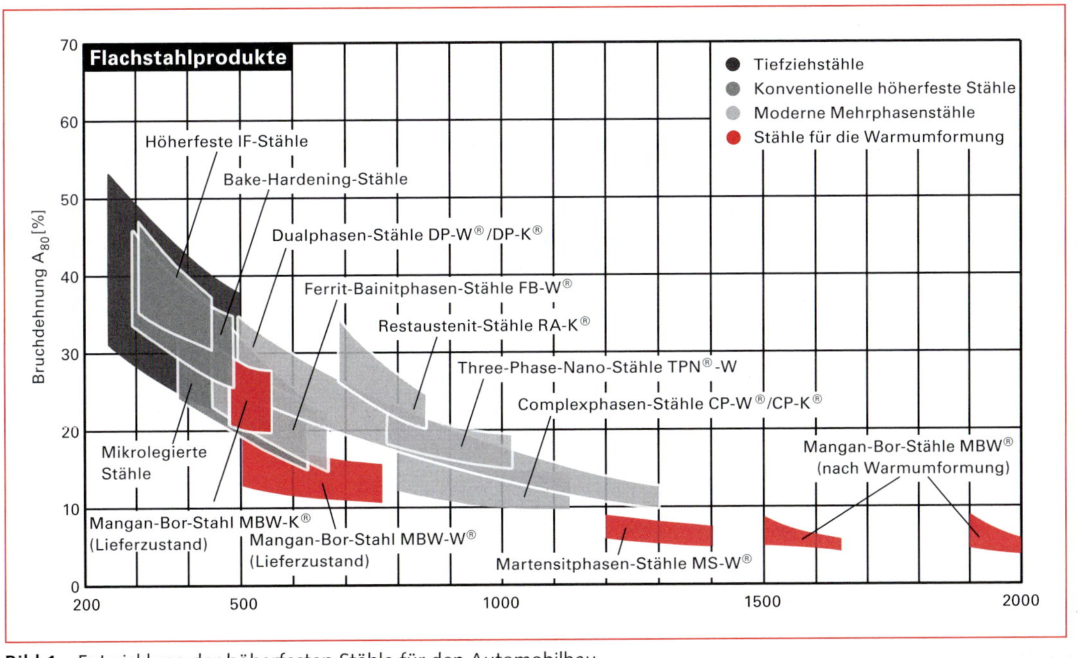

Bild 1 Entwicklung der höherfesten Stähle für den Automobilbau

Für Fahrwerksbauteile, Kurbelwellen und Pleuel, also dauernd hoch dynamisch belastete Bauteile, wurden die ausscheidungshärtenden ferritisch-perlitischen Stähle entwickelt. Die Besonderheit dieser Stähle ist, dass sie durch einen gesteuerten Abkühlungsprozess direkt aus der Warmumformungstemperatur ihre Endfestigkeit erreichen. Diese Stähle sind mit Mangan und Vanadin legiert und enthalten für eine bessere Zerspanbarkeit Schwefel. Sie sind genormt in der DIN EN 10267: 1998.

Mangan-Hartstahl mit einem C/Mn Verhältnis von etwa 1/10 erfährt bei Kaltverformung eine hohe Verfestigung. Er hat einen hohen Verschleißwiderstand und ist schwer verarbeitbar.

Invarstahl enthält 36 % Ni und hat eine zehnmal kleinere Wärmedehnzahl als Stahl mit nur 20 % Ni. Aufeinandergelötete Blechstreifen aus beiden Stahlsorten krümmen sich bei Temperaturänderung. Sie werden als Bimetallstreifen für die Herstellung von Thermometern und Temperaturreglern verwendet.

Unmagnetisierbarer Stahl enthält etwa 27 % Ni und ist bei Raumtemperatur austenitisch.

Dauermagnetstähle sind reine Kohlenstoffstähle, Chromstähle, Wolframstähle, Cobaltstähle, Eisen-Nickel-Aluminium-Legierungen oder Eisen-Nickel-Cobalt-Titan-Legierungen.

Dynamobleche müssen sich leicht ummagnetisieren lassen. Am besten sind dazu reine Eisensorten geeignet. Billiger sind niedrig gekohlte Stähle mit hohem Siliziumgehalt.

Stähle für Kunststoff-Verarbeitung sind Stähle mit guter spanabhebender Bearbeitbarkeit, Polierbarkeit und Wärmeleitfähigkeit, z. B. **C4W3**, **50CrV4**, **90MnV8**. Bei besonders hohen Anforderungen werden umgeschmolzene Stähle verwendet.

Schiffbaustähle werden für die Herstellung der Schiffskörper und Aufbauten seegehender Schiffe, in der Meerestechnik (Bohrinseln, Rohrlegefahrzeuge) und im Marineschiffbau verwendet.

Ihre Eigenschaften sind in den Werkstoff- und Bauvorschriften der verschiedenen Klassifikationsgesellschaften, wie Germanischer Lloyd (GL), Lloyd's Register of Shipping (LR) u. a. festgelegt. Als Schiffbaustähle dürfen nur solche Stähle bezeichnet und geliefert werden, die den dort festgelegten Anforderungen entsprechen. Dies sind:

Normalfeste Schiffbaustähle mit einer Mindeststreckgrenze von 235 MPa und den Gütegraden **A**, **B**, **D** und **E**;

Höherfeste Schiffbaustähle mit den Gütegraden **AH32**, **DH32**, **EH32**, **AH36**, **DH36** und **EH36**; die Zahlen bedeuten die Streckgrenzen ausgedrückt in Vielfachen von 9,81 N/mm^2 (früher kg/mm^2). Diese Stähle werden in Deutschland als höherfeste, mikrolegierte Feinkornstähle geliefert.

Die Kennbuchstaben A, D, E und F stehen für die Temperaturen beim Kerbschlagbiegeversuch: A für 0 °C, D für –20 °C, E für –40 °C und F für –60 °C.

Alle normalfesten und höherfesten Schiffbaustähle sind unlegierte schweißbare Qualitätsstähle, die ihre Eigenschaften durch das Verarbeiten, z. B. Umformen/Schweißen, nur wenig verändern.

Aufgaben zu Einteilung der Stähle:

1. Nennen Sie die Eigenschaften der Bau- und Konstruktionsstähle. Welche Stähle werden in diese Werkstoffgruppen eingeordnet?
2. Welche besonderen Merkmale zeichnen die Feinkornbaustähle gegenüber den normalen Baustählen aus?
3. Geben Sie die Eigenschaften und Einsatzbereiche der Vergütungsstähle an.
4. Beschreiben Sie die werkstofftechnischen Maßnahmen, mit denen beim Drehen von Stahlteilen ein kurzbrüchiger Span erreicht wird.
5. Welche Kohlenstoffgehalte sind für Einsatzstähle vor dem Einsatzhärten typisch, welche nach dem Einsatzhärten?
6. Nennen Sie die Legierungselemente, die die hohe Randhärte der Nitrierstähle beim Nitrieren verursachen, und begründen Sie Ihre Aussage.
7. In welche Gruppen werden die nichtrostenden Stähle eingeteilt?
8. Beschreiben Sie die besonderen Eigenschaften, durch die sich die nichtrostenden Stähle von anderen Stählen unterscheiden.
9. Nennen Sie mögliche Einsatztemperaturen im Bereich von –200 °C bis 800 °C für verschiedene Stahlgruppen.
10. Warum ist für Federstähle ein hohes Streckgrenzenverhältnis so wichtig?
11. Eine Schraube trägt die Kennzeichnung 10.9 auf dem Schraubenkopf. Was bedeutet diese Kennzeichnung?

4.9 Eisen-Kohlenstoff-Gusswerkstoffe

Eisen-Kohlenstoff-Gusswerkstoffe werden unterschieden nach dem Kohlenstoffgehalt und danach, wie der Kohlenstoff im Gefüge enthalten ist:

	Stahlguss	Gusseisen
Kohlenstoffgehalt	<2 %	>2 %
Kohlenstoff im	Mischkristall und Zementit	Mischkristall, Zementit und als freier Graphit

Eine weitere Unterscheidungsmöglichkeit sind die Zähigkeitseigenschaften:

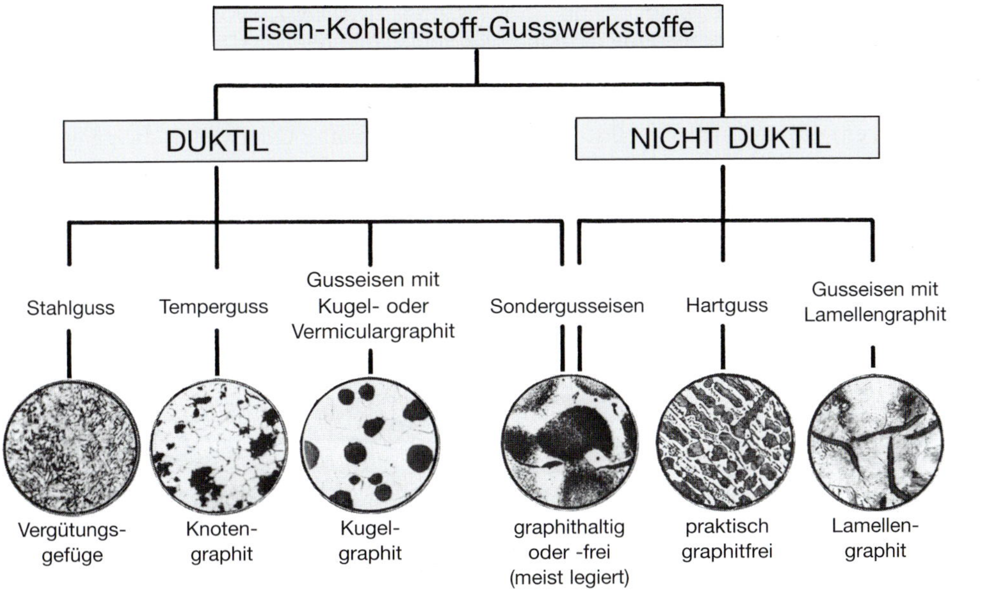

Duktil = umformbar. Werkstücke aus duktilen Gusssorten können begrenzt plastisch verformt werden, z. B. durch Richten, Kalibrieren, Kugelstrahlen, Festwalzen oder Prägepolieren.

Eisen-Kohlenstoff-Gusswerkstoffe erhalten ihre endgültige Gestalt nur durch Gießen und Zerspanen.

4.9.1 Stahlguss

Anwendung: Herstellung von Stahlbauteilen mit Wanddicken von 5…800 mm und Stückgewichten von 0,5 kg…400 t, die wegen ihrer komplizierten Formen nicht durch Schmieden herstellbar sind.

Die Eigenschaften der Stahlgussbauteile ergeben sich aus ihren Gehalten an Legierungs- und Spurenelementen, ihren Eigenspannungszuständen und dem Grad ihrer Homogenität. Bei völliger Homogenität sind im ganzen Stahlgussbauteil alle Bestandteile, selbst in den kleinsten Bereichen, gleichmäßig miteinander vermischt. Qualitätsbestimmende Einflussgrößen sind daher die Primär- und Sekundärgefüge. **Primärgefüge** nennt man die beim Erstarren der Stahlschmelzen entstehenden, **Sekundärgefüge** die durch Wärmebehandlung im festen Zustande gebildeten Gefüge.

Die Qualität der Primärgefüge wird durch die Häufigkeit und Verteilung von Lunkern, Poren, Seigerungen, Fremdkörpereinschlüssen und Warmrissen vermindert. Die Primärgefügefehler werden in erster Linie durch besondere Schmelzmethoden gemildert/vermieden.

Schmelzmethoden. Je nach Stahlgusssorte werden angewendet:

Lichtbogenschmelzen-Aufbauchargen werden unmittelbar aus ihren Komponenten erschmolzen. Bei Stahl versteht man darunter das Erschmelzen aus sehr reinen Einsatzstoffen und Legierungselementen.

Lichtbogenschmelzen-Umschmelzchargen werden durch erneutes Umschmelzen eines vorher erschmolzenen und vergossenen Stahls hergestellt, ▶ S. 64/65.

Nachbehandlung von Lichtbogenvorschmelzen in besonderen Gefäßen. Von den im Kap. Stahlherstellung, ▶ S. 64/65, beschriebenen Verfahren dieser Art hat besonders das AOD-Verfahren Eingang in Stahlgießereien gefunden.

Stahlguss wird bei Temperaturen von 1 600 °C bis 1 700 °C vergossen, sodass keramische Formstoffe eingesetzt werden müssen. Normale Formsande verbrennen bei diesen Temperaturen. Nachteilig ist weiterhin die hohe lineare Schwindung von 1,5 % bis 2,5 % (DIN EN 12890: 2000) beim Abkühlen aus der Schmelze bis auf Raumtemperatur, die hohe Schrumpfspannungen und im Extremfall Schrumpfrisse zur Folge haben kann.

Gießtechnische Maßnahmen zur Verhinderung von Gussfehlern sind: gesteuerte Temperaturverteilung beim Formfüllen, Vermeidung langer Erstarrungszeiten und schroffer Querschnittsübergänge, Wegkühlen kritischer Zonen durch äußere Kühleisen u. a. m.

Die Qualität der Sekundärgefüge bestimmt das Werkstoffverhalten. Weil bei Stahlguss die Kornfeinung durch Warmumformung nicht möglich ist, muss die Verbesserung der Sekundärgefüge durch Wärmebehandlung erreicht werden, im einfachsten Fall durch Normalglühen.

Stahlguss wird immer wärmebehandelt, um das grobkörnige, spröde Erstarrungsgefüge in einen zäheren Gefügezustand zu überführen (▶ Bild 1).

Die Werkstoff-Qualitätskontrolle wird anhand von angegossenen Probeleisten durchgeführt, die bis zum Abschluss der Wärmebehandlung am Gussstück verbleiben.

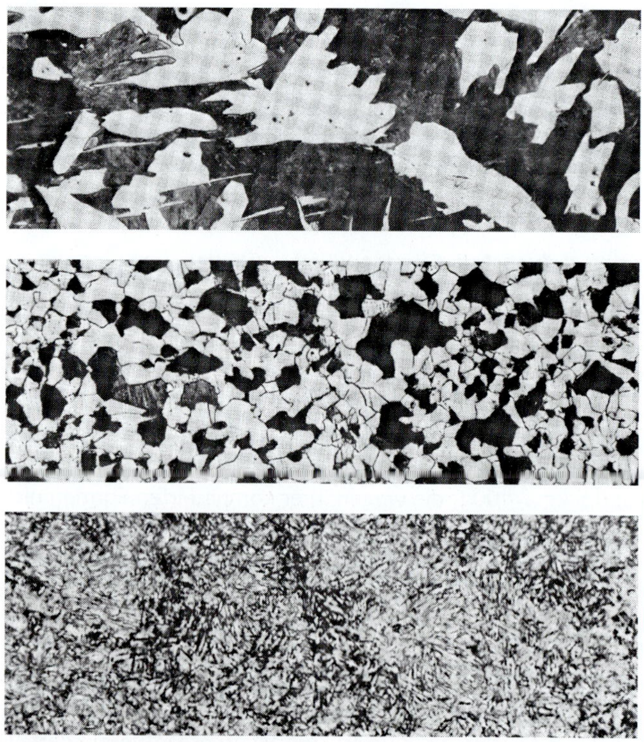

Gefüge nach dem Gießen:
Perlit (dunkel)/Ferrit (weiß) Gefüge in Widmannstättenscher Anordnung, die durch die Ferritpfeile gekennzeichnet ist.
Vergr.: 200 : 1

Gefüge nach dem Glühen:
Perlit/Ferrit Gefüge mit größeren Ferritkörnern (weiß).
Vergr.: 100 : 1

Gefüge nach dem Vergüten:
Feinperlitisches Vergütungsgefüge.
Vergr.: 100 : 1

Bild 1 Gefüge nach dem Gießen, Glühen und Vergüten von Stahlguss C35E

Stahlgusssorten

Grundsätzlich können alle in Kap. 4.8 aufgeführten Stähle auch als Stahlguss hergestellt werden.

Unlegierte Stahlgusssorten für allgemeine Verwendungszwecke. Aus diesen Sorten hergestellte Gussstücke werden in normalgeglühtem Zustand verwendet. Mit unterschiedlichen Kohlenstoffgehalten werden Zugfestigkeiten von 380 bis 700 MPa erreicht. Die Streckgrenzen betragen etwa 50 % der Zugfestigkeiten.

Niedriglegierte, vergütete Stahlgusssorten: Man unterscheidet: Stahlguss für allgemeine Verwendungszwecke mit verbesserter Schweißbarkeit und Zähigkeit, warmfesten und kaltzähen Stahlguss. Je nach Verwendungszweck werden unterschiedliche Hauptlegierungselemente verwendet. Die Gussstücke werden wie die artgleichen Schmiedestähle wärmebehandelt.

Hochlegierte Stahlgusssorten:

Nichtrostende martensitische Stahlgusssorten für Wasserturbinen- und Pumpenbau. Nach der Umwandlung in der Martensitstufe werden sehr homogene Sekundärgefüge erzielt.

Nichtrostende austenitische Stahlgusssorten sind gut schweißbar. Aus diesen Stahlgusssorten hergestellte Gussstücke werden nur lösungsgeglüht.

Hochwarmfester Stahlguss wird entweder im Gusszustand verwendet oder wie die artgleichen Schmiedestähle wärmebehandelt.

Nuklearstahlguss zur Herstellung von Pumpen, Rohrbögen und Ventilgehäusen, die zum Reaktorkühlkreislauf gehören, unterliegt besonderen Wärmebehandlungs- und Prüfvorschriften; ein dokumentierter Nachweis der Prüfungsergebnisse ist vorgeschrieben.

Für Stahlguss werden die gleichen Werkstoffbezeichnungen nach DIN EN 10027-1 wie für die Schmiede- und Walzstähle (▶ Kap. 4.7.2 S. 110 ff.) verwendet, denen der Buchstabe „G" für „Guss" vorangestellt wird. Die Werkstoffnummern nach DIN EN 10027-2 werden allerdings gesondert zugewiesen.

4.9.2 Gusseisen

Gusseisenwerkstoffe sind Eisen-Kohlenstoff-Legierungen mit meist 3 % bis 4 % Kohlenstoff, deren Formgebung durch Gießen erfolgt. Mit diesen hohen Kohlenstoffgehalten liegt Gusseisen in der Nähe der eutektischen Zusammensetzung von 4,3 % (▶ Eisen-Kohlenstoff-Schaubild S. 73). Folge sind relativ niedrige Schmelztemperaturen von 1 200 °C … 1 350 °C, die zu niedrigen Formbelastungen beim Gießen führen, und eine gute Formfüllung, da der Temperaturbereich zwischen Beginn und Ende der Erstarrung sehr klein ist und daher die Schmelze bis kurz vor der völligen Erstarrung dünnflüssig bleibt.

Gusseisen mit Ausnahme des Tempergusses erstarrt nach dem stabilen System, d. h. der Kohlenstoff bildet überwiegend freien Graphit im Gefüge. Dies bewirkt die geringe lineare Schwindung von nur 1 % bis 1,2 % zwischen dem Schmelzvolumen und dem Festkörpervolumen bei Raumtemperatur.

Gusseisenwerkstoffe sind besonders gut gießbar durch niedrige Erstarrungstemperaturen, gute Formfüllung und geringes Schwindmaß.

Bei der langsamen Erstarrung von Gusseisen aus völlig reinen Schmelzen scheidet der Kohlenstoff als Graphit in Kugelform aus (Kugelgraphit oder globularer Graphit, ▶ Bild 1 S. 141 und ▶ Bild 2 S. 142). Durch nicht zu vermeidende Verunreinigungen der Schmelze z. B. mit Sauerstoff und Schwefel wird die Ausbildung des Kugelgraphits verhindert und der Kohlenstoff scheidet in Lamellenform aus (Lamellengraphit, ▶ s. Bild 1 S. 137 und Bild 1 S. 142). Die Bruchfläche eines langsam erstarrten Gusseisens erscheint durch den freien Kohlenstoff grau. Daher wird es auch **graues Gusseisen** genannt. Die Bezeichnung Grauguss soll allerdings für diese Gusseisensorten nicht mehr verwendet werden.

Wird Gusseisen sehr schnell aus der Schmelze abgekühlt, erstarrt es nach dem metastabilen System: Alle Kohlenstoffatome sind im Ferrit und im Zementit gebunden. Die Bruchfläche ist hell und metallisch blank. Daher werden diese Sorten **als weißes Gusseisen** bezeichnet.

Die Gusseisensorten werden zunächst unterschieden und benannt nach der Graphitausbildung in Gusseisen mit Lamellengraphit, Gusseisen mit Kugelgraphit und Temperguss. Innerhalb dieser Gruppen gibt es noch weitere Unterscheidungsmerkmale auf der Basis der Gefügeausbildung.

4.9.2.1 Bezeichnungssystem für Gusseisen

Die Werkstoffbezeichnungen wurden entsprechend den Regeln der europäischen Normungsgremien (CEN/CENELEC International Regulations – Part 3, 2003-10) gebildet (▶ Kap. 4.7.2 S. 110) und in der DIN EN 1560: 2011 festgelegt. Die vollständige Bezeichnung besteht aus dem Benennungsblock und dem Identifizierungsblock, der wiederum aus dem EN-Nummernblock und dem Merkmaleblock gebildet wird. Die nachfolgenden Ausführungen beziehen sich ausschließlich auf den Merkmaleblock.

Bezeichnungen mit Kurznamen (DIN EN 1560: 2011): Der Merkmaleblock kann bis zu 9 Positionen umfassen, wobei keine Leerzeichen verwendet werden dürfen. Sind einzelne Positionen nicht besetzt, werden die nachfolgenden besetzten Positionen unmittelbar angeschlossen.

Position	*1*	*2*	*3*	*4*	*5*				*6*
					5.1	*5.2*	*5.3*	*5.4*	
Symbol	EN-	GJ	(Buchst.)	(Buchst.)	-(n)nnn	(-nn)	Buchstabe	(-Buchstaben)	(-Buchstabe)
					-Buchstaben	nnn			
					-X	Buchstaben	n-n(-n)		
					-X	nnn	Buchstaben	n-n(-n)	

Position 1: Die Buchstaben EN dienen zur Kennzeichnung genormter Gusseisen. Sie sind nicht einzusetzen bei nichtgenormten Gusseisensorten. Wird der EN-Nummernblock ausgeschrieben, z. B. EN 1561, fallen die beiden Buchstaben weg. Der Bindestrich ist obligatorisch zur Trennung des EN-Nummernblockes vom Merkmaleblock.

Position 2: Die Buchstaben GJ sind obligatorisch und stehen für Gusseisen. Um Verwechslungen mit einem senkrechten Strich zu vermeiden, wird anstelle des Buchstabens „I" der Buchstabe „J" verwendet.

Position 3: Diese Position ist wahlfrei, d. h. sie kann besetzt werden. Hier werden große Einzelbuchstaben zur Kennzeichnung der Graphitstruktur eingesetzt, z. B. „L" für lamellar.

Position 4: Diese Position ist ebenfalls wahlfrei und kann mit großen Einzelbuchstaben zur Kennzeichnung der Gefügemikro- oder -makrostruktur besetzt werden, z. B. „F" für Ferrit.

Position 5: Diese Position dient zur eigentlichen Kennzeichnung der Gusseisensorte. Sie kann in bis zu 4 Unterpositionen (Spalten) aufgeteilt werden. Nach DIN EN 1560 sind 4 verschiedene Varianten (Zeilen) von Kurznamen möglich.

Variante 1: Kennzeichnung mit der Zugfestigkeit, wahlweise ergänzt und mit einem Bindestrich getrennt mit der Bruchdehnung oder der Schlagenergie. Der Bruchdehnung wird der Buchstabe „C" nachgestellt, sofern die Werkstoffnorm die Entnahme der Probe aus dem Gussstück gestattet. Bei Angabe der Schlagenergie wird der Zahlenwert mit einem Bindestrich getrennt nachgestellt sowie, mit einem weiteren Bindestrich getrennt, gefolgt von den Buchstaben „LT" bzw. „RT" für die Prüftemperatur.

Variante 2: Kennzeichnung mit der Härte

Variante 3: Kennzeichnung mit der chemischen Zusammensetzung ohne Angabe des Kohlenstoffgehaltes. Bei niedriglegierten Klassen werden die Legierungsgehalte mit dem Faktor 10 multipliziert. Bei hochlegierten Klassen wird der Angabe der Legierungselemente der Buchstabe „X" vorangestellt. Die Legierungsgehalte werden mit dem Faktor 1 angegeben.

Variante 4: Kennzeichnung mit der chemischen Zusammensetzung mit Angabe des Kohlenstoffgehaltes. Bei niedriglegierten Klassen werden die Legierungsgehalte mit dem Faktor 10 multipliziert. Bei hochlegierten Klassen wird der Angabe der Legierungselemente der Buchstabe „X" vorangestellt. Die Legierungsgehalte werden mit dem Faktor 1 angegeben.

Position 6: wahlfreie Angabe einer durch einen Großbuchstaben gekennzeichneten besonderen Eigenschaft, z. B. H für wärmebehandeltes Gussstück, durch Bindestrich von der Position 5 getrennt.

Bezeichnungen mit Werkstoffnummern nach DIN EN 1560: 2011: Der Merkmaleblock umfasst sechs Positionen.

Position	1	2	3	4	5	6
Symbol	n	.	n	n	n	n

Position 1 und 2: Die Position 1 gibt die Werkstoffgruppe an, die bei Gusseisen „5" ist, gefolgt von einem Punkt auf der Position 2.

Position 3: Die Graphitstruktur wird durch eine Ziffer angegeben.

Position 4: Die Makrostruktur wird durch eine weitere Ziffer angegeben.

Positionen 5 und 6: Eine zweistellige Zahl zwischen 00 und 99 stellt den einzelnen Werkstoff dar. Diese Zahlen werden durch CEN/TC 190-Arbeitsgruppen zugewiesen, die mit den jeweiligen Werkstoffnormen für Gusseisen befasst sind.

4.9.2.2 Gusseisen mit Lamellengraphit

Betrachtet man das Gefüge von Gusseisen mit Lamellengraphit mit dem Metallmikroskop, wird der freie Graphit als dunkle Adern sichtbar (▶ Bild 1). Die räumliche Gestalt der Graphitlamellen kann mit in sich verwundenen Blättern verglichen werden (▶ Bild 2).

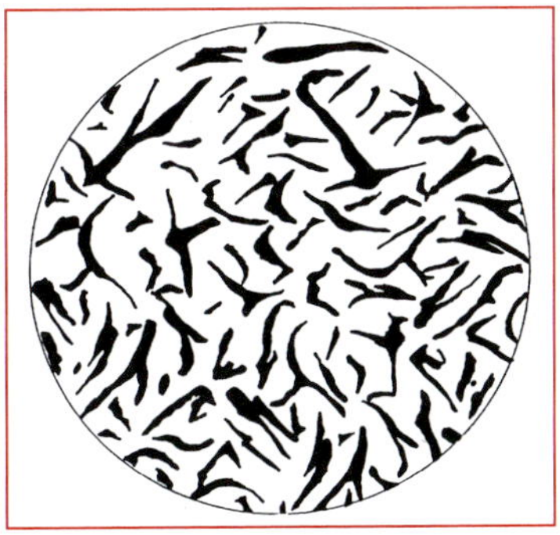

Bild 1 Gusseisen mit Lamellengraphit mit grob lamellarer Graphitausbildung

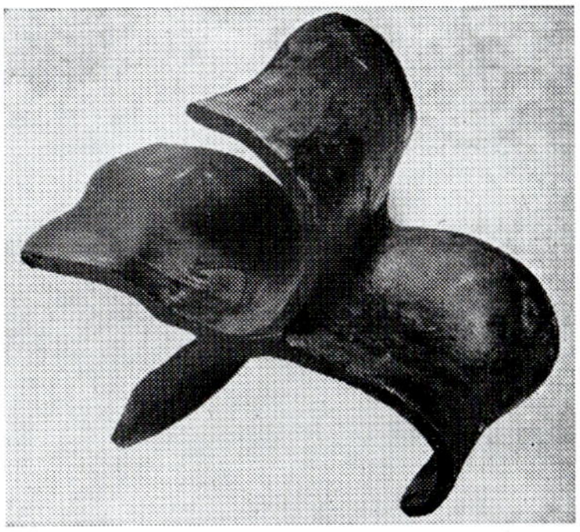

Bild 2 Modell vergrößerter Graphitblätter

Graphit hat keine messbare Zugfestigkeit. Daher können die Graphitlamellen keine Zugkräfte übertragen und wirken bei Zugbelastung wie Hohlräume, die die tragende Fläche und damit die Zugbelastbarkeit des Gusses verringern. Dagegen sind die Graphitlamellen bei Druckbelastung inkompressibel (nicht zusammendrückbar) und tragen mit der vollen Querschnittsfläche. Die Druckfestigkeit des lamellaren Gusseisens ist daher deutlich höher als die Zugfestigkeit.

Die Lamellen sind aufgrund ihrer Form scharfe innere Kerben, um die die Kraftflusslinien herumgelenkt werden müssen. Dadurch entstehen in ihrem Umfeld schon bei niedrigen äußeren Kräften hohe Spannungsspitzen, die die Streckgrenze der Eisenmatrix erreichen oder überschreiten. Folge sind plastische Verformungen im Mikrobereich, die sich zu einer makroskopisch messbaren plastischen Verformung addieren. Dadurch steigt der Spannungs-Dehnungs-Verlauf praktisch ab Spannung 0 nichtlinear an. Je nach Festigkeit liegt der Ursprungsmodul (Steigung der Spannungs-Dehnungs-Kurve nahe dem Nullpunkt) bei 70 000 MPa bis 140 000 MPa.

Da bei weiterer Laststeigerung die Spannungsspitzen an den Graphitlamellen sehr schnell die Zugfestigkeit der Eisenmatrix erreichen und damit den makroskopischen Bruch einleiten, bleiben die makroskopischen plastischen Verformungen des Gesamtwerkstoffes insgesamt sehr klein. Bruchdehnung und Brucheinschnürung sind bei lamellarem Gusseisen nicht zu ermitteln.

Gusseisen mit Lamellengraphit kann prinzipiell wie jeder Eisenbasiswerkstoff gehärtet werden. Durch die Kerbwirkung treten jedoch beim Abschrecken vielfach Risse an den Graphitlamellen auf, die den Werkstoff zerstören.

Die Graphitlamellen bewirken bei der Zerspanung kurzbrechende Späne. Zusätzlich dient der freie Graphit als Trockenschmierstoff, sodass Gusseisen ohne Kühlschmierstoffe zerspant werden kann. Aus dem gleichen Grund ist Gusseisen sehr gut als Lagerwerkstoff einsetzbar.

Höherfrequente mechanische Schwingungen erzeugen im Werkstoff elastische Verformungen, die wellenförmig durch das Volumen laufen. Diese Wellen werden an den Graphitlamellen vielfach gebrochen und reflektiert, sodass sie sehr schnell abklingen. Gusseisen mit Lamellengraphit hat daher eine hohe Dämpfung für mechanische Schwingungen und eine sehr niedrige Eigenfrequenz.

Bei Einsatztemperaturen zwischen 350 °C und 400 °C zerfällt der Perlit der Eisenmatrix in Ferrit und freien Graphit. Dadurch wird das Volumen größer, das Gusseisen „wächst".

Gusseisen ist wanddickenempfindlich: Zugfestigkeit und Härte nehmen mit zunehmender Wanddicke ab (▶ Bild 1 und Bild 2).

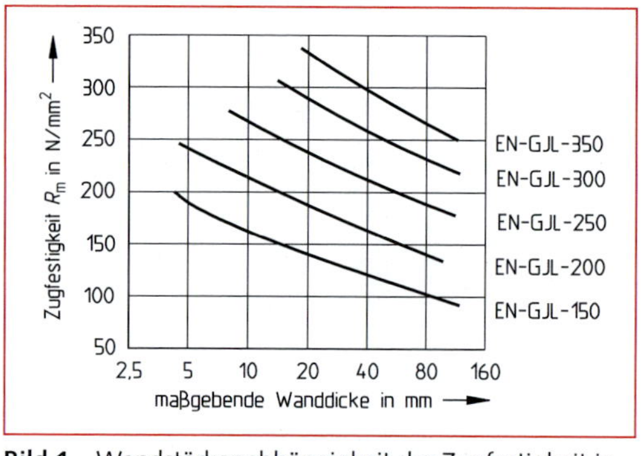

Bild 1 Wandstärkenabhängigkeit der Zugfestigkeit in lamellarem Gusseisen (nach DIN EN 1561)

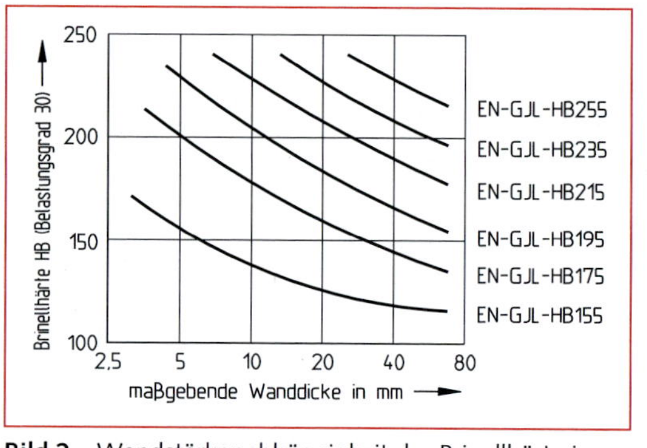

Bild 2 Wandstärkenabhängigkeit der Brinellhärte in lamellarem Gusseisen (nach DIN EN 1561)

Der Einfluss der Abkühlgeschwindigkeit auf die Erstarrung des Gusseisens kann mit einem Probekeil entsprechend ▶ Bild 3 nachgewiesen werden. Die Abkühlgeschwindigkeit nimmt mit abnehmender Keildicke zu. Nach dem Erstarren wird der Keil an den eingegossenen Kerben gebrochen und das Bruchaussehen makroskopisch bzw. das Gefüge metallografisch beurteilt.

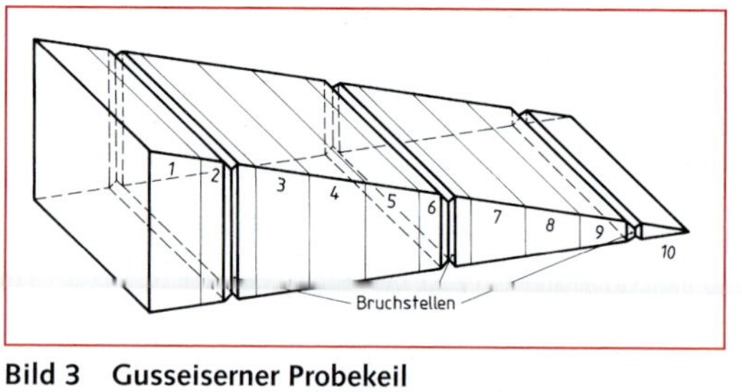

Bild 3 Gusseiserner Probekeil
Probekeile werden zur Prüfung der Schmelze gegossen. Die Besteller erhalten für die Qualitätskontrolle einen an das Gussstück angegossenen Probestab.

Bruchstelle im Feld 2: Die Bruchfläche ist grau. Das Gefüge besteht aus grobkörnigem Ferrit, der von breiten Graphitlamellen durchzogen ist. Zugfestigkeit und Härte sind niedrig.

Bruchstelle im Feld 6: Die Bruchfläche ist ebenfalls grau. Das Gefüge ist perlitisch mit dünnen Graphitlamellen. Dieses Gefüge weist die besten mechanischen Eigenschaften auf.

Bruchstelle zwischen Feld 9 und 10: Die Bruchfläche ist weiß. Der Kohlenstoff ist vollständig im Zementit abgebunden. Dieser Bereich ist extrem hart und spröde.

Das Gusseisendiagramm nach Maurer

Das Gusseisendiagramm nach Maurer (▶ Bild 1) zeigt den Zusammenhang zwischen *C- und Si-Gehalt, Zugfestigkeit und Gefügeaufbau* für Werkstücke mittlerer Wanddicke aus Gusseisen. Die Graphitausscheidung nimmt mit steigendem Si-Gehalt, zunehmender Wanddicke und abnehmender Abkühlgeschwindigkeit zu.

Feld I: Hartguss entsteht bei hoher Abkühlgeschwindigkeit oder hohem Mn- und geringem Si-Gehalt.

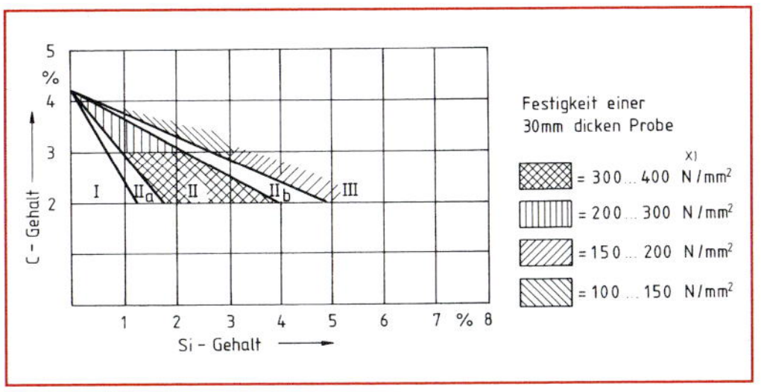

Bild 1 Gusseisendiagramm nach Maurer

Feld II a: Meliertes oder halbgraues Gusseisen ist eine Zwischenstufe von Hartguss und Gusseisen mit Lamellengraphit.

Feld II: Perlitisches Gusseisen; die Grundmasse besteht aus *Perlit.* Bis zu 0,8 % ist der Kohlenstoff in der Grundmasse als Zementit chemisch gebunden, der restliche Kohlenstoff ist als Graphit in fein verteilten Lamellen ausgeschieden (▶ Bild 2). Perlitisches Gusseisen ist teuer. Es kann nur durch patentierte Sonderverfahren, z. B. *Meehanite, Leperlit, Paralit,* hergestellt werden und wird nur verwendet, wenn an die Festigkeit der Werkstücke besondere Anforderungen gestellt werden.

Feld II b: Ferritisch-perlitisches Gusseisen. Die Grundmasse besteht aus einem Ferrit-Perlit-Gemisch (▶ Bild 3). Dieses Gusseisen ist billig und wird von allen Gusseisensorten am meisten verwendet (einfacher Maschinenguss).

Feld III: Ferritisches Gusseisen. Der Kohlenstoff ist hier völlig als Graphit ausgeschieden. Die Eisenmatrix ist rein ferritisch (▶ Bild 1 S. 140).

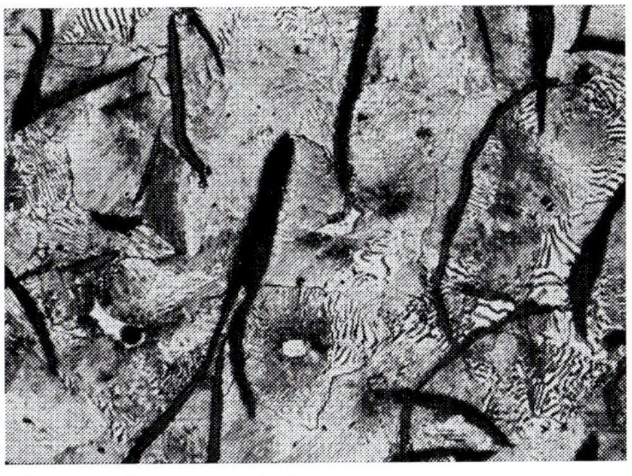

Bildvergrößerung: 100 : 1

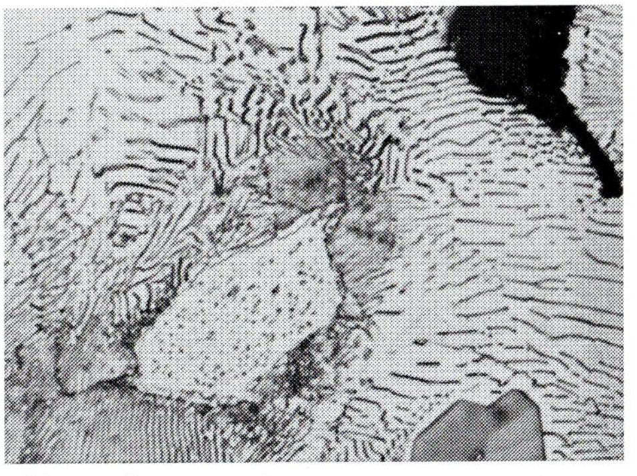

Bildvergrößerung: 500 : 1

Bild 2 Perlitisches Gusseisen (Graphit = schwarz, Zementit = grau, Ferrit = weiß)

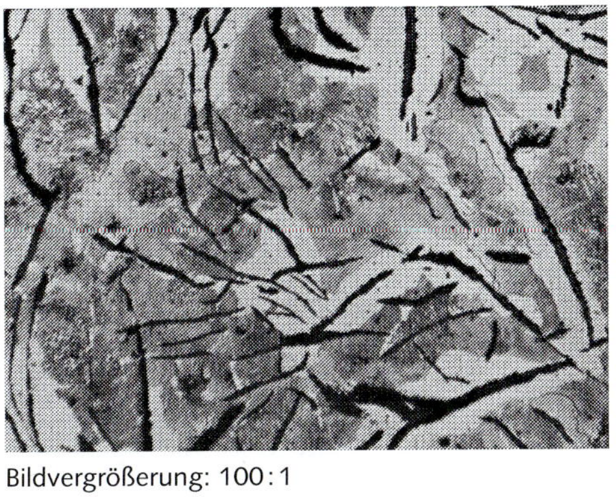

Bildvergrößerung: 100 : 1

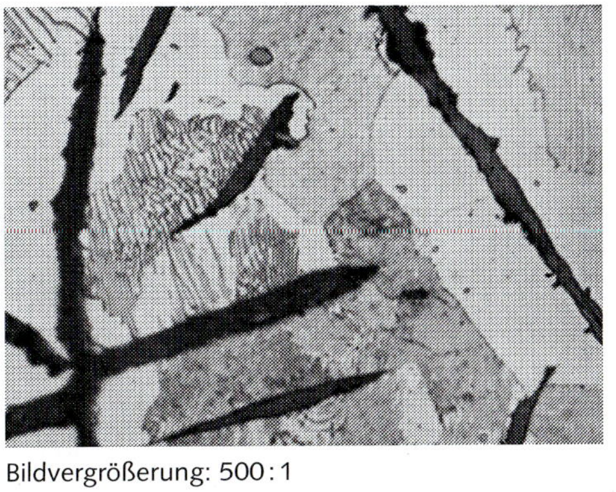

Bildvergrößerung: 500 : 1

Bild 3 Ferritisch-perlitisches Gusseisen (Graphit = schwarz, Zementit = grau, Ferrit = weiß)

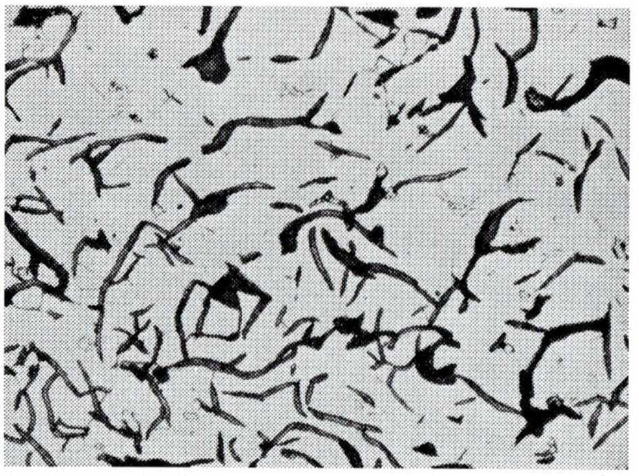

Bildvergrößerung: 100:1

Bildvergrößerung: 500:1

Bild 1 Ferritisches Gusseisen (Graphit = schwarz, Ferrit = weiß)

Gusseisen mit Lamellengraphit ist in der DIN EN 1561: 2012 genormt. ▶ Tab. 1 enthält die Werkstoffbezeichnungen sowie die kennzeichnenden Eigenschaften.

Werkstoffbezeichnung nach DIN EN 1561: 2011		maßgebende Wanddicke t in mm	Zugfestigkeit R_m in getrennt gegossenen Probestäben in MPa	Brinellhärte HBW min.–max.
Kurzzeichen	Nummer			
EN-GJL-100	5.1100	5–40	100	
EN-GJL-150	5.1200	2,5–50	150	
EN-GJL-200	5.1300	2,5–50	200	
EN-GJL-250	5.1301	5–50	250	
EN-GJL-300	5.1302	10–50	300	
EN-GJL-350	5.1303	10–50	350	
EN-GJL-HB155	5.1101	2,5–50		**–155**
EN-GJL-HB175	5.1201	5–50		135–**175**
EN-GJL-HB195	5.1304	5–50		135–**195**
EN-GJL-HB215	5.1305	5–50		155–**215**
EN-GJL-HB235	5.1306	10–50		175–**235**
EN-GJL-HB255	5.1307	20–50		195–**255**

Tabelle 1 Gusseisen mit Lamellengraphit nach DIN EN 1561: 2012. Die Zugfestigkeitswerte gelten für Proben, die durch mechanische Bearbeitung aus gegossenen Probestücken hergestellt wurden.

4.9.2.3 Gusseisen mit Kugelgraphit (ferritisch bis perlitisch, ausferritisch und austenitisch)

Die geringste Querschnittsstörung wird durch kugelförmige Graphitausscheidungen erreicht, weil die Kugel von allen Körpern gleichen Rauminhalts die kleinste Oberfläche hat. Außerdem sind die Radien der Kugeln größer als die Krümmungsradien an den Lamellenenden, sodass die Kerbwirkung sehr viel geringer ist. Durch Zugabe kleiner Mengen Magnesium und Cer zur Schmelze werden die immer vorhandenen Verunreinigungen abgebunden und so die kugelförmige Graphitausscheidung (▶ Bild 1 und 2 S. 141) ermöglicht.

Gusseisen mit Kugelgraphit ist genauso leicht gießbar wie lamellares Gusseisen. Wegen der geringeren inneren Kerbwirkung hat es jedoch wesentlich höhere Festigkeitswerte und bessere Zähigkeitswerte (duktiles Gusseisen). Der Elastizitätsmodul liegt mit 160 000 MPa deutlich über dem des lamellaren Gusseisens. Das Dämpfungsvermögen ist allerdings geringer, da die elastischen Wellen an den Graphitkugeln weniger stark gebrochen werden.

Wegen seiner Duktilität kann Kugelgraphitguss durch Kugelstrahlen und Festwalzen randschichtverfestigt werden. Dadurch wird die Dauerfestigkeit auf vergleichbare Werte wie bei höherfesten Vergütungsstählen angehoben. Da Kugelgraphitguss außerdem in der Formgebung wesentlich freier und auch in der Herstellung kostengünstiger ist als Schmiedestahl, hat er z. B. bei Kurbelwellen für Verbrennungsmotoren die Schmiedestähle weitgehend verdrängt.

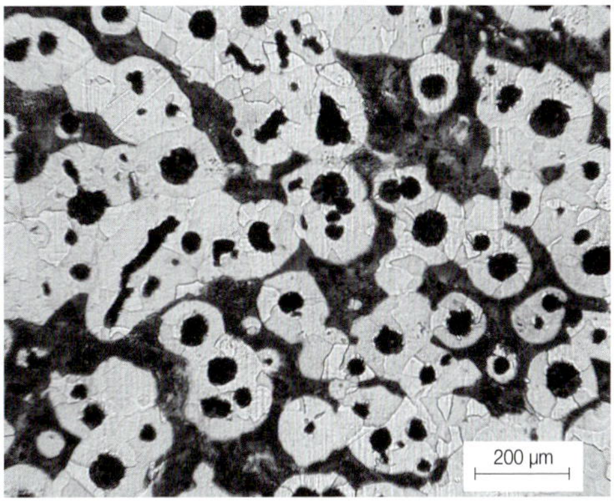

Bild 1 Gusseisen mit Kugelgraphit, geätzt mit Salpetersäure, ferritisch-perlitisches Gefüge. Typisch sind die Ferrithöfe um die Graphitkugeln, die durch Diffusion des Kohlenstoffs in die Graphitkugeln entstehen.

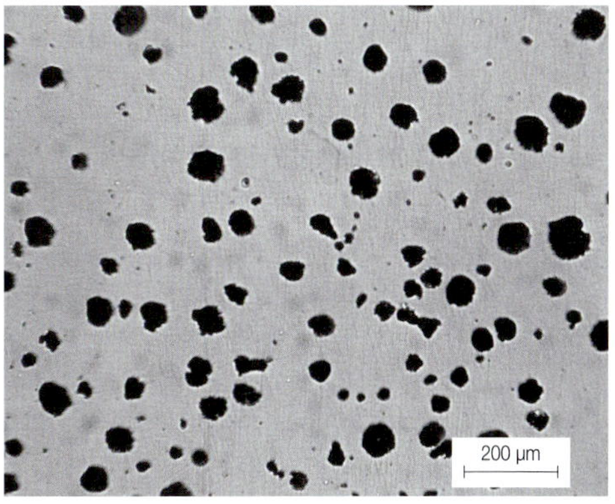

Bild 2 Gusseisen mit Kugelgraphit, ungeätzter Schliff zur Beurteilung der Graphitausbildung und -verteilung.

Ausferritisches Gusseisen mit Kugelgraphit (bainitisches Gusseisen). Kugelgraphitguss kann wegen der geringeren inneren Kerbwirkung wie Stahl wärmebehandelt werden. Dazu wird er bei 900 °C bis 1 000 °C austenitisiert und anschließend meist in Öl oder Kühlemulsionen abgeschreckt. Die Austenitumwandlung wird dadurch auf Temperaturen von 250 °C bis 400 °C abgesenkt, sodass die Eisenmatrix martensitisch wird. Anschließend wird bei Temperaturen zwischen 400 °C und 650 °C angelassen. Die Bilder 3 und 4 zeigen beispielhaft das Zeit-Temperatur-Umwandlungsschaubild und das Anlassschaubild eines unlegierten Gusseisens mit Kugelgraphit. Durch kontrollierte Abkühlung durch das Zwischenstufengebiet kann auch direkt eine bainitische Gefügestruktur erreicht werden.

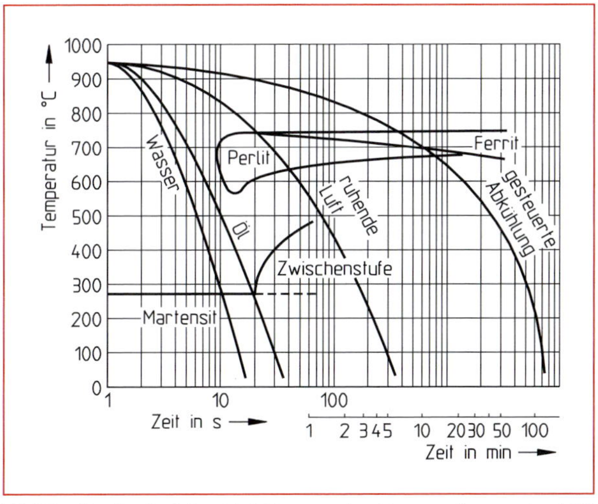

Bild 3 Kontinuierliches Zeit-Temperatur-Umwandlungsschaubild für ein unlegiertes Gusseisen mit Kugelgraphit (nach Röhrig u. Fairhurst: Wärmebehandlung von Gusseisen mit Kugelgraphit, Gießerei-Verlag, 1979)

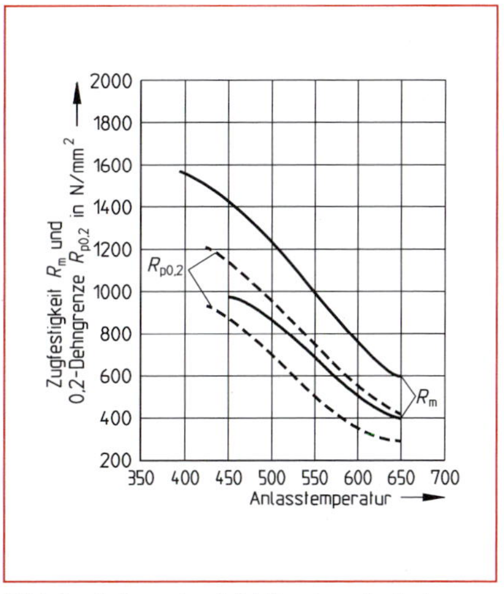

Bild 4 Anlassschaubild für ein unlegiertes Gusseisen mit Kugelgraphit (nach Röhrig u. Fairhurst: Wärmebehandlung von Gusseisen mit Kugelgraphit, Gießerei-Verlag, 1979)

Hochlegiertes austenitisches Gusseisen mit Kugelgraphit. Durch Zulegieren von bis zu 36 % Nickel und jeweils maximal 7,5 % Silizium, Mangan, Chrom und Kupfer wird Gusseisen vollaustenitisch. Der Kohlenstoffgehalt muss allerdings auf 2,2 % bis maximal 3 % beschränkt werden. Diese Gusseisensorten sind unmagnetisch, korrosionsbeständig, warmfest und hitzebeständig. Sie werden durch den Buchstaben „A“ in der Werkstoffbezeichnung gekennzeichnet: EN-GJSA. Sie sind genormt in der DIN EN 13835: 2012.

Gusseisen mit Kugelgraphit und ferritischer bis perlitischer Matrix sind genormt in der DIN EN 1563: 2012. Diese Sorten sind auch für Innendruck führende Geräte einsetzbar. Die Zugfestigkeiten liegen zwischen 350 MPa und 900 MPa bei Bruchdehnungen zwischen 10 % und 22 % für die niedrigfesten Sorten und größer 2 % bei den hochfesten Sorten (R_m = 700 bis 900 MPa). Diese Angaben gelten für getrennt gegossene Probestäbe (▶ Tab. 1 S. 143). Die Werte für angegossene Probestäbe liegen bei größeren Wandstärken etwas niedriger. Die höchstfesten bainitischen Gusseisen mit Kugelgraphit sind in der DIN EN 1564: 2012 zusammengefasst.

Wegen der Vielzahl sind in der ▶ Tab. 1 S. 143 nur einige ausgewählte Kugelgraphitgusswerkstoffe aufgelistet.

Rasterelektronenmikroskopische Aufnahmen, kurz: REM-Aufnahmen, von Gusseisen. Kugel- und Vermiculargraphit von GJS und GGV liegen nicht in Hohlräumen; die dunklen Ränder sind durch Kapillareffekt der Ätzmittel entstanden.

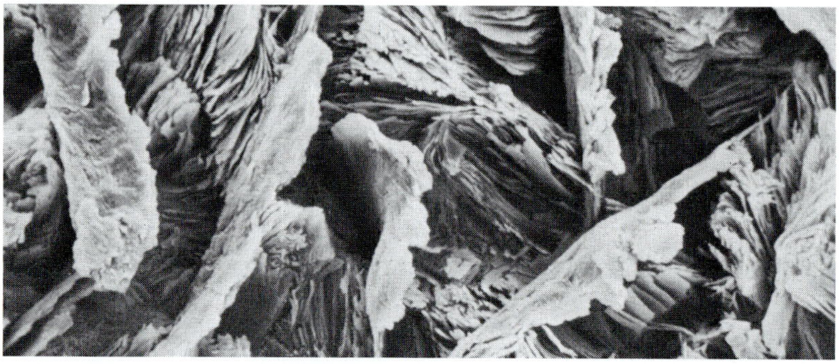

Bild 1 Tiefätzung Gusseisen mit Lamellengraphit. Große Lamellen = Graphit; feine, gebündelte Lamellen = Zementit des Perlits. Der Ferrit ist durch die Tiefätzung herausgelöst.

Bild 2 Tiefätzung einer Probe aus Gusseisen mit Kugelgraphit (Gusszustand). Deutlich zu erkennen ist der schichtige Aufbau der Graphitkugel.

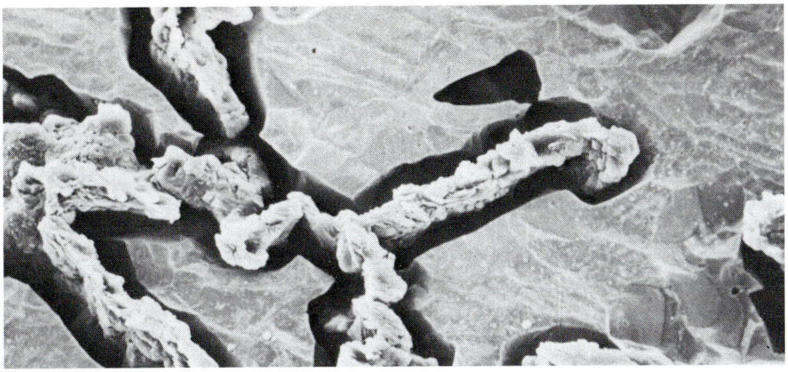

Bild 1 Tiefätzung Gusseisen mit Vermiculargraphit. Trotz lamellenähnlicher Gestalt der Graphitausscheidungen nähert sich der strukturelle Aufbau des Wurmgraphits viel mehr dem des Kugelgraphits als des Lamellengraphits. Wesentlich für die Eigenschaften sind die gedrungene Form und die abgerundeten Enden der Graphitausscheidungen.

Werkstoffbezeichnung nach DIN EN 1563: 2019 bzw. DIN EN 1564: 2012		maßgebende Wanddicke t in mm	0,2%-Dehngrenze $R_{p0,2}$ min. in MPa	Zugfestigkeit R_m min. in MPa	Dehnung A min. in %
Kurzzeichen	Nummer				
EN-GJS-350-22[1]	5.3102	$t \leq 30$	220	350	22
EN-GJS-400-18[1]	5.3105	$t \leq 30$	250	400	18
EN-GJS-500-7[1]	5.3200	$t \leq 30$	320	500	7
EN-GJS-600-3[1]	5.3201	$t \leq 30$	370	600	3
EN-GJS-700-2[1]	5.3300	$t \leq 30$	420	700	2
EN-GJS-800-2[1]	5.3301	$t \leq 30$	480	800	2
EN-GJS-900-2[1]	5.3302	$t \leq 30$	600	900	2
EN-GJS-800-10[2]	5.3400	$t \leq 30$	500	800	10
EN-GJS-900-8[2]	5.3402	$t \leq 30$	600	900	8
EN-GJS-1050-6[2]	5.3403	$t \leq 30$	700	1050	6
EN-GJS-1200-3[2]	5.3404	$t \leq 30$	850	1200	3
EN-GJS-1400-1[2]	5.3405	$t \leq 30$	1100	1400	1

[1] Ferritische bis perlitische Gusseisen mit Kugelgraphit nach DIN EN 1563: 2019
[2] Ausferritische (bainitische) Gusseisen mit Kugelgraphit nach DIN EN 1564: 2012

Tabelle 1 Gusseisen mit Kugelgraphit nach DIN EN 1563: 2019 und DIN EN 1564: 2012 (Auszug). Die Zugfestigkeitswerte gelten für Proben, die durch mechanische Bearbeitung aus gegossenen Probestücken hergestellt wurden.

4.9.2.4 Temperguss

Unter Temperguss versteht man Eisen-Kohlenstoff-Werkstoffe mit Kohlenstoffgehalten zwischen 2,4 % und 3,4 %, die durch schnelle Abkühlung aus der Schmelze weiß erstarren: Der Kohlenstoff ist vollständig im Zementit abgebunden. Durch anschließendes langzeitiges Glühen bei Temperaturen um 1000 °C („Tempern") zerfällt der Zementit zu freiem Graphit. Der ausgeschiedene Kohlenstoff sammelt sich in nestartigen bis nahezu kugelförmigen Gebilden („Graphitnester", „Temperkohle"), die aufgrund ihrer Gestalt den Kraftfluss im Werkstoff relativ wenig stören. Die mechanischen Eigenschaften von Temperguss sind dementsprechend ähnlich denen des Kugelgraphitgusses.

Je nach Glühatmosphäre und dem daraus resultierenden Gefüge unterscheidet man

- **nicht entkohlend geglühten oder schwarzen Temperguss**: neutrale Glühatmosphäre. Die Bruchfläche ist dunkelgrau und matt.
- **entkohlend geglühten oder weißen Temperguss**: oxidierende Glühatmosphäre. Die Bruchfläche ist weiß und metallisch glänzend.

Temperrohguss

Rohguss für nicht entkohlend zu glühende (schwarze) Sorten enthält 2,4 % bis 2,8 % C und 1,4 % bis 0,9 % Si. Häufig wird Bor und Bismut zulegiert. C-Gehalt und Si-Gehalt sind gegenläufig. Höhere Siliziumgehalte unterstützen die Graphitbildung beim anschließenden Tempern.

Rohguss für entkohlend zu glühende (weiße) Sorten enthält 2,8 % bis 3,4 % C und 0,8 % bis 0,4 % Si. Auch hier sind C- und Si-Gehalt gegenläufig. Rohguss für schweißbare weiße Sorten wird mit niedrigeren Si und S-Gehalten, aber höheren Mn-Gehalten erschmolzen.

Glühverfahren für schwarzen Temperguss

Schwarzer Temperguss wird in einer neutralen Atmosphäre geglüht, um die Oxidation des Kohlenstoffes zu CO und damit die Entkohlung des Werkstoffes zu verhindern. Dazu werden die Teile entweder in sandgefüllte Kästen verpackt oder in Schutzgasöfen geglüht.

Die Glühbehandlung läuft in zwei Stufen ab (▶ Bild 1 und 2):

In der ersten Glühstufe mit einer Temperatur von 950 °C zerfallen die eutektischen Carbide des weißen Erstarrungsgefüges unter Ausscheidung des Kohlenstoffes (Temperkohle). Bei Bor- und Bismut-legierten Sorten sammelt sich der Kohlenstoff in nestartigen Graphitflocken (▶ Bilder Abschnitt 1 S. 146).

In der zweiten Glühstufe wird das Grundgefüge der Eisenmatrix eingestellt. Durch entsprechende Temperaturführung kann dabei der Austenit in jedes aus der Wärmebehandlung von Stahl bekannte Gefüge umgewandelt werden.

Die mechanischen Eigenschaften des Werkstoffes werden in der zweiten Glühstufe eingestellt.

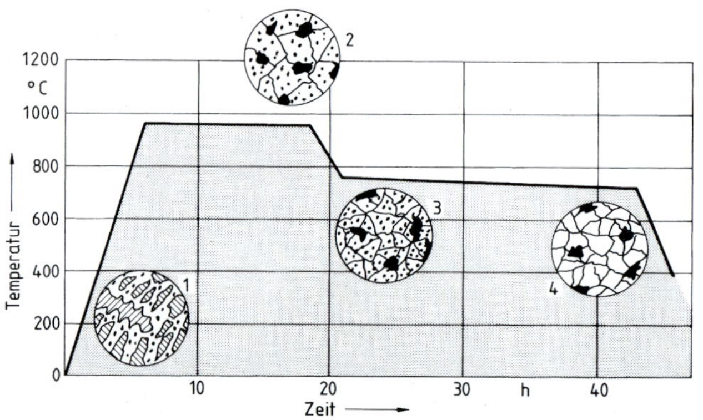

Bild 1 Wärmebehandlung von ferritischem schwarzem Temperguss GJMB
Gefüge 1: Ledeburit (Austenit und Zementit), Guss-/Ausgangsgefüge.
Gefüge 2 und 3: Austenit mit Temperkohle; 2 grob-, 3 feinkörnig.
Gefüge 4: ferritisches Gefüge mit kugelförmiger Temperkohle.

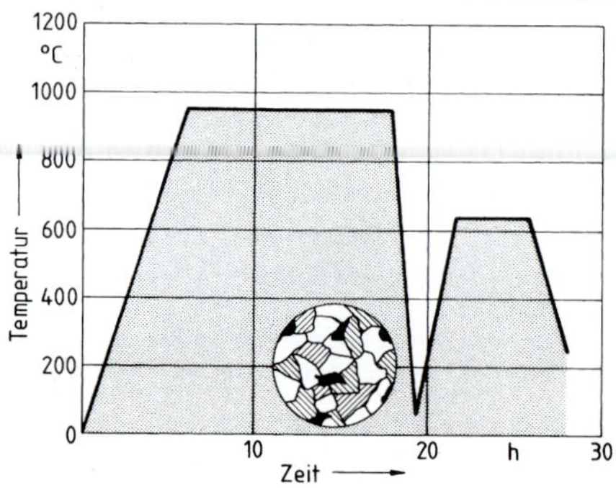

Bild 2 Wärmebehandlung von perlitischem schwarzen Temperguss. Gefüge: Ferrit und Perlit

Rein ferritische Grundgefüge entstehen durch sehr langsames Abkühlen (3 bis 5 K/h) der Werkstücke aus der ersten Glühstufe auf Temperaturen zwischen 760 °C bis 680 °C (▶ Bild 1). Dabei bildet sich aus dem Austenit Ferrit und weiterer Graphit. Danach kann beliebig abgekühlt werden.

Um perlitische Grundgefüge zu erzeugen, wird nach der ersten Glühstufe an bewegter Luft oder in Öl abgeschreckt und anschließend angelassen (▶ Bild 2). Die Anlasstemperatur wird wie bei den Stählen nach der gewünschten Festigkeit eingestellt, z. B. 600 °C für eine Zugfestigkeit von 700 MPa.

Das Gefüge des schwarzen Tempergusses ist unabhängig von der Wandstärke über den gesamten Querschnitt gleich.

Glühverfahren für weißen Temperguss

Der Temperrohguss wird bei Temperaturen um 1 050 °C in sauerstoffabgebenden Mitteln, z. B. Fe_2O_3-Pulver, oder in schwach oxidierenden Atmosphären, z. B. Gasgemischen aus Kohlenmonoxid und Kohlendioxid mit Luft oder Wasserdampf, geglüht. Zugleich mit dem Zementitzerfall zu freiem Graphit werden die Kohlenstoffatome in der Randzone durch den Sauerstoff zu CO oxidiert, das aus dem Werkstoff austritt und dadurch dem Werkstoff ständig Kohlenstoff entzieht. Durch die vom Kern zum Rand abnehmende Kohlenstoffkonzentration werden weitere C-Atome zur Diffusion vom Kern zum Rand angeregt und reagieren dort wiederum mit dem Sauerstoff, sodass eine allmähliche Entkohlung von innen nach außen erfolgt.

Die Glühbehandlung erfolgt einstufig (▶ Bild 1). Aus der Glühtemperatur kann langsam abgekühlt werden, um ein Normalglühgefüge in der Eisenmatrix zu erzeugen. Für höhere Festigkeiten wird von der Glühtemperatur in bewegter Luft schnell abgekühlt. Anschließend wird je nach geforderter Zugfestigkeit unterschiedlich hoch angelassen.

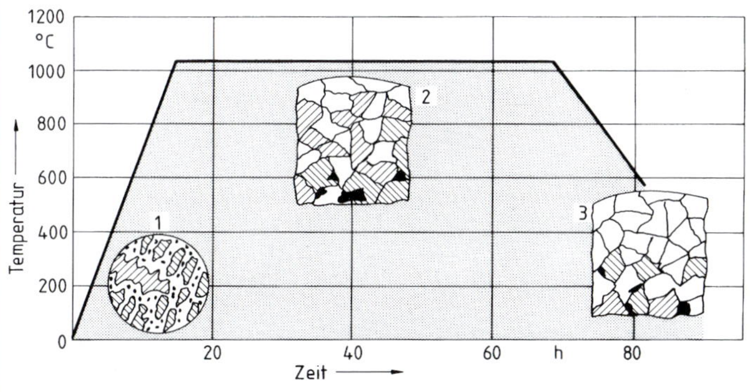

Bild 1 Wärmebehandlung von weißem Temperguss GJMW
Gefüge 1: Ledeburit (Austenit und Zementit), Guss-/Ausgangsgefüge.
Gefüge 2: dünne, entkohlte Randzone, Mitte: Perlit mit Temperkohle.
Gefüge 3: bis 8 mm dicke entkohlte Randzone, Kernzone: Perlit mit Temperkohle.

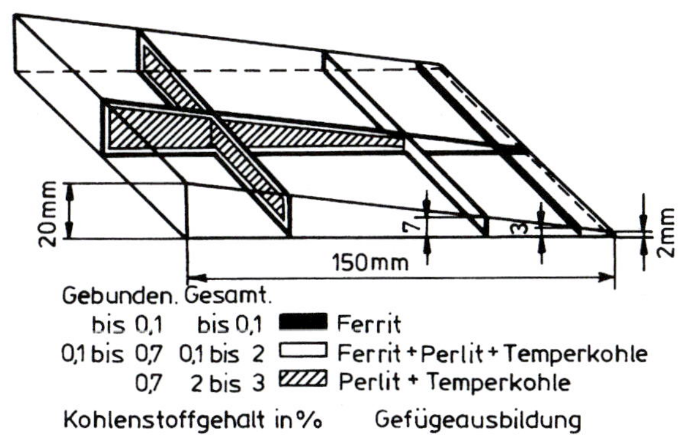

Bild 2 Keilprobe zum Nachweis des wanddickenabhängigen Kohlenstoffgehaltes bei weißem Temperguss

Entkohlungsgrad und Entkohlungstiefe werden hauptsächlich über die Glühzeit gesteuert: Mit zunehmender Glühzeit nehmen beide zu. Im Grenzfall kann die Randzone völlig kohlenstofffrei sein. Bei schweißbarem weißen Temperguss muss der Kohlenstoffgehalt in der voraussichtlichen Wärmeeinflusszone beim Schweißen unter 0,3 % liegen, um eine Aufhärtung zu vermeiden.

Weißer Temperguss hat ein wanddickenabhängiges Gefüge mit von außen nach innen zunehmendem Kohlenstoffgehalt.

Die Wanddickenabhängigkeit kann einfach mit der Keilprobe (▶ Bild 2 S. 145) nachgewiesen werden. Die Randzone hat ein stahlähnliches ferritisches Gefüge. In der Übergangszone findet sich ein ferritisch-perlitisches Gefüge mit nach innen zunehmendem Perlitanteil und ersten Temperkohleeinschlüssen. Im Kern ist das Gefüge vollperlitisch mit den typischen Graphitnestern.

Typische Gefügeausbildungen für weißen Temperguss zeigen die ▶ Bilder Abschnitt 2 S. 147.

Eigenschaften und Anwendungen

Temperguss ist gut vergießbar und weist nach dem Tempern für Gusseisen vergleichsweise hohe Zähigkeitswerte auf, die ihre Ursache in den kugelähnlichen Graphiteinschlüssen haben. Er ist dadurch schlag- und stoßunempfindlich. Perlitischer Temperguss ist sehr verschleißfest und wird daher bevorzugt für Bremstrommeln und -scheiben, Radnaben und andere Verschleißteile eingesetzt. Gelenkwellenköpfe werden aus gut schweißbaren weißen Tempergusssorten hergestellt, die eine problemlose Schweißverbindung mit den Gelenkwellenrohren aus Stahl ermöglichen. Gleiches gilt für Rohrverbindungselemente und Kettenglieder, die ebenfalls geschweißt werden müssen.

Temperguss ist in der DIN EN 1562: 2012 genormt. Neu aufgenommen wurde der Hinweis, dass Temperguss auch für Innendruck führende Geräte einsetzbar ist. Wegen der großen Zahl sind in der ▶ Tab. 1 S.147 nur einige ausgewählte Sorten mit den Werkstoffbezeichnungen und den charakteristischen Festigkeits- und Zähigkeitswerten aufgeführt.

Einteilung des Werkstoffes Temperguss nach dem Gefügebau

Bildvergrößerungen: 100 : 1

1. Nicht entkohlend geglühter (schwarzer) Temperguss

1.1 Schwarzer Temperguss mit ferritischer Grundmasse

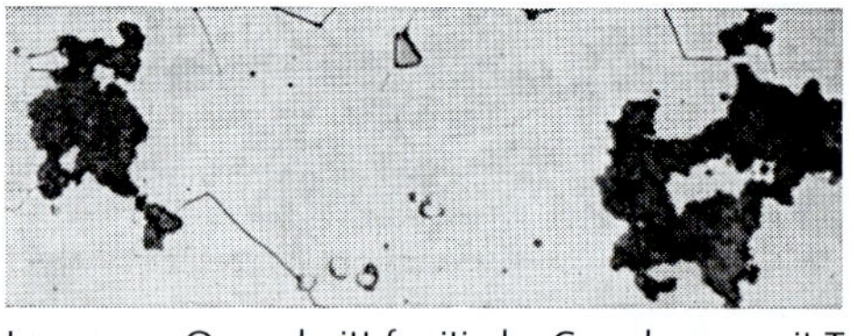

Im ganzen Querschnitt ferritische Grundmasse mit Temperkohle

1.2 Schwarzer Temperguss mit perlitischer Grundmasse

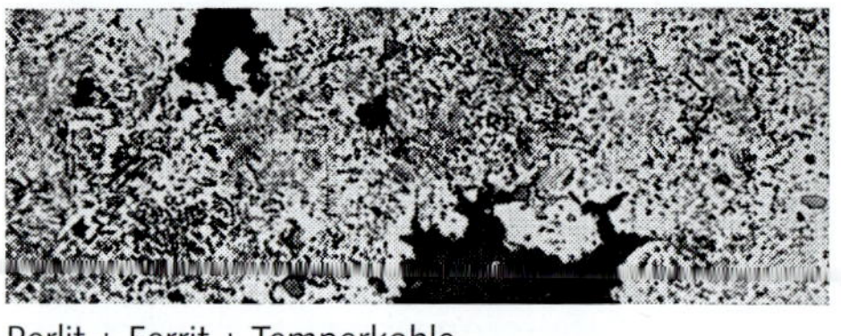

Perlit + Ferrit + Temperkohle

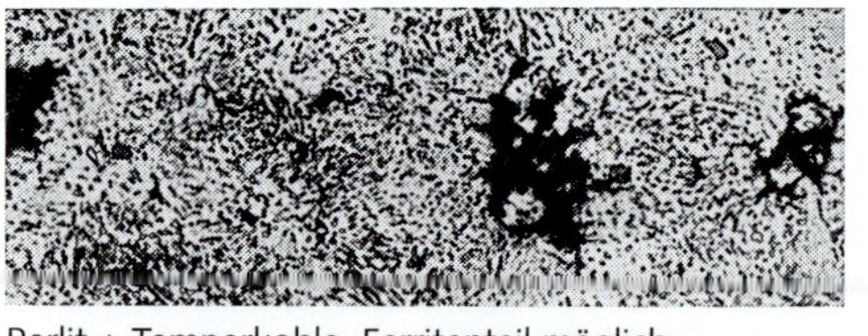

Perlit + Temperkohle, Ferritanteil möglich

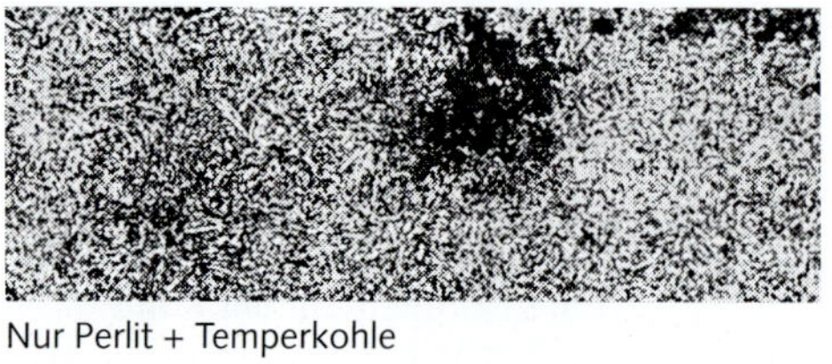

Nur Perlit + Temperkohle

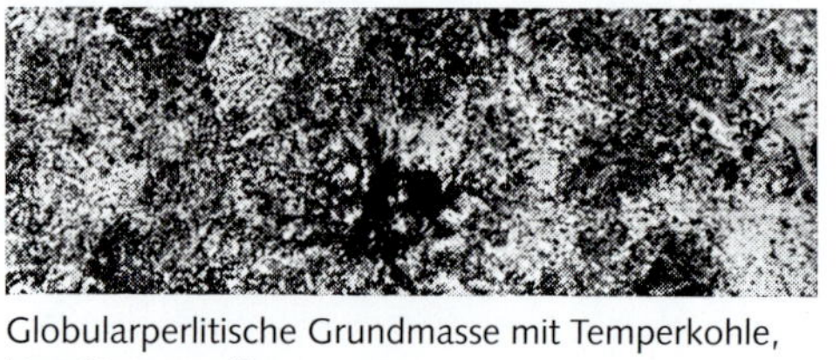

Globularperlitische Grundmasse mit Temperkohle, Vergütungsgefüge

2. Entkohlend geglühter (weißer) Temperguss

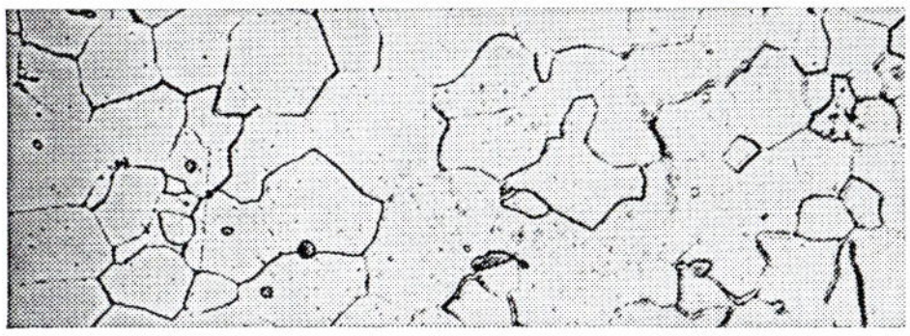

Bis etwa 8 mm Tiefe entkohlte Randzone

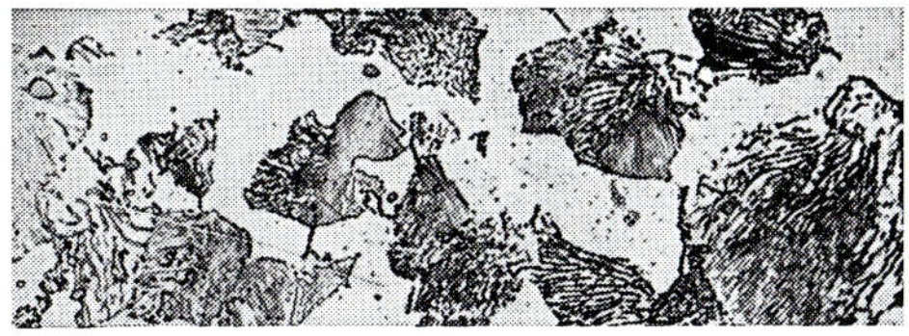

Ferritisch-perlitische Übergangszone

Lamellarperlitische Kernzone mit Temperkohle

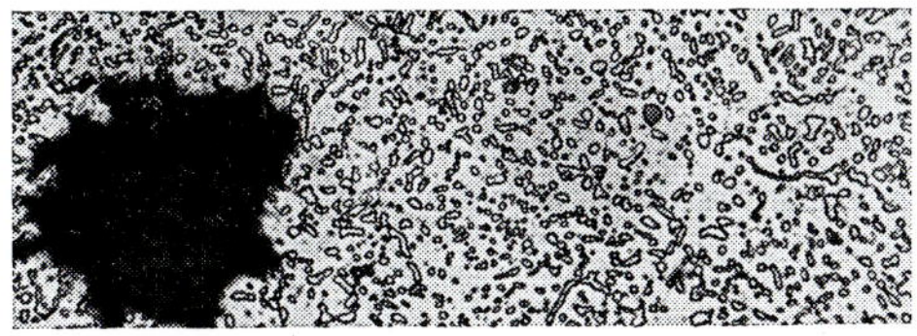

Globularperlitische Kernzone mit Temperkohle

Werkstoffbezeichnung nach DIN EN 1562: 2012		**Durchmesser der Probe (Nennmaß) *d* in mm**	**0,2%-Dehngrenze $R_{p0,2}$ min. in MPa**	**Zugfestigkeit R_m min. in MPa**	**Dehnung $A_{3,4}$ min. in %**	**Brinellhärte HBW (nur informativ)**
Kurzzeichen	**Nummer**					
EN-GJMB-300-6	5.4100	12 oder 15	–	300	6	max. 150
EN-GJMB-500-5	5.4206	12 oder 15	300	500	5	165 bis 215
EN-GJMB-550-4	5.4207	12 oder 15	340	550	4	180 bis 230
EN-GJMB-600-3	5.4208	12 oder 15	390	600	3	195 bis 245
EN-GJMB-700-2	5.4301	12 oder 15	530	700	2	240 bis 290
EN-GJMB-800-1	5.4302	12 oder 15	600	800	1	270 bis 320

Tabelle 1 a Nicht entkohlend geglühte Tempergusssorten nach DIN EN 1562: 2019 (Auszug)

Werkstoffbezeichnung nach DIN EN 1562: 2012		**Maßgebende Wanddicke *t* in mm**	**Durchmesser der Probe (Nennmaß) *d* in mm**	**0,2%-Dehngrenze $R_{p0,2}$ min. in MPa**	**Zugfestigkeit R_m min. in MPa**	**Dehnung $A_{3,4}$ min. in %**	**Brinellhärte HBW (nur informativ) max.**
Kurzzeichen	**Nummer**						
EN-GJMW-350-4	5.4200	$5 < t \leq 7$	12	–	350	4	230
EN-GJMW-360-12	5.4201	$5 < t \leq 7$	12	190	360	12	200
EN-GJMW-400-5	5.4202	$5 < t \leq 7$	12	220	400	5	220
EN-GJMW-450-7	5.4203	$5 < t \leq 7$	12	260	450	7	220
EN-GJMW-550-4	5.4204	$5 < t \leq 7$	12	340	550	4	250

Tabelle 1 b Entkohlend geglühte Tempergusssorten nach DIN EN 1562: 2019 (Auszug)

4.9.2.5 Gusseisen mit Vermiculargraphit

Gusseisen mit Vermiculargraphit (▶ Bild 1 S. 143) ist entwicklungstechnisch gesehen eine Vorstufe des Gusseisens mit Kugelgraphit. Basis sind ebenfalls sehr reine Schmelzen, die mit Cer-Mischmetall behandelt werden. Der Graphit scheidet sich nicht in Kugelform, sondern in Lamellenform mit gut abgerundeten Enden aus. Dadurch ist die innere Kerbwirkung stark herabgesetzt. Gusseisen mit Vermiculargraphit ist daher bezüglich der Festigkeits- und Zähigkeitswerte sowie des Elastizitätsmoduls mit den niedrigfesten Kugelgraphitsorten vergleichbar. Hinsichtlich der Gießeigenschaften, der Dämpfungsfähigkeit, Wärmeausdehnung und Wärmeleitfähigkeit liegt er näher am Lamellengraphitguss. Das Herstellverfahren ist, wenn nicht anders vereinbart, dem Hersteller zu überlassen, um die geforderten Festigkeitseigenschaften sowie die Mikrostruktur zu erhalten. Gusseisen mit Vermiculargraphit ist genormt in der DIN EN 16079: 2012. In der ▶ Tab. 1 sind lediglich die Festigkeitswerte für Proben aus Gussstücken mit Wandstärken ≤ 30 mm zusammengestellt. Bei größeren Wandstärken sind die Festigkeitswerte niedriger.

Werkstoffbezeichnung		Maßgebende Wanddicke t mm	0,2-Dehngrenze $R_{p0,2}$ MPa min.	Zugfestigkeit R_m MPa min.	Bruchdehnung A min.
Kurzzeichen	Nummer				
EN-GJV-300	5.2100	≤30	210	300	2,0
EN-GJV-350	5.2200	≤30	245	350	1,5
EN-GJV-400	5.2201	≤30	280	400	1,0
EN-GJV-450	5.2300	≤30	315	450	1,0
EN-GJV-500	5.2301	≤30	350	500	0,5

Tabelle 1 Vermiculargusseisen nach DIN EN 16079: 2012 (Auszug)

4.9.2.6 Verschleißbeständiges Gusseisen

Verschleißbeständiges Gusseisen wird auch als Hartguss oder weißes Gusseisen bezeichnet. Es ist gekennzeichnet durch ein karbidisches, kohlenstofffreies Gefüge, das bei schneller Erstarrung aus der Schmelze entsteht (▶ siehe Temperguss). Das Bruchgefüge erscheint dementsprechend weiß bis silbrig glänzend. Im Gegensatz zum Temperguss wird Hartguss jedoch nicht mehr geglüht. Durch den hohen Zementitgehalt ist der Hartguss besonders verschleißbeständig und wird bevorzugt eingesetzt für Bauteile, die abrasivem Verschleiß durch nichtmetallische, häufig mineralische Stoffe ausgesetzt sind, z. B. in Mahlwerken, Prallmühlen, Mischern, Walzen u. ä. Die Hartgusssorten sind genormt in der DIN EN 12513: 2011. Die Norm unterscheidet in unlegierten oder niedriglegierten perlitischen Hartguss, mittellegiertes martensitisches weißes Gusseisen, hochlegiertes Chromgusseisen und Sondergusseisen, die mit Cr, Mo, Ni, Cu, Nb, V und W legiert sein können.

In der ▶ Tab. 2 sind die Hartgusssorten nach DIN EN 12513: 2011 zusammengestellt.

Werkstoffbezeichnung		Brinellhärte HBW min.
Kurzzeichen	Nummer	
unlegiertes oder niedriglegiertes verschleißbeständiges Gusseisen		
EN-GJN-HB340	5.5600	340
EN-GJN-HB400	5.5601	400
verschleißbeständiges Chrom-Nickel-Guseisen		
EN-GJN-HB480	5.5602	480
EN-GJN-HB500	5.5603	500
EN-GJN-HB510	5.5604	510
EN-GJN-HB555	5.5605	555
EN-GJN-HB630	5.5606	630
verschleißbeständiges Gusseisen mit hohem Chromgehalt		
EN-GJN-HB555(XCr11)	5.5607	550
EN-GJN-HB555(XCr14)	5.5608	550
EN-GJN-HB555(XCr18)	5.5609	550
EN-GJN-HB555(XCr23)	5.5610	550

Tabelle 2 Verschleissbeständige Gusseisensorten nach DIN EN 12513: 2011 (Auszug)

Für einige Einsatzbereiche wird auch der so genannte Schalenhartguss hergestellt, bei dem durch gezielte Wärmeabfuhr, z. B. durch Kühleisen, nur in der Oberflächenzone eine weiße Schicht entsteht, während im Kern der Kohlenstoff z. T. als Graphit ausgeschieden ist.

Aufgaben:

1. Nennen Sie die sechs Eisen-Kohlenstoff-Gusswerkstoffe.
2. Was ist Stahlguss?
3. Begründen Sie, warum Stahlguss grundsätzlich normalgeglüht wird.
4. Erklären Sie die Kurzzeichen GJL, GJS, GJMB und GJMW. Wofür steht der Buchstabe „J" in diesen Kurzzeichen?
5. Nennen Sie die verschiedenen Möglichkeiten, um Gusseisenwerkstoffe mit Kurzzeichen zu kennzeichnen.
6. Welche Eigenschaften des Gusseisens sind beim Gießen besonders wichtig?
7. Gusseisen mit Lamellengraphit zeigt im Zugversuch keinen linear-elastischen Bereich. Begründen Sie diese Aussage.
8. Nennen Sie die unterschiedlichen Eigenschaften der verschiedenen Gusseisensorten.
9. Welche Gusseisensorte kann gehärtet bzw. vergütet werden? Begründen Sie Ihre Aussage.
10. Welche Rolle spielt die Wanddicke der Gussstücke auf die Festigkeit der verschiedenen Gusseisensorten?
11. Nennen Sie die verschiedenen Tempergusssorten. Erläutern Sie die Nachbehandlungen und daraus folgend ihre wichtigsten Eigenschaften.
12. Was ist Gusseisen mit Vermiculargraphit? Beschreiben Sie seine Herstellung und seine besonderen Eigenschaften gegenüber Gusseisen mit Lamellengraphit.
13. Wie wird verschleißbeständiges Gusseisen hergestellt? Worauf beruht seine hohe Verschleißbeständigkeit?

5 Nichteisenmetalle

5.1 Allgemeines

Nichteisenmetalle (kurz NE-Metalle) sind:

a) unlegierte Metalle mit Ausnahme des Eisens

b) Legierungen, in denen ein beliebiges Metall mit Ausnahme des Eisens den größten Massenanteil hat.

Die Unterscheidung in Eisenbasismetalle und Nichteisenmetalle ist nur mit der besonderen technisch-wirtschaftlichen Bedeutung der Eisenbasismetalle zu begründen. Weder die Stellung des Elementes Eisen im Periodensystem noch die Metallkunde begründen diese Sonderstellung innerhalb der Gruppe der Metalle.

Beispiele und Schreibweise:

Das Basiselement wird an erster, das Hauptlegierungselement an zweiter Stelle geschrieben; beide Wörter und das angehängte Wort Legierung sind mit Bindestrich verbunden:

Legierung aus 55 % Ni und 45 % Fe = Nickel-Eisen-Legierung. Nichteisenmetall. Ni ist das Metall mit dem größten Einzelgehalt.

Legierung aus 55 % Fe und 45 % Ni = Eisen-Nickel-Legierung. Kein Nichteisenmetall. Fe ist das Metall mit dem größten Einzelgehalt.

Legierung aus 40 % Fe, 40 % Ni u. 20 % Cr = Eisen-Nickel-Chrom-Legierung. Kein Nichteisenmetall. Weder Ni noch Cr stellen den größten Einzelgehalt dar.

Legierung aus 95 % Cu und 5 % Zn = Kupfer-Zink-Legierung. Nichteisenmetall. Zink-Kupfer-Legierung würde Legierung auf Zinkbasis bedeuten.

Unterscheidung nach der Dichte

Leichtmetalle
Dichte $\varrho \leq 4{,}5\ \mathrm{kg/dm^3}$

Schwermetalle
Dichte $\varrho > 4{,}5\ \mathrm{kg/dm^3}$

Der Grenzwert von 4,5 kg/dm³ zur Unterscheidung der Leichtmetalle und Schwermetalle ist willkürlich festgelegt und wissenschaftlich nicht zu begründen.

Zur vergleichenden Bewertung der mechanischen Eigenschaften in Verbindung mit der Dichte wird oft die **Reißlänge** herangezogen, das ist die (theoretische) Länge eines senkrecht hängenden Drahtes mit einem Querschnitt von 1 mm², der durch sein Eigengewicht am Aufhängepunkt abreißt. In der Tabelle sind die Werte verschiedener Metalle aufgelistet.

Werkstoff	Dichte in $\frac{\mathrm{kg}}{\mathrm{dm^3}}$	Zugfestigkeit in MPa	Reißlänge in km $l_R = \frac{R_m}{g \cdot \varrho}$
Baustahl S235JR	7,87	360	4,663
Vergütungsstahl	7,87	1000	12,953
Reinaluminium	2,7	100	3,775
Al-Legierung ausgehärtet	2,7	450	16,989
Titanlegierung	4,5	1000	22,653
Beryllium-Al-Legierung	1,86	880	48,228

($g = 9{,}81\ \mathrm{m/s^2}$ und $1\ \mathrm{N} = 1\ \mathrm{kg \cdot m/s^2}$)

Physikalische und technologische Eigenschaften von Nichteisenmetallen bei Raumtemperatur

Element	Symbol	Gitterstruktur[1]	Dichte bei 20 °C kg/dm³ $\left(\frac{g}{cm^3}\right)$	Elastizitätsmodul bei 20 °C 10^4 MPa	Zugfestigkeit (geglüht) MPa	Härte (geglüht) HB	Querzahl	Linearer Ausdehnungskoeffizient zwischen 0 u. 100 °C 10^{-6} K^{-1}	Spezifische Wärme bei 20 °C kJ/kg · K	Schmelzpunkt °C	Wärmeleitfähigkeit bei 20 °C in $\frac{W}{m \cdot K}$	Spezifischer elektrischer Widerstand bei 20 °C $10^{-3}\,\frac{\Omega \cdot mm^2}{m}$
Aluminium	Al	kfz	2,7	7,2	40…100	15…25	0,34	23,9	0,899	660	204	28,6
Antimon	Sb	rh	6,69	5,6	80…90	30…36	–	10,8	0,21	630,5	22,5	390,0
Beryllium	Be	hd	1,85	30,0	210…360	30…170	0,03	12,3	1,885	1283	165	38
Bismut	Bi	rh	9,8	3,4	5	9…19	0,33	13,5	0,126	271	8	1200
Blei	Pb	kfz	11,35	1,7	11…13	3…6	0,44	29	0,13	327	35	210
Cadmium	Cd	hd	8,64	6,3	60	16…35	0,3	29,4	0,23	321	92	77
Chrom	Cr	krz	7,1	25,0	200…300	–	–	8,5	0,46	1900	69	140
Cobalt	Co	ε-hd α-kfz	8,9	21,5	270	120…130	–	12	0,437	1490	69,4	97
Germanium	Ge	kd	5,32	–	–	–	–	5,75	0,07	938	58,6	9.10^5 bis 6.10^8
Gold	Au	kfz	19,3	8,1	100…140	13…22	0,42	14,3	0,13	1063	310	22
Kupfer	Cu	kfz	8,93	12,6	210…240	40…50	0,34	16,8	0,39	1083	364	17,8
Magnesium	Mg	hd	1,74	4,5	160…200	25…40	0,33	26	0,924	650	157	45
Mangan	Mn	α-kfz β-krz	7,45	20,0	–	–	–	15	0,504	1244	–	1500
Molybdän	Mo	krz	10,2	32,6	480…900	140…300	0,31	5	0,273	2620	145	54
Nickel	Ni	kfz	8,9	22,5	350…520	70…120	0,3	13	0,441	1452	59	95
Niob	Nb	krz	8,6	12,0	250…350	40…200	0,38	7,1	0,273	2415	92	130
Platin	Pt	kfz	21,37	17,3	120…220	40…50	0,39	9	0,134	1769	70	98
Silber	Ag	kfz	10,5	8,1	130…160	15…36	0,37	19,7	0,235	960,8	407	15,9
Tantal	Ta	krz	16,6	19,0	350…700	100…260	0,35	6,5	0,138	2990	54	125
Titan	Ti	α-hd β-krz	4,5	11,1	350…560	100…200	0,36	8,2	0,63	1660	15,5	420
Vanadium	V	krz	6,1	13,0	350…500	100…260	0,35	8,3	0,504	1900	31,4	250
Wolfram	W	krz	19,3	41,5	400…1200	250…360	0,25	4,5	0,143	3380	130	55
Zink	Zn	hd	7,14	10,0	120…150	32…45	0,24	29	0,395	419,5	113	63
Zinn	Sn	α-kd β-t	7,28	4,5	15…28	4…5	0,33	27	0,228	232	64	114
Zirkonium	Zr	α-hd β-krz	6,5	9,6	150…400	60…80	0,35	4,8	0,252	1852	22	400

[1] kfz = kubisch-flächenzentriert; krz = kubisch-raumzentriert; hd = hexagonal-dichteste Packung; rh = rhomboedrisch; kd = kubisch-diamant; t = tetragonal.

Steifigkeits-Wertungszahlen: für Knicken $E/g \cdot \varsigma$, für Beulen $\sqrt[3]{E/g \cdot \varsigma}$ (Elastizitätsmodul E s. S. 277)

Beispiel: Die Steifigkeits-Wertungszahl der Al-Legierungen für Knicken ist:

$$\frac{7\,000\,000 \text{ N} \cdot \text{s}^2 \cdot 1\,000 \text{ cm}^3}{\text{cm}^2 \quad 9{,}381 \text{ m} \quad 2{,}8 \text{ kg}} \approx 2\,540 \text{ km}$$

5.2 Aluminium

5.2.1 Eigenschaften und Verwendung von Aluminium und Aluminiumlegierungen

Gewinnung

Der Ausgangsstoff für die Gewinnung des Aluminiums wird nach seinem ersten Fundort, Les Baux in Südfrankreich, Bauxit genannt. Obwohl der Bauxit heute noch in Südeuropa abgebaut wird, hat sich das Schwergewicht der Bauxitförderung nach Afrika, Australien, Ostasien und Amerika verlagert.

Bauxit enthält neben Fe_2O_3, SiO_2 und H_2O etwa 50 bis 65 % Aluminiumoxid, Al_2O_3, sog. Tonerde.

Die Gewinnung des Aluminiums aus Bauxit erfolgt in zwei Stufen: Gewinnung von Tonerde aus Bauxit und Gewinnung von Aluminium aus Tonerde.

Die Gewinnung von Tonerde aus Bauxit erfolgt mit Natronlauge unter einem Druck von 6 bar bis 8 bar bei einer Temperatur von 170 °C. Da zur Erzeugung von 2 t Tonerde 5 t Bauxit erforderlich sind, erfolgt die Extraktion der Tonerde aus Bauxit meist am Bauxit-Fundort.

Wegen der sehr hohen Bindungsenergie des Aluminiumoxids Al_2O_3 wird Aluminium heute ausschließlich durch Schmelzflusselektrolyse[1] in einer Salzschmelze (Kryolith[2]-Tonerde-Verfahren) bei etwa 970 °C vom Sauerstoff getrennt. Zur Herstellung von 1 t Aluminium sind 2 t Tonerde und eine elektrische Energie von 13 000 bis 18 000 kWh[3] erforderlich.

Die Erzeugung von Al-Gusslegierungen aus Aluminiumschrott erfordert nur etwa 5 % der Energie, die für die Gewinnung von Aluminium aus Bauxit erforderlich ist.

Nach DIN EN 573-3: 2013 wird unterschieden in unlegiertes Aluminium, das nicht durch Raffination hergestellt wurde, mit einem Gehalt an Beimengungen zwischen 0,1 % und 1 %, in unlegiertes durch Raffination hergestelltes Aluminium mit einem Gehalt an Beimengungen zwischen 0,01 % und 0,02 % und in legiertes Aluminium. Von den Beimengungen verändern hauptsächlich Fe und Si die mechanischen Eigenschaften des Aluminiums. Beide Beimengungen wirken härtend, sodass mit zunehmender Reinheit die Festigkeit ab- und die Dehnung zunehmen.

Korrosionsbeständigkeit

Aluminium ist nach seiner Stellung in der elektrochemischen Spannungsreihe ein unedles Metall. Seine hohe Korrosionsbeständigkeit beruht auf der Bildung einer sehr dichten oxidischen Deckschicht, die das Metall an Luft oder in wässrigen Lösungen überzieht. Verletzungen der Deckschicht werden bei Anwesenheit von Sauerstoff durch sofortige Oxidation selbsttätig ausgeheilt. In starken oxidierenden Säuren wird die Deckschicht noch verstärkt. Aluminium ist daher sogar in konzentrierter Salpetersäure beständig. Unbeständig ist Aluminium dagegen in Medien, die seine Oxidschicht angreifen, z. B. in konzentrierten Alkalien, frischem Mörtel oder Baukalk. Bei der Verwendung von Aluminium für die Aufbewahrung oder Zubereitung von säurehaltigen Lebensmitteln ist zu beachten, dass dabei lösliche Aluminiumsalze gebildet werden können, die dann anschließend mit den Nahrungsmitteln aufgenommen werden. Ansonsten ist Aluminium aber physiologisch unbedenklich und kann daher uneingeschränkt mit Nahrungsmitteln in Kontakt kommen.

---

[1] Man schickt dabei Gleichstrom durch ein stromleitendes geschmolzenes Salz, in dem die Tonerde aufgelöst ist. Das Aluminium scheidet sich an dem negativen Pol der angelegten Gleichspannung, der Kathode, ab. Der Sauerstoff wird am positiven Pol, der Anode, abgeschieden.

[2] Kryolith = Natrium-Aluminiumfluorid.

[3] Aluminium wird auch packed electricaity = verpackte Elektrizität genannt.

Formgebung

Mit steigender Temperatur nimmt der Umformungswiderstand des Aluminiums ab. Günstigste Warmknettemperatur = 350 °C bis 550 °C. Verhältnis des Umformungswiderstandes beim Warmstauchen von Aluminium : Stahl = 1 : 3.

Bleche werden mit oder ohne Zwischenglühen kaltgewalzt. Im ersten Falle enthält man weiche, im zweiten Falle harte Bleche. Größte Weichheit des fertig gewalzten Bleches erhält man durch Glühen bei 300 °C bis 350 °C.

Stangen, Rohre und Profile werden bei 500 °C durch Strangpressen hergestellt; auch hierbei können unterschiedliche Härte- und Festigkeitsstufen erzeugt werden.

In Folienwalzwerken werden Aluminiumbänder mit Walzgeschwindigkeiten bis zu 3 000 m/min zu 0,12 mm bis 0,005 mm dicken Folien heruntergewalzt. In Dünnschlageformen wird 0,0004 mm dickes Blattaluminium hergestellt.

Zum Treiben, Drücken, Ziehen und Biegen bei Raumtemperatur wird vorteilhaft weiches Halbzeug verwendet.

Durch Kaltumformung ist, wie bei allen reinen Metallen, eine Festigkeitssteigerung (Kaltverfestigung) möglich (▶ Bild 1), die durch Rekristallisationsglühen rückgängig gemacht werden kann, ▶ S. 32 und ▶ S. 78.

Spanabhebende Bearbeitung des Aluminiums ist einfach durchführbar. Die Werkzeuge dazu müssen hinsichtlich Form und Werkstoff den Eigentümlichkeiten des Aluminiums angepasst sein.

Beim **Schweißen** von Aluminium muss zunächst die Oxidhaut beseitigt werden. Dies geschieht entweder durch Flussmittel beim Gasschweißen oder durch Schutzgas (Argon, Helium) beim Lichtbogenschweißen. Beim Abkühlen im Temperaturbereich des Schmelzintervalles treten häufig Risse auf, besonders bei größerer Wärmezufuhr durch Gasschweißen. Die Schutzgasschweißverfahren haben das Gasschweißen daher heute weitgehend verdrängt.

Weichlöten mit Reaktionslot oder Aluminiumreiblot wird nur an metallisch blanken Stellen durchgeführt, wenn die Festigkeit und Korrosionsfestigkeit der Lötstelle keine Rolle spielen

Zum **Hartlöten** werden Lote mit 70 bis 95 % Aluminium und besondere Flussmittel verwendet. Die Hartlötstelle lässt sich hämmern und eloxieren, sie hat gute Festigkeitseigenschaften.

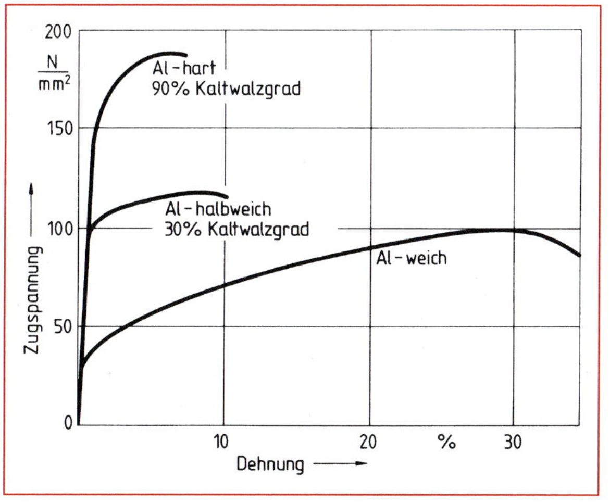

Bild 1 Einfluss der Kaltverformung auf Aluminium
Al-weich = keine Kaltverfestigung vor dem Zugversuch;
Al-halbweich = 30 % Kaltwalzgrad vor dem Zugversuch;
Al-hart = 90 % Kaltwalzgrad vor dem Zugversuch.
Mit zunehmendem Verformungsgrad nimmt die Festigkeit auf Kosten der plastischen Verformbarkeit zu.

Aluminiumlegierungen

Die wichtigsten Legierungszusätze sind: **Cu, Si, Mg, Zn**.

Weniger wichtige Legierungszusätze sind: **Mn, Ti, Ni, Fe, Cr, Co**.

Selten werden verwendet: **Pb, Cd, Sb, Bi**.

Man unterscheidet nicht aushärtbare Aluminiumlegierungen, deren Festigkeitseigenschaften durch Wärmebehandlung nicht gesteigert werden können, und aushärtbare Aluminiumlegierungen, deren Festigkeitseigenschaften durch Aushärtung erhöht werden.

Nicht aushärtbare/naturharte Aluminiumlegierungen

Die gegenüber Reinaluminium erhöhte Festigkeit dieser Legierungen beruht auf *Mischkristallhärtung* (▶ S. 34), d. h. auf der Fähigkeit des Aluminiums, mit Magnesium Mischkristalle zu bilden, die auch bei tieferen Temperaturen beständig sind. Die gelösten Magnesiumatome sind Hindernisse für die Bewegung von Versetzungen und bewirken dadurch eine Verfestigung des Aluminiums. Durch zusätzliches Lösen von geringen Mengen Mangan wird die Mischkristallhärtung gesteigert. Die Erhöhung der Festigkeit durch Mischkristallhärtung kann durch zusätzliche mechanische Verfestigung (▶ Bild 1 S. 153) verdoppelt werden.

Die nicht aushärtbaren Aluminiumlegierungen haben große Anwendungsgebiete. Sie werden an Stelle von Reinaluminium verwendet, wenn mittlere Festigkeit erforderlich ist.

Aushärtbare Aluminiumlegierungen

Die Aushärtbarkeit einiger Al-Legierungen beruht auf der mit abnehmender Temperatur abnehmenden Löslichkeit der Elemente Cu, Si, Mg und Zn. Der Aushärtevorgang und die zur Aushärtung führenden Maßnahmen sind auf ▶ S. 99 f. und in ▶ Bild 1 beschrieben. Im Gegensatz zur Verfestigung durch Umformen ohne Anwärmen erfolgt hierbei die **Festigkeitssteigerung ohne wesentliche Verringerung der plastischen Verformbarkeit**.

Alle aushärtbaren Al-Legierungen verhalten sich grundsätzlich ähnlich, sodass sich aus dem Zustandsschaubild Al-Cu folgende Temperaturen für ihre Verarbeitung ergeben:

Warmumformen: 300 °C ... 550 °C.

Kaltumformen: Bei Raumtemperatur zwischen Abschrecken und Auslagern oder nach dem Weichglühen.

Weichglühen: 350 °C ... 400 °C, s. Gefügebild (**4**). Weichgeglühte und warmumgeformte Legierungen erhalten ihre maximalen Festigkeitswerte nur durch nachträgliches Lösungsglühen, Abschrecken und Auslagern.

Lösungsglühen: 450 °C ... 550 °C, s. Gefügebild (**2**). Danach Abschrecken in kaltem Wasser. Verzögerung beim Abschrecken hat grobe Ausscheidungen nach Gefügebild (**4**) und Festigkeitsverlust nach dem Auslagern zur Folge.

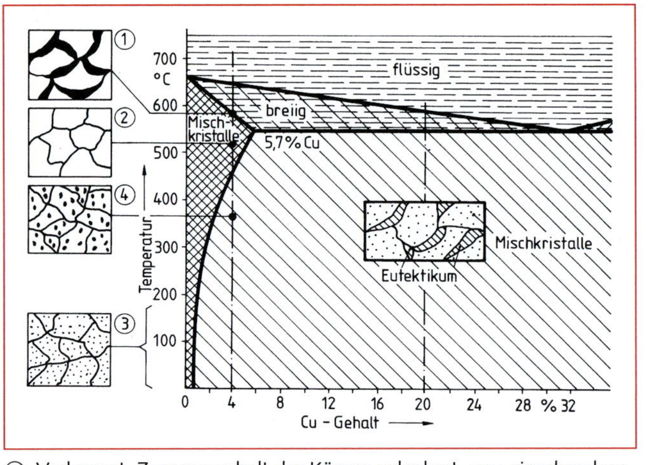

① Verbrannt, Zusammenhalt der Körner gelockert, neu einschmelzen.

② Lösungsglühen, alles Cu gelöst, nur Mischkristalle, weich, rekristallisiert.

③ Bei zu langsamem Abschrecken nach dem Lösungsglühen treten bereits sichtbare Ausscheidungen auf. Das schnell abgeschreckte Gefüge lässt auch nach der Aushärtung **keine sichtbaren** Ausscheidungen erkennen.

④ Weichglühen, **sichtbare** Ausscheidung von $CuAl_2$; keine Verfestigung durch Auslagern möglich; maximal weichgeglühter Zustand.

Bild 1 Zustandsschaubild der aushärtbaren Aluminium-Kupfer-Legierungen

Auslagern von lösungsgeglühten und danach abgeschreckten aushärtbaren Legierungen zur Erreichung maximaler Festigkeit, s. Gefügebild (**3**). **Kaltausgelagert** durch mehrtägiges Lagern bei Raumtemperatur werden die Legierungen der Gruppe AlCuMg (Duralumin).

Warmausgelagert durch 2- bis 3tägiges Lagern bei erhöhter Temperatur werden die Legierungen der Gruppen AlZnMg und AlZnCu (130 °C ... 135 °C). AlMgSi (140 °C ... 160 °C) und AlZnMg (135 °C).

Anlassbeständigkeit der ausgelagerten Legierungen etwa 120 °C ... 160 °C.

Technisch genutzte Al-Cu-Legierungen haben Cu-Gehalte zwischen etwa 3,4 % und maximal 5,7 %.

Aluminium-Knetlegierungen

Legierungs-gruppe	Kennzeichnende Eigenschaften	Verwendung
AlCu	Hochfeste Legierung bei Raumtemperatur *aushärtend, nicht korrosionsbeständig*	Für mechanisch hoch beanspruchte Bauteile. Grundlegender Werkstoff für den Flugzeugbau, meist plattiert verwendet.
AlMgSi	Warm-, z. T. *kaltaushärtbar*; gut verformbar, polierbar und anodisch *oxidierbar*.	Für Schweißteile mit geringer Festigkeit und chemischer Beständigkeit.
AlMg	Mit abnehmendem Mg-Gehalt abnehmende Festigkeit und zunehmende Verformbarkeit und Schweißbarkeit, gute Korrosionsfestigkeit, auch gegen Seewasser. *Nicht aushärtend*.	Verkleidungen und Bauteile, die seewasserbeständig sein müssen; Flugzeug- und Schiffbau, Nahrungsmittelindustrie.
AlZn	Al-Legierungen mit höchster Zugfestigkeit. Die Dauerschwingfestigkeit ist jedoch nicht höher als die von AlCuMg. Sehr kerbempfindlich, warm *aushärtbar*.	Im Flugzeugbau für Schmiedestücke (Nietlöcher reißen ein).

Tabelle 1 Die Hauptgruppen der nach DIN EN 573-3: 2013 genormten Aluminium-Knetlegierungen (Auszug)

Eigenschaften		Ausgehärtete Al-Knetlegierungen (Höchstwerte)				Stahl S275JR Mindestwerte
		AlZnMg	AlCuMg	AlMgSi	AlMg	
Dichte	kg/dm^3	2,8	2,8	2,7	2,7	7,8
Elastizitätsmodul	MPa	70000	70000	70000	70000	210000
Zugfestigkeit	MPa	520	480	320	340	410 ... 560
Streckgrenze	MPa	470	340	260	200	min. 275
Bruchdehnung	%	7	12	14	16	20
Brinellhärte	HB	140	125	95	90	145
Reißlänge[1]	km	18,5	17	11,4	12,1	7

[1] Reißlänge ▶ S. 150

Tabelle 2 Übersicht über die für die Verwendung der Aluminium-Knetlegierungen maßgebenden Festigkeitseigenschaften im Vergleich zu Stahl S275JR

Superplastische Aluminiumlegierungen

Superplastizität ist die Fähigkeit eines Werkstoffs, Gleichmaßdehnungen (Dehnungen ohne Einschnürung) zwischen 100 % und bis zu 1000 % zu ertragen. Dazu sind i. Allg. hohe Temperaturen und sehr niedrige Verformungsgeschwindigkeiten Voraussetzung. Bekannt sind z. B. superplastisch umformbare FeNiCr-, TiZr- und CuZn-Legierungen. Superplastisch umformbare Aluminiumlegierungen, z. B. der Legierungsgruppen AlMgMn, AlZnMgCu, AlCuZn und AlCuZr, erreichen bei Temperaturen zwischen 450 ... 540 °C und Umformgeschwindigkeiten zwischen $10^{-3} \ldots 10^{-4}$ 1/s Umformgrade von 250 ... 1000 %. Aufgrund der sehr niedrigen Umformgeschwindigkeiten und dadurch langen Umformzeiten werden sie jedoch nur für Kleinserien eingesetzt. Anwendung finden sie bei der Herstellung von komplexen Blechteilen aus einem Stück, die bei konventioneller Herstellung aus mehreren Teilen zusammengeschweißt oder genietet werden müssten.

Mechanische Eigenschaften der Legierung AlCu6Zr0,4			
Zustand	$R_{p0,2}$ in MPa	R_m in MPa	A in %
nach dem Umformen	120	220	16
nach dem Aushärten	305	405	9

Der Elastizitätsmodul von Aluminium und seinen Legierungen hat mit 70000 MPa nur 1/3 des Wertes von Stahl. Aluminiumbauteile zeigen daher bei gleicher mechanischer Spannung eine um den Faktor 3 größere elastische Dehnung als entsprechende Stahlbauteile. Sind die zulässigen elastischen Verformungen von Aluminiumbauteilen begrenzt, müssen die Spannungen durch Vergrößerung der Bezugsflächen bzw. der Flächenträgheitsmomente verringert werden. Trotz des dadurch größeren Bauteilvolumens sind Aluminiumbauteile in der Regel etwa 50 % leichter als vergleichbare Stahlbauteile.

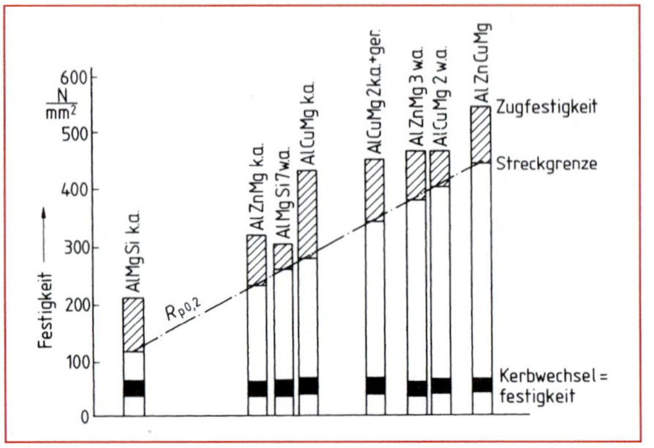

Bild 1 Festigkeitswerte von Al-Legierungen k.a. bedeutet kalt ausgehärtet, w.a. warm ausgehärtet. Beachtenswert ist, dass die als Bemessungsgrundlage bei ruhender Belastung dienende Streckgrenze linear ansteigt, dass aber die Kerbwechselfestigkeit bei allen Legierungen gleich gering ist.

Für die *Verarbeitung* durch Drücken, Biegen, Ziehen und Treiben gelten dieselben Regeln wie bei unlegiertem Aluminium. Aushärtbare Legierungen werden innerhalb von 2 bis 3 Stunden nach dem Abschrecken umgeformt. Hohe Umformgrade erreicht man im weichgeglühten Zustand, erst danach wird ausgehärtet.

Alle Aluminiumlegierungen sind schweißbar

Nicht aushärtbare/naturharte Aluminiumlegierungen erfahren durch Schweißen im weichgeglühten Zustand keine Erweichung. Durch Schweißen nach dem Umformen ohne Anwärmen wird die Kaltverfestigung im Bereich der Schweißnähte aufgehoben.

In den Bereichen der Schweißnähte von *ausgehärteten Legierungen* ist die Festigkeit um mehr als 50 % verringert. Der Zusammenbau von ausgehärteten Bauteilen, z.B. Teile von Flugzeugen, Seilbahnkabinen, Booten und Behältern, erfolgt durch Nietverbindungen. Die Nieten werden innerhalb von 2 bis 3 Stunden nach dem Abschrecken geschlagen. Die zusammengenieteten Teile dürfen erst nach dem Aushärten der Nieten (nach einigen Tagen) belastet werden.

Korrosionsbeständigkeit

In den AlCu-Legierungen kommen Al- und Cu-Atome nebeneinander vor. Der Abstand dieser Elemente in der Spannungsreihe der Metalle ist erheblich größer als der von Mg, Mn und Zn zum Al. Daher sind die für mechanisch hoch beanspruchte Bauteile meist verwendeten AlCu-Legierungen nicht korrosionsbeständig: Korrosionsschutz (▶ S. 265 ff.).

Nicht übersättigte AlMgMn-Legierungen sind korrosionsunempfindlich.

Automatenlegierungen, z.B. AlCuMgPb und AlMgSiPb, ergeben bei spanabhebender Bearbeitung im Gegensatz zu den üblichen Knetlegierungen kurz brechende Späne.

Warmfeste Legierungen, z.B. AlCuNi, sog. Kolbenlegierungen, besitzen im ausgehärteten Zustand gute Festigkeitseigenschaften, die auch bei höheren Temperaturen wenig absinken.

Aluminium-Sinterwerkstoff, S.A.P.

S.A.P. (Sinter-Aluminium-Pulver) ist die Bezeichnung für einen Aluminium-Sinterwerkstoff, der in den Arbeitsgängen Kaltverdichten, Warmverdichten, Sintern und Strangpressen aus Aluminiumpulver hergestellt wird.

Die Pulverteilchen bestehen aus Reinaluminium-Kernen mit Aluminiumoxid-Oberfläche. Je nach der gewählten Größe der Pulverteilchen überwiegt im Aluminium-Sinterwerkstoff das weiche und tiefschmelzende Reinaluminium oder das harte und hochschmelzende Aluminiumoxid.

Als besonderes Merkmal dieses Werkstoffes ist hervorzuheben, dass seine Festigkeit auch nach langandauernder Erwärmung erhalten bleibt; erst bei 650 °C wird S.A.P. teigig. Temperaturgrenzen der Anwendung von Al-Legierungen ▶ Kennwerte S. 209.

Lieferformen sind Bleche, Stangen und Rohre. *Verarbeitung* wie Al-Legierungen.

Verwendung: Kolben, Verbrennungskammern, Zylinderköpfe, Verdichterschaufeln für Düsentriebwerke, Wärmeaustauscher.

Aluminium-Gusswerkstoffe

Die Aluminium-Gusswerkstoffe sind genormt in der DIN EN 1706: 2013

Als Aluminium-Gusswerkstoffe werden die Legierungsgruppen Al-Si, Al-Mg und Al-Cu verwendet.

Aus diesen Legierungen kann **Sand-**, **Kokillen-** und **Druckguss** hergestellt werden. Folgende *Toleranzen* können verlangt werden: *Sandguss* bis 50 mm: ±0,4 mm; *Kokillenguss* bis 50 mm: ±0,3 mm; *Druckguss* bis 15 mm: ±0,03 mm.

Al-Si-Legierungen erstarren aus Schmelzen analog ▶ Bild 1 S. 47. Ihre eutektische Zusammensetzung ist bei 11,7 % Si-Gehalt erreicht. Unter- und übereutektische Al-Si-Legierungen haben grobe Gefüge, Bild 1, und geringe Festigkeit. Das Gefüge des Eutektikums besteht aus einer Al-Grundmasse, in die spießförmige Si-Kristalle eingebettet sind. Durch geringe Na-Zusätze zu den Schmelzen der eutektischen Legierungen entsteht das feinkörnige veredelte **Silumin** mit höherer Festigkeit. Silumin ergibt Gussstücke mit dichtem und feinkörnigem Gefüge und einer Zugfestigkeit von 150 bis 300 MPa. Die Gussstücke sind sehr gut zerspanbar, schweißbar und polierfähig und ohne Kupferzusätze hinreichend korrosionsbeständig. *Schwindung* 1 %. Die anderen Al-Gusswerkstoffe haben keine eutektischen Zusammensetzungen, da von ihnen andere Eigenschaften gefordert werden.

Bild 1 Übereutektische Al-Si-Legierung mit 20 % Si-Gehalt. Die primären Si-Kristalle, die vor der Erstarrung der eutektischen Grundmasse entstanden sind, treten in der Abbildung als dunkle Flecken hervor.

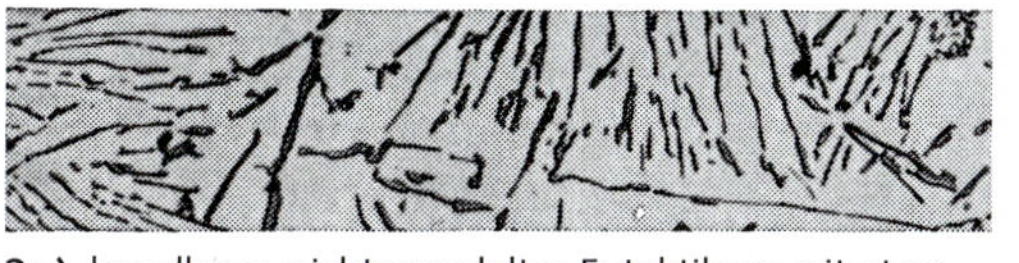

2 a) lamellares, nicht veredeltes Eutektikum mit etwa 104 N/mm Festigkeit.

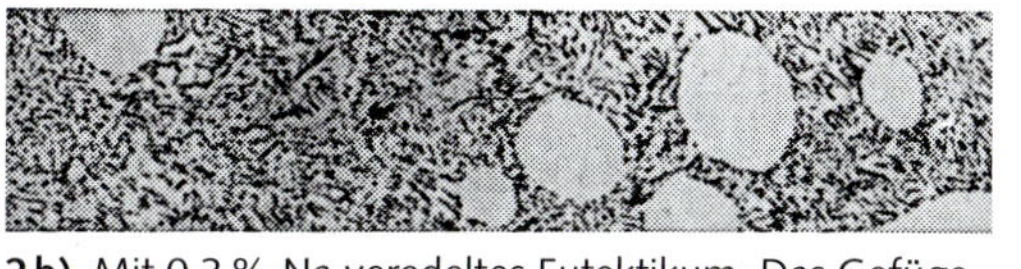

2 b) Mit 0,3 % Na veredeltes Eutektikum. Das Gefüge hat seinen Charakter behalten, es ist jedoch feinkörnig und hat eine Festigkeit von etwa 250 N/mm.

Bild 2 Eutektische Al-Si-Legierung mit etwa 13 % Si (Markenbez. Silumin, Normbezeichnung EN AC-AlSi12) Heller Grund Al, dunkle Einschlüsse Si.

Al-Mg-Legierungen haben etwas geringere Festigkeitseigenschaften als die Al-Si-Legierungen und werden mit zunehmendem Mg-Gehalt schlechter gießbar. Jedoch sind sie korrosionsbeständiger als die Al-Si-Legierungen und sind auch gut zerspanbar, schweißbar und polierfähig. Mit Si-Zusätzen sind sie aushärtbar. *Schwindung* ≈ 0,5 % bis 1 %.

Al-Cu-Legierungen sind aushärtbar und erreichen dadurch die höchste Festigkeit der Al-Gusswerkstoffe, die mit steigendem Cu- und Mg-Gehalt zunimmt. Wegen ihrer nicht sehr guten Gießbarkeit wird meist Sandguss bevorzugt. Infolge des Cu-Gehaltes sind diese Legierungen nicht korrosionsbeständig. Sie sind gut, z. T. bedingt schweißbar und sehr gut zerspanbar. *Schwindung* ≈ 1 % bis 1,2 %.

Anwendung der Al-Gusswerkstoffe: im Leichtbau, z. B. Flugzeug- und Fahrzeugbau, als Getriebegehäuse, Motorenblöcke, Lagerungen und Halterungen aller Art.

5.2.2 Bezeichnungssysteme für Aluminium und Aluminiumlegierungen

Zu unterscheiden sind Bezeichnungssysteme für die beiden Gruppen:

- DIN EN 573: Aluminium und Aluminium-Knetlegierungen in Form von Halbzeug und Vormaterial.
- DIN EN 1780: unlegiertes Aluminium, legiertes Aluminium und Vorlegierungen in Form von Masseln und Gussstücken sowie Luft- und Raumfahrtwerkstoffe.

Das numerische Bezeichnungssystem besitzt gegenüber dem Bezeichnungssystem nach der chemischen Zusammensetzung Vorrang. Bezeichnungen mit der chemischen Zusammensetzung werden daher üblicherweise in eckigen Klammern an die numerische Bezeichnung angehängt.

Der Merkmaleblock kann zwischen 9 und 13 Positionen umfassen. **Er beginnt generell mit den Buchstaben „EN" für europäische Norm und einer zwingend vorgeschriebenen folgenden Leerstelle.**

Bezeichnungen nach DIN EN 573-1: 2005, numerisches System:

Pos.	*1*	*2*	*3*	*4*	*5*	*6*	*7*	*8*	*9*	*10*
	EN	Leerstelle	A	W	–	Zahl	Zahl	Zahl	Zahl	Buchstabe

Position 3: Der Buchstabe A steht für Aluminium.

Position 4: Der Buchstabe W steht für Wrought product = Kneterzeugnisse.

Position 5: Der Bindestrich ist obligatorisch.

Position 6: Eine 1 kennzeichnet unlegiertes Aluminium, die Ziffern 2 bis 8 stehen für das jeweilige Hauptlegierungselement bei legierten Sorten.

Position 7: Bei unlegiertem Aluminium werden mit dieser Ziffer die natürlichen Verunreinigungsgrenzen oder besondere Verunreinigungen angezeigt. Bei Legierungen steht die 0 für die Originallegierung, die Ziffern 1 bis 9 werden Legierungsabwandlungen zugeordnet.

Position 8 und 9: Bei unlegiertem Aluminium stellen diese beiden Ziffern den Dezimalanteil des Aluminiumgehaltes dar: **95** steht für 99,**95** % Aluminium. Bei Aluminiumlegierungen sind diese beiden Positionen Zählnummern ohne besondere Bedeutung.

Position 10: Ein Buchstabe zur Kennzeichnung einer nationalen Variante.

Die Positionen 6 bis 10 werden von der „Aluminium Association" im Rahmen des internationalen Registrierungsverfahrens vergeben.

Bezeichnungen nach DIN EN 573-2: 1994, Bezeichnungssystem mit chemischen Symbolen:

Pos.	*1*	*2*	*3*	*4*	*5*	*6*	*7*
	EN	Leerstelle	A	W	–	Al	Leerstelle

Positionen 1 bis 5: Diese entsprechen dem numerischen System.

Position 6: Die Buchstaben Al stehen für Aluminium.

Position 7: Die Leerstelle ist zwingend vorgeschrieben.

Bei den folgenden Positionen wird zwischen unlegierten und legierten Sorten unterschieden.

Unlegiertes Aluminium:

Pos.	*8*	*9*
	Reinheitsgrad	chem. Symbol

Position 8: Der Reinheitsgrad wird in % mit 1 oder 2 Dezimalen angegeben.

Position 9: Angabe eines chemischen Elementes, das mit geringem Anteil zugegeben wird.

Aluminiumlegierungen:

Pos.	*8*	*9*	*10*	*11*	*12*
	chem. Symbol	Massenanteil	chem. Symbol	Massenanteil oder chem. Symbol	chem. Symbol

Positionen 8 bis 12: Es werden abwechselnd die chemischen Symbole der Legierungselemente sowie ihre Massenanteile in ganzen Zahlen oder auch mit einer Dezimalen in der Reihenfolge absteigender Gehalte angegeben. Legierungselemente mit geringen Anteilen werden nur mit ihrem chemischen Symbol gekennzeichnet.

Bezeichnungen nach DIN EN 1780-1: 2003, numerisches System:

Gegenüber der Ausgabe 1996 wurden die unlegierten Sorten ersatzlos gestrichen.

Pos.	*1*	*2*	*3*	*4*	*5*	*6*	*7*	*8*	*9*	*10*
Symbol	EN	Leerstelle	A	Buchstabe	–	Zahl	Zahl	Zahl	Zahl	Zahl

Position 3: Der Buchstabe A steht für Aluminium.

Position 4: Ein Buchstabe kennzeichnet die Form: B = Bloc metal = Massel, C = Casting = Gussstück, M = Master alloy = Vorlegierung.

Position 5: Der Bindestrich ist obligatorisch.

Position 6: Die erste der fünf Ziffern gibt das Hauptlegierungselement an: 2 = Kupfer, 4 = Silizium, 5 = Magnesium, 7 = Zink.

Position 7: Diese Ziffer steht für die Legierungsgruppe (▶ Tab. Seite 340).

Position 8 und 9: Die *Position 8* wird willkürlich mit einer Ziffer zwischen 0 und 9 besetzt, die *Position 9* ist im Allgemeinen eine 0.

Position 10: Diese Ziffer muss eine 0 sein, ausgenommen bei Legierungen für Luft- und Raumfahrtanwendungen.

Bei Vorlegierungen steht auf der *Position 6* immer eine 9, die *Positionen 7* und *8* sind mit der Ordnungszahl des Hauptlegierungselementes im Periodensystem besetzt, die *Positionen 9* und *10* sind chronologisch zugeordnete Ziffern mit der Maßgabe, dass gerade Ziffern für Vorlegierungen mit geringem Verunreinigungsgrad stehen, ungerade Ziffern für einen hohen Verunreinigungsgrad.

Bezeichnungen nach DIN EN 1780-2: 2003, Bezeichnungssystem mit chemischen Symbolen:

Gegenüber der Ausgabe 1996 wurden die unlegierten Sorten ersatzlos gestrichen.

Pos.	*1*	*2*	*3*	*4*	*5*	*6*	*7*
	EN	Leerstelle	A	Buchstabe	–	Al	Leerstelle

Positionen 1 bis 5: Diese entsprechen dem numerischen System.

Position 6: Die Buchstaben Al stehen für Aluminium.

Position 7: Die Leerstelle ist zwingend vorgeschrieben.

Aluminiumlegierungen:

Pos.	**8**	**9**	**10**	**11**	**12**	**13**
	chem. Symbol	Massenanteil	chem. Symbol	Massenanteil oder chem. Symbol	chem. Symbol oder kleiner Buchstabe	chem. Symbol

Positionen 8 bis 11: Es werden abwechselnd die chemischen Symbole der Legierungselemente sowie ihre Massenanteile in ganzen Zahlen oder auch mit einer Dezimalen in der Reihenfolge absteigender Gehalte angegeben. Legierungselemente mit geringen Anteilen werden nur mit ihrem chemischen Symbol gekennzeichnet.

Positionen 12 und 13: Auf diesen Positionen können Verunreinigungen angegeben werden, wenn nur dadurch zwei Legierungen zu unterscheiden sind.

Weitere Erläuterungen zu den Symbolen und Bedeutungen der verschiedenen Positionen sind in den ▶ Tab. S. 338 bis 341 im Anhang zusammengefasst.

Aufgaben:

1. Aluminium gilt als sehr korrosionsbeständig, obwohl es ein unedles Metall ist. Worauf beruht diese hohe Korrosionsbeständigkeit?
2. Beschreiben Sie am Beispiel einer Al-Cu-Legierung die drei Arbeitsschritte, die beim Ausscheidungshärten durchlaufen werden müssen.
3. Welche Legierungsgruppen werden als Aluminium-Gusswerkstoffe eingesetzt?

5.3 Magnesium

5.3.1 Eigenschaften und Verwendung von Magnesium und Magnesiumlegierungen

Magnesium und Magnesiumlegierungen

Magnesium kommt in der Natur nur als chemische Verbindung in Meerwasser, Salzablagerungen und verschiedenen Gesteinen vor. Da 1 m^3 Meerwasser etwa 1,3 kg Magnesium enthält, kann das Rohstoffvorkommen für dieses Metall als unerschöpflich bezeichnet werden. Die Herstellung von Magnesium erfordert beträchtliche Mengen elektrischer Energie und Öl.

Herstellung von Magnesium

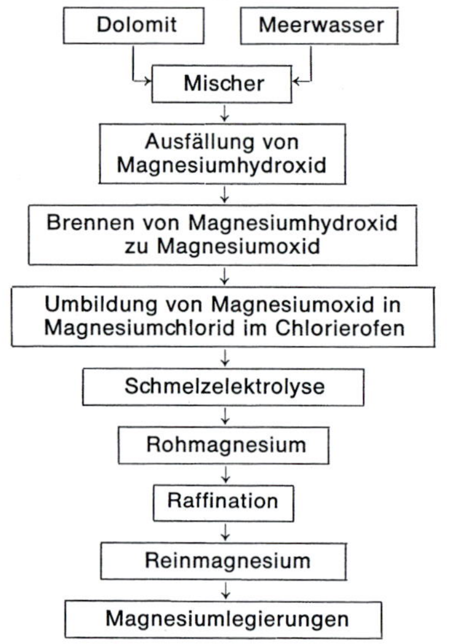

Reinmagnesium

Reinmagnesium ist ein sehr weiches Metall, das als Konstruktionswerkstoff ungeeignet ist. Es wird zum größten Teil als Legierungselement für die Herstellung von Aluminiumlegierungen verwendet. In der Eisen- und Stahlindustrie dient es zur Herstellung von Gusseisen mit Kugelgraphit und zur Entschwefelung von Stahl. Metalle wie Titan, Uran, Thorium u. a. werden durch Reduktion mit Magnesium hergestellt. Magnesiumanoden werden zum Korrosionsschutz von anderen Metallen benutzt, ► S. 265.

Reinmagnesium ist gegen *Alkalien* beständig, es hat aber eine große *Affinität zu Sauerstoff* und verbrennt mit leuchtender Flamme (Feuerwerkskörper). Daher sind beim Schmelzen, Gießen und Zerspanen besondere Schutzmaßnahmen gegen Selbstzündung erforderlich. Bei einem Magnesiumstaubgehalt der Luft von mehr als 30 mg/l besteht Explosionsgefahr.

Magnesiumlegierungen

Um Magnesium die für Konstruktionswerkstoffe erforderlichen Eigenschaften zu verleihen, wird es mit Aluminium, Zink, Mangan und Silizium legiert. Diese Legierungen sind sehr gut gießbar, spanabhebend bearbeitbar wie Holz und sehr leicht. Teile aus Magnesium-Druckguss sind etwa 30 % leichter als Teile mit gleichen Abmessungen und etwa gleicher Festigkeit aus Aluminium-Druckguss.

Legierungsgruppe	Werkstoffbezeichnung		Bezeichnung der Wärmebehandlung	Zugfestigkeit R_m in MPa	0,2%-Dehngrenze $R_{p0,2}$ in MPa	Dehnung A in %	Härte nach Brinell HB
	Kurzzeichen	Nummer					
MgAlZn	EN-MCMgAl8Zn1	3.5315	F	200–250	140–160	1–7	60–85
	EN-MCMgAl9Zn1(A)	3.5316	F	200–260	140–170	1–6	65–85
MgAlMn	EN-MCMgAl2Mn	3.5320	F	150–220	80–100	8–18	40–55
	EN-MCMgAl5Mn	3.5321	F	180–230	110–130	5–15	50–65
	EN-MCMgAl6Mn	3.5322	F	190–250	120–150	4–14	55–70
	EN-MCMgAl7Mn	3.5323	F	200–260	130–160	3–10	60–75

Legierungsgruppe	Werkstoffbezeichnung		Bezeichnung der Wärmebehandlung	Zugfestigkeit R_m in MPa	0,2%-Dehngrenze $R_{p0,2}$ in MPa	Dehnung A in %	Härte nach Brinell HB
	Kurzzeichen	Nummer					
MgAlSi	EN-MCMgAl2Si	3.5325	F	170–230	110–130	4–14	50–70
	EN-MCMgAl4Si	3.5326	F	200–250	120–150	3–12	55–80

Tabelle 1 Magnesium-Druckgusslegierungen nach DIN EN 1753: 1997. Die Werkstoffnummern sind der prEN 1753: 2018 entnommen. Sie entsprechen der DIN EN 10027-2: 2015, d. h. dem Europäischen Nummernsystem für Stahl und andere Werkstoffe.

Über 95 % der Bauteile aus Magnesiumlegierungen werden im Druckgießverfahren hergestellt.

5.3.2 Bezeichnungssystem für Magnesium und Magnesiumlegierungen

Anoden, Blockmetalle und Gussstücke aus Magnesium und Magnesiumlegierungen aller Sorten werden nach der DIN EN 1754: 2015 entweder durch Werkstoffnummern oder durch Werkstoffkurzzeichen bezeichnet. Beide Bezeichnungen sind gleichberechtigt verwendbar. Das bisherige Bezeichnungssystem mit Werkstoffnummern wurde durch Werkstoffnummern entsprechend der DIN EN 17002-2: 2015 ersetzt.

Bezeichnungen nach DIN EN 1754: 2015, numerisches System:

Pos.	*1*	*2*	*3*	*4*	*5*	*6*
Symbol	3	.	5	Zahl	Zahl	Zahl

Position 1: Die 3 steht für Nichteisen-Leichtmetall.

Position 2: Der Punkt ist obligatorisch.

Position 3: Die 5 ist die Werkstoffgruppennummer für Magnesium.

Position 4: Zahl für die Produktform: 1 für Anode, 2 für Blockmetall, 3 für Gussstück.

Position 5: Die Zahl steht für die Legierungsgruppe (▶ siehe Tabelle Seite 342)

Position 6: Für den jeweiligen Werkstoff ist eine Zahl von „0" bis „9" anzuwenden, die vom CEN/TC 190 vergeben wird.

Bezeichnungen nach DIN EN 1754: 2015, Werkstoffkurzzeichen mit chemischen Symbolen:

Pos.	*1*	*2*	*3*	*4*	*5 ff.*
Symbol	EN-	M	Buchstabe	Mg	nn,n(n) XXnn(YYnn)

Position 1: EN- steht für europäische Norm. Der Bindestrich nach EN- ist obligatorisch

Position 2: Kurzzeichen M für Magnesium.

Position 3: Kurzzeichen für die Produktform: A für Anoden, B für Blockmetall, C für Gussstück.

Position 4: Mg für Magnesium

Position 5 und folgende:

- Magnesium: Auf das chemische Symbol Mg (Position 4) folgt dessen Mindestanteil in % mit einer oder zwei Dezimalstellen.
- Magnesiumlegierungen: Auf das chemische Symbol Mg (Position 4) folgt das chemische Symbol XX des Hauptlegierungselements und dessen Massenanteil in %. Sind weitere Legierungselemente YY enthalten, so sind deren chemischen Symbole jeweils gefolgt von den Massenanteilen in % nach abnehmenden Massenanteilen anzugeben. Es dürfen maximal vier Legierungselemente verwendet werden.

Weitere Erläuterungen sind in den Tabellen im ▶ Anhang S. 342 enthalten.

5.4 Titan

Titan ist das vierthäufigste Metall in der Erdkruste. Es wird aus $FeTiO_3$ und aus TiO_2 mit einem Energieaufwand von etwa 5000 kWh je Tonne gewonnen. Titan wurde zwar schon um 1790 entdeckt, die Herstellung von industriell verwendbaren Mengen ist aber erst seit ca. 1940 mit der Entwicklung des „Kroll"-Verfahrens (Reduktion von Titantetrachlorid mit Magnesium) möglich. Die Herstellung ist relativ aufwendig und kostenintensiv. Daher wird Titan nur für hochwertige technische Produkte eingesetzt. Dagegen ist das preisgünstige und ungiftige Titandioxid als weißes Farbpigment in allen Bereichen des täglichen Lebens vertreten.

Unlegiertes Titan nach DIN 17850: 1990

Unlegiertes Titan hat bei Raumtemperatur eine hexagonale Kristallgitterstruktur (Alphaphase), oberhalb 885 °C ist es kubischraumzentriert (Betaphase). Es bildet mit dem Sauerstoff der Luft eine Passivschicht und ist dadurch in vielen Medien korrosionsbeständig. Unlegiertes Titan wird daher in der chemischen Industrie häufig als Beschichtungswerkstoff eingesetzt (titanplattierte Stahlbleche). Bei höheren Einsatztemperaturen und -drücken kann die Passivschicht allerdings versagen, sodass die schützende Wirkung verloren geht und teilweise sehr heftige chemische Reaktionen auftreten können.

Titanlegierungen nach DIN 17851: 1990

Die DIN 17851: 1990 weist vier niedriglegierte und acht hochlegierte Sorten aus. Die niedriglegierten Sorten unterscheiden sich von den unlegierten Sorten lediglich durch geringe Palladiumzusätze bzw. durch geringe Zugaben von Nickel und Molybdän. Die Hauptlegierungselemente der hochlegierten Sorten sind Al, Sn, V, Mo, Zr, Si und/oder Fe. Aluminium stabilisiert die hexagonale Alphaphase. Vanadin, Molybdän und Eisen erweitern den Beständigkeitsbereich der kubischraumzentrierten Betaphase auf sehr tiefe Temperaturen. Legierungen mit Aluminium und Vanadin enthalten beide Phasen nebeneinander.

Einphasige Alphalegierungen können nicht wärmebehandelt werden und besitzen hervorragende Tieftemperatureigenschaften.

Kurzzeichen	Werkstoff-Nr.	0,2-Dehngrenze	Zugfestigkeit	Bruchdehnung für Dicken bis 5 mm	Brinellhärte	Zugfestigkeit in MPa bei Temperatur in °C					
		nach DIN 17860: 2010				nach DIN 17869: 1992					
		in MPa min.	in MPa min.	in % min.	HBW	–196	100	200	300	400	500
Ti1 Ti1Pd	3.7025 3.7225	180[1]	290–410[1]	24[1]	120	800	280	175	140		
Ti2 Ti2Pd	3.7035 3.7235	250[1]	390–540[1]	22[1]	150	900	370	260	190		
Ti3 Ti3Pd	3.7055 3.7255	320[1]	460–590[1]	18[1]	170	1000	460	340	260		
Ti4	3.7065	390[1]	540–740[1]	16[1]	200		540	390	280		
TiNi0,8Mo0,3	3.7105	345[1]	min. 480[1]	16[1]	170		460	340	260		
TiAl5Sn2,5 (Alphalegierung)	3.7115	780[2]	min. 830[2]	10[2]	300	1350	810	705	645	540	490
TiV13Cr11Al3 [3)] (Betalegierung)		1190	1300–1400	4	220		1340		1230		940
TiAl6V4 F90 (Alpha-Beta-Legierung)	3.7165.10	830[4]	min. 900[4]	8[4]	310	1500	885	775	715	640	590

[1] Bleche tafelgewalzt mit Dicken 2 bis 35 mm
[2] Bleche tafelgewalzt mit Dicken 6 bis 40 mm
[3] nicht genormt
[4] Bleche tafelgewalzt mit Dicken 6 bis 100 mm

Tabelle 1 Festigkeitswerte von Titan und Titanlegierungen (Auszug aus DIN 17860: 2010 und DIN 17869: 1992)

Einphasige Betalegierungen können wärmebehandelt werden und zeichnen sich durch eine hohe spezifische Festigkeit aus (Quotient Festigkeit/Dichte).

Zweiphasige Alpha-Beta-Legierungen können wärmebehandelt werden und sind aufgrund ihrer hohen Festigkeitswerte und ihrer Korrosionsbeständigkeit sehr vielseitig einsetzbar. Die zweiphasige Legierung TiAl6V4 ist die am häufigsten eingesetzte Titanlegierung.

Die mechanischen Eigenschaften der unlegierten und niedriglegierten Sorten sowie von fünf hochlegierten Sorten sind in der DIN 17860: 2010 zusammengestellt. Weitere Angaben zu den physikalischen, chemischen und technologischen Eigenschaften und Festigkeiten bei höheren Temperaturen enthält die DIN 17869: 1992.

Unlegiertes Titan wird eingesetzt, wenn die Korrosionsbeständigkeit und die Umformbarkeit wichtiger sind als eine hohe Festigkeit.

Alphalegierungen werden verwendet im Flugzeug-, Raketen- und Raumfahrzeugzellenbau, z. B. für wärmebelastete tragende Strukturen, Druck- und Treibstoffbehälter, Triebwerkabgas- und Heißgasführungen, Verdichter- und Turbinenschaufeln, Brennkammern und Nachbrennergehäuse. Die Langzeiteinsatztemperaturen können bis 500 °C erreichen.

Betalegierungen findet man im Raketenbau als Brennkammern und Druck- bzw. Treibstoffbehälter. Die Langzeiteinsatztemperaturen sollten 350 °C nicht überschreiten.

Alpha-Beta-Legierungen werden genutzt für mechanisch hochbelastete Bauteile, die trotzdem leicht sein müssen: Flugzeugbau: Strukturbauteile, Fahrwerke, Beschläge, Schrauben; Hubschrauberbau: Rotorkopf, Rotorblattanschlüsse, Antriebswellen, Getriebeteile, Beschläge und Schrauben; Raketenbau: Brennkammergehäuse, Treibstoffdruckbehälter, Beplankungen.

Da Titan und Titanlegierungen im menschlichen Körper keine Abstoßungsreaktion (Implantatallergie) hervorrufen, werden sie in der Zahnmedizin für Implantate und in der Orthopädie z. B. für Hüftgelenk- oder Kniegelenk-Endoprothesen eingesetzt.

Weitere Einsatzbereiche sind Uhrengehäuse und -armbänder, Brillengestelle und Schmuckwaren. Auch die Freizeitindustrie nutzt Titan z. B. für Fahrradrahmen, Golfschläger, Bergsteigerzubehör usw.

Aufgaben:

1. Beschreiben Sie die Eigenschaften und technische Anwendungen von Magnesium.
2. Nennen Sie Sie die wichtigsten Legierungselemente der hochlegierten Titanlegierungen. Welchen Einfluss haben sie auf die Gefügeausbildung?
3. Erläutern Sie die Vor- und Nachteile von unlegiertem Titan und Titanlegierungen. Wozu werden sie eingesetzt?

5.5 Kupfer

Die DIN CEN/TS 13388 (DIN SPEC 9700): 2015 gibt eine Übersicht über die Werkstoffbezeichnungen, die Zusammensetzungen und die lieferbaren Produktformen von Kupfer und Kupferlegierungen, die in verschiedenen europäischen Normen aufgeführt sind. Den Werkstoffbezeichnungen liegt ein einheitliches Bezeichnungssystem einschließlich einer für die elektronische Datenverarbeitung geeigneten numerischen Variante zugrunde.

5.5.1 Eigenschaften und Verwendung von Kupfer und Kupferlegierungen

Kupfer

Gewinnung. Schwefelhaltige Kupfererze werden geröstet, dann in Schacht- oder Flammöfen mit Zuschlägen zu Kupferstein geschmolzen. Der Kupferstein wird nach verschiedenen Verfahren zu Rohkupfer (Schwarzkupfer) mit 96 % bis 98 % Cu verarbeitet. Anschließend erfolgt die Raffination im Schmelzfluss oder durch Elektrolyse. Das im Schmelzfluss gewonnene *Hüttenkupfer* enthält gewisse Verunreinigungen, während das durch Elektrolyse gewonnene *Elektrolytkupfer* von größter Reinheit ist.

Eigenschaften

Korrosionseigenschaften: Kupfer ist in neutralen und alkalischen wäßrigen Medien korrosionsbeständig. Es bildet im Freien mit der in der Luft enthaltenen Kohlensäure (CO_2) eine Schutzschicht aus basischem Kupferkarbonat (Patina). In Wasser überzieht es sich mit einer dichten, korrosionsbeständigen Oxidschicht. Es wird daher häufig für Wasserinstallationen eingesetzt. Oxidierende Säuren, einige Salze und Schwefel greifen Kupfer an. In fruchtsäurehaltigen Substanzen (Fruchtsäften, Wein) bildet sich **giftiger** Grünspan (Kupferacetat).

Kurzzeichen nach DIN EN 1976	Werkstoffnummer nach DIN EN 1976	Zusammensetzung in Gew.-%	Hinweise auf Eigenschaften und Verwendung
Kathodenkupfer			
Cu-ETP1	CR003A	Cu ≧ 99,90	Verwendet als Einsatz zum Einschmelzen von Werkstoffen auf Kupferbasis, insbesondere bei Anforderungen an hohe elektrische Leitfähigkeit.
Sauerstoffhaltiges Kupfer			
Cu-ETP	CR004A	Cu ≧ 99,90 Sauerstoff 0,005 bis 0,040	Elektrolytisch raffiniertes sauerstoffhaltiges (zähgepoltes) Kupfer mit einer elektrischen Leitfähigkeit im weichen Zustand von mindestens 58,0 m/Ω · mm², jedoch ohne Anforderungen an Schweiß- und Hartlötbarkeit. Verwendet zum Herstellen von Halbzeug und Gussstücken.
Cu-FRHC	CR005A	Cu ≧ 99,90 Sauerstoff bis 0,040	Sauerstoffhaltiges (zähgepoltes) Kupfer mit einer elektrischen Leitfähigkeit im weichen Zustand von mindestens 57,0 m/Ω · mm², jedoch ohne Anforderungen an Schweiß- und Hartlötbarkeit. Verwendet zum Herstellen von Halbzeug und Gussstücken.
Sauerstofffreies Kupfer, nicht desoxidiert			
Cu-OF	CR008A	Cu ≧ 99,95	Kupfer hoher Reinheit, weitgehend frei von im Vakuum verdampfenden Elementen, mit einer elektrischen Leitfähigkeit im weichen Zustand von mindestens 58,0 m/Ω · mm². Verwendet zum Herstellen von Halbzeug mit hohen Anforderungen an Wasserstoffbeständigkeit, Schweiß- und Hartlötbarkeit.
Sauerstofffreies Kupfer, mit Phosphor desoxidiert			
Cu-PHC	CR020A	Cu ≧ 99,95 P 0,001 bis 0,006	Desoxidiertes Kupfer mit niedrigem Restphosphorgehalt und hoher elektrischer Leitfähigkeit. Verwendet zum Herstellen von Halbzeug hoher elektrischer Leitfähigkeit und hohen Anforderungen an Umformbarkeit, mit guter Schweiß- und Hartlötbarkeit sowie Wasserstoffbeständigkeit.
Cu-DLP	CR023A	Cu ≧ 99,90 P 0,005 bis 0,013	Desoxidiertes Kupfer mit begrenztem niedrigem Restphosphorgehalt. Verwendet zum Herstellen von Halbzeug ohne festgelegte elektrische Leitfähigkeit (etwa 52,0 m/Ω · mm²), jedoch mit guter Schweiß- und Hartlötbarkeit sowie Wasserstoffbeständigkeit.

Tabelle 1 Kupfer. Auszug aus DIN EN 1976: 2013

Wasserstoffkrankheit: Kupfer kann beim Gasschmelzschweißen oder Glühen in wasserstoffhaltigen Atmosphären große Mengen atomaren Wasserstoffs im Kristallgitter lösen. Die Wasserstoffatome sind bei höheren Temperaturen sehr diffusionsfreudig. Enthält Kupfer Sauerstoff in Form des Kupferoxiduls Cu_2O, reduzieren die diffundierenden Wasserstoffatome das Kupferoxidul zu metallischem Kupfer unter Bildung von Wasserdampf. Dabei entstehen Dampfdrücke von einigen 1000 bar, die wegen der geringen Warmfestigkeit des Kupfers Poren und Risse hervorrufen. So geschädigte Bauteile sind zu verschrotten. Bei sauerstofffreiem Kupfer tritt Wasserstoffkrankheit nicht auf.

Formgebung

Gießen: Kupfer wird als *Gusswerkstoff* nur selten verwendet. Geschmolzenes Kupfer löst reichlich Gase auf, die beim Erstarren entweichen und zu porigem Guss führen. Durch Legieren kann die Löslichkeit für Gase verringert werden.

Walzen, Ziehen, Pressen: Ohne und nach Anwärmen kann Kupfer durch Walzen, Ziehen und Pressen weitgehend verformt werden. Zur Herstellung von Halbzeug wird kombinierte Warm- und Kaltverformung angewendet. Reines Kupfer gestattet Umformen ohne Anwärmen mit einer Querschnittsabnahme von etwa 100 % ohne Zwischenglühen. Das Umformen nach Anwärmen geschieht bei 700 °C bis 950 °C. Umformungen im Bereich von 300 °C bis 700 °C sind wegen Warmsprödigkeit zu vermeiden.

Spanabhebende Bearbeitung ist bei Kupfer nur schlecht durchführbar, es schmiert.

Löten und Schweißen: Folgende Löt- und Schweißverfahren werden bei Kupfer angewendet: Weichlöten mit Lötzinn, Hartlöten mit Silber- und Messinglot, Gasschmelzschweißen, elektrisches Lichtbogen-, Press- und Punktschweißen.

5.5.1.1 Niedriglegierte Kupferlegierungen (Legierungsgehalte < 5 %) nach DIN CEN/TS 13388 (DIN SPEC 9700): 2015

Darunter sind Kupferwerkstoffe zu verstehen, denen geringe Mengen von Legierungselementen zur Festigkeitssteigerung zugegeben werden. Eingesetzt werden Silber und Arsen zur Mischkristallbildung oder Beryllium, Chrom, Zirkon, Eisen, Nickel, Phosphor und andere zur Aushärtung. Durch Mischkristallbildung wird die elektrische Leitfähigkeit deutlich verschlechtert, während mit den aushärtenden Legierungen optimale Kombinationen von Festigkeit und elektrischer Leitfähigkeit möglich sind. Die Korrosionseigenschaften entsprechen im Wesentlichen denen des Reinkupfers.

Kupfer-Silber-Legierungen

Zur Festigkeitssteigerung durch Mischkristallbildung werden dem Kupfer zwischen 0,03 bis maximal 0,12 % Silber zulegiert. Die erreichbaren Zugfestigkeitswerte liegen bei maximal 270 N/mm^2. Diese Legierungen werden in der Elektrotechnik für Kollektorringe, Kontakte und Kommutatorlamellen eingesetzt.

Kupfer-Magnesium-Legierungen

Die Magnesiumgehalte liegen bei 0,3 bis 0,8 %. Diese Legierungen werden für Leitungsseile in der Fernmeldetechnik verwendet („Postbronze").

Kupfer-Beryllium-Legierungen (Berylliumbronze)

Kupfer-Beryllium-Legierungen enthalten zwischen 1,6 bis 2,1 % Beryllium. Die Löslichkeit von Kupfer für Beryllium nimmt mit sinkender Temperatur ab. Sie beträgt bei 605 °C 1,55 % Be, bei Raumtemperatur weniger als 0,1 % Be. Aus diesem Grunde sind Berylliumbronzen **aushärtbar,** d. h. ihre Festigkeitseigenschaften können durch Abschrecken von 800 °C in Wasser mit nachfolgendem längerem Halten auf 300 °C (= Auslagern) erhöht werden. Nach starker Kaltverformung vor dem einstündigen Auslagern betragen die Zugfestigkeit bis 1 550 MPa, die Härte 365 HB und die Bruchdehnung 2 %. Anwendungsbeispiele sind starkem Verschleiß ausgesetzte Teile, z. B. Getriebeteile, Lager sowie Blattfedern, Schlitzklemmen und hochbeanspruchte Bauteile, die unmagnetisch sein müssen. Eine wichtige Anwendung sind funkenfreie Werkzeuge für den Bergbau und für die chemische Industrie.

5.5.1.2 Kupferlegierungen (Knet- und Gusslegierungen) nach DIN CEN/TS 13388 (DIN SPEC 9700): 2015

Kupfer-Zink-Legierungen (Messing)

Legierungen aus Kupfer und Zink werden Messing genannt. Kupfer bildet mit Zink Substitutionsmischkristalle. Dadurch sind Streckgrenze und Zugfestigkeit gegenüber Reinkupfer höher (▶ Mischkristallhärtung, S. 34 und S. 39). Bis 30 % Zn steigt die Bruchdehnung an, oberhalb 30 % Zn fällt sie allerdings stark ab bis auf 0 bei 50 % Zn.

Bei Gehalten bis 37 % Zink sind die Legierungen bei Raumtemperatur einphasig-homogen aus kubischflächenzentrierten (kfz) Mischkristallen (α-Messing) und haben daher ein sehr hohes Formänderungsvermögen. Die beste Umformbarkeit hat die Legierung mit 28 % Zn-Gehalt. Sie ist bestens geeignet für das Tiefziehen z. B. von Hülsen.

Übersteigt der Zinkgehalt 37 %, tritt bei Raumtemperatur neben dem α-Messing auch das kubischraumzentrierte (krz) β-Messing auf. Mit zunehmendem Anteil β-Messing sinkt die Zähigkeit sehr schnell ab bei gleichzeitig steigender Festigkeit und Härte. Durch die abnehmende Zähigkeit und Heterogenität wird aber die Zerspanbarkeit deutlich besser, da beim Bohren, Drehen und Fräsen kurzbrüchige Späne anfallen. Die Zerspanbarkeit kann weiter verbessert werden durch Zulegieren geringer Mengen Blei („Automatenlegierungen"). (α+β)-Messinge werden daher häufig in der Feinmechanik, in der Uhrenindustrie und vor allem bei der Herstellung von Massendrehteilen eingesetzt.

Messing wird auch als Münzmetall eingesetzt. Das Innenteil der 2-Euro-Münze sowie der Ring der 1-Euro-Münze bestehen aus der Legierung CuZn20Ni5. Diese Legierung ist allerdings nicht in der DIN CEN/TS 13388 (DIN SPEC 9700): 2015 enthalten.

Zu beachten ist, dass Messinge in ammoniakhaltigen Medien bei gleichzeitig wirkenden Zugspannungen (Belastung oder Eigenspannungen) stark gefährdet sind durch Spannungsrisskorrosion (▶ S. 262).

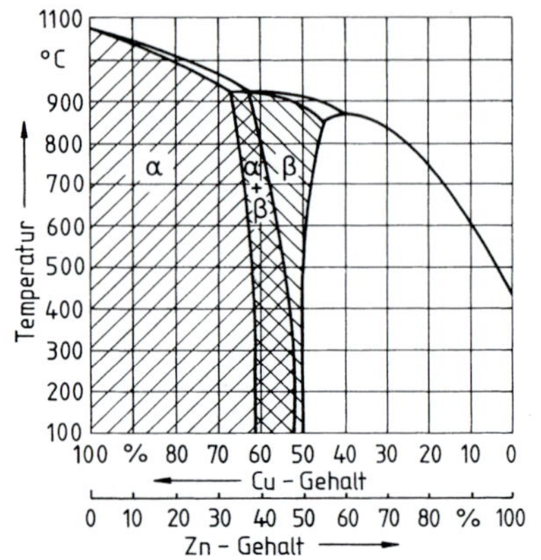

Bild 1 Technisch wichtiger Teil des Zustandsschaubildes der Kupfer-Zink-Legierungen (Messing)
α-Messing ist bei tiefer Temperatur weich und bei 500 °C spröde. β-Messing ist bei tiefer Temperatur spröde, bei hoher Temperatur weich.

Tabelle 1 zeigt eine Auswahl von Messingen. Es sind jeweils die Zustände mit niedrigster Festigkeit und höchster Festigkeit angegeben. Die aufgeführten Verwendungsbeispiele erheben keinen Anspruch auf Vollständigkeit.

Werkstoffnummer nach DIN EN 1412	Kurzzeichen nach DIN CEN/TS 13388	Zustand nach DIN EN 1173	Zugfestigkeit R_m in MPa min.	0,2%-Dehngrenze $R_{p0,2}$ in MPa	Bruchdehnung A in % min.	Eigenschaften und Verwendung
CW509L	CuZn40	R360 R500	360 500	max. 300 min. 350	20 8	Gut warm- und kaltumformbar; geeignet zum Biegen, Nieten, Stauchen, Bördeln; Im weichen Zustand geeignet zum Prägen und Tiefziehen. Mit Bleizusatz gut zerspanbar
CW612N	CuZn-39Pb2	R360 R500	360 500	max. 300 min. 350	20 8	Gut stanzbar; gut zerspanbar durch Bohren und Fräsen; Uhrenmessing für Räder und Platinen
CW614N	CuZn-39Pb3	R360 R500	360 500	max. 320 min. 350	20 5	Nur nach Anwärmen gut umformbar; geeignet für alle spanenden Verfahren: Drehteile, aller Art; Gravurmessing; Uhrenmessing für Räder und Platinen; Strangpressprofile
CW708R	CuZn31Si	R460 R530	460 530	max. 240 min. 350	22 14	Für gleitende Beanspruchungen auch bei hohen Belastungen: Lagerbüchsen, Führungen, sonstige Gleitelemente

Tabelle 1 Auswahl verschiedener Kupfer-Zink-Legierungen aus der DIN CEN/TS 13388 (DIN SPEC 9700): 2015. Die mechanischen Eigenschaften sind der DIN EN 12163: 2016 und DIN EN 12164: 2016 entnommen. Die Zustandsbezeichnung R (= Zugfestigkeit) entspricht der Vorgabe der DIN EN 1173: 2008

Gussmessinge werden mit 36–43 % Zn legiert. Sie zeichnen sich aus durch ein geringes Erstarrungsintervall, sodass sie ein gutes Formfüllungsvermögen haben und auch für komplexe Formen geeignet sind. Entsprechend dem Legierungsgehalt sind sie heterogen, haben hohe Festigkeitswerte bei allerdings geringer Zähigkeit. Dadurch sind sie jedoch gut zerspanbar. Besonders zu erwähnen ist, dass

Gussmessinge hochglanzpoliert werden können. Sie eignen sich dadurch besonders gut für eine nachträgliche galvanische Beschichtung z. B. mit Glanzchrom für Badarmaturen.

Kupfer-Zinn-Legierungen (Zinnbronze)

Zinnbronzen gehören zu den ersten von Menschen gezielt hergestellten Legierungen. Erste Verwendungen werden um 3300 v. Chr. datiert. Durch das Vorkommen von Kupfer-Zinn-Mischerzen wurde die Erschmelzung von Bronze allerdings begünstigt.

Bis 9 % Zinngehalt ist die Legierung kubischflächenzentriert mit hohem Umformvermögen, aber auch sehr starker Kaltverfestigung. Dadurch sind Zugfestigkeiten bis R_m = 900 MPa möglich (kaltgezogene Drähte oder Bänder für Federn). Schmiedelegierungen enthalten 2–6 % Sn. Eine Sonderlegierung mit 1,5 % Sn wird zu hartgezogenen Drähten für Telefonfreileitungen verarbeitet („Postbronze").

Bronzen haben eine bessere Korrosionsbeständigkeit, eine höhere Verschleißfestigkeit und bessere Gleiteigenschaften als Messing. Sie werden daher bevorzugt eingesetzt als Gleitlagerwerkstoffe, für Schneckenräder und ähnliche Bauteile mit hoher Gleitbeanspruchung.

Tabelle 1 zeigt eine Auswahl von Zinnbronzen. Es sind jeweils die Zustände mit niedrigster Festigkeit und höchster Festigkeit bzw. niedrigster und höchster Härte angegeben. Die aufgeführten Verwendungsbeispiele erheben keinen Anspruch auf Vollständigkeit.

Werkstoffnummer nach DIN EN 1412	Kurzzeichen nach DIN CEN/TS 13388	Zustand nach DIN EN 1173	Zugfestigkeit R_m in MPa min.	0,2%-Dehngrenze $R_{p0,2}$ in MPa	Bruchdehnung A in % min.	Härte HB min.–max.	Eigenschaften und Verwendung
CW452K	CuSn6	R340 H080 R700 H180	340 k. A. 700 k. A.	max. 270 k. A. min. 600 k. A.	45 k. A. k. A. k. A.	k. A. 80–210 k. A. 180–215	Federn aller Art, Fenster- und Türdichtungen, Rohre und Hülsen für Federungen, Schlauchrohre und Federrohre für Druckmessgeräte, Membranen, Gleitelemente, Gewebe- und Siebdrähte, Dämpferstäbe, Gongstäbe, Teile für die chemische Industrie
CW453K	CuSn8	R390 H085 R750 H210	390 k. A. 750 k. A.	max. 280 k. A. min. 680 k. A.	45 k. A. k. A. k. A.	k. A. 85–125 k. A. min. 120	Wie CuSn6, aber erhöhte Verschleißfestigkeit und verbesserte Korrosionsbeständigkeit

Tabelle 1 Auswahl verschiedener Kupfer-Zinn-Legierungen aus der DIN EN 1412: 2017 bzw. DIN CEN/TS 13388 (DIN SPEC 9700): 2015. Die mechanischen Eigenschaften sind der DIN EN 12163: 2016 entnommen. Die Zustandsbezeichnungen R (= Zugfestigkeit) und H (= Härte) entsprechen den Vorgaben der DIN EN 1173: 2008.

Kupfer-Zinn-Legierungen eignen sich auch sehr gut als Gusswerkstoffe. Nach DIN EN 1982: 2017 haben sie Zinngehalte zwischen 2 % bis 13 % Sn. Die maximale Festigkeit wird bei 12 % bis 13 % Zinn erreicht. Die Guss-Zinn-Bronze CuSn12-C (CC483 K) hat je nach Gießverfahren Zugfestigkeitswerte von 260 MPa (Sandguss) bis 300 MPa (Strangguss). Die Streckgrenzenwerte liegen unabhängig vom Gießverfahren bei 140 MPa bis 150 MPa. Sie wird u. a. eingesetzt für Kuppelsteine, Spindelmuttern, Schnecken- und Schraubenräder sowie hochbelastete Stell- und Gleitleisten.

Eine Sonderstellung nimmt die Gussbronze G-CuSn20 ein, die als Glockenwerkstoff eingesetzt wird. Aufgrund ihrer hohen Härte und Sprödigkeit ist sie für Maschinenteile aber nicht verwendbar.

Kupfer-Aluminium-Legierungen (Aluminiumbronzen)

Auch die Kupfer-Aluminium-Legierungen werden als Bronzen bezeichnet. Die Aluminiumgehalte liegen zwischen 4 % und 12,5 %. Weitere Legierungselemente sind Eisen, Mangan und Nickel.

Aluminiumbronzen zeichnen sich aus durch hohe Festigkeitswerte. Sie sind beständig gegen Korrosion besonders in Seewasser, gegen Erosion und Kavitation. Sie werden daher bevorzugt ausgewählt, um Stahlbauteile zu ersetzen, die einem starken Korrosionsangriff ausgesetzt sind. Ein typischer Einsatzfall sind Schiffsschrauben. Aber auch Gleitelemente aller Art, Lager, Schneckenräder, Schnecken, Zahnräder Gewindespindeln oder Muttern werden gefertigt.

Kupfer-Aluminium-Legierungen werden auch als Münzmetall eingesetzt. Die Münzen mit den Wertigkeiten 50, 20 und 10 Euro-Cent bestehen aus der Legierung „Nordisch Gold" Cu89Al5Zn5Sn1. Auch diese Legierung ist nicht in der DIN CEN/TS 13388 (DIN SPEC 9700): 2015 enthalten.

Tabelle 1 zeigt ein Beispiel für eine Aluminiumbronze. Es sind jeweils die Zustände mit niedrigster Festigkeit und höchster Festigkeit bzw. niedrigster und höchster Härte angegeben. Die aufgeführten Verwendungsbeispiele erheben keinen Anspruch auf Vollständigkeit.

Werkstoffnummer nach DIN EN 1412	Kurzzeichen nach DIN CEN/ TS 13388	Zustand nach DIN EN 1173	Zugfestigkeit R_m in MPa min.	0,2%-Dehngrenze $R_{p0,2}$ in MPa	Bruchdehnung A in % min.	Härte HB min.–max.	Eigenschaften und Verwendung
CW308G	CuAl11Fe-6Ni6	R740 H220 R830 H420	740 k. A. 830 k. A.	420 k. A. 550 k. A.	5 k. A. k. A. k. A.	k. A. 80–210 k. A. min. 240	Konstruktionsteile für den chemischen Apparatebau; schwingbeanspruchte Bauteile wie Wellen und Schrauben; Teile mit erhöhter Warmfestigkeit und Zunderbeständigkeit

Tabelle 1 Beispiel für eine Kupfer-Aluminium-Legierung aus der DIN CEN/TS 13388 (DIN SPEC 9700): 2015. Die mechanischen Eigenschaften sind der DIN EN 12163: 2016 entnommen. Die Zustandsbezeichnungen R (= Zugfestigkeit) und H (= Härte) entsprechen den Vorgaben der DIN EN 1173: 2008.

Kupfer-Nickel-Legierungen

Dies sind Speziallegierungen mit besonderen physikalischen Eigenschaften. Durch den Nickelzusatz wird die elektrische Leitfähigkeit des Kupfers stark herabgesetzt. Daher werden Legierungen mit bis zu 30 % Nickel für elektrische Widerstände eingesetzt.

Da die thermoelektrische Kraft der Kupfer-Nickel-Legierung mit 44 % Nickelgehalt („Konstantan": CuNi44) sehr hoch ist und mit der Temperatur proportional ansteigt, wird sie in Kombination mit reinem Eisen oder reinem Kupfer als Thermoelement zur Messung von Temperaturen eingesetzt (Paarung Eisen-Konstantan oder Kupfer-Konstantan). Außerdem hat diese Legierung eine thermischen Ausdehnung nahezu = 0 und wird daher als Widerstandswerkstoff für Dehnungsmessstreifen (▶ S. 333) eingesetzt.

Kupfer-Nickel-Zink-Legierungen (Neusilber)

Bei diesen Legierungen wird ein Teil des Kupfers durch Nickel ersetzt, wodurch sie ihre typische silberweiße Farbe bekommt. Sie werden daher auch als „Neusilber" bezeichnet. Die Kupfergehalte liegen zwischen 42 % bis 66 % und die Nickelgehalte zwischen 6 % bis 19 % Nickel, der Zinkanteil bildet dann jeweils den Rest zu 100 %.

Als Beispiel sei die Legierung CuNi12Zn24 (CW403J) genannt. Die Zugfestigkeitswerte erreichen je nach Zustand zwischen 380 MPa bis 640 MPa bei Bruchdehnungen zwischen 38 % und 0 % (Werte nach DIN EN 12163: 2016).

Die Kupfer-Nickel-Zink-Legierungen laufen nicht so leicht an wie Messing und haben eine höhere Korrosionsbeständigkeit, sind aber empfindlich gegen Spannungsrisskorrosion (▶ S. 262). Sie werden bevorzugt eingesetzt für versilberte Tafelgeräte, Bestecke, Reißzeuge, Uhrengehäuse, in der Innenarchitektur als Vitrinen und Schanktische sowie für kunstgewerbliche Gegenstände.

Kupfer-Zinn-Zink-Legierungen (Rotguss)

Bei diesen Legierungen wird aus Kostengründen das teure Zinn teilweise durch billigeres Zink ersetzt. Nach DIN CEN/TS 13388 (DIN SPEC 9700): 2015 liegen die Zinngehalte zwischen 2,0 % bis 8,0 %, die Zinkgehalte zwischen 1,5 % bis 10 %. Zur Verbesserung der Gleiteigenschaften wird 1,0 % bis 8 % Blei zulegiert. Diese Werkstoffe werden im Sand-, Kokillen-, Schleuder- oder Stranggussverfahren vergossen. Schleuderguss ergibt aufgrund der höheren Verdichtung durch die Fliehkräfte bessere mechanische Eigenschaften als Sandguss. Bei Lagerschalen werden oft Stahlstützschalen zur Aufnahme hoher Lagerkräfte eingesetzt. Der Rotguss wird im Schleuderguss direkt in die Stahlstützschale gegossen.

Ein typischer Lagerschalenwerkstoff ist CuSn7Zn4Pb3-C (CC493 K). Nach DIN EN 1982: 2017 liegt die Zugfestigkeit je nach Gießverfahren bei mindestens 230 MPa (Sand- bzw. Kokillenguss) und 260 MPa (Schleuderguss) bzw. 270 MPa (Strangguss). Die Streckgrenze beträgt unabhängig vom Gießverfahren mindestens 130 MPa. Dieser Werkstoff wird eingesetzt für Achslagerschalen, Kuppelstangenlager, Gleitlager, Gleitplatten und Gleitleisten sowie Gleitlagerbuchsen.

Aufgaben:

1. Nennen Sie die wichtigsten Eigenschaften des Kupfers.
2. Welche Legierungen des Kupfers werden als Bronze bezeichnet?
3. Wodurch unterscheidet sich Berylliumbronze von den anderen Bronzen im Hinblick auf die Härtbarkeit?
4. Nennen Sie die wichtigsten Kupfer-Gusslegierungen.

5.5.2 Bezeichnungssystem für Kupfer und Kupferlegierungen

Die Werkstoffbezeichnungen nach der chemischen Zusammensetzung werden nach wie vor nach der ISO 1190-1: 1982 gebildet. Das Werkstoffnummernsystem ist in der DIN EN 1412: 2017 festgelegt.

Bezeichnungen nach ISO 1190-1:1982, Werkstoffkurzzeichen:

Pos.	*1*	*2*	*3*	*4*	*5*	*6*	*7*	*8*	*9*
Symbol	(G)	(Buchstabe)	Cu	Buchstaben	Zahl	Buchstaben	Zahl	Buchstaben	Zahl

Position 1: Gusswerkstoffe werden mit dem vorangestellten Buchstaben „G“ gekennzeichnet.

Position 2: Mit diesem Buchstaben wird die Art des Gusses gekennzeichnet: „S“ für Sandguss, „M“ oder „K“ für Kokillenguss, „Z“ für Schleuderguss, „C“ für Strangguss, „P“ oder „D“ für Druckguss

Position 3: Die Buchstaben Cu stehen für Kupferwerkstoff.

Position 4 bis 9: In abwechselnder Reihenfolge werden die chemischen Symbole der Legierungselemente sowie ihre auf ganze Zahlen gerundeten Massengehalte angegeben. Für die Reihenfolge sind folgende Möglichkeiten gegeben:

- Die Legierungselemente werden nach abnehmenden Gehalten sortiert.
- Bei gleichen Massengehalten werden die Legierungselemente alphabetisch sortiert.
- Das den Legierungstyp maßgebend beeinflussende Legierungselement wird unabhängig von seinem Massengehalt auf die Position 4 und sein Massengehalt auf die Position 5 gesetzt.

Bezeichnungen nach DIN EN 1412: 2017, numerisches System:

Pos.	*1*	*2*	*3*	*4*	*5*	*6*
Symbol	C	Buchstabe	Zahl	Zahl	Zahl	Buchstabe

Position 1: Der Buchstabe C steht für Kupferwerkstoff.

Position 2: Ein Buchstabe kennzeichnet die Art des Kupferwerkstoffes.

Position 3 bis 5: Zählnummer ohne besondere Bedeutung im Bereich zwischen 000 und 999. Die Nummern 000 bis 799 sind reserviert für genormte Kupferwerkstoffe, die Nummern 800 bis 999 für nicht genormte Kupferwerkstoffe.

Position 6: Buchstabe zur Kennzeichnung der Werkstoffgruppe.

Weitere Erläuterungen zu den Symbolen und Bedeutungen der verschiedenen Positionen und sind im Anhang ▶ S. 343 zusammengefasst.

Zustandsbezeichnungen

Nach DIN EN 1173: 2008 können die Werkstoffbezeichnungen für Kupfer mit Bezeichnungen für Materialzustände ergänzt werden, die zur Kennzeichnung verbindlicher Anforderungen an Werkstoffeigenschaften dienen. Die Zustandsbezeichnungen gelten für Knet- und Gusswerkstoffe aus Kupfer- und Kupferlegierungen mit Ausnahme der Blockmetalle.

Die Zustandsbezeichnungen umfassen vier bis sechs Stellen:

Stelle 1: verbindliche Eigenschaft: „A“ für Bruchdehnung, „B“ für Federbiegegrenze, „D“ für gezogen ohne festgelegte mechanische Eigenschaft, „G“ für Korngrenze, „H“ für Härte nach Brinell oder Vickers, „M“ für gefertigt ohne festgelegte mechanische Eigenschaft, „R“ für Zugfestigkeit, „Y“ für 0,2 %-Dehngrenze.

Stellen 2 bis 4: Außer bei D, G und M wird mit einer 3-stelligen Zahl der Mindestwert der verbindlichen Eigenschaft angegeben. Falls ein Wert nur eine oder zwei Ziffern hat, sind diese durch vorangestellte Nullen auf drei Stellen zu ergänzen. Auf D und M folgen keine weiteren Zeichen. Dem Zeichen G wird eine dreistellige Zahl nachgestellt zur Bezeichnung des mittleren Wertes der in der Europäischen Produktnorm vorgeschriebenen Eigenschaft.

Stellen 5 und 6: Bei Legierungen mit $R_m > 1000\ N/mm^2$ wird die fünfte Stelle zur vollständigen Angabe der Zugfestigkeit ergänzt. In allen übrigen Fällen kann auf der Stelle 5 oder 6 ein „S“ zugefügt werden, wenn der Werkstoff zusätzlich entspannt ist, z. B. durch Spannungsarmglühen.

5.6 Nickel

In der Natur kommt Nickel hauptsächlich an Schwefel, Arsen und Antimon gebunden vor, z. B. als Gelbnickelkies, NiS, Rotnickelkies, NiAs, Breithauptit, NiSb. Ferner ist das Erz Garnierit, ein Nickel-Magnesium-Silicat, stark nickelhaltig.

Zur Gewinnung des Metalls führt man das Nickel zunächst in das Sulfid über, erzeugt aus diesem durch Rösten das Nickeloxid NiO und reduziert dieses mit Kohle. Daneben gibt es noch andere Verfahren.

Nickel ist ein silberweißes, glänzendes und gut polierbares Metall. Es wird durch Luft und Wasser nicht angegriffen. Auch durch verdünnte Salzsäure oder Schwefelsäure wird es nur langsam aufgelöst. Leicht löslich ist es in Salpetersäure und wird durch diese Säure passiviert.

Nickel ist in wässrigen Medien korrosionsbeständig. Daher wird es häufig als Beschichtungswerkstoff auf anderen Metallen eingesetzt. Die Abscheidung erfolgt galvanisch oder chemisch.

Nickel ist unverzichtbares Grundmetall für höchstwarmfeste und hitzebeständige Legierungen mit teilweise mehr als zwanzig Legierungselementen. Einsatzbereich dieser „Superlegierungen“ sind die Turbinenschaufeln von Gasturbinen. Bei Gastemperaturen bis 1300 °C und Drehzahlen bis 30000 1/min entstehen hohe statische Zugspannungen durch Fliehkräfte, hochfrequente Biegeschwellspannungen durch die Gasströmung und chemische Korrosion durch extrem aggressive Brenngase. Die Turbinenschaufeln werden nahezu ausschließlich im Feingussverfahren hergestellt, das die komplizierten Außen- und Innenkonturen (Kanäle für Kühlluft) ermöglicht. Ihre Warmfestigkeit erhalten sie durch Ausscheidungshärten.

Mit Kupfer als Grundmetall wird Nickel als Münzmetall eingesetzt („Magnimat" mit 25 % Nickel und 75 % Kupfer). Der Kern der Münzen besteht oft aus einer Reinnickelschicht, da Nickel magnetisierbar ist. Dadurch können diese Münzen in Automaten erkannt werden.

Nickel ist der beste γ/α-Umwandlungsverzögerer bei Stahl. Daher ist es unverzichtbar als Legierungselement für die vollaustenitischen rostfreien Stähle. Die gleiche Eigenschaft bewirkt die gute Durchhärtbarkeit und Durchvergütbarkeit der nickellegierten Vergütungsstähle (▶ S. 126 und S.121).

Daneben wird Nickel in Batterien, Akkumulatoren (Ni-Cd-Akkus) und für Magnetwerkstoffe eingesetzt.

Bild 1 zeigt die wichtigsten Verwendungsbereiche von Nickel und ihre Anteile an der Gesamtnickelproduktion.

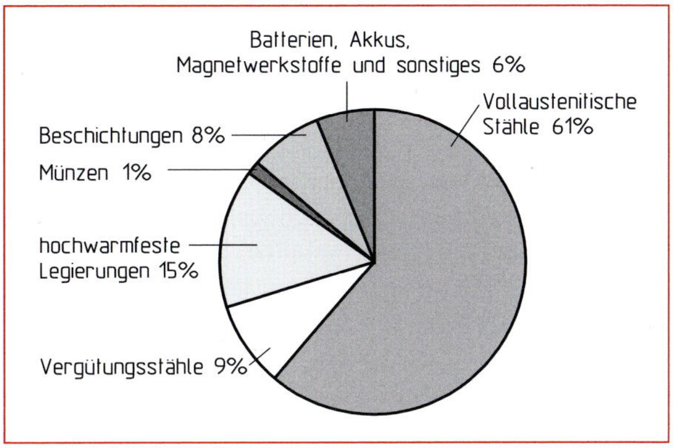

Bild 1 Verwendungsbereiche von Nickel und ihre Anteile an der Weltproduktion (Quelle VDI-Nachrichten 31/1998)

5.7 Sonstige Nichteisenmetalle

Antimon

Antimon wird aus Antimonglanz, Sb_2S_3, durch reduzierendes Schmelzen gewonnen. Wegen seiner großen Sprödigkeit wird es fast nur zur Festigkeitssteigerung von Legierungen benutzt, die hart sein müssen, z. B. Hartblei und Weißmetall. Schwindmaß 0,6 %.

Beryllium

Beryllium ist ein seltenes Element. Es findet sich in der Natur in Form eines Beryllium-Aluminium-Silicats als Beryll in schön kristallisierter Form als Edelstein, z. B. Aquamarin und Smaragd. Metallisches Beryllium wird aus Beryll auf elektrolytischem Wege gewonnen.

Rein-Beryllium wird verwendet: zur Herstellung von Berylliumbronze als Strahlenaustrittsfenster in Röntgenröhren wegen seiner sehr guten Durchlässigkeit für Röntgenstrahlen; in der Reaktortechnik wegen seiner geringen Absorptionsfähigkeit für Neutronen.

Rein-Beryllium-Stranggepresst hat eine Reißlänge (▶ S. 150) von 33 km; es ist jedoch sehr schlecht verformbar. Bessere Eigenschaften ergeben Be-Al-Legierungen.

Die Legierung 62 % Be-38 % Al wird hauptsächlich im Flugzeug- und Raketenbau verwendet. Sie hat brauchbare Verformungseigenschaften und ist schweißbar. Ihre Reißlänge beträgt 48,228 km, der Elastizitätsmodul entspricht dem von Stahl, die Wertung für Steifigkeit ist viermal so hoch wie bei anderen hochfesten Legierungen einschließlich Titan. Die Vorteile wirken sich besonders bei hohen Temperaturen aus, bei denen diese Legierung nur von Titan in der Festigkeit, jedoch nicht in der Steifigkeit übertroffen wird. Hoher Preis und besondere Sicherheitsmaßnahmen gegen Gesundheitsschädigung bei der Verarbeitung stehen den Vorteilen entgegen.

Blei

Blei wird aus Bleiglanz, PbS, durch Reduktion gewonnen. Es ist weich und kann nicht kaltverfestigt werden, da die Rekristallisation schon bei Raumtemperatur einsetzt. Blei überzieht sich an Luft mit einer dichten Oxidhaut und ist daher sehr korrosionsfest. Es ist unlöslich in Schwefel- und Flusssäure. Säurebehälter werden daher mit Blei ausgekleidet. Wegen seiner hohen Dichte absorbiert es ionisierende Strahlen und wird im Strahlenschutz eingesetzt. Weitere Anwendungen sind: Weichlote, Lagermetalle, Ummantelungen von Elektrokabeln, Rohre und anderes Walzgut, Legierungselement für Automatenlegierungen usw. Wichtigster Anwendungsbereich sind allerdings die Bleioxid-Waben in Akkumulatoren.

Blei gehört zu der Gruppe der gesundheitsgefährdenden Schwermetalle, da seine Verbindungen sehr giftig sind. Dementsprechend sind bei seiner Verarbeitung und beim Gebrauch besondere Vorschriften zu beachten. **Der Kontakt mit Lebensmitteln ist unbedingt zu vermeiden.**

Cadmium

Cadmium findet sich in der Natur häufig als Begleiter des Zinks in dessen Erzen. Es kann daraus durch Destillation gewonnen werden. Cadmium hat ähnliche physikalische und chemische Eigenschaften wie Zink. Es ist ein wichtiger Bestandteil für Batterien und Akkumulatoren (Ni-Cd-Akku). Daneben wird es in Korrosionsschutzüberzügen verwendet (vercadmete Schrauben). **Es gehört ebenfalls zu den gesundheitsgefährdenden Schwermetallen.** Seine Anwendung wird daher heute stark eingeschränkt.

Chrom

Die in der Natur meistverbreitete Verbindung des Chroms ist der Chromeisenstein, $FeCr_2O_4$. Ferner findet sich Chrom als Chrombleierz $PbCrO_4$ und in manchen Aluminiummineralien. In elektrischen Lichtbogenöfen wird aus dem Erz durch Reduktion mit Kohlenstoff Ferrochrom mit 60 % bis 70 % Cr und 20 % bis 35 % Fe erschmolzen. Chrom mit über 99 % Cr wird aluminothermisch gewonnen, d. h. durch Reduktion mit Aluminium.

Chrom ist ein weißglänzendes Metall. In verdünnter Salzsäure und Schwefelsäure löst es sich leicht. Durch Salpetersäure wird es passiviert (korrosionsfest). Ferrochrom ist hart und spröde, hochreines Chrom dagegen weich.

Chrom wird zur Glanz- und Hartverchromung verwendet, hauptsächlich aber als Legierungselement für Vergütungsstähle, korrosionsfeste und hitzebeständige Stähle.

Edelmetalle

Edelmetalle werden die Metalle genannt, die sich nicht unmittelbar mit Sauerstoff verbinden, d. h., die bei Raumtemperatur luftbeständig und in nichtoxidierenden Säuren unlöslich sind. Dies sind Silber, Gold und Platin sowie die Platinbegleitmetalle Ruthenium, Rhodium, Palladium, Osmium und Iridium.

Alle Edelmetalle kommen in der Natur gediegen vor und sind gut bearbeitbar. Sie dienen wegen ihres hohen Preises hauptsächlich zur Herstellung von Schmuckgegenständen, Münzen und Tafelgerät und werden technisch nur in kleinen Mengen verwendet.

Gold ist sehr weich und kann zu Blattgold für Vergoldungen, d. h. zu Folien von 0,0001 mm Dicke, ausgewalzt werden. Au wird durch Legieren verfestigt. Man unterscheidet Farbgold, Au-Ag- oder Au-Ag-Cu-Legierungen, und Weißgold, Au-Pd (= Palladium) oder Au-Pd-Ag-Legierungen. Etwa 60 % der Au-Erzeugung werden für währungstechnische Aufgaben verwendet. Gold ist ein wichtiger Kontaktwerkstoff in der Elektronik.

Platin kommt in der Natur fast immer gemeinsam mit Platinbegleitmetallen vor, die platinähnliche physikalische und chemische Eigenschaften besitzen. Pt kann zu Folien von 0,0025 mm Dicke und Drähten mit 0,015 mm Durchmesser verarbeitet werden. Wegen seiner Katalysatorwirkung, seiner hohen Warmfestigkeit und seiner Chemikalienbeständigkeit ist es in der chemischen Industrie unentbehrlich. Technische Verwendungen: Elektrodenwerkstoffe in der Galvanik, Widerstandsthermometer für Messungen zwischen –200 °C und +500 °C; Paarung Pt/PtRh als Thermoelement; nichtoxidierbare Kontakte; Einschmelzdraht für Glas (gleiche Wärmedehnung); Füllfederspitzen.

Silber besitzt von allen Metallen die größte Leitfähigkeit für Elektrizität und Wärme. Wegen seines großen Reflexionsvermögens werden Reflektoren, Spiegel und Scheinwerfer mit Ag bedampft. Da es sehr weich ist, wird es meist mit härteren Metallen legiert. Ag-Legierungen werden verwendet für elektrische Kontakte, Lote und Auskleidungen von Behältern für die chemische und Nahrungsmittelindustrie. Ag-Cu-Legierungen sind als Münzmetall bekannt. Als lichtempfindliches Silberbromid wird Ag in der Photoindustrie verwendet.

Germanium

Gewinnung. Eine wirtschaftliche Gewinnung von Ge ist durch die Verarbeitung des 5 % bis 10 % Ge enthaltenden Kupfererzes Germanit, Cu-Zn-As-Ge-Sulfid, möglich. Das Erz wird in einem Retortenofen einer reduzierenden Atmosphäre ausgesetzt. Durch Überleiten von Ammoniakgas sublimiert GeO_2 ab, das durch Erhitzen in einem H_2-Strom zu Ge reduziert wird. Durch nachfolgendes Umschmelzen im Vakuum wird ein hoher Reinheitsgrad erreicht.

Eigenschaften. Ge ist ein sehr spröder Stoff mit hoher Korrosions-, Säure- und Laugenbeständigkeit bei etwa 25 °C. Bei 600 °C bis 700 °C oxidiert es an Luft. Es kann mit fast allen Metallen legiert werden.

Reines Ge kann nicht zu Walzerzeugnissen (Blech, Draht) verarbeitet werden, es wird in Barren (Ingots) und in Form von Einkristallen geliefert. Die galvanische Abscheidung von Ge aus einer KOH-Lösung ergibt einen dünnen, zusammenhängenden Überzug.

Bei Raumtemperatur ist Ge ein nicht glänzendes kristallines Nichtmetall. Jedes seiner Atome ist mit jedem seiner Elektronen fest verbunden, und es besitzt daher keine Leitfähigkeit für Elektrizität und Wärme.

Bei etwa 80 °C verwandelt sich Ge in ein Metall und besitzt dann, wie alle Metalle, viele freibewegliche Elektronen, ► metallische Bindung S. 19, und ist dadurch ein guter Leiter für Elektrizität und Wärme.

Wegen seiner wechselnden Leitfähigkeit für Elektrizität und Wärme wird Ge als Halbleiter bezeichnet.

Verwendung: ► Kap. 12.1.2 S. 231.

Cobalt

Cobalt kommt in sulfidischen und arsenidischen Mineralien zusammen mit Kupfer, Nickel und Eisen vor. Aus ihm lässt sich das *radioaktive Isotop* Cobald 60 herstellen, das in der Medizin und Werkstoffprüfung verwendet wird. Überwiegend wird es als Legierungselement für Schnellarbeitsstähle und als Bindemittel für Hartmetalle verwendet.

Hartmagnetische Werkstoffe enthalten 5 % bis 35 % Co zur Erhöhung der Remanenz und der Koerzitivkraft, weichmagnetische 30 % bis 40 % Co zur Erhöhung der Sättigung.

Mangan

Mangan ist nach Eisen das weitestverbreitete Schwermetall. Weite Teile des Meeresbodens sind mit Manganerzknollen bedeckt, die künftig durch die moderne Meerestechnik[1] gehoben werden. Ferner findet sich Mangan vielfach als Begleiter des Eisens in dessen Erzen. Besondere Manganerze sind Braunstein, MnO_2, Braunit, Mn_2O_3, Manganspat, $MnCO_3$, u. a. Die Gewinnung des Metalls erfolgt durch Reduktion von Manganerzen mit Aluminium. Durch Reduktion mit Kohle im Hochofen werden kohlenstoffhaltige Eisen-Mangan-Legierungen gewonnen, die bei der Stahlerzeugung als Kohlungs- und Desoxidationsmittel gebraucht werden. Eisen mit 5 % bis 20 % Mn und bis 5 % C heißt Spiegeleisen. Ferromangan enthält 25 % bis 85 % Mn und bis 7,5 % C.

Reines Mangan ist hart und spröde, ähnelt jedoch in seinem Aussehen und in seinem chemischen Verhalten dem Eisen. Es wird als reines Manganmetall zur Herstellung von Bauteilen nicht verwendet. Es ist aber in fast allen Stählen zum Abbinden von schädlichen Beimengungen enthalten und hat als Legierungselement große Bedeutung.

---

[1] Die Meerestechnik befasst sich mit der Herstellung von Stahlbauwerken zur Förderung von Rohstoffen aus dem Meer oder unter dem Meeresboden, z. B. von Bohrinseln, Rohrlegefahrzeugen, Arbeits- und Lagerplattformen und dem dazu erforderlichen Zubringerservice.

Molybdän

Molybdän findet sich in der Natur hauptsächlich als Molybdänglanz, MoS_2, seltener als Gelbbleierz, $PbMO_4$. Zur Gewinnung des Metalls wird der Molybdänglanz zunächst geröstet. Das dadurch entstehende Molybdäntrioxid wird durch Wasserstoff oder Kohle reduziert. Molybdän ist ein hartes und luftbeständiges Metall. Bei Glühhitze verbrennt es zu MoO_3, mit Kohlenstoff bildet es harte Carbide. Etwa 85 % allen Molybdäns werden bei der Stahlherstellung verbraucht. Ein größerer Teil des Restes dient zur Herstellung von Hartmetallen, ein kleinerer Teil als Halter für Wolframfäden in Glühlampen und als Elektroden für Glasschmelzöfen.

Niob

Gewinnung: ▶ Tantal.

Eigenschaften. Nb oxidiert an Luft oberhalb 200 °C. In Säuren bildet es eine gegen weiteren Säureangriff schützende Oxidschicht. Nb-Verbindungen mit C, Si und N sind hochschmelzende Werkstoffe mit hoher Warmfestigkeit (hohe Festigkeit bei hohen Temperaturen). Die Verarbeitbarkeit von Nb entspricht der von Ta.

Verwendung. In der Flugzeug- und Raumfahrttechnik spielen Nb und Nb-Verbindungen wegen ihrer hohen Warmfestigkeit eine wichtige Rolle. Dort werden sie an den Stellen verwendet, an denen Temperaturen bis zu 1 600 °C auftreten. Auch bei Stahltriebwerken und Gasturbinen werden Nb-Verbindungen verwendet. Nb ist Bestandteil der Permanentmagnetlegierungen. Aus der Legierung Nb33Zr werden supraleitende (▶ S. 232) Drähte hergestellt. Wegen ihres geringen Neutronen-Wirkungsquerschnittes (▶ Tab. S. 151) und ihrer hohen Warmfestigkeit werden Nb-Legierungen als Konstruktionswerkstoff im Reaktorbau verwendet.

Tantal

Gewinnung. Ta kommt in der Natur gemeinsam mit Niob, Nb, in Ta-Nb-Mischerzen vor. Diese Mischerze sind Fe- und Mn-Tantalate und -Niobate. Bei überwiegendem Ta_2O_5-Anteil nennt man das Erz Tantalit, bei überwiegendem Anteil an Nb_2O_5 Niobit. Nach Aufschließung der Mischerze werden Ta und Nb auf chemischem Wege getrennt und dann zu Ta- und Nb-Pulver reduziert. Durch Sintern oder Elektronenstrahlschmelzen werden aus den Pulvern Ta- und Nb-Barren (Ingots) hergestellt, die zu Halbzeug ausgewalzt werden können.

Eigenschaften. Das graugläzende, sehr harte Ta ist an der Luft nur bis 300 °C beständig, da es durch O_2-Aufnahme hart und brüchig wird. Es ist gegen Säuren beständig und wird von Laugen angegriffen. Ta kann spanlos und spanend verarbeitet werden und lässt sich durch Nieten, Verschrauben und Falzen mit anderen Ta- und anderen Metallteilen verbinden. Auch Verbindungen durch Hartlöten und Widerstandsschweißen sind möglich.

Verwendung. Wegen seiner hohen Korrosionsbeständigkeit gegen Säuren, Festigkeit und Wärmeleitfähigkeit wird Ta vielseitig verwendet, z. B. zur Herstellung von Anoden, Gleichrichtern, Heizelementen, Laborgeräten und Wärmeaustauschern.

Wolfram

Wolfram kommt in der Natur in Form von Wolframaten vor, z. B. als Wolframit, $(Fe,Mn)WO_4$, Scheelit, $CaWO_4$, und Stolzit, $PbWO_4$. Auf chemischem Wege wird aus den Erzen das Oxid WO_2 gewonnen, aus dem durch Reduktion mit Wasserstoff reines Wolframpulver hergestellt wird.

Wolfram ist ein graues Metall mit ungewöhnlich hohem Schmelzpunkt. Es ist so spröde, dass es sich nicht umformen lässt und wird ausschließlich durch Sintern verarbeitet. Gesinterte Stangen können durch Umformen ohne/nach Anwärmen weiterverarbeitet werden, z. B. zu Drähten mit 0,005 mm Durchmesser. Chemisch verhält sich Wolfram ähnlich wie Molybdän. Die technisch wichtigsten Verbindungen des Wolframs sind die äußerst harten Doppelcarbide, ▶ S. 104 und 180. 85 % allen Wolframs dienen als Legierungsmetall in Stählen und zur Herstellung von Hartmetallen. Der Rest dient zur Herstellung von Glühfäden in Glühlampen, Antikatoden in Röntgenröhren und Elektroden zum Schweißen mit Schutzgas.

Zink

Zink wird aus Zinkblende, ZnS, durch Rösten und reduzierendes Schmelzen oder durch Elektrolyse gewonnen. Es wird nach DIN EN 1179: 2003 als Primärzink bezeichnet und hat je nach Herstellungsverfahren Zinkgehalte zwischen 98,5 % (Z5) und 99,995 % (Z1). Sekundärzink wird in verschiedenen Verfahren erzeugt, die sich durch die Herkunft des Werkstoffes unterscheiden. Überwiegend werden gebrauchte Bauteile und Schrotte, z. B. Zinkbleche, wieder eingeschmolzen. Sekundärzink kann aber auch aus Rückständen der Zinkverarbeitung, z. B. Zinkasche, gewonnen werden oder aus den kondensierten Zinkdämpfen, die beim Einschmelzen verzinkter Stahlteile entstehen. Sekundärzink ist genormt in der DIN EN 13283: 2003. Je nach Zinkgehalt werden die Sorten ZSA (98,5 % Zink), ZS1 (98,0 % Zink) und ZS2 (97,5 % Zink) unterschieden. Die Lieferformen sind Blöcke oder Jumbos. Letztere haben eine Masse von mindestens 30 kg, in der Regel wiegt ein Jumbo jedoch mehrere 100 kg.

Feinzink-Gusswerkstoffe

Als Feinzink-Gusswerkstoffe werden Zinklegierungen mit 3,5 bis 5 % Al, 0,5 % Cu und Spuren von Mg verwendet.

Sie sind genormt in der DIN EN 1774: 1997. Die Bezeichnungen sind aus der ISO 301: 2006 abgeleitet.

Teile aus Zn-Gusswerkstoffen werden fast ausschließlich als Druckguss hergestellt.

Die *wichtigste Eigenschaft* der Zn-Gusswerkstoffe ist, dass sie sehr dünnflüssig werden und als Druckguss komplizierte Formen ausfüllen.

Beim Einpressen des flüssigen Metalls in die Form erstarrt die äußere Schicht schnell und wird fest und dicht, während im Innern ein mehr oder weniger poröses Gefüge entsteht. Mit Rücksicht auf die Festigkeit und Dichtheit muss die Oberflächenschicht der Gussstücke erhalten bleiben; eine spanabhebende Nacharbeit ist bei der hohen Herstellgenauigkeit auch meist nicht erforderlich.

Die *Zugfestigkeit* der Gussstücke beträgt etwa 200 MPa, die *Brinellhärte* 70 HB bis 80 HB. Temperaturen über +80 °C bewirken Abnahme der Festigkeit und Zunahme der Dehnung, bei 0 °C tritt *Versprödung* ein.

Anwendung der Feinzink-Gusswerkstoffe: Gussstück-Serien mit geringer Anforderung an Festigkeit, deren Maßtoleranzen innerhalb der Gießgenauigkeit nach Tabelle liegen und keine oder nur geringe Nacharbeit erfordern, z. B. Gussstücke an Haushaltgeräten.

Erreichbare Genauigkeit des Sollmaßes	Mindestwanddicke je nach Stückgröße und Gestalt in mm	Eingegossene Löcher			Verjüngung der Kerne je nach Stückgröße und Gestalt mindestens
		nicht durchgehend größte Tiefe	durchgehend größte Länge	Durchmesser in mm mindestens	
bis 15 mm: ± 0,02 mm über 15 mm bis 100 mm: ± 0,15% über 100 mm: ± 0,10%	0,6 bis 2	4 × Durchmesser	8 × Durchmesser	1	1:300

Tabelle 1 Gießtechnische Angaben für Druckguss aus Zn-Gusswerkstoff

Kurzzeichen (Werkstoff-nummer)	Zusammensetzung in Masse-%		Dichte in kg/dm³ ≈	Festigkeitseigenschaften			Richtlinien für die Verwendung
	Legierungs-bestandteile	Zulässige Beimengungen		Zug-festigkeit mindestens in N/mm²	Bruch-dehnung σ5 in %	Brinell-härte HB	
GD-ZnAl4 (ZLO400)	Al 3,8 bis 4,6 Mg 0,035 bis 0,06 Zn Rest	Cu 0,030 Fe 0,020 Ni 0,001 Pb + Cd 0,006 Sn 0,001	6.7	250	3 bis 6	70 bis 90	Druckgussstücke aller Art, insbesondere bei höheren Anforderungen an Maßbeständigkeit
GD-ZnAl4Cu1 (ZLO410)	Al 3,8 bis 4,2 Cu 0,7 bis 1,1 Mg 0,035 bis 0,06 Zn Rest	Fe 0,020 Ni 0,010 Pb + Cd 0,006 Sn 0,001	6,7	280	2 bis 5	85 bis 105	Druckgussstücke aller Art
G-ZnAl6Cu1 (ZLO610)	Al 5,6 bis 6,0 Cu 1,2 bis 1,6 Zn Rest	Fe 0,020 Mg 0,005 Pb + Cd 0,006 Sn 0,001	6,5	180	1 bis 3	80 bis 90	Für gießtechnisch schwierige Gussstücke

Tabelle 1 Feinzink-Gusslegierungen. Auszug aus DIN EN 1774: 1997

Zinn

Zinn wird durch reduzierendes Schmelzen aus Zinnstein, SnO_2, gewonnen. DIN EN 610: 1995 sieht fünf Zinnsorten vor, mit einem Zinngehalt von 99,85 % bis 99,99 %.

Es lässt sich dünn auswalzen (Stanniol), ist gegen Luft ziemlich widerstandsfähig und zerfällt bei –20 °C zu Pulver (Zinnpest). Da es ungiftig ist, werden 50 % der Zinnerzeugung in der Nahrungsmittelindustrie verbraucht, z. B. als Tuben und zum Verzinnen von Gefäßen (Weißblech-Konservendosen). Ferner findet es Anwendung im Lötzinn und als Legierungszusatz in Bronze, Rotguss und Weißmetall.

Zinn-Druckgusslegierungen mit 12 % bis 18 % Sb, 3,5 % bis 4,5 % Cu und wechselnden Mengen Pb besitzen eine Zugfestigkeit von 80 bis 110 N/mm² und eine Brinellhärte von 26 HB bis 30 HB.

Durch Einpressen der Legierung in Metallformen lassen sich kleinere Stücke mit komplizierten Formen mit der in Tab. 2 wiedergegebenen Genauigkeit herstellen, sodass sie keiner Nacharbeit bedürfen. Bei Teilen, die an bestimmten Stellen höher beansprucht werden, können Stahlstifte oder Buchsen eingegossen werden. Besondere Sorgfalt ist auf die Entfernung der Luft aus den dicht schließenden Formen zu verwenden.

Blei-Druckgusslegierungen mit wechselnden Mengen Sn, Sb, Cu und Cd werden für die Herstellung von *Drucklettern* verwendet. *Bezeichnung* für Zinn-Druckgusslegierungen, z. B. GD-Sn 78 mit 78 % Sn, wechselnde Mengen Sb, Cu und Pb.

Erreichbare Genauigkeit des Sollmaßes	Mindest-wanddicke je nach Stückgröße und Gestalt mm	Eingegossene Löcher			Verjüngung der Kerne in % der Länge je nach Stückgröße und Gestalt mindestens
		nicht durchgehend größte Tiefe	durchgehend größte Länge mm	Durchmesser mindestens mm	
bis 10 mm: ± 0,005 mm über 10 mm: ± 0,05 %	0,5 bis 2	3 × Dmr	bis 1,5 mm Dmr: 7 × Dmr über 1,5 mm Dmr: 10 × Dmr	1	0,1

Tabelle 2 Gießtechnische Angaben für Druckguss aus Zinn-Druckgusslegierungen

Wegen der teuren Formen eignet sich Druckguss nur zur Herstellung von Massenteilen, an die keine hohen Festigkeitsanforderungen gestellt werden, z. B. Zahlenrollen, Gehäuse und Triebwerksteile für Elektrizitäts-, Gas- und Wassermesser, Teile für Rundfunk- und Fernsehgeräte.

Zirkonium

Gewinnung. Zr wird aus dem Mineral $ZrSiO_4$ gewonnen, das in Eruptivgesteinen und Meeressanden gefunden wird. $ZrSiO_4$ wird auf chemischem Wege in $ZrCl_4$ umgewandelt, das in Schachtöfen zu Zr-Schwamm reduziert wird. Aus dem Zr-Schwamm wird durch Lichtbogen-Vakuum-Umschmelzen oder Elektronenstrahlschmelzen reines Zr gewonnen.

Eigenschaften. Die Zündtemperatur von Zr-Pulver liegt zwischen 100 °C und 350 °C. Zr-Folien lassen sich mit einem Streichholz entzünden, kompaktes Zr verbrennt jedoch erst bei Weißglut (Schmelzpunkt: 1 852 °C). Es reagiert mit H_2 bei 300 °C, mit N_2 und Luft bei 400 °C, mit CO_2 bei 800 °C, mit Laugen bei 200 °C bis 400 °C und ist säurefest. Zr legiert mit einer Vielzahl von Metallen. Die Legierungen sind meist sehr korrosionsfest und können wie Stahl verarbeitet werden.

Verwendung. Zr-Pulver wird zur Herstellung von Blitzlichtmischungen, Leuchtspurmunition, Sprengkapseln, Feuerwerkskörpern und zur Kornverfeinerung von Mg-Zn-Legierungen verwendet. Hartmetalle aus ZrC besitzen eine ungewöhnlich hohe Härte. Aus Zr-Nb-Legierungen werden Brennelementhüllen für Kernkraftwerke hergestellt.

Lithium

Lithium hat die Ordnungszahl 3 und ist damit das leichteste Metall (Dichte = 0,534 g/cm^3). Aufgrund seiner hohen chemischen Reaktivität kommt es in der Natur nicht elementar vor, sondern sehr häufig beispielsweise in Verbindung mit Chlor als Lithiumchlorid in Salzwüsten oder Salzseen, aber auch in Mineralien wie Lithium-Pegmatit. Zur Gewinnung werden die Salzlaugen mit Frischwasser in große Becken geleitet, wo das Wasser infolge der Sonneneinstrahlung allmählich verdunstet. Bei einem Lithiumchloridanteil von etwa 5 % wird die Salzlösung in Aufbereitungsanlagen abgepumpt und anschließend und mit Natriumcarbonat behandelt. Das dabei entstehende Lithiumcarbonat wird gefiltert und getrocknet. Der Wasserverbrauch bei diesem Prozess liegt bei ca. 2 000 l Wasser für die Gewinnung von 1 kg Lithium. Lithiumcarbonat wird in weiteren Prozessen entweder direkt verarbeitet oder in andere Lithiumsalze umgesetzt. Nur ein relativ geringer Anteil wird zu metallischem Lithium verarbeitet.

Mehr als 1/3 der Weltproduktion an Lithium wird in Batterien und Akkumulatoren verwendet, mit stark steigender Tendenz. Grund dafür ist, dass Lithium in der elektrochemischen Spannungsreihe der Metalle mit einem Normalpotential von –3,04 V ganz links außen steht und daher mit anderen weiter rechts in der Spannungsreihe stehenden Elementen hervorragende Stromlieferanten bildet. Diese Batterien werden z. B. als Knopfzellen und als Akkumulatoren in Smartphones, Elektrowerkzeugen und Laptops und, mit stark steigendem Anteil, in Hybrid- und Elektroautos sowie in Elektrofahrrädern und Elektrorollern eingesetzt.

Deutlich weniger Lithium wird für Legierungen auf der Basis von Magnesium und Aluminium verwendet. Bei diesen Metallen erhöht Lithium die Zugfestigkeit und Härte. Auch wird es eingesetzt als Desoxidationsmittel und zur Entschwefelung und Entkohlung von Metallschmelzen.

Lithium ist gesundheitsschädlich. Bei Berührung mit der Haut reagiert es schon mit der Hautfeuchtigkeit stark exotherm und führt zu Verbrennungen und Verätzungen. Lithiumstaub entzündet sich bei Raumtemperatur, metallisches Lithium darf nur unter Öl oder Petroleum aufbewahrt werden. Brennendes Lithium kann nicht mit Wasser, Kohlendioxid und Stickstoff gelöscht werden. Mit diesen Löschmitteln reagiert es explosionsartig. Es müssen Löschmittel wie inerte Gase, z. B. Argon, oder Salze eingesetzt werden.

Aufgaben:

1. Warum werden etwa 2/3 der weltweiten Nickelproduktion als Legierungselement für Stahl verwendet?
2. Beschreiben Sie die Einsatzbereiche der „Superlegierungen".
3. Beschreiben Sie die Eigenschaften und mögliche technische Anwendungen von Chrom, Wolfram, Zink und Zinn

6 Legierungen für besondere technische Verwendungen

6.1 Werkzeugwerkstoffe

Werkzeuge dienen zum Urformen, Umformen, Fügen und Trennen der verschiedensten Werkstückstoffe sowie als Messwerkzeuge. Dieser vielfältigen Verwendung entsprechend liegen auch die an die Werkzeugwerkstoffe gestellten Anforderungen innerhalb weiter Grenzen. Die folgenden grundlegenden Anforderungen werden jedoch an fast alle Werkzeugwerkstoffe gestellt: hohe **Festigkeit** und **Zähigkeit** sowie hoher **Verschleißwiderstand** durch größeren Härte-/Warmhärteunterschied zwischen Werkzeugoberfläche und Werkstückstoff im Berührungsbereich.

Die Härte der Werkzeugwerkstoffe beruht entweder auf Hartstoffen oder auf Martensit.

Boride		Carbide		Nitride		Oxide	
B_4C	3700	C_d[1]	7000	Si_3N_4	3300	Al_2O_3	2300
TiB_2	3300	TiC	3200	TiN	2100	TiO_2	1800
CrB_2	2100	VC	2900	VN	1500	Cr_2O_3	2000
VB_2	2100	NbC	2000	AlN	1200	ZrO_2	1600
		WC	3000	CrN	1100	SiO_2	1200

[1] Diamant

Tabelle 1 Härtewerte der Hartstoffe in HV

Werkzeugwerkstoffe sind vielkristallin. Feinkörnige Gefüge, d. h. die gleichmäßige Feinverteilung der Hartstoffe in einer zähen Grundmasse, erweist sich in Werkzeugwerkstoffen als am günstigsten und ist das Ziel der Wärmebehandlung metallischer Werkzeugwerkstoffe.

Hohe Reibbeanspruchungen bewirken in Metalloberfläche hohe Versetzungsdichten, die bei Werkzeugen (und z. B. bei Zahnflanken) zur Steigerung ihrer Oberflächenhärten beitragen.

Wegen der in Bild 1 ▶ Seite 117 gezeigten Gegenläufigkeit von Festigkeit und Zähigkeit ist bei den aus einer Werkzeugwerkstoffart bestehenden Werkzeugen eine dem Verwendungszweck entsprechende Kompromisslösung erforderlich; ▶ Vergüten. Bei den beschichteten/oberflächenverfestigten Verbundwerkzeugwerkstoffen erfolgt eine Funktionsteilung in Grundwerkstoff- und Oberflächenanforderung.

Reihenfolge der Werkzeugwerkstoffe nach zunehmender Höhe der Volumenanteile von Hartstoffen: unlegierte Werkzeugstähle → legierte Werkzeugstähle → Schnellarbeitsstähle → Stellite → Hartmetalle → Schneidkeramik

6.1.1 Werkzeugstähle

Die DIN EN ISO 4957: 2018 unterscheidet zwischen folgenden Werkzeugstahlgruppen:

Kaltarbeitsstähle		Warmarbeitsstähle	Schnellarbeitsstähle
unlegiert	legiert	legiert	hochlegiert
keine Erwärmung erlaubt	zulässige Oberflächentemperatur unter 200 °C	zulässige Oberflächentemperatur über 200 °C	zulässige Oberflächentemperatur bis 600 °C

Kaltarbeitsstähle

Kaltarbeitsstähle werden zum Trennen von Werkstoffen verwendet, was zähe Kerne und harte Oberflächen, d. h. hohe Kohlenstoffgehalte, erfordert. Die Härtung aus ≈ 800 °C erfolgt mithilfe der martensitischen Umwandlung in Öl/Wasser. Nach dem Anlassen bestehen die Gefüge aus Ferrit und Carbiden. Die unterschiedlichen Eigenschaften der verschiedenen Sorten ergeben sich aus der unterschiedlichen Art der Verteilung der Carbide.

Unlegierte Kaltarbeitsstähle

Die verschiedenen Sorten, C45U (0,45 % C) bis C105U (1,1 % C) unterscheiden sich durch unterschiedliche Kohlenstoffgehalte und Härten. Die Einhärtetiefe beträgt 2,5 mm bis 3,5 mm, sodass diese Stähle auch als Schalenhärter bezeichnet werden. Das Zusatzsymbol **„U"**, das der Stahlbezeichnung nachgestellt ist, dient zur Kennzeichnung, dass der Stahl für Werkzeuge vorgesehen ist (▶ S. 335).

Anwendungsmöglichkeiten der unlegierten Kaltarbeitsstähle nach DIN EN ISO 4957: 2018

Kurzname	Werkstoff-Nr.	Hauptsächlicher Verwendungszweck
C45U	1.1730	Handwerkzeuge und landwirtschaftliche Werkzeuge aller Art, Aufbauteile für Werkzeuge, Zangen.
C70U	1.1620	Drucklufteinsteckwerkzeuge im Berg- und Straßenbau.
C80U	1.1525	Gesenke mit flachen Gravuren, Kaltschlagmatrizen, Messer, Handmeißel, Spitzeisen.
C105U	1.1545	Gewindeschneidwerkzeuge, Kaltschlagmatrizen, Fließpress- und Prägewerkzeuge, Endmaße.

Legierte Kaltarbeitsstähle

Diese Stähle enthalten 0,18 % bis 2,25 % Kohlenstoff und sind mit wechselnden Mengen von Si, Mn, Cr, Mo, Ni, V und W legiert. Die Legierungselemente bewirken durch Verzögerung der γ/α-Umwandlung eine größere Durchhärtbarkeit und ermöglichen eine milde/verzugsfreie Härtung dicker Werkzeuge. Die Legierungselemente Cr, Mo und W bilden mit Kohlenstoff Sondercarbide, die beständiger als Fe_3C sind und erhöhte Arbeitstemperaturen bis zu etwa 200 °C gestatten.

Anwendungsmöglichkeiten der legierten Kaltarbeitsstähle nach DIN EN ISO 4957: 2018

Kurzname	Werkstoff-Nr.	Hauptsächlicher Verwendungszweck
102Cr6	1.2067	Lehren, Dorne, Kaltwalzen, Holzbearbeitungswerkzeuge, Bördelrollen, Stempel, Rohraufwalzdorne, Ziehdorne.
21MnCr5	1.2162	Werkzeuge für die Kunststoffverarbeitung, die spanend bearbeitet und einsatzgehärtet werden.
60WCrV7	1.2550	Schnitte für dickeres Metall (für Stahlblech von 6 ... 15 mm), Rund- und Langscherenmesser, Stempel zum Kaltlochen von Schienen und Blechen, Holzbearbeitungswerkzeuge, Industriemesser, Zähne für Kettensägen, Massivprägewerkzeuge, Abgratmatrizen, Kaltloch- und Stauchstempel, Auswerfer.
45NiCrMo16	1.2767	Höchstbeanspruchte Massivprägewerkzeuge höchster Zähigkeit, Werkzeuge für schwere Kaltverformung, höchstbeanspruchte Besteckstanzen, Bijouteriegesenke, Einsenkpfaffen, Scherenmesser für dickstes Schneidgut.

Warmarbeitsstähle

Warmarbeitsstähle sind mit Si, Mn, Cr, Mo, Ni und V legierte/hochlegierte Stähle zur Herstellung von Warmarbeitswerkzeugen. Sie haben ein Gefüge aus Ferrit und Carbiden. Ihre besonderen Eigenschaften sind hohe Warmfestigkeit und Warmhärte bei ausreichender Zähigkeit, hoher Verschleißwiderstand und Zunderbeständigkeit bei Dauerarbeitstemperaturen bis zu ≈ 600 °C sowie gute Wärmeleitfähigkeit und Durchhärtbarkeit.

Der Einsatz von Warmarbeitsstahl erfolgt i. Allg. im vergüteten Zustand bei einer Zugfestigkeit von 1 200 MPa bis 1 800 MPa. Ausgangszustand für die Vergütung ist der weichgeglühte Zustand. Die Härtetemperaturen liegen über 1 000 °C, damit die Carbide aufgelöst werden. Abkühlmittel sind Luft oder Öl. Beim Anlassen auf 500 °C bis 600 °C erfolgt eine Härtesteigerung durch Ausscheidung von Sondercarbiden.

Anwendungsmöglichkeiten der Warmarbeitsstähle nach DIN EN ISO 4957: 2018

Kurzname	Werkstoff-Nr.	Hauptsächlicher Verwendungszweck
55NiCrMoV7	1.2714	Hammergesenke bis zu größten Abmessungen, besonders auch bei schwierigen Gravuren; Teilpressgesenke, Matrizenhalter; Pressstempel für Strangpressen.
X37CrMoV5-1	1.2343	Gesenke und Gesenkeinsätze, Werkzeuge für Schmiedemaschinen; Druckgießformen für Leichtmetalle; hochbeanspruchte Werkzeuge zum Strangpressen von Leichtmetall wie Innenbüchsen, Pressmatrizen, Pressstempel.
X40CrMoV5-1	1.2344	Gesenke und Gesenkeinsätze, Werkzeuge für Schmiedemaschinen; Druckgießformen für Leichtmetalle; hochbeanspruchte Werkzeuge für das Strangpressen von Leichtmetallen, vor allen Dingen Rohrpressdorne, Teilpressgesenke.
32CrMoV12-28	1.2365	Gesenkeinsätze, Werkzeuge für die Schrauben- und Nietenfertigung, Werkzeuge für Schmiedemaschinen, hochbeanspruchte Werkzeuge für das Strangpressen zur Verarbeitung von Kupferlegierungen (Innenbuchsen, Pressmatrizen) sowie von Leichtmetall (Brückenwerkzeuge, Pressdorne); Druckgießformen für Messing und Leichtmetall.

Schnellarbeitsstähle

Schnellarbeitsstähle sind hochlegierte Werkzeugstähle, die in Elektroöfen erschmolzen und meist nach dem ESU-Verfahren umgeschmolzen werden. Nach einer geeigneten Wärmebehandlung haben sie eine hohe Anlassbeständigkeit und Warmhärte bis zu Temperaturen von ≈ 600 °C und erzielen lange Standzeiten der spanenden Werkzeuge auch bei Rotglut. Gegenüber Hartmetallen und keramischen Werkzeugwerkstoffen haben Schnellarbeitsstähle folgende Vorteile:

Sie sind weniger bruchanfällig und können bei solchen Arbeitsweisen verwendet werden, bei denen Hartmetalle ausbrechen.

Werkzeuge mit komplizierten Formen, z. B. Fräser, Räumnadeln, Spiral- und Gewindebohrer, können durch Zerspanen hergestellt werden.

Die Leistungsfähigkeit der Schnellarbeitsstähle beruht im Wesentlichen auf ihrem hohen Gehalt an harten Doppel-/Schnellarbeitsstahlcarbiden (≈ 10 %) $\mathbf{M_6C}$ (M = austauschbare Metalle). Deren chemische Zusammensetzung kann zwischen $\mathbf{Fe_4W_2C}$ und $\mathbf{Fe_3W_3C}$ schwanken ($\mathbf{Fe_4W_2}$ und $\mathbf{Fe_3W_3 = M_6}$). Alle anderen Legierungsbestandteile werden bis zu einem gewissen Gehalt eingebaut, z. B. $\mathbf{Fe_4(W,Cr,Mo,V)_2C}$ (also $\mathbf{Fe_4W_2}$ oder $\mathbf{Fe_4WCr}$ usw.) bis $\mathbf{Fe_3(W,Cr,Mo,V)_3C}$.

Die Verteilung der Legierungselemente zwischen Doppelcarbiden und Grundmasse ist nicht gleichmäßig. Im Allgemeinen befinden sich Cobalt und Nickel sowie 0,3 % bis 0,4 % C in der Grundmasse und gewährleisten ihre Härtbarkeit und Warmhärte.

Die Grundmasse des Schnellarbeitsstahls hat eine Warmhärte bis zu 600 °C. Die Doppelcarbide sind bis zu 1 300 °C beständig.

Normzeichen	Verwendungsbeispiele
HS6-5-2C	Räumnadeln, Spiralbohrer, Fräser, Reibahlen, Gewindebohrer, Senker, Hobelwerkzeuge, Kreissägen, Umformwerkzeuge, Schneid- und Feinschneidwerkzeuge, Einsenkpfaffen.
HS6-5-3	Gewindebohrer und Reibahlen.
HS6-5-2-5	Fräser, Spiralbohrer und Gewindebohrer.
HS10-4-3-10	Drehmeißel und Formstähle.

Die Zahlen in den Normzeichen geben von links nach rechts die Gehalte von W, Mo, V und Co in Masse-% an (Bezeichnungen nach DIN EN 10027-1: 2016, Tabelle 15 ▶ S. 113).

Im Gussblock des Schnellarbeitsstahls bilden die Doppelcarbide ein dickadriges Netzwerk. Durch Schmieden/Walzen bei 1 150 °C bis 900 °C wird das Netzwerk zerstört und eine gleichmäßige Verteilung feiner Doppelcarbide angestrebt. Anschließend wird der Schnellarbeitsstahl weichgeglüht und dann durch spanabhebende Bearbeitung zu Werkzeugen verarbeitet. Schnellarbeitsstähle werden üblicherweise im weichgeglühten Zustand vom Hersteller geliefert.

Pulvermetallurgisch hergestellter Schnellarbeitsstahl (= gesinterter Schnellarbeitsstahl)

Herstellung:
Die Schnellarbeitsstahlschmelze wird zunächst in einer Schutzgasatmosphäre verdüst. Durch das schnelle Abkühlen entstehen kleine Carbidteilchen. Diese werden anschließend durch heiß-isostatisches Pressen und anschließendes Sintern im Vakuum zu porenfreien Rohlingen verarbeitet werden (▶ S. 212). Durch nachfolgende Bearbeitung durch Schmieden, Walzen, Ziehen und/oder spanabhebende Verfahren werden sie in die gewünschte Form gebracht und anschließend gehärtet.

Vorteile:
Sie sind für die gleichen Einsatzbereiche wie die gegossenen Schnellarbeitsstähle geeignet. Durch die gleichmäßige Carbidverteilung haben diese Werkstoffe jedoch eine bessere Maßhaltigkeit beim Härten und sind anschließend besser zu schleifen.

Härten und Anlassen der Werkzeuge aus Schnellarbeitsstählen

Weichglühen. Der Ausgangszustand für das Härten der Schnellarbeitsstähle ist stets der weichgeglühte Zustand = Lieferzustand. Das Weichglühen nach einer Umformung nach Anwärmen und vor jeder Neuhärtung erfolgt bei Temperaturen von 770 °C bis 840 °C. Die obere Grenze dieses Temperaturbereiches gilt für höher legierte, die untere Grenze für niedriger legierte Schnellarbeitsstähle. Die Temperatur ist 2 h bis 4 h zu halten. Anschließend ist im Ofen langsam auf 500 °C bis 600 °C abzukühlen, dann an Luft abzulegen.

Das Erhitzen zum Härten erfolgt vorzugsweise in einem Salzbad, da bei ihm die Möglichkeit genauester Temperatur- und Zeiteinhaltung gewährleistet ist.

Tauchzeit. Bei der betrieblichen Durchführung der Härtung wird statt des Begriffes Haltezeit mit dem Begriff Tauchzeit gearbeitet, unter der man die Gesamtzeit vom Eintauchen des Werkzeuges bis zum Herausnehmen aus dem Härtebad versteht.

Vorwärmen: Wegen der schlechten Wärmeleitfähigkeit der Schnellarbeitsstähle muss ihre Erwärmung auf Härtetemperatur langsam und gleichmäßig erfolgen. Am gebräuchlichsten ist das Vorwärmen in ein oder zwei Stufen mit folgender Temperaturführung:

Einstufenvorwärmung: 500 °C bis 550 °C → 850 °C → Härtetemperatur nach Tabelle

Zweistufenvorwärmung: 500 °C bis 550 °C → 850 °C → 1 050 °C → Härtetemperatur nach Tabelle.

Die Härtetemperatur richtet sich nach der Form und Beanspruchung der Werkzeuge. Einfach geformte Werkzeuge, an die keine erhöhten Zähigkeitsanforderungen gestellt werden, sind von Temperaturen an der oberen Grenze des in der Tabelle angegebenen Härtetemperaturbereiches zu härten. Werkzeuge, von denen man hohe Zähigkeit verlangt, härtet man aus dem unteren Bereich der Härtetemperaturspanne. Haltezeit auf Härtetemperatur etwa 80 s.

Stahlsorte Kurzname	Werkstoff-Nr.	Warmformgebungstemperatur In °C	Abkühlung nach der Warmformgebung in	Härte im geglühten Zustand (+A) HB max.	Härtungsversuch		
					Härtetemperatur in °C (±10 °C)	Anlasstemperatur in °C (±10 °C)	Härte HRC min.
HS6-5-2C	1.3343	1 100 ... 900	Sand oder Ablegeofen	269	1 210	560	64
HS6-5-3	1.3344	1 100 ... 900		269	1 200	560	64
HS6-5-2-5	1.3234	1 100 ... 900		269	1 210	560	64
HS10-4-3-10	1.3207	1 100 ... 900		302	1 230	560	66

Tabelle 1 Härte- und Anlasstemperaturen für Schnellarbeitsstähle im Härtungsversuch zum Nachweis der Mindesthärte (DIN EN ISO 4957: 2018)

Die Leistung eines Werkzeuges aus Schnellarbeitsstahl wird durch die beim Halten auf Härtetemperatur erfolgende Auflösung der Sekundärcarbide entscheidend beeinflusst.

Steigende Carbidauflösung hat erhöhte Anlassbeständigkeit und Warmhärte und verringerte Zähigkeit zur Folge.

Durch eine Haltezeit auf Härtetemperatur von etwa 150 s wird das Lösungsvermögen der Stähle für die Sekundärcarbide nahezu vollkommen erreicht. Erhöhung (Erniedrigung) der Härtetemperatur um etwa 12 °C bewirkt die gleiche Carbidauflösung mit der halben (doppelten) Haltezeit.

Die ausgezogene Linie in ▶ Bild 1 gibt die Tauchzeiten für einfache, quadratische/angenähert quadratische oder auch runde Querschnitte bei ein- und zweistufiger Vorwärmung wieder. Diese Tauchzeiten setzen sich aus der Vorwärmzeit und einer Haltezeit auf Härtetemperatur von etwa 80 s zusammen.

Die gestrichelte Linie entspricht der vorher erläuterten Haltezeit von rd. 150 s. Ihre Anwendung soll auf Sonderfälle beschränkt bleiben.

Zu lange Haltezeiten auf Härtetemperatur sind hinsichtlich der Carbidauflösung ohne Einfluss. Sie führen aber, ebenso wie falsche Härtetemperaturen, zu den in ▶ Bild 2 dargestellten Nachteilen.

Das erste Gefügebild zeigt vielfältig verzahnte kleine Körner als Zeichen der richtig gewählten Härtetemperatur. In die aus Grundmasse bestehenden Körner sind die Doppelcarbide eingebettet (dunkle Flecke).

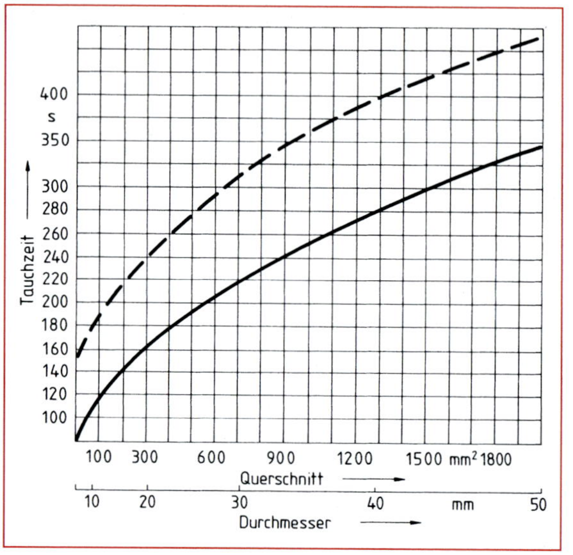

Bild 1 Tauchzellen für die Härtung von Werkzeugen aus Schnellarbeitsstählen mit rundem oder nahezu rundem Querschnitt bei zweistufiger Vorwärmung auf 850 °C und 1 050 °C.

Bei zu langer Erwärmung entsteht ein Gefüge nach dem mittleren Gefügebild. Die Grundmasse besteht aus groben Körnern, die den Stahl spröde machen. An den Korngrenzen hat sich aus den Doppelcarbiden Ledeburit gebildet, ein Zustand, der nur durch Einschmelzen rückgängig gemacht werden kann. Der Gehalt der Grundmasse an schneidfähigen Doppelcarbiden hat sich verringert, der Stahl an Schneidfähigkeit verloren.

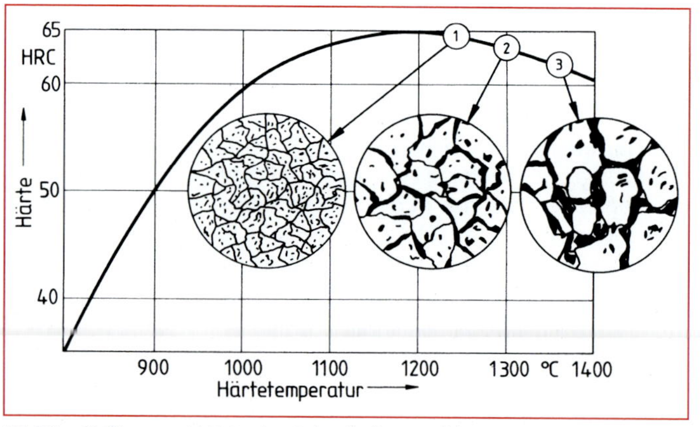

Bild 2 Gefüge und Härte des Schnellarbeitsstahls in Abhängigkeit von der Härtetemperatur

Das dritte Gefügebild zeigt das Gefüge eines zu hoch erhitzten, verbrannten Schnellarbeitsstahls. Er besteht nur noch aus grobkörniger Grundmasse ohne Doppelcarbide mit Ledeburit in den Korngrenzen. Verbrannter Stahl hat nur Schrottwert.

Bei verbrannten Kohlenstoffstählen bilden sich in den Korngrenzen Oxide; die Körner werden kohlenstoffärmer, ihr Zusammenhalt geht verloren.

Abkühlen. Auf Härtetemperatur gebrachte Schnellarbeitsstähle werden in ruhiger oder bewegter Luft, Öl von 50 °C bis 100 °C oder im Warmbad von nicht über 550 °C abgekühlt. Die Werkzeuge bleiben so lange im Öl oder Warmbad, bis ein vollständiger Temperaturausgleich stattgefunden hat, und werden dann zur vollständigen Abkühlung in ruhiger Luft dem Öl oder Warmbad entnommen.

Je größer die Querschnittsunterschiede des Werkzeuges sind, umso milder muss abgekühlt werden.

Anlassen. Zum Anlassen werden die erkalteten Werkzeuge auf eine Temperatur von 550 °C bis 580 °C *wiedererwärmt*, 1 bis 2 Stunden lang auf dieser Temperatur gehalten und dann in ruhiger Luft abgekühlt. Zweimal Anlassen ist besser als einmal. Um die *Härtespannungen* im Werkzeug schnell auszugleichen, soll das Anlassen möglichst bald nach dem Härten erfolgen. Den Einfluss des Anlassens auf die Leistungsfähigkeit des Schnellarbeitsstahls zeigt ▶ Bild 1.

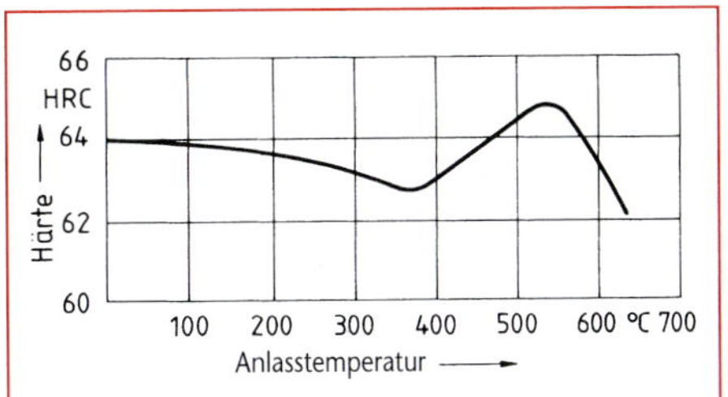

Bild 1 Einfluss der Anlasstemperatur auf die Härte der Schnellarbeitsstähle bei 20 °C

Durch **Nitrieren**, auch Aufsticken genannt, unterhalb der Anlasstemperatur kann der Verschleißwiderstand der gehärteten Schnellarbeitsstahlwerkzeuge verbessert werden. Beim Nachschleifen des Werkzeuges geht allerdings die aufgestickte Schicht verloren. Dicke Nitrierschichten und wiederholtes Nitrieren bewirken Versprödung.

Hartstoffbeschichtungen für Werkzeuge aus Schnellarbeitsstählen

Mittels zweier Beschichtungsverfahren werden Hartstoffe aus der Dampfphase auf der Werkzeugoberfläche abgeschieden: **C**hemical **V**apor **D**eposition (**CVD**) und **P**hysical **V**apor **D**eposition (**PVD**). Wesentlicher Unterschied der beiden Verfahren ist die Werkstücktemperatur während des Abscheidungsprozesses. Sie liegt beim CVD-Verrfahren zwischen 750 °C und 1 050 °C, beim PVD-Verfahren dagegen nur zwischen 200 °C und 500 °C. Dementsprechend können mit dem PVD-Verfahren bereits fertig gehärtete oder vergütete Werkzeuge beschichtet werden, während beim CVD-Verfahren erst nach der Beschichtung gehärtet bzw. vergütet werden kann. Die Haftfestigkeit der CVD-Schichten ist allerdings höher als die der PVD-Schichten.

Ursprünglich wurden nur Einstoffschichten abgeschieden, beim CVD-Verfahren meist Titan-Carbid-Schichten (TIC), beim PVD-Verfahren Titan-Nitrid-Schichten (TIN), erkennbar an ihrer Goldfärbung. Heute arbeitet man je nach Einsatzbedingungen mit Kombinationsschichten, z. B. Ti(C,N) TiN/TiC, TiC/Al_2O_3 u. a. Die Schichthärten liegen zwischen etwa 2 000 HV und 3 200 HV. Die Schichtdicken sind verfahrensabhängig und können von 2 µm bis 100 µm variieren.

geglüht
(fein verteilte Carbide in ferritischer Grundmasse)

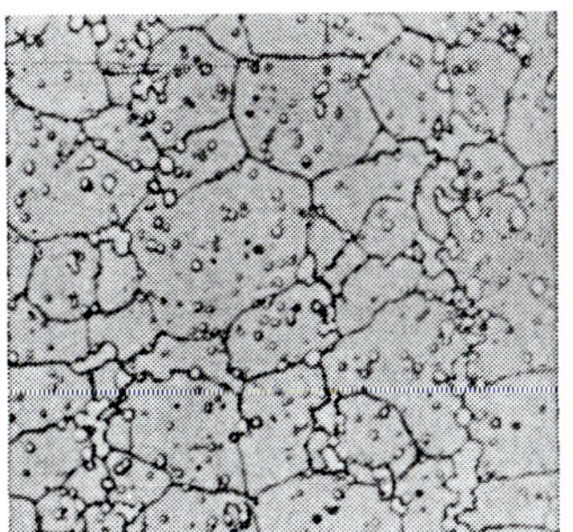

gehärtet
(ungelöste Carbide, Martensit und Restaustenit)

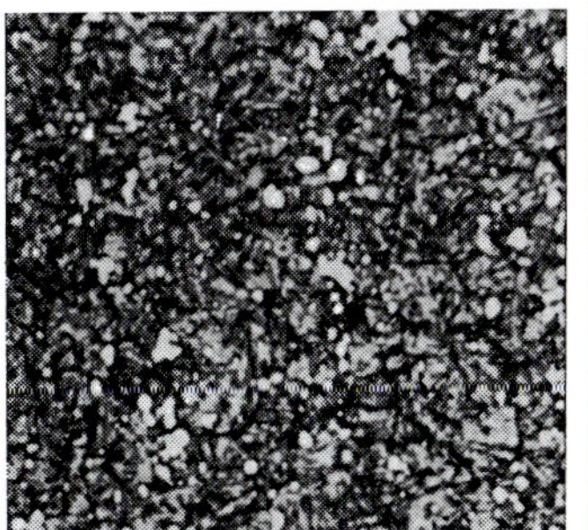

gehärtet und angelassen
(fein verteilte Carbide in feinnadeligem Martensit)

Bild 2 Wärmebehandlungsgefüge eines Schnellarbeitsstahls

Die Standzeiten konnten durch die Hartstoffbeschichtungen um Faktoren zwischen 2 und 10 erhöht werden je nach Zerspannungsfall. Allerdings müssen dazu die Zerspanungsparameter entsprechend angepasst werden, z.B. durch eine deutliche Erhöhung der Schnittgeschwindigkeit.

6.1.2 Werkzeugwerkstoffe aus Nichteisenwerkstoffen

Gegossene Hartlegierungen

Gegossene Hartlegierungen, z.B. Stellite der Fa. Deloro Wear Solutions GmbH, haben Zusammensetzungen von 42...53 % Co, 42...33 % Cr, 11...22 % W und 1,8...3 % C. Die Anteile der carbidbildenden Elementen Cr und W sind wesentlich höher als bei den Schnellarbeitsstählen. Sie können nur durch Schleifen bearbeitet werden und werden in der Regel nicht wärmebehandelt. Sie werden für extrem auf Verschleiß beanspruchte Werkzeuge verwendet, z.B. für Ziehringe, und als Verschleißschutzschichten für Werkzeuge in der Umformtechnik.

Berylliumkupfer

Im geglühten Zustand ist Berylliumkupfer weich und gut schmiedbar. Durch Erwärmen auf 300 °C wird es ausgehärtet. Durch anschließendes Hämmern wird es zusätzlich kaltverfestigt. Trotz der relativ hohen Härte schlägt es keine Funken und wird daher für Werkzeuge verwendet, die in explosionsgefährdeten Bereichen eingesetzt werden.

Hartmetalle

Hartmetalle sind Sinter-/Verbund-Werkzeugwerkstoffe, die zu etwa 90 % aus metallischen Hartstoffen und etwa 10 % Cobalt-Bindemittel bestehen und daher äußerst hart sind. Die hier in Betracht kommenden Hartstoffe sind **WC, TiC, TaC** und **NbC**. Der für Hartmetalle wichtigste Hartstoff **WC** zerfällt beim Schmelzen, sodass Hartmetallkörper durch die auf ► S. 195 beschriebenen pulvermetallurgischen Verfahren hergestellt werden müssen. Dabei werden durch die Verfahrensschritte Mahlen und Pulververdichten zunächst Presslinge hergestellt, deren Formen in ► Bild 1 wiedergegeben sind. Beim Sintern wird das Cobaltbindemittel flüssig, benetzt die Hartstoffe und bildet mit ihnen chemische Verbindungen.

Bild 1 Schneidkeramik- und Hartmetall-Wendeschneidplatten. Die gebräuchlichsten Formen sind dreieckige und quadratische Wendeschneidplatten.

Hartmetall-Wendeschneidplatten erhalten durch Sintern ihre Endform und ihre metallischen Hartmetalleigenschaften.

Sie werden auf besonderen Plattenhaltern festgeklemmt. Durch Wenden der Platten können ihre Schneidkanten nacheinander benutzt werden. Sind alle Schneidkanten abgenutzt, werden die Platten durch neue ersetzt.

Durch Beschichten der Hartmetall-Wendeschneidplatten mit einer 3 bis 6 µm dicken **TiC/TiN**-Grundschicht und einer 1 bis 3 µm dicken **Al_2O_3**-Deckschicht wird gegenüber den unbeschichteten Platten eine 8- bis 10fache Leistung erzielt. Die Beschichtung erfolgt nach dem CVD-Verfahren durch chemische Abscheidung von Hartstoffen, z.B. **TiC, TiN, Al_2O_3**, aus der Gasphase bei etwa 1 000 °C.

Die unbeschichteten Hartmetall-Wendeschneidplatten werden nur noch für Arbeiten mit veralteten, leistungsschwachen Maschinen gebraucht. In der modernen Fertigung mit Hochleistungsmaschinen werden ausschließlich beschichtete Hartmetall-Wendeschneidplatten verwendet. Jede Platte dieser Art umfasst mehrere Anwendungsgruppen (und wird auch so gekennzeichnet), sodass bei einem gemischten Arbeitsprogramm sich die Lagerkosten für ein umfangreiches Plattensortiment verringern. Heute werden weltweit jährlich über hundert Millionen beschichtete Hartmetall-Wendeschneidplatten produziert.

Keramische Schneidstoffe, kurz: Schneidkeramik

Keramische Schneidstoffe werden aus Keramikpulvern hergestellt. Man unterscheidet die beiden Gruppen: **oxidische** Schneidkeramiken und **nichtoxidische** Schneidkeramiken.

Oxidische Schneidkeramiken: Basis ist das Aluminiumoxid $\mathbf{Al_2O_3}$, das meist mit Zirkondioxid $\mathbf{ZrO_2}$ gemischt ist. Letzteres dient dazu, Mikrorisse, die sich in reinem Aluminiumoxid ausbreiten können, zu stoppen. Mischkeramiken enthalten zusätzlich Titancarbid **TiC** und/oder Titancarbonitrid **TiCN**, die das Kornwachstum des Aluminiumoxids behindern und so zu einem sehr feinen Gefüge mit Korngrößen um 2 µm oder kleiner führen. Aufgrund dieses sehr feinen Korns haben die Mischkeramiken eine höhere Festigkeit und einen höheren Verschleißwiderstand. Daneben sind noch mit **SiC**-Whiskern verstärkte Mischkeramiken üblich, die gegenüber den Mischkeramiken eine deutlich höhere Bruchzähigkeit haben.

Anwendungen der oxidischen Schneidkeramiken: Die Basiskeramiken werden für das Schrupp- und Schlichtdrehen ohne Kühlschmiermittel von Gusseisen und Stahl benutzt. Sie sind wegen ihrer Bruchgefahr bei wechselnden Temperaturen und Kräften nicht zum Fräsen geeignet. Die Mischkeramiken und whiskerverstärkten Keramiken können dagegen mit Kühlschmierstoffen eingesetzt werden. Sie eignen sich für das Zerspanen von gehärteten Stählen, z. B. für die Bearbeitung von Zahnrädern und Wälzlagern, sowie das Bearbeiten von Gusseisen mit hohen Schnittgeschwindigkeiten. Whiskerverstärkte Keramiken dürfen dagegen nicht zur Zerspanung von Stählen eingesetzt werden, weil das Siliziumcarbid chemische Verbindungen mit Stahl bildet.

		Al_2O_3	Al_2O_3 + ZrO_2	Al_2O_3 + TiC	Al_2O_3 + SiC-Whisker
Härte	HV	2000	2000	2200	2400
Elastizitätsmodul E	GPA	390	380	400	390
Biegefestigkeit σ_{bB}	MPa	350	600	600	600 … 800
Bruchzähigkeit K_{Ic}	MPa $\sqrt{m}$	4,5	5,8	5,4	6 … 8

Tabelle 1 Eigenschaften von Oxid-, Mischkeramik und **SiC**-verstärkter Oxidkeramik (Beispiele)

Nichtoxidische Schneidkeramiken: Wichtigste Vertreter sind die Siliziumnitrid-Keramiken $\mathbf{Si_3N_4}$,, ggf. verstärkt mit Titancarbid **TiC** und Titannitrid **TiN**, sowie das kubische Bornitrid **CBN** und das polykristalline kubische Bornitrid **PCBN**. Weiterhin sind hier noch die **Cermets** (**Cer**amic und **met**al) zu nennen, die aus keramischen und metallischen Komponenten wie Wolframcarbid **WC**, Titancarbid **TiC**, Tantalcarbid **TaC** und stickstoffhaltigen Hartstoffen, z. B. Titannitrid **TiN**, bestehen.

Anwendungen der nichtoxidischen Schneidkeramiken: Siliziumnitridkeramiken werden für das Schruppdrehen und -fräsen bei besonderen Anforderungen an die Schneidengeometrien eingesetzt. Kubisches Bornitrid verschleißt wesentlich weniger als andere Schneidstoffe und wird daher besonders zum Zerspanen sehr harter Stähle (bis 70 HRC) verwendet. Aufgrund seiner Sprödigkeit ist es weniger geeignet für das Zerspanen mit unterbrochenem Schnitt. Polykristallines kubisches Bornitrid ist auch bei hohen Temperaturen chemisch inert und reagiert daher nicht mit den Eisenatomen im Stahl. Es wird daher bei der Zerspanung harter und auch abrasiver Eisenbasiswerkstoffe eingesetzt. Cermets finden Verwendung beim Feindrehen, Gewindedrehen und Fräsen von Stählen und duktilem Gusseisen.

		Siliziumnitridkeramik mit 10 % Y_2O_3	Kubisches Bornitrid CBN	Polykristallines Bornitrid PCBN	Cermet HT-P20
Härte	HV	1750	2800 … 4200	2800 … 4200	1560
Elastizitätsmodul E	GPa	280 … 320			520
Biegefestigkeit σ_{bB}	MPa	800			1700
Bruchzähigkeit K_{Ic}	MPa · $\sqrt{m}$	7	9 … 6		8,1

Tabelle 2 Eigenschaften von Siliziumnitridkeramik, kubischem Bornitrid, polykristallinem Bornitrid und Cermet (Beispiele)

Aufgaben:

1. Nennen Sie die zulässigen Oberflächentemperaturen der verschiedenen Werkzeugstähle.
2. Beschreiben Sie einige wichtige Einsatzbereiche für **a)** unlegierte, **b)** legierte Kaltarbeitsstähle und **c)** Warmarbeitsstähle.
3. Was sind Schnellarbeitsstähle?
4. Worauf beruht die Leistungsfähigkeit der Schnellarbeitsstähle?
5. Beschreiben Sie die fünf Stufen der Wärmebehandlung von Schnellarbeitsstählen und nennen Sie die dabei einzuhaltenden Temperaturen.
6. Bis zu welchen Temperaturen behalten **a)** die Grundmasse und **b)** die Doppelcarbide der Schnellarbeitsstähle ihre ursprüngliche Härte?
7. Beschreiben Sie die zwei Beschichtungsverfahren, die heute für Schneidstoffe, unabhängig ob auf Stahlbasis oder Nichteisenwerkstoffe, eingesetzt werden. Worin liegen die besonderen Vorteile dieser Beschichtungen?
8. Nennen Sie die vier Werkzeugwerkstoffe aus Nichteisenwerkstoffen.
9. Nennen Sie die beiden Gruppen von Schneidkeramiken und beschreiben Sie deren Anwendungsbereiche.

6.2 Lagerwerkstoffe

Begriffe

Man unterscheidet Lager für rotierende Wellen, *Rotationslager*, und Lager für Wellen mit hin- und herpendelnden Drehbewegungen in Gelenken und Scharnieren, *Gelenk- und Schwenklager*.

Rotationslager sind **Wälz-/Gleitlager**, bei denen im Normalfall eine Berührung der Wälz-/Gleitpartner durch einen tragenden Schmierfilm verhindert wird. Die Tragfähigkeit des Schmierfilmes ergibt sich aus der Höhe des Schmierfilmdruckes.

In hydrodynamischen Lagern entsteht der Schmierstoffdruck durch die Drehung der Wälzkörper/Wellen, in hydrostatischen Lagern wird er von einer Pumpe außerhalb des Lagers erzeugt.

Trockengleitlager werden ohne Schmierstoff betrieben. Sie werden auch als **wartungsfreie Lager** bezeichnet.

Bei Gelenk- und Schwenklagern kann sich kein hydrodynamischer Schmierfilm bilden, sodass der Lagerwerkstoff hier die Funktion des Schmierstoffes übernehmen muss.

Gelenk- und Schwenklager werden als Trockengleitlager ausgeführt.

Wälzlagerwerkstoffe

Wälzlagerwerkstoffe sind vakuum-entgaste *Wälzlagerstähle* mit hohem Reinheitsgrad. Wegen der hohen örtlichen Beanspruchung sind gleichmäßiges Gefüge, Härtbarkeit und Maßbeständigkeit nach dem Anlassen erforderlich. Für Laufringe und Wälzkörper werden verwendet: **105Cr2, 100Cr6, 100CrMn6, 100CrMo6** (▶ S. 129).

Gleitlagerwerkstoffe

Werkstoffe für hydrodynamische und hydrostatische Gleitlager

Seit alters her werden unter dem Begriff Lagerwerkstoffe alle auf **Pb-**, **Sn-**, **Cd-**, **Al-**, **Cu-** und **Zn**-Basis aufgebauten metallischen Gleitlagerwerkstoffe verstanden. Beschränkt man sich aber nur auf die Lagerwerkstoffe auf **Pb-** und **Sn**-Basis, die alle mit Antimon legiert sind, so wird allgemein die Bezeichnung **Lagerweißmetall** verwendet.

Lagerwerkstoff	Chemische Zusammensetzung in Masse-%										untere Erweichungs-temperatur in °C	Bindungs-festigkeit in MPa
	Pb	Sn	Cd	Cu	Sb	Ni	As	Al	Zn	Ag		
„LM Thermit"[1]	57,8	6	1,0	1,2	15,0	0,5	0,5				243	57
„Tegostar 738"[1]		81,3		6,0	12,0				0,6	0,1	235	71
„Tegotenax"[1]		89		3,5	7,5						233	75
„Tegotenax S"[1]		87,8	1,0	3,5	7,5	0,2					233	86
„Tegostar"[1]		81,3		6,0	12,0				0,6	0,1	235	71
SnSb12Cu6Pb	2	80		6	12						183	39
AlSn40		40						60			288	

Tabelle 1 Merkmale von Lagerwerkstoffen für höhere Anforderungen

Die in der Tabelle 1 wiedergegebenen modernen Lagerwerkstoffe besitzen gute Gleiteigenschaften, Einlauffähigkeit, Wärmeleitung und Einbettungsfähigkeit von Härtekörpern, die mit dem Öl in den Schmierspalt gelangen: Sie sind in einem größeren Bereich belastbar, erfordern keinen vergüteten Wellenwerkstoff und werden nur in Zweitstoffausführung (mit Gusseisen-, Stahl- oder Bronzestützkörpern) verwendet. Der für die Eigenschaften wichtige Gefügeaufbau dieser Lagerwerkstoffe wird durch das Herstellungsverfahren beeinflusst.

Auswahl des Legierungstyps für einen Anwendungsfall: Bei dominierender Gleitbeanspruchung werden hochbleihaltige Lagerwerkstoffe verwendet, auch wenn hohe Flächenpressungen, Laufgeschwindigkeiten und Temperaturen auftreten. Bei hohen dynamischen Belastungen werden Lagerwerkstoffe auf Sn-, Cd- oder Al-Basis verwendet.

Der untere Erweichungspunkt ist für die thermische Belastbarkeit der Lagerwerkstoffe und für die Bindungsfestigkeit zwischen Stützkörper und Lagerwerkstoff bestimmend.

Blei-Zinn-Bronzen werden als eigenstabile Formgussteile (Einstofflager) und als dünne Verbundgussschichten (Zweistofflager) bei hohen Belastungen verwendet. Durch Gleitbeanspruchung wird Blei aus der Legierung an die Oberfläche gepresst (Notlaufeigenschaft). Bei hochwertigen Lagern wird die Lauffläche mit einer dünnen Bleischicht überzogen.

Aluminiumbronzen, Rotguss, Messinge, Gusseisen werden als Lagerwerkstoffe bei geringen Anforderungen verwendet, **Sinterwerkstoffe** in besonderen Fällen.

[1] Handelsnamen der Fa. ECKA Granulate Essen GmbH

Werkstoffe für Rotations-Trockengleitlager

Rotations-Trockengleitlager aus Fluorkunststoffen, Polyamiden, Polyethylen und Kunstharzpressstoffen werden ohne Schmierstoff betrieben (wartungsfreie Lager). Sie besitzen gute Gleiteigenschaften, Laufruhe und Korrosionsbeständigkeit. Ihre Nachteile sind geringe Wärmeleitfähigkeit, große Wärmedehnung und Abhängigkeit des Reibbeiwertes von der Temperatur.

Anwendung: Bei geringer Flächenpressung und höherer Laufgeschwindigkeit oder höherer Flächenpressung und geringer Laufgeschwindigkeit, z. B. in Haushalts-, Büro- u. a. Geräten.

Werkstoffe für Magnetlager, für wartungs-, verschleiß- und lärmfreie Lagerungen zwischen Magnetfeldern.

Anwendung: insbesondere bei extrem hohen Laufgeschwindigkeiten.

Werkstoffe für Gelenk- und Schwenklager, sog. Oszillationslager-Werkstoffe

An Oszillationslager-Werkstoffe werden folgende Anforderungen gestellt: gute Gleiteigenschaften ohne Schmierung, hohe elastische Verformbarkeit, Druck- und Scherfestigkeit und Temperaturbelastbarkeit, geringe Stoß-/Schlagempfindlichkeit. Diesen Anforderungen entsprechen in erster Linie **Verbundwerkstoffe,** ▶ S. 218 ff., auf **PTFE-/PTEE-/PFA-Basis,** ▶ S. 205.

Bild 1 Verbundstoff-Brückengelenklager aus Stahlringen mit eingesetzten PTFE-Gleitkörpern

Verwendet werden:

Stahlband mit aufgesintertem Bronzetraggerüst und eingewalztem PTFE/PTEE/PFA;

Gewebe aus PTFE-/PTEE-/PFA-Fasern, das in das Lager eingeklebt wird;

Bronzegewebe mit PTFE-/PTEE-/PFA-Füllung in den Gewebehohlräumen;

Stahl-Lagerringe mit eingesetzten PTEE-/PTFE-/PFA-Zylindern.

Ferner werden Sonderbronzen mit Trockenlaufeigenschaften und gehärteter Stahl/gehärteter Stahl mit oberflächenbehandelten Gleitflächen verwendet.

6.3 Hochtemperaturwerkstoffe

Hochtemperaturwerkstoffe behalten ihre mechanische Festigkeit bei langzeitig ruhender und/oder bei dynamischer Beanspruchung bei hohen Einsatztemperaturen und ggf. korrosivem Angriff. Derartige Belastungen/Beanspruchungen treten auf bei Dampfturbinen, Gasturbinen, Verbrennungsmotoren, in chemischen und petrochemischen Anlagen usw.

In Antriebsaggregaten auftretende Temperaturen

Aggregat	Dampftemperatur in °C	Arbeitstemperatur der Bauteile in °C
Dampfturbine	350 … 650	350 … 625
	Verbrennungstemperatur in °C	
Hubkolbenmotor (Bezeichnung nach DIN 1940)	1 800 … 2 600	300 … 350
Gasturbine, Strahl- und Raketentriebwerk	2 000 … 2 500	800 … 1 200

Dampfturbine. Die Entwicklung im Dampfturbinenbau ging in den letzten Jahren zu höheren Dampfeintrittstemperaturen in der ersten Turbinenschaufelstufe zur Erzielung eines höheren Wirkungsgrades und damit zu einer höheren Leistung bei gleichem oder geringerem Dampfverbrauch. Die den hohen Dampftemperaturen ausgesetzten Leit- und Laufschaufeln werden aus hochwarmfesten martensitischen Stählen für Betriebstemperaturen bis etwa 650 °C oder aus austenitischen Stählen für Betriebstemperaturen bis etwa 750 °C gefertigt, die thermomechanisch behandelt werden. Die Zeitstandfestigkeit, d.h. die Zugfestigkeit unter langzeitig ruhender Belastung, ist in ▶ Bild 1 wiedergegeben. Diese Stähle besitzen auch eine hohe Korrosionsbeständigkeit bei diesen Temperaturen. Für Temperaturen über 750 °C werden Nickelbasislegierungen eingesetzt (▶ S. 170).

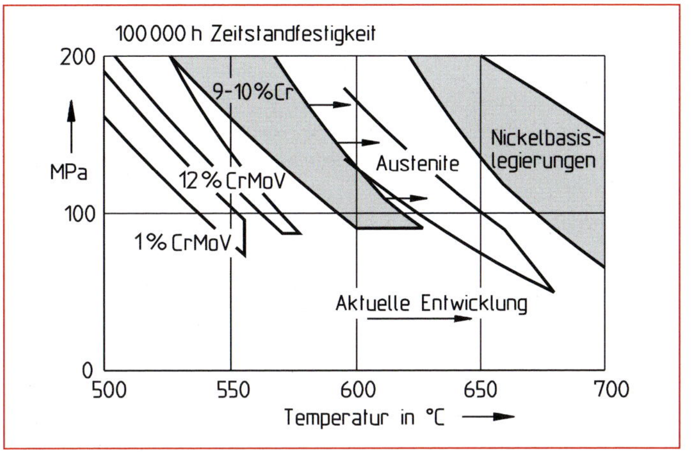

Bild 1 Einsatztemperaturbereiche der verschiedenen hochwarmfesten Werkstoffe im Turbinenbau

Verbrennungsmotoren. Die Kolben von Verbrennungsmotoren sind extrem belastete Bauteile. Verbrennungstemperaturen zwischen 1800 bis 2600 °C, Verbrennungsdrücke zwischen 75 bis 110 bar, Kolbengeschwindigkeiten bis 17 m/s und Beschleunigungen bis zum 1000-fachen der Erdbeschleunigung sind über ca. 1 Milliarde Lastwechsel aufzunehmen. Um die oszillierenden Massen möglichst gering zu halten, werden Kolben für PKW-Motoren aus hochwarmfesten Aluminiumlegierungen gegossen. Eingesetzt werden nah-eutektische Legierungen mit 11 bis 13 % Silizium, 3 bis 5 % Kupfer und 2 bis 2,5 % Nickel. Höher verschleißfeste Legierungen sind übereutektisch (15 bis 18 % Silizium) bei etwa gleichen Kupfer- und Nickelgehalten. In LKW-Dieselmotoren werden sehr häufig gebaute Kolben eingesetzt, deren Kolbenkopf aus warmfesten Stählen und deren Schaft aus einer Aluminiumlegierung gefertigt sind. Auch die Großdieselmotoren für den Schiffbau erhalten gebaute Kolben mit einem Kolbenboden aus hochwarmfestem Schmiedestahl und einem Kolbenschaft aus Kugelgraphitguss.

Die Zylinderköpfe von PKW-Motoren sind heute durchweg aus Gründen der Gewichtseinsparung, aber auch der wesentlich besseren Gießbarkeit aus nah-eutektischen Aluminium-Silizium-Legierungen gegossen.

Gasturbinen, Strahl- und Raketentriebwerke. Schaufeln, Brennkammern und Düsen werden aus hochwarmfesten Legierungen hergestellt, die bis etwa 1000 °C beständig sind. Hohlgegossene Schaufeln aus Nickelbasislegierungen, durch die von innen Kühlluft strömt, und keramische Wärmedämmschichten auf den Schaufeloberflächen sind heute bei Hochleistungstriebwerken in Flugzeugen Standard.

Hochwarmfeste Legierungen, ▶ Bild 1, sind *aushärtbare Legierungen* auf der Basis von **Ni, Cr** und **Co** mit **W-, Ti-, Al-, Si-** und **Mo**-Zusätzen zur Bildung der Ausscheidungsphasen.

Normale Flugkörper- und Flugzeugbauwerkstoffe sind **AlCuMg**-Legierungen, die bei 170 °C mit entsprechendem Festigkeitsabfall in Lösung gehen (erweichen). Bei höheren Temperaturen an Luftstaupunkten werden die bis 220 °C beständigen Legierungen **AlCuMgPb** verwendet.

Keramische Hochtemperaturwerkstoffe auf der Basis von Si_3N_4 und SiC gehören zu den neuesten Entwicklungen auf dem Gebiete der Hochtemperaturwerkstoffe, ▶ S. 212. Die metallischen Hochtemperaturwerkstoffe können über den heutigen Stand hinaus kaum verbessert werden, sodass die Si_3N_4- und SiC-Werkstoffe für den Bau von Fahrzeug-Gasturbinen ohne Alternative sind.

6.4 Lote und Flussmittel

Lote sind Legierungen meist auf Blei- oder Zinnbasis, die als Zusatzwerkstoffe beim thermischen Verbinden metallischer Werkstoffe verwendet werden. Die Schmelztemperatur des Lotes liegt deutlich unter den Schmelztemperaturen der zu verbindenden Metalle. Diese werden zwar benetzt, aber nicht aufgeschmolzen. Die Verbindung zwischen Metall und Lot erfolgt im Wesentlichen durch Benetzung und Diffusion. Es bilden sich in der Grenzfläche Mischkristalle und intermediäre Phasen. Voraussetzung für die Lötbarkeit ist also, dass die Atome des Lots im Kristallgitter des Grundwerkstoffes bzw. Atome des Grundwerkstoffes im Kristallgitter des Lotes zumindest begrenzt gelöst werden können. Ineinander unlösliche Metalle wie Eisen und Blei können nicht gelötet werden.

Je höher die Arbeitstemperatur beim Löten ist, umso tiefer verlaufen die Diffusionsprozesse und umso dicker wird die Legierungsschicht.

Voraussetzung für die Benetzung ist, dass die Oberflächen der zu verlötenden Metalle sauber, fettfrei und oxidfrei sind. Sie müssen daher gereinigt, entfettet und gegebenenfalls mit Säuren von Oxiden befreit werden. Oxide, die sich während des Lötens neu bilden, werden durch desoxidierende Bestandteile im Flussmittel beseitigt.

Man unterscheidet die Hartlote auf der Basis von Kupfer, Nickel und Silber sowie die Weichlote mit Blei und Zinn. Hartlote besitzen eine höhere Festigkeit und Temperaturbeständigkeit als Weichlote, benötigen aber auch sehr viel höhere Arbeitstemperaturen, d. h. die Wärmebelastung der zu verlötenden Bauteile wird höher.

Weichlote nach DIN EN ISO 9453: 2014 (Auszug)

Die Kennzeichnung der Weichlote erfolgt mit einem vorangestellten S und nach einem Bindestrich jeweils abwechselnd mit dem chemischen Symbol eines Legierungselements und der Ziffer, die dem mittleren Gehalt des Legierungselements in Masse-% entspricht.

Gruppe	Legierungs-Nr.	Legierungs-kurzzeichen	Hauptlegierungsbestandteile Masse-%	Schmelztemperatur	
				Solidus °C	Liquidus °C
Zinn-Blei	101	S-Sn63Pb37	Sn = 62,5 … 63,5 Pb = Rest Sb = 0,20	183	183
	102	S-Sn63Pb37E	Sn = 62,5 … 63,5 Pb = Rest Sb = 0,05	183	183
Blei-Zinn	111	S-Pb50Sn50	Sn = 49,5 … 50,5 Pb = Rest Sb = 0,20	183	215
	112	S-Pb50Sn50E	Sn = 49,5 … 50,5 Pb = Rest Sb = 0,05	183	215
	124	S-Pb98Sn2	Sn = 1,2 … 2,5 Pb = Rest	320	325
Zinn-Blei mit Antimon	131	S-Sn63Pb37Sb	Sn = 62,5 … 63,5 Pb = Rest Sb = 0,12 … 0,50	183	183
	133	S-Pb50Sn50Sb	Sn = 49,5 … 50,5 Pb = Rest Sb = 0,12 … 0,50	183	216
Zinn-Kupfer und Zinn-Blei-Kupfer	401	S Sn99Cu1	Sn = Rest Cu = 2,5 … 3,5	230	240
	162	S-Sn50Pb49Cu1	Sn = 49,5 … 50,5 Pb = Rest Cu = 1,2 … 1,6	183	215
Zinn-Silber und Zinn-Blei-Silber	701	S-Sn96Ag4	Sn = Rest Ag = 3,5 … 4,0	221	221
	171	S-Sn62Pb36Ag2	Sn = 59,5 … 60,5 Pb = Rest Ag = 3,0 … 4,0	179	179

Hartlote nach DIN EN ISO 17672: 2017 (Auszug)

Die Kurzzeichen der Hartlote nach DIN EN ISO 17672: 2017 bestehen aus dem chemischen Symbol des Hauptlegierungselementes (in Großbuchstaben) und einer dreistelligen Zählnummer. Die Kennzeichnung mit der Legierungszusammensetzung erfolgt nach DIN EN ISO 3677: 2016 mit einem vorangestellten B und nach einem Bindestrich jeweils abwechselnd mit dem chemischen Symbol eines Legierungselements und der Ziffer, die dem mittleren Gehalt des Legierungselements in Masse-% entspricht. Ergänzt wird diese Kennzeichnung durch die Angabe der Solidus- und Liquidustemperatur.

Kennzeichnung		Hauptlegierungsbestandteile Masse-%	Schmelzbereich	
Kurzzeichen	EN ISO 3677: 2016		Solidus °C	Liquidus °C
Aluminiumhartlot				
Al 105	B-Al95Si-575/630	Al = Rest Si = 4,5 ... 6,0	575	630
Al 210	B-Al86SiCu-520/585	Al = Rest Si = 9,3 ... 10,7 Cu = 3,3 ... 4,7	520	585
Silberhartlot				
Ag 156	B-Ag56CuZnSn-620/655	Ag = 55,0 ... 57,0 Cu = 21,0 ... 23,0 Zn = 15,0 ... 19,0 Sn = 4,5 ... 5,5	620	655
Ag 125	B-Cu40ZnAgSn-680/760	Ag = 24,0 ... 26,0 Cu = 39,0 ... 41,0 Zn = 31,0 ... 35,0 Sn = 1,5 ... 2,5	680	760
Ag 350	B-Ag50CdZnCu-620/640	Ag = 49,0 ... 51,0 Cu = 14,5 ... 16,5 Zn = 14,5 ... 18,5 Cd = 17,0 ... 19,0	620	640
Ag 485	B-Ag85Mn-960/970	Ag = 84,0 ... 86,0 Mn = 14,0 ... 16,0	960	970
Kupferhartlot				
Cu 110	B-Cu100-1083	Cu = 99,90	1083	1083
Cu 186	B-Cu97Ni(B)-1083/1100	Cu = Rest Ni = 2,5 ... 3,5	1083	1100
Kupfer-Zinn-Hartlot				
Cu 922	B-Cu94Sn(P)-910/1040	Cu = Rest Sn = 5,5 ... 7,0	910	1040
Cu 925	B-Cu88Sn(P)-825/990	Cu = Rest Sn = 11,0 ... 13,0	825	990
Kupfer-Zink-Hartlot				
Cu 470a	B-Cu60Zn(Si)-875/895	Cu = 58,5 ... 61,5 Zn = Rest Si = 0,2 ... 0,4	875	895
Cu 773	B-Cu48ZnNi(Si)-890/920	Cu = 46,0 ... 50,0 Zn = Rest Ni = 9,0 ... 11,0	890	920
Nickelhartlot				
Ni 620	B-Ni82CrSiBFe-970/1000	Ni = Rest Cr = 6,0 ... 8,0 Si = 4,0 ... 5,0 B = 2,75 ... 3,50 Fe = 2,5 ... 3,5	970	1000
Ni 720	B-Ni65CrP-880/950	Ni = Rest Cr = 24,0 ... 26,0 P = 9,0 ... 11,0	880	950

Flussmittel nach DIN EN ISO 9454-1: 2016 und DIN EN 1045: 1997 (Auszug)

Flussmittel für das Weichlöten (DIN EN ISO 9454-1: 2016) enthalten Harze, Salze, Säuren oder sind alkalisch. Flussmittel zum Hartlöten (DIN EN 1045: 1997) basieren im Wesentlichen auf Borverbindungen, einfachen und komplexen Fluoriden sowie auch Chloriden. Zu beachten ist, dass sie teilweise korrosiv wirken. Flussmittelrückstände sollten daher entfernt werden.

für Schwermetalle				für Leichtmetalle	
zum Hartlöten		zum Weichlöten		zum Hart- und Weichlöten	
Auswahl nach der Wirktemperatur	Kurzzeichen	Auswahl nach der korrosiven Wirkung	Kurzzeichen	Auswahl nach der korrosiven Wirkung	Kurzzeichen
550 … 800 °C	FH10, FH11, FH12	Rückstände sind korrosiv und sollten abgewaschen werden	3.2.2. 3.1.1. 3.2.1.	Rückstände sind korrosiv und sollten abgewaschen werden	FL10
700 … 1 000°C	FH20	Rückstände sind bedingt korrosiv	1.1.2. 2.1.1. 3.1.1.	Rückstände sind i. A. nicht korrosiv	FL20
750 … 1 100 °C	FH21	Rückstände sind nicht korrosiv	1.1.1. 1.1.3. 2.2.3.		
> 1 000°C	FH30				

Die Kurzzeichen der Flussmittel für Weichlote werden nach folgendem Schema gebildet (DIN EN 29454: 2016):

Flussmitteltyp	Flussmittelbasis	Flussmittelaktivator
1: Harz	1: Kolophonium (Harz) 2: ohne Kolophonium (Harz)	1: ohne Aktivator 2: mit Halogenen aktiviert[1]) 3: ohne Halogene aktiviert
2: organisch	1: wasserlöslich 2: nicht wasserlöslich	
3: anorganisch	1: Salze	1: mit Ammoniumchlorid 2: ohne Ammoniumchlorid
	2: Säuren	1: Phosphorsäure 2: andere Säuren
	3: alkalisch	1: Amine und/oder Ammoniak

[1]) Andere Aktivierungsmittel dürfen verwendet werden.

7 Sinterwerkstoffe

7.1 Herstellung

Sinterwerkstoffe entstehen bei der Herstellung von Formteilen durch pulvermetallurgische Verfahren. Die Einzelschritte dieses Verfahrens sind in der Regel:

Pulverherstellung → Pressen eines Rohlings aus Pulver → Sintern

Pulver ist ein Haufwerk von Teilchen mit kleinerem Durchmesser als 1 mm. Es wird durch Zerstäubungs- oder Verdüsungsverfahren, mechanische Zerkleinerung, Reduktionsverfahren oder elektrolytische Pulverabscheidung hergestellt. Dickere Teilchen als 1 mm werden Granulate, kleinere Kolloide genannt.

Pressen nennt man die Formgebung der Sinterkörper und Verdichtung des Pulvers durch Einpressen in Matrizen mit Pressdrücken von 200 MPa bis 600 MPa. Infolge Kaltverfestigung des Pulvers durch Versetzungsstau und Reibung zwischen Pulver und Matrize kann Pulver nicht zu völliger Dichte gepresst werden.

Die in ▶ Bild 1 a dargestellte Arbeitsweise wird als **koaxiales Pressen** bezeichnet. Die Herstellung von kompliziert geformten Presskörpern erfolgt durch **isostatisches Pressen**, d. h. durch allseitigen Pressdruck nach ▶ Bild 1 b. Dabei werden die gummielastischen Matrizen in einem Druckbehälter eingeschlossen und mit einer Druckflüssigkeit beaufschlagt.

Sintern nennt man das Glühen von Presskörpern bei Temperaturen, die dem 0,5- bis 0,95-fachen der Schmelztemperaturen der Ausgangswerkstoffe entsprechen. In der Regel verbinden sich dabei die Pulverteilchen durch einen der folgenden Vorgänge zu einem festen Gefügeverband, dem Sinterwerkstoff:

Bei einheitlichen Pulvern wachsen die Pulverteilchen an den Berührungsstellen durch Rekristallisation = Kornwachstum zusammen.

Nichteinheitliche Pulver enthalten Bindemittel. Diese werden flüssig und benetzen die Pulverteilchen; sie stellen den Zement dar, der die Pulverteilchen verbindet.

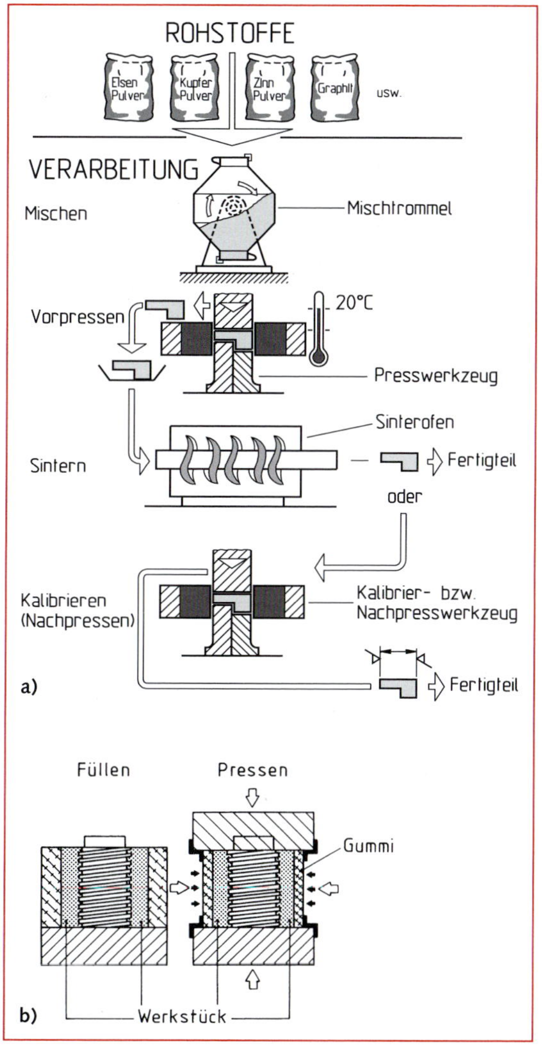

Bild 1 Pulvermetallurgische Verfahren zur Herstellung von Sinterkörpern
a) Mit koaxialem Pressen
b) Prinzip eines Werkzeuges aus gummielastischen und Stahlteilen zum isostatischen Pressen. Die Pfeile sollen den allseitigen Druck der Flüssigkeit andeuten.

In manchen Fällen folgen den bisher beschriebenen Arbeitsgängen noch das Kalibrieren auf höhere Maßgenauigkeit, Durchmesser bis IT 7, Längen bis IT 12, Verbesserung der Oberflächen und/oder Tränken des Porenraumes mit Schmierstoffen oder niedrigschmelzenden Metallen (z. B. Kupfer-Infiltration).

Sinterkörper haben nach allen Richtungen hin gleiche Eigenschaften (► S. 25).

Pulvermetallspritzguss

Ein weiteres Verfahren in der Sintertechnik ist der Pulvermetallspritzguss. Das zu verarbeitende Metallpulver wird mit einem thermoplastischen Kunststoff vermischt. Der Thermoplastanteil liegt zwischen 10 bis 35 %. Diese Mischung kann auf herkömmlichen, an den hohen Metallpulveranteil angepassten Kunststoffspritzgießmaschinen verarbeitet werden. Anschließend wird der Kunststoffanteil thermisch zersetzt und ausgetrieben sowie das Bauteil dichtgesintert. Dieses Verfahren verbindet die bekannten Vorteile des Kunststoffspritzgießens wie nahezu beliebige Formgestaltung, Hinterschneidungen, große Serien, kostengünstige Fertigung mit Vorteilen der Pulvermetallurgie, z. B. beliebige Werkstoffkombinationen, besonders Werkstoffqualitäten und isotrope Werkstoffeigenschaften. Die DIN EN ISO 22068: 2014 enthält Angaben zu Legierungszusammensetzungen, einzuhaltende Zugfestigkeits- und Dehngrenzenwerte sowie Mindestbruchdehnungen für niedriglegierte Stähle, niedriglegierte und wärmebehandelte Stähle, korrosionsbeständige Stähle, korrosionsbeständige und wärmebehandelte Stähle, weichmagnetische Werkstoffe und Titan. Weitere Werkstoffe sind Hartmetalle und Nickelsuperlegierungen.

7.2 Dichte und Kennzeichnung der Sinterwerkstoffe nach DIN 30910

Nach DIN 30910-1:1990 werden die Sinterwerkstoffe nach ihrer Raumerfüllung bzw. Porosität sowie nach der Werkstoffzusammensetzung gekennzeichnet. Beide gemeinsam bestimmen die Gebrauchseigenschaften und die möglichen Einsatzbereiche.

Die Kurznamen der Sintermetalle beginnen mit der der Silbe „Sint" gefolgt von ein oder zwei Großbuchstaben und zwei Ziffern. Die Großbuchstaben stehen für die Raumerfüllung bzw. Porosität, d. h. die Klasse des jeweiligen Sintermetalls (► Bild 1). Raumerfüllung und Porosität ergänzen sich immer zu 100 %.

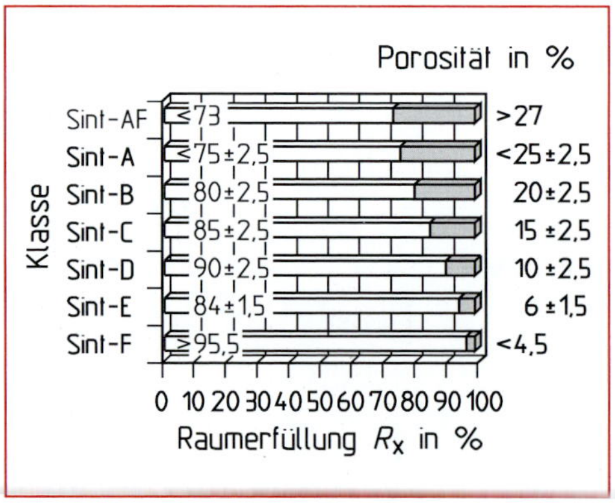

Anwendungen

Sint-AF:	Filter (DIN 30910-1:1990)
Sint-A:	Gleitlager (DIN 30910-3: 2004)
Sint-B:	Gleitlager und Formteile mit Gleiteigenschaften (DIN 30910-3: 2004)
Sint-C:	Gleitlager und Formteile (DIN 30910-3: 2004)
Sint-D:	Formteile (DIN 30910-4: 2010)
Sint-E:	Formteile (DIN 30910-4: 2010)
Sint-F:	sintergeschmiedete Formteile (DIN 30910-6:1990)

Die erste Ziffer hat folgende Bedeutung:

0 = Sintereisen oder Sinterstahl mit einem Massenanteil von 0 bis 1 % Kupfer, mit oder ohne Kohlenstoff

1 = Sinterstahl mit einem Massenanteil von 1 bis 5 % Kupfer, mit oder ohne Kohlenstoff

2 = Sinterstahl mit einem Massenanteil von mehr als 5 % Kupfer, mit oder ohne Kohlenstoff

3 = Sinterstahl mit oder ohne Kupfer bzw. Kohlenstoff, jedoch mit einem Massenanteil von höchstens 6 % anderer Legierungselemente, z. B. Ni

4 = Sinterstahl mit oder ohne Kupfer bzw. Kohlenstoff, jedoch mit einem Massenanteil von mehr als 6 % anderer Legierungselemente, z. B. Cr, Ni

5 = Sinterlegierung mit einem Massenanteil von mehr als 60 % Kupfer, z. B. Sinter-Bronze

6 = Sinterbuntmetalle, die nicht in Ziffer 5 enthalten sind
7 = Sinterleichtmetalle, z. B. Sinteraluminium
8 und 9 = Reserve

Die zweite Ziffer dient der weiteren Unterscheidung. Sie unterliegt keiner besonderen Systematik.

Sintermetalle für Filter (DIN 30910-2: 1990) werden grundsätzlich in der Klasse AF hergestellt. Die mit einem Bindestrich angehängten Ziffern kennzeichnen die Filterfeinheit, z. B. Sint AF40-80 = Filter aus rostfreiem Sinterstahl (4) mit einer Porosität von 80 (Wert ermittelt mit einem Durchflussmesser vor dem Filter).

Durch **Sinterschmieden** in geschlossenen Schmiedewerkzeugen nach dem Pressen und Sintern erhalten Sinterkörper nahezu die Dichte der massiven Werkstoffe.

7.3 Anwendungsgebiete für Sinterwerkstoffe

Sinterwerkstoffe sind heute in allen Bereichen der Technik gebräuchlich. Anfänglich wurden Sinterteile überwiegend als Filter eingesetzt. Bei diesen hat der gesamte Porenraum Verbindung zur Oberfläche (offene Porosität). Gleitlager werden meist aus Bronzen hergestellt, die an sich schon niedrige Reibwerte haben. Die porösen Lagerwerkstoffe werden nach dem Sintern mit flüssigen Schmierstoffen getränkt, wodurch die Gleiteigenschaften noch weiter verbessert werden. Sinterformteile mit Porositäten zwischen 6 bis 10 % zeichnen sich durch eine gegenüber massiven Metallen deutlich bessere Schwingungsdämpfung aus, so dass die Geräuschentwicklung infolge Eigenschwingungen geringer ist. Für den Leichtbau bieten Sinterwerkstoffe aufgrund der geringeren Dichte Möglichkeiten zur Gewichtseinsparung.

Ein besonderer Vorteil der Sintermetalle besteht darin, dass auch Legierungen hergestellt werden können, die schmelzmetallurgisch nicht üblich oder nicht machbar sind. Letzteres gilt insbesondere für Formteile aus hochschmelzenden Metallen, z. B. Wolfram, Tantal und Molybdän.

Auch bei Werkzeugwerkstoffen mit hohen Anteilen an harten Phasen wie Wolframkarbid, Titankarbid, Tantalkarbid und Niobkarbid (Hartmetalle) sowie bei oxidkeramischen und nichtoxidkeramischen Schneidstoffen (Schneidkeramik) ist die pulvermetallurgische Herstellung heute ein gängiges Verfahren (▶ S. 181 ff.).

Die ▶ Bilder 1 bis 3 zeigen einige Beispiele für Sinterteile.

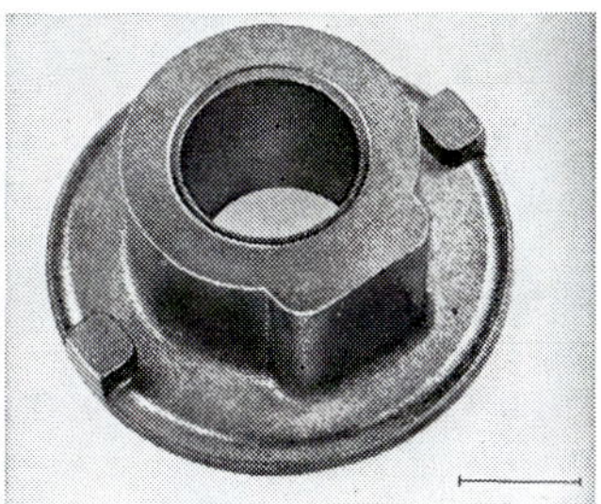

Bild 1 Teil einer Kupplung aus Sinterstahl
├──┤ = 10 mm

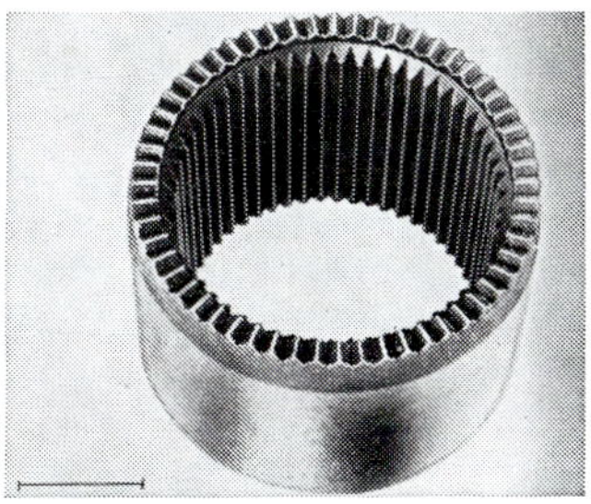

Bild 2 Hülse aus CuSn (Zinnbronze)

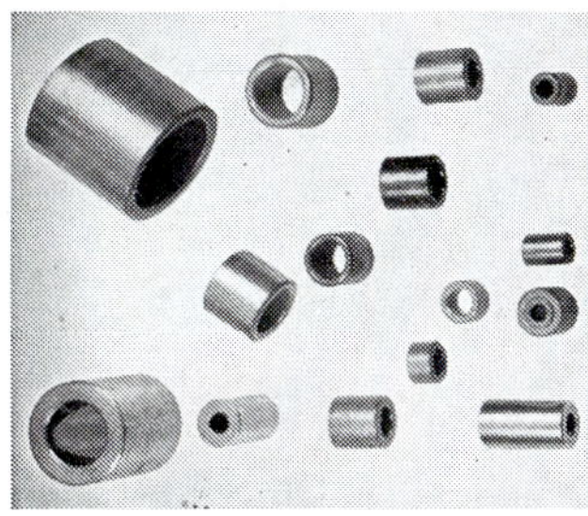

Bild 3 Halbzeuge aus verschiedenen Metallen

Aufgaben:

1. Beschreiben Sie die Schritte zur Herstellung von gesinterten Teilen.
2. Nennen Sie die verschiedenen Arten des Pulverpressens.
3. Was versteht man unter Sintern?
4. Wodurch verbinden sich die Pulverteilchen zu festen Körpern bei
   a) einheitlichen,
   b) nichteinheitlichen Pulvern?
5. Wie werden die Sinterwerkstoffe gekennzeichnet?
6. Nennen Sie einige wichtige Anwendungsbereiche von gesinterten Werkstoffen/Bauteilen.

8 Nichtmetallische, organische Werkstoffe

8.1 Polymerwerkstoffe (Kunststoffe)

8.1.1 Begriffe

Anorganische Stoffe sind kohlenstofffreie Verbindungen sowie einfache, mineralische Kohlenstoffverbindungen, z. B. Fe_3C.

Organische Stoffe sind (meist hochmolekulare) Kohlenstoffverbindungen.

Polymerwerkstoffe oder Plaste sind vorwiegend organische Stoffe.

Man unterscheidet niedermolekulare und makromolekulare Stoffe.

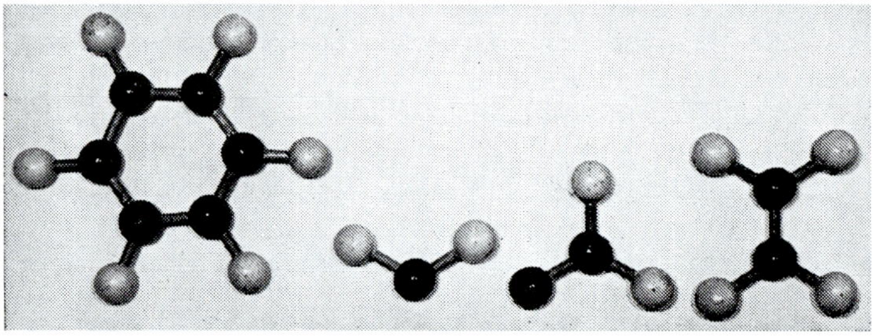

Bild 1 Niedermolekulare Stoffe

Niedermolekulare Stoffe bestehen aus kleinen Molekülen.

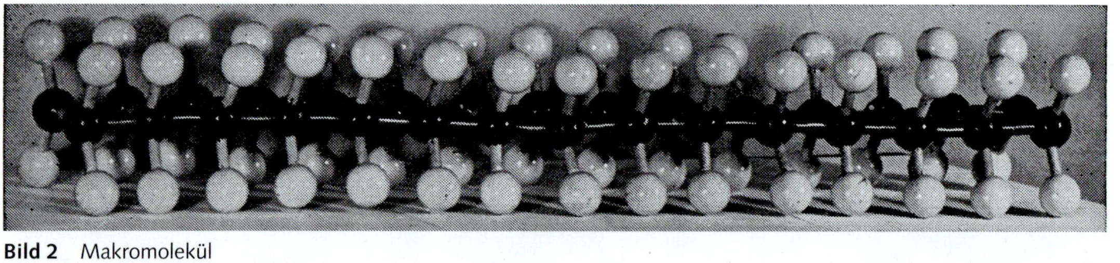

Bild 2 Makromolekül

Makromolekulare Stoffe, auch hochmolekulare oder hochpolymere Stoffe, sind aus sehr vielen, gleichen oder ähnlichen, ungesättigten niedermolekularen Stoffen, sog. **Monomeren**, zusammengesetzt.

Kunststoffe oder Plaste sind makromolekulare Stoffe.

Die Größe der Makromoleküle ist durch die Anzahl ihrer Monomere, den sog. *Polymerisationsgrad* gekennzeichnet. Molekülmasse = 8000 bis 300000 = Polymerisationsgrad mal Molekülmasse der Monomeren. Die Molekülmasse ergibt sich durch Addition der Massen der darin enthaltenen Atome.

Anmerkung: H. Staudinger, 1881 bis 1965, Freiburg, erforschte Substanzen, deren Moleküle aus vielen tausend Atomen zusammengesetzt sind. Er nannte diese Moleküle Makromoleküle. Seine Arbeiten bildeten die Grundlage für die Entwicklung der Kunststoffchemie und der modernen Molekularbiologie.

8.1.2 Herstellung von Polymerwerkstoffen

Die Herstellung der Kunststoffe erfolgt:

1. **durch Umwandlung** von makromolekularen Naturstoffen,
2. **vollsynthetisch** aus Monomeren, die unter dem Einfluss von Katalysatoren in Makromoleküle = Polymere übergehen.

Rohstoffe für die umgewandelten Naturstoffe sind Cellulose, Eiweiß, Naturkautschuk und Naturharze, für die vollsynthetischen Polymerwerkstoffe Erdölprodukte (Petrochemie).

Umwandlung von makromolekularen Naturstoffen

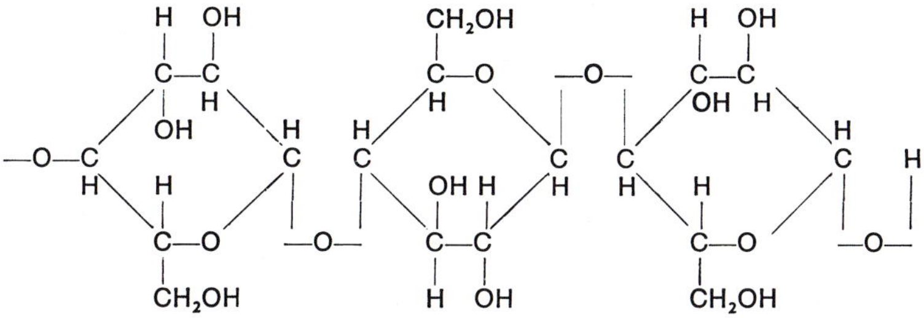

Aufbau der Cellulose

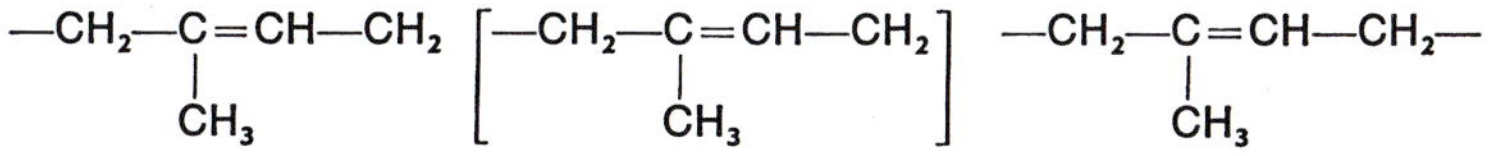

Bild 1 Aufbau des Naturkautschuks

Reaktionsfähige Gruppen in den Makromolekülen der Naturstoffe, z. B. die Hydroxylgruppen = (OH)-Gruppen in der Cellulose und die Doppelbindungen im Naturkautschuk ermöglichen die chemische Umwandlung dieser Stoffe.

Chemische Reaktionen für die vollsynthetische Herstellung von Polymerwerkstoffen

1. Polykondensation: mehrfach auftretende Kondensation

Polykondensation ist die Verknüpfung gleicher oder verschiedenartiger Moleküle unter Abspaltung eines niedermolekularen Stoffes.

Einfaches chemisches Beispiel:

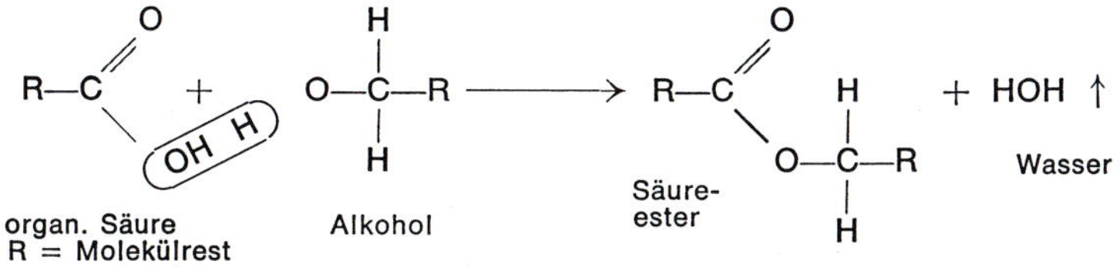

Beispiele: Harnstoff-, Melamin- und Phenolharze

2. Polymerisation

Polymerisation ist die Verknüpfung von Monomeren durch Auflösung von Kohlenstoff-Doppel- oder Dreifachbindungen.

Einfaches chemisches Beispiel:

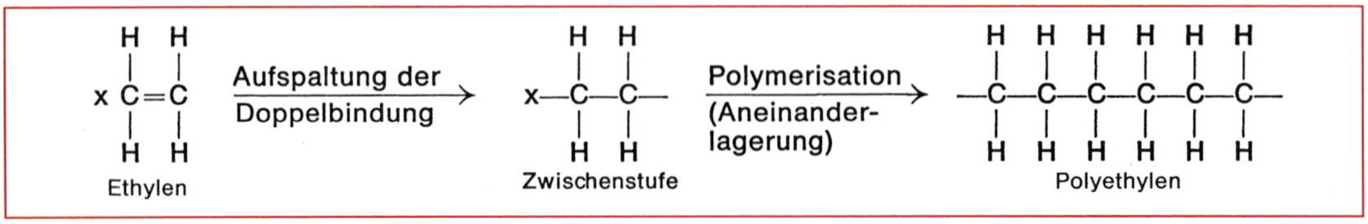

Die Reaktion beruht auf der reaktionsfreudigen Kohlenstoff-Kohlenstoff-Doppelbindung C=C. Es ist eine reine Anlagerungsreaktion ohne Bildung von Spaltprodukten.

Beispiel: Monomere

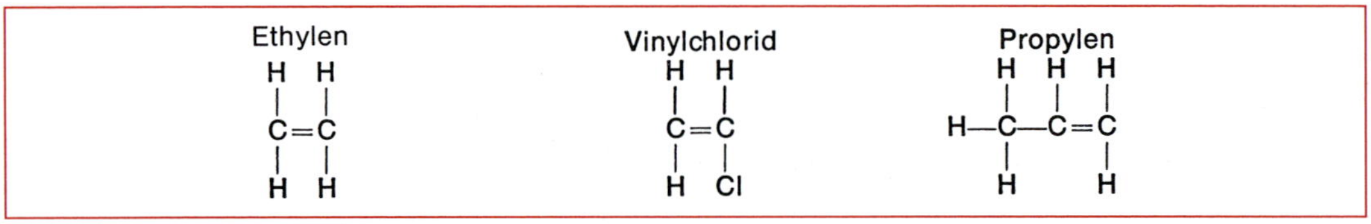

Mischpolymerisation. Die Mischung verschiedener Ausgangsmaterialien mit derartigen ungesättigten, reaktionsfreudigen Doppelbindungen führt zu Mischpolymerisationen, auch **Copolymere** genannt.

3. Polyaddition

Polyaddition ist die Verknüpfung gleicher oder verschiedenartiger Moleküle ohne Abspaltung eines Nebenproduktes.

Einfaches chemisches Beispiel:

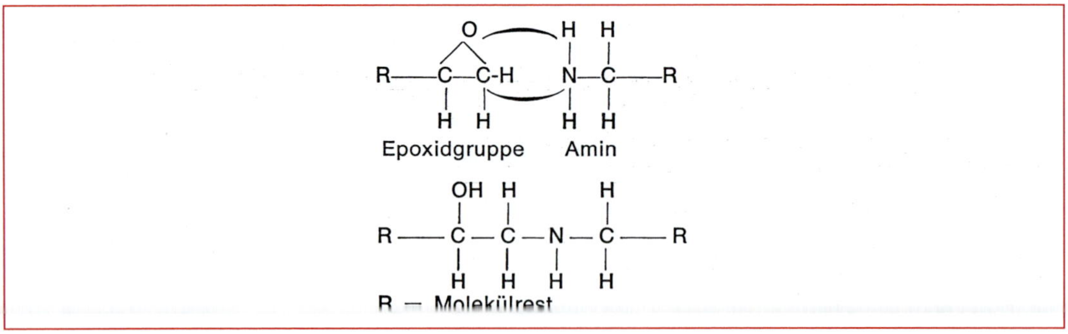

Mit Amin gehärtetes Epoxidharz, Zwischenstufe. Das negative H kann mit weiteren Epoxidgruppen reagieren, sodass ein Körper entsteht.

Es ist eine Anlagerung eines Wasserstoffatoms des einen Ausgangsproduktes an das andere Ausgangsmaterial, im chemischen Beispiel ermöglicht durch Aufspaltung der 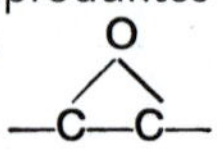 Gruppe.

Außer Kohlenstoff kann Silizium über Sauerstoffbrücken Makromoleküle bilden. Dadurch entstehen Silicate und Silicone.

Zwischenmolekulare Bindungen

Die Bindungen der Atome innerhalb der Moleküle nennt man Primärbindungen, die gegenseitigen Bindungen der Moleküle Sekundärbindungen. Die Primärbindungen sind wesentlich stärker als die Sekundärbindungen.

Die Sekundärbindungen bestimmen im Allgemeinen das mechanische Verhalten der Polymerwerkstoffe.

Die Sekundärbindungen beruhen auf folgenden Anziehungskräften:

Van der Waalssche Anziehungskräfte sind die in allen Stoffen wirkenden Anziehungskräfte zwischen den Molekülen. Sie wirken nur über kurze Entfernungen und sind nicht temperaturabhängig.

Dipol-Orientierungskräfte verstärken die Anziehung, wenn die Makromoleküle Dipole enthalten. Sie wirken über größere Entfernungen und sind temperaturabhängig.

Induktionskräfte entstehen durch Feldwirkung der Dipole und sind nicht temperaturabhängig.

Wasserstoffbrücken sind starke Molekülverbindungen durch Wasserstoffatome. Sie treten auf, wenn die Makromoleküle leicht gebundenen Wasserstoff enthalten.

Die mechanische Festigkeit der Polymerwerkstoffe nimmt mit der Stärke der Sekundärbindungen zu, d.h. mit der Größe der Makromoleküle (= Molekülmasse) und ihrer Ordnung (Berührungsfläche), mit der Polarität und Kristallinität, ▶ Bild 1, und mit dem Grad der Molekülvermetzung durch Primärbindungen.

8.1.3 Einteilungsmöglichkeiten der Polymerwerkstoffe

Einteilung nach den Ausgangsstoffen: Umgewandelte Naturstoffe und vollsynthetische Polymerwerkstoffe.

Einteilung nach der chemischen Zusammensetzung

C-Polymerwerkstoffe	Kohlenstoff, Wasserstoff	Polyethylen
CO-Polymerwerkstoffe	Kohlenstoff, Wasserstoff, Sauerstoff	Phenoplaste
CN-Polymerwerkstoffe	Kohlenstoff, Wasserstoff, Sauerstoff, Stickstoff	Polyamide
CS-Polymerwerkstoffe	Kohlenstoff, Wasserstoff, Sauerstoff, Stickstoff, Schwefel	Thioplaste
SIO-Polymerwerkstoffe	Silizium, Sauerstoff als Hauptkette und Kohlenstoff, Wasserstoff, Sauerstoff	Silicone

Einteilung nach der Bildungsreaktion: Polymerisate, Polykondensate, Polyaddukte, umgewandelte Naturstoffe.

Technologische Einteilung

Die Einteilung der Polymerwerkstoffe aufgrund ihres mechanisch-thermischen Verhaltens erfolgt in *Thermoplaste oder Plastomere, Duroplaste oder Duromere und Elaste oder Elastomere*.

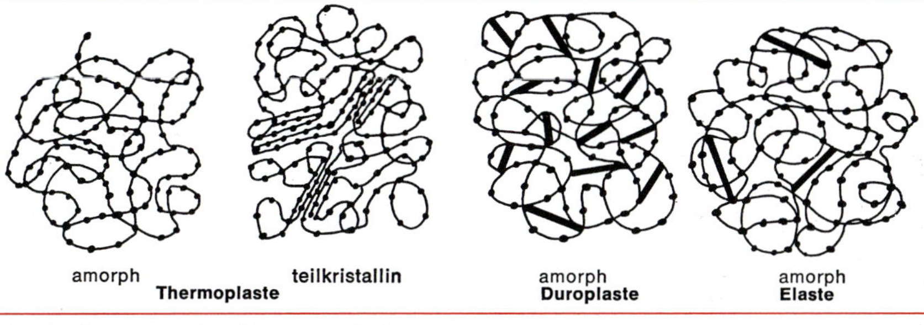

Bild 1 Struktur der Polymerwerkstoffe, schematisch

Thermoplaste oder Plastomere

Polymerwerkstoffe aus langen Fadenmolekülen, die ineinander verfilzt und verknäuelt sind, aber keine zwischenmolekularen Bindungen haben, werden Thermoplaste oder Plastomere genannt (▶ Bild 1 S. 199).

Die Fadenmoleküle sind durch *Kohäsions-* und *Adhäsionskräfte* miteinander verbunden, eine *chemische Verbindung* zwischen den Fadenmolekülen besteht nicht. Durch *Erwärmung* verringern sich die Kohäsions- und Adhäsionskräfte. Dadurch werden die Molekülfäden gegeneinander beweglich, sie können voneinander gelöst werden; der Kunststoff wird weich und verformbar. Bei zu hoher Erwärmung lösen sich die Fadenmoleküle auf, der Polymerwerkstoff wird zerstört.

Amorphe Thermoplaste, ▶ Bild 1 S. 199, sind bei Raumtemperatur meist glasartig, hart und spröde. Durch Recken in Wärme werden die Fadenmoleküle in Zugrichtung orientiert; der Kunststoff wird dadurch zähelastisch.

Teilkristalline Thermoplaste. Streckenweise verlaufen die Fadenmoleküle parallel und besetzen die Gitterpunkte eines Kristallgitters. Die kristallinen Bereiche weisen eine erhöhte Bindung der Einzelfäden untereinander auf. Polymerwerkstoffe dieser Art sind hornartig zäh und widerstandsfähig gegen Wechselbeanspruchungen (▶ Bild 1 S. 199).

Thermoplaste sind durch Temperaturerhöhung mehrfach plastisch verformbar.

Duroplaste oder Duromere

Polymerwerkstoffe aus räumlich eng vernetzten Makromolekülen werden Duroplaste oder Kunstharze genannt.

Diese Polymerwerkstoffe bestehen in der Regel aus einem Harz und einem Härter. Werden die beiden Komponenten vermischt, tritt die Vernetzungsreaktion ein: Zwischen den Makromolekülen bilden sich sehr viele Querverbindungen (▶ Bild 1 S. 199), die weder durch Wärme noch durch chemische Lösungsmittel gelöst werden können, ohne dass die Makromoleküle selbst zerstört werden. Durch diese Querverbindungen können die Makromoleküle nicht mehr gegeneinander abgleiten, der Duroplast ist nicht mehr plastisch verformbar. Die Vernetzungsreaktion kann durch Wärmezufuhr und Druck beschleunigt werden.

Duroplaste sind nach dem Aushärten auch durch Temperaturerhöhung nicht mehr plastisch verformbar.

Elaste oder Elastomere

Elastomere sind Polymerwerkstoffe aus räumlich lose vernetzten Makromolekülen (▶ Bild 1 S. 199).

Die Schwefelbrücken (z. B. bei der Vulkanisation des Kautschuks zu Gummi) bilden Festpunkte. Bei Beanspruchung durch äußere Kräfte gleiten die verknäuelten Molekülkettenteile zwischen den Festpunkten aneinander ab und gehen nach erfolgter Entlastung in ihre ursprüngliche Lage zurück.

Die Vernetzung der makromolekularen Vorprodukte erfolgt bei der Formgebung.

Elastomere sind nach der Vulkanisation auch durch Erwärmung nicht mehr plastisch verformbar. Sie sind bei tiefen Temperaturen hartelastisch, bei Raumtemperatur und höheren Temperaturen gummielastisch.

8.1.4 Verarbeitung der Polymerwerkstoffe

Thermoplaste (Plastomere)

Thermoplaste können im plastischen Zustand, aus Lösungen, durch Warmformen, Schweißen und spanabhebend verarbeitet werden.

Verarbeitung im plastischen Zustand

Extrudieren = *Strangpressen* mit Schneckenpressen zu Stangen, Platten und Rohren.

Kalandrieren = Walzen zu 0,1 mm bis 0,5 mm dicken Folien.

Aufblasen von Rohren mit Wanddicken von 0,02 mm bis 0,2 mm, die aufgeschnitten als Folien verwendet werden.

Spritzgießen in Formen zu Formteilen.

Schmelzspinnen = Pressen durch Düsen mit feinen Bohrungen zu Fäden.

Verarbeitung aus Lösungen

Lösungen, Emulsionen und Pasten werden als Anstrichstoffe, Bindemittel und Klebstoffe verwendet.

Nass- und Trockenspinnen zu Fasern. Die Lösung wird durch Düsen in ein Fällbad oder gegen einen Luftstrom gepresst.

Verarbeitung durch Warmformen

Halbzeuge oder Formteile werden durch Erhitzen in den gummielastischen Zustand gebracht und dann von Hand verformt oder durch Stempel, Saug- oder Druckluft in Formen gepresst.

Schweißen

Die zu verbindenden Stellen werden mit einer elektrischen Induktionsheizung (Heizelementschweißen), mit heißer Druckluft (Warmgasschweißen), durch Reibung (Reibungs- oder Hochfrequenzschweißen) oder Licht- oder Laserstrahlung (Strahlungsschweißen) erhitzt und durch Druck miteinander verschweißt.

Duroplaste (Duromere)

Duroplaste werden als niedermolekulare Vorprodukte durch Formpressen, Spritzpressen und Gießen, als Formteile nur spanabhebend bearbeitet.

Formpressen

Pulverförmige oder tablettierte Polymerwerkstoff/Füllstoff-Mischungen, sog. *Pressmassen*, werden in beheizte Formen gepresst.

Spritzpressen

Heiße Pressmassen werden durch Düsen in Formen gepresst.

Gießen

Flüssige Harze (Gießharze) werden zunächst mit Härter vermischt und anschließend in Formen gegossen.

Nach dem Aushärten können Duroplaste nicht mehr plastisch verformt und geschweißt werden. Dagegen sind sie gut zu kleben und zu zerspanen.

Elaste (Elastomere)

Elastomere werden in Vulkanisierpressen oder -öfen durch Druck und Wärme geformt und dabei gleichzeitig vernetzt. Sie sind nach der Vernetzung nicht mehr plastisch verformbar und schweißbar, können jedoch zerspant und geklebt werden.

Hilfsstoffe für die Verarbeitung

Eingeknetet oder den Lösungen beigemischt werden:

Weichmacher zur Herabsetzung von Sprödigkeit und Härte, *Füllstoffe* als Streckmittel (Verbilligung) und zur Verfestigung, *Treibmittel* zur Herstellung von Aufschäumungen, *Alterungs- und Lichtschutzmittel, Farbstoffe, Vulkanisationsmittel*, z. B. Schwefel.

8.1.5 Die wichtigsten Polymerwerkstoffe

Abgewandelte Naturstoffe

Polymerwerkstoffe aus Cellulose

Ausgangswerkstoff: aus Holz- oder Baumwoll-Linters hergestellter Zellstoff = Zell-OH.

Der infolge hoher Kristallinität starke Zusammenhalt der Cellulose-Kettenmoleküle wird durch Umwandlungsreaktionen an den OH-Gruppen verringert. Dadurch entstehen Hydratcellulose, Celluloseester- und Celluloseetherprodukte.

Hydratcellulose entsteht durch Quellungs- oder Lösungsvorgänge bewirkte Veränderung der Cellulose-Kristallgitter. Hydratcelluloseprodukte sind:

Papier, das durch Wasseranlagerung an den OH-Gruppen entsteht. Der wässrige Faserbrei kann gefärbt und mit Holzmehl gestreckt werden.

Pergamentpapier entsteht durch Tränken von Papier in Schwefelsäure mit nachfolgendem Waschen.

Vulkanfiber wird aus Papierbahnen hergestellt, die mit Zinkchloridlösung behandelt und aufeinander gepresst werden.

Eigenschaften: zäh und hygroskopisch, in Feuchtigkeit gehen elektr. Isolierfähigkeit und Formbeständigkeit zurück.

Verarbeitung: spanabhebend.

Viscose-Folien, Zellglas. Die Herstellung erfolgt durch Behandlung von Cellulose mit Natronlauge und Schwefelkohlenstoff in mehreren Stufen.

Eigenschaften: glasklar, undurchlässig für nichtwässrige Stoffe.

Celluloseester entsteht durch Veresterung der Cellulose. Die Kettenmoleküle der Cellulose werden dabei verkürzt. Durch verschiedene Arten der Veresterung und unterschiedlichen Veresterungsgrad entstehen Schießbaumwolle, Nitrolacke, Klebstoffe, Celluloid.

Celluloid ist der älteste thermoplastische Kunststoff. 1856 wurde es erstmals aus Cellulosenitrat und Campher hergestellt.

Eigenschaften: glasklar, elastisch, leicht brennbar, beständig gegen Wasser, Benzin und verd. Säuren und Laugen.

Verarbeitung: spanabhebend, Spritzguss, Strangpressen, thermoplastisch.

Celluloseether entsteht durch Veretherung der Cellulose.

Produkte: Filme, Klebstoffe, Formteile (Spritzguss) u. a.

Polymerwerkstoffe aus Proteinen = Eiweißstoffen

Ausgangswerkstoffe: Milcheiweiß (Casein), Fisch-, Erdnuss- und Maiseiweiß.

Das Eiweiß wird nach der Formgebung in Bädern zu Harzen und Faserstoffen vernetzt.

Kunsthorn. Handelsnamen: Ergolith, Galalith, Idealith u. a.

Eigenschaften: geruch- und geschmacklos, zäh, hart, gegen Fette, Öle und verd. Säuren beständig.

Verarbeitung: bieg-, präg- und klebbar, spanabhebend bearbeitbar.

Thermoplastische Polymerwerkstoffe

Polyethylen. Handelsnamen: Hostalen, Vestolen, Lupolen u. a.

Kostengünstiger und viel verwendeter Polymerwerkstoff.

Ausgangsstoff: Ethylen, $CH_2{=}CH_2$ ungesättigter Kohlenwasserstoff.

Herstellung: Die von allen Polymerwerkstoffen einfachste Polymerisation kann nach verschiedenen Verfahren erfolgen.

$x\ CH_2 = CH_2 \rightarrow -CH_2-CH_2-CH_2-CH_2-CH_2-CH_2-CH_2-CH_2- \ldots$

Eigenschaften: wachsartige Oberfläche, geringe Wasseraufnahme, Quellung in Hitze und Fett, beständig gegen verdünnte Säuren und Laugen, Zugfestigkeit 8 ... 28 MPa, Beginn der Erweichung 80 °C ... 120 °C.

Bearbeitung: spanabhebend, kann geschweißt, nicht geklebt werden.

Verwendung: Behälter für Haushalt, Wasserleitungen, Schläuche, Flaschen u. a.

Polystyrol. Handelsnamen: Polystyrol, Trolitul, Vestyron, Styroflex u. a.

Ausgangsstoff: Styrol

Herstellung: Polymerisation nach verschiedenen Methoden.

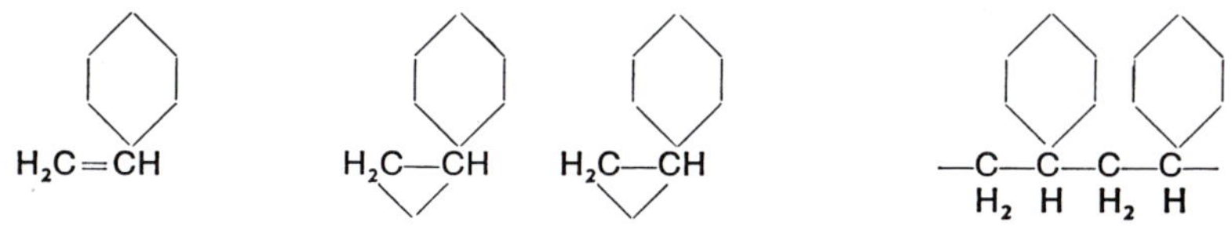

Styrol — die Doppelbindungen richten sich auf — und verknüpfen die Ethylkohlenstoffatome zu einer vielgliedrigen Kette.

Eigenschaften: glasklar und farbig. Oberfläche glänzend, hart, spröde, Erweichung bei 80 °C, Zugfestigkeit 50 ... 75 MPa, Wärmedehnung 5 bis 6-mal größer als Stahl, sehr gute elektr. Eigenschaften. Durch Copolymerisation mit anderen Monomeren werden die Eigenschaften verändert, z. B. geringe Sprödigkeit.

Bearbeitung: spanabhebend, kleb- und schweißbar.

Geschäumtes Polystyrol, Handelsnamen: Styropor, Styroform u. a. wird mit Treibmittel und durch Erhitzen unter 20–50-facher Volumenvergrößerung hergestellt.

Verwendung: Wärme- und Schallisoliermittel, Schwimmkörper, Verpackungsbehälter.

Polyvinylchlorid, PVC. Handelsnamen: Hostalit, Ekavin, Pervilit, Vestolt, Vinnol, Vinoflex.

Ausgangsstoff: Vinylchlorid

Herstellung: Polymerisation nach verschiedenen Methoden.

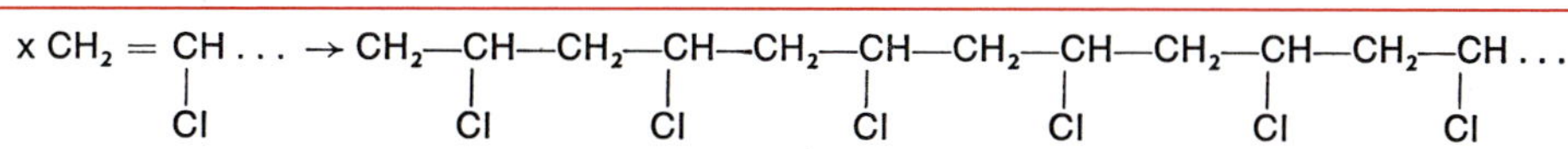

Eigenschaften: Die PVC-Eigenschaften sind durch unterschiedlichen Polymerisationsgrad und durch Weichmacher leicht variierbar.

Hart-PVC (ohne Weichmacher): Zugfestigkeit 30 MPa … 50 MPa, Erweichungstemperatur 50 °C … 60 °C.

Weich-PVC, 20 % (mit 20 % Weichmacher): Zugfestigkeit 10 MPa … 18 MPa, Erweichungstemperatur 40 °C … 50 °C, hartlederartig.

Technische Chemiefasern

Das im Bild als Schlangenlinie dargestellte Kettenmolekül ist das Grundelement der Faserchemie, jedoch ergeben Kettenmoleküle allein noch keine Fasern.

Polyesterfasern bestehen aus Aromatringen (Benzolringen), die durch Kettenmoleküle miteinander verbunden sind.

Polyamidfasern erreichen durch Bindungen zwischen den Kettenmolekülen höhere Festigkeit, z. B. **Nylonfasern**.

Verwendung: Seile und Zugelemente mit geringer Masse.

Aromatische Polyamidfasern, kurz **Aramidfasern**, z. B. **Kevlar 49 Fasern**, bestehen aus Kettenringen und erreichen durch Zwischenverbindungen der Ketten eine sehr hohe Festigkeit.

Verwendung: Herstellung von Faserverbundwerkstoffen. Da Kevlar 49 im Meerwasser weder sinkt noch korrodiert und im Temperaturbereich von –196 … 180 °C eine große Reißlänge besitzt, werden Seile aus Kevlar 49 in der Meerestechnik in zunehmendem Umfang verwendet.

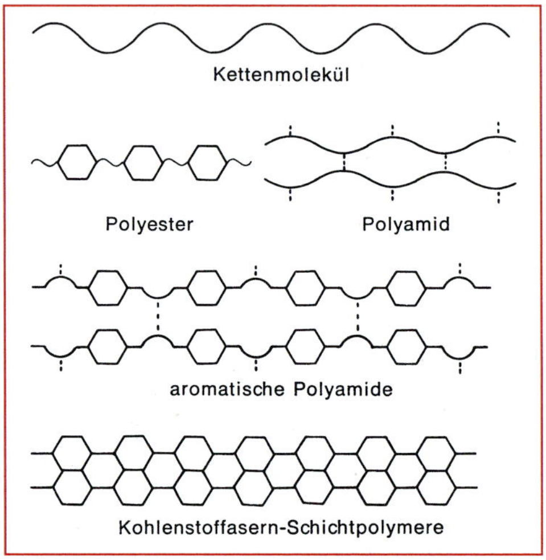

Bild 1 Entwicklungsstufen der technischen Chemiefasern

Eigenschaften verschiedener Fasern

	Kevlar 49	Nylon 728	Graphit	Glas	Bor
Zugfestigkeit in MPa	3500	1300	2000 … 2500	120 … 2460	3000
E-Modul in MPa	134000	6350	270000	7000	390000
Bruchdehnung in %	2,6	19	1	4	1
Dichte in $\frac{kg}{dm^3}$	1,45	1,77	2,2	2,6	2,3

Acrylglas. Handelsnamen: Plexiglas, Plexigum, Plextol, Resartglas u. a.

Eigenschaften: glasklar und beliebige Farben, bruch- und standfest, witterungsbeständig, formbeständig bis etwa 90 °C, sehr gute Lichtdurchlässigkeit.

Bearbeitung: spanabhebend, kleb- und schweißbar; die Warmverformung kann bei 130 °C beliebig oft wiederholt werden.

Verwendung: in großem Umfang 1. als Sicherheitsglas (nicht splitternd), 2. wegen seiner leichten Bearbeitbarkeit und seiner glänzenden Oberfläche für dekorativ wirkende Gebrauchsgegenstände aller Art.

Fluorpolymerwerkstoff Polytetrafluorethylen, kurz: PTFE

Eigenschaften: PTFE hat zwischen –90 °C und +260 °C vorzügliche Gleiteigenschaften, eine Härte von 320 HB und eine Zugfestigkeit von 15 MPa … 35 MPa, gute elektrische Eigenschaften, eine fast universelle chemische Beständigkeit und keine Wasseraufnahmefähigkeit. Diese ungewöhnlichen Eigenschaften sind durch die Molekularstruktur des PTFE bedingt: die C-F-Verbindungen gehören zu den festesten der organischen Chemie und die Fluoratome bilden infolge ihres großen Durchmessers eine dichte Schutzschicht um die Kohlenstoffkette.

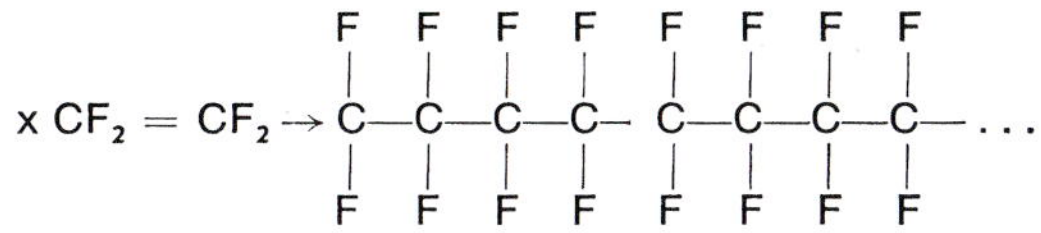

Bearbeitung: Obwohl PTFE zu den Thermoplasten gehört, ist seine thermoplastische Verarbeitung nicht möglich, die Formgebung erfolgt durch Sintern.

Verwendung: Trockengleitlager, Dichtungen, Isolierkörper in der Elektrotechnik.

ETFE, Schmelzpunkt 270 °C, und *PFA*, Schmelzpunkt 305 °C, sind schmelz- und thermoplastisch verarbeitbare Fluorpolymerwerkstoffe. Ihre Verarbeitung ist bei Temperaturen von ETFE = 360 °C und PFA = 400 °C möglich. Sie können spritzgegossen, spritzgepresst, gewöhnlich verpresst und extrudiert werden. Gegenüber PTFE haben diese jüngsten Entwicklungen der Fluorpolymerwerkstoffe etwas verminderte Reibungseigenschaften.

Duroplaste (Duromere)

Duroplaste = *Kunstharze* werden als niedermolekulare Vorprodukte in den Handel gebracht. Ihre Härtung erfolgt während oder nach der Formgebung durch Vernetzung der Moleküle, sodass die fertigen Formstücke praktisch aus einem einzigen Kunstharzmolekül bestehen.

Nach der Verarbeitung unterscheidet man:

Pressmassen, Gießharze, faserverstärkte Harze

Pressmassen sind mit Füllstoffen (Holzmehl, Gesteinsmehl, Textilfasern) gemischte *Phenolharze, Harnstoffharze* oder *Melaminharze*. Die Füllstoffe dienen zur Verbilligung und Erhöhung der Steifigkeit der Formteile. Die Pressmasse wird in Stahlformen bis 140 °C ... 170 °C mit einem Druck von 150 bar geformt und gehärtet.

Schichtstoffe für elektr. Isolierungen, Hartpapier, Hartgewebe entstehen durch Aufeinanderpressen von in Phenolharz getränkten Bahnen.

Hartfaserplatten sind gepresster Holzfaser-Phenolharzbrei.

Gießharze werden in offenen Formen gegossen. Ihre Härtung erfolgt durch das vor dem Vergießen beigegebene Härtungsmittel ohne Druck. Verwendet werden:

Epoxidharze. Handelsnamen: Araldit, Lekutherm, Epoxin u. a.

Ungesättigte Polyester. Handelsnamen: Palatal, Leguval, Dobekam u. a.

Siliconharze

Verwendung: Laminate, Gießereimodelle, Elektrotechnik, Modelle für spannungsoptische Untersuchungen.

Elaste (Elastomere)

Elastomere sind Kautschuke und darüber hinaus alle vernetzten Hochpolymere mit gummielastischen Eigenschaften.

Kautschuke werden Hochpolymere genannt, die durch *Vulkanisation* in den gummielastischen Zustand verändert werden können, gleich ob es sich um Natur- oder Synthesekautschuk handelt.

Gummi und Vulkanisat sind gleichbedeutende Bezeichnungen für vulkanisierten Kautschuk.

Einfaches Beispiel für Vulkanisation, d. h. Vermetzung von Kettenpolymeren mit Schwefel:

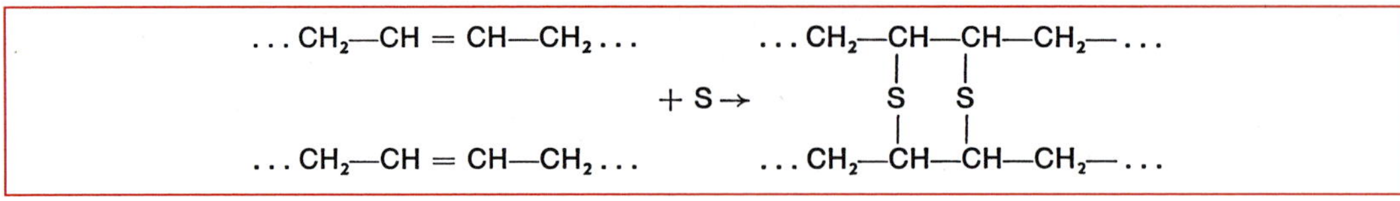

Aufhebung der Doppelbindungen und Bildung von S-Brücken

Vor der Vulkanisation werden die Rohpolymerisate = Kettenpolymere durch Oxidation im Ofen, sog. *Mastikation*, verkleinert, mit Beimengungen gemischt und formgebend verarbeitet. Bei Naturkautschuk erfolgt die Mastikation durch mechanisches Zerreißen der Molekülketten.

Beimengungen: Verstärker (Ruß, Bariumsulfat u. a.), Füllstoffe (Kreide, Kieselgur, Hartgummistaub), Farbstoffe, Alterungs- und Lichtschutzmittel.

Die Vulkanisate sind nicht mehr plastisch formbar und nicht schweißbar.

Verwendung: Dichtungen für Maschinenbau und Automobile, gummielastische Elemente zur Lagerung und Schwingungsdämpfung von Maschinen und Motoren, Förderbänder, Reifen für Fahrzeuge u. a.

Autoreifen bestehen aus drei Schichten: Karkasse = vulkanisationsfähige Schicht auf dem Gewebe, Puffer = hochelastische Zwischenschicht und der besonders abriebfesten Lauffläche.

Beispiele für gummielastische Werkstoffe

Chemische Bezeichnung der Basispolymere	Kurzbezeichnung nach DIN ISO 1629: 2015
Acrylat-Kautschuk	ACM
Chlorsulfoniertes Polyethylen	CSM
Ethylen-Propylen-Copolymer	EPM
Fluor-Kautschuk	FKM
Silicon-Kautschuk	VMQ
Fluor-Silicon-Kautschuk	FVMQ

Chemische Bezeichnung der Basispolymere	Kurzbezeichnung nach DIN ISO 1629: 2015
Butadien-Kautschuk	BR
Chloropren-Kautschuk	CR
Acrylnitril-Butadien-Kautschuk	NBR
Naturkautschuk	NR
Styrol-Butadien-Kautschuk	SBR
Polyesterurethan	AU

8.1.6 Zustände und Übergangsbereiche der Polymerwerkstoffe

Je nach ihrer Struktur und Temperatur sind Polymerwerkstoffe hartelastisch-zäh oder spröde, weichelastisch (gummielastisch) oder plastisch-fließend (teigig).

Während die Duroplaste bis zu ihrer Zersetzung im hartelastisch-spröden Zustand bleiben, durchlaufen die Thermoplaste und Elastomere bei entsprechender Temperaturänderung alle drei Zustände. Dabei erfolgt der Übergang von einem Zustand zum anderen innerhalb eines mehr oder weniger großen Temperaturbereiches:

hartelastisch ↔ weichelastisch

Einfrier- bzw. Erweichungstemperaturbereich ET (untere Grenze = Glastemperatur):

weichelastisch ↔ plastisch

Fließtemperaturbereich FT für amorphe, Kristallisationstemperaturbereich KT für teilkristalline Thermoplaste.

Der hartelastisch-spröde Zustand tritt bei Duroplasten und amorphen Thermoplasten auf.

Der hartelastisch-zähe Zustand tritt bei teilkristallinen Thermoplasten und Polymerwerkstoffen mit orientierten Molekülketten auf.

Im Einfrier- oder Erweichungstemperaturbereich erfolgt der Übergang vom hartelastischen zum weichelastischen Zustand. In einem Temperaturbereich von 30 °C ... 50 °C werden die Kräfte der Sekundärbindungen durch Wärmebewegungen so weit überwunden, dass die Makromoleküle gegeneinander beweglich werden: die Molekülketten tauen auf, die Formbeständigkeit der Polymerwerkstoffkörper lässt nach.

Einfrier- oder Erweichungsbereiche einiger Polymerwerkstoffe:	
Polymerwerkstoff	**Einfrierbereich in °C**
Polyethylen	−70 ... −100
Naturkautschuk	−73
Butylkautschuk	−79
Polystyrol	+80 ... −100
Polyvinylchlorid	+65 ... −100
Polyamid	+40 (+50)

Im weichelastischen Zustand verformen sich amorphe und teilkristalline Thermoplaste unter der Einwirkung äußerer Kräfte und gehen nach erfolgter Entlastung in ihre frühere Form zurück. Schon mit geringer Kraft können Formänderungen von mehreren 100 % vorgenommen werden. Im weichelastischen Zustand verformte amorphe und teilkristalline Thermoplaste müssen unter der Verformkraft eingefroren (abgekühlt) werden, damit die neue Form erhalten bleibt. Bei gummielastischen Polymerwerkstoffen erstreckt sich der weichelastische Zustand über einen Temperaturbereich von etwa 250 K.

Nur makromolekulare Stoffe können weich und elastisch zugleich sein.

Im plastischen Zustand, zwischen Fließ- und Zersetzungstemperaturbereich, bilden die Thermoplaste eine teigige bis zähflüssige Masse, die durch Spritzgießen und ähnliche Verfahren verarbeitet werden kann. Ihre Viskosität steigt mit der Molekülmasse. Bei den teilkristallinen Thermoplasten kann der Fließbereich in die Nähe des Zersetzungsbereiches verschoben sein.

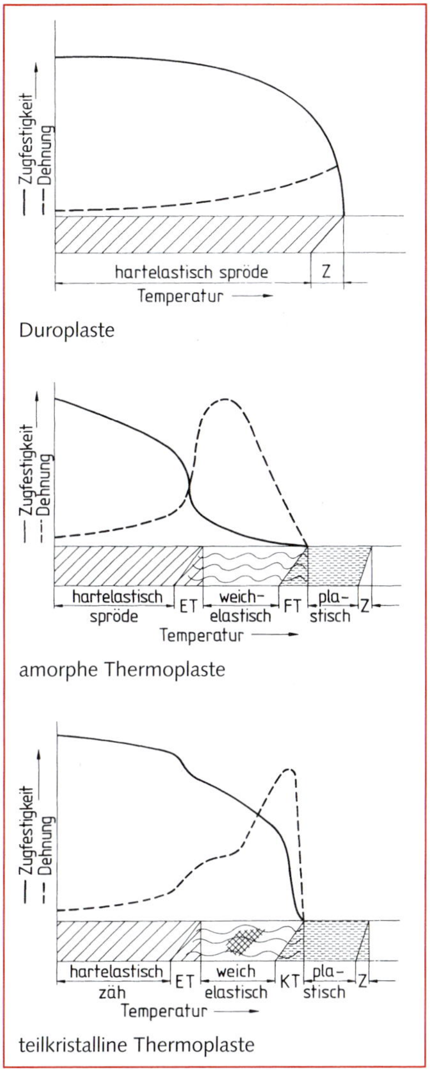

Bild 1 Zustandsbereiche der Polymerwerkstoffe

ET = Erweichungstemperaturbereich = Einfriertemperaturbereich
FT = Fließtemperaturbereich
Z = Zersetzungsbereich
KT = Kristallisationstemperaturbereich

Im Zersetzungsbereich zerfallen die Makromoleküle, der Polymerwerkstoff löst sich auf.

Kaltverstrecken der Thermoplaste durch Zugbelastung bewirkt weitgehend parallele Orientierung ihrer Molekülketten mit starker Kristallisation. Dadurch steigt die Stärke der Sekundärbindungen, und die Zugbeanspruchung nimmt entsprechend zu.

Fasern und Folien erhalten erst durch Kaltverstrecken auf das Mehrfache ihrer ursprünglichen Länge ihre Gebrauchseigenschaften.

Die Kaltverstreckbarkeit/Duktilität eines Polymerwerkstoffes vermindert sich mit der Höhe seines Kristallisationsgrades vor dem Verstrecken.

8.1.7 Mechanische Prüfung der Polymerwerkstoffe

Für die Prüfung der mechanischen Eigenschaften von Polymerwerkstoffen werden vergleichbare Prüfverfahren wie für Metalle eingesetzt (▶ Kap. 15). Nachfolgend werden daher nur wesentliche Unterschiede bei den Prüfungen für Polymere erläutert.

Zugversuch nach DIN EN ISO 527: 2012

Der Zugversuch (▶ S. 271 ff.) ist auch hier der wichtigste Versuch. Die Norm gilt für die Prüfung von Proben aus Form- und Extrusionsmassen, Folien und Tafeln, isotrop und anisotrop faserverstärkte und unidirektional faserverstärkte Polymerwerkstoffe. Aufgrund der unterschiedlichen Bindungen zwischen den Makromolekülen (Duromere, Plastomere, Elastomere) zeigen die unverstärkten Polymerwerkstoffe die in Bild 1 dargestellten vier typischen Spannungs-Dehnungs-Schaubilder.

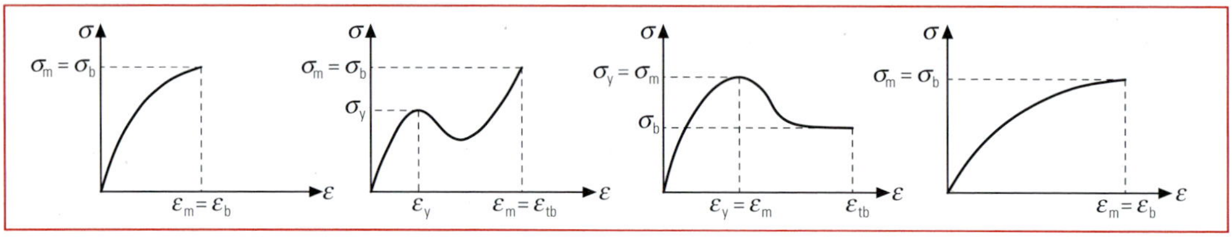

Bild 1 Charakteristische σ-ε-Schaubilder für Polymerwerkstoffe

Folgende Kennwerte können ermittelt werden (Definitionen ▶ S. 271 ff.):

- σ_y = Streckspannung (yield Stress) ist der erste Spannungswert, bei dem ein Zuwachs der Dehnung ohne Steigerung der Spannung auftritt. An die Spannungs-Dehnungs-Kurve kann eine horizontale Tangente angelegt werden (zur elastischen Verformung kommt die plastische Verformung dazu).
- σ_b = Bruchspannung (tensile stress at break) ist die Spannung beim Bruch der Probe.
- σ_m = Zugfestigkeit (tensile strength) ist die maximale Spannung, die der Probekörper während eines Versuchs erträgt.
- ε_y = Streckdehnung (yield strain) ist die Dehnung bei der Streckspannung.
- ε_b = Bruchdehnung (tensile strain at break) ist die Dehnung bei der Bruchspannung, wenn der Bruch vor Erreichen des Streckpunktes erfolgt.
- ε_{tb} = nominelle Bruchdehnung (nominal tensile strain at break) ist die Dehnung bei der Bruchspannung, wenn der Bruch nach dem Streckpunkt erfolgt.
- ε_m = Dehnung bei der Zugfestigkeit (tensile strain at tensile strength) ist die Dehnung bei der Maximalspannung.
- E_t = Elastizitätsmodul aus dem Zugversuch (modulus of elasticity in tension) ist der Quotient aus dem Spannungsunterschied ($\sigma_2 - \sigma_1$) und dem entsprechenden Dehnungsunterschied ($\varepsilon_2 - \varepsilon_1$). Vorgabewerte: ε_2 = 0,0025; ε_1 = 0,0005

Zeitstand-Versuch nach DIN EN ISO 899: 2018

Da Polymerwerkstoffe schon bei Raumtemperatur zum Kriechen (▶ S. 297 ff.) neigen, sind bei der Dimensionierung langzeitig ruhend belasteter Bauteile die Ergebnisse dieses Versuches zu beachten. Das Kriechverhalten steifer und halbsteifer unverstärkter, gefüllter oder faserverstärkter Polymer-Formmassen wird im Zeitstand-Zugversuch nach DIN EN ISO 899-1: 2018 oder im Zeitstand-Dreipunkt-Biegeversuch nach DIN EN ISO 899-2: 2018 untersucht. Das Kriechverhalten von Elastomeren und thermoplastischen Elastomeren wird nach DIN ISO 2285: 2013 bestimmt.

Härteprüfung und Schlagbiegeversuch

Die Härte von Polymerwerkstoffen und Hartgummi wird mit dem Kugeleindruckversuch nach DIN EN ISO 2039-1: 2003 ermittelt. In DIN EN ISO 2039-2: 2000 wird die Härteprüfung nach Rockwell (▶ S. 303 ff.) mit Kugeldurchmessern 12,7 mm (Skala R), 6,35 mm (Skalen L und M) und 3,175 mm (Skala E) beschrieben. Bei Elastomeren wird die Eindruckhärte nach Shore mit den Skalen A, D, AM und AO (DIN ISO 7619-1: 2012) bzw. mit dem Durometer (DIN EN ISO 868: 2003) geprüft. Möglich ist auch die Härteprüfung nach DIN ISO 48: 2016 (Härte zwischen 10 IRHD und 100 IRHD). Zur Prüfung der Schlagzähigkeit ist der Schlagbiegeversuch nach Charpy entsprechend DIN EN ISO 179-1: 2010 (nicht instrumentierte Prüfung) bzw. DIN EN ISO 179-2: 2012 (instrumentierte Prüfung) oder die Prüfung nach Izod (DIN EN ISO 180: 2013) durchzuführen.

Vergleich der Kennwerte einiger technisch wichtiger Polymerwerkstoffe und Metalle

Kennwerte bei 20 °C	Polyamide (Nylon)	Polyethylen	Polyvinylchlorid		Polystyrol	Glasfaser-Kunststoff Laminate	Stahl		Seildraht u. hochfeste Ni-Co-Mo-Stähle	Al.-Leg.	Ti.-Leg.
			hart	weich			unlegiert	legiert			
Kurzzeichen nach DIN	–	PE	PVC-hart	weich	PS	GFK	S 355J0	30CrNiMo8	–	AlZnMgCu	–
Dichte in kg/dm^3	1,77	0,9 … 0,96	1,38	1,2 … 1,3	1,05	1,44 … 1,8	7,8	7,8	7,8	2,8	4,5
Zugfestigkeit in MPa	80 … 90	9 … 28,5	55	17 … 30	23 … 65	120 … 1 000	520	1400	≧ 2 000	540	1 600
Reißlänge in km $L_R = \sigma_B / g \cdot p$	122	0,98 … 2,9	4	1,4 … 2,3	2,3 … 6,5	5,5 … 9	6,6	18	25	19,3	35
Elastizitätsmodul in MPa	6 350	140 … 1 000	3 000	variiert	2 000 … 3350	14 000 … 18000	210 000	210 000	210 000	70 000	120 000
Steifigkeits-Wertungszahl in km für Knicken $\sqrt{E/g \cdot \varsigma}$ für Beulen $E/g \cdot \varsigma$	121 … 528	14 … 100	214	variiert	200 … 335	660 … 2 500	2 600	2600	2 600	2 500	2 600
linearer Ausdehnungskoeffiz. K^{-1} (1/°C)	0,00008 … 0,00010	0,00013 … 0,00023	0,00007	variiert	0,00009 … 0,00001	0,00011	0,000011	0,000012	0,000011	0,00002	0,000009
Temperaturgrenzen der Anwendung in °C	–45 +80 … 100	–50 +80 … 100	–30 +6	–60 +60	–50 +80	–150 +100	die meisten Kohlenstoff- u. leg. Stähle bis etwa 400 °C, für höhere Beanspruchung über 400 °C … 800 °C siehe bes. legierte hochwarmfeste Stähle			+170 +220	+500

Vergleicht man die Eigenschaften der Polymerwerkstoffe mit den Metallen (▶ Tab.), so fallen sofort die deutlich niedrigeren Festigkeitswerte und Elastizitätsmoduli der Polymere auf. Ursache dafür sind die unterschiedlichen Atombindungen: bei den Polymeren Makromoleküle mit hohen Bindungskräften im Makromelkül (Ionen- oder Atombindungen, ▶ S. 18/19) und häufig niedrigen Bindungskräften zwischen den Makromolekülen (van der Waals-Bindung bei Plastomeren, ▶ S. 20), bei den Metallen relativ niedrige Bindungskräfte zwischen den Atomen im Kristallgitter (▶ S. 19/20), aber durch die in allen Raumrichtungen gleichen Bindungskräfte makroskopisch hohe Festigkeiten.

Unverstärkte Polymere sind daher für mechanisch hoch belastete Bauteile nicht einsetzbar.

Durch Verstärkung mit Glasfasern, Polymerfasern (Aramid) oder Kohlefasern sind jedoch Verbundwerkstoffe herstellbar, deren Festigkeitswerte diejenigen von Metallen erreichen oder sogar übertreffen. Auch die elastischen Eigenschaften sind durch Faserverstärkungen in weiten Grenzen einstellbar, sodass auch sehr steife Bauteile möglich sind. Polymere haben wegen der Hauptbestandteile Kohlenstoff und Wasserstoff sehr niedrige Dichten. Mit Werten um 1 kg/dm^3 bei unverstärkten Polymeren und zwischen 1 und 2 kg/dm^3 bei den faserverstärkten Polymeren sind sie prädestiniert für Leichtbauanwendungen. Insbesondere in der Kombination mit Kohlefasern ermöglichen sie hoch belastbare, extrem leichte Bauteile im Flugzeug- und Fahrzeugbau (▶ S. 219 ff.). Da in den Polymeren keine freien Elektronen vorhanden sind, sind sie elektrische Isolatoren. Daraus ergeben sich vielfältige Anwendungen in der Elektrotechnik und Elektronik. Auch die Wärmeleitfähigkeit ist sehr viel niedriger als bei den Metallen. Einschränkungen bestehen allerdings bei den zulässigen Betriebstemperaturen. Bei vielen Polymerwerkstoffen setzt bei Temperaturen zwischen 250 und 350 °C der Zersetzungsprozess durch Reaktion der Kohlenstoff- und Wasserstoffatome mit dem Luftsauerstoff ein.

Aufgaben:

1. Nennen Sie die wichtigsten abgewandelten Naturstoffe.
2. Welche chemischen Reaktionen gibt es für die Herstellung vollsynthetischer Polymerwerkstoffe?
3. Beschreiben Sie die technologische Einteilung der Polymerwerkstoffe.
4. Erklären Sie die Zustände und Übergangsbereiche bei **a)** Thermoplasten und **b)** bei Duroplasten.
5. Wie können **a)** Thermoplaste, **b)** Duroplaste und **c)** Elastomere bearbeitet bzw. verarbeitet werden?

6. Nennen Sie die wichtigsten vorteilhaften Eigenschaften der Polymerwerkstoffe.
7. Welche Eigenschaften schränken die technische Verwendbarkeit der Polymerwerkstoffe ein?

8.2 Leder

Leder ist von Haaren befreite und durch Imprägnieren mit Gerbstoff = Gerben konservierte und aufbereitete Tierhaut, überwiegend Rinderhaut. Im Gegensatz zu den Textilgeweben sind seine Fasern miteinander verwachsen, sodass es ohne Umsäumen der Ränder verwendet werden kann.

Je nach Gerbung unterscheidet man *lohgares* und *chromgares* Leder. Bei Einwirkung von Feuchtigkeit oder Chemikalien wird chromgares Leder bevorzugt. *Kernleder* = bestes Leder gewinnt man aus der Hautmitte (Wirbelsäule). *Spaltleder* entsteht durch horizontales Spalten der Haut; es hat geringere Festigkeit als Voll-Leder.

Technisches Leder: Treibriemenleder ist meist lohgares Leder. Mit Rücksicht auf gleichmäßige Längung muss Mitte Riemen gleich Mitte Wirbelsäule sein. Zugfestigkeit 20 N/cm^2 … 40 N/cm^2. *Manschetten-* und *Dichtungsleder* werden aus leichten Häuten hergestellt und verschiedenartig gegerbt. *Arbeiterschutzartikel-Leder* (Schürzen, Handschuhe) ist meist Rindhaut-Spaltleder.

Technische Leder werden in zunehmendem Umfange durch Kunststoffe ersetzt.

8.3 Holz

Holz besteht aus Cellulosefasern, kunstharzähnlichem Lignin und Hohlräumen. Die Cellulosefasern bilden parallel verlaufende röhrenförmige Zellen, die durch Lignin miteinander verbunden sind.

Holz ist ein Faserverbundwerkstoff aus Ligninmatrix und unidirektional orientierten Cellulosefasern, **► S. 219.**

Die Dichte einer Holzart hängt von der Wanddicke ihrer Zellen im Verhältnis zum Hohlraum ab, und die Zugfestigkeit ist proportional der Dichte.

In lebenden Pflanzen dienen die Zellen zum Transport von Stoffwechselprodukten während der Wachstumsperiode und ihrer Speicherung im Winter.

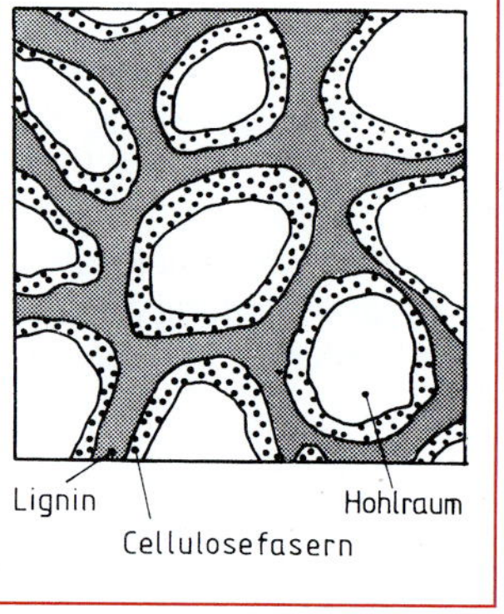

Bild 1 Gefüge von Holz.
Bildvergrößerung 1000 : 1

Eigenschaften verschiedener Holzarten

Eigenschaften	Rotbuche	Eiche	Fichte	Tanne	Kiefer	Lärche	Pappel	Erle
Dichte in g/cm^3	0,68	0,65	0,43	0,41	0,49	0,55	0,41	0,49
Zugfestigkeit ∥ in N/cm^2	13500	9000	9000	7000	10400	17700	7700	
Zugfestigkeit ⊥ in N/cm^2	700	400	270	130	300	230		200
Druckfestigkeit ∥ in N/cm^2	6200	6300	5000	3200	5500	5500	3500	4700
Druckfestigkeit ⊥ in N/cm^2	950	1100	580	270	770	750		650
Biegefestigkeit ∥ in N/cm^2	12300	10000	7800	5300	10000	9900	6500	8500
Härte HB	3,4	3,4	1,2		1,9	1,9		

∥ = parallel, ⊥ = senkrecht zur Faser

Im frisch eingeschlagenen Holz ist das ungleichmmäßig über den Zellenquerschnitt verteilte Wasser zum Teil in den Hohlräumen frei vorhanden, zum Teil in den Fasern gelöst. Der Faser-Sättigungspunkt liegt bei etwa 30 % Feuchtigkeit. Holz quillt bei Feuchtigkeitsaufnahme bis zu etwa 10 % Volumenvergrößerung und schwindet um den gleichen Betrag bei Feuchtigkeitsabnahme.

Die Festigkeit des Holzes sinkt mit zunehmendem Feuchtigkeitsgehalt.

Schnittholz

Holzerzeugnisse, die mindestens 6 mm dick sind und durch Sägen oder Spanen parallel zur Stammachse aus Rundholz hergestellt werden, werden als Schnittholz bezeichnet. Nach DIN 4074-1: 2012 werden nach den Abmessungen unterschieden:

Bezeichnung	Dicke d bzw. Höhe h	Breite b
Latte	$d \leq 40$ mm	$b < 80$ mm
Brett	$d \leq 40$ mm	$b \geq 80$ mm
Bohle	$d > 40$ mm	$b > 3d$
Kantholz	$b \leq h \leq 3b$	$b > 40$ mm

Furniere und Holzwerkstoffe

Furniere sind dünne Holzblätter, die von Stämmen abgetrennt wurden. Teures Edelholz schneidet man zu Furnier und überzieht damit weniger wertvolle Hölzer. Nussbaumfurniert wird z. B. als echt Nussbaum bezeichnet. **Holzwerkstoffe** sind Sperrholz und Span-/Faserplatten.

Sperrholz. Vollholz kann am Quellen und Schwinden nicht gehindert werden; es verzieht sich und erhält Risse. Bei Furniersperrholz- und Tischlerplatten wird das Schwinden gesperrt.

Furniersperrholzplatten werden aus einer ungeraden Anzahl von Furnieren (= Schichten) zusammengeleimt. Furnierplatten mit Dicken von 1 mm bis 7 mm sind dreischichtig, ab 8 mm und dicker fünf-, sieben- und mehrschichtig.

Tischlerplatten oder *Stäbchensperrholz*. Zu ihrer Herstellung werden Bretter zu Stäbchen zerschnitten, die um 90° gedreht zu Stabmittellagen (= Bretter) aneinander geleimt werden. Die Stabmittellagen werden beiderseits mit Furnieren (= Sperrfurnieren) beleimt. Die Mittellagen können auch aus aufeinandergeleimten 3 mm bis 8 mm dicken Furnieren bestehen.

Span-/Faserplatten werden die aus Holzspänen/-Fasern mit/ohne Bindemittel hergestellten Platten genannt. Man unterscheidet: *Holzwoll-/Leichtbauplatten.* Aus minderwertigem Holz hergestellte Holzwolle wird mit Zement/Gips als Bindemittel zu Platten verpresst.

Anwendungsbeispiele: im Bauwesen als Putzträger und zur Schall- und Wärmedämmung.

Holzfaserplatten. Zerfasertes Holz wird zu Faserbrei, sog. Faservlies, vermahlen. Das entwässerte Faservlies wird ohne Bindemittel und ohne Druck zu *Isolierplatten*, mit Kunstharz als Bindemittel und hohem Druck zu *Hartplatten* ausgewalzt. Durch Wärme- und Ölbehandlung der Hartplatten entstehen *Ölgehärtete Hartplatten*.

Anwendungsbeispiele: Fußbodenbeläge, Tischbeläge mit Kunstharzüberzügen, Verschalungen für Beton mit glatter Oberfläche.

Holzspanplatten werden aus Holzspänen mit Kunstharzbindemitteln heißgepresst.

Anwendung: verzugsfreie Holzflächen aller Art.

Verbundplatten, engl. Sandwichboard, sind beulsteife Platten mit Deckschichten aus Holz, Metall oder Kunststoff. Verbundplatten mit besonderen Stützkonstruktionen werden *Gitterholz* genannt und zur Herstellung von Türen verwendet.

Aufgaben:

1. Beschreiben Sie den Zusammenhang zwischen Festigkeit und Faserrichtung des Holzes.
2. Erklären Sie den Unterschied zwischen Vollholz und Lagenholz im Hinblick auf Quellen, Schwinden und dadurch bedingtem Verzug.
3. Nennen Sie verschiedene Arten von Holzwerkstoffplatten.

9 Nichtmetallische, anorganische Werkstoffe

9.1 Keramische Werkstoffe

Zu dieser Werkstoffgruppe gehören nach ▶ Seite 13 alle hochschmelzenden nichtmetallischen und anorganischen Werkstoffe. Dazu gehören nicht nur Ton, Porzellan und Oxidkeramik, sondern auch Glas, Kohlenstoff und Hartstoffe, z. B. Carbide, Nitride und Boride, so weit sie nicht metallischen Charakter haben. Ihre auf ▶ Seite 13 angeführten kennzeichnenden Eigenschaften – hohe Schmelztemperaturen, chemische Beständigkeit und Druckfestigkeit – sind eine Folge der festen Atombindung, welche die Atome dieser Stoffe zusammenhält.

Man unterscheidet einatomare, nichtoxidische und oxidische keramische Werkstoffe.

9.1.1 Einatomare keramische Werkstoffe

Bor, B, Schmelzpunkt 2300 °C, kommt in der Natur stets an Sauerstoff gebunden vor, und zwar in Form von Borsäure und von Salzen, vor allem als Borax. In kristallisiertem Zustande steht es in seiner Härte dem Diamanten nahe. *Technische Verwendung:* ▶ Verbundwerkstoffe S. 220.

Silizium, Si, Schmelzpunkt 1413 °C, kommt in der Natur fast ausschließlich in Form von SiO_2 vor, besonders als Quarz, und ist nächst dem Sauerstoff das meistverbreitete Element. *Technische Verwendung:* Glasherstellung, Legierungselement für Metalle, z. B. Stahl, ▶ S. 107 und Aluminium, ▶ S. 157, grundlegender Halbleiterwerkstoff der Elektronik.

9.1.2 Nichtoxidkeramische Werkstoffe

Zu diesen Werkstoffen gehören die Verbindungen, die die Elemente B, C, N und Si miteinander eingehen. Die Hochtemperaturwerkstoffe auf der Basis von Siliziumnitrid, Si_3N_4, und Siliziumcarbid, SiC, sind höher komponentige Werkstoffe, deren Eigenschaften von der Zusammensetzung, dem Gefügeaufbau und den Herstellungsbedingungen abhängen. Wegen der hohen Festigkeit ihrer Kristalle können Formkörper aus diesen Werkstoffen nicht durch das für die Keramik bisher übliche Sintern nach Volumenverdichtung hergestellt werden. Zu ihrer Herstellung wurden die pulvermetallurgischen Verfahren **Reaktionssintern**, kurz: RBSN, und **Heißpressen**, kurz: HPSN, weiterentwickelt, ▶ S. 193.

Beim **Reaktionssintern** entsteht der Werkstoff durch chemische Reaktion aus dem mit oxidischen und nitridischen Zusätzen gemischten Siliziumpulver.

Produktionsschema für reaktionsgesinterte Siliziumnitrid-Formkörper: Trockengepresster Siliziumrohling → vornitridieren in Stickstoffatmosphäre bei 1100 °C bis 1250 °C → mechanische Bearbeitung durch Drehen, Bohren usw. des Vorkörpers → vollständiges Reaktionssintern bei 1300 °C bis 1500 °C.

Beim Heißpressen wird von Siliziumnitrid- bzw. Siliziumcarbidpulver mit speziellen Zusätzen ausgegangen. Die Herstellung von reaktionsgesinterten Siliziumcarbidkörpern aus diesem Pulvergemisch erfolgt nach folgendem Produktionsschema:

Trockenpressen eines Rohlings → Silizieren und koaxiales Pressen in einem gasdichten Behälter bei 1700 °C bis 2000 °C.

Nach diesem Verfahren sind nur geometrisch einfache Formkörper herstellbar, aus denen Körper mit komplizierten Formen herausgearbeitet werden müssen (Diamantbearbeitung). Diese Nacharbeit kann durch **heißisostatisches Pressen**, kurz: HIPSN, auch **Hippen** genannt, entfallen.

Die porösen Sorten haben eine geringere Festigkeit, die bis zu 1400 °C verbleibt. Die dichten Sorten haben eine sehr hohe Festigkeit, die jedoch oberhalb 1000 °C schnell abnimmt.

Diese Hochtemperaturwerkstoffe werden wegen ihrer hohen Warmfestigkeit, Temperaturwechselfestigkeit, chemischen Beständigkeit, Härte und Verschleißfestigkeit in den Bereichen Hochtemperaturmaschinenbau, Chemietechnik, Metallurgie und Apparatebau verwendet. So werden beispielsweise Teile für Abgasturbolader, Brennkammern, Leitapparate und Turbinenschaufeln bei Gastemperaturen bis 1350 °C eingesetzt.

N = Siliziumnitrid C = Siliziumcarbid	Porosität in %	Biegefestigkeit		
		20 °C in MPa	1000 °C in MPa	1400 °C in MPa
N-Reaktionsgebunden[1]	30...40	150	150	150
N-Reaktionsgebunden[2]	18...25	250	250	250
N-Gesintert	<3	500	500	400
N-Heißgepresst	0	700	700	400
C-Reaktionsgebunden	15	250	250	250
C-Siliziumimprägniert	0	400	500	500
C-Rekristallisiert	20	100	100	100
C-Gesintert	<2	400	450	400
C-Heißgepresst	0	550	550	450

[1] koaxial gepresst
[2] isostatisch gepresst

Tabelle 1 Siliziumnitrid- und Siliziumcarbidwerkstoffe

9.1.3 Oxidkeramische Werkstoffe

In dieser Werkstoffgruppe werden die folgenden technisch wichtigen oxidkeramischen Werkstoffe zusammengefasst: Gläser, in denen die Kristallisation durch schnelles Abkühlen verhindert wird; Tonkeramik, die schon in früheren Zeiten anstelle von Metallen verwendet wurde; feuerfeste Steine zum Ausmauern von Schmelzöfen; Zement zum Verkleben von Sand/Kies zu Beton. Die oxidkeramischen Werkzeugwerkstoffe wurden auf ▶ Seite 185 beschrieben.

Glas

Das so genannte **Technische Glas** besteht aus Natron-Kalk-Silicat-Schmelzen, die abgekühlt sind, ohne zu kristallisieren. Seine wichtigsten Eigenschaften sind: Durchlässigkeit für sichtbares Licht, geringe Leitfähigkeit für Elektrizität und Wärme (empfindlich gegen partielle Erwärmung), sehr geringe Wärmedehnung (Glasmaßstäbe), widerstandsfähig gegen Luft, Wasser und Chemikalien außer Flusssäure, gute plastische Verformbarkeit bei Temperaturen oberhalb des Erweichungspunktes (etwa 500 °C). Bei Raumtemperatur ist Glas sehr elastisch ($E = 60000$ MPa ... 90000 MPa) und spröde (nicht plastisch verformbar). Seine Härte entspricht der eines mittelharten Stahls. Die Druckfestigkeit (400 MPa ... 1200 MPa) ist wesentlich höher als die Zugfestigkeit (30 MPa ... 90 MPa). Mit Diamanten und Hartmetall kann Glas bei Raumtemperatur bearbeitet werden.

Sicherheitsglas bildet bei Bruch keine Splitter. Verwendet werden:

Einscheibensicherheitsglas. Die Scheibe wird aus hoher Temperatur beiderseits abgeschreckt. Infolge der dadurch entstehenden Oberflächen-Druckspannungen zerfällt die Scheibe beim Brechen in kleine Krümel.

Verbundsicherheitsglas besteht aus zwei oder mehreren Schichten, die mit einer hochelastischen Zwischenschicht verbunden sind. Beim Bruch der äußeren Schichten bleiben die Glaskrümel an der Mittelschicht haften. Anwendung: Fahrzeuge, Schutzbrillen, Fernseh-Schutzscheiben.

Farb-/Buntglas ist in der Schmelze gefärbtes Glas, das nur Teile des Lichtes durchlässt. Farben für Signalgläser ▶ DIN 6163-4: 2015.

Optisches Glas ist durch besondere Zusammensetzung und Reinheit ausgezeichnet. Lichtbrechung: Kronglas[1] 1,5, Flintglas[1] 1,9.

[1] Sortenbezeichnungen

Geräte- und Röhrenglas wird auch als Apparateglas bezeichnet. *Thüringer Glas* ist leicht schmelzbar und billig verarbeitbar: Spielwarenindustrie. *Jenaer Glas* ist temperaturwechselbeständiges Glas. Anwendung: Wasserstandsröhren. *Feuerfestes Glas* wird zu Kochschüsseln verarbeitet.

Quarzglas, SiO_2, wird aus Bergkristall erschmolzen und zeichnet sich durch Gebrauchstemperaturen bis zu 1500 °C aus. Anwendung: Öfen-Schaufenster, Quecksilberdampflampen, Isolatoren. Wegen seiner guten Durchlässigkeit für ultraviolette Strahlen wird es zur Herstellung von Linsen und Prismen für optische Geräte verwendet.

Hohl- und Pressglas nennt man das meist halbmaschinell durch Blasen, Pressen oder Pressblasen geformte Glas, z.B. Flaschen u.a. Hohlkörper. Die im Bauwesen verwendeten *Prismen-/Glashohlbausteine* bestehen aus Pressglas. Durch eingepresste Erhebungen/Rillen wird eine gute Lichtstreuung (Undurchsichtigkeit) des Pressglases erzielt.

Glasfaserstoffe sind Gewebe, Schnüre oder Wolle aus Glasfäden. Zur Herstellung der Glasfasern wird das Glas aus einer Glasschmelze oder von an den Enden angeschmolzenen Glasstäben durch Düsenöffnungen abgezogen. Die Glasfasern haben Durchmesser von 1 bis 12 µm. Man unterscheidet E-Fasern mit 120 ... 140 MPa und S-Fasern mit 2460 MPa Zugfestigkeit. Anwendung: zur Herstellung von Laminaten, ► S. 220, feuerfester Schutzbekleidung und Filter für Öle, Säuren und Laugen, als Isolierstoff in der Elektroindustrie und als Schall- und Wärmeisolierung im Bauwesen.

Aufgaben:

1. Welche Eigenschaften kennzeichnen die keramischen Werkstoffe?
2. Nennen Sie die drei Hauptgruppen der keramischen Werkstoffe und geben Sie jeweils einige Beispiele für diese Hauptgruppen an.
3. Durch welche Eigenschaften sind nichtoxidkeramische Werkstoffe besonders geeignet für Teile von Abgasturboladern, Brennkammern und Turbinenschaufeln?
4. Nennen Sie die Ausgangsstoffe von Technischem Glas und seine besonderen Eigenschaften.
5. Beschreiben Sie das Verhalten von Einscheibensicherheitsglas bzw. Verbundsicherheitsglas beim Bruch.
6. Beschreiben Sie die besonderen Eigenschaften von Quarzglas.
7. Wozu werden Glasfaserwerkstoffe verwendet?

9.2 Sonstige nichtmetallische, anorganische Werkstoffe

Asbest

Als Asbest werden verschiedene faserförmige auskristallisierte Silikat-Minerale bezeichnet, die in der Natur vorkommen. Durch Aufbereitung werden daraus technisch verwendbare Fasern unterschiedlicher Länge hergestellt.

Eigenschaften: säure- und feuerfest, schlechter Leiter für Wärme und Elektrizität, lässt sich mit Baumwolle, Flachs oder Hanf zu Garn spinnen und leicht mit anderen Stoffen verbinden.

Anwendung: **Wegen der Gesundheitsgefahren, insbesondere der Erkrankung an Lungenkrebs durch längeres Einatmen von Asbeststaub, ist heute der Einsatz von Asbest in vielen Staaten generell verboten.** Besondere Arbeits- und Umweltschutzverordnungen gelten für die Entsorgung von asbesthaltigen Stoffen besonders bei älteren Gebäuden. Anwendung fand (und findet in Entwicklungs- und Schwellenländern) Asbest z.B. in feuerfesten Anzügen, Platten und Schnüren, Kupplungs- und Bremsbelägen und hitzebeständigen Dichtungen. Für Dacheindeckungen und Abfluss- und Entlüftungsrohre wurde und wird Asbestzement, d.i. Asbest vermischt mit Zement, verwendet.

Technisch verwendete Steine

Mauerziegel/Backsteine werden aus kalkfreiem Lehm, Ton oder aus tonigen Massen bei Raumtemperatur geformt, an der Luft getrocknet und anschließend bei 900 °C ... 1300 °C gebrannt. Backstein-NF (Normalformat): 24 × 7,5 × 11 cm. Quadrat aus drei Steinen möglich, 12 Schichten = 1 m Mauerwerk (Fuge 1 cm).

Feuerfeste Steine müssen einen Schmelzpunkt von mindestens 1580 °C haben. Außerdem werden sie nach ihrer Erweichungstemperatur, Gasdurchlässigkeit und Beständigkeit gegen Temperaturwechsel und chemische Angriffe bewertet.

Alle feuerfesten Stoffe lassen sich auf Graphit und folgende Verbindungen zurückführen: CaO, Al_2O_3, SiO_2, ZrO_2, MgO, Cr_2O_3, Fe_2O_3, TiO_2. Unterschiedliche Mengen dieser Verbindungen enthalten Tonerdesilicatsteine, z. B. Schamotte, Bauxit, Mullit, Korund, Sillimanit; basische Steine, z. B. Dolomit- und Magnesitsteine.

Anwendungsbereiche in der Hüttenindustrie

Winderhitzer: Mullit, Korund, Magnesit; Hochofen: Halbgraphit- u. Graphitsteine; *Siemens-Martin-Stahlwerk:* Magnesit; Sauerstoffblaskonverter: teergebundener Dolomit oder Magnesit, Zonen mit Dolomit-Magnesit-Mischsteinen; *Gießpfannen:* basische Steine; *Stahlentgasung:* Magnesit-Chrom-Spezialsteine.

Steinzeuge, z. B. Klinkerziegel, Wand- und Fußbodenplatten, säurefeste Rohre und Behälter für die chemische Industrie, werden aus fettem Steinzeugton gebrannt. Außer Flusssäure widerstehen Steinzeuge allen Säuren.

Porzellan

Geschirrporzellan wird aus Kaolin, Ton, Feldspat und Quarz in unterschiedlicher Mischung gebrannt und glasiert.

Eigenschaften: weiße Farbe, transparent, beständig gegen Säuren außer Flusssäure, hart und schlagbiegefest.

Verwendung: teure Haushaltsgeräte und für Laboratoriumszwecke.

Elektroporzellan dient zur Herstellung von Isolierkörpern für die Elektrotechnik, die unterhalb einer gewissen Durchschlagspannung den elektrischen Strom nicht leiten. Elektroporzellan enthält mehr Ton und weniger Kaolin und Feldspat als Geschirrporzellan. Die Güte des Oberflächenwiderstandes ergibt sich aus der Oberflächenbeschaffenheit (Anhaften von Feuchtigkeit und Schmutzteilchen).

Beton

Beton ist ein aus Zement, Zuschlagstoffen = Gesteinsteilen und Wasser hergestellter Baustoff. Der Zementbrei umhüllt die Gesteinstelle und hält sie nach der Erhärtung zusammen. Die Betonarten werden eingeteilt nach

1. *Rohdichte* in Schwerbeton mit $\geqq 2{,}8\ kg/dm^3$, Beton mit $1{,}8\ kg/dm^3 \ldots 2{,}7\ kg/dm^3$, Leichtbeton mit $\leqq 1{,}7\ kg/dm^3$;
2. *Körnung der Zuschlagstoffe* in Feinbeton mit Korngröße < 7 mm, Grobbeton mit Korngröße > 30 mm;
3. *Transportart und Einbringen* in Transport-, Schütt- und Pumpbeton;
4. *Art der Verdichtung* in Stampf-, Rüttel- und Schleuderbeton.

Zement ist ein an der Luft und unter Wasser erhärtendes hydraulisches Bindemittel.

Portlandzementklinker ist ein wesentlicher Bestandteil aller Zemente. Er besteht aus Verbindungen von Kalk, CaO, mit Kieselsäure, SiO_2, Tonerde, Al_2O_3, und Eisenoxid, Fe_2O_3. Die Herstellung erfolgt durch Feinmahlen und inniges Mischen der Rohstoffe und Brennen bis zur Sinterung im Drehtrommel-/Schachtofen.

Portlandzement, DIN 1164-10: 2004, wird durch Feinmahlen von Portlandzementklinker hergestellt.

Eisenportlandzement besteht aus 70 % Portlandzement und 30 % gekörnter Hochofenschlacke (Kalk-Tonerde-Silicat).

Hochofenzement besteht aus 15 bis 70 % Portlandzement und 85 bis 31 % gekörnter, basischer Hochofenschlacke.

Tonerdezement ist Sonderzement, der durch Brennen eines Kalkstein-Bauxit-Gemenges hergestellt wird. Bestandteile: CaO, Al_2O_3, SiO_2, Fe_2O_3, MgO. Dieser Zement entwickelt beim Abbinden viel Wärme und ermöglicht das Betonieren bei Frost.

Güteklassen. Nach der Festigkeit von Zementmörtel mit genormten Zuschlägen werden die Zemente in die Güteklassen Z 275, Z 375 und Z 475 eingeteilt. Die Zahlen geben die nach einer Trockenzeit von 28 Tagen erreichte Druckfestigkeit in 0,1 N/cm^2 an.

Zuschlagstoffe für Schwerbeton sind Sand, Kies, Schotter oder Splitt.

Bezeichnung der Körnungen von Kies, Sand und zerkleinerten Stoffen					
Rückstand auf dem Sieb	Durchgang durch das Sieb	Bezeichnung			
mit mm Lochdurchmesser		Natürliches Vorkommen		Zerkleinerte Stoffe	
0	1	Betonfeinsand	Betonsand	Betonfeinsand	Betonbrechsand
1	7	Betongrobsand		Betongrobsand	
7	30	Betonfeinkies	Betonkies	Betonsplit	
30	70	Betongrobkies		Betonsteinschlag	

Bei groben Zuschlagstoffen müssen die Hohlräume von Sand und Zement ausgefüllt werden. *Leichtbeton* entsteht durch Verwendung von leichten Zuschlagstoffen, z. B. Bims, Hüttenbims, Ziegelsplitt, oder durch Beimischen von gasbildenden Stoffen = *Gasbeton*. Anwendung: Mauersteine, Wandbauplatten, Dach- und Deckenplatten.

Festigkeit des Betons

Die Zugfestigkeit von Beton ist wie bei fast allen spröden Werkstoffen gering gegenüber der Druckfestigkeit. Daher wird diese zur Kennzeichnung der Festigkeitseigenschaften von Beton benutzt. Nach DIN EN 206: 2017 wird die charakteristische Druckfestigkeit an zylindrischen Proben mit einem Durchmesser von 150 mm und einer Länge von 300 mm oder an Würfeln mit 150 mm Kantenlänge nach einer Lagerzeit von 28 Tagen ermittelt. Für Schwerbeton wird die Mindestdruckfestigkeit mit dem Kennbuchstaben „C" gefolgt, von zwei durch Schrägstrich getrennten Ziffern, angegeben. Die erste Ziffer steht für die Mindestdruckfestigkeit in N/mm^2 von Zylindern, die zweite Ziffern für die Mindestdruckfestigkeit in N/mm^2 von Würfeln. Für Leichtbeton gelten die gleichen Angaben, jedoch mit den Kennbuchstaben „LC".

Stahlbeton ist ein Verbundwerkstoff aus Beton und Stahl. Die Zugspannungen werden von den Stahleinlagen, der Stahlbewehrung, die Druckspannungen vom Beton aufgenommen. Die Richtung der Stahlbewehrung entspricht dem Verlauf der Zugspannungen im Betonkörper. Beton und Stahl haben eine sehr gute Verbundwirkung und gegenseitiges Haftvermögen. Da Beton und Stahl fast gleiche Wärmedehnungen haben, treten keine Rissbildungen bei Temperaturänderungen auf.

Reihenfolge der Arbeitsgänge bei der Herstellung: 1. Lehrgerüst; 2. Schalung; 3. Einlegen der Stahlbewehrung in die Schalung; 4. Füllen der Schalung mit Beton.

Spannbeton. Im Gegensatz zu normalem Stahlbeton mit schlaffer Bewehrung wird Spannbeton in Beanspruchungsrichtung unter Druckspannung gesetzt. Er kann in dieser Richtung äußeren Zugkräften ausgesetzt werden, ohne dass im Beton Zugspannungen entstehen. Die Druckspannung wird durch eingelegte Spanndrahtlitzen oder Stahlstäbe, sog. Stahlspannglieder, erzeugt, die mit hoher Zugspannung wie Zugfedern oder Dehnschrauben gespannt werden.

Bei der Herstellung kleinerer Spannbetonteile werden die Stahlspannglieder vor dem Einbringen des Betons in die Schalung in einem Rahmen gespannt.

Bei der Herstellung größerer Spannbetonbauten, z. B. Brücken, sind die Spannglieder von dünnwandigen Hüllrohren umgeben, in denen sie leicht beweglich und zunächst vom Beton getrennt sind. Nach dem Erhärten des Betons, nach 20 ... 28 Tagen, werden die Spannglieder gespannt. Zur Herstellung des Verbundes werden die Hüllrohre anschließend mit Zementschlamm gefüllt.

Durch Korrosion der Stahlspannglieder wird die Haltbarkeit der Spannbetonbauten gefährdet (wasserstoffinduzierte Spannungsrisskorrosion, ▶ S. 262). Um diese Gefahr zu vermeiden, wurden beim Bau einer Spannbeton-Rheinbrücke in Düsseldorf erstmals Glasfaser-Verbundstäbe als Spannglieder verwendet. Diese als Hochleistungs-Verbund-Elemente bezeichneten Spannglieder bestehen aus feinen Glasfasern, die mit Kunstharz verbunden sind.

Betonstähle nach DIN 488-1: 2009 sind Spezialstähle, deren Eigenschaften ausschließlich auf ihre Verwendung als Bewehrung in Beton abgestimmt sind. Es sind unlegierte Stähle mit Kohlenstoffgehalten $\leq$ 0,22 %, damit sie ohne Anwärmen geschweißt werden können.

Die Norm enthält nur noch zwei Güten entsprechend den Duktilitätsklassen:

- Duktilitätsklasse A: $R_m/R_e \geq 1{,}05$; $A_{gt} \geq 2{,}5\,\%$
- Duktilitätsklasse B: $R_m/R_e \geq 1{,}08$; $A_{gt} \geq 5\,\%$

A_{gt} ist die Gesamtdehnung (elastische und plastische Dehnung) bei Höchstkraft. Sie wird in Prozent angegeben.

Die für die Bemessung wichtige Streckgrenze beträgt einheitlich 500 MPa. Die übrigen Eigenschaften sind teilweise durchmesserabhängig.

Sie können wie folgt hergestellt werden: warmgewalzt ohne Nachbehandlung, warmgewalzt und aus der Walzhitze wärmebehandelt, oder warmgewalzt und kaltgereckt oder kaltverformt durch Ziehen oder Kaltwalzen. Die Oberflächen sind meist gerippt, um einen besseren Verbund zwischen Beton und Bewehrung zu erreichen.

Die Bezeichnung entspricht den Vorgaben der CEN/CENELEC Internal Regulations (▶ S. 110):

Betonstabstahl DIN 488 – B500B – 20,0: gerippte Betonstabstahl der Stahlsorte B500B (1.0439) mit einem Nenndurchmesser d = 20,0 mm

Bewehrungsdraht DIN 488 – B500A+G – 6,0: glatter (+G) Bewehrungsdraht der Stahlsorte B500A (1.0438) mit einem Nenndurchmesser d = 6,0 mm

Spannstähle sind in der ISO 6934: 1991 genormt. Ein Normentwurf prEN 10138: 2000 liegt vor. Die Kohlenstoffgehalte liegen bei 0,3 %, die Chromgehalte bei 3 %. Bei der gesteuerten Abkühlung aus der Walzhitze wandelt das Gefüge in der Zwischenstufe um (Bainit). Zur Einstellung eines Streckgrenzenverhältnisses zwischen 85 und 90 % werden die Stäbe gestreckt und anschließend bei 300 °C ausgelagert (künstliche Reckalterung). Die mechanischen Kennwerte des naturharten Spannstahls BSt 110/135 liegen wie folgt: 0,2-Dehngrenze $R_{p0,2}$ = 1 080 MPa, Zugfestigkeit R_m = 1 320 MPa, Bruchdehnung A_{10} = 7 %.

Aufgaben:

1. Wie werden die verschiedenen Betonarten eingeteilt?
2. Nennen und beschreiben Sie die unterschiedlichen Zementarten.
3. Wie werden die Zementgüteklassen gekennzeichnet?
4. Nennen Sie die verschiedenen Zuschlagstoffe für Schwerbeton und geben Sie deren Bezeichnungen an.
5. Beschreiben Sie das Prüfverfahren zur Ermittlung der Festigkeit von Betonproben und die Bezeichnung der Betongüteklassen.
6. Welchen Zweck haben die Stahleinlagen in Stahlbeton?
7. Was versteht man unter dem Begriff Spannbeton?

10 Verbundwerkstoffe

10.1 Verbundwerkstoffe verschiedener Art

10.1.1 Begriffe

Verbundwerkstoffe sind Verbindungen von zwei oder mehr Werkstoffen mit unterschiedlichen Eigenschaften, um die mechanischen und physikalischen Eigenschaften der Komponenten gleichzeitig auszunutzen. Sie werden angewendet, wenn die Eigenschaften eines Einzelwerkstoffes nicht ausreichen, um die an ein Bauteil gestellten Anforderungen zu erfüllen.

10.1.2 Allgemein bekannte Verbundwerkstoffe

Holz ist ein natürlicher Verbundwerkstoff. Es besteht im Wesentlichen aus Cellulosefasern und Lignin als Bindemittel.

Beton und **Glas** haben, wie alle keramischen Werkstoffe, eine hohe Druck- und geringe Zugfestigkeit. In Stahlbeton und in dem mit Metalldraht verstärkten Glas übernehmen Stahldrähte die Zugspannungen.

In Gürtelreifen verringert der z. T. mit Stahldrähten verstärkte Fasergürtel die Verformung (Schrägstellung) der Lauffläche bei auftretenden seitlichen Kräften (Kurvenfahrt).

Korrosionsschutz von Bauteiloberflächen durch Deckschichten/Überzüge.

Schichtstoffe aus Holz und Kunststoff in der Möbelindustrie, Al-Folien und Papier in der Verpackungsindustrie, Thermobimetalle für Mess- und Regelgeräte, Filme und Diapositive.

10.1.3 Einteilung der Verbundwerkstoffe nach Anordnung der Komponenten

Faserverbundwerkstoffe: faserverstärkter Kunststoff und Gummi, Drahtglas, Stahlbeton, Holz.

Laminate: mit Kunststoff getränkte Fasermatten, Sperrholz, Verbundsicherheitsglas.

Feinste Verteilung eines Stoffes in einem anderen (Dispersion): Metall-Keramik-Sinterwerkstoffe, durch Ausscheidung oder eutektoiden Zerfall entstandene Gemische beständiger Phasen.

Oberflächenbeschichtete Werkstoffe: Werkstoffe mit Oberflächenschichten zur Erhöhung des Korrosions- oder Verschleißwiderstandes, Verbundguss, z. B. mit Lagermetall ausgegossene Stahllagerschalen.

10.2 Faserverbundwerkstoffe

10.2.1 Allgemeines

Faserverbundwerkstoffe sind durch eingelagerte Fasern verstärkte Werkstoffe. Sie haben in der Luft- und Raumfahrt, der Energietechnik und im Allgemeinen Leichtbau zunehmende Bedeutung.

Für die Verstärkung durch Fasern kommen Kunststoffe, Metalle und keramische Werkstoffe in Betracht, die in diesem Zusammenhang **Matrixwerkstoffe** genannt werden (Matrix = Mutterboden).

Bisher sind Faserverbundwerkstoffe mit Kunststoffmatrizen führend. Faserverbundwerkstoffe mit metallischen und keramischen Matrizen, z. B.: Hochtemperaturkeramik ▶ S. 212 und ▶ Bild 2.

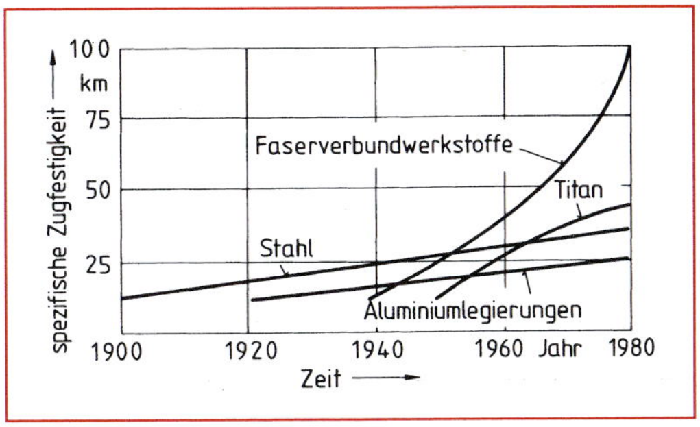

Bild 1 Die Entwicklung der spezifischen Zugfestigkeit/Reißlänge wichtiger Werkstoffe

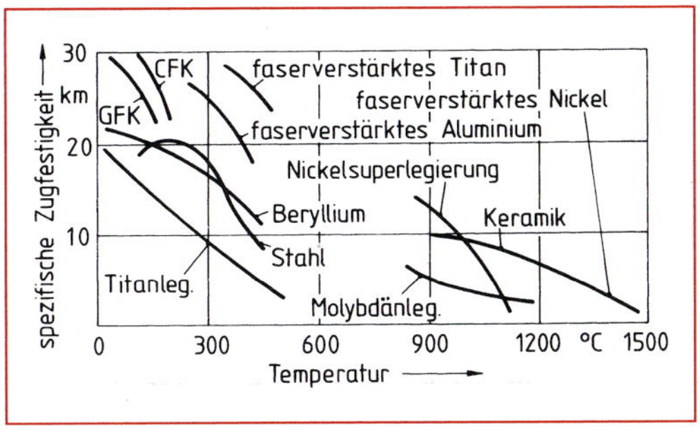

Bild 2 Die spezifische Zugfestigkeit/Reißlänge wichtiger Werkstoffe in Abhängigkeit von der Temperatur (spezifische Zeitstandfestigkeit)

Der Verstärkungseffekt, auch bei erhöhter Temperatur, wird dadurch erreicht, dass die Verstärkungsfasern in der Regel höhere Zugfestigkeit, einen höheren Schmelzpunkt und Elastizitätsmodul als die Matrizen besitzen.

Die höchsten mechanischen Werte, z. B. Reißlänge und Elastizitätsmodul, werden in Faserrichtung erreicht. Die Nutzung der Anisotropie erfordert daher eine der Beanspruchung entsprechende Anordnung der Fasern im Bauteil.

Man unterscheidet unidirektionale Verstärkung, bei der die Fasern in einer Richtung angeordnet sind, und multidirektionale Verstärkung mit in verschiedenen Richtungen orientierten Fasern.

10.2.2 Faserverstärkte Polymerwerkstoffe

Matrixwerkstoffe	Faserwerkstoffe	Orientierung der Fasern		
Polymerwerkstoffe Metalle Keramiken	Glasfasern Kevlar-/Aramidfasern Kohlenstofffasern HT HT = hohe Festigkeit Kohlenstofffasern HM HM = mittlere Festigkeit Borfasern, ▶ S. 212	Faserbünden (Roving)		unidirektionales Laminat
		Kurzfaser gerichtet ungerichtet		bi-/multidirektionales Laminat
		Gewebe		
		Matte		Wickellaminat

Bettungsmassen/Matrixwerkstoffe, Faserwerkstoffe und Faserorientierungen der faserverstärkten Polymerwerkstoffe. Laminat: allgemein = Schichtstoff.

Das mechanisch-technologische Verhalten der faserverstärkten Polymerwerkstoffe wird von der Art der Matrizen und Fasern, von der Menge und Orientierung der Fasern und vom Herstellungsverfahren beeinflusst.

Mechanische Werte von unidirektional faserverstärkten Polymerwerkstoffen

Fasergehalt 50 Vol.-%	E-Modul in MPa	Zugfestigkeit in Faserrichtung in MPa	Dichte in kg/m³
GFK	45000…10000	400…500	1,4…1,8
CFK	10000…250000	800…1000	1,7…1,8
BFK	230000	1100	1,9
Aramid-FK	30000…80000	500…1500	1,35

Kurzzeichen: **GFK** = glasfaserverstärkter Kunststoff, **CFK** = kohlenstofffaserverstärkter Kunststoff, **BFK** = borfaserverstärkter Kunststoff, **Aramid-FK** = aramid-/kevlarverstärkter Kunststoff.

Faserverstärkte Polymerwerkstoffe vereinigen hohe mechanische Eigenschaften mit niedrigem Gewicht. Sie ermöglichen Konstruktionen, die mit Metall nicht ausführbar sind; allgemein bekanntes Beispiel: Stabhochsprungstab.

Anwendungsgebiete

Die aus teuren Hochleistungsfasern hergestellten Aramid-FK, BFK und CFK werden im Flugkörper- und Flugzeugbau verwendet. Sie ergeben gegenüber den AlCuMg-Legierungen Gewichtseinsparungen von etwa 20 %.

Glasfasern sind wesentlich preisgünstiger als Hochleistungsfasern und daher die bevorzugten Verstärkungsmittel für weniger hoch beanspruchte flächige Polymerwerkstoffbauteile, z. B. Karosserieteile, Abdeckungen, Gehäuse und Boote.

Herstellung von Bauteilen aus faserverstärkten Polymerwerkstoffen

Durch Laminieren von Hand (Kontakt-/Handauflegeverfahren) werden Einzelstücke hergestellt. Dabei werden auf eine Form, z. B. die Hohlraumform eines Bootes, abwechselnd dünne Kunstharzschichten (mit einem Pinsel) und Fasermatten aufgetragen. Die Qualität des mehrschichtigen Endproduktes hängt vom Können des Herstellers ab. Mechanische Laminiereinrichtungen sind in Entwicklung und z. T. schon im Gebrauch.

Beim Pressen werden zugeschnittene Vorimprägnate/Halbzeuge = *Prepregs* in Formen zu Bauteilen gepresst oder mit metallischen Zugbändern verbunden.

Halbzeuge aus glasfaserverstärkten Kunststoffen sind:

Lederartige Harzmatten, Sheet Molding Compounds, Kurzzeichen SMC, sind glasfaserverstärkte duroplastische Platten, in denen alle erforderlichen Bestandteile für die Herstellung von Faser-Kunststoff-Verbund-Bauteilen enthalten sind. Sie werden in beheizten Pressen zu Bauteilen geformt und ausgehärtet. Liegen sie als Pressmassen vor, spricht man von Bulk Molding Compounds, kurz BMC. Die Bezeichnungen sind in der DIN EN 14598, Teile 1…3: 2005 genormt.

Glasmattenverstärkte Thermoplaste, Kurzzeichen GMT, sind Glasmatten, die mit einen thermoplastischen Kunststoff verklebt und umhüllt sind. Zur Formgebung werden sie zunächst in einem Infrarot- oder Umluftofen erwärmt und anschließend in einer kalten Presse in Form gebracht. Die Presszeit ist kürzer als beim Spritzgießen, d. h. diese Werkstoffe sind für die Großserienfertigung geeignet. Die Bezeichnungen sind in der DIN EN 13677, Teile 1…3: 2003 genormt.

Beim Spritzgießen werden mit sehr kurzen Glasfasern vermischte *Elastomere* in Formen gespritzt, in denen chemische Reaktionen und Formgebungen gleichzeitig stattfinden. Kurzzeichen: RIM (Reaction Injection Molding).

Vorteile von SMC, GMT und RIM: Gewichtsersparnis, Korrosionsbeständigkeit, gute Lackierfähigkeit und kleiner Maschinenpark bei der Verarbeitung. Nachteil: Für die Umwandlung von kinetischer Energie in Verformungsarbeit können diese Stoffe Stahl nicht ersetzen.

Beim Strangziehen werden Fasern durch ein Harzbad und eine Profildüse gezogen. Dieses Verfahren dient zur Herstellung von unidirektional verstärkten Profilstäben.

Beim Wickelverfahren (Filament Winding) werden durch ein Harzbad gezogene Fasern auf einen rotierenden Kern gewickelt, sodass Rotationshohlkörper (Rohre, Behälter) entstehen.

10.2.3 Faserverstärkte Metalle (Metal Matrix Compounds, MMC)

Verstärkungswerkstoffe sind Kohlenstoff-/Bor-/Beryllium-/Molybdän-/keramische Fasern oder Whisker.

Faserverbundwerkstoffe mit Aluminiummatrix wurden bisher in größerem Umfange erprobt und verwendet als andere faserverstärkte Metalle. Sie werden im Flugzeug- und Triebwerksbau verwendet, wenn neben geringem Leistungsgewicht hohe Warmfestigkeit erforderlich ist.

Faserverbundwerkstoffe mit Nickelmatrix. Die in ▶ Bild 2 S. 219 beschriebenen Nickellegierungen werden im Triebwerksbau bei Betriebstemperaturen bis zu 900 °C eingesetzt. Die Faserverstärkung dieser Werkstoffe bietet die Möglichkeit, Betriebstemperaturen von 900 °C zu überschreiten. Ein technischer Einsatz von Verbundstoffen dieser Art ist beim heutigen Stande der Entwicklung noch nicht möglich.

Faserverbundwerkstoffe mit Kupfermatrix. Die geringe spezifische Zugfestigkeit und mäßige Warmfestigkeit des Kupfers können durch Faserverstärkung verbessert werden. Die Anwendung ist bisher sehr gering.

Faserverbundwerkstoffe mit Titanmatrix wurden mit dem in ▶ Bild 2 S. 219 wiedergegebenem Ergebnis erprobt. Die Anwendung ist von der Verträglichkeit der Verstärkungsfasern mit Titan abhängig.

Herstellung faserverstärkter Metalle

1. *Mit Vormaterial:* Beschichten von Fasern mit Matrixwerkstoff durch Niederschlag aus der Gasphase oder elektrochemischen Abscheidungen; Ziehen durch eine Matrixschmelze; Aufwalzen von Fasern auf Matrixwerkstoff-Folien. Weiterverarbeitung dieses Vormaterials durch Heißpressen.
2. *Durch Kleben:* Aufkleben von Kohlenstoffasern auf dünne Al-Zugbänder.
3. *Durch direkte Fertigung:* Füllen einer in einer Form vorbereiteten Faseranordnung mit Matrixschmelze unter Druck oder Vakuum.

10.2.4 Faserverstärkte keramische Werkstoffe (Ceramic Matrix Compounds, CMC)

Faserverbundwerkstoffe mit keramischer Matrix werden durch pulvermetallurgische Verfahren hergestellt. Die eingelagerten Fasern aus hochschmelzenden Metallen verbessern als Rissbarrieren die Festigkeit und Zähigkeit der keramischen Matrix.

Faserverstärkte keramische Werkstoffe lassen sich bei solchen hohen Temperaturen technisch einsetzen, die für metallische Werkstoffe nicht erreichbar sind.

Aufgaben:

1. Erklären Sie den Begriff Verbundwerkstoffe.
2. Was versteht man unter Faserverbundwerkstoffen?
3. Nennen Sie einige Matrixwerkstoffe, die für eine Faserverstärkung in Betracht kommen.
4. Welche Faserwerkstoffe sind heute in Gebrauch?
5. Erläutern Sie die beiden Begriffe **a)** unidirektionale und **b)** multidirektionale Verstärkung.
6. Was bedeuten die folgenden Kurzzeichen: GFK, CFK, BFK, SMC, BMC, GMT, MMC und CMC?
7. Nennen und erklären Sie die verschiedenen Verfahren zur Herstellung zur Herstellung von Bauteilen aus faserverstärkten Polymerwerkstoffen.
8. Auf welche Weise können faserverstärkte Metalle hergestellt werden?

11 Additive Fertigungsverfahren[1]

Kürzer werdende Produktlebenszyklen und zunehmende Produktindividualisierung haben in den vergangenen Jahren die sogenannten Additiven Fertigungsverfahren (auch Additive Manufacturing Verfahren oder AM-Verfahren genannt) hervorgebracht. Diese bieten gegenüber konventionellen Fertigungsverfahren wirtschaftliche Vorteile in der Kleinserien- und Einzelfertigung sowie größere Freiheiten in der strukturellen und geometrischen Bauteilgestaltung. So können konventionell nicht herstellbare Bauteilgeometrien erzeugt und am gleichen Bauteil unterschiedliche Struktureigenschaften eingestellt werden. Auch können Multifunktionsbauteile hergestellt werden, wodurch Montageschritte entfallen. Dadurch eröffnen sich neue Gestaltungsmöglichkeiten für die unterschiedlichsten Branchen und Produkte.

Additive Fertigungsverfahren sind durch einen von der Strategie herkömmlicher Fertigungsverfahren unabhängigen und in technisch und ökonomischer Hinsicht vorteilhaften technologischen Ansatz gekennzeichnet. In der Folge erschlossen sie sich – unter erheblicher Erweiterung der technologisch-kommerziellen Möglichkeiten – drei große Anwendungsgebiete. Diese Anwendungsgebiete sind das **Rapid Prototyping** (Herstellung von Funktionsmustern und Prototypen), das **Rapid Tooling** (Herstellung von Produktionswerkzeugen) sowie das vielfältigste der drei Anwendungsgebiete, das **Rapid Manufacturing** (Herstellung von einbaufähigen Bauteilen bzw. Endprodukten). Vor allem dem Anwendungsgebiet „Rapid Manufacturing“ wird noch ein erhebliches Wachstum zugesprochen. Begründet wird dies mit den vielen potentiellen Anwendungen und dem großen Branchenspektrum: Automatisierungstechnik, Automobilbau, Bauwesen, Bekleidung, Design, Elektronik, Kunst, Luft- und Raumfahrt, Maschinen- und Anlagenbau, Medizintechnik, Nahrungsmittel, Spielwaren und Sportartikel.

Industrielle Beispiele für die Nutzung der neuen technologischen Möglichkeiten liegen derzeit beispielsweise in der Luft- und Raumfahrttechnik, wo geometrisch komplexe Leichtbaukomponenten additiv hergestellt werden. Diese ermöglichen gegenüber konventionell hergestellten Komponenten eine erhebliche Gewichtsreduzierung und somit Treibstoff- und Kosteneinsparungen, wodurch die derzeit noch hohen Kosten bei der additiven Fertigung überkompensiert werden können. Weiterhin sind als bedeutende Geschäftsfelder die Dentaltechnik mit jährlich über 10 Mio. additiv hergestellten Brücken, Kronen und Zahnteilen sowie die Hörgerätetechnik mit über 40 % der Weltproduktion an Ohrpassstücken zu nennen. Hier sind die additiven Verfahren hinsichtlich Produktivität und Qualität der konventionellen Herstellung prozessbedingt überlegen. Darüber hinaus steht die Erschließung der Marktpotenziale in den allermeisten Branchen jedoch erst ganz am Anfang. Als wesentliche technologische Gründe werden die derzeit entweder noch manuell vorzunehmenden oder gänzlich fehlenden notwendigen Nachbearbeitungsprozesse angesehen.

11.1 Charakterisierung der additiven Fertigungsverfahren

Bezüglich der genutzten Wirkprinzipien zeigen additive Fertigungsverfahren häufig Analogien zu konventionellen Fügeverfahren wie dem Kleben oder dem Laserstrahlschweißen. Je nach vorliegendem Fügeprinzip lassen sich die unterschiedlichsten Werkstoffe wie Kunststoffe oder Metalle additiv verarbeiten. Die Werkstoffauswahl bestimmt dann auch die entsprechenden Anwendungsgebiete.

Das Spektrum an additiven Fertigungsverfahren ist groß. Zusätzlich besteht eine gewisse Begriffsvielfalt, da Hersteller additiver Fertigungsanlagen und auch viele Anwender versuchen, ähnliche Verfahren unter verschiedenen und teilweise markenrechtlich geschützten Bezeichnungen auf dem Markt zu positionieren. Die Normung und Standardisierung kann naturgemäß mit der sich schnell weiterentwickelnden Technologie nicht mithalten und so ist eine relativ uneinheitliche Begriffswahl vorzufinden. Beispielweise sind unter „Pulverbettbasiertem Schmelzen“ mehrere Kunststoff- und Metallpulver basierte Elektronen- oder Laserstrahlverfahren zusammengefasst, die sich nicht nur hinsichtlich ihrer Anwendungsfelder stark unterscheiden. Selbst Verfahrensvarianten, die Werkstoff und Fügeprinzip gemeinsam haben, unterscheiden sich unter Umständen durch unterschiedliche anlagentechnische Funktionsprinzipien.

---

[1] Literaturvorlagen für das nachfolgende Kapitel siehe S. 343

Da eine umfassende Übersicht aller am Markt befindlichen Verfahren im Rahmen dieses Kapitels nicht möglich ist, wurden einige industriell bedeutsame Verfahren ausgewählt und in ▶ Bild 1 anhand ihres physikalischen Wirkprinzips dargestellt.

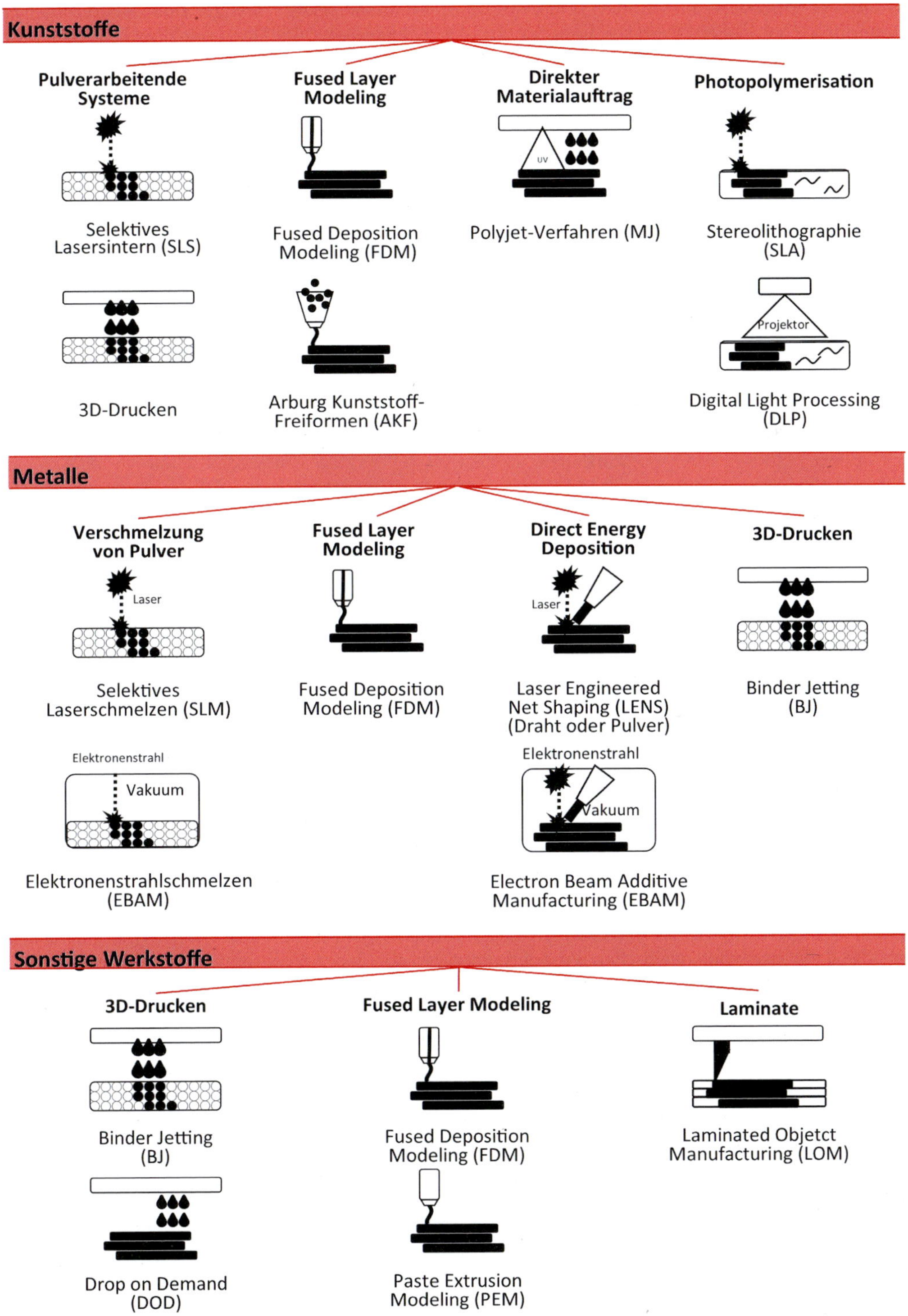

Bild 1 Beispiele für industriell bedeutsame additive Fertigungsverfahren

11.2 Werkstoffe der additiven Fertigungsverfahren

Der Erfolg der Additiven Fertigungsverfahren basiert auch auf ihrer Fähigkeit, unter Einsatz unterschiedlichster Prozessmodifikationen und Wirkprinzipien aus in fester, flüssiger oder gasförmiger Form vorliegenden Materialien Werkstücke schichtweise aufzubauen. Die Wirkprinzipien beruhen dabei überwiegend auf Verkleben, Verbacken oder Verschmelzen (▶ Bild 1). Als Materialien können unter anderem Kunststoffe, Metalle und Mineralien eingesetzt werden.

Ausgangszustand des Materials		
gasförmig	Chemisch abscheiden	
	Physikalisch abscheiden	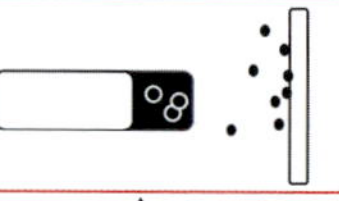
flüssig	Aushärten	
fest	Aufkleben	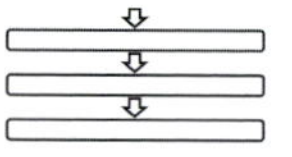
	Auftragen	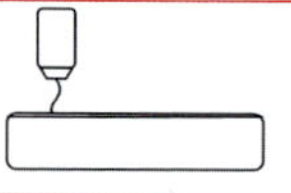
	Verbinden	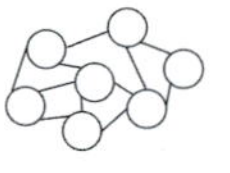
	Verschweißen	

Bild 1 Wirkprinzipien der additiven Fertigungsverfahren

Da die Parameter der AM-Verfahren nur innerhalb eines vergleichsweise engen Prozessfensters verändert werden können, ist die Entwicklung neuer Materialien langwierig und entsprechend teuer. Deshalb ist die Anzahl der auf dem Markt angebotenen Grundwerkstoffe relativ begrenzt. Da jedoch aufgrund des engen Prozessfensters für die unterschiedlichen Verfahren, Anlagen und Anwendungen individuelle Modifikationen des Grundwerkstoffs mit unterschiedlichen Zuschlagstoffen benötigt werden, ergibt sich auch durch die dann herstellerspezifischen Produktnamen ein für den Anlagenbetreiber facettenreiches Bild. Daher kann nachfolgend nur ein grober Überblick über die eingesetzten Werkstoffmodifikationen gegeben werden.

Auch aufgrund der strukturellen und geometrischen Vielfalt der auf dem Markt bedienten Anwendungen müssen Baumaterialien in den unterschiedlichen Aggregatzuständen „gasförmig", „flüssig" und „fest" angeboten werden.

Der gasförmige Aggregatszustand ermöglicht das Aufbringen dünnster Schichten vor allem in der Halbleiter- und Elektronikindustrie. Der flüssige Aggregatszustand wird gewählt, wenn feinere Oberflächen erzeugt werden sollen. Beispielsweise wird der schichtweise Aufbau aus dem flüssigen Zustand mittels Stereolithographieverfahren zur Herstellung feinster Strukturen medizintechnischer Produkte eingesetzt. Der feste Aggregatszustand dient als Grundlage zur Herstellung größerer Werkstücke. Im Bereich der metallischen Werkstoffe sind das draht- oder pulverbasierte Auftragsschweißen oder das pulverbettbasierte Laserschmelzen beispielsweise im Maschinenbau oder in der Luft- und Raumfahrttechnik zu nennen. Im Bereich der Kunststoffe sind das Lasersintern und das Fused-Layer-Modeling-Verfahren von großer Bedeutung.

Gasförmiger Ausgangszustand

Verfahren, die auf dem gasförmigen Ausgangszustand des Werkstoffs aufbauen, arbeiten nach den Grundprinzipien der chemischen Reaktion, des Bedampfens oder der Ionisation (▶ Bild 1). Sie werden vornehmlich für die Herstellung dünnster halbleitender, metallischer oder dielektrischer Schichten eingesetzt. Verarbeitet werden Materialien wie Chrom, Gold, Nickel, Silizium und Tantal.

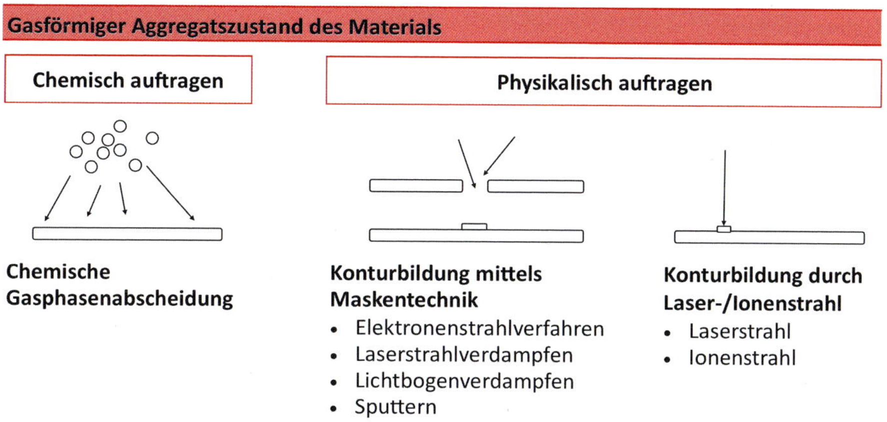

Bild 1 Wirkprinzipien der auf dem gasförmigen Aggregatszustand aufbauenden additiven Fertigungsverfahren

Flüssiger Ausgangszustand

In flüssiger oder pastöser Form vorliegender Werkstoff wird im Zusammenhang mit additiven Fertigungsverfahren nach verschiedenen Prinzipien verarbeitet (▶ Bild 2). Die Verfestigung der flüssigen bzw. pastösen Werkstoffe erfolgt durch Polymerisation, bei welcher in einer chemischen Reaktion Monomere zu langen Molekülketten umgewandelt werden und sich dabei verfestigen. Die zur Polymerisation erforderliche Energie wird durch Licht oder Wärme zugeführt, die Werkstoffe müssen daher photosensibel sein. Dementsprechend ist das Verfahren auf Kunststoffe beschränkt, welche ein Photopolymer enthalten.

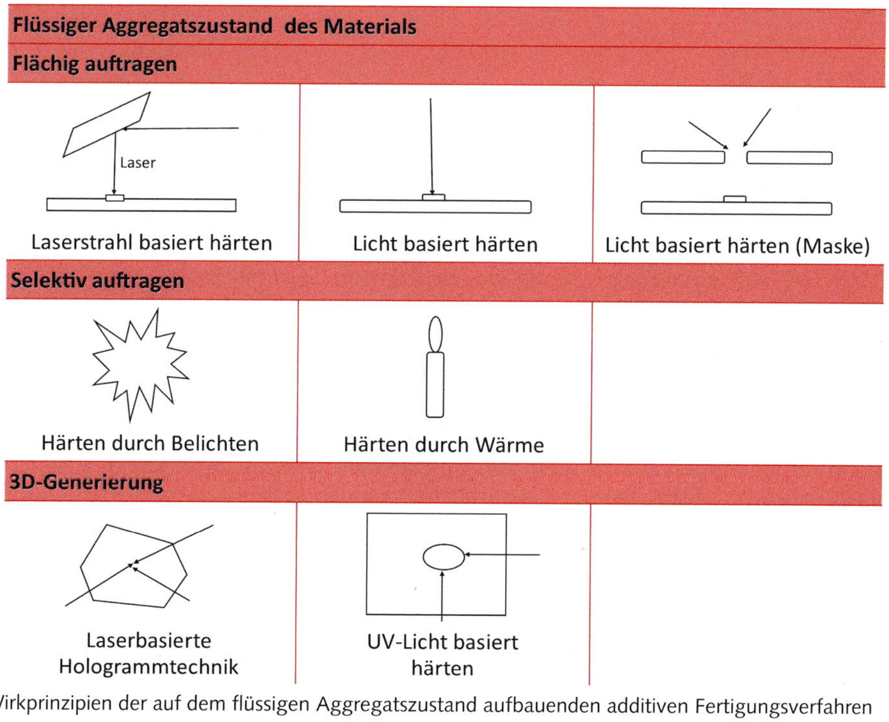

Bild 2 Wirkprinzipien der auf dem flüssigen Aggregatszustand aufbauenden additiven Fertigungsverfahren

Es können auch gefüllte Werkstoffe verarbeitet werden. Dabei dient das Polymer nur als Trägerwerkstoff und wird nach dem Bauprozess in einem Ofen ausgetrieben. Der Füllwerkstoff bildet dann das Bauteil. Mithilfe von Füllstoffen kann eine Vielzahl von Materialien verarbeitet werden.

Mögliche Verfahren sind unter anderem Beispiele für das Verfahren sind die Stereolithographie, das Multi-Jet Modeling und das Poly-Jet-Verfahren.

Fester Ausgangszustand

Im festen Aggregatszustand befindliche Baumaterialien liegen in der Regel als Blech, Draht, Laminat, Pulver oder Strang vor (▶ Bild 1). In diesem Bereich ist auf dem Markt das größte Anwendungsspektrum zu beobachten. Dies liegt unter anderem an der verwendbaren Materialvielfalt wie Keramiken, Kompositwerkstoffe, Kunststoffe, Metalle, Metalllegierungen, Sand und Stahl.

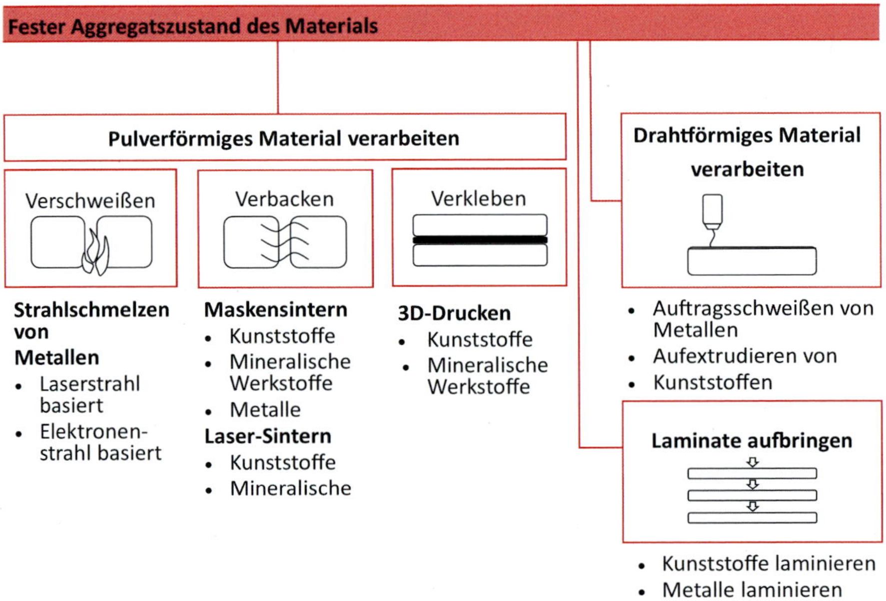

Bild 1 Wirkprinzipien der auf dem festen Aggregatszustand aufbauenden additiven Fertigungsverfahren

Drahtförmige Materialien

Drahtförmige Baumaterialien für AM-Verfahren bestehen häufig aus Kunststoffen und werden mittels des Fused Deposition Modeling Verfahrens (FDM, auch Fused Layer Modeling (FLM) genannt) über erhitzte Düsen extrudiert. Zur Erzeugung der Bauteilgeometrie wird häufig ein spezielles Stützstruktur-Material eingesetzt, welches nach dem Bauprozess in Laugenbädern entfernt werden kann.

Metallische Drähte dagegen werden beim schichtweisen Aufbau des Werkstücks durch Auftragsschweißen verwendet (WAAM-Verfahren: Wire Arc Additive Manufacturing).

Laminate

Zur Herstellung laminatförmiger Strukturen können Bleche, Folien und Papierbögen auch in Form von Kompositmaterialien verwendet werden. Die Schichten können verklebt, verstiftet oder ultraschallverschweißt werden. Die entsprechenden Verfahren werden häufig unter dem Begriff Layer Laminated Manufacturing (LLM) zusammengefasst.

Pulverförmige Werkstoffe

Pulverförmige Baumaterialien auf der Basis von Kunststoffen, Metallen und Mineralien werden auf dem Markt in vielfältiger Form angeboten. Zur Bildung der Bauteilstruktur können unterschiedliche Prinzipien wie das Verkleben, das Anschmelzen oder das Aufschmelzen eingesetzt werden.

Kunststoffpulver verarbeitende Verfahren sind beispielsweise das Poly-Jet-Verfahren, das Selective Laser Melting, das Selective Laser Sintering und und die Pulverdruck-Polymerisation. Das Selective Laser Melting (SLM) ermöglicht die Herstellung sehr dünner Schichten (20 µm) und damit sehr feiner Strukturen. Nachteilig sind die relativ geringen Auftragsraten von 0,01 kg/h und die Begrenzung der Arbeitsfläche aufgrund von Laserauslenkung und Bauraumkapselung. Bei pulverstrahlbasierten Verfahren liegt die Auftragsrate um eine Größenordnung höher (ca. 0,1 kg/h), die realisierbaren Bauschichtstärken betragen jedoch 0,1–1 mm, wobei der Bauraum keinen technologischen Beschränkungen unterliegt.

Unterscheidet man die eingesetzten Materialien nach der Werkstoffart, ergibt sich bezüglich der Werkstoffgruppen folgendes Bild.

11.3 Eingesetzte Werkstoffe nach Werkstoffarten

11.3.1 Kunststoffe

Typische eingesetzte Kunststoffe sind Acrylate, Epoxidharze, Acrylnitril-Butadien-Styrol-Copolymer ABS, Polyamid PA, Polycarbonat PC, Polyethylen PE, Polyetheretherketon PEEK, Polyetherimid PEI, Polylactid PLA, Polymethylmethacrylat PMMA, Polypropylen PP, Polyphenylensulfid PPS und Polyurethan PUR. Je nach Werkstoff sind Aluminiumverfüllung, Wachsinfiltrierung sowie Glasfaser- und Kohlefaserverstärkung möglich. Eine Auswahl von auf dem Markt erhältlichen, mittels additiven Fertigungsverfahren verarbeitbaren Kunststoffen ist in ▶ Tabelle 1 aufgelistet.

Im Bereich der Kunststoffe ist zu beachten, dass die für AM-Verfahren nutzbaren Modifikationen nicht die für Extrudieren und Spritzgießen erwarteten Eigenschaftskennwerte erreichen.

Werkstoff	Beispiel Handelsname	Beispiel Hersteller	Lieferform	Verfahren
Acryl	EX200	VisiJet	Harz	MJM
Acrylnitril-Butadien-Styrol-Copolymer	Accura ABS Black	3D Systems	Harz	SLA
Acrylnitril-Butadien-Styrol-Copolymer	ABS-M30	Stratasys	Filament	FDM
Acrylnitril-Styrol-Acrylat-Copolymer	ASA+	PrimaSelect	Filament	FDM
Nylon	DuraForm PA	3D Systems	Pulver	SLS
Polylactid (rußgefüllt)	Composite PLA	Proto-Pasta	Filament	FDM
Polyamid (aluminiumgefüllt)	Alumid	Materialise	Pulver	SLM
Polyamid 12 (aluminiumgefüllt)	Alumide PA12-MD (Al)	EOS	Pulver	SLS
Polyethylenterephthalat (Modifikation)	PETG	EasyPrint	Filament	FDM
Polylactid	PLA Filament	PrimaValue	Filament	FDM
Polymerharz	Basic Resin	HARZ Labs	Harz	SLA
Polymethylmethacrylat	PMMA Filament	Material4print	Filament	FDM
Polypropylen	VisiJet SL Flex	3D Systems	Harz	SLA
Polypropylen (Modifikation)	VisiJet M3 Black	3D Systems	Pulver	MJF
Polystyrol (Modifikation)	HIPS	PrimaSelect	Filament	FDM
Thermoplastische Elastomer	FilaFlex Filament	FilaFlex	Filament	FDM

Tabelle 1 Auswahl von auf dem Markt erhältlichen, mittels additiven Fertigungsverfahren verarbeitbaren Kunststoffen

11.3.2 Metalle und Stahllegierungen

Die im Bereich der AM-Verfahren angebotenen Metall- und Stahllegierungen haben sich zumeist etabliert, weil sie die jeweils gewünschten Eigenschaftsprofile bei akzeptablen Werkstoffkosten und bei Bedarf hinreichend guter Weiterverarbeitbarkeit durch konventionelle Fertigungsverfahrensgruppen wie Zerspanen bieten.

Mit additiven Fertigungsverfahren können auch Legierungen verarbeitet werden, die bisher wegen ihrer schlechten Verarbeitbarkeit nicht eingesetzt wurden. Auch metallische Gläser sind herstellbar.

Im Vordergrund stehen Stahllegierungen wie 1.2709, 1.4404 und Inconel 718, Titan und Titanlegierungen wie Titanaluminid, Aluminiumlegierungen wie AlSiMg, Al 7075 und Al30AL, Kupferlegierungen sowie Nickel- und Kobalt-Chrom-Legierungen. Eine Auswahl von auf dem Markt erhältlichen, mittels additiven Fertigungsverfahren verarbeitbaren Metallen und Metalllegierungen ist in ▶ Tabelle 1 aufgelistet.

Werkstoff	Beispiel Handelsname	Beispiel Hersteller	Lieferform	Verfahren
Aluminium	Aluminium AlSi10Mg	EOS	Pulver	SLM
Aluminium	Aluminium AlSi10Mg	m4p	Pulver	SLM
Aluminium	Aluminium	OPTOMEC	Pulver	LENS
Aluminium	Aluminium	Sciaky Inc.	Draht	EBAM
Bronze	METAL – Brass	PrimaSelect	Filament	FDM
Cobalt	Cobalt	m4p	Pulver	SLM
Cobalt	Cobalt	OPTOMEC	Pulver	LENS
Cobalt-Chrom-Legierung	CobaltChrome MP1 CoCrMo	EOS	Pulver	SLM
Cobalt-Chrom-Legierung	Cobalt-Chrom	arcam	Pulver	EBM
Edelstahl	Stainless Steel GP1	EOS	Pulver	SLM
Edelstahl	Edelstahl	Sciaky Inc.	Draht	EBAM
Edelstahl	Edelstahl	OPTOMEC	Pulver	LENS
Eisen	Eisen	m4p	Pulver	SLM
Kupfer	METAL – Brass	PrimaSelect	Filament	FDM
Kupfer	Kupfer	OPTOMEC	Pulver	LENS
Kupfer-Nickel-Legierung	70-30 Kupfer Nickel	Sciaky Inc.	Draht	EBAM
Messing	METAL – Brass	PrimaSelect	Filament	FDM
Nickel	Nickel	OPTOMEC	Pulver	LENS
Nickel	Nickel	m4p	Pulver	SLM
Nickellegierung	Inconel 718, 625	Sciaky Inc.	Draht	EBAM
Nickellegierung	NickelAlloy IN718	EOS	Pulver	SLM
Stahl	Stahl	Sciaky Inc.	Draht	EBAM
Tantal	Tantal	Sciaky Inc.	Draht	EBAM
Titan	Titan	m4p	Pulver	SLM
Titan	Titan	Sciaky Inc.	Draht	EBAM
Titan	Titan	OPTOMEC	Pulver	LENS
Titan	Titan	arcam	Pulver	EBM
Werkzeugstahl	Werkzeugstahl	OPTOMEC	Pulver	LENS
Wolfram	Wolfram	m4p	Pulver	SLM
Zirkonlegierung	Zirkaloy	Sciaky Inc.	Draht	EBAM

Tabelle 1 Auswahl von auf dem Markt erhältlichen, mittels additiven Fertigungsverfahren verarbeitbaren Metallen und Metalllegierungen

11.3.3 Mineralische, keramische Werkstoffe

Im Bereich der mineralischen und keramischen Werkstoffe werden pulverbasiertes Siliziumkarbid SiC, Cermets, Aluminiumsilikatsande, Quarzsande, Zirkonsande und Materialgemische aus Gips, Gießsand und Zusatzstoffen zur Herstellung von Gießformen verarbeitet. Eine Auswahl von auf dem Markt erhältlichen, mittels additiven Fertigungsverfahren verarbeitbaren mineralischen und keramischen Materialien ist in ▶ Tabelle 1 Seite 229 aufgelistet.

Werkstoff	Beispiel Handelsname	Beispiel Hersteller	Lieferform	Verfahren
Aluminiumoxid	Aluminiumoxid (Al_2O_3)	3d-figo GmbH	Granulat	FDM/FFD
Aluminiumoxid	Aluminiumoxid (Al_2O_3)	Admatec	Paste	AdmoPrint
Aluminiumoxid (zirkonoxidverstärkt)	zirkondioxidverstärktes Aluminiumoxid	Admatec	Paste	AdmoPrint
Clay mit Porzellan	Clay mit Porzellan	Wasp	Paste	PEM
Keramik-Harz	Tricalcium-Phosphate	Prodway	Harz	DLP
Quarzglas	Quarzglas	Admatec	Paste	AdmoPrint
Quarzsand	Quarzsand	voxeljet	Pulver	DOD
Siliziumnitrid	Siliciumnitrid (Si_3N_4)	3d-figo GmbH	Granulat	FDM/FFD
Zirkonoxid	Zirkoniumoxid (ZrO_2)	3d-figo GmbH	Granulat	FDM/FFD
Zirkonoxid	Zirkoniumoxid (ZrO_2)	Admatec	Paste	AdmoPrint

Tabelle 1 Auswahl von auf dem Markt erhältlichen, mittels additiven Fertigungsverfahren verarbeitbaren mineralischen und keramischen Materialien

Darüber hinaus werden Papiere sowie unterschiedliche Nahrungsmittel verarbeitet.

Die zunehmende Anzahl neuer Anwendungen bedingt die Entwicklung neuer, mittels additiver Fertigungsverfahren verarbeitbarer Werkstoffe. Beispiele hierfür sind biokompatible und biologisch abbaubare Werkstoffe, nachwachsende Rohstoffe sowie Metall- und Kunststoffkomposite.

Aufgaben:

1. Worin liegt ein wesentlicher Vorteil der Additiven Fertigungsverfahren bezüglich der werkstoffseitigen Bauteileigenschaften?
2. Durch welches anlagen- und verfahrensseitige Prozessmerkmal wird die Werkstoffwahl wesentlich bestimmt?
3. Aus welchem Grund ist die Anzahl der auf dem Markt verfügbaren Grundwerkstoffe für Additive Fertigungsverfahren begrenzt?
4. Was ist der wesentliche Vorteil des gasförmigen Aggregatszustands?
5. Was ist die Grundvoraussetzung für die Verarbeitung von Kunststoffen aus dem flüssigen Ausgangszustand?
6. Welche Werkstoffe können mit den in der Tabelle aufgeführten additiven Fertigungsverfahren verarbeitet werden? Ergänzen Sie die Tabelle durch Ankreuzen.

Verfahren	Werkstoff			
	Kunststoff	Formsand	Metall*)	Keramik
Fused Deposition Modeling				
Laserschmelzen				
Lasersintern				
Multi Jet Modeling				
Stereolithografie				

*) auch Metall/Wachs- oder Metall/Polymer-Mischung

12 Werkstoffe der Elektrotechnik

Werkstoffe der Elektrotechnik sind die Werkstoffe, die für Elektrizitätsleitung, Elektro-/Dauermagnete, Kontakte, Festkörperelektronik und Isolation verwendet werden.

12.1 Elektrische Eigenschaften der Werkstoffe der Elektrotechnik

Die Leitfähigkeit σ für elektrischen Strom ermöglicht den Transport elektrischer Ladungen innerhalb von Stoffen. Sie beruht auf dem Vorhandensein von beweglichen Elektronen in den Stoffen als Ladungsträger.

Die spezifischen elektrischen Widerstände ϱ der Stoffe wirken der elektrischen Leitfähigkeit entgegen. Nach ihrer Größe unterscheidet man:

Supraleiter	$\varrho_S = 0$	z. B. NbTi und NbZr
Leiter	$10^{-6}\ \Omega\text{cm} < \varrho_L < 10^{-4}\ \Omega\text{cm}$	Metalle, Graphit,
Halbleiter	$10^{-3}\ \Omega\text{cm} < \varrho_{HL} < 10^{+8}\ \Omega\text{cm}$	Germanium, Silizium,
Isolatoren	$10^{+9}\ \Omega\text{cm} < \varrho_I < 10^{18}\ \Omega\text{cm}$	Kunststoffe, Keramik.

Der spezifische elektrische Widerstand der metallischen Leiter ϱ ist bei 0 K am geringsten und nimmt mit der Temperatur zu. Die Erklärung der unterschiedlichen spezifischen elektrischen Widerstände der verschiedenen Stoffe ergibt sich aus dem Energiebändermodell.

12.1.1 Das Energiebändermodell

Die vielfach dargestellten Modellbilder von Einzelatomen zeigen elektrisch negativ geladene Elektronen, die auf bestimmten Bahnen den elektrisch positiv geladenen Atomkern umlaufen. Je näher ein Elektron den Atomkern umläuft, umso größer ist seine negative Bindungsenergie und umso stärker ist es an den Atomkern gebunden. Um ein Elektron auf eine weiter außen gelegene Bahn zu bringen, müssen durch Energiezufuhr (Wärme oder Licht) seine negative Bindungsenergie verkleinert und seine kinetische Energie vergrößert werden.

Die in den Modellbildern von Einzelatomen wiedergegebenen Elektronenbahnen sind scharf voneinander getrennt, und jede kennzeichnet durch ihren Kernabstand eine Elektronen-Energiestufe. In ▶ Bild 1 sind die Elektronen-Energiestufen durch horizontale Linien dargestellt. In den Lücken zwischen den Energiestufen, den sog. **verbotenen Zonen**, sind keine Energiezustände für Elektronen möglich.

Die Elektronen werden nur von der mit dem Quadrat der Entfernung abnehmenden *Coulombschen Anziehungskraft, der entgegengesetzten elektrischen Ladung* an den Atomkern gebunden. Die Kurven in ▶ Bild 1 stellen das Coulombsche Kernfeld eines Einzelatoms, sein **Coulomb-Potential** dar.

Bei den zusammengedrückten Atomen, z. B. bei den Gitterbausteinen eines Metallkristalls nach ▶ Bild 1, S. 231, überlappen sich die Coulomb-Potentiale, und die zulässigen Elektronen-Energiestufen werden mit zunehmendem Kernabstand breiter, sodass man von **Energiebändern** spricht (▶ Bild 1 und ▶ Bild 1 S. 231). Die inneren Bänder, die sog. **Valenzbänder**, sind von Valenzelektronen besetzt, die fest bei ihren Atomrümpfen bleiben. Das äußerste Energieband ist das **Leitfähigkeitsband**. Es ist von quasifreien Elektronen besetzt, welche die Coulomb-Potentialwälle der Atomrümpfe überschreiten

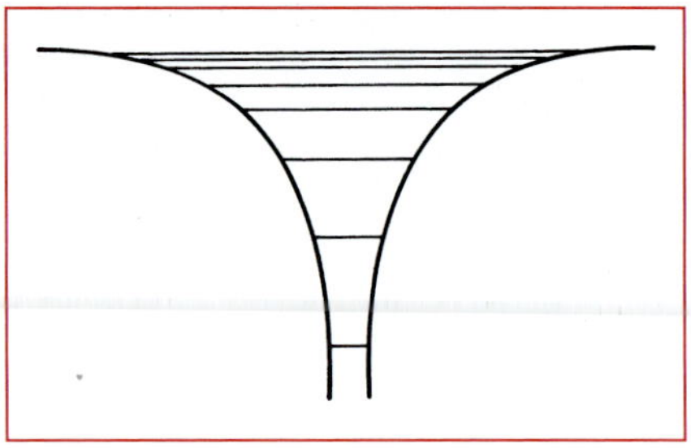

Bild 1 Potentialverlauf und Energieniveaus eines Einzelatoms
Kurven: Verlauf der Coulombschen Anziehungskraft = Coulomb-Potential
Horizontale Linien: Elektronen-Energiestufen = Energieniveauschema
Lücken zwischen den horizontalen Linien: verbotene Zonen

und elektrischen Strom und Wärme transportieren können. Der hohe Potentialwall am Gitterrand in ▶ Bild 1 hindert sie am Verlassen des Metallstückes.

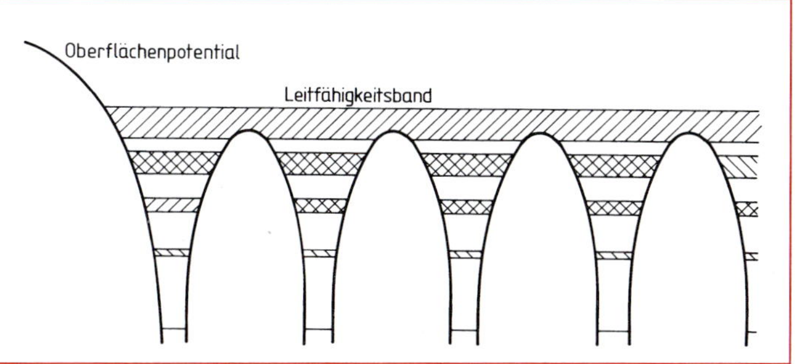

Bild 1 Periodisches Potentialfeld eines Kristalls mit Anregungsbändern und Leitfähigkeitsband

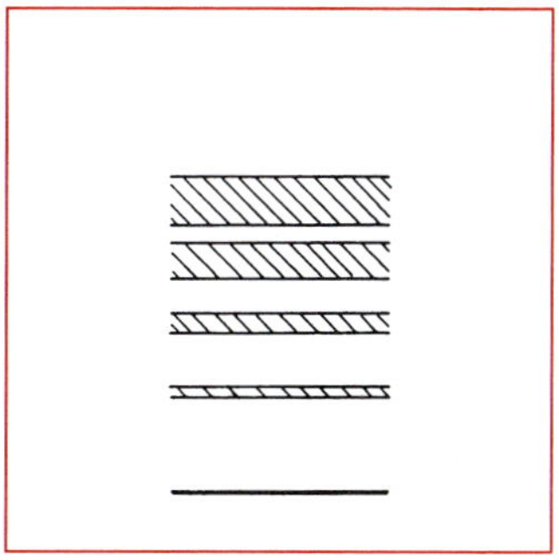

Bild 2 Energiebandschema der Elektronen in einem Kristall
Die schraffierten Flächen stellen die Elektronen-Energiestufen, die Lücken dazwischen die verbotenen Zonen dar

12.1.2 Metallische Leiter, Halbleiter und Isolatoren nach dem Energiebändermodell

Der Transport des elektrischen Stromes und der Wärme durch Elektronen des Leitfähigkeitsbandes in einer Richtung ist nur möglich, wenn sich gleichzeitig die gleiche Zahl anderer Elektronen in entgegengesetzter Richtung bewegen. Dieser Vorgang wird bei einer genügend schmalen verbotenen Zone durch Wechselwirkungen zwischen Leitfähigkeits- und Valenzband ermöglicht.

Die Leitfähigkeit der Werkstoffe kann daher nach der Breite der obersten verbotenen Zone wie folgt beschrieben werden:

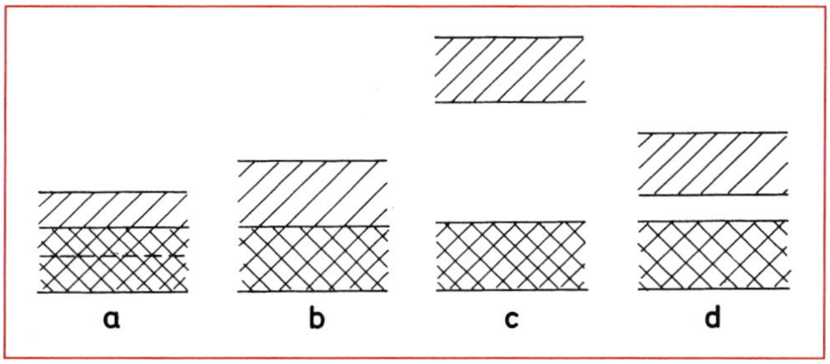

Bild 3 Schema Darstellung der metallischen Leitfähigkeit
Einfach schraffierte Felder: Leitfähigkeitsbänder
Kreuzschraffierte Felder: Valenzbänder
Lücken zwischen den schraffierten Feldern: verbotene Zonen

Sehr gute Leiter sind Metalle, bei denen sich die Leitfähigkeits- und Valenzbänder (▶ Bild 3 a) überlappen, z. B. Cu.

Gute Leiter sind Metalle, bei denen sich die Leitfähigkeits- und Valenzbänder berühren (3 b), z. B. Al.

Isolatoren (3 c) haben sehr bereite verbotene Zonen zwischen den Leitfähigkeits- und Valenzbändern, die von Elektronen unterhalb der Durchschlagsspannung nicht überbrückt werden können.

Halbleiter (3 d), z. B. Silizium, ▶ S. 212, und Germanium, ▶ S. 173, haben schmale verbotene Zonen und sind Isolatoren. Jedoch sind die verbotenen Zonen bei den Isolatoren größer als bei den Halbleitern, sodass mit zunehmender Temperatur eine mit der Temperatur zunehmende Zahl Elektronen in die verbotene Zone springen können. Dies führt zur Leitfähigkeit bei höherer Temperatur, insbesondere bei Ge. In der Elektronik, der Lehre vom Verhalten der Elektronen in Kristallen, wird durch den Einbau elektronenspendender Fremdatome, sog. **Donatoren** (Donator = Spender), und **Akzeptoren** (Akzeptor = Annehmer) zum Elektronenentzug, das elektrische Verhalten der Halbleiter gezielt verändert. Dabei unterscheidet man Überschuss- und Mangelhalbleiter.

Überschusshalbleiter entstehen durch den Einbau von Donatoren, z. B. Arsen- oder Antimonatomen, in die Gitter der Halbleiterkristalle. Da diese Atome je fünf Außenelektronen haben, bleibt nach ihrem

Einbau in die Gitter jeweils ein Elektron übrig, das leicht in das Leitungsband gehoben werden kann. Die entstehende Leitfähigkeit beruht also auf **Überschuss-Elektronen**. Weil der Überschusshalbleiter negative Ladungsträger enthält, nennt man ihn einen **n-Halbleiter**.

Mangelhalbleiter entstehen durch den Einbau von Akzeptoren, z. B. Gallium- oder Indiumatomen, in die Gitter der Halbleiterkristalle. Diese Atome haben nur je drei Außenelektronen, sodass Löcher entstehen, und nach geringer Anregung nehmen Elektronen des Halbleiters die leeren Stellen ein. Das Energieband ist nicht mehr ganz gefüllt, und es entsteht **Löcherleitfähigkeit**. Die Löcher werden durch nachfolgende Elektronen ausgetauscht, da sie sich wie **p**ositive Ladungsträger frei bewegen. Solche Halbleiter nennt man **p-Halbleiter**.

Anwendungsbeispiel: Der Siliziumkristall in ▶ Bild 1 sei so hergestellt, dass er je zur Hälfte aus einem p-Leiter und einem n-Leiter besteht. Beide Leiter grenzen unmittelbar aneinander. Die Grenze nennt man p-n-Übergang. Wird der Pluspol einer angelegten Spannung an den p-Leiter und der Minuspol an den n-Leiter gelegt, ▶ Bild 1 a, fließt ein Durchlassstrom. Nach dem Umpolen, ▶ Bild 1 b, sperrt das Schaltelement den elektrischen Strom.

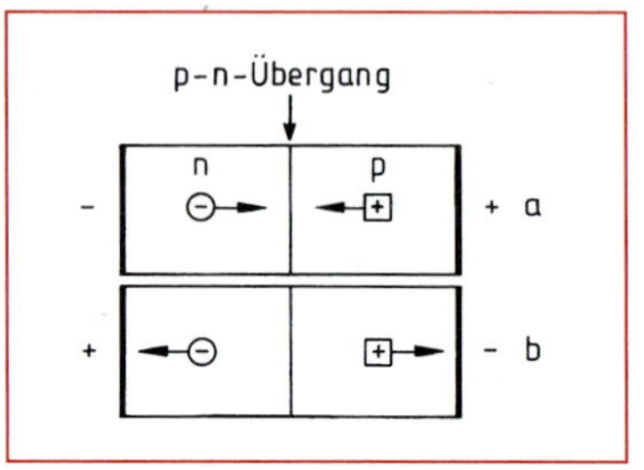

Bild 1 Elektronisches Schaltelement mit nur zwei Anschlüssen und der für elektronische Speicher und Rechner notwendigen zweifachen Verhaltensmöglichkeit

a) Die Ladungsträger werden über den p-n-Übergang angezogen: Stromdurchgang
b) Die Ladungsträger werden vom p-n-Übergang abgezogen: kein Stromdurchgang

Für die Herstellung von elektronischen Geräten sind Kristalle ohne Kristallgitterfehler und elektronenspendende Fremdatome (Verunreinigungen), hohe Temperaturbeständigkeit und gegen unkontrollierbare Einflüsse geschützte Kristalloberflächen erforderlich.

Ge genügt diesen Anforderungen nicht. Bei höherer Temperatur wandelt es sich zum Metall und setzt viele Elektronen frei, ▶ Metallbindung S. 19, sodass die eingebauten Donatoren/Akzeptoren unwirksam werden. Dagegen bleiben bei Si die atomeigenen Elektronen bis 80 °C fest gebunden und die durch die Donatoren/Akzeptoren eingeprägten Wirkungen unverändert.

Durch Herausziehen aus einer Siliziumschmelze werden fehlerfreie Si-Kristalle hergestellt, durch Erhitzen erzeugte arteigene Siliziumdioxid-Deckschichten passivieren die Si-Kristalloberflächen. Durch in das Oxid geätzte Öffnungen werden Donatoren/Akzeptoren durch Bestrahlung mit Atomstrahlen gezielt eingesetzt. Ein photographisches Bild der Elektronen-Verbindungsbahnen (Schaltplan) wird auf die Oxidhaut aufgedampft. Die Si-Technik benutzt nur die dünne Haut des Kristalls unter der Oxidschicht, sodass der Rest des Kristalls nur noch als Halterung dient. Von den Si-Kristallen abgetrennte dünne Scheiben, sog. **Wafer** (Waffeln), dienen zur Herstellung von **Chips** (Scheibchen), auf denen die elektronischen Schaltungen zusammengefasst sind.

Ein p-n-Übergang in einem Siliziumkristall kann Sonnenlicht in elektrische Energie umwandeln. Anwendung: Solarzellen.

Die **Verbindungshalbleiter Galliumarsenid** (GaAs) können elektrischen Strom in sichtbares/unsichtbares Licht und Laserlicht umwandeln. GaAs hat eine um den Faktor sechs höhere Elektronenbeweglichkeit im Kristallgitter als Si und einen Temperaturarbeitsbereich bis zu 200 °C. Ga kommt in der Natur selten vor, Si sehr häufig. Kristalle mit großer Reinheit sind aus Ga schwieriger herstellbar als aus Si. Anwendungen in der Optoelektronik und Hochfrequenztechnik, z. B. Glasfaserübertragung, Mobiltelefone, Satellitenkommunikation, Radaranlagen usw.

12.1.3 Supraleitung

1911 wurde von Heike Kamerlingh Onnes entdeckt, dass der elektrische Widerstand des Quecksilbers bei der sog. **Sprungtemperatur** T_c = 4,15 K sprunghaft von 0,12 auf 10^{-5} Ω abfällt. Heute sind vierzig Elemente und über hundert Legierungen bekannt, deren elektrischer Widerstand beim Durchschreiten der jedem dieser Stoffe eigenen Sprungtemperatur T_c sehr klein, möglicherweise Null ist. Werte für T_c in K: Be = 0,09, Al = 1,19, Si = 6,7, Nb_3Sn = 20.

Unter Supraleitung versteht man die nahezu verlustlose Leitung elektrischer Energie bei tiefen Temperaturen. Bei Metallen liegt die Sprungtemperatur zwischen dem absoluten Nullpunkt und etwa –250 °C. Keramische Supraleiter haben Sprungtemperaturen bis etwa –135 °C.

Anwendung: Messung von Ionenströmen im menschlichen Körper (Magnetokardiogramm MKG statt Elektrokardiogramm EKG); Messung kleinster Temperaturunterschiede.

Supraleitende Verbindungen zwischen den Schaltelementen eines Chips erzeugen keine Wärme. Damit können Chips kleiner und leistungsfähiger gebaut werden.

Aufgaben:

1. Worauf beruht die Leitfähigkeit der Metalle für elektrischen Strom und Wärme?
2. Erklären Sie, wie aus den scharf voneinander getrennten Elektronenbahnen der bohrschen Atommodelle die Energiebänder des Energiebändermodells entstehen.
3. Erläutern Sie, was man unter **a)** verbotenen Zonen und **b)** unter einem Leitfähigkeitsband versteht.
4. Erklären Sie auf der Grundlage des Energiebändermodells die Begriffe Leiter, Halbleiter und Isolator.
5. Erklären Sie die beiden Begriffe **a)** n-Halbleiter und **b)** p-Halbleiter.
6. Warum ist Silizium der wichtigste Werkstoff für Halbleiter in der Elektronik?
7. Erklären Sie den Begriff Supraleitung.

12.2 Stromleitende Werkstoffe

12.2.1 Leiterwerkstoffe

Als Leiterwerkstoffe für elektrische Leitungen in der Energietechnik werden Kupfer und Aluminium verwendet, für Freileitungen vorwiegend Aluminium. Für die Leitungen in der Nachrichtentechnik wird Elektrolytkupfer verwendet, für Freileitungen Bronze- oder Stahldraht.

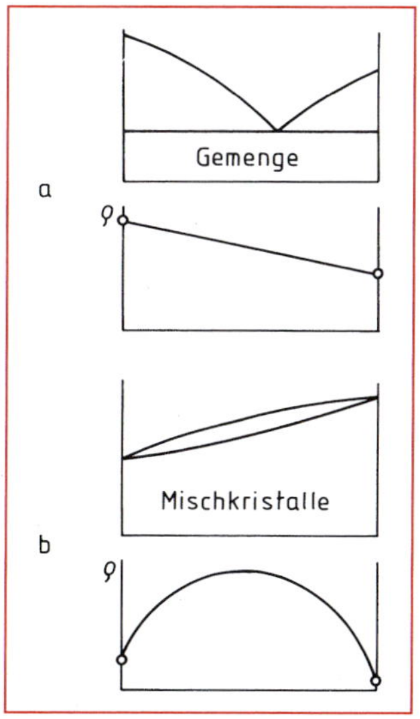

Bild 1 Elektrische Leitfähigkeit von Metallen im festen Zustande, die a) aus Gemengen von unterschiedlichen Körnern, b) aus Mischkristallen bestehen

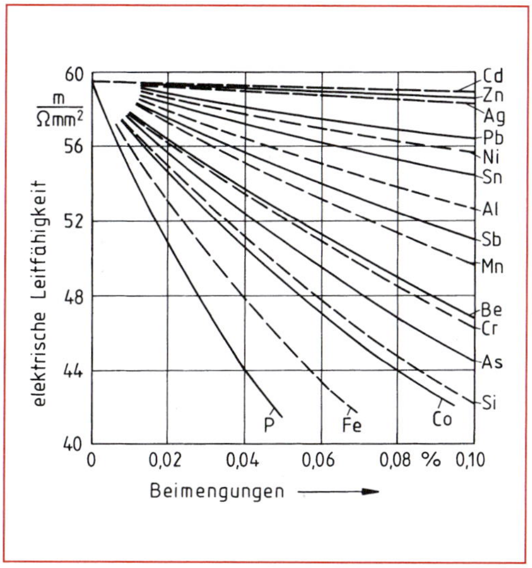

Bild 2 Einfluss von kleinen Beimengungen auf die elektrische Leitfähigkeit von Kupfer (nach Prof. Dr. Amann)

Gelöste Atome, Teilchen einer zweiten Phase, Versetzungen u. a. Gitterbaufehler verringern die Leitfähigkeit der Metalle, sodass Metall-Legierungen nur wegen ihrer besonderen mechanischen Eigenschaften als Leiterwerkstoffe verwendet werden. Beispiele: Kupferlegierungen für Installationsteile wie Anschlussklemmen, Lampenteile, Kontaktfedern in Steckdosen u. a.; AlMgSi-Legierungen für Stromschienen; Zinklegierungen für Teile von elektrischen Messgeräten.

12.2.2 Widerstandswerkstoffe

Widerstandswerkstoffe werden zur Herstellung von Anlass- und Regelwiderständen für elektrische Maschinen und Geräte verwendet. Es sind Legierungen mit kleiner elektrischer Leitfähigkeit, Zunderbeständigkeit bei erhöhter Temperatur und geringer Wärmedehnung.

1. Widerstandswerkstoffe für Präzisionswiderstände				
Werkstoff	**Zusammensetzung**	**Spez. Widerstände in Ω mm²/m**	**Temp.-Koeff. *α* in 10^{-6}/K**	**Thermospannung gegen Cu in µV/K**
Manganin[1]	86 Cu, 12 Mn, 2 Ni	0,43	±10	+10
Widerstandslegierung 306	Cu, Mn, Sn	0,32	±1 … 5	–1,1
2. Widerstandswerkstoffe für technische Messwiderstände				
Konstantan	54 Cu, 45 Ni, 1 Mn	0,50	–30	–40
Isabellin NCM[1]	70 Cu, 10 Mn, 20 Ni	0,50	±20	+10
3. Widerstandswerkstoffe für Regelwiderstände				
Gold-Silber PA 74	70 Au, 26 Ag, 4 Rest	0,31	+130	–
Silber-Mangan	91,2 Ag, 8,8 Mn	0,32	–40 … 0	–

Tabelle 1 Widerstandswerkstoffe

12.2.3 Heizleiterlegierungen

Heizleiterwerkstoffe werden dazu verwendet, elektrische Energie in Wärme umzuwandeln. Sie dürfen bei hohen Temperaturen ihre Eigenschaften nicht wesentlich verändern und müssen zunderbeständig sein. Zur Erfüllung dieser Anforderungen werden meist hochlegierte Werkstoffe auf Ni/Fe-Grundlage, in Sonderfällen hochschmelzende Schwer-/Edelmetalle und keramische Verbindungen verwendet.

Bezeichnung		**spez. Wärme *c* Temperatur in °C**		**Wärmeleitfähigkeit *λ* bei 20 °C in $\frac{J}{cm \cdot s \cdot K}$**	**mittlere Wärmeausdehnungszahl *α* Temperatur zwischen 20 °C und *ϑ* °C**			**spezifisch elektrischer Widerstand *ϱ* Temperatur in °C**						
Kurzname	**Werkstoffnummer**	**20**	**0 … 1000**		**400**	**800**	**1000**	**20**	**500**	**600**	**800**	**1000**	**1200**	**1300**
		in J/g · K			**in 10^{-6}/K**			**in Ω mm²/m**						
NiCr 80 20	2.4869	0,42	0,504 (0,12)	0,147	15	16	17	1,12	1,16	1,15	1,14	1,15	1,17	–
NiCr 30 20	1.4860	0,504	0,546	0,13	16	18	19	1,04	1,20	1,22	1,26	1,30	1,32	1,34
CrNi 25 20	1.4843		(0,13)		17			0,95	1,15	1,18	1,22	1,26	1,28	1,30
CrAl 25 5	1.4765	0,462	0,64	0,126	12	14	15	1,44	1,45	1,46	1,48	1,49	1,49	1,49
CrAl 20 5	1.4767	(0,11)	(0,15)	(0,030)				1,37	1,41	1,42	1,44	1,45	1,45	1,45

Tabelle 2 Heizleiterwerkstoffe nach DIN 17470: 1984

Verwendung: zum Bau elektrischer Öfen und Heizeinrichtungen aller Art und hoch beanspruchter Fahr- und Anlasswiderstände, z. B. im elektrischen Bahnbetrieb.

[1] Geschützte Bezeichnungen: Isabellenhütte Dillenburg

12.2.4 Kontaktwerkstoffe

Kontaktwerkstoffe dienen zur Herstellung von Kontakten zum Schließen/Öffnen von Stromkreisen. Sie müssen gute Strom- und Wärmeleitfähigkeit, geringe Neigung zur Oxidation und hohe mechanische Verschleißfestigkeit besitzen. Verwendet werden Silber/Silberauflagen, Bronze, Messing, Wolfram und Kohle.

Kohle-Formstücke für die Elektrotechnik werden durch Pressen von Kohlepulver in Formstücke und nachfolgendes Glühen unter Schutzgas oder im Vakuum hergestellt. Nach den Bestandteilen der Kohlepulver unterscheidet man: harte Kohle aus gemahlenem Koks und Ruß; weiche Kohle aus Graphit und Ruß; elektrographitierte oder Edelkohle aus Koks und Ruß, die durch Stromdurchgang im Vakuum in Graphit umgewandelt werden; metallhaltige Kohle aus Koks und Teer mit Ag-, Cu- oder CuSn-Zusätzen.

Verwendung

Als Kontaktwerkstoff in Form von Kohlebürsten (Schleifkontakte) zur Strom-Zuführung/-Abnahme werden verwendet: harte Kohle für Schleifgeschwindigkeiten unter 20 m/s, z. B. für Handbohrmaschinen; weiche Kohle für Schleifgeschwindigkeiten bis 50 m/s, z. B. für Großmaschinen; Edelkohle, für Schleifgeschwindigkeiten bis 90 m/s, ist die gebräuchlichste Bürstenkohle; metallhaltige Kohle für hohe Belastungen, z. B. Fahrzeuglichtmaschinen und Kleinstmotoren.

Ferner wird Kohle verwendet als Lichtbogenkohle zum Schweißen und in Lichtbogenöfen, als Elementarkohle in Batterien, als Graphitanoden in Quecksilber-Stromrichtern und als Schichtwiderstände in der Nachrichtentechnik.

12.3 Isolierstoffe

Isolierstoff/Isolator/Nichtleiter/Dielektrikum nennt man einen Stoff, der infolge seiner breiten verbotenen Zone (► S. 231) keine oder eine außerordentlich geringe Leitfähigkeit besitzt. Bei hohen Temperaturen überwinden einige Elektronen der Valenzbänder die verbotenen Zonen und werden zu Leitungselektronen, sodass das Isolationsvermögen temperaturabhängig ist. Ein absoluter Isolator ist nur das Vakuum; denn es enthält keine Ladungsträger. Kunststoffe und keramische Stoffe gehören zu den guten Isolierstoffen.

12.3.1 Elektrische Eigenschaften der Isolierstoffe

Spezifischer Widerstand ist der elektrische Widerstand im Innern eines Isolierstoffes zwischen zwei Elektronen.

Durchschlagsfestigkeit. Beim Durchschlag findet ein gewaltsamer Ladungsausgleich statt, der den Isolator unbrauchbar macht. Durchschlagsspannung ist die Wechselspannung, bei der der Durchschlag erfolgt.

Stoff	Spezifischer Widerstand δ in Ω cm	Durchschlagsfestigkeit E_D in kV/mm
Bakelit	10^{16}	23
Glas	$10^{13} \dots 10^{15}$	20 … 50
Glimmer	$10^{15} \dots 10^{17}$	50 … 150
Hartgummi	$10^{15} \dots 10^{18}$	10 … 40
Hartpapier	$10^{12} \dots 10^{14}$	30 … 60
Paraffin	$10^{16} \dots 10^{18}$	12
Porzellan	$10^{14} \dots 10^{15}$	10 … 20
Quarz	10^{19}	15
Transformatorenöl	$10^{12} \dots 10^{13}$	≈12

Tabelle 1 Spezifischer Widerstand und Durchschlagsfestigkeit von Isolierstoffen

Kriechstromfestigkeit. Als Kriechstrom bezeichnet man einen Strom in leitfähigen Oberflächenverunreinigungen. Die Widerstandsfähigkeit des Isolierstoffes gegen Oberflächenbeschädigung durch Kriechstrom wird Kriechstromfestigkeit genannt.

Die Dielektrizitätskonstante gibt an, wie viel mal größer die Kapazität eines Kondensators wird, wenn statt Vakuum ein anderer Isolierstoff verwendet wird.

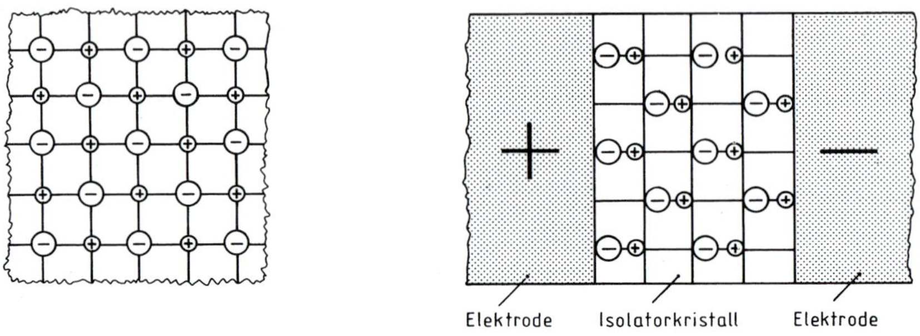

Bild 1 Kondensator, schematisch

a) Ionenanordnung in einem Isolatorkristall ohne Einwirkung eines elektrischen Feldes

b) Dielektrische Polarisation, d. h. gleichgerichtete Dipole unter der Einwirkung eines elektrischen Feldes

Je größer die Polarisierbarkeit eines Isolierstoffes ist, desto größer ist die Dielektrizitätskonstante. Für die Isolierung von Starkstromleitungen werden Isolierstoffe mit kleinen, für Kondensatoren Isolierstoffe mit großen Dielektrizitätszahlen verwendet. Aus unpolaren Molekülen aufgebaute Stoffe, z. B. Polyethylen und Paraffin, werden in der Hochfrequenztechnik (z. B. Radar) bevorzugt.

Stoff	relative Dielektr.-konstante ε_r	Mess-Frequenz Hz
Acetylcellulose	6 … 6,9	10^3
Bariumtitanat	1 000 … 4 000	10^6
Bernstein	2,9	10^6
Eis	2,9	–
Gießharz	3,4 … 4,8	10^6
Glas	5 … 16,5	10^3
Glimmer	6,5 … 8	10^3
Hartgummi	2,5 … 3,5	10^3
Hartpapier	5 … 8	10^3
Hartporzellan	5 … 6,5	10^3
Holz	2,5 … 6,8	10^3
Igelit	3,1 … 3,5	10^6
keramische Stoffe		
magnesiumhaltig	5,5 … 6,5	10^6
rutilhaltig	10 … 100	10^6
Papier, ölgetränkt	3 … 4,5	50
Paraffin	2 … 2,3	10^6
Pertinax	4,5 … 5,5	50
Acrylglas	3 … 3,6	10^3
Polystyrol	2,3	10^6
Quarzglas	3,2 … 4,2	10^6
Quarzkristall	4,3 … 4,7	10^6
Schaum-Polystyrol	1,04 … 1,4	10^6
Transformatorenöl	2,1 … 2,5	50
Wasser	80	–

Tabelle 1 Dielektriziätskonstante von Isolierstoffen

Aufgaben:

1. Welchen Einfluss haben Beimengungen auf die elektrische Leitfähigkeit von Metallen?
2. Erklären Sie, warum Metalllegierungen als Werkstoffe für Widerstände und Heizleiter verwendet werden.
3. Wozu wird Kohle in der Elektrotechnik verwendet?
4. Erklären Sie den Begriff Dielektrizitätskonstante.

12.4 Magnetismus und Magnetwerkstoffe

12.4.1 Formen des Magnetismus

In einem homogenen magnetischen Feld vergrößern/verkleinern verschiedene Leiterstoffe die Kraft-/Feldliniendichte (▶ Bild 1). Die Kraft-/Feldliniendichte in den Leiterstoffen wird *magnetische Flussdichte/Induktion*, der entsprechende Vergleichsfaktor *Permeabilität*[1] oder magnetische Leitfähigkeit μ genannt. Die Ursache für die Schwächung von Magnetfeldern ist der *Diamagnetismus*, die Ursachen für ihre Verstärkung sind *Para- und Ferromagnetismus*.

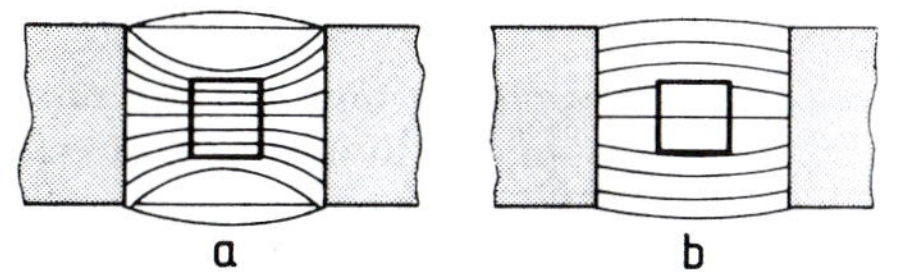

Bild 1 Unterschiedliche Leiterstoffe in homogenen Feldern zwischen ungleichnamigen Polen.
a) Paramagnetischer, b) diamagnetischer Leiterstoff.

Von diesen drei Arten des Magnetismus sind die beiden ersten Atomeigenschaften, die letzte ist eine Kristalleigenschaft.

Diamagnetismus

Nach den bekannten Modellbildern von Einzelatomen besitzen Elektronen außer der elektrischen Ladung und Masse auch *Bahndreh-* und *Eigendrehimpulse* (Spin). Die aus beiden Bewegungen entstehenden magnetischen Momente[2] (Folgen bewegter Ladungen) sind gleich groß, sodass sich bei Atomen mit abgeschlossenen Elektronenschalen und auch sonst weitgehend symmetrischer Anordnung der Valenzelektronen die entgegengerichteten magnetischen Momente paarweise aufheben. Die Atome haben dann keine nach außen gerichteten magnetischen Momente, sie sind unmagnetisch.

In einem äußeren Magnetfeld wird von zwei Valenzelektronen infolge ihrer Gegenläufigkeit das eine verzögert und das andere beschleunigt. Das auf diese Weise im Atom erzeugte magnetische Moment ist dem äußeren Magnetfeld entgegengerichtet und das Atom verhält sich diamagnetisch.

Der Diamagnetismus beruht auf der Einwirkung äußerer Magnetfelder auf unmagnetische Atome und den aus ihnen gebildeten Festkörpern.

Diamagnetisch verhalten sich Cu, Zn, Au und Ag.

Paramagnetismus

Paramagnetisch sind die Stoffe, bei deren Atomen die Summe der magnetischen Momente aller Elektronen der Hüllen nicht Null ist, z. B. immer bei ungerader Elektronenzahl.

Paramagnetische Stoffe besitzen ohne äußeres Magnetfeld magnetische Momente, die in einem äußeren Feld so ausgerichtet werden, dass ein magnetisches Moment des ganzen Stoffstückes entsteht.

Paramagnetisch verhalten sich Mg, Al, Sn, Pt.

---

[1] permeare (lat.) = hindurchfließen. Permeabilität μ heißt der Quotient: Betrag der Flussdichte geteilt durch Betrag der Feldstärke.

[2] Ein magnetisches Moment entsteht durch Verdrehen eines magnetischen Feldes gegenüber einem anderen magnetischen Feld.

Ferromagnetismus

Ferromagnetische Stoffe sind dadurch gekennzeichnet, dass bereits eine sehr geringe äußere Feldstärke in ihnen eine sehr starke Magnetisierung hervorruft. Die wichtigsten ferromagnetischen Stoffe sind Fe-, Co- und Ni-Kristalle.

Eisendämpfe und -salze sind nicht ferromagnetisch, die aus nicht ferromagnetischen Elementen zusammengesetzte Legierung Cu_2MnAl ist ferromagnetisch.

Ferromagnetismus ist eine Kristalleigenschaft.

Hysterese. Ein ferromagnetischer Stoff, z. B. ein unmagnetisches Eisenstück, wird in das langsam wachsende magnetische Feld einer Spule gebracht. Die Kurve AB (Neukurve) in Bild 1 kennzeichnet die zugehörigen Induktionswerte. Bei B ist die magnetische Sättigung der Probe erreicht, und die Kurve AB würde oberhalb von B abflachen. Nach Schwächung des äußeren Feldes auf $H = 0$ besitzt die Probe einen Restmagnetismus, magnetische *Remanenz* genannt.

Zur Beseitigung der Remanenz muss eine durch Polwechsel des Erregerstromes umgekehrte Feldstärke AD, *Koerzitivkraft*[1] H_c genannt, aufgewendet werden.

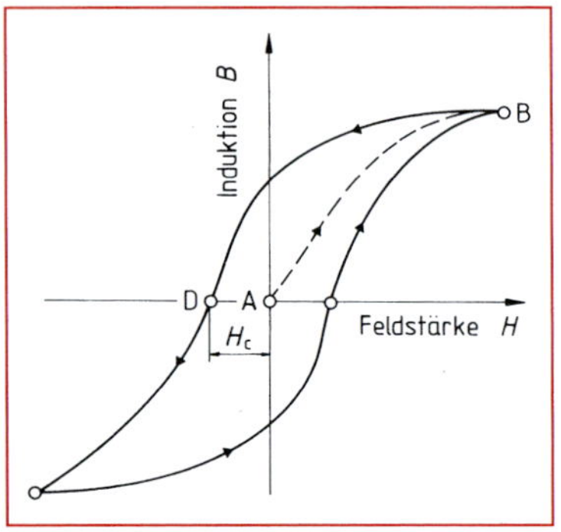

Bild 1 Hystereseschleife[2] eines ferromagnetischen Stoffes.

Der geschlossene Kurvenzug zeigt, dass die Induktion gegenüber der Feldstärke eine *Hysterese*[2] aufweist. Man nennt den Kurvenzug deshalb *Hystereseschleife*. Die von ihr umschlossene Fläche stellt die zur Ummagnetisierung erforderliche Arbeit dar. Sie soll bei Dynamoblechen klein, bei Dauermagneten groß sein. Sie ist extrem niedrig bei den amorphen Metallen (▶ S. 36).

Ursachen des Ferromagnetismus. In großem Maßstab aufgenommene Hystereseschleifen zeigen, dass die Magnetisierung der Proben in Sprüngen wächst. Diese Erscheinung deutet darauf hin, dass ganze Kristallbereiche bereits vor dem Auftreten des äußeren Feldes magnetisiert waren und dass das äußere Feld zur Überwindung von Hemmungen dient, die das Einschwenken der magnetischen Kristallbereiche in die Feldrichtung, die magnetische Polarisation, verhindern.

Die Magnetisierung von Kristallbereichen ohne äußeres Feld kommt dadurch zustande, dass die magnetischen Eigenmomente aller Elektronen der obersten Energiebänder in jedem einzelnen Bereich gleichsinnig ausgerichtet sind (gleiche Spins der Elektronen). Wegen der erforderlichen geringen gegenseitigen Störung der Elektronen tritt Ferromagnetismus nur auf, wenn der Atomabstand mindestens dreimal so groß ist wie der Radius der betreffenden Elektronenschale. Daher kann auch ein nichtmagnetischer Kristall durch Vergrößerung der Gitterabstände ferromagnetisch gemacht werden z. B. durch den Einbau von geeigneten Fremdatomen.

Als wichtigste Hemmungen, die der Ausrichtung der magnetischen Kristallbereiche in einem äußeren Feld entgegenwirken, sind bekannt geworden: die unterschiedliche Magnetisierbarkeit in verschiedenen Kristallgitterrichtungen, mechanische Spannungen, Versetzungen, nichtmagnetische Zusätze oder Verunreinigungen und Wärmeschwingungen.

Der Ferromagnetismus nimmt mit steigender Temperatur ab und geht bei der Curie-Temperatur von 769 °C in Paramagnetismus über.

---

1 coercere (lat.) = zusammenhalten.

2 hysteresis (gr.) = Nachwirkung.

Aufgaben:

1. Erklären Sie die Ursachen **a)** des Diamagnetismus, **b)** des Paramagnetismus und **c)** des Ferromagnetismus.
2. Was versteht man unter magnetischer Polarisation?
3. Erklären Sie die Abhängigkeit des Ferromagnetismus von der Temperatur.
4. Erläutern Sie am Beispiel des Ferromagnetismus die Begriffe **a)** Hystereseschleife, **b)** Neukurve und **c)** Remanenz.

12.4.2 Magnetwerkstoffe

Dauermagnetwerkstoffe behalten nach ihrer Magnetisierung einen großen Anteil an magnetischer, technisch nutzbarer Energie.

AlNiCo-Legierungen, z. B. **AlNi 90** bis **AlNi 120** und **AlNiCo 130** bis **AlNiCo 800**.

Herstellung: durch Gießen oder Sintern der Legierungskomponenten-Pulver. Man unterscheidet:

Isotrope Legierungen, die in allen Raumrichtungen magnetisch gleichwertig sind.

Anisotrope Legierungen, bei denen die magnetischen Eigenschaften in einer Raumrichtung auf Kosten der Werte in den anderen Richtungen verstärkt wurden. Die Anisotropie wird durch schnelles Abkühlen der Schmelzen in einer Raumrichtung oder durch ein beim Sintern auf das Pulver einwirkendes Magnetfeld erzeugt.

Oxidmagnetwerkstoffe

Diese Dauermagnetwerkstoffe werden durch Sintern von hexagonal kristallisierenden keramischen Stoffen hergestellt. Sie sind hart und spröde. Wie bei den AlNiCo-Legierungen, wird auch hier die magnetische Vorzugsrichtung beim Sintern erzeugt.

Weichmagnetische Werkstoffe, Dynamo- und Transformatorenbleche

Werkstoffe werden als weichmagnetisch bezeichnet, wenn schon bei kleinen Feldstärken große Induktionen erreicht werden und wenn ihre Koerzitivfeldstärke klein ist.

Siliziumstähle. *Eigenschaften.* Mit steigendem Si-Gehalt nehmen zu: kleinere Ummagnetisierungsverluste, höherer Widerstand, schlechtere technologische Eigenschaften; Rechteckschleifen wie in Bild 1 sind erzielbar. Nach Anwärmen gewalzte Bleche sind isotrop, d. h. ohne magnetische Vorzugsrichtung. Ohne Anwärmen gewalzte Bleche sind anisotrop, d. h. mit magnetischer Vorzugsrichtung.

Verwendung: Zugmagnete, Drehstrommotoren, Transformatoren (Kernbleche), Generatoren und Drosseln.

Permalloy-Legierungen[1] sind Nickel-Eisen-Legierungen mit 79 % Ni und 4 % bis 5 % Mo. Sie zeigen eine gute Rechteckform der Hystereseschleife und werden bei höchsten Anforderungen an die Kleinheit der Koerzitivfeldstärke verwendet, z. B. für magnetische Verstärker oder Regler, magnetische Zähl-, Speicher- und Schaltaufgaben.

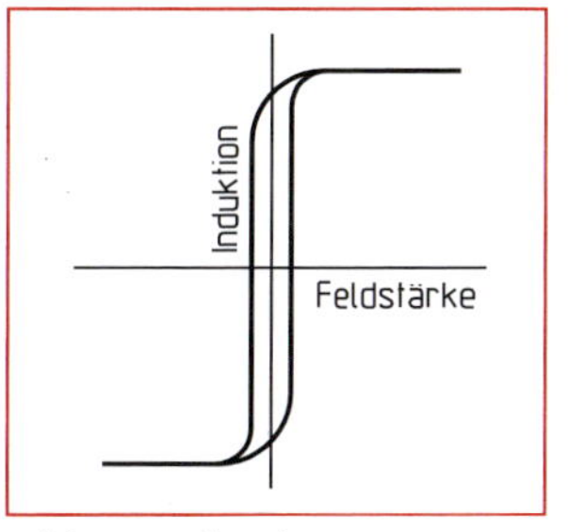

Bild 1 Rechteckige Hystereseschleife mit kleiner Koerzitivfeldstärke

[1] Permalloy (englisch) ist eine weichmagnetische Nickel-Eisen-Legierung (ca. 75–80 % Nickel) mit hoher magnetischer Permeabilität.

13 Sonstige Stoffe

13.1 Schmier- und Kühlschmierstoffe

13.1.1 Allgemeines

Das Fachgebiet **Tribologie** befasst sich mit der Erforschung der Gesetzmäßigkeiten für die Sachgebiete Reibung, Schmierung und Verschleiß. Die Tribotechnik ist die praktische Anwendung dieser Gesetzmäßigkeiten.

Die Reibung wirkt der Bewegung sich berühender Körper entgegen.

Ruhereibung ist die Reibung zwischen zueinander ruhenden Körpern, bei denen die angeifende Verschiebekraft nicht ausreicht, um eine Bewegung hervorzurufen, z. B. bei Kupplungen und Verbindungen von Nabe und Welle.

Bewegungsreibung mit den Sonderfällen **Gleit-, Roll-** und **Wälzreibung** (= Rollreibung mit Schlupf bei Zahnflanken), ist die Reibung zwischen zueinander bewegten Körpern. Die zur Überwindung der Bewegungsreibung erforderliche mechanische Energie wird in Wärmeenergie umgewandelt, die sich in der Umgebung ausbreitet. Gemäß dem zweiten Hauptsatz der Thermodynamik: „Alle Vorgänge, bei denen Reibung auftritt, sind nicht umkehrbar", spricht man von Reibungsverlusten.

Die Reibung zwischen Festkörpern wird als **äußere Reibung** bezeichnet, um sie von der **inneren Reibung** zu unterscheiden, die bei der Bewegung von Volumenteilchen innerhalb von Flüssigkeiten/Gasen auftritt. Im Allgemeinen ist die äußere Reibung wesentlich größer als die innere Reibung.

Schmierung nennt man den Ersatz der äußeren Reibung durch innere Reibung. Man unterscheidet:

Flüssigkeitsreibung ist die in einem die Reibpartner lückenlos trennenden flüssigen Film auftretende Reibung. **Anlaufreibung** ist die zu Beginn, **Auslaufreibung** die gegen Ende der Bewegung auftretende Reibung. **Grenzreibung** liegt vor, wenn die Oberflächen der Reibpartner mit einem molekularen, von einem Schmierstoff stammenden Film bedeckt sind.

Verschleiß ist der durch mechanische Ursachen hervorgerufene Materialverlust aus den Oberflächen fester, sich berührender Körper, der bei der Bewegung der Körper gegeneinander entsteht.

Verschleißschützende Wirkungen haben Schmierung und Verschleißschutzschichten auf Werkstück-/Werkzeugoberflächen. Die wichtigsten Verfahren zur Erzeugung von Verschleißschutzschichten sind:

a) Beeinflussung der Randschichten durch Kugelstrahlen, Rollen, Randschichthärten, Oxidieren und Sulfidieren.

b) Aufbringen bzw. Abscheiden von Überzügen durch Plattieren, Auftragsschweißen, Hartstoffspritzen durch Flamm- und Plasmaspritzen und Metallspritzen, elektrochemische Abscheidung (Verchromen, Vernickeln, Verzinnen) und stromlose chemische Metallabscheidung (Vernickeln und Phosphatieren), PVD- und CVD-Verfahren.

Verschleiß ist keine Werkstoffeigenschaft.

13.1.2 Flüssige Schmierstoffe, Öle

Mineralöle und synthetische Öle

Technisch verwendete Schmieröle sind fast ausschließlich aus *Mineralöl* hergestellt.

Mineralöl ist eine Mischung verschiedener Kohlenwasserstoffverbindungen. Das zu Tage geförderte Rohöl enthält Verunreinigungen. Es wird durch *Destillation* und *Raffination* gereinigt und in *Benzin, Petroleum, Gasöl, Heizöl, Bitumen* und *Schmieröl* zerlegt.

Schmieröl-Destillate sind als Schmiermittel für untergeordnete Zwecke brauchbar. Sie enthalten noch unbeständige Anteile, die durch Raffination entfernt werden.

Legierte Öle entstehen durch *Zumischung* von öllöslichen Stoffen, sog. Wirkstoffen oder *Additives*. Durch geeignete Zumischung werden die legierten Öle den verschiedenen Verwendungszwecken angepasst.

Additives der legierten Öle

Antioxidationszusätze als Alterungshemmstoffe zur Verlängerung der Gebrauchsdauer,

Korrosionsschutzzusätze zur Neutralisation der korrodierenden Ölbestandteile,

Reinigungszusätze, die Schmutzstoffe in Schwebe halten, z. B. Ruß bei Verbrennungsmotoren.

Zusätze zur Verbesserung der Schmierfähigkeit, z. B. Fettöle, Schwefel-, Chlor-, Molybdän- und Phosphorverbindungen.

Hochdruckzusätze zur Steigerung der Druckaufnahmefähigkeit des Ölfilms.

Legierte Schmierstoffe dürfen nicht beliebig gemischt werden.

Synthetische Öle werden nach verschiedenen Verfahren hergestellt und für spezielle Zwecke verwendet. Sie haben besondere Eigenschaften, z. B. *Silicone* (siliziumorganische Verbindungen) unterdrücken als Zusätze zu Mineralöl die Schaumbildung und ändern ihre Zähigkeit (Viskosität) nicht mit der Temperatur, *chlorierter Phosphorsäureester* ist schwer entflammbar.

Eigenschaften und Prüfung der flüssigen Schmierstoffe

Viskosität, auch **Zähigkeit** oder **innere Reibung,** ist die Eigenschaft einer Flüssigkeit, der gegenseitigen Verschiebung zweier benachbarter Schichten einen Widerstand entgegenzusetzen.

Die Viskosität der Schmierstoffe muss so groß sein, dass durch die Belastung und Bewegung aufeinander gleitender Teile nicht mehr Schmierstoff herausgedrückt wird, als die Schmiervorrichtung zuführt.

Die Viskosität der Öle nimmt mit zunehmender Temperatur ab.

Die Viskosität, exakte Benennung kinematische Viskosität, wird experimentell nach DIN EN ISO 3104: 1999 ermittelt. Sie hat die Einheit mm^2/s. Aus ihr kann durch Multiplikation mit der Dichte der Flüssigkeit die dynamische Viskosität berechnet werden, die für Anwendungen in der Kältetechnik bei Temperaturen unter 0 °C benötigt wird. Ihre Einheit ist $kg \cdot m^{-1} \cdot s^{-1}$.

dynamische Viskosität = kinematische Viskosität · Dichte der Flüssigkeit

Viskositätsindex nach DIN ISO 2909: 2004. Als Kennwert für das Viskositäts-Temperatur-Verhalten findet allgemein der Viskositätsindex (VI) Verwendung. Je höher der Viskositätsindex eines Mineralöles ist, umso weniger ändert sich seine Viskosität in Abhängigkeit von der Temperatur bzw. umso breiter ist der Temperatureinsatzbereich dieses Mineralöles.

Mehrbereichsöle sind Öle mit einem hohen VI-Index.

Aus der Viskosität allein können die Schmiereigenschaften der Öle nicht abgeleitet werden.

Pourpoint nach DIN ISO 3016: 2017. Dieser Wert kennzeichnet die Temperatur, bei der ein Öl nach der Abkühlung unter festgelegten Prüfbedingungen eben noch fließt. Er liegt bei Schmierölen C nach DIN 51517-1: 2018, Schmierölen CL nach DIN 51517-2: 2018 und Schmierölen CLP nach DIN 51517-3: 2018 bei −3 °C bis −12 °C.

Flammpunkt nach Cleveland DIN EN ISO 2592: 2018. Zur Messung des Flammpunktes nach Cleveland wird das Öl in einem offenen Tiegel erhitzt. Die Temperatur, bei der sich die entstehenden Dämpfe durch eine über den Tiegel geführte Flamme entzünden, ist der Flammpunkt. Er liegt bei Schmierölen C nach DIN 51517-1: 2018, Schmierölen CL nach DIN 51517-2: 2018 und Schmierölen CLP nach DIN 51517-3: 2018 bei 180 °C bzw. 200 °C.

Die **Wärme- und elektrische Leitfähigkeit** ist bei Ölen und bei Fett gering.

Die **Schmierfähigkeit** der Öle und Fette, *Oiliness*, kann zahlenmäßig nicht angegeben werden. Sie ist abhängig von der *Haftfähigkeit*, vom *Flächendruck* und von der *Geschwindigkeit* der gleitenden Metallflächen.

Kennzeichnung der Schmierölarten

Stoffgruppe Name	Stoffart (Hinweis)	Kenn-buchstabe(n)	Symbol weiß
Mineralöle	Schmieröle AN (Normalschmieröle)	AN	
	Schmieröle C (Umlaufschmieröle)	C	
	Schmieröle CG (Gleitbahnöle)	CG	
	Öle H (Hydrauliköle)	H	
	Öle J (Isolieröle elektrisch)	J	
	Schmieröle K (Kältemaschinenöle)	K	
	Öle L (Härte- und Vergüteöle)	L	
	Schmier- und Regleröle	TD	
	Schmieröle V (Luftverdichteröle)	V	
	Schmieröle Z (Dampfzylinderöle)	Z	
schwer entflammbare Hydraulikflüssigkeiten	Öl-in-Wasser-Emulsionen	HFA	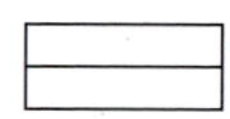
	Wasser-in-Öl-Emulsionen	HFB	
	Wässrige Polymerlösungen	HFC	
	Wasserfreie Flüssigkeiten	HFD	
Synthese- oder Teilsyntheseflüssigkeiten	Esteröle, organisch	E	
	Perfluor-Flüssigkeiten	FK	
	Polyglycolöle	PG	
	Silikonöle	SI	

Tabelle 1 Kennbuchstaben und Symbole für Schmieröle, Sonderöle, schwer entflammbare Hydraulikflüssigkeiten und Synthese- oder Teilsyntheseflüssigkeiten nach DIN 51502: 1990 (Auszug)
(ausgenommen sind Schmieröle für Verbrennungsmotoren und Kraftfahrzeug-Getriebe).

Zusatz-Kennbuchstaben	Schmierstoffart
L	Für Schmierstoffe mit Wirkstoffen zum Erhöhen des Korrosionsschutzes und/oder der Alterungsbeständigkeit, z. B. Schmieröl CL nach DIN 51517-2: 2018
P	Für Schmierstoffe mit Wirkstoffen zum Herabsetzen der Reibung und des Verschleißes im Mischreibungsgebiet und/oder zur Erhöhung der Belastbarkeit, z. B. Schmieröl CLP nach DIN 51517-3: 2018

Tabelle 2 Zusatz-Kennbuchstaben für Schmierstoffe nach DIN 51502: 1990 (Auszug)
(ausgenommen sind Schmieröle für Verbrennungsmotoren und Kraftfahrzeug-Getriebe und schwer entflammbare Hydraulikflüssigkeiten).

Beispiele für die Kennzeichnung von Schmierstoffen:

Schmieröle nach DIN 51517: 2018 werden mit den Kennbuchstaben C, CL oder CLP und der Viskositätsklasse nach DIN ISO 3448: 2010 gekennzeichnet.

Schmieröl DIN 51517 – C 100, alterungsbeständiges Schmieröl ohne Wirkstoffzusätze der Viskositätsklasse ISO VG 100

Schmieröl DIN 51517 – CL 100, Schmieröl mit Wirkstoffen zum Erhöhen der Alterungsbeständigkeit/des Korrosionsschutzes der Viskositätsklasse ISO VG 100

Schmieröl DIN 51517 – CLP 100, Schmieröl mit Wirkstoffen zum Erhöhen der Alterungsbeständigkeit/des Korrosionsschutzes sowie zum Herabsetzen des Verschleißes im Mischreibungsgebiet der Viskositätsklasse ISO VG 100

Die Kurzbezeichnung der Motoren- und Kfz.-Getriebeöle besteht aus den Kennbuchstaben der API-Klassifikationen (Ölqualität) unter Hinzufügung der ISO-Viskositätsklassen nach DIN ISO 3448: 2010. Das Symbol ist quadratisch. Für Ottomotoren wird überwiegend die API-Klasse SE, für Dieselmotoren die API-Klasse CC eingesetzt.

Eigenschaften und Verwendung der Öle

Unlegierte Öle eignen sich zum Schmieren von Wälz- und Gleitlagern, wenig belasteten Getrieben und für allgemeine Abschmierarbeiten.

Legierte Öle enthalten Zusätze zur Verbesserung der Alterunsbeständigkeit und des Korrosionsschutzes. Sie werden vorwiegend als Getriebe- und Hydrauliköle eingesetzt.

Öle mit Hochdruck- bzw. EP-Zusätzen[1] eignen sich besonders für hoch belastete Zahnradgetriebe und verschleißgefährdete Pumpen.

Öle mit Zusätzen zur Verbesserung des Haftvermögens und der Gleiteigenschaften verwendet man zum Schmieren von Gleitbahnen und senkrechten Führungen. Sie vermeiden auch unter hoher Belastung das ruckweise Gleiten (stick-slip).

Motorenöle haben besondere Schmutzlöse- und Schlammtrageeigenschaften. Man verwendet sie hauptsächlich in Verbrennungsmotoren. Sie können auch in der jeweils geeigneten Viskosität in Hydrauliken und Getrieben verwendet werden.

13.1.3 Festschmierstoffe

Eigenschaften	Graphit	MoS_2	WS_2	PTFE
Farbe	grauschwarz	grauschwarz	grauschwarz	weiß bis transparent
Dichte in g/cm³	1,4 … 2,4	4,8 … 4,9	7,4	2,1 … 2,3
Reibungskoeffizient	0,1 … 0,2	0,04 … 0,09	0,08 … 0,2	0,04 … 0,09
Einsatztemperaturbereich in °C	−18 … 450	−180 … 400	−180 … 450	−250 … 260
Beständigkeit gegen Chemikalien	sehr gut	gut	gut	gut
Korrosion	gut	schlecht	schlecht	gut
Strahlung	gut	gut	gut	schlecht

Festschmierstoffe werden besonders bei extremen Anforderungen eingesetzt, z. B. bei extrem hohen und tiefen Temperaturen, im Vakuum, bei sehr langsamen Bewegungen, unter ungünstigen Umwelteinflüssen wie Staub und Strahlung und wenn der Schmierstoff nicht kriechen darf.

[1] EP = Extrem Pressure.

13.1.4 Schmierfette

Schmierfette sind Aufquellungen von Seifen in Öl.

Die Seife ist Ölträger (wie ein mit Wasser gefüllter Schwamm) und übt selbst eine Schmierwirkung aus. Die Eigenschaften der Schmierfette ergeben sich aus den Eigenschaften ihrer Seifen und Öle und aus der Art der Aufquellung.

Man unterscheidet Mineralölschmierfette und Schmierfette auf Syntheseölbasis.

Dickungsmittel	Ölbasis, Symbol	Gebrauchs-temperatur in °C	Verhalten gegen Wasser	Eigenschaften und Verwendung
Kalk- Seifenfett (Staufferfett)	Mineralöl △	−40 … +60 (+70)[1]	beständig und abweisend	Dichtwirkung gegen Wasser, kein Korrosionsschutz. Für nasse Lagerstellen: Als Gleitlager- und allgemeines Abschmierfett, z. B.: für Kfz, Walzgerüste.
Natron- Seifenfett (Heißlagerfett)	Mineralöl △	−20 … +100 (+110)[1]	nicht beständig, wird ein-emulgiert	Löst sich in Wasser vollständig auf, mäßiger Korrosionsschutz. Für trockene Lagerstellen: Als Wälzlagerfett und Fließfett für Getriebe.
Lithium- Seifenfett	Mineralöl △	−20 … +120 (+150)[1]	beständig, nicht abweisend	Guter Korrosionsschutz durch Zusätze. Mehrzweckfett für Wälz- und Gleitlager.
Komplexseifenfett, z. B. Ca-, Ba-Komplex	Mineralöl △	−60 … +160 (+220)[1]	beständig und abweisend	Mehrzweckfett für Maschinen und Aggregate, auch bei hohen Temperaturen. Geeignet für Langzeitschmierung.
Gel-Fett mit synthetischen Dickungsmitteln, z. B.: Polypropylen	Syntheseöl ◇	−60 … +200 (+220)[1]	beständig	Für Langzeitschmierung und bei hohen Drehzahlen, dabei niedrige Lagertemperatur nach Einlaufphase. Für NC-Maschinen, Luftfahrt, Kältetechnik.

[1] Klammerwert: Erweiterte Einsatzgrenze bei regelmäßiger Nachschmierung.

Tabelle 1 Eigenschaften und Verwendung der wichtigsten Schmierfette

Vaseline hat nur geringe Schmierfähigkeit. Sie wird in Kälte hart und wird hauptsächlich als *Rostschutzmittel* benutzt.

Lithiumverseiftes Mineralölfett ist für Drehzahlen bis zu etwa 1 500/min geeignet. Dabei steigt die Lagertemperatur auf etwa 60 °C. Bei höheren Drehzahlen wird das Fett aus den Lagern geschleudert.

Schmierfett auf Syntheseölbasis mit Erdalkali-Komplexseife ist für Dauerschmierung und hohe Drehzahlen geeignet, z. B. Frässpindeln mit n = 5 500/min, Spindelstöcke von NC-Maschinen mit n = 2 800/min. Dabei betragen die Lagertemperaturen nach dem Einlaufen etwa 37 °C bis 47 °C, sodass sich die Arbeitsgenauigkeit der Maschinen nur geringfügig ändert. Die Gebrauchsdauer einer Schmierung beträgt mehr als 5 000 Stunden. Nachschmieröffnungen an den Lagern sind nicht erforderlich. Zulässige Betriebstemperaturen: –60 °C bis +120 °C.

Art der Kennzeichnung von Schmierfetten nach DIN 51825: 2004 und DIN 51826: 2015:

Schmierfett DIN 51825 K 1 G -20: Schmierfett K ▶ Tab. 1, mit Konsistenzkennzahl 1 ▶ Tab. 2, Zusatzkennbuchstabe G ▶ Tab. 3, Zusatzkennzahl -20 ▶ Tab. 4

Schmierfett DIN 51826 G 00 E -30: Schmierfett G ▶ Tab. 1, mit Konsistenzkennzahl 00 ▶ Tab. 2, Zusatzkennbuchstabe E ▶ Tab. 3, Zusatzkennzahl -30 ▶ Tab. 4

Schmierfettart	Kennbuchstaben
konsistente Schmierfette für Wälzlager, Gleitlager und Gleitflächen, die aus Mineralöl und/oder Syntheseöl sowie einem Dickungsmittel bestehen (DIN 51825: 2004)	K
Schmierfette K mit Wirkstoffen zum Herabsetzen der Reibung und des Verschleißes im Mischreibungsgebiet und/oder zur Erhöhung der Belastbarkeit (DIN 51825: 2004)	KP
Schmierfette K mit Festschmierstoff-Zusätzen (DIN 51825: 2004)	KF
Schmierfette K mit Wirkstoffen und Festschmierstoff-Zusätzen (DIN 51825: 2004)	KPF
Schmierfette für geschlossene Getriebe (DIN 51826: 2015)	G
Schmierfette mit Wirkstoffen zum Herabsetzen des Verschleißes und der Erhöhung der Belastbarkeit im Mischreibungsgebiet (DIN 51826: 2015)	GP
Schmierfette G mit Festschmierstoff-Zusätzen (DIN 51826: 2015)	GF

Tabelle 1 Kennbuchstaben für Schmierfette nach DIN 51285: 2004 bzw. DIN 51286: 2015 (Auszug)

Konsistenzkennzahl (NLGI-Klassen nach DIN 51818: 1981)	Walkpenetration nach DIN ISO 2137: 2016 in 0,1 mm	Beschaffenheit (Tastprüfung)
000	445–475	sehr dickes Öl
00	400–430	sehr weich
0	355–385	weich
1	310–340	noch weich
2	265–295	salbenähnlich
3	220–250	geschmeidig
4	175–205	fast fest
5	130–160	fest
6	85–115	sehr fest

Tabelle 2 Konsistenzkennzahlen für Schmierfette

Zusatzkennbuchstabe nach DIN 51502: 1990	Verhalten gegenüber Wasser nach DIN 51807-1: 1979 Bewertungsstufe*)	Obere Gebrauchstemperatur in °C
C	0 oder 1	+60
D	2 oder 3	
E	0 oder 1	+80
F	2 oder 3	
G	0 oder 1	+100
H	2 oder 3	
K	0 oder 1	+120
M	2 oder 3	
N	nach Vereinbarung	+140
P		+160
R		+180
S		+200
T		+220
U		über +240

*) 0 = keine Veränderung 1 = geringe Veränderung
2 = mäßige Veränderung 3 = starke Veränderung

Tabelle 3 Zusatzkennbuchstabe für Schmierfette nach DIN 51825: 2004

Zusatzkennzahl nach DIN 51502: 1990	Untere Gebrauchstemperatur in °C
-10	−10
-20	−20
-30	−30
-40	−40
-50	−50
-60	−60

Tabelle 4 Zusatzkennzahlen für Schmierfette

13.1.5 Kühlschmierstoffe

Etwa ⅔ der beim Spanen aufgewendeten Arbeit wird in Wärme umgesetzt. Davon entfallen etwa 70 % auf die aus der Trennungs- und Verformungsarbeit entstehenden Wärme, etwa 30 % auf die durch Reibung zwischen Werkzeug und Werkstück/Späne entstehende Reibungswärme. Die nachteiligen Wirkungen der Zerspanungs- und Reibungswärme werden von Kühlschmierstoffen vermindert, mit denen die Bearbeitungszonen der Werkstücke und die Werkzeuge beim Spanen überflutet werden. Außerdem sollen die Kühlschmierstoffe Korrosion verhindern und die Späne aus der Bearbeitungszone abführen. Man unterscheidet Metallbearbeitungsöle = nichtwassermischbare Kühlschmierstoffe und Öl-in-Wasser-Emulsionen = wassermischbare Kühlschmierstoffe.

Kühlschmierstoffe für die spanende Metallbearbeitung

Kühlschmierstoff / Verfahren	Öl-in-Wasser-Emulsion					Metallbearbeitungsöle mit polaren Wirkstoffen und mild wirkenden Hochdruckzusätzen					Metallbearbeitungsöle mit polaren Wirkstoffen und stark wirkenden Hochdruckzusätzen				
Drehen	■	■	■			■	■	■						■	■
Fräsen	■	■				■	■	■						■	■
Abwälzfräsen, Zahnradstoßen, -hobeln						■	■	■						■	■
Sägen	■	■	■	■		■	■							■	■
Räumen, Stoßen	■	■				■	■						■	■	■
Gewindeschneiden	■	■				■	■	■						■	■
Bohren	■	■	■			■	■	■							■
Tiefbohren											■	■	■	■	■
Schleifen	■	■	■	■	■								■	■	■
Honen														■	■
Werkstoffgruppe	1	2	3	4	5	1	2	3	4	5	1	2	3	4	5
Buntmetallverfärbung	möglich					nein					ja				

Werkstoffgruppen

1: Bunt- und Leichtmetalle, ausgenommen Cu, Al und Hartbronze. Mg und Mg-Legierungen nur mit Schneidöl bearbeiten, Brandgefahr!

2: Legierte Einsatz- und Vergütungsstähle, unlegierte Baustähle mit hohem C-Gehalt, Automatenstähle.

3: Unlegierte Einsatz- und Vergütungsstähle, chromlegierte, rostfreie und Vergütungsstähle, Gusseisen und Temperguss, Cu, Al und Hartbronzen.

4: Chrom- und Molybdän-legierte Vergütungsstähle, Chrom-Nickel-Einsatzstähle, Chrom-Vanadium-Werkzeugstähle, Silizium-Federstähle, warmfeste Chrom-Molybdän-Stähle.

5: Rost- und säurebeständige Chrom-Nickel- und Chrom-Nickel-Molybdän-Stähle, Nitrierstähle, hitzebeständige Stähle.

Metallbearbeitungsöle sind legierte Mineralöle. Als Legierungszusätze werden pflanzliche/tierische Fettöle und S-, Cl- und P-Verbindungen verwendet.

Fettöle, insbesondere die in ihnen enthaltenen Fettsäuren, werden als polare Wirkstoffe bezeichnet. Sie besitzen wegen ihrer gleichgerichteten Oberflächenmoleküle gute Haftfähigkeit an Metalloberflächen und wirken reibungs- und verschleißmindernd.

S-, Cl- und P-Verbindungen werden als Hochdruckzusätze, kurz: EP-Zusätze (EP ≙ Extreme Pressure) bezeichnet. Sie bilden bei höheren Temperaturen durch Reaktion mit den Metalloberflächen Metallsalze mit lamellarer Struktur. Wegen ihrer geringen Scherfestigkeit vermindern Metallsalze die Reibung zwischen aufeinander gleitenden Metallflächen und verhindern die Verschweißung von Spänen und Werkzeugen zu Aufbauschneiden.

Metallbearbeitungsöle haben hohe Schmierfähigkeit und geringere Kühlwirkung als Öl-in-Wasser-Emulsionen.

Öl-in-Wasser-Emulsionen. Emulsionen sind Flüssigkeiten mit schwebenden, unlöslichen Teilchen anderer Flüssigkeiten. Durch Zusätze von grenzflächenaktiven Verbindungen = *Emulgatoren* (Alkalisalze von Fettsäuren u. a.), werden die in Wasser unlöslichen Metallbearbeitungsöle unter Rühren zu feinen Tröpfchen in Wasser emulgiert[1].

Öl-in-Wasser-Emulsionen haben gute Kühlwirkung. Ihre geringe Schmierfähigkeit wird durch EP-Zusätze verbessert.

Relative Kühlwirkung von Metallbearbeitungsölen und Öl-in-Wasser-Emulsionen bezogen auf Wasser:

Wasser	100
Metallbearbeitungsöle	9 bis 11
Öl-in-Wasser-Emulsionen	78 bis 54

Je nachdem, ob Schmierung oder Kühlung Vorrang haben muss, werden wasserfreie oder wasserhaltige Kühlschmierstoffe verwendet.

Kühlschmierstoffemulsionen, Gleitbahn- und Hydrauliköle für NC-Maschinen

Gleitführungen mit Metallpaarungen erfordern größere Spiele zwischen Werkzeugschlitten und Bettbahn. Ihre großen Unterschiede zwischen Haft- und Gleitreibung bewirken Ruckgleiten, sog. Stick-Slip. Die bei den NC-Maschinen erforderlichen hohen Anforderungen an Positioniergenauigkeit, niedrige Vorschubgeschwindigkeiten und kleinste Zustellbewegungen sind mit den herkömmlichen Metallpaarungen nicht erreichbar. NC-Maschinen sind daher mit Kunststoffen als Gleitbahnbelägen versehen.

Die Spiele zwischen Werkzeugschlitten und Bettbahnen betragen heute bei Kunststoff-Gusseisen ca. 10 µm, bei Stahl-Gusseisen ca. 40 µm.

Die Kunststoffbeläge bilden durch feinste Vertiefungen in den Oberflächen Schmierstoffreserven für das Bettbahnöl, welches impulsweise in den Spalt zwischen Schlitten und Bettbahn gepresst wird. Die Bettbahnölmenge zwischen den Gleitpartnern ist demzufolge sehr gering. Dadurch und durch den geringen Unterschied zwischen Haft- und Gleitreibung der Kunststoffe erfolgen ein fließender Übergang vom Stillstand zur Bewegung und die Vermeidung von Stick-Slip-Erscheinungen im Minimalgeschwindigkeitsbereich.

Negative Veränderungen der Kunststoff-Gleitbahnbeläge

Bei Nassbearbeitung findet auf den Führungsebenen eine Vermischung und gegenseitige Beeinflussung von Kühlschmierstoffemulsion, Gleitbahnöl und Hydraulik-Lecköl statt.

[1] emulgieren: eine Emulsion bilden.

Die Kunststoffbeläge und die zum Befestigen der Beläge verwendeten Klebstoffe quellen durch das in den Kühlschmierstoffen und den Hydraulik-Leckölen enthaltene Wasser auf: Das exakte Positionieren wird dadurch unmöglich.

Für NC-Maschinen müssen Öle und Kühlschmieremulsionen verwendet werden, die einander einemulgieren.

Chemische Unverträglichkeit der verwendeten Öle und Kühlschmierstoffemulsionen verursacht im Schmierspalt zwischen Bettbahn und Schlitten das Wachstum von Pilzen, die den Schmierspalt verengen, Korrosion und Stick-Slip verursachen.

Kühlschmierstoffemulsionen, Gleitbahn- und Hydrauliköle für NC-Maschinen müssen untereinander voll verträglich sein und ein Komplettsystem bilden.

Aufgaben:

1. Erläutern Sie die Begriffe äußere Reibung und innere Reibung. Welche Reibungsarten unterscheidet man dabei?
2. Definieren Sie den Begriff Verschleiß.
3. Welche Produkte werden durch Destillation und Raffination aus Mineralöl hergestellt?
4. Nennen Sie die verschiedenen Additive, die zum Legieren der Öle verwendet werden, und ihren Verwendungszweck.
5. Was versteht man unter dem Begriff Viskosität, wie wird sie ermittelt und welche Maßeinheit hat sie?
6. Erklären Sie die Begriffe **a)** Viskositätsindex, **b)** Pourpoint, **c)** Flammpunkt und **d)** Schmierfähigkeit.
7. Wofür stehen die Buchstaben C, CL und CLP in der Bezeichnung der Schmieröle?
8. Nennen Sie vier Arten von Festschmierstoffen. In welchen Fällen werden sie eingesetzt?
9. Was bedeutet der Begriff Schmierfett?
10. Für welche Einsatzfälle ist Mineralölfett bzw. Schmierfett auf Syntheseölbasis geeignet?
11. Beschreiben Sie die Aufgaben von Kühlschmierstoffen bei der Zerspanung von Metallen.
12. Nennen Sie die wesentlichen Unterschiede zwischen Metallbearbeitungsölen und Öl-in-Wasser-Emulsionen. In welchen Einsatzfällen werden wasserfreie bzw. wasserhaltige Kühlschmierstoffe verwendet?
13. Welche besonderen Anforderungen müssen Kühlschmierstoffemulsionen, Gleitbahn- und Hydrauliköle für NC-Maschinen erfüllen?

13.2 Schleif- und Poliermittel

Schleifen ist nach DIN 8589 ein spanendes Bearbeitungsverfahren mit geometrisch unbestimmten Schneiden. Der Materialabtrag erfolgt dadurch, dass mehr oder weniger regellos verteilte Körner aus Hartstoffen mit dem zu bearbeitenden Werkstückwerkstoff in Kontakt gebracht werden. Durch Anpresskräfte und die Relativbewegung zwischen Hartstoffkorn und Werkstückwerkstoff treten elastische und plastische Verformungen im Werkstückwerkstoff auf. Er weicht zur Seite aus oder fließt unter dem Korn durch. Wird die Zugfestigkeit des Werkstückwerkstoffes in der Kontaktzone überschritten, bildet sich der eigentliche Span.

Beim Schleifen ist das Hartstoffkorn in einem Schleifwerkzeug fest eingebunden. Beim Polieren „rollt" das Hartstoffkorn lose zwischen dem Werkstückwerkstoff und einem angetriebenen Werkzeug, das jedoch keine Hartstoffkörner trägt.

13.2.1 Schleifmittel

Um einen Werkstoffabtrag auch über längere Zeit zu erreichen, müssen die Schleifmittel folgende Anforderungen erfüllen:

- hohe Härte, damit der Werkstoffabtrag eindeutig auf der Seite des zu bearbeitenden Werkstoffes liegt und die Schneiden auch über längere Zeit hin ihre Schärfe behalten,
- ausreichende Sprödigkeit, damit das Korn beim Stumpfwerden der Schneide durch die dann höheren Kräfte bricht und neue scharfe Schneiden frei legt,
- thermische Beständigkeit und Warmhärte, damit das Korn bei den hohen Temperaturen in der Kontaktzone nicht erweicht,
- chemische Beständigkeit, damit bei den hohen Drücken und Temperaturen in der Kontaktzone keine chemischen Reaktionen zwischen zu bearbeitendem Werkstoff, Luftsauerstoff und Kühlschmiermittel auftreten, die das Korn schwächen könnten.

Bisher ist allerdings kein Hartstoff bekannt, der unter allen Bedingungen diese Anforderungen erfüllt. Daher werden je nach Bearbeitungsaufgabe verschiedene natürliche und synthetische Hartstoffe eingesetzt.

Natürliche Hartstoffe (Mineralien)

Quarz oder Flint (Sandstein) SiO_2 ist nicht sehr hart (Knoophärte[1] K_{100} = 820) und bricht nicht scharfkantig. Daher werden Sandsteinblöcke nur zum Feinschleifen mit der Hand oder in Pasten für das Polieren von Metallen eingesetzt.

Korund oder Schmirgel bestehen zum größten Teil aus kristallinem Aluminiumoxid Al_2O_3 (Korund 80 bis 95 %, Schmirgel max. 60 % und Rest Eisenoxid Fe_2O_3). Korund erreicht eine recht hohe Härte (Knoophärte K_{100} = 2 050). Beide Mineralien brechen rund und blockig und haben daher nur wenige scharfe Schneidkanten. Einsatzbereiche sind gummigebundene Schleifkörper, Schmirgelpapiere und Poliermittel für optische Gläser.

Granat aus der Gruppe der Silicate erreicht eine Knoophärte K_{100} = 1 360. Aufgrund des muschelig körnigen Bruches besitzt er sehr viele Angriffsflächen und Spitzen. Anwendungen sind Schleifpapiere und Schleifleinen in der Holzbearbeitung.

Naturdiamant besteht aus reinem Kohlenstoff mit einer speziellen Kristallgitterstruktur (▶ S. 23), die ihn zum härtesten Werkstoff macht. Als Schleifmittel wird er in Korngrößen zwischen 1 und etwa 1 000 µm eingesetzt sowohl in gebundener Form auf Schleif- oder Trennscheiben und Schleifstiften als auch in loser Form in Diamantpasten oder -suspensionen. Mit Diamant werden Gläser, Keramiken, Hartmetalle und Kunststoffe bearbeitet. Für Eisenbasiswerkstoffe ist er weniger geeignet, da sich durch die chemische Affinität zum Eisen in der Diamantoberfläche Karbide bilden (chemischer Verschleiß).

Synthetische Hartstoffe

Synthetischer Korund besteht zu nahezu 100 % aus Al_2O_3. Die Reste sind Fremdoxide TiO_2 und Cr_2O_3. Korund wird in einem energieintensiven Verfahren direkt aus gereinigtem Bauxit (▶ S. 152) erschmolzen. Der erstarrte Block wird anschließend in Brecher- und Mahlanlagen auf Korngrößen von kleiner 3 µm bis 4550 µm zerkleinert. Die verschiedenen Korngrößen werden durch Sieben getrennt. Durch Zugabe von Legierungszusätzen können auch Spezialkorunde erzeugt werden, aber auch die Härte und Zähigkeit gezielt beeinflusst werden. Die Knoophärte K_{100} liegt bei etwa 2 150. Da Aluminiumoxid eine der stabilsten chemischen Verbindungen ist, treten keine chemischen Reaktionen mit dem Werkstückwerkstoff auf. Korund ist für nahezu alle Schleif- und Polieraufgaben einsetzbar.

Siliziumkarbid wird im Elektrowiderstandsofen aus Quarzsand erschmolzen. Dabei sind je nach Führung des Schmelzprozesses unterschiedliche Reinheitsgrade, Qualitäten und Farben herstellbar. Schwarzes Siliziumkarbid enthält 98,26 % SiC, grünes Siliziumkarbid 99,66 % SiC. Die Reste sind freier Kohlen-

[1] Die Knoop-Härte ist eine Abwandlung der Härteprüfung nach Vickers mit einem rhombischen Diamanten (Spitzenwinkel 172,5° für die lange und 130° für die kurze Seite). Bei der Prüfung wird nur die lange Diagonale gemessen.

stoff, Elemente wie Aluminium, Calcium, Magnesium und Eisen sowie reines Silizium. Die Knoophärte K_{100} wird mit Werten zwischen 2450 und 3000 angegeben. Es erreicht damit die größte Härte der konventionellen Schleifmittel. Auch die Temperaturbeständigkeit ist besser als die von Korund. Der Oxidationswiderstand ist bei Temperaturen zwischen 1000 und 1600 °C nicht so gut, d. h. diese Temperaturen sollten vermieden werden.

Synthetischer Diamant wird aus Kohlenstoff in Form von Graphit bei Drücken zwischen 20 bis 120 kbar und Temperaturen um 2000 °C bei Anwesenheit besonderer Katalysatoren kristallisiert. Die Korngröße kann durch die Steuerung der Kristallisationszeit zwischen tausendstel Sekunden bis zu mehreren Sekunden gezielt eingestellt werden. Die Knoophärte K_{100} liegt zwischen 5000 und 7000. Die Härte weist allerdings eine ausgeprägte Richtungsabhängigkeit auf. Sie ist in den {110}- und {100}-Ebenen deutlich höher als in der {111}-Ebene (zu den Millerschen Indices ▶ S. 24). Die Einsatzbereiche entsprechen denen des Naturdiamanten.

Kubisches Bornitrid (CBN) ist der jüngste bekannte Kornwerkstoff. Er wurde erstmals 1957 synthetisiert und ab 1968 industriell hergestellt und als Schleifmittel eingesetzt. CBN wird durch die Pyrolyse von Borchlorammoniak unter Anwesenheit eines Katalysators bei Drücken von 50 bis 90 kbar und Temperaturen zwischen 1800 und 2700 °C gewonnen. Die Knoophärte K_{100} liegt bei 4700. Es zeichnet sich aus durch eine extrem hohe Temperaturbeständigkeit bis 2000 °C bei Atmosphärendruck. Erst oberhalb dieser Temperatur wandelt es um in das hexagonale Bornitrid. Es neigt allerdings zu chemischen Reaktionen bei gleichzeitiger Anwesenheit von Sauerstoff und Wasser.

13.2.2 Bindungen

Bei allen Schleifwerkzeugen mit Ausnahme der ungebundenen Schleifmittel (Polierpasten, Poliersuspensionen) werden die Schleifkörner durch Bindemittel miteinander und/oder mit einer Unterlage verbunden. Erst dadurch entsteht ein Schleifwerkzeug mit einer bestimmten geometrischen Form (Schleifscheibe, Schleifstift u. ä.). Die Bindung muss das Schleifkorn so lange festhalten, bis es durch den Schleifprozess abgestumpft ist. Dadurch werden die Kräfte größer, die beim Eingriff in den Werkstückwerkstoff auf das Korn einwirken, bis die Festigkeit der Bindung überschritten wird. Das stumpfe Schleifkorn bricht aus dem Schleifwerkzeug und gibt frische, scharfe Schleifkörner frei. Um diesen Ablauf zu ermöglichen, müssen die Bindungen folgende Anforderungen erfüllen:

- Der Bindungswerkstoff muss eine ausreichende und auf den Prozess abgestimmte Festigkeit aufweisen.
- Zwischen Korn und Bindung müssen ausreichende Bindungskräfte wirken.
- Die Bindung muss Brücken bilden, deren Querschnittsflächen ausreichend groß sind, um die Späne aufnehmen zu können.

Die beiden ersten Anforderungen werden durch die Wahl des Bindemittels erfüllt.

Die dritte Anforderung ist ausschlaggebend für die Güte des Schleifprozesses. Das Schleifwerkzeug muss ausreichend große Porenräume als Spankammern haben, in denen die abgetrennten Späne locker aufgenommen werden können und so aus der Kontaktzone Werkzeug-Werkstückwerkstoff heraustransportiert werden. Anschließend müssen sie durch die Zentrifugalkraft aus den Spankammern herausgeschleudert werden, um wieder Platz für neue Späne zu schaffen. Zu kleine Spankammern werden mit Spänen vollgepresst, sodass die Schleifkörper blank und stumpf werden. Folge sind ungenaue Bearbeitungsprozesse und hohe Schleifdrücke, wodurch hohe Temperaturen in der Kontaktzone entstehen. Diese können zu Schädigungen des Werkstückwerkstoffes in Form von Weichfleckigkeit bei gehärteten Stählen oder Schleifrissen führen.

Keramische Bindungen sind Gemische aus natürlichen Silikaten Ton, Kaolin und Feldspat sowie Quarz. Als Zusatzmittel werden Fritten zugegeben, das sind vorgeschmolzene, pulverförmige Gemische aus Borsilikaten oder magnesiumhaltigen Gläsern. Die pulverförmigen Ausgangsstoffe werden mit den Schleifmitteln gemischt, verpresst und anschließend gebrannt. Durch die Zusatzmittel können die

Brenntemperaturen und damit die Brennkosten gesenkt werden. Je nach Ausgangsstoffen entstehen steinzeug-, porzellan- oder glasartige Bindungen. Sie sind spröde und sehr stoßempfindlich, besitzen einen großen Elastizitätsmodul, d. h. das Werkzeug zeigt unter Belastung nur eine geringe elastische Verformung. Sie sind sehr temperaturbeständig, aber empfindlich gegenüber schnellen Temperaturwechseln, und beständig gegen Öle und Wasser. Die keramische Bindung eignet sich für alle aufgezählten synthetischen Schleifmittel.

Kunstharzbindungen werden aus einem Kunstharz oder aus Kunstharzmischungen mit oder ohne Füllstoffe aufgebaut. Es werden überwiegend Duromere auf Basis der Phenolharze (▶ S. 200 und 205) eingesetzt wegen ihrer für Polymere hohen Temperaturbeständigkeit. Zu Eigenschaftsanpassung werden auch Alkydharze und Epoxidharze zugemischt. Ungesättigte Polyesterharze sind kaum üblich. Epoxidharze haben im Vergleich zu den Phenolharzen eine höhere Abriebfestigkeit und Härte, sind aber auch erheblich teurer. Sie werden als Bindemittel für Präzisionsschleifscheiben im Werkzeugbau verwendet. Für Sonderfälle wie Polier- und Abziehscheiben werden auch Polyurethane als Bindemittel eingesetzt.

Metallische Bindungen werden durch Sintern von Edelmetall-, Bronze-, Stahl- oder Hartmetallpulvern oder auch durch galvanische Verfahren hergestellt. Die Schleifkörner sind in die Metallschicht eingebunden. Die Bronzebindungen sind aus den üblichen Kupfer-Zinn-Legierungen aufgebaut. Über die Zusammensetzung der Stahlbindung liegen keine genaueren Angaben vor. Die Hartmetallbindung besteht überwiegend aus Wolfram und Wolframkarbid, ggfs. auch mit höheren Kobaltanteilen. Bei galvanisch gebundenen Scheiben werden als Bindemittel überwiegend Rein-Nickel oder Nickellegierungen eingesetzt. Die Schleifkörner sind in das Bad eingerührt und werden beim Aufwachsen der galvanischen Schicht in diese eingebaut. Galvanisch gebundene Scheiben sind häufig nur einschichtig aufgebaut und können dementsprechend nicht abgerichtet werden. Auch ist das Arbeitsergebnis nicht konstant über die Zeit. Zu Beginn des Schleifprozesses sind nur wenige weit aus der Bindung herausstehende Schleifkörner im Eingriff, was zu großen Rauigkeiten führt. Mit zunehmender Bearbeitungszeit stumpfen diese Körner ab, womit dann die tieferliegenden Schleifkörner in größerer Anzahl in Kontakt mit dem Werkstückwerkstoff kommen. Die Rauigkeit wird geringer. Verbrauchte galvanisch gebundene Scheiben werden an den Hersteller zurückgegeben. Dort wird die galvanische Schicht chemisch gelöst und der Träger neu beschichtet.

Gummibindungen bestehen aus Synthesekautschuken. Die Schleifkörner werden in die Kautschukmasse eingeknetet und auf den Träger aufvulkanisiert. Stumpf gewordene Körner brechen relativ früh aus, weil die Bindung nicht sehr fest ist. Einsatzbereiche sind spezielle Trennschleifscheiben und die Regelscheiben beim spitzenlosen Schleifen.

Magnesitbindungen (Magnesiumcarbonat $MgCO_3$) ergeben relativ weiche Schleifscheiben, die für den Trockenschliff dünner, wärmeempfindlicher Werkstücke wie Messer eingesetzt werden.

Schellack wird aus dem erstarrten und getrockneten Harz des indischen Feigenbaumes Ficus religiosa und des Croton laccifera durch alkalische Extraktion gewonnen. Es gehört dementsprechend zu den Polymerwerkstoffen aus abgewandelten Naturstoffen (▶ S. 197). Schellackgebundene Scheiben werden für Schleifarbeiten eingesetzt, bei den geringste Rautiefen Ziel sind.

Abhängig von der Größe der Schleifkörner, vom Bindemittel und von den Herstellungsbedingungen weisen die Schleifwerkzeuge unterschiedliche Gefüge auf (▶ Bild 1, S. 252).

Das Gefüge beeinflusst auch die Härte eines Schleifkörpers. Darunter ist die Widerstandsfähigkeit gegen mechanische Kräfte im Schleifprozess zu verstehen. Ein Schleifkörper arbeitet zu hart, wenn sich die stumpfen Körner nicht rechtzeitig aus der Bindung herauslösen, sodass der Schleifkörper blank und stumpf wird; er arbeitet zu weich, wenn sich die Körner vorzeitig aus der Bindung lösen. Schleifkörper wirken bei Erhöhung der Schnittgeschwindigkeit härter, bei Erniedrigung der Schnittgeschwindigkeit weicher.

Die Leistung der Schleifkörper ist durch das Zusammenwirken von Körnung, Bindemittel, Porenraum, Länge des Zerspanungsweges und Schnittgeschwindigkeit bestimmt.

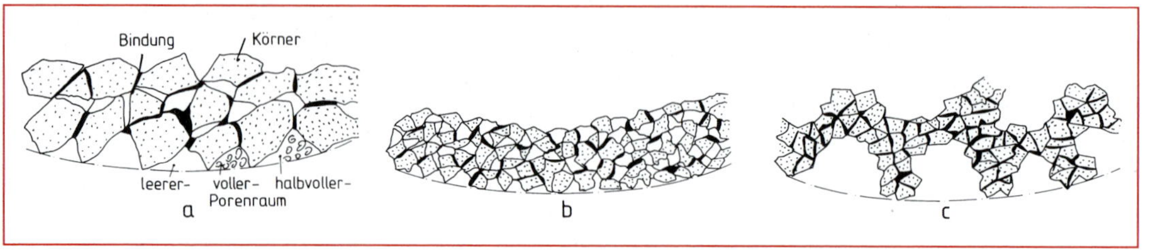

Bild 1 Schleifkörpergefüge. a) Gefügeaufbau; **b)** normales; **c)** hochporöses Schleifkörpergefüge

13.2.3 Bezeichnung der Schleifkörper nach DIN ISO 525: 2015

Entsprechend den Regeln der europäischen Normungsgremien bestehen auch die Bezeichnungen der Schleifkörper aus einem Benennungsblock und dem Identifizierungsblock, der sich wiederum aufspaltet in den EN-Nummernblock und den Merkmaleblock (▶ S. 110).

Der Benennungsblock beschreibt mit einem Wort die Art des Schleifkörpers, der EN-Nummernblock enthält die Nummer der Norm, in der der Schleifkörper genormt ist. Der Merkmaleblock ist durch einen Bindestrich abgetrennt und enthält die Abmessungen des Schleifkörpers sowie, durch einen weiteren Bindestrich getrennt, die Angaben entsprechend der nachfolgenden Tabelle.

0	1	2	3	4	5	6	7
Art des Schleifmittels[a])	Art des Schleifmittels	Korngröße	Härtegrad	Gefüge[a])	Art der Bindung	Art der Bindung[a])	Arbeitshöchst-geschwindigkeit

[a]) Kurzzeichen nach Wahl des Herstellers freigestellt

Beispiel: Schleifscheibe ISO 603-1 1 N – 300 × 50 × 76,2 – ...A / F36 L 5 V ... – 50 m/s

Erläuterung: Schleifscheibe nach ISO 603-1, Form 1, Randform N mit den Abmessungen Außendurchmesser 300 mm, Breite 50 mm, Bohrungsdurchmesser 76,2 mm, Schleifmittel ...A (Korund), Korngröße F36 (mittlere Korngröße), Härtegrad L (mittel), Gefüge 5 (geschlossen), Bindung V (keramisch), zugelassen für eine Arbeitshöchstgeschwindigkeit von 50 m/s.

Die Kennzeichnungen der verschiedenen Positionen nach DIN ISO 525: 2015 sind in den nachfolgenden Tabellen zusammengefasst.

Bezeichnung	Kurzzeichen	Chem. Zusammensetzung in Masse-%	Anwendung
Korund	A	95 ... 96 Al_2O_3	Hoch- und niedriglegierte Stähle, Einsatzstähle, Werkzeugstähle, HSS bis HRC < 63
Siliziumcarbid	C	98 ... 99,5 SiC	Hartmetall, HSS, rostfreie Stähle, Gusseisen, NE-Metall, Keramik
Zirkonkorund	Z	76 Al_2O_3; 24 ZrO_2	Entgraten, Schweißnahtbearbeitung, rost-, hochwarmfeste Stähle, NE-Metalle
Nicht nach DIN ISO 525 genormte Schleifmittel			
Borcarbid	BK	78 B; 22 C	Hartmetall, gehärteter Stahl, zum Läppen
Bornitrid (BN)	B	44 B; 56 N	HSS, gehärtete hochlegierte Stähle
Diamant (DP)	D	100 C	Hartmetall, Glas, Keramik, Feinbearbeitung

[1]) Firmen kennzeichnen die unterschiedlichen Korunde und Carbide durch vorgesetzte Zahlen (bis zu 4 Stellen)

Tabelle 1 Schleifmittel gemäß DIN ISO 525 2015

Körnungs-bezeichnung[2])	Makrokörnung von F4 … F220			Mikrokörnung F230 … F2000
	grob	mittel	fein	sehr fein
Körnung[1])	4 5 6 7 8 10 12 14 16 20 22 24	30 36 40 46 54 60	70 80 90 100 120 150 180 220	230 240 280 320 360 400 500 600 800 1 000 1 200 1 500 2 000
Anwendung	Schruppschleifen		Fein-, Formschleifen	Feinschleifen, Läppen, Polieren

[1]) Maschenweite je nach Korngröße in mm und µm [2]) Die Körnung erhält den Kennbuchstaben F…, z. B. F120

Tabelle 1 Körnung gemäß DIN ISO 525: 2015

Kennbuchstabe	A-B-C-D	E-F-G	H-I-Jot-K	L-M-N-O	P-Q-R-S	T-U-V-W	X-Y-Z
Härtebezeichnung	äußerst weich	sehr weich	weich	mittel	hart	sehr hart	äußerst hart

Tabelle 2 Härtegrad (Härte der Schleifscheibe) gemäß DIN ISO 525: 2015

Bindungsart	Kurz-zeichen[2])	Eigenschaft	Anwendung
Keramisch	V	spröde, schlagempfindlich, temperaturunempfindlich	Trocken- und Nassschliff für alle Werkstoffe außer Al, form- und maßgenau
Magnesit	MG	weiche Scheibe, kühler Schliff, schnelle Abnutzung	feine Schneiden, Schleifen von Feinstahl
Schellack	E	Naturharz, elastisch, geringe Schleifwärme	Schleifarbeiten mit geringen Rautiefen Feinst-schleifen von Walzen
Gummi Gummi, verstärkt	R RF	öl- und temperaturempfindlich	Formschleifen, Trennschliff
Kunstharz und andere duroplastische Verbindungen Kunstharz, faserverstärkt	B BF	elastisch, ölbeständig, temperaturempfindlich	Läppscheiben, Trennscheiben, hohe Schnitt-geschwindigkeiten
Plastik	PL		
gesintert	Sint[1])	hohe Festigkeit, porös	für Diamantscheiben bestehend aus Cu-Sn-Legierungen

[1]) nicht genormt
[2]) Die Firmen kennzeichnen die Zusammensetzung der Bindungsart durch Anhängen von bis zu 4 Zahlen.

Tabelle 3 Bindung gemäß DIN ISO 525: 2015

Zur Kennzeichnung der Struktur und Porosität wird gemäß DIN ISO 525: 2015 eine optionale Herstellerkodierung mittels einer einheitlichen Nummerierung, üblicherweise von 0 bis 99, benutzt. Je größer die Zahl ist, umso „offener“ ist die Struktur und umso größer ist die Porosität. Die größten Zahlen bezeichnen also äußerst offene Strukturen.

Aufgaben:

1. Nennen Sie die verschiedenen natürlichen bzw. synthetischen Hartstoffe, die als Schleifmittel verwendet werden.
2. Welche Anforderungen werden an die Bindemittel für Schleifwerkzeuge gestellt?
3. Nennen Sie die verschiedenen Arten von Bindemitteln für Schleifwerkzeuge.
4. Wozu sind die Porenräume in Schleifwerkzeugen erforderlich? Was passiert beim Schleifen, wenn die Porenräume zu klein sind?
5. Wann wird ein Schleifkörper **a)** als hart und **b)** als weich bezeichnet? Welcher Parameter im Schleifprozess wirkt sich auf die Härte aus?
6. Erläutern Sie die folgenden Angaben des Merkmaleblocks einer Schleifscheibe: … -300x50x76,2-A/F36 L V-50 m/s.

13.3 Klebstoffe

13.3.1 Klebstoffarten

Klebstoffe sind nichtmetallische Stoffe, die gleiche oder unterschiedliche Werkstoffe durch Oberflächenhaftung (Adhäsion) verbinden und eine ausreichende innere Festigkeit (Kohäsion) besitzen, sodass die verbundenen Teile zusammenhaften. Die Klebstoffe gehören zur Gruppe der Polymerwerkstoffe (▶ Kap. 8.1). Analog zu diesen sind zu unterscheiden:

Natürliche Klebstoffe: Basis dieser Klebstoffe sind pflanzliche oder tierische Stoffe. Die Makromoleküle sind bereits vorhanden und in einem Lösungsmittel, z. B. Wasser, gelöst. Nach der chemischen Basis unterscheidet man Eiweißstoffe und Kohlenhydrate. Sie sind überwiegend physikalisch abbindende Klebstoffe. Die Haftwirkung entsteht durch Verdunstung eines Lösungsmittels. Zu diesen Klebstoffen zählen die Leime, Klebkitte und Kleister.

Synthetische Klebstoffe: Im Ausgangszustand bestehen sie aus kurzkettigen Molekülen, den Monomeren. Durch eine chemische Reaktion, die **Polymerisation**, verbinden sie sich zu langkettigen Molekülen, den Polymeren. Sie werden dementsprechend auch als Reaktionsklebstoffe bezeichnet. Nach Art der chemischen Reaktion unterscheidet man **Polyaddukte**, **Polykondensate** und **Polymerisate** (▶ Kap. 8.1).

Polyaddukte und Polykondensate werden aus zwei verschiedenen Monomeren aufgebaut, einem Harz und einem Härter. Diese beiden Monomere liegen sehr häufig getrennt vor und werden erst unmittelbar vor der Klebung miteinander vermischt und auf die Klebestellen aufgetragen. Durch das Mischen wird die chemische Reaktion in Gang gesetzt, die die Haftkraft erzeugt. Man spricht in diesen Fällen auch von „Zweikomponenten-Klebstoffen“.

Bei den „Einkomponenten-Klebstoffen“ sind Harz und Härter bereits vermischt, jedoch tritt die chemischen Reaktion der beiden Partner erst durch besondere Maßnahmen ein. Man unterscheidet:

- anaerob aushärtenden Klebstoffe, die unter Sauerstoffabschluss aushärten. Der im flüssigen Klebstoff enthaltene Härter ist inaktiv, solange er mit Luftsauerstoff im Kontakt ist.
- durch UV-Licht aushärtende Klebstoffe. Durch die UV-Strahlung werden Fotoinitiatoren im flüssigen oder pastösen Klebstoff aufgespalten, die die Polymerisation auslösen.
- anionisch aushärtende Klebstoffe. Die Polymerisation setzt hier durch Kontakt mit schwach basischen Oberflächen und Luftfeuchtigkeit ein. Die Feuchtigkeit neutralisiert den Stabilisator des Klebstoffes, sodass die chemische Reaktion ablaufen kann. Diese Klebstoffe härten in der Regel sehr schnell aus („Sekundenkleber“).
- durch Aktivatoren aushärtende Klebstoffe. Bei diesen Klebstoffen sind Harz und Härter bereits vermischt. Für die Auslösung der chemischen Reaktion ist jedoch eine dritte Komponente in Form des Aktivators erforderlich. In der Regel wird der Klebstoff auf die eine Fügefläche aufgetragen, der Aktivator auf die andere. Die chemische Reaktion setzt ein, sobald die beiden Flächen zusammengefügt werden.
- durch Luftfeuchtigkeit aushärtende Klebstoffe. Diese nutzen die Wassermoleküle für die Vernetzungsreaktion. Um eine vollständige Aushärtung zu erreichen, müssen die Wassermoleküle aus der Luftfeuchtigkeit durch Diffusion durch den bereits ausgehärteten Klebstoff bis an die Stellen vordringen, die noch nicht vernetzt sind. Dies bedeutet bei großflächigen Verklebungen, dass die vollständige Aushärtung mehrere Tage erfordern kann.
- warmaushärtende Klebstoffe. In dieser Gruppe sind sowohl Zweikomponenten- als auch Einkomponenten-Klebstoffe zu finden. Bei den Einkomponenten-Klebstoffen muss zunächst eine bestimmte Mindesttemperatur zur Aktivierung des Härters überschritten werden. Je höher anschließend die Temperatur gewählt wird, umso schneller härtet der Klebstoff aus. Bei den Zweikomponentenklebstoffen wird durch die erhöhte Temperatur lediglich der Aushärteprozess beschleunigt. Die warmaushärtenden Klebstoffe erreichen mit Reißfestigkeiten um 100 MPa die höchsten Festigkeiten.

13.3.2 Die Klebeverbindung

In der Klebeverbindung sind die Klebstoffe Brücken zwischen den verklebten Werkstoffen. Die Festigkeit der Klebeverbindung beruht auf Adhäsionskräften zwischen Klebstoff und den zu verklebenden Werkstoffen und Kohäsionskräften im Klebstoff.

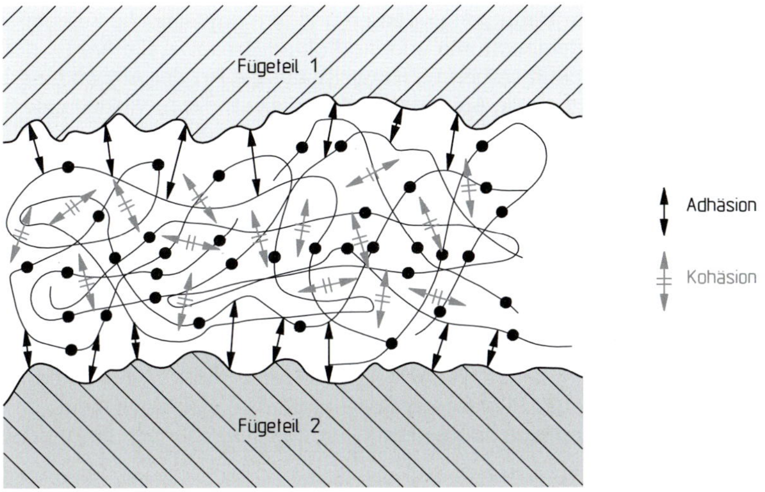

Adhäsion: Darunter ist die Haftkraft in der Kontaktfläche zweier Werkstoffe zu verstehen. Bei Klebstoffen unterscheidet man die zwei Wirkprinzipien:

- Spezifische Adhäsion: Damit werden die zwischenmolekularen Kräfte in der Grenzschicht zwischen Klebstoff und Werkstoff beschrieben, die **van der Waals-Kräfte** (► s. S. 20). Diese sind hauptsächlich an der Festigkeit der Klebeverbindung beteiligt. Zur spezifischen Adhäsion werden auch die chemischen Bindungen gezählt, die zwischen Klebstoffmolekülen und Oberflächenatomen aufgebaut werden können, sowie auch Benetzungskräfte und Diffusionsprozesse zwischen Klebstoff und Werkstoff.
- Mechanische Adhäsion: Flüssige Klebstoffe dringen durch Kapillarwirkung in die Oberflächenrauigkeiten der zu fügenden Werkstoffe ein. Nach dem Aushärten sind sie in diesen Rauigkeiten fest verklammert, es ist eine formschlüssige Verbindung entstanden. Daher kann die Festigkeit einer Klebeverbindung durch Optimierung der Oberflächenrauigkeiten der zu fügenden Werkstoffe deutlich verbessert werden (nachteilige Wirkungen auf die Dauerfestigkeit dynamisch beanspruchter Bauteile sind zu beachten, ► S. 293 Oberflächenzustand).

Kohäsion: Die Kohäsion beschreibt die Bindungskräfte im Klebstoff. Sie setzen sich zusammen aus

- den atomaren Bindungskräften in den Makromolekülen
- den Anziehungskräften zwischen den Makromolekülen, die ebenfalls wieder überwiegend van der Waals-Kräfte sind,
- den mechanischen Verklammerungen der Makromoleküle nach dem Aushärten (Wattebauschstruktur).

Um eine möglichst hohe Festigkeit der Klebeverbindung zu erreichen, sollen Adhäsions- und Kohäsionskräfte etwa gleich groß sein.

Voraussetzung für optimale Adhäsionskräfte ist die Vorbereitung der Fügeflächen. So sind Öl, Fett, Staub, und andere Schmutzreste vollständig und rückstandsfrei zu entfernen, da sie den Aufbau der Adhäsionskräfte behindern. Auch dickere Oxidschichten beispielsweise aus einer Wärmebehandlung müssen entweder mechanisch durch Sandstrahlen, Schmirgeln oder Bürsten oder chemisch durch Beizen entfernt werden. Die zusätzliche Aufrauung der Oberflächen bei der mechanischen Reinigung wirkt sich häufig auch positiv auf die Haftung zwischen Klebstoff und zu fügendem Werkstoff aus.

13.3.3 Einsatzbereiche von Klebstoffen

In der DIN EN 923: 2016 sind die Hauptkomponenten und ihre physikalische Beschaffenheit, die wichtigsten Bindemittel, die Abbindetemperaturen und die Abbindeart sowie die Anzahl der zu mischenden Komponenten aufgeführt. Weiterhin enthält sie Hinweise auf die Art der Anwendung bzw. der Abbindung und weitere Angaben wie z. B. die Abbindegeschwindigkeit, die zu verklebenden Werkstoffe, die Eigenschaften der Klebestelle und die Lieferform der Klebstoffe.

Die häufigste Anwendung des Klebens ist nach wie vor das Zusammenfügen verschiedener Bauteile. Insbesondere die Forderung nach leichteren Bauweisen bei gleichzeitig höherer Festigkeit der Fügestellen hat der Klebetechnik in den letzten Jahren sehr viele Anwendungsbereiche erschlossen. Die Vorreiterrolle haben der Flugzeugbau und die Kraftfahrzeugtechnik mit ihren Leichtbaukonzepten eingenommen.

Der zunehmende Einsatz von Polymerwerkstoffen auch für tragende Komponenten erzwang die Abkehr von den bisher üblichen Fügetechniken Schrauben, Nieten, Schweißen und Löten hin zum Kleben. Allerdings werden auch mehr und mehr die verschiedenen Fügetechniken kombiniert. Bei der Fertigung von PKW-Karosserien wird z. B. das Punktschweißen mit dem Kleben kombiniert, um die Anzahl der Schweißpunkte zu reduzieren und eine höhere Festigkeit der Verbindungen besonders bei Unfällen zu erreichen.

Andere Einsatzbereiche für Klebstoffe sind

- das Sichern dynamisch hoch beanspruchter Schraubenverbindungen gegen Losdrehen,
- das Abdichten von Gewinden z. B. bei verschraubten Rohrleitungen für den Transport von Flüssigkeiten oder Gasen,
- das Imprägnieren von mikroporösen Guss- oder Sinterbauteilen,
- das Abdichten von Flächen z. B. im Pumpen-, Motoren- und Getriebebau,
- das Fügen von Wellen-Naben-Verbindungen und Flanschkupplungen zur Übertragung höherer Drehmomente und zur Verbesserung der Dauerfestigkeit bei dynamischen Belastungen,
- Verbindungen in medizinischen Geräten, aber auch in der Medizin selbst z. B. Befestigung von Kronen und Implantaten in der Zahnmedizin (besondere Anforderungen an die Körperverträglichkeit und Toxizität sind zu erfüllen),
- Verbindungen in der Elektronik z. B. die Befestigung von oberflächenmontierbaren Bauteilen (SMD = surface mounted devices) auf Leiterplatten, Fixierung von Litzen und Drähten, Beschichten von bestückten Leiterplatten, Vergießen, Abdichten oder Verkapseln von Bauteilen.

In der Tabelle sind die Eigenschaften der verschiedenen Fügetechniken gegenüber gestellt.

	Schrauben, Nieten	Schweißen, Löten	Kleben
Festigkeit der Fügestelle	bei statischen Belastungen sehr hoch, bei dynamischen Belastungen begrenzt durch Kerbwirkung	Schweißen: meist gleich wie gefügte Werkstoffe, Löten: in der Regel geringer als gefügte Werkstoffe	Deutlich geringer gegenüber Metallen etwa gleich bei Polymeren
Spannungsverteilung	Kerbwirkung durch Bohrungen	Schweißen: Gefügeveränderungen in der Schweißnaht Löten: unterschiedliche Dehnungen durch unterschiedliche Elastizitätsmoduli zwischen Lot und Werkstoffen	gleichmäßige Spannungsverteilung bei entsprechender Gestaltung der Fügestellen
Lösbarkeit	Schrauben: beliebig Nieten: nur durch Zerstören der Niete	nicht lösbar	nur durch Zerstören der Klebeschicht
thermische Einflüsse (Gefügeveränderungen, Verzug)	nein	durch hohe Temperaturen immer möglich	nein
Kombination verschiedener Werkstoffe	immer möglich	Schweißen: nur gleiche Metalle Löten: unterschiedliche Metalle möglich	nahezu beliebige Werkstoffkombinationen möglich
Dichtheit der Trennfugen	nicht gegeben	gegeben, aber unter Umständen Gefahr der Kontaktkorrosion	gegeben
elektrische Isolation der Bauteile	nur mit Zwischenlagen	immer elektrisch leitfähig	Klebeschicht isoliert sicher
Anzahl der Bauteile	je nach Größe der Fügung u. U. sehr groß	keine zusätzlichen Bauteile	keine zusätzlichen Bauteile
Produktaussehen	gestört durch Schrauben- oder Nietköpfe	glatte Oberflächen nur durch Nachbearbeitung	glatte Oberflächen sofort nach dem Fügen gegeben

Aufgaben:

1. Zu welcher Werkstoffgruppe zählen die Klebstoffe?
2. Erläutern Sie den Unterschied zwischen natürlichen und synthetischen Klebstoffen.
3. Was versteht man unter einem Reaktionsklebstoff?
4. Erklären Sie die Ursachen der Haftkraft in einer Klebeverbindung.
5. Erläutern Sie die Voraussetzungen für das Erreichen optimaler Haftkräfte.
6. Nennen und erklären Sie die Vorteile und Nachteile einer Klebeverbindung gegenüber anderen Fügetechniken.

14 Korrosion der Metalle

Nur Edelmetalle (Ag, Au, Pt) werden in der Natur gediegen, d. h. in metallischer Form, gefunden. Alle anderen Metalle sind in mehr oder weniger stabilen chemischen Verbindungen, z. B. Oxiden oder Sulfiden, gebunden. Aus diesen Verbindungen sind die Metallatome nur mit erheblichem Energieeinsatz herauszulösen, z. B. Eisen im Hochofenprozess und Aluminium in der Schmelzelektrolyse. Die so hergestellten Metalle sind jedoch sehr instabil und versuchen, durch Abgabe der Elektronen auf den Außenschalen an andere Elemente, besonders an den Sauerstoff, wieder in den energieärmeren und damit stabileren Verbindungszustand zurückzukehren. Hat diese chemische Reaktion negative Auswirkungen auf die Werkstoffeigenschaften, spricht man von **Korrosion**.

Die Elektronenabgabe kann direkt erfolgen: chemische Korrosion, oder indirekt über ein Zwischenmedium: elektrochemische Korrosion in einem Elektrolyten.

Der wirtschaftliche Schaden durch Korrosion ist beträchtlich. Es wird geschätzt, dass in den Industrieländern etwa 4 % des Bruttosozialproduktes durch Korrosion vernichtet werden. Es ist daher außerordentlich wichtig, dass alle Maßnahmen zur Einschränkung der Korrosion ergriffen werden.

14.1 Grundbegriffe (DIN EN ISO 8044: 2015)

Korrosion ist eine physikochemische Wechselwirkung zwischen einem Metall und seiner Umgebung. Sie führt zu Veränderungen der Eigenschaften des Metalls, der Umgebung oder auch des technischen Systems, in dem die Korrosion auftritt. Als **Korrosionssystem** werden das Metall und die Bestandteile der Umgebung bezeichnet. Sehr häufig sind an einem Korrosionssystem auch mehrere Metalle beteiligt.

Das **Korrosionsmedium** ist die Umgebung, die eine oder auch mehrere Angriffsmittel enthält. Dies sind die Stoffe, die beim Kontakt mit dem Metall/den Metallen die Korrosion verursachen. Diese Stoffe sind **korrosiv**. Die Korrosion findet ausnahmslos in der Grenzfläche Werkstoff-Korrosionsmedium statt.

Die durch die Korrosion verursachten Veränderungen des Metalls/der Metalle und der Umgebung sind **Korrosionserscheinungen**. Die Stoffe, die bei der Reaktion gebildet werden, sind **Korrosionsprodukte**. Führen die Korrosionserscheinungen zu Beeinträchtigungen der Funktion des Metalls/der Metalle, der Umgebung oder des technischen Systems, dessen Teile sie sind, spricht man von einem **Korrosionsschaden** bzw. von einem **Korrosionsversagen**, wenn das technische System funktionsuntüchtig wird.

Unter dem Begriff **Korrosionsschutz** werden alle Maßnahmen zusammengefasst, die eine Vermeidung von Korrosionsschäden zum Ziel haben.

Bei Metallen sind folgende Korrosionsformen zu unterscheiden:

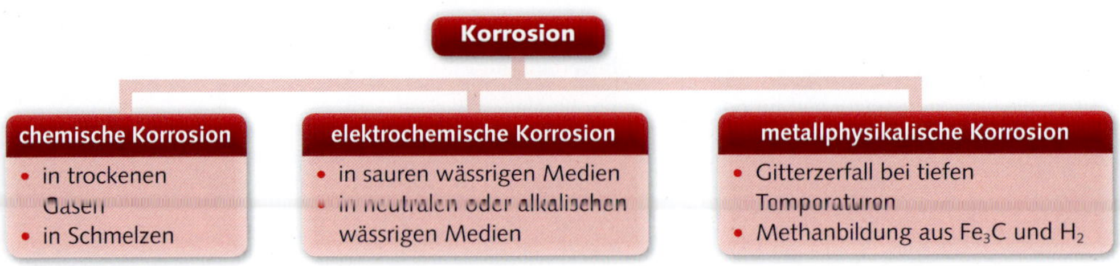

Beispiele:

chemische Korrosion: Verzunderung von Stahl bei hohen Temperaturen, Anlaufen von Silber bei Raumtemperatur durch Silberoxid-Bildung

elektrochemische Korrosion: Rosten von Stahl

metallphysikalische Korrosion: Zerfall des Kristallgitters von Zinn bei plötzlicher Abkühlung auf Temperaturen kleiner –20 °C (► S. 176).

14.2 Chemische Korrosion

Chemische Korrosion wird durch trockene Gase, Salz- oder Metallschmelzen oder organische Substanzen hervorgerufen. Das Korrosionsmedium enthält keine Ionen, ist also elektrisch schlecht oder nicht leitend.

Typisches Beispiel ist die Oxidation von Stahl bei höheren Temperaturen („Verzundern"): In Abhängigkeit von der Temperatur bilden sich die Oxide FeO, Fe_3O_4 und Fe_2O_3. Diese Schichten sind insbesondere durch die Volumenvergrößerung des Fe_2O_3 locker und platzen leicht ab. Sie führen dadurch zu einem Materialverlust und zu einer Aufrauung der Oberfläche.

Bei Eisen-Chrom-Legierungen reagieren die Chromatome noch vor den Eisenatomen mit dem Sauerstoff und bilden eine sehr dichte, festhaftende Chromoxidschicht auf der Werkstoffoberfläche. Diese ist für die Reaktionspartner undurchlässig und schützt so die Werkstoffoberfläche vor einem weiteren Angriff.

Die chemische Korrosion tritt wesentlich seltener auf als die elektrochemische Korrosion.

14.3 Elektrochemische Korrosion

Die elektrochemische Korrosion ist die weitaus häufigste Korrosionsart, der nahezu alle metallischen Werkstoffe in wässrigen Medien ausgesetzt sind.

Die Bedingungen für die elektrochemische Korrosion sind:

- **zwei Metalle mit unterschiedlichen elektrochemischen Potentialen (unterschiedliche Stellung in der elektrochemischen Spannungsreihe),**
- **eine elektronenleitende (elektrisch leitende) Verbindung zwischen den beiden Metallen,**
- **eine ionenleitende Verbindung zwischen den beiden Metallen (Elektrolyt, der mit beiden Metallen Kontakt hat).**

▶ Bild 1 zeigt den prinzipiellen Aufbau eines Korrosionselementes am Beispiel des Systems Eisen-Zink. Zu unterscheiden sind die kathodische und die anodische Teilreaktion:

- Anodische Teilreaktion: Oberfläche des elektrochemisch unedleren Metalls Zink. Die Zinkatome geben die Elektronen der äußeren Elektronenschale ab. Sie werden dadurch zu elektrisch positiv geladenen Ionen und gehen in den Elektrolyten über (anodische Metallauflösung):

$$Zn \rightarrow Zn^{++} + 2e^-$$

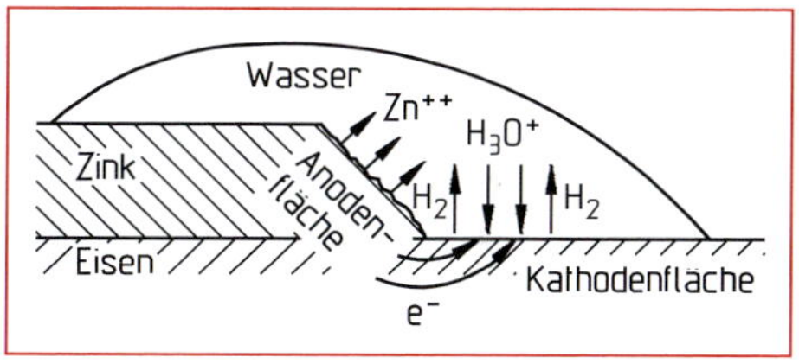

Bild 1 Korrosionselement Eisen-Zink in einem sauren, sauerstoffreichen Elektrolyten (Wasserstoffkorrosion)

Die freigesetzten Elektronen wandern über die elektronenleitende Verbindung zum elektrochemisch edleren Metall.

- Kathodische Teilreaktion in sauren, sauerstofffreien Elektrolyten: Oberfläche des elektrochemisch edleren Metalls Eisen: Reduktion von Hydronium-Ionen (H_3O^+) durch die freigesetzten Elektronen zu Wasser und atomarem Wasserstoff, der zu H_2 rekombiniert **(Wasserstoffkorrosion):**

$$2H_3O^+ + 2e^- \rightarrow 2H_2O + 2H \quad (H_2)$$

- Kathodische Teilreaktion in neutralen oder alkalischen, sauerstoffhaltigen Elektrolyten: Zunächst werden Sauerstoff- und Wassermoleküle durch Elektronenaufnahme zu Hydroxidionen oxidiert. Diese reagieren dann mit den an der Kathode aufgelösten Zinkionen zu wasserunlöslichem Zinkhydroxid **(Sauerstoffkorrosion):**

$$O_2 + 2H_2O + 4e^- \rightarrow 4OH^-$$

$$2Zn^{++} + 4OH^- \rightarrow 2Zn(OH)_2$$

Die Sauerstoffkorrosion tritt wesentlich häufiger auf, da die meisten Elektrolyte Sauerstoff enthalten.

Die Reaktionsgeschwindigkeit nimmt mit zunehmendem Abstand der Metalle in der elektrochemischen Spannungsreihe (zunehmende Potentialdifferenz) und mit abnehmendem pH-Wert (zunehmende Säureeigenschaften) zu.

Aufgaben:

1. Erklären Sie folgende Begriffe: **a)** Korrosion, **b)** Korrosionssystem, **c)** Korrosionsmedium, **d)** Korrosionserscheinung, **e)** Korrosionsprodukte, f) Korrosionsschutz.
2. Erläutern Sie den Begriff chemische Korrosion.
3. Nennen Sie die drei Bedingungen, die unbedingt gegeben sein müssen, damit elektrochemische Korrosion auftritt.
4. Erklären Sie die beiden Begriffe Wasserstoffkorrosion bzw. Sauerstoffkorrosion.

14.4 Korrosionsformen

Korrosionsformen

- **flächige Korrosion**
  - gleichmäßiger Abtrag
  - ungleichmäßiger Abtrag
- **lokal begrenzte Korrosion**
  - Kontaktkorrosion
  - Spaltkorrosion
  - Lochkorrosion
  - interkristalline Korrosion
- **Korrosion mit mechanischer Belastung**
  - Spannungsrisskorrosion
  - wasserstoffinduzierte Spannungsrisskorrosion
  - Schwingungsrisskorrosion
  - Kavitationskorrosion
  - Erosionskorrosion
  - Reibkorrosion

14.4.1 Flächige Korrosion

Gleichmäßiger Abtrag: In der Werkstoffoberfläche sind nebeneinander kathodische und anodische Bereiche, z. B. unterschiedliche Gefügebestandteile wie Ferrit und Zementit bei Stahl. Die anodischen Bestandteile lösen sich auf, die kathodischen Bereiche werden dadurch aus dem Werkstoffverbund herausgelöst und weggeschwemmt. Folge ist ein ständiger Wechsel anodischer und kathodischer Bereiche in der Oberfläche, sodass der Abtrag nicht auf bestimmte Punkte beschränkt bleibt, sondern die Oberfläche gleichmäßig erfasst. Diese Korrosionsform bringt zwar die größten Materialverluste, ist aber eigentlich die harmloseste Form, da der Materialverlust jederzeit deutlich sichtbar und überwachbar ist. Die Abtragsrate ist mit einfachen Versuchen vorherbestimmbar. Die zulässigen Abtragsraten richten sich nach den Ersatzkosten der Werkstoffe bzw. Bauteile:

Gusseisen und Baustahl	0,3 mm/Jahr
hochlegierte Stähle	0,075 mm/Jahr
Al- und Cu-Legierungen	0,15 mm/Jahr

Ungleichmäßiger Abtrag: Der Korrosionsprozess läuft prinzipiell gleich ab wie beim gleichmäßigen Abtrag. Es bilden sich allerdings teilweise festhaftende Korrosionsprodukte, durch die der Zutritt des Korrosionsmediums an die Werkstoffoberfläche behindert wird. Unter diesen Korrosionsprodukten ist die Korrosionsgeschwindigkeit niedriger („Buckel") als in Bereichen ohne festhaftende Korrosionsprodukte („Mulden").

14.4.2 Lokal begrenzte Korrosion

Kontaktkorrosion: Jede elektrochemische Korrosion ist eine Kontaktkorrosion. Ist der elektrische Widerstand zwischen den beiden Metallen klein, fließen die bei der anodischen Auflösung freigesetzten Elektronen nahezu ungehindert in den Kathodenbereich und werden dort für die Kathodenreaktion verbraucht. Dadurch entsteht neuer Elektronenbedarf, sodass die anodische Auflösung fortschreitet. Mit zunehmendem elektrischen Widerstand oder zunehmender Entfernung zwischen Anode und Kathode wird der Elektronenfluss behindert, die anodische Auflösung erfolgt langsamer. Wenn Anoden- und Kathodenflächen sehr klein sind und direkt nebeneinander liegen, spricht man von einem **Lokalelement**.

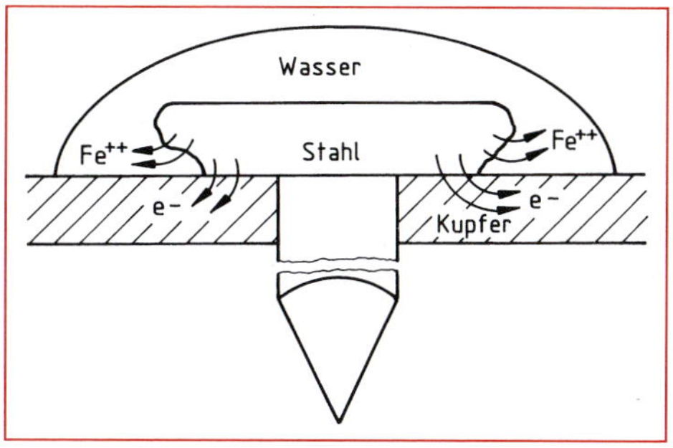

Bild 1 Stahlnagel auf Kupferblech. Das unedlere Eisen geht in der Nähe des Kupfers anodisch in Lösung.

Spaltkorrosion: Bevorzugte Entstehungsorte sind enge Spalte zwischen Metallen und elektrisch nicht leitenden Werkstoffen, z. B. unter Lackierungen oder zwischen zwei Metallen, z. B. in Schraub- oder Nietverbindungen. Der sauerstoffreiche Elektrolyt dringt aufgrund der Kapillarwirkung sehr schnell in den Spalt ein. Dort verliert er den Sauerstoff durch die Kathodenreaktion (Sauerstoffkorrosion). Da kein Austausch mit dem Elektrolyt außerhalb des Spaltes erfolgt, sinkt der pH-Wert sehr schnell ab. Die Kathodenreaktion schlägt um in den Typ Wasserstoffkorrosion mit wesentlich erhöhter Korrosionsgeschwindigkeit.

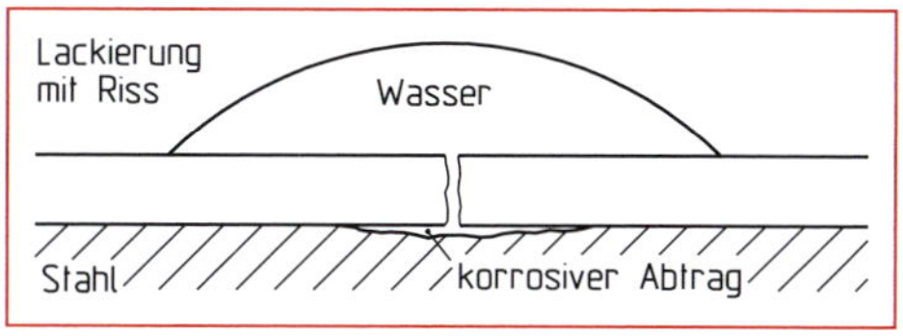

Bild 2 Spaltkorrosion unter einer örtlich beschädigten Lackierung.

Lochkorrosion („Lochfraß"): Der Korrosionsangriff ist auf einzelne, meist sehr kleine Oberflächenbereiche beschränkt. Dadurch stehen sehr kleine Anodenflächen sehr großen Kathodenflächen mit entsprechend hohem Elektronenbedarf gegenüber. Die Folge ist eine sehr hohe Abtragsrate in den anodischen Bereichen: Es entstehen sehr schnell sehr tiefe Korrosionsgrübchen, in denen ähnliche Bedingungen herrschen wie bei der Spaltkorrosion, d. h. Sauerstoffmangel, niedriger pH-Wert und damit erhöhte Korrosionsgeschwindigkeit. **Besonders gefährdet sind alle passivschichtbildenden Werkstoffe wie Aluminium, Kupfer und die korrosionsbeständigen Stähle mit höheren Chromgehalten.** Durch Chlorionen, die sich an die Passivschicht anlagern, wird diese punktförmig zerstört, sodass der Korrosionsangriff beginnt. Die Korrosionsgrübchen sind meist nur mit der Lupe oder mit dem Mikroskop zu erkennen. Sie schwächen den Bauteilquerschnitt und haben eine hohe Kerbwirkung.

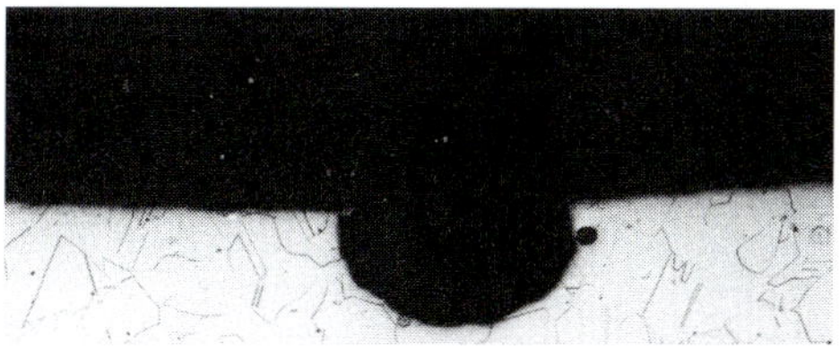

Bild 3 Lochfraß an einem austenitischen Stahl.

Interkristalline Korrosion („Kornzerfall"): Besonders gefährdet sind korrosionsbeständige Stähle mit etwa 13 % Chrom und Kohlenstoffgehalten über 0,1 %. Um eine vollständig deckende Chromoxidschicht ausbilden zu können, muss der gesamte Chromgehalt atomar im Kristallgitter gelöst sein. Dazu werden die Stähle bei 1 100 °C lösungsgeglüht

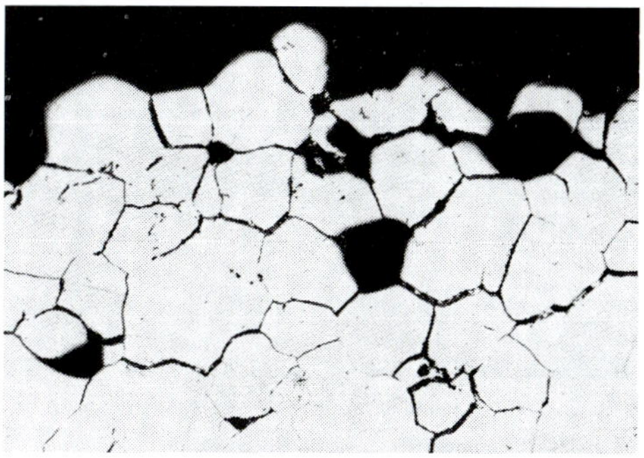

Bild 4 Interkristalline Korrosion von CrNi-Stahl. Die Abbildung zeigt das netzförmige Vordringen der Korrosion in das Metall hinein.

und abgeschreckt. Werden sie danach z. B. beim Schweißen auf 400 °C bis 800 °C erwärmt, bilden sich wegen der hohen Affinität des Chroms zu Kohlenstoff Chromkarbide $Cr_{23}C_6$. Die Chromkarbide lagern sich bevorzugt an den Korngrenzen an, sodass unmittelbar neben den Korngrenzen chromverarmte Bereiche entstehen, die nicht mehr passiviert werden können. In den chromverarmten Bereichen setzt die anodische Metallauflösung ein, läuft entlang den Korngrenzen in den Werkstoff und löst die Kristallite vollständig aus dem Werkstoffverbund. Folge ist eine starke Querschnittsverminderung und eine hohe Kerbwirkung. Abhilfemaßnahmen können sein ein erneutes Lösungsglühen und Abschrecken oder der Einsatz von niob- oder titanlegierten Stählen (Elemente mit höherer Affinität zu Kohlenstoff als Chrom).

14.4.3 Korrosion mit mechanischer Belastung

Spannungsrisskorrosion: Spannungsrisskorrosion tritt nur bei der Kombination bestimmter Werkstoffe mit spezifisch wirkenden Korrosionsmedien auf. Gleichzeitig **muss** eine Zugspannung entweder aus einer äußeren Belastung oder als Eigenspannung wirken. Je nach Rissverlauf unterscheidet man die **transkristalline** Spannungsrisskorrosion (Rissverlauf quer durch die Kristallite) und die **interkristalline** Spannungskorrosion (Rissverlauf entlang den Korngrenzen). Folgende Kombinationen Werkstoff-Medium sind besonders kritisch:

Unlegierte Stähle in alkalischen Medien, z. B. Kesselspeisewasser: Interkristalline Spannungsrisskorrosion.

Hochlegierte Stähle in chlorionenhaltigen, sauren Medien: Transkristalline Spannungsrisskorrosion.

Kupfer-Zink-Legierungen (Messing) in ammoniakhaltigen Medien: Transkristalline Spannungsrisskorrosion.

Absolut typisch und unverwechselbar ist das Erscheinungsbild der Spannungsrisskorrosion: Makroskopisch verformungslos, im Schliffbild stark verzweigte, baumartige, sehr tief in das Werkstoffvolumen eindringende Rissverläufe.

Die Spannungsrisskorrosion ist eine der gefährlichsten Korrosionsarten, da sie im Ablauf nicht erkannt werden kann und sehr schnell zu absolut sprödem Bauteilversagen führt.

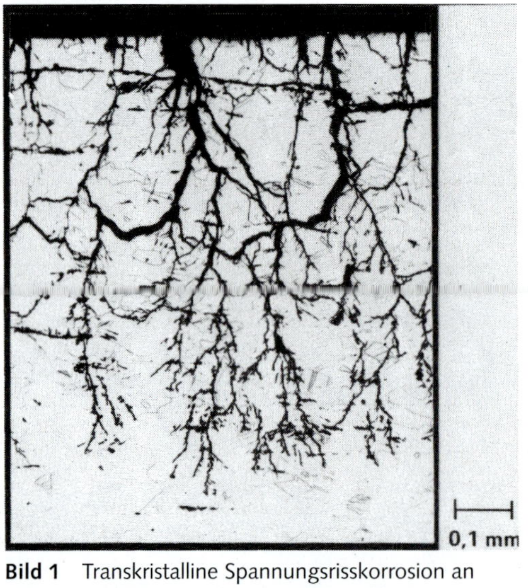

Bild 1 Transkristalline Spannungsrisskorrosion an einem hochlegierten Chrom-Nickel-Stahl.

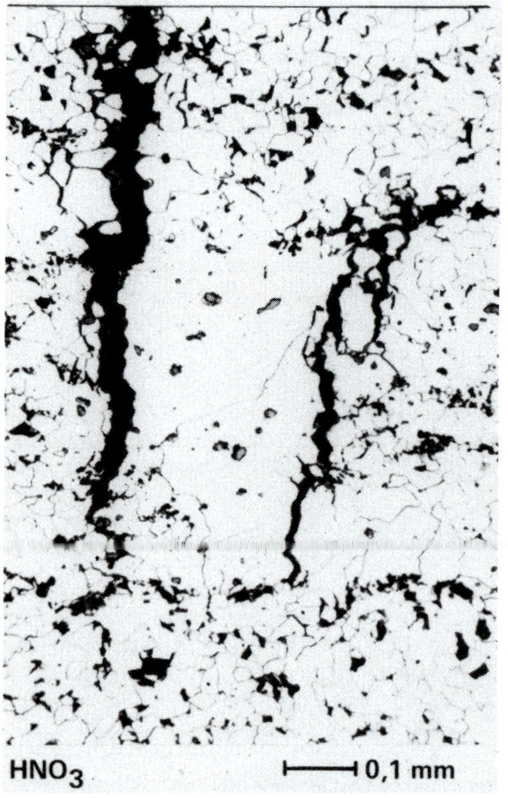

Bild 2 Interkristalline Spannungsrisskorrosion an einem unlegierten Stahl in einem nitrathaltigen Medium.

Wasserstoffinduzierte Spannungsrisskorrosion (Wasserstoffversprödung): Der bei der Korrosion in sauerstofffreien, sauren Medien an der Anodenfläche entstehende atomare Wasserstoff diffundiert zum Teil in den Werkstoff ein und rekombiniert erst dort mit anderen Wasserstoffatomen zu Wasserstoffmolekülen. Die Volumenvergrößerung bei der Molekülbildung sowie größere Gasansammlungen besonders an den Korngrenzen ergeben hohe Innendrücke. Die Kräfte aus den Innendrücken addieren sich zu den äußeren Belastungen und führen schon bei niedrigen äußeren Lasten zum spröden Bauteilversagen. Teilweise werden die Innendrücke so groß, dass der Sprödbruch auch ohne äußere Last erfolgt. Das makroskopische Bruchbild ähnelt dem der Spannungsrisskorrosion, im Rasterelektronenmikroskop ist die Wasserstoffversprödung aber durch spezifische Bruchflächenmerkmale eindeutig nachzuweisen. Die Wasserstoffversprödung ist grundsätzlich bei allen Metallen möglich. Besonders gefährdet sind aber Stähle mit Zugfestigkeiten über 1200 MPa aufgrund ihrer niedrigen Zähigkeit. Die Wasserstoffbeladung kann auch bei galvanischen Beschichtungsverfahren mit geringen Stromausbeuten (Verchromen, Verzinken) auftreten. Das Schadensbild ist identisch.

Schwingungsrisskorrosion: Jede Korrosionsform führt zu einer Aufrauung der angegriffenen Oberfläche. Diese Aufrauung ist direkt vergleichbar mit mechanisch eingebrachten Kerben. Bei schwingbelasteten Bauteilen wird dadurch immer die Dauerfestigkeit abgesenkt. Die Größenordnung des Dauerfestigkeitsverlustes hängt ab von der Kerbschärfe der Korrosionsstellen. Besonders gefährlich sind die lokalen Korrosionsformen Lochfraß, interkristalline Korrosion und Spannungsrisskorrosion, weniger dagegen der flächige Abtrag. Charakteristisch für die Schwingungsrisskorrosion ist, dass keine Dauerfestigkeit erreicht wird, solange der Korrosionsangriff andauert: Die zunehmende Querschnittsverminderung und Kerbwirkung durch die Korrosion lässt die dauerfest ertragbare Spannungsamplitude ständig absinken. Man spricht in solchen Fällen von der „Korrosionszeitfestigkeit".

Gefährdet sind alle schwingbeanspruchten Bauteile/Werkstoffe in korrosiven Medien.

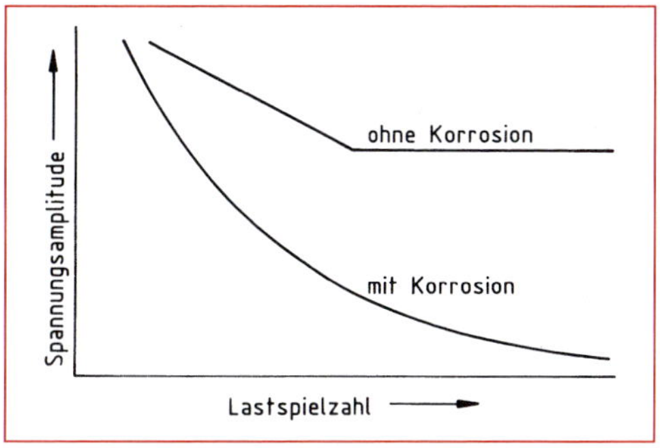

Bild 1 Wöhlerlinienvergleich: Versuche mit und ohne Korrosion.

Die nachfolgend beschriebenen drei Korrosionsformen sind Grenzfälle zwischen Verschleiß und Korrosion. Die Oberflächenschichten werden durch mechanischen Verschleiß oder verschleißähnliche Mechanismen zerstört, anschließend setzt ein elektrochemischer oder chemischer Korrosionsprozess an den dann ungeschützten Oberflächen ein.

Kavitationskorrosion: Wird in Flüssigkeiten durch örtlich hohe Strömungsgeschwindigkeiten der Dampfdruck unterschritten, bilden sich kleine Dampfblasen, die von der Strömung mitgerissen werden. In benachbarten Bereichen mit kleinerer Strömungsgeschwindigkeit und dementsprechend höherem Druck, brechen diese Dampfblasen zusammen. Passiert dies an oder in der Nähe von Werkstoffoberflächen, kommt es zu hohen Druckstößen auf die Oberflächen. Dadurch werden Oberflächenschutzschichten zerstört und es setzt durch Bildung anodischer und kathodischer Bereiche eine verstärkte elektrochemische Korrosion ein.

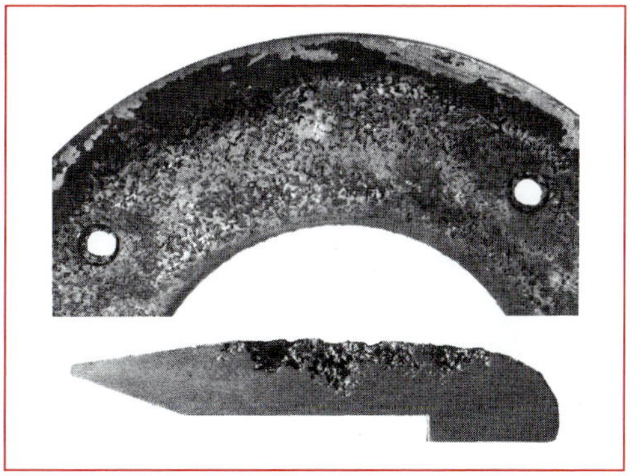

Bild 2 Kavitationsschaden an einer Kreiselpumpe.

Erosionskorrosion: Erosion tritt auf, wenn strömende Medien Festkörper enthalten, z. B. Sandkörner in Wasser. An Umlenkstellen in Rohrleitungen behalten die Sandkörner aufgrund ihrer Massenträgheit ihre ursprüngliche Bewegungsrichtung bei und prallen gegen die Rohrwand. Dadurch werden die Oberflächenschichten ähnlich einem mechanischen Schleifprozess abgetragen, sodass anschließend die elektrochemische Korrosion einsetzen kann.

Reibkorrosion: Auf allen Metalloberflächen liegen durch ständigen Kontakt mit dem Luftsauerstoff sehr dünne Oxidschichten. Diese Oxide sind sehr spröde und werden schon bei niedrigen elastischen Verformungen des Grundwerkstoffes beispielsweise durch örtliche Druckbelastung aufgebrochen. Die dabei freigelegten freien Metallflächen sind chemisch hochaktiv und reagieren verstärkt mit Sauerstoff. Dieser Vorgang tritt bevorzugt in den Kontaktflächen zweier Bauteile auf, die gegeneinander bewegt werden: Gleitlager, Wälzlager, aber auch Wellen-Naben-Verbindungen.

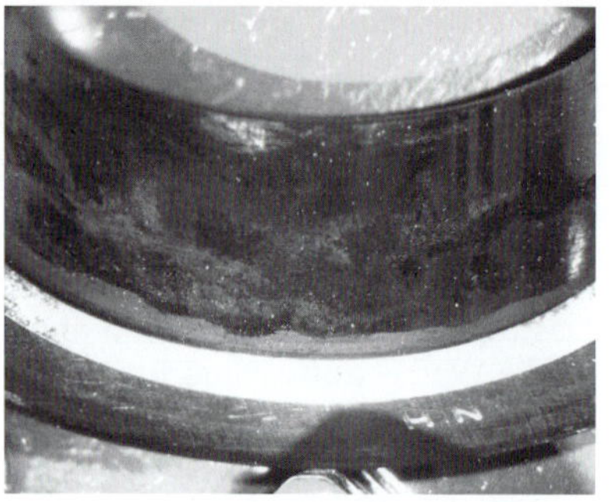

Bild 1 Reibkorrosion („Passungsrost") im Innenring eines Wälzlagers (Kontaktzone Welle-Innenring)

In letzteren treten durch elastische Verformungen infolge umlaufender Biege- oder wechselnder Torsionsbelastungen sehr kleine oszillierende Relativbewegungen auf. Dadurch werden die Oxidschichten aufgebrochen und von der Oberfläche abgerissen. Die Oxidpartikel bleiben in der Regel im Reibspalt und wirken dort wegen ihrer hohen Härte wie Schleifpartikel: Die Oberflächen werden weiter aufgeraut, die oxidierbare Oberfläche wird ständig vergrößert. Läuft die Wellen-Naben-Verbindung trocken, tritt nach einiger Zeit ein rostrotes Pulver, der „Reibrost" oder „Passungsrost", bestehend aus den gebildeten Oxiden aus dem Reibspalt aus: Die Wellen-Naben-Verbindung „blutet". Bei Anwesenheit von Schmiermitteln (Ölen, Fetten) reagieren unter Umständen deren Bestandteile mit den freien Metalloberflächen und es bilden sich neben den Oxiden auch andere chemische Verbindungen.

In allen Fällen kommt es durch die Oberflächenaufrauung zu einer erheblichen zusätzlichen Kerbwirkung in der Fügezone, die sehr häufig der Ausgangspunkt für einen Dauerbruch ist.

Aufgaben:

1. Nennen Sie in einem Schaubild die unterschiedlichen Korrosionsformen.
2. Was ist unter dem Begriff Lochkorrosion zu verstehen? Welche Werkstoffe sind durch diese Korrosionsform besonders gefährdet?
3. Was ist Spannungsrisskorrosion? Welche Kombinationen von Werkstoff und Medium sind besonders anfällig für diese Korrosionsform?
4. Skizzieren Sie in einem Diagramm die Verläufe der Schwingfestigkeit ohne Korrosion und mit Korrosion. Warum ist die Wöhlerkurve mit Korrosion nach einer gewissen Zeit deutlich niedriger als die ohne Korrosion?

14.5 Maßnahmen zum Schutz gegen elektrochemische Korrosion

14.5.1 Grundlagen des Korrosionsschutzes

Metalle sind mit Ausnahme der Edelmetalle aufgrund ihres Atomaufbaues korrosionsgefährdet. Korrosionsschutz kann daher den Korrosionsprozess lediglich behindern, völlig verhindert werden kann er dagegen nicht. Fallen Korrosionsschutzmaßnahmen aus, dann tritt in der Regel sogar eine wesentlich verstärkte Korrosion ein.

Die Bedingungen für das Auftreten der elektrochemischen Korrosion sind (▶ S. 259) zwei elektrochemisch unterschiedliche Metalle, die elektronenleitende Verbindung und die ionenleitende Verbindung zwischen beiden Metallen. Korrosionsschutzmaßnahmen müssen eine dieser drei Bedingungen ausschließen, um einen wirkungsvollen Korrosionsschutz zu gewähren.

Zu unterscheiden sind **aktive Korrosionsschutzmaßnahmen, die das Korrosionssystem** direkt verändern, und **passive Korrosionsschutzmaßnahmen**, die das Korrosionsmedium vom Werkstoff trennen.

14.5.2 Aktiver Korrosionsschutz

Werkstoffauswahl: Grundsätzlich gilt: Reine Metalle sind korrosionsbeständiger als Legierungen, einphasige (homogene) Legierungen sind korrosionsbeständiger als zwei- oder mehrphasige (heterogene) Legierungen. Einphasige Legierungen bestehen nur aus einer Mischkristallart, z. B. Cu-Ni-Legierungen oder austenitische Stähle, mehrphasige Legierungen enthalten unterschiedliche Mischkristallarten und/oder intermediäre Phasen/intermetallische Verbindungen, z. B. unlegierte Baustähle mit ferritisch-perlitischem Gefüge. Die unterschiedlichen Gefügebestandteile haben meist auch unterschiedliche elektrochemische Potentiale, sodass das Korrosionselement im Werkstoff eingebaut ist.

In vielen Fällen sind schon bei der Konstruktion von Bauteilen die überwiegend auftretenden Korrosionsmedien bekannt, sodass darauf abgestimmte, korrosionsbeständige Werkstoffe ausgewählt werden können. Hinweise dazu findet man in den Beständigkeitstabellen, die aufgrund gezielter Korrosionsversuche bzw. Erfahrungen aus der Praxis erstellt wurden und von den Werkstoffherstellern oder -lieferanten zur Verfügung gestellt werden.

Konstruktive Maßnahmen: Hier sind folgende drei Konstruktionsprinzipien zu nennen:

- Direkte Kombinationen elektrochemisch unterschiedlich edler Metalle sind zu vermeiden. Wenn dies nicht möglich ist, sollte zumindest eine dauerhafte elektrische Isolation zwischen den beiden Metallen vorgesehen werden.
- Konstruktionen sind so zu gestalten, dass keine Wasser-, Schmutz- und Staubansammlungen auftreten können. Schräge Flächen und Abläufe sind vorzusehen.
- Werden Korrosionsschutzbeschichtungen aufgebracht, so ist dafür Sorge zu tragen, dass diese überprüft und bei Beschädigungen ausgebessert oder vollständig erneuert werden können.

Kathodischer Schutz: Das Prinzip des kathodischen Schutzes besteht darin, durch elektrische Polarisierung in dem zu schützenden Bauteil ein Elektronenüberangebot zu erzeugen. Dadurch können die Atome in der Metalloberfläche nicht mehr durch Elektronenabgabe in die Ionenform übergehen. Die erforderlichen freien Elektronen können einmal dadurch bereitgestellt werden, dass im gleichen Korrosionsmedium (ionenleitende Verbindung) ein elektrochemisch unedleres Metall angebracht und mit dem zu schützenden Bauteil elektrisch leitend verbunden wird (Umkehrung der Kontaktkorrosion). Das unedlere Metall wird als „Opferanode" bezeichnet, da es in Lösung geht, „sich opfert", um das edlere Metall vor Korrosion zu schützen. Der wirkungsvollste Korrosionsschutz für Stahl, das Verzinken, beruht auf diesem Prinzip: Bei Verletzungen der Zinkbeschichtung geht Zink in Lösung und schützt den darunter liegenden Stahl durch Elektronenabgabe vor Korrosion (▶ Bild 1 Seite 259). Eine andere Möglichkeit ist die Polarisierung durch eine Spannungsquelle. Das zu schützende Bauteil wird an den Minuspol angeschlossen und erhält daraus die erforderlichen Elektronen. Die Spannungen liegen im Bereich von 10 V bis etwa 20 V. Dieses Verfahren wird beispielsweise eingesetzt, um Bohrinseln, Schiffsrümpfe, Wasserturbinen, Stahlbauten, Brücken, Erdtanks u. ä. vor Korrosion zu schützen.

Anodischer Schutz: In vielen Korrosionssystemen (Kombinationen Werkstoff-Korrosionsmedium) können Stromdichte-Spannungs-Kurven der in Bild 1 gezeigten Art gemessen werden: In Abhängigkeit von der elektrischen Spannung korrodiert der Werkstoff sehr stark, erkennbar an der hohen Stromdichte, oder er verhält sich passiv, gekennzeichnet durch eine sehr niedrige Stromdichte. Typisch für dieses Korrosionsverhalten sind die korrosionsbeständigen Stähle (passivschichtbildende Stähle). Der passive Zustand kann durch eine elektrische Polarisierung mit einer äußeren Spannungsquelle erzwungen werden. Die erforderlichen Spannungen sind abhängig vom jeweiligen Korrosionssystem und liegen bei wenigen Volt. Die Spannung im System muss genau überwacht und geregelt werden, um eine Verschiebung in den aktiven oder in

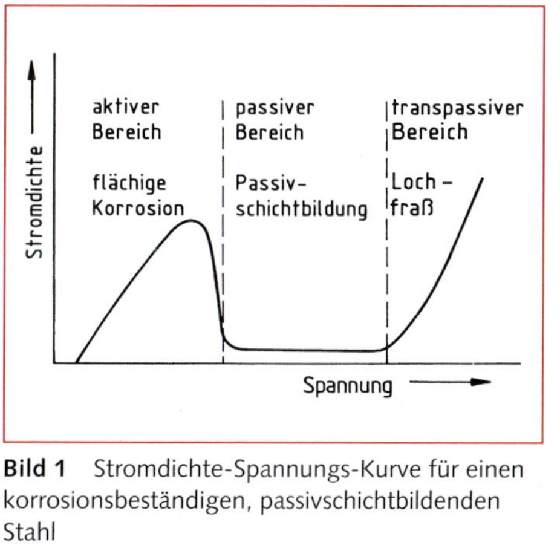

Bild 1 Stromdichte-Spannungs-Kurve für einen korrosionsbeständigen, passivschichtbildenden Stahl

den transpassiven Bereich zu verhindern. Diese Spannungsänderungen können auftreten durch Änderungen des Korrosionsmediums (pH-Wert, Sauerstoffgehalt). Bei Ausfall des Mess- und Regelkreises verschiebt sich in der Regel die Spannung in den transpassiven Bereich.

Inhibitoren: Dies sind chemische Zusätze, die dem Korrosionsmedium zugegeben werden. Sie behindern eine der beiden Teilreaktionen und setzen so die Korrosionsgeschwindigkeit herab. Zu unterscheiden sind **schichtbildende Inhibitoren**, die durch Reaktion mit dem zu schützenden Werkstoff eine dichte Schutzschicht auf der Werkstoffoberfläche aufbauen, **Passivatoren**, die durch eine sehr hohe Elektronenaufnahme das Potential in den passiven Bereich verschieben (anodischer Schutz ohne äußere Spannungsquelle), und **Destimulatoren**, die korrosive Bestandteile des Korrosionsmediums abbinden. Inhibitoren können nur in geschlossenen Korrosionssystemen eingesetzt werden, z.B. im Kesselspeisewasser von Dampfkraftwerken oder in Kühlsystemen von Verbrennungsmotoren.

14.5.3 Passiver Korrosionsschutz

Das Korrosionsmedium wird durch eine Schutzschicht vom Werkstoff getrennt. Die Schutzschicht muss absolut dicht und in diesem Korrosionsmedium beständig sein, um einen dauerhaften Korrosionsschutz zu gewährleisten. Zu unterscheiden sind Schutzschichten, die in der Metalloberfläche gebildet werden, und Schutzschichten, die auf die Metalloberfläche aufgebracht werden. Weiterhin kann nach der Werkstoffart der Überzüge unterteilt werden in metallische, nichtmetallische anorganische und nichtmetallische organische Überzüge.

Umwandlungsschichten

Die Schutzschicht bildet sich in der Metalloberfläche durch eine kontrollierte chemische Reaktion.

- Passivieren: Bildung dünner Oxidfilme durch Einwirkung einer 0,2 bis 1 %igen Natriumkarbonatlösung bei un- und niedriglegierten Stählen bzw. durch Beizen mit oxidierenden Säuren bei hochchromhaltigen Stählen.
- Brünieren: Dicke, dichte, tiefschwarze Oxidschichten auf un- und niedriglegierten Stählen durch Kochen in Natronlauge (130 °C, stark oxidierend). Die Schutzwirkung wird durch eine Nachbehandlung mit Öl, Fett oder Wachs erheblich verbessert. Nur für schwachen Korrosionsangriff geeignet.
- Phosphatieren: Erzeugen von Metallphosphatschichten auf Aluminium, Zink, Kupfer oder un- und niedriglegierten Stählen durch saure, phosphathaltige Lösungen. Die Schichten sind feinkristallin und porös und müssen unbedingt mit Öl, Fett, Wachs oder anderen Beschichtungen versiegelt werden. Sie sind ein hervorragender Haftgrund für Anstriche und Kunststoffbeschichtungen.
- Oxalatieren: Anwendung bei rost- und säurebeständigen Stählen anstelle des Phosphatierens. Die Oxalsäure (organische Säure mit der Struktur HOOC-COOH) ist stark genug, um die Passivschicht zu durchbrechen und in der Oberfläche sehr dünne, feinkristalline, poröse Schichten zu bilden. Die Schichten sind nur als Haftgrund für weitere Korrosionsschutzschichten geeignet.
- Anodische Oxidation von Aluminium (Handelsname „Eloxieren"): Oxidationsmedium ist meist heiße Schwefelsäure. Das Aluminium wird als Anode geschaltet, um den Schichtaufbau zu verstärken. Schichtdicken bis 0,6 mm möglich. Die Schichten sind glasklar und porös, können jedoch durch Kochen in Wasser (Bildung von Aluminiumhydroxid in den Poren) verdichtet werden oder als Haftgrund für Anstriche dienen.

Diffusionsmetallschichten

Die Schutzschicht wird durch Eindiffusion von Metallatomen in der Metalloberfläche gebildet. Um die Metalle zu verdampfen und die Diffusion zu ermöglichen, sind sehr hohe Temperaturen erforderlich.

- Diffusionschromieren („Inchromieren"): Temperatur 1 000 bis 1 100 °C, chromabgebendes Medium Chrom(II)-Chlorid. Schichtdicken 0,1 bis 0,2 mm mit Chromgehalten bis 35 %. Eigenschaften der Randzone vergleichbar mit denen der hochchromlegierten Stähle.

- Diffusionsaluminieren („Alitieren"): Temperatur ca. 1 000 °C, aluminiumspendendes Medium Aluminiumpulver oder zuvor im Schmelzbad aufgebrachter Aluminiumüberzug. Es entstehen zunderbeständige Schichten, die bis 900 °C eingesetzt werden können.
- Diffusionsverzinken („Sherardisieren"): Temperatur 350 bis 400 °C, zinkabgebendes Medium Zinkstaub-Sand-Mischungen. Es bilden sich mattgraue Eisen-Zink-Legierungsschichten mit guter Korrosionsbeständigkeit oder als Haftgrund für Anstriche. Nur für Kleinteile geeignet.

Metallische Überzüge

Das korrosionsschützende Metall wird auf die Oberfläche aufgebracht. Ist das Beschichtungsmetall elektrochemisch unedler als der Grundwerkstoff, tritt im Falle einer Schichtverletzung die kathodische Schutzwirkung ein. Ist das Beschichtungsmetall elektrochemisch edler, muss die Schutzschicht absolut dicht sein. Bei einer Schichtverletzung wird der unedlere Grundwerkstoff korrodieren. Man unterscheidet Schmelztauchüberzüge, galvanische Beschichtungen, Metallplattierungen und Metallspritzüberzüge.

Schmelztauchüberzüge

- Verzinnen: Schmelzbad mit 300 °C, Abkühlung in Luft bzw. in Fett oder Palmöl (ergibt besonders glatte Oberflächen). Schichtdicken 1 bis 5 µm. „Weißblech" für Konservendosen.
- Verzinken: Schmelzbad mit 450 °C. Trockenverzinken = Flussmittelpulver wird auf die Teile aufgestreut, Nassverzinken = Teile werden durch eine Flussmittelschmelze in die Zinkschmelze eingetaucht. Schichtdicken 0,5 bis 1 mm. Universeller und bester Korrosionsschutz für Stahl gegen Witterungs- und Umgebungseinflüsse. Zink bildet mit Kohlensäure aus der Luft eine Deckschicht aus Zinkkarbonat, die korrosionsbeständig ist.
- Verbleien: Schmelzbad mit 350 °C. Da Blei nur mit sehr wenigen Metallen legiert, muss der Bleischmelze Zinn oder Antimon als Haftvermittler zugegeben werden. Es bilden sich dünne Schichten mit schlechter Haftung. Blei kann auch nach vorheriger Verzinnung mit der Wasserstoffflamme aufgeschmolzen werden. Die Schichtdicken erreichen dann einige mm. Behälter für Flusssäure oder konzentrierte Schwefelsäure.
- Aluminieren: Schmelzbad mit 670 bis 760 °C. Bindung bei Stahl durch eine Aluminium-Eisen-Verbindungsschicht. Auf dem Aluminium bildet sich eine bis 700 °C zunderbeständige Aluminiumoxidschicht. Auspuffanlagen, Glühmuffeln.

Galvanische Beschichtungen

Durch entsprechende Wahl der Elektrolyte und Einstellung der Verfahrensparameter sind nahezu alle Metalle auf allen Metallen abzuscheiden. Zu unterscheiden sind Verfahren, bei denen eine sich auflösende Anode das abzuscheidende Metall liefert (Verzinken, Verkupfern), und Verfahren, bei denen das abzuscheidende Metall aus dem Elektrolyt genommen wird (Verchromen). Wichtig ist die „Stromausbeute", d. h. der Wirkungsgrad der Verfahren: Er liegt zwischen ca. 90 % in sauren Kupferbädern und ca. 20 % in Chromsäurebädern. Die Energieverluste entstehen durch Erwärmung und Elektrolyse des Elektrolyten. Der bei der Elektrolyse gebildete atomare Wasserstoff kann bei höherfesten Stählen Wasserstoffversprödung hervorrufen (galvanisch verzinkte hochfeste Schrauben!). Mehr oder weniger problematisch ist bei allen galvanischen Verfahren die Entsorgung der verbrauchten Elektrolyte, die meist starke Säuren und Schwermetallionen enthalten.

Metallplattierungen

Vorteile der Metallplattierungen sind die völlige Porenfreiheit und die nahezu beliebige Dicke der Beschichtungen. Die Verbindung zwischen Beschichtung und Grundwerkstoff ist unter normalen Bedingungen unlösbar.

- Walzplattieren: Beschichtungsmetall und Grundwerkstoff liegen in Blechform vor. Die beiden Bleche werden nach vorheriger gründlicher Reinigung der Kontaktflächen aufeinandergelegt und bei Raumtemperatur in einem Walzgerüst durch hohe Walzdrücke miteinander verbunden. Die Verbindung beruht auf einer mechanischen Verklammerung und auf Diffusionsprozessen. Das Verfahren ist nur bei ebenen Teilen mit begrenzten Breitenabmessungen einsetzbar. Häufigster Anwendungsfall: Plattieren von Bau- oder Vergütungsstählen mit korrosionsbeständigen Stählen.

- Schweißplattieren: Das Beschichtungsmetall wird als Draht oder Band in einem Lichtbogen oder in einem Plasma aufgeschmolzen und auf den zu beschichtenden Werkstoff übertragen, der dabei ebenfalls in der Oberfläche schmelzflüssig wird. Dabei werden beide Metalle durchmischt, es bilden sich Legierungsschichten (stoffschlüssige Verbindung). Es wird in der Regel unter Schutzgas oder unter Pulver gearbeitet, um eine Oxidation der Schmelze und den Ausbrand von Legierungselementen zu verhindern. Die Schichtdicken betragen mehrere mm. Es können beliebig gestaltete Bauteile beschichtet werden. Nachteilig ist die hohe Wärmeeinbringung, durch die beispielsweise eine vorangegangene Vergütung des Grundwerkstoffes beseitigt wird oder bei entsprechenden Abkühlbedingungen die Wärmeeinflusszone aufhärtet.
- Sprengplattieren: Die Vorbereitung erfolgt analog zum Walzplattieren. Auf das Beschichtungsmetall wird eine Schicht Sprengstoff aufgebracht und von einer Seite her gezündet. Die über das Blech laufende Detonationsfront schlägt das Beschichtungsmetall mit extrem hoher kinetischer Energie auf den Grundwerkstoff. Dies ergibt eine intensive mechanische Verklammerung zwischen den beiden Blechen (▶ Bild 1). Das Verfahren wird hauptsächlich bei Werkstoffpaarungen eingesetzt, die auf keine andere Art verbunden werden können, z. B. Titan auf Stahl.

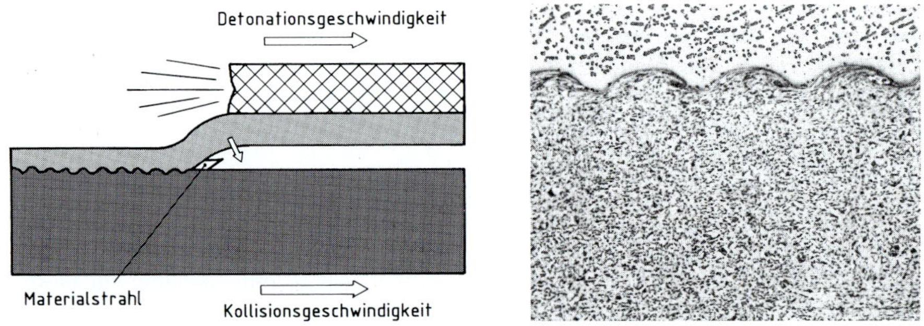

a) Prinzipdarstellung

b) Titan-Stahl-Sprengplattierung, Schliff durch die Verbindungszone

Bild 1 Sprengplattierung

Metallspritzüberzüge

Die Verfahren werden nach Art der Wärmequelle unterteilt in Flammspritzen (Autogenflamme), Lichtbogenspritzen (Elektrolichtbogen) und Plasmaspritzen (Plasma = ionisiertes Gas). Das Beschichtungsmetall wird als Stab, Draht oder Pulver zugeführt, aufgeschmolzen und tropfenförmig mit hoher Geschwindigkeit auf den Grundwerkstoff geschleudert. Die Schmelztropfen kühlen während des Fluges und nach dem Aufprall sehr schnell ab und haften überwiegend durch mechanische Verklammerung in Oberflächenrauigkeiten des Grundwerkstoffes. Um bessere Haftung zu erreichen, ist daher eine vorherige Aufrauung durch Raudrehen, -hobeln oder -strahlen empfehlenswert. Die Schichten sind nicht völlig dicht, der Porenanteil liegt je nach Verfahren bei 20 % beim Flammspritzen bis herunter zu 2 bis 3 % beim Plasmaspritzen. Die Schichtdicken sind fast beliebig, die Haftfestigkeit nimmt allerdings mit zunehmender Schichtdicke ab. Die Haftfestigkeit auch dünner Schichten liegt deutlich unter den Werten anderer Beschichtungsverfahren. Vorteil des Verfahrens ist die geringe Wärmeeinbringung in den Grundwerkstoff, sodass z. B. auch thermoplastische Kunststoffe beschichtet werden können.

Nichtmetallische anorganische Überzüge

- Emailüberzüge: Email ist ein eingefärbtes Glas mit überwiegend oxidischer Zusammensetzung. Das Emailpulver wird mit Wasser und Ton zu einem „Schlicker" vermischt und durch Spritzen, Streichen oder auch Tauchen auf die Bauteiloberfläche aufgebracht. Anschließend wird es bei Temperaturen zwischen 750 bis 850 °C eingebrannt. Die Schichtdicken liegen bei 0,1 bis 0,3 mm, dickere Schichten werden spröde und platzen ab. Emailschichten sind temperaturbeständig bis 450 °C, beständig gegen viele Säuren, nicht beständig gegen Laugen und Flusssäure, diffusionsdicht, ritz- und kratzfest, hygienisch einwandfrei und physiologisch unbedenklich. Email ist sehr empfindlich gegenüber Schlag- und Stoßbelastung. Einsatzbereiche sind Haushaltswaren, Lebensmittelindustrie und die chemische Industrie.

- Zementmörtelüberzüge: 4 bis 16 mm starke Auskleidungen von Stahlrohren für Kalt- und Warmwasserleitungen. Der Überzug ist nicht absolut wasserdicht, die Zementbestandteile reagieren aber mit Wasser zu einer Lösung, die die Stahloberfläche passiviert.

Nichtmetallische organische Überzüge

- Bituminöse Überzüge: Basis sind Bitumen, Asphalt oder Teer, die mit Füllstoffen versetzt werden. In die Schichten werden Glasvlies oder Glasgewebe eingebaut, um das Aufreißen zu verhindern. Schichtdicken bis 6 mm. Einsatz bei erdverlegten Rohrleitungen und in der Seeschifffahrt.
- Gummiüberzüge: Hartgummi wird bei 130 bis 140 °C auf die zuvor aufgeraute Metalloberfläche aufvulkanisiert. Schichtdicken 3 bis 4 mm. Anwendung in der chemischen Industrie in Bereichen, in denen Erosionskorrosion auftritt (strömende korrosive Medien mit Feststoffanteil).
- Polymerwerkstoffüberzüge: Es werden überwiegend thermoplastische Polymerwerkstoffe verwendet, die bei erhöhter Temperatur auf die zu beschichtenden Bauteile aufgeschmolzen werden. Ein sehr häufig verwendetes Verfahren für die Beschichtung von Massenteilen ist das Wirbelsintern: Der thermoplastische Polymerwerkstoff wird zu Pulver vermahlen. Dieses Pulver wird in einem Behälter durch Pressluft oder auch Stickstoff aufgewirbelt. Die auf etwa 100 bis 130 °C erwärmten Teile werden in das Wirbelbad eingetaucht. Die Polymerwerkstoffpartikel, die mit der erwärmten Oberfläche in Berührung kommen, schmelzen auf und haften an der Oberfläche an. Es entstehen porenfreie Überzüge mit Schichtdicken zwischen 0,1 bis 0,5 mm. Beschichtungswerkstoffe sind Polyethylen, Polyvinylchlorid und Polyamid. Beim elektrostatischen Spritzen wird die hohe statische Aufladung der Polymerwerkstoffe ausgenutzt: Die elektrisch aufgeladenen Partikel werden mit einer Spritzpistole auf das geerdete Bauteil gespritzt und haften dort an. Anschließend werden die Teile erwärmt, sodass der Polymerwerkstoff aufschmilzt und einen porenfreien Überzug bildet. Neben Thermoplasten werden bei diesem Verfahren auch Duroplaste (Epoxidharze) eingesetzt, die bei der Erwärmung aushärten und Überzüge mit höherer Belastbarkeit als die Thermoplaste ergeben. Die Schichtdicken liegen bei 0,1 bis 0,5 mm. Beim Kaschieren werden Polymerwerkstofffolien mit Dicken zwischen 0,01 und 0,1 mm auf Bauteile aufgeklebt. Das Verfahren ist nur für glatte Flächen wie Bleche oder Rohre geeignet. Folienwerkstoffe sind Polyethylen und Polyvinylchlorid. Das Kaschieren wird häufig nur als temporärer Korrosionsschutz eingesetzt, um z. B. Teile während des Transports zu schützen. Vor dem eigentlichen Einsatz werden die Folien dann abgezogen.
- Anstriche und Lacke: Dies sind nach wie vor die am weitesten verbreiteten Korrosionsschutzmittel für Werkstoffe und Bauteile aller Art. Die Überzüge werden in der Regel bei Raumtemperatur durch Streichen oder Spritzen auf die zu schützende Oberfläche aufgebracht.

  Anstriche und Lacke sind aus drei Bestandteilen aufgebaut: Pigment, Bindemittel und Lösungsmittel. Das Pigment ist das eigentliche Korrosionsschutzmittel, häufig gekoppelt mit einem Farbstoff. Das Bindemittel sorgt für die Bindung der Pigmentpartikel untereinander und für die Haftung auf dem Untergrund. Das Lösungsmittel löst das Bindemittel zunächst auf, ohne es dabei chemisch zu verändern, damit der Anstrich/Lack streich- oder spritzfähig ist. Nach dem Auftragen verdunstet das Lösungsmittel und das Bindemittel wird fest. Korrosionsschützende Pigmente wie Chromate bilden zusammen mit der Luftfeuchtigkeit Deckschichten, die eine geringe elektrische Leitfähigkeit haben, gut haften und langsam altern. Basische Pigmente neutralisieren saure Bestandteile des Korrosionsmediums. Bei zinkstaubhaltigen Anstrichen tritt bei Schichtverletzungen die kathodische Schutzwirkung ein.

Aufgaben:

1. Wie können Sie Metalle vor elektrochemischer Korrosion schützen?
2. Der kathodische Schutz ist eine der wirkungsvollsten Korrosionsschutzmaßnahmen. Beschreiben Sie am Beispiel eines verzinkten Stahlteils mit einer Verletzung der Zinkschicht die Wirkungsweise des kathodischen Schutzes.
3. Worauf beruht der passive Korrosionsschutz?

15 Mechanische Werkstoffprüfung

15.1 Allgemeines

Eine der wichtigsten Eigenschaften der Werkstoffe ist ihre mechanische Belastbarkeit, d. h. ihre Fähigkeit, mechanische Belastungen ohne unzulässige Verformung oder Bruch aufzunehmen.

Die mechanische Belastbarkeit wird allgemein als Festigkeit bezeichnet.

Die mechanischen Belastungen werden unterschieden nach der *Art der Kraftwirkung* und nach ihrem *zeitlichen Verlauf.*

Nach Art der Kraftwirkung sind zu unterscheiden: Axiale Belastungen (Zug, Druck), Biegebelastungen (Biegemomente), Torsionsbelastungen (Torsionsmomente) und Scherbelastungen.

Nach ihrem zeitlichen Verlauf sind entsprechend Bild 1 zu unterscheiden:

Zügige oder **quasistatische** Belastung: Die Belastung steigt mit konstanter Geschwindigkeit auf ihren Höchstwert an.

Ruhende Belastung: Die Belastungshöhe bleibt über längere Zeit konstant.

Schwingende oder **dynamische** Belastung: Die Belastungshöhe ändert sich zeitabhängig. Sind Ober- und Unterlast sowie die Frequenz konstant, liegt eine periodische Belastung vor. Bei einer unperiodischen oder zufallsartigen Belastung können sich von Lastwechsel zu Lastwechsel Ober- und Unterlast sowie die Frequenz ändern. Wechselt die Belastung ihre Richtung, spricht man von einer **wechselnden** Belastung.

Schlag- oder **Stoßbelastung:** Die Belastung steigt in sehr kurzer Zeit auf ihren Höchstwert an. Die in das Bauteil eingebrachte Stoßenergie wird dort in elastische und plastische Formänderungsarbeit umgesetzt. Das Verhältnis der plastischen Verformung bei Stoßbelastung zur plastischen Verformung bei zügiger Belastung bei jeweils gleicher Belastungshöhe wird **Stoßfaktor** genannt.

Erfahrungswerte nach Sors	
Maschine	Stoßfaktor
Kolbenmaschine	1,2 . . . 1,5
Warmpresse	1,5 . . . 2,0
Walzwerk	2,0 . . . 3,0

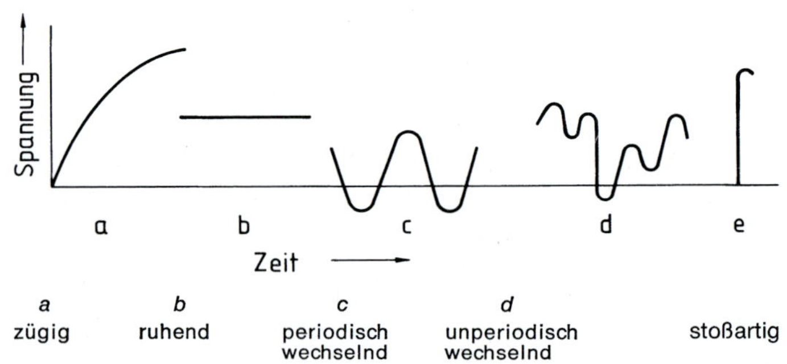

Bild 1 Belastungs-Zeit-Verläufe

Je nach Belastungsart und Belastungs-Zeit-Verlauf unterscheiden sich die Festigkeitseigenschaften der Werkstoffe.

In der mechanischen Werkstoffprüfung sind daher verschiedene Prüfverfahren entwickelt worden, mit denen die auf ein Bauteil einwirkenden Belastungen simuliert werden. Damit können dem Konstrukteur geeignete Festigkeitskennwerte zur Verfügung gestellt werden.

Belastungsart	Belastungsverlauf	Prüfverfahren	Zweck
Zug	zügig	Zugversuch	Ermittlung der Zugfestigkeit, Dehnung, Streckgrenze und Elastizitätsgrenze metallischer und nichtmetallischer Werkstoffe.
	ruhend	Standversuch	Feststellung des Werkstoff- oder Werkstückverhaltens bei ruhender Beanspruchung, sog. Dauerstandfestigkeit.
	schwingend	Dauerversuch (Dauerschwingversuch)	Feststellung des Werkstoff- oder Werkstückverhaltens bei wechselnder Beanspruchung, Zeit- oder Dauerfestigkeit.
Druck	zügig	Druckversuch	Ermittlung des Werkstoff- oder Werkstückverhaltens bei Druckbeanspruchung.
	zügig	Knickversuch	Prüfung der Knickfestigkeit von langen, schlanken Bauteilen.
Biegung	zügig	Biegeversuch	Ermittlung der Biegefestigkeit von Werkstoffen oder Bauteilen, hauptsächlich für Gusseisen.
	schwingend	Umlauf-/Wechselbiegeversuch	Ermittlung der Biegewechselfestigkeit von Werkstoffen und Bauteilen.
	schlagartig	Kerbschlagbiegeversuch	Beurteilung der Zähigkeit von Werkstoffen.
Abscheren	zügig	Scherversuch	Feststellen der Scherfestigkeit metallischer Werkstoffe.
Druck	zügig	Härteprüfung	Feststellen der Härte (Eindringwiderstand) von Werkstoffen und Werkstücken.

15.2 Festigkeitsprüfungen mit zügiger Belastung

15.2.1 Zugversuch nach DIN EN ISO 6892-1: 2017

Der Zugversuch dient zur Ermittlung des Werkstoffverhaltens bei einachsiger, über den Querschnitt gleichmäßig verteilter Zugbeanspruchung. Dazu wird eine Probe in einer Zugprüfmaschine mit konstanter Verformungsgeschwindigkeit in der Regel bis zum Bruch verlängert. Die Längenänderung und die dazu erforderliche Zugkraft werden kontinuierlich gemessen und registriert. Aus den Messwerten werden anschließend eine oder mehrere der im folgenden Kapitel beschriebenen Festigkeits- und Zähigkeitskenngrößen berechnet.

Wenn nicht anders vereinbart, wird der Zugversuch bei Raumtemperatur (10 °C bis 35 °C) durchgeführt.

Der Zugversuch liefert dem Konstrukteur und Berechner die grundlegenden Festigkeitswerte für die Bauteildimensionierung. Er ist damit einer der wichtigsten Versuche in der Werkstoffprüfung.

Zugproben nach DIN EN ISO 6892-1: 2017 und DIN 50125: 2016

Diese Normen enthalten Angaben über Formen, Abmessungen und Herstellungsbedingungen der Zugproben. In der DIN 50125: 2016 sind Beispiele für Zugprobenformen aufgeführt, die den Rahmenbedingungen der DIN EN ISO 6892-1: 2017 entsprechen. Andere Probenarten können in Erzeugnisnormen festgelegt sein oder vereinbart werden.

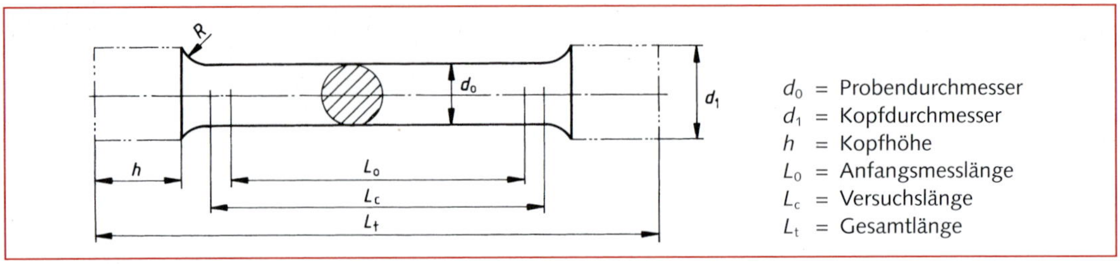

Bild 1 Zugprobe nach DIN EN ISO 6892-1: 2017
(die Kopfform ist als Beispiel zu verstehen)

Proportionale Zugproben (Proportionalproben) nach Bild 1

Bei proportionalen Proben ist das Verhältnis der Anfangsmesslänge L_0 zum Anfangsquerschnitt S_0 durch die Gleichung $L_0 = k \cdot \sqrt{S_0}$ festgelegt. Nach internationaler Vereinbarung ist der Wert $k = 5{,}65$. Die Anfangsmesslänge darf jedoch nicht kleiner als 15 mm sein. Bei zu kleinen Probenquerschnitten ist daher der Faktor $k = 11{,}3$ oder eine nichtproportionale Probe anzuwenden.

$L_0 = k \cdot \sqrt{S_0}$ $\quad L_0 = 5{,}65 \cdot \sqrt{S_0}$ bzw. $L_0 = 11{,}3 \cdot \sqrt{S_0}$

Für Zugproben mit kreisförmigem Anfangsquerschnitt ergeben sich daraus folgende proportionale Anfangsmesslängen:

$L_0 = 5 \cdot d_0$ bzw. $L_0 = 10 \cdot d_0$

Die Ausführung der Einspannköpfe der Proben ist beliebig und richtet sich nach den Spanneinrichtungen der Zugprüfmaschine. Es sind ausreichend große Übergangsradien R (▶ Bild 1) vorzusehen, um die Kerbwirkung und damit Probenbrüche im Übergang zu vermeiden. Werte für ausreichende Übergangsradien finden sich in der DIN 50125: 2016.

Bild 2 zeigt die Prinzipdarstellung einer elektromechanischen Zugprüfmaschine. Sie besteht aus dem Belastungsrahmen und dem Steuerungs- und Anzeigeteil. Der Steuerungs- und Anzeigeteil ist bei heutigen Prüfmaschinen durch einen Rechner (PC) ersetzt (▶ Bild 1 S. 274). Der Belastungsrahmen enthält im Sockel den Motor sowie ein Verteilergetriebe, über das zwei Spindeln (Trapez- oder Kugelumlaufspindeln) angetrieben werden. Je nach Drehrichtung der Spindeln bewegt sich das Querhaupt nach oben oder unten, sodass die zwischen Querhaupt und Maschinensockel eingespannte Probe gedehnt

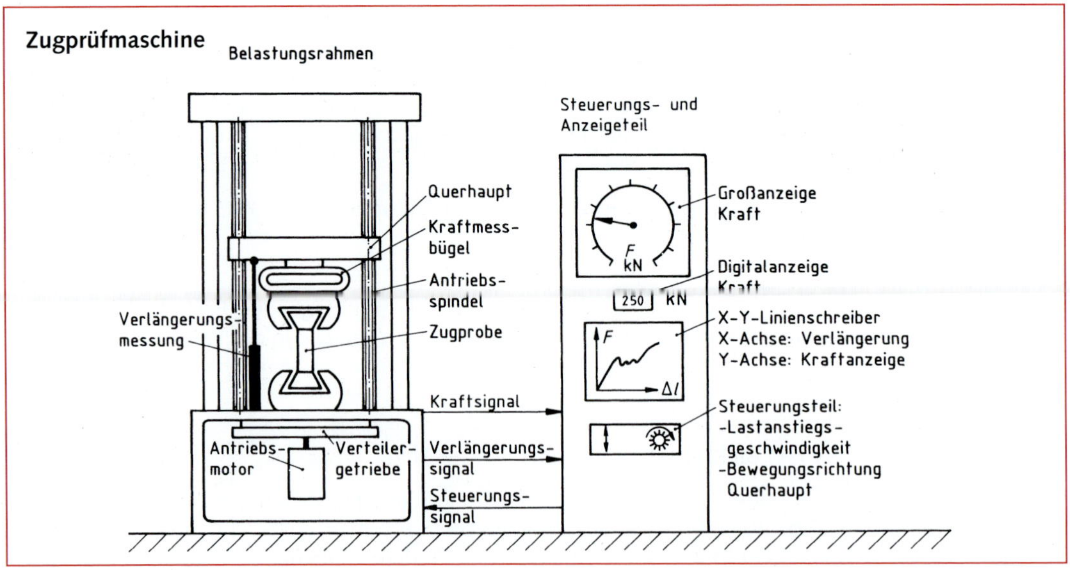

Bild 2 Elektromechanische Zugprüfmaschine

Elastizitätsmodul des Werkstoffes in MPa	Spannungsgeschwindigkeit in $\frac{MPa}{s}$	
	min.	max.
< 150 000	2	20
> 150 000	6	60

Tabelle 1 Spannungsgeschwindigkeit nach DIN EN ISO 6892-1: 2017

oder gestaucht wird. Einstellgröße beim Zugversuch nach DIN EN ISO 6982-1: 2017 ist die Prüfgeschwindigkeit, die durch die Regelung der Dehngeschwindigkeit einschließlich der Querhauptgeschwindigkeit bei dehngeschwindigkeitsabhängigen Kennwerten zur Minimierung der Messunsicherheit der Prüfergebnisse einzustellen ist. Da oft die Empfindlichkeit des zu prüfenden Werkstoffes von der Dehngeschwindigkeit nicht bekannt ist, wird dieses Verfahren dringend empfohlen. Kann die Prüfmaschine die Dehngeschwindigkeit nicht regeln, ist im elastischen Bereich über die Einstellung der Traversengeschwindigkeit eine definierte Spannungsgeschwindigkeit einzuhalten (▶ Tabelle 1).

Wird eine Probe gedehnt oder gestaucht, setzt der Probenwerkstoff dieser Verformung einen Widerstand entgegen, der als Reaktionskraft mithilfe des Kraftmessbügels gemessen wird. Der Kraftmessbügel arbeitet nach dem Prinzip der Federwaage, d. h. die Reaktionskraft verformt den Kraftmessbügel. Diese Verformung wird mit Dehnungsmessstreifen, induktiven oder kapazitiven Wegaufnehmern in ein der Verformung proportionales elektrisches Signal umgewandelt, das elektrisch verstärkt und auf einer analogen oder digitalen Großanzeige angezeigt bzw. als Y-Wert auf dem Bildschirm eines PC aufgezeichnet wird. Bei entsprechender Kalibrierung der gesamten Messkette wird das Kraftsignal sowohl auf der Großanzeige als auch auf dem PC direkt in der Krafteinheit „Newton" (N) angezeigt.

Die Probenverformung wird im einfachsten Fall zwischen Querhaupt und Maschinensockel gemessen. Dazu werden in der Regel induktive, potentiometrische oder inkrementale Wegmesssysteme eingesetzt, die ein dem Verfahrweg des Querhaupts proportionales elektrisches Signal liefern. Nach einer elektrischen Verstärkung wird dieses Signal auf der X-Achse des PC aufgezeichnet, bei entsprechender Kalibrierung direkt in der Einheit „mm". Bei dieser Art der Verformungsmessung werden allerdings alle Verformungen des Belastungsrahmens und der Probeneinspannung im Messsignal mit erfasst, sodass das Messergebnis stark fehlerbehaftet ist.

Für genaue Verformungsmessungen muss ein Feindehnungsmesssystem verwendet werden, das direkt auf die Messlänge der Probe aufgesetzt wird. Zu diesem Zweck werden heute überwiegend mechanisch-elektrische Systeme mit Dehnungsmessstreifen verwendet (▶ Bild 1), deren Signale anstelle des fehlerbehafteten Verfahrwegsignals aufgezeichnet werden.

Zugprüfmaschinen mit PC-Regelung und -Steuerung erledigen nach Eingabe der Prüfparameter die Maschinensteuerung, Messwerterfassung, -registrierung und -auswertung selbstständig (▶ Bild 1 S. 274). Erweiterungen zu vollautomatisierten Prüfzentren sind möglich. Hier werden die Proben mit Manipulationsgeräten zugeführt, automatisch gespannt und geprüft. Nach Abschluss der Prüfung wird für jede Probe ein Prüfzeugnis mit allen erfassten Daten ausgedruckt. Alle Messsysteme sind regelmäßig zu prüfen und zu kalibrieren. Für die Kraftmessgeräte ist die DIN EN ISO 376: 2011, für die Längenänderungs-Messeinrichtung die DIN EN ISO 9513: 2013 maßgebend.

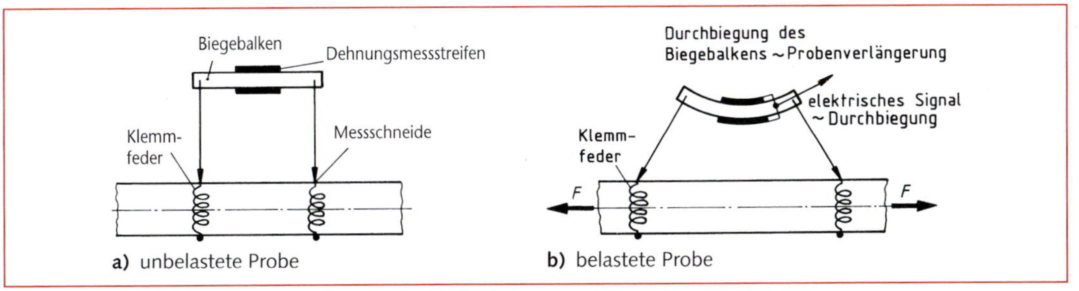

Bild 1 Feindehnungsmesssystem, Prinzip Biegebalken mit Dehnungsmessstreifen

Bild 1 Elektromechanische Zugprüfmaschine mit PC-Steuerung, Messwerterfassung und -auswertung

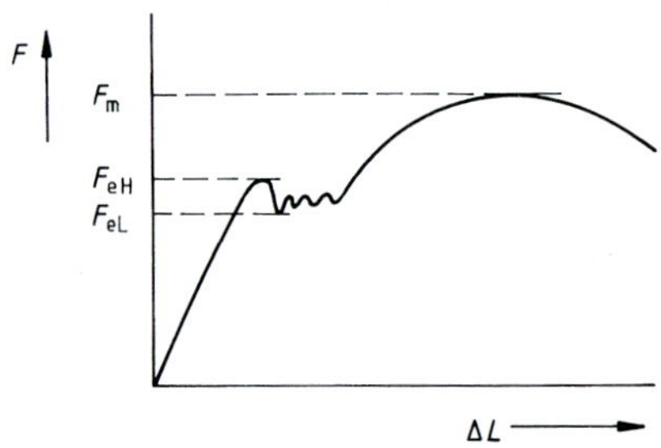

a) einfacher Baustahl mit ausgeprägter Streckgrenzenkraft

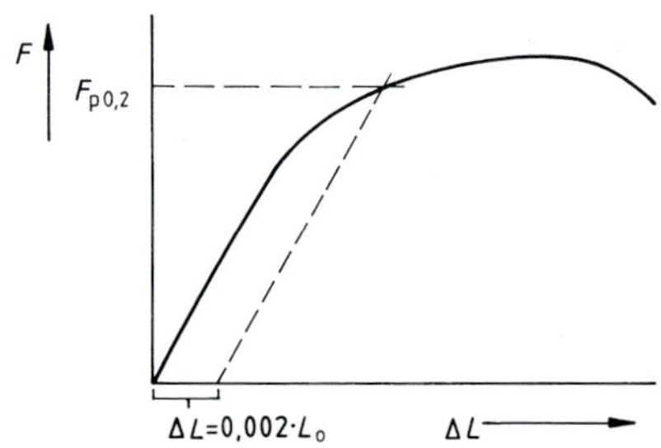

b) vergüteter Stahl mit kontinuierlichem Übergang vom elastischen in den plastischen Bereich

Bild 2 Kraft-Verlängerungs-Schaubilder verschiedener Stähle

Elastische und plastische Verformung: Typisch für sehr viele metallische Werkstoffe ist der lineare Anstieg des Kraft-Verlängerung-Schaubildes: Kraft und Verlängerung sind zueinander proportional. Wird in diesem Bereich die Verformungsrichtung der Zugprüfmaschine umgekehrt, so gehen Kraft und Verlängerung auf Null zurück: Der Werkstoff wurde elastisch verformt.

Die elastische Verformung eines Werkstoffes geht bei Wegnahme der äußeren Kraft auf Null zurück.

Nach Überschreiten einer charakteristischen Kraft sind Kraft und Verlängerung nicht mehr proportional. Wird in diesem nichtlinearen Bereich die Verformungsrichtung umgekehrt, so geht auch bei Entlastung auf Kraft = 0 die Verlängerung nicht auf Null zurück: Der Werkstoff wurde bleibend oder plastisch verformt.

Die bleibende oder plastische Verformung eines Werkstoffes geht bei Wegnahme der äußeren Kraft nicht auf Null zurück.

Festigkeitskennwerte

Aus ▶ Bild 2a können die nachstehenden charakteristischen Kraftwerte abgelesen werden. Die Kraftwerte werden mit dem Kennbuchstaben „*F*" (= force) gekennzeichnet. Die Einheit ist „Newton" (N).

Obere Streckgrenzenkraft F_{eH}: Trotz weiter zunehmender Verlängerung bleibt die Kraft erstmals konstant oder sinkt ab. Die Probe beginnt sich messbar plastisch zu verformen.

Untere Streckgrenzenkraft F_{eL}: Kleinste Kraft im Unstetigkeitsbereich.

Höchstzugkraft F_m: Größte im Versuch auftretende Kraft.

Aus ▶ Bild 2 b S. 274 wird als Ersatzwert für die nicht vorhandene obere Streckgrenzenkraft eine Dehngrenzenkraft abgelesen.

Dehngrenzenkraft F_p: Bei Erreichen dieser Kraft ist die Probe um einen bestimmten Betrag plastisch verlängert. Dieser Betrag wird als Prozentwert der Anfangsmesslänge dem Index hinzugefügt.

Ermittlung der Dehngrenzenkraft: Auf der X-Achse des Diagramms wird eine definierte bleibende Verlängerung abgetragen. Üblicher Wert ist 0,2 % der Anfangsmesslänge L_0, vereinzelt wird auch mit 0,01 % der Anfangsmesslänge gearbeitet. Durch diesen Punkt auf der X-Achse wird eine Parallele zur Anstiegsgeraden gezogen. Der Schnittpunkt dieser Parallelen mit der Kraft-Verlängerungs-Linie liefert den gesuchten Kraftwert. Beispiel (▶ Bild 2 b, S. 274): Plastische Verlängerung = 0,2 % der Anfangsmesslänge ergibt die Dehngrenzenkraft $F_{p0,2}$.

Die aus den F-ΔL-Schaubildern ermittelten Kraftwerte gelten nur für die geprüfte Probengeometrie. Um die Werte auf andere Geometrien bzw. Bauteile übertragen zu können, werden sie durch die Querschnittsfläche der unbelasteten Probe S_0 dividiert. Diese Festigkeitswerte werden mit dem Kennbuchstaben „R" (= resistance) und den gleichen Indices wie die Kraftwerte bezeichnet. Die Einheit ist „Megapascal" (MPa).

Obere Streckgrenze: $R_{eH} = \frac{F_{eH}}{S_0}$ in MPa

Zugfestigkeit: $R_m = \frac{F_m}{S_0}$ in MPa

Untere Streckgrenze: $R_{eL} = \frac{F_{eL}}{S_0}$ in MPa

0,2-Dehngrenze: $R_{p0,2} = \frac{F_{p0,2}}{S_0}$ in MPa

(0,2-Dehngrenze bei nichtproportionaler Dehnung von 0,2 % der Anfangsmesslänge)

In älteren Büchern findet man noch die Einheit „N/mm^2". Die Umrechnung ist: $1\ \text{MPa} = 1\ \frac{\text{N}}{\text{mm}^2}$

Die Streckgrenze bzw. die Dehngrenze des Werkstoffes darf keinesfalls erreicht oder überschritten werden, wenn ein Bauteil sich nicht plastisch verformen darf.

Die Zugfestigkeit des Werkstoffes darf keinesfalls erreicht oder überschritten werden, wenn ein Bauteil nicht brechen darf.

Verformungskennwerte

Eine Probe aus einem zähen Werkstoff verformt sich bei von 0 ansteigender Zugkraft in der Prüfstrecke elastisch. Mit Erreichen des Streckgrenzenbereichs verformt sie sich bei weiter ansteigender Prüfkraft in der gesamten Prüfstrecke gleichmäßig plastisch. Die elastische Verformung steigt dabei ebenfalls kontinuierlich an. Wird die Probe nach Erreichen der Höchstzugkraft weiter gezogen, beginnt sie sich an irgendeiner Stelle der Prüfstrecke einzuschnüren. Die weitere plastische Verformung konzentriert sich nun nur noch auf den Bereich der Einschnürung. Die messbare Zugkraft fällt ab, da durch die Einschnürung der Verformungswiderstand der Probe kleiner wird. Die elastische Verformung nimmt ebenfalls proportional zur Zugkraft ab. Die Probe bricht schließlich in der Einschnürung. Dabei geht die elastische Verformung auf 0 zurück, die plastische Verformung bleibt erhalten.

▶ Bild 1 b S. 276 zeigt eine gebrochene Probe aus einem zähen Werkstoff. Aus der veränderten Probengeometrie können folgende Verformungskennwerte ermittelt werden:

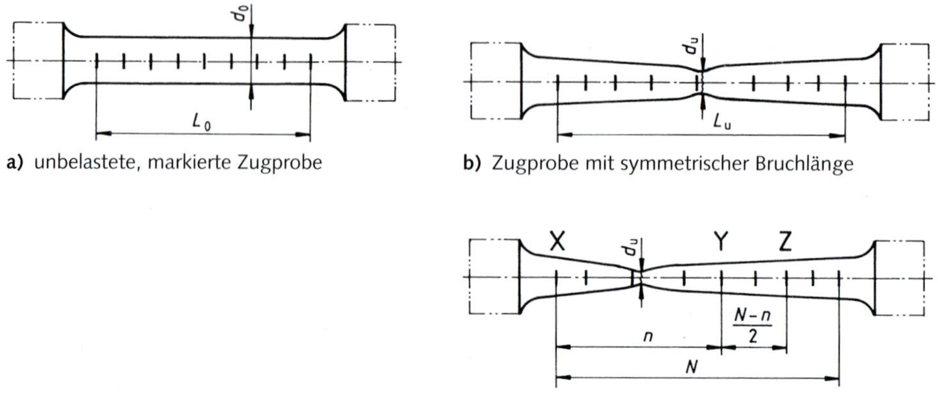

a) unbelastete, markierte Zugprobe

b) Zugprobe mit symmetrischer Bruchlänge

c) Zugprobe mit asymmetrischer Bruchlänge

Bild 1 Messung des Bruchdurchmessers d_u und der Bruchlänge L_u

Brucheinschnürung Z: Nach sorgfältigem Zusammenfügen der Bruchstücke wird bei Rundproben der kleinste Durchmesser in der Einschnürung, bei prismatischen Proben die kleinste Dicke a_u und kleinste Breite b_u gemessen. Aus den Messgrößen wird die Querschnittsfläche S_u in der Einschnürung errechnet. Die Brucheinschnürung ist die auf den Anfangsquerschnitt S_0 bezogene größte bleibende Querschnittsänderung $\Delta S_u = S_0 - S_u$ nach dem Bruch. Sie wird in Prozent angegeben. Der Wert wird auf 0,5 % gerundet.

Brucheinschnürung: $$Z = \frac{S_0 - S_u}{S_0} \cdot 100\,\%$$

Bruchdehnung ***A***: Zur Ermittlung der Bruchdehnung wird die Probe vor dem Versuch entsprechend Bild 1 a mit Markierungen in N gleiche Teile geteilt. Der Teilabstand wird so gewählt, dass N · Teilabstand = L_0 ist. Die Oberfläche wird dazu auf Teilapparaten leicht angerissen. Bei härteren, kerbempfindlichen Werkstoffen werden die Markierungen mit einem Elektroschreiber oder mit Farbstiften aufgebracht. Nach dem Versuch werden die Probenstücke sorgfältig zusammengefügt, sodass der Spalt zwischen den Bruchflächen möglichst klein ist. Liegt die Bruchstelle im mittleren Drittel der Strecke zwischen den beiden äußersten Messmarken, die die Anfangsmesslänge L_0 kennzeichnen, wird diese Strecke direkt als Messlänge nach dem Bruch L_u verwendet (▶ Bild 1 b). Liegt der Bruch außerhalb des mittleren Drittels (▶ Bild 1 c), wird auf dem kürzeren Bruchstück die äußerste Messmarke mit X und auf dem längeren Bruchstück eine Messmarke in etwa gleichem Abstand zur Bruchstelle mit Y gekennzeichnet. Die Anzahl der Teilabstände zwischen diesen beiden Punkten ist n. Auf dem längeren Bruchstück wird ein weiterer Punkt Z im Abstand $(N - n)/2$ gekennzeichnet, wenn $(N - n)$ eine gerade Zahl ist. Die Bruchlänge L_u ergibt sich dann zu:

$$L_u = XY + 2 \cdot YZ$$

Ist $(N - n)$ eine ungerade Zahl, so wird ein Punkt Z' im Abstand $(N - n - 1)/2$ und ein weiterer Punkt Z" im Abstand $(N - n + 1)/2$ gekennzeichnet. Die Bruchlänge L_u ergibt sich in diesem Fall zu:

$$L_u = XY + YZ' + YZ''$$

L_u ist auf 0,25 mm genau zu bestimmen.

Die Bruchdehnung A ist die auf die Anfangsmesslänge bezogene Längenänderung $\Delta L_u = L_u - L_0$ nach dem Bruch. Sie wird in Prozent angegeben. Der Wert wird auf 0,5 % gerundet.

Bruchdehnung: $$A = \frac{L_u - L_0}{L_0} \cdot 100\,\%$$

Brucheinschnürung und Bruchdehnung kennzeichnen die plastische Verformungsreserve eines Werkstoffes bei statischer Überlastung.

σ-ε-Schaubild

Bezieht man eine beliebige im Zugversuch gemessene Kraft F auf die Querschnittsfläche der unbelasteten Probe S_0, so erhält man eine Normalspannung:

$$\sigma = \frac{F}{S_0}$$

Ebenso kann man eine beliebige Verlängerung ΔL auf die Anfangsmesslänge L_0, beziehen und erhält eine Dehnung:

$$\varepsilon = \frac{\Delta L}{L_0}$$

Wendet man diese Umrechnungsformeln auf die Kraft-Achse bzw. die Verlängerungs-Achse des Kraft-Verlängerungs-Schaubildes an, so wird aus diesem das Spannungs-Dehnungs-Schaubild (σ-ε-Schaubild), ▶ Bild 1.

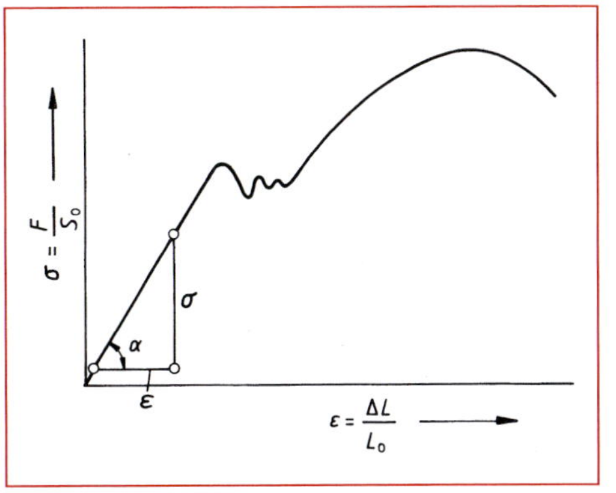

Bild 1 Spannungs-Dehnungs-Schaubild

Elastizitätsmodul

Im elastischen Bereich ist die Spannung σ proportional zur Dehnung ε.

$$\sigma \sim \varepsilon$$

Proportionalitätsfaktor ist der Elastiziätsmodul E.

$$\sigma = E \cdot \varepsilon$$

Diese Gleichung ist das Hooke'sche Gesetz, die mit ihr beschriebene Gerade im Spannungs-Dehnungs-Schaubild die Hooke'sche Gerade (Robert Hooke, 1635–1703).

Der Elastizitätsmodul ist das Maß für den Widerstand eines Werkstoffes gegen eine elastische Verformung. Je kleiner der Elastizitätsmodul ist, umso größer ist die elastische Verformung bei gleicher mechanischer Spannung.

Der Elastizitätsmodul hat die Einheit „Megapascal" (MPa).

Mathematisch ist der Elastizitätsmodul die Steigung der elastischen Geraden im Spannungs-Dehnungs-Schaubild:

$$E = \tan \alpha = \sigma / \varepsilon \text{ in MPa}$$

Für die experimentelle Bestimmung des Elastizitätsmoduls von Metallen ist in der DIN EN ISO 6892-1: 2017, Anhang G.6.2, empfohlen, die Steigung der elastischen Geraden zwischen einem unteren Spannungswert $R_1 \approx 10\,\%$ und einem oberen Spannungswerte $R_2 \approx 40\,\%$ der Streckgrenze R_{eH} bzw. der 0,2-Dehngrenze $R_{p0,2}$ über eine Regressionsrechnung zu bestimmen. Für eine überschlägige Bestimmung kann der Elastizitätsmodul aus dem Kraft-Verlängerungs-Schaubild (▶ Bild 2) nach folgender Formel berechnet werden:

$$E - \frac{\Delta F \cdot L_0}{S_0 \cdot \Delta L} \text{ in MPa}$$

Um exakte Werte zu erhalten, muss die Verlängerung aber mit Hilfe eines Feindehnungsmesssystems direkt an der Probe gemessen werden. Verformungen in den Einspannungen und im Maschinenrahmen können damit das Messsignal nicht verfälschen.

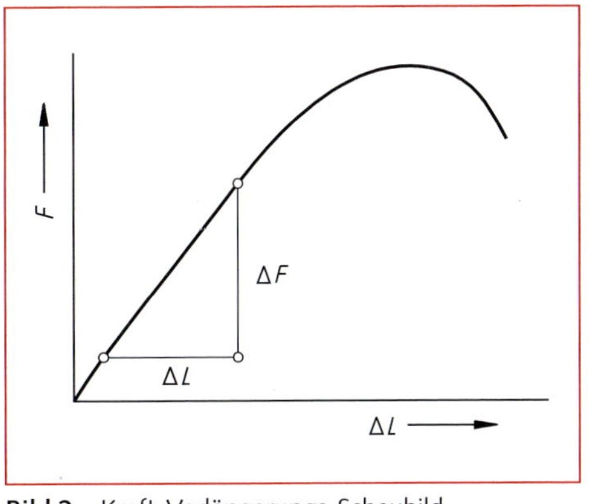

Bild 2 Kraft-Verlängerungs-Schaubild

Elastizitätsmoduln einiger häufig eingesetzter Werkstoffe: Stahl 200 000 bis 220 000 MPa, Gusseisen

80 000 bis 160 000 MPa je nach Graphitausbildung, Aluminium und Aluminiumlegierungen 70 000 MPa, Gummi < 100 MPa, unverstärkte Kunststoffe 200 bis 4 000 MPa, glasfaserverstärkte Kunststoffe 4 000 bis 20 000 MPa, kohlefaserverstärkte Kunststoffe bis 200 000 MPa. Bei faserverstärkten Kunststoffen ist der Elastizitätsmodul allerdings sehr stark abhängig von der Lage der Fasern zur Belastungsrichtung und der Faserdichte.

Streckgrenzenverhältnis

Als Streckgrenzenverhältnis bezeichnet man den Quotienten aus Streckgrenze bzw. Dehngrenze und der Zugfestigkeit.

$$\text{Streckgrenzenverhältnis} = \frac{R_{eH} \text{ oder } R_{p0,2}}{R_m}$$

Das Streckgrenzenverhältnis ist ein Maß für die plastische Verformbarkeit eines Werkstoffes. Bei normalisierten Stählen liegt das Streckgrenzenverhältnis bei etwa 0,5 bis 0,6 d. h. sie haben eine hohe Verformungsreserve. Bei gehärteten Stählen liegt das Streckgrenzenverhältnis meist über 0,9, sehr oft nahe bei 1, d. h. diese Werkstoffe sind kaum plastisch verformbar.

Bruchformen im Zugversuch

Zähes und sprödes Werkstoffverhalten zeigt sich im Zugversuch durch unterschiedliche Bruchformen. In den Bildern 1 bis 3 sind verschiedene Bruchformen einander gegenübergestellt.

Bild 1 Zäher Werkstoff, Kegel-Tasse-Bruch

Bild 2 Zäher Werkstoff, Gleitbruch

Bild 3 Spröder Werkstoff, Sprödbruch oder Trennbruch

Der Spröd- oder Trennbruch tritt unmittelbar bei Erreichen der Maximalkraft auf. Er ist durch die Lage der Bruchfläche exakt senkrecht zur Belastungsrichtung gegenzeichnet. Die Bruchfläche ist grob- bis feinkristallin und glitzert bei schrägem Lichteinfall.

Der Zäh- oder Verformungsbruch kündigt sich durch die zunehmende Einschnürdehnung nach Überschreiten der Maximalkraft an. Die Bruchstelle liegt im kleinsten Querschnitt der Einschnürung. Auf der Bruchfläche sind häufig am Rand Gleitflächen erkennbar, die unter 45° zur Belastungsrichtung liegen (Kegel-Tasse-Bruch). Bei Blechproben, aber auch vereinzelt bei Rundproben, liegt der Bruch insgesamt unter 45° zur Belastungsrichtung. Die Bruchfläche ist meist matt und samtartig.

Aufgaben:

1. Welche Belastungs-/Beanspruchungsarten unterscheidet man hinsichtlich des zeitlichen Verlaufs?
2. Der Zugversuch ist einer der wichtigsten Versuche der Werkstoffprüfung. Begründen Sie diese Aussage.
3. Was versteht man unter einem Proportionalstab?
4. Welche Verformungen treten beim Zugversuch in der Probe auf? Wie ändern sich diese bei der Probenentlastung bzw. beim Probenbruch?
5. Skizzieren Sie die zwei Arten von Kraft-Verlängerungs-Schaubildern, die bei zähen Stählen auftreten, und kennzeichnen Sie die Kraftwerte, die daraus abgelesen werden zur Berechnung der Festigkeitswerte.
6. Nennen und erläutern Sie die Festigkeitswerte, die im Zugversuch ermittelt werden. Welche Bedeutung haben diese Werte bei der Bauteildimensionierung?
7. Beschreiben Sie die Ermittlung der Probenverformungen im Zugversuch und die daraus abgeleiteten Werkstoffkennwerte.

8. Erklären Sie, wie der Elastizitätsmodul im Zugversuch ermittelt wird. Wofür steht dieser Werkstoffkennwert?
9. Was versteht man unter dem Begriff Streckgrenzenverhältnis? Welche Werkstoffeigenschaft wird damit beschrieben?
10. Nennen und beschreiben Sie die Bruchformen, die im Zugversuch auftreten können.

15.2.2 Druckversuch nach DIN 50106: 2016

Der Druckversuch nach DIN 50106: 2016 dient zur Ermittlung des Werkstoffverhaltens bei einachsiger, über den Querschnitt gleichmäßig verteilter Druckbeanspruchung. Kurze zylindrische Proben mit Durchmessern zwischen 10 bis 30 mm werden mit konstanter Verformungsgeschwindigkeit gestaucht.

Bei zähen Werkstoffen tritt nach Überschreiten der Quetschgrenze (analog zur Streckgrenze im Zugversuch) zunächst eine plastische Ausbauchung der Zylindermantelfläche auf. Werden die Tangentialspannungen in der Zylindermantelfläche zu groß, reißt der Werkstoff parallel zur Belastungsrichtung auf (▶ Bild 1). Da kein Bruch auftritt, wird der erste Anriss als Versagenskriterium gewertet.

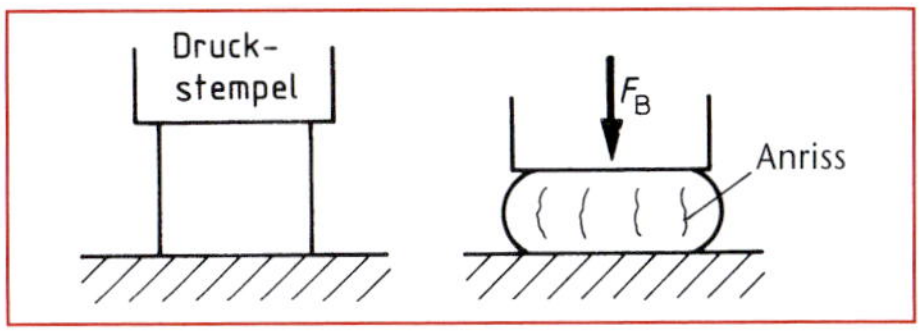

Bild 1 Druckversuch an einem zähen Werkstoff

Bei spröden Werkstoffen tritt ohne vorherige Ausbauchung der Bruch unter 45° zur Belastungsrichtung auf. Bei mineralischen Werkstoffen (Marmor, Beton) findet sich sehr häufig ein Doppelkegel, der durch Herausplatzen der zugbeanspruchten Bereiche entsteht (▶ Bild 2).

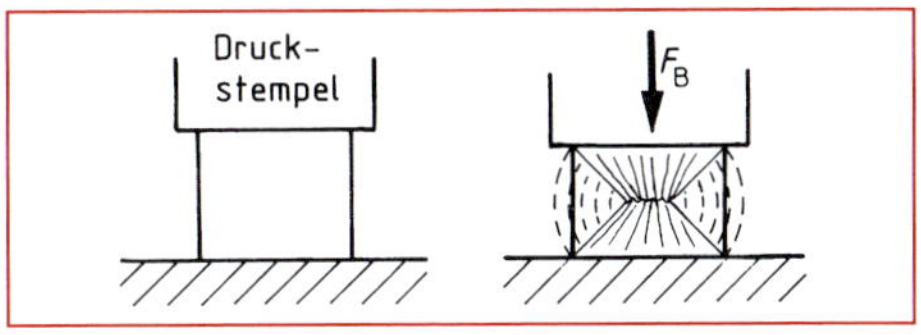

Bild 2 Druckversuch an einem spröden Werkstoff

Die Definition der Druckfestigkeit entspricht der Definition der Zugfestigkeit:

$$\sigma_{dB} = \frac{F_B}{S_0} \text{ in MPa bzw. } \frac{N}{mm^2}$$

Die Definition der Quetschgrenze entspricht der Definition der Streckgrenze:

$$\sigma_{dF} = \frac{F_F}{S_0} \text{ in MPa bzw. } \frac{N}{mm^2}$$

Der Druckversuch wird bei zähen Werkstoffen zur Untersuchung der Umformbarkeit der Werkstoffe eingesetzt. Die Ergebnisse werden sehr häufig in Form von Fließkurven dargestellt, die für die Berechnung von Umformprozessen benötigt werden.

Bei spröden, meist nichtmetallischen Werkstoffen wird im Druckversuch das Bruchverhalten überprüft.

15.2.3 Biegeversuch nach DIN EN ISO 7438: 2016

Der Biegeversuch dient zur Bestimmung der plastischen Verformbarkeit von Metallen unter Biegebelastung.

Er wird an Proben mit rundem, quadratischem, rechteckigem oder vieleckigem Querschnitt auf Biegepressen oder auf dem Biegetisch einer Universalprüfmaschine durchgeführt. Der Prüfstab wird als Balken auf zwei Stützen gelagert und mit einer einzelnen zentrisch angreifenden Kraft belastet (Dreipunktbiegung, ▶ Bild 3). Zulässig ist auch eine Biegevorrichtung mit v-förmiger Matrize und entsprechendem Biegestempel oder eine Prüfvorrichtung, in der die Probe einseitig eingespannt ist und über einen Biegedorn gebogen wird.

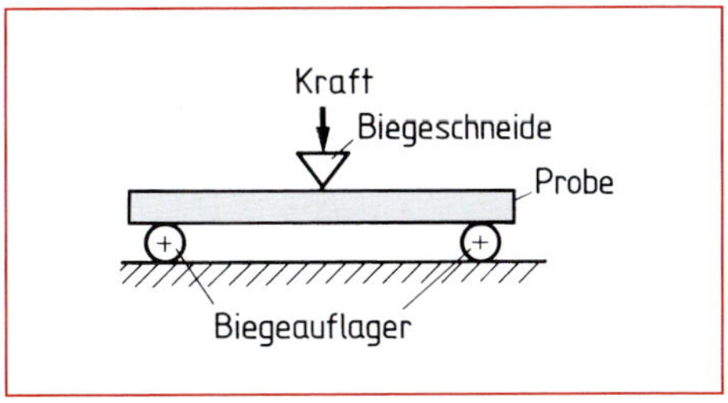

Bild 3 Biegevorrichtung für Dreipunktbiegung

Die DIN EN ISO 7438: 2016 beschreibt nur die Prüftechnik und die Versuchsdurchführung, nicht jedoch, welche Messwerte oder sonstigen Beobachtungen zur Beschreibung des Werkstoffverhaltens aufzunehmen sind. Diese Festlegungen sind den Werkstoff- oder Erzeugnisnormen zu entnehmen.

15.2.4 Scherversuch

Durch Scherversuche wird die *Scherfestigkeit* τ der Werkstoffe ermittelt. Er wird in einem *Schergerät* durchgeführt und soll in der Probe eine möglichst reine Schubbeanspruchung hervorrufen. Infolge der Messerbreite treten jedoch in der Probe außer den Scherkräften noch Biegespannungen auf (▶ Bild 1). Die Scherfestigkeit einer zylindrischen Probe ist:

$$\tau = \frac{2F}{\pi \cdot d^2}$$

F = gemessene Höchstkraft,
d = Probendurchmesser

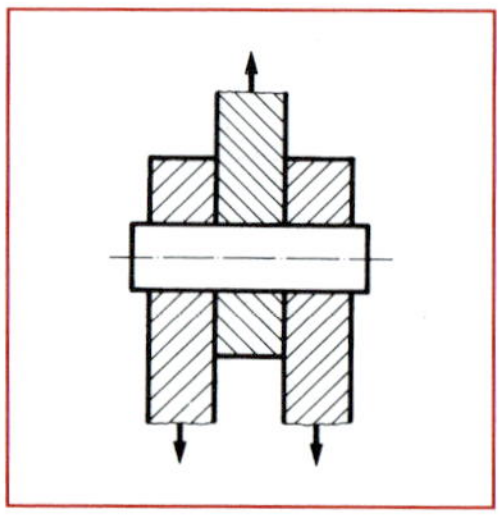

Bild 1 Schergerät
(schematische Darstellung)

Die Scherfestigkeit hat die Bedeutung einer vergleichenden Kennzahl.

Die Scherfestigkeit der Bleche wird durch Lochversuche nach Abbildung 2 ermittelt. Die Lochungsfestigkeit ist:

$$\tau_L = \frac{F_{max}}{\pi \cdot d \cdot s}$$

F_{max} = die zum Lochen erforderliche Kraft,
d = Stempeldurchmesser,
s = Blechdicke

Wie beim Versuch nach Bild 1 wird der Schubbeanspruchung eine Biegebeanspruchung überlagert, so dass sich die Lochungsfestigkeit mit der Blechdicke und dem Stempeldurchmesser ändert. Die Lochungsfestigkeit ist daher keine Werkstoffkennziffer, sie dient nur zum Vergleich verschiedener Werkstofflieferungen.

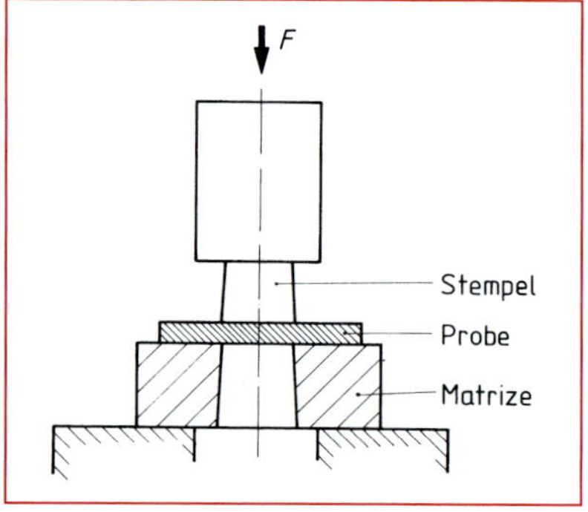

Bild 2 Vorrichtung für Lochversuche
(schematische Darstellung)

15.3 Festigkeitsprüfungen mit schlagartiger Belastung

15.3.1 Kerbschlagbiegeversuch nach Charpy (DIN EN ISO 148: 2017)

Die Durchführung des Kerbschlagbiegeversuchs ist in DIN EN ISO 148-1: 2017 genormt. Die Anforderungen an die Prüfmaschine sind in der DIN EN ISO 148-2: 2017 geregelt. In dem Beiblatt DIN EN ISO 148-1 Bbl 1: 2014 sind die Sonderprobenformen DVM und DVMK zur Information aufgeführt, d.h. sie sind nicht mehr genormt.

Der Kerbschlagbiegeversuch dient zur Beurteilung der Zähigkeit von Metallen. Er wird vorwiegend eingesetzt zur Qualitätsüberwachung und -sicherung und ist besonders geeignet zum Nachweis von Alterung, Zeitstandversprödung und Kaltversprödung sowie zur Kontrolle von Wärmebehandlungen und Schweißverfahren.

Der Kerbschlagbiegeversuch liefert keine Zahlenwerte, die in einer Festigkeitsberechnung verwendet werden können.

Eine einseitig, mittig gekerbte prismatische Probe wird auf zwei Auflager lose aufgelegt und von einem Pendelhammer mit einem einzigen Schlag durchgeschlagen. Gemessen wird die dazu benötigte Schlagarbeit (Einheit „Joule"). Die verbrauchte Schlagenergie, in früheren Normen auch verbrauchte Schlagarbeit genannt, ist ein Maß für die Widerstandsfähigkeit der Werkstoffe gegen schlagartige Belastung. Sie setzt sich zusammen aus der elastischen und der plastischen Verformungsarbeit zur Durchbiegung der Probe und der Bruchkarbeit zum Durchbrechen der Probe.

Energiebilanz zur Ermittlung der verbrauchten Schlagenergie:

Position 1: $E_1 = m \cdot g \cdot h_1$

Position 2: $E_2 = v^2{}_2 \cdot m/2$

Position 3: $E_3 = m \cdot g \cdot h_3$

Position 4: $E_4 = m \cdot g \cdot h_4$

m = Hammermasse
g = Erdbeschleunigung
v_2 = Geschwindigkeit an der Stelle 2
h_i = Höhe an der Stelle i

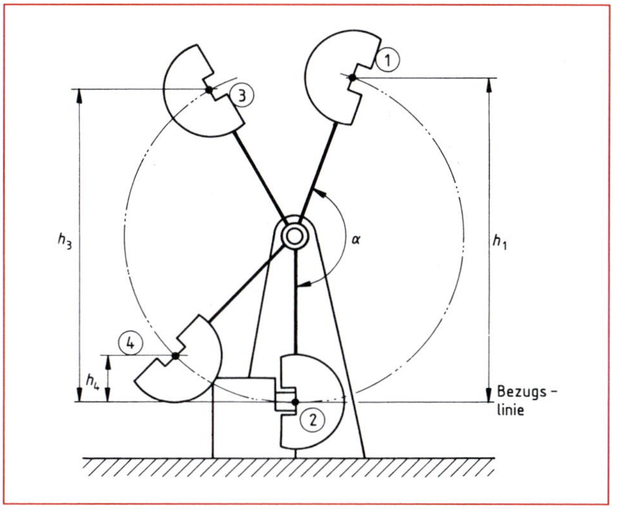

Bild 1 Pendelschlagwerk

► Bild 1 zeigt eine Prinzipskizze des Pendelschlagwerkes, das für den Kerbschlagbiegeversuch eingesetzt wird. Im eingeklinkten Zustand hat der Pendelhammer die potentielle Energie $E_1 = m \cdot g \cdot h_1$.

Wird der Pendelhammer ausgeklinkt, wird diese potentielle Energie in kinetische Energie umgewandelt. An der Stelle 2 ist die potentielle Energie des Pendelhammers 0, die kinetische Energie E_2 hat hier ihr Maximum: $E_2 = v^2{}_2 \cdot m/2$.

Ist keine Probe aufgelegt, schwingt der Pendelhammer frei durch bis zum oberen Totpunkt, an dem die kinetische Energie wieder 0 ist und die potentielle Energie E_3 nahezu ihren Anfangswert hat. Die potentielle Energie an der Stelle 3 ist etwas kleiner als an der Stelle 1, da beim Durchschwingen Lager- und Luftreibung überwunden werden müssen sowie der Schleppzeiger mitgeschleppt wird: $E_3 = m \cdot g \cdot h_3$.

Die Summe dieser Reibungsverluste ist gleich der Differenz der potentiellen Energien an den Stellen 1 und 3. Sie wird als **Leerlaufarbeit K_0** bezeichnet. Sie hat die Einheit „Joule" (J).

Leerlaufarbeit: $K_0 = E_1 - E_3 = m \cdot g \cdot h_1 - m \cdot g \cdot h_3 = m \cdot g \cdot (h_1 - h_3)$ in J

Die Gesamtverluste (Leerlaufarbeit) müssen kleiner als 0,5 % des Nennarbeitsvermögens des Pendelschlagwerkes sein.

Ist eine Probe eingelegt, wird ein Teil der kinetischen Energien in elastische, plastische und Brucharbeit umgewandelt. Der Pendelhammer erreicht nur noch die Höhe h_4. Die Differenz der potentiellen Energien an den Stellen 1 und 4 entspricht der Summe dieser geleisteten Arbeiten. Sie wird als **verbrauchte Schlagenergie K** (früher A_v) bezeichnet (Einheit „Joule" (J)):

verbrauchte Schlagarbeit: $K = E_1 - E_4 = m \cdot g \cdot h_1 - m \cdot g \cdot h_4 = m \cdot g \cdot (h_1 - h_4)$ in J

Die verbrauchte Schlagenergie ist ein Maß für die Zähigkeit des Werkstoffes.

Angabe der verbrauchten Schlagenergie:

Die verbrauchte Schlagenergie wird mit dem Buchstaben K bezeichnet. Die Bezeichnung wird ergänzt durch den Buchstaben „V" bei Verwendung der Normalprobe mit V-Kerbe bzw. „U" bei Verwendung der Normalprobe mit U-Kerbe. Sie wird weiterhin ergänzt mit dem Nennwert des Arbeitsvermögens des

Kerbschlagwerkes, wenn dies nicht 300 J ist. Ist die Probenbreite kleiner als 10 mm, wird sie durch einen „/" getrennt der Bezeichnung zugefügt. Der Radius der Hammerfinne kann 2 mm oder 8 mm betragen. Es wird empfohlen, den Radius als Index an das KV oder KU anzufügen.

Beispiele:

KV = 135 J Arbeitsvermögen 300 J, V-Kerbe

KU 150 = 68 J Arbeitsvermögen 150 J, U-Kerbe

KV 100/5 = 45 J Arbeitsvermögen 100 J, V-Kerbe, Probenbreite 5 mm

Einflussgrößen beim Kerbschlagbiegeversuch:

Wichtigste Einflussgröße beim Kerbschlagbiegeversuch ist die **Auftreffgeschwindigkeit** des Pendelhammers. Sie lässt sich unter der Annahme der Reibungsfreiheit des Systems durch Gleichsetzen der potentiellen Energie an der Stelle 1 und der kinetischen Energie an der Stelle 2 angenähert errechnen (die potentielle Energie wird „verlustfrei" in kinetische Energie umgewandelt):

$$E_1 = E_2 \rightarrow m \cdot g \cdot h_1 = v^2{}_2 \cdot m/2 \rightarrow v_2 = \sqrt{2 \cdot g \cdot h_1}$$

Die Auftreffgeschwindigkeit hängt von der Erdbeschleunigung und der Ausklinkhöhe h_1 ab. Sie ist von der Hammermasse unabhängig. Die Auftreffgeschwindigkeit muss zwischen 5 und 5,5 m/s liegen.

Zweite Einflussgröße ist der **Nennwert des Arbeitsvermögens** (früher auch maximales Arbeitsvermögen). Er ist gleich der potentiellen Energie an der Stelle 1: $E_1 = m \cdot g \cdot h_1$

Da die Ausklinkhöhe wegen der geforderten konstanten Auftreffgeschwindigkeit nicht verändert werden darf, ist der Nennwert des Arbeitsvermögens nur von der Masse des Pendelhammers abhängig.

Probenformen nach DIN EN ISO 148-1: 2017

Als Proben werden prismatische Körper mit den in Bild 1 gezeigten Abmessungen verwendet. Die Kerben werden durch entsprechende Formfräser (V-Kerbe) oder durch Aufbohren mit einem 2-mm-Bohrer und Aufsägen des verbleibenden Steges hergestellt (U-Kerbe).

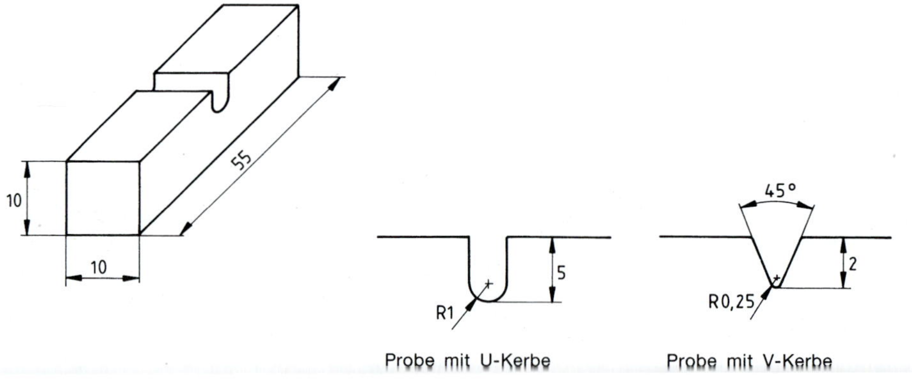

Bild 1 Kerbschlagbiegeproben nach DIN EN ISO 148-1: 2017

K-T-Diagramm

Wesentliche Einflussgröße auf die Zähigkeit der Werkstoffe bei Schlagbeanspruchung ist die Temperatur. Um diesen Einfluss zu erfassen, werden Kerbschlagbiegeversuche mit Proben einer Herstellungscharge bei unterschiedlichen Versuchstemperaturen geprüft. Trägt man die verbrauchten Schlagarbeiten über der Versuchstemperatur auf, erhält man das „K-T-Diagramm" (früher A_v-T-Diagramm) entsprechend ▶ Bild 1 S. 283.

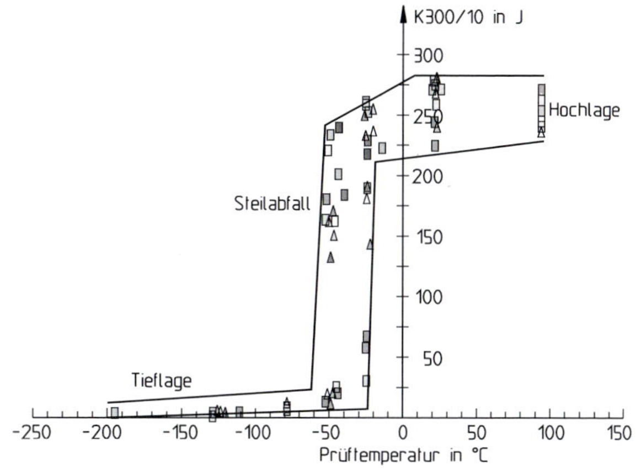

Bild 1 K-T-Diagramm für einen Baustahl S235 (St 37), normalisiert

Bei den Standardbaustählen und Vergütungsstählen sind drei Bereiche zu unterscheiden, denen die Bruchbilder zugeordnet werden können:

- Tieflage: niedrige verbrauchte Schlagenergie, Sprödbruch
- Steilabfall: Bei gleicher Versuchstemperatur werden unterschiedliche verbrauchte Schlagenergien gemessen. Auf den Bruchflächen sind an den Rändern Verformungsbruch- und im Kern Sprödbruchanteile in unterschiedlichen Anteilen erkennbar („Mischbruch").
- Hochlage: hohe verbrauchte Schlagenergie, Verformungsbruch

Aufgaben:

1. Wozu dient der Kerbschlagbiegeversuch?
2. Welches Ergebnis liefert der Kerbschlagbiegeversuch?
3. Skizzieren Sie ein K-T-Diagramm für einen Baustahl S235. Welche Bereiche können Sie unterscheiden? Erläutern Sie diese Bereiche.

15.4 Festigkeitsprüfung mit schwingender Belastung

15.4.1 Der Dauerbruch

In allen Bereichen der Technik werden Bauteile überwiegend dynamisch oder schwingend belastet. Die Begriffe „dynamisch" bzw. „schwingend" stehen dabei für eine in der Höhe und in der Frequenz zeitlich veränderliche, vielmals wiederholt auftretende Belastung. Mögliche Ursachen sind freie Schwingungen, wie sie aus der Physik (Pendel, Federpendel etc.) bekannt sind. Sehr viel häufiger sind aber erzwungene Laständerungen beispielsweise in der Radaufhängung eines Fahrzeuges beim Überfahren von Fahrbahnunebenheiten oder in einer Antriebswelle bei unterschiedlichen Drehzahlen.

Obwohl die Spitzenwerte dieser Schwingbelastungen meist sehr viel kleiner sind als die statische Belastbarkeit der Bauteile, können sie nach kürzerer oder längerer Betriebszeit zu einem Bauteilbruch führen.

Auch bei Belastungswerten weit unterhalb der statischen Belastbarkeit kann bei schwingender Belastung ein Bauteilbruch, der Dauerbruch, auftreten.

Dieses Phänomen wurde mit Beginn des Industriezeitalters um 1800, d. h. mit der zunehmenden Mechanisierung, immer häufiger beobachtet. Hauptsächlich betroffen davon waren der Transportbereich, insbesondere die Eisenbahnen. Der Beginn der Schwingfestigkeitsprüfungen von Bauteilen kann mit den Veröffentlichungen von Albert in Clausthal 1837 angesetzt werden. Er prüfte auf einer eigens dafür konstruierten Maschine die Förderketten von Bergwerken. Die ersten systematischen Schwingfestigkeitsforschungen, die sowohl die Einflüsse der Belastung, der Bauteilgestaltung und des Werkstoffes berücksichtigten, sind August Wöhler zuzuschreiben. Er ermittelte zwischen 1858 und 1860 erstmals mit einem selbstentwickelten Dehnungsmessgerät die dynamischen Belastungen an Eisenbahnachsen über eine Fahrtstrecke von 5 000 km, führte parallel dazu Schwingversuche an Eisenbahnachsen und an ungekerbten und verschieden gekerbten Werkstoffproben bei unterschiedlichen Belastungsarten durch und leitete aus diesen Erkenntnissen schon 1870 eine Bemessungsgrundlage für dynamisch belastete Bauteile ab.

Seit Wöhler sind weltweit unzählige Untersuchungen durchgeführt und veröffentlicht worden, das Problem der dauerfesten Dimensionierung schwingbeanspruchter Bauteile ist aber immer noch nicht abschließend gelöst. Auch heute noch ereignen sich schwerste Unfälle verursacht durch Dauerbrüche.

15.4.2 Kennzeichnung der schwingenden Last

Nach DIN 50100: 2016 werden Lastgrößen generell mit dem Buchstaben L gekennzeichnet. Als Lastgröße wird z. B. eine Kraft F, ein Biegemoment M_b, ein Torsionsmoment M_t, ein Schwingweg s oder ein Verdrehwinkel α bezeichnet. Wenn für eine Probe ein Prüfquerschnitt A oder ein Widerstandsmoment W berechnet werden kann, kann als Lastgröße L auch eine Nennspannung verwendet werden, z. B. eine Zug-Druck-Nennspannung $S_{zd} = F/A$, eine Biege-Nennspannung $S_b = M_b/W_b$ oder eine Torsions-Nennspannung $T_t = M_t/W_p$

Der Lastgrößen-Zeit-Verlauf ist in den meisten Fällen sinusförmig. Andere Zeitfunktionen wie Dreieck- oder Rechteck-Verläufe sind dagegen sehr selten.

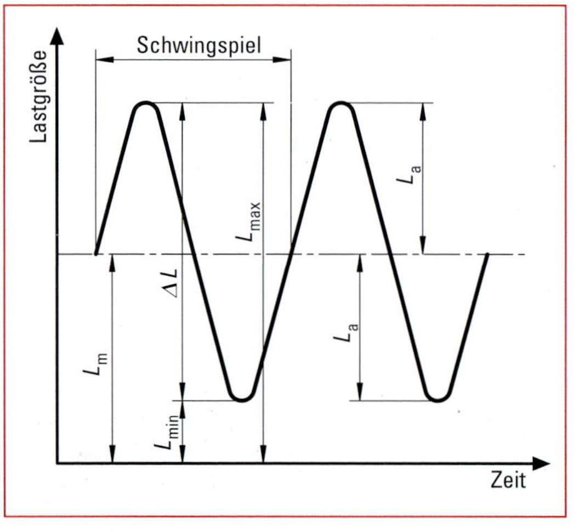

Bild 1 Lastgrößen-Zeit-Verlauf mit Kennzeichnungen nach DIN 50100: 2016 (schematische Darstellung)
L_{max} = Oberwert der Last
L_{min} = Unterwert der Last
L_m = Mittelwert der Last, statischer Anteil
L_a = Lastamplitude: Amplitude einer Lastgröße, schwingender Anteil
N = Schwingspiel, Lastspiel

Zur vollständigen Beschreibung einer Schwingbeanspruchung sind immer zwei Angaben erforderlich: Mittelwert der Last und Lastamplitude oder Oberwert der Last und Unterwert der Last.

Die Lastgrößen sind ineinander umrechenbar:

$$L_m = \frac{(L_{max} + L_{min})}{2} \qquad L_a = \frac{(L_{max} - L_{min})}{2}$$

$$L_{max} = L_m + L_a \qquad L_{min} = L_m - L_a$$

Eine weitere häufig benutzte Größe zur Kennzeichnung der Lage der Mittelspannung ist das Lastverhältnis R_L:

$$R_L = \frac{L_{min}}{L_{max}}$$

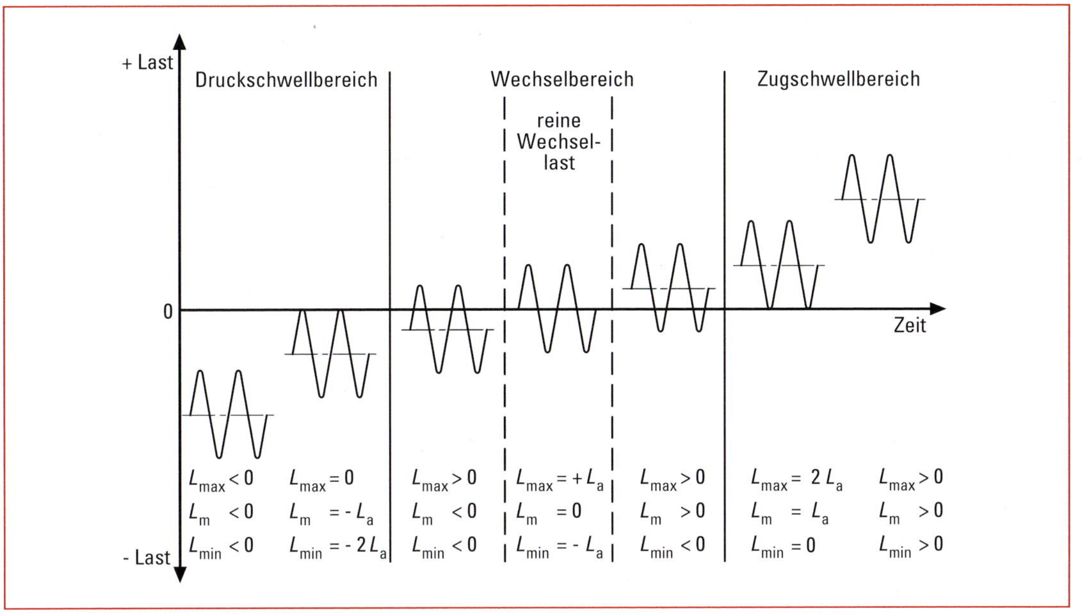

Bild 1 Bereiche der Dauerschwingbelastung. Die Lastamplitude L_a ist konstant. Mit steigendem Mittelwert der Last wird der Oberwert der Last immer höher, die Gefahr eines Dauerbruches wird größer.

Für die Höhe der Bauteilbelastung und damit für das Auftreten eines Dauerbruches ist nicht nur die Lastamplitude, sondern ganz entscheidend auch der Mittelwert der Last (= der statische Anteil) verantwortlich. Nach ▶ Bild 1 werden die Last-Zeit-Verläufe entsprechend der Lage des Mittelwerts der Last zur Nulllinie als Druckschwell-, Wechsel- oder Zugschwellbelastung bezeichnet.

Ein Sonderfall ist die reine Wechselbelastung bei $L_m = 0$. Sie wird sehr häufig zur Ermittlung von Dauerfestigkeitswerten benutzt, da sie versuchstechnisch sehr einfach zu realisieren ist. Bei umlaufender Biegung ist die Mittelspannung immer 0, da jeder Punkt der Oberfläche je Umlauf zweimal durch die neutrale Faser geht.

15.4.3 Kennzeichen des Dauerbruches

Ausgangspunkte eines Dauerbruches sind örtlich begrenzte Spannungsspitzen z. B. infolge von Kerben, Bearbeitungsriefen, Korrosionsnarben, größeren nichtmetallischen Einschlüssen und ähnlichen Störungen des Spannungsverlaufes. Infolge dieser Spannungsspitzen treten zunächst verstärkt Versetzungswanderungen und Versetzungsneubildungen auf (▶ S. 30). Werden diese Versetzungen durch Hindernisse wie intermetallische Phasen oder auch Korngrenzen blockiert, verfestigt der Werkstoff. Bei weiterer dynamischer Beanspruchung bilden sich zunächst von den aufgestauten Versetzungen ausgehend submikroskopische Risse, die sich durch Risswachstum vereinigen zum **technischen Anriss**. Durch die Rissbildung wird die tragende Restquerschnittsfläche des Bauteiles verkleinert, d. h. die Nennspannung (= Kraft/tragende Fläche) wird größer. Der Riss selbst ist spannungsmechanisch die schärfste aller möglichen Kerben, wodurch auch die an der Rissfront wirkende Spannungsspitze gegenüber der bruchauslösenden Spannungsspitze stark erhöht wird. Beide Effekte führen dazu, dass der Riss auch bei niedrigen äußeren Belastungen kontinuierlich durch das Bauteil wächst (**Dauerbruch**). Der Dauerbruch wächst solange weiter, wie der tragende Restquerschnitt noch die äußere Belastung übertragen kann. Ist der Restquerschnitt zu klein geworden, bricht das Bauteil beim nächstfolgenden Lastanstieg völlig durch (**Restgewaltbruch**).

Risswachstum ist nur möglich, wenn an der Rissspitze Zugspannungen angreifen.

Der Dauerbruch (▶ Bild 1) ist in der Regel makroskopisch weitgehend verformungslos ähnlich einem Sprödbruch. Die Dauerbruchfläche ist oft glatt oder bei regellos beanspruchten Bauteilen durch vereinzelte Linien unterbrochen. Lediglich der Restgewaltbruch zeigt bei zähen Werkstoffen plastische Verformungen.

Die Risswachstumsgeschwindigkeit nimmt bei konstanter Schwingamplitude mit kleiner werdender Restquerschnittsfläche exponentiell zu. Dadurch wird die Dauerbruchfläche zum Restgewaltbruch zu immer rauer. Betriebsbeanspruchungen sind durch variable Schwingamplituden gekennzeichnet, z. B. werden Motoren mit unterschiedlichen Drehzahlen und unterschiedlichen Abtriebsmomenten betrieben. Wirken hohe Kräfte (Volllastbetrieb), wächst der Riss sehr schnell, sind die Kräfte klein (Leerlauf), ist der Rissfortschritt sehr gering. Diese Änderungen des Risswachstums sind durch mehr oder weniger konzentrisch zum Rissbeginn liegende Linien, die **Rastlinien**, gekennzeichnet.

Bei besonders zähen, homogenen Werkstoffen wie austenitischen Stählen und Reinmetallen zeigen sich im Rasterelektronenmikroskop auf der Dauerbruchfläche vereinzelt **Schwingungsstreifen**. Jeder Schwingungsstreifen kennzeichnet das Risswachstum durch einen Lastanstieg im Zugschwellbereich. Die Anzahl der Schwingungsstreifen entspricht also der Anzahl der Lastwechsel. Bei mehrphasigen Werkstoffen wie Bau- und Vergütungsstählen oder Gusswerkstoffen sind Schwingungsstreifen nur äußerst selten zu finden.

Da ein Dauerbruch nur durch die größte Hauptnormalspannung im Zugbereich wächst, kann aus der Lage des Anrisses und aus der Lage und Ausbildung der Bruchfläche auf die wirkende Belastung zurückgeschlossen werden (▶ Bild 3). Bei Torsion liegt der Dauerbruch annähernd unter 45° zur Belastungsachse. Biegung und Axialbelastung erzeugen Dauerbrüche senkrecht zur Belastungsachse.

Letztes wichtiges Merkmal einer Dauerbruchfläche ist das Verhältnis Dauerbruchfläche zu Restgewaltbruchfläche. Eine große Dauerbruchfläche und ein kleiner Restgewaltbruch sind Zeichen für eine niedrige Nennbelastung des Bauteils. Bei der

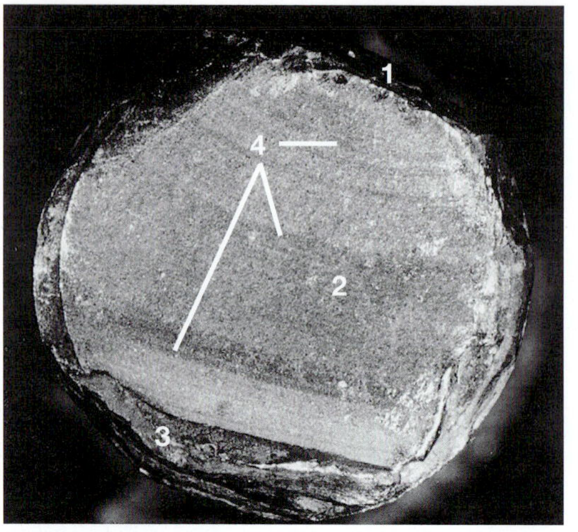

Bild 1 Dauerbruch an einer Pleuelschraube infolge zu geringer Vorspannung
1 = technischer Anriss; 2 = Dauerbruch;
3 = Restgewaltbruch; 4 = Rastlinien

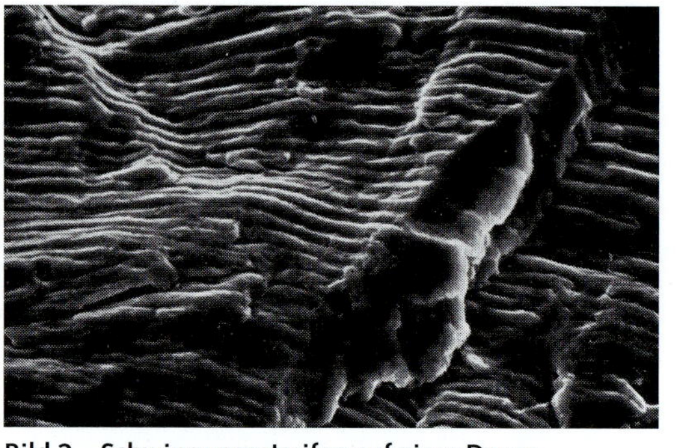

Bild 2 Schwingungsstreifen auf einer Dauerbruchfläche. Austenitischer Stahl. Rasterelektronenmikroskopische Aufnahme mit etwa 1 000-facher Vergrößerung

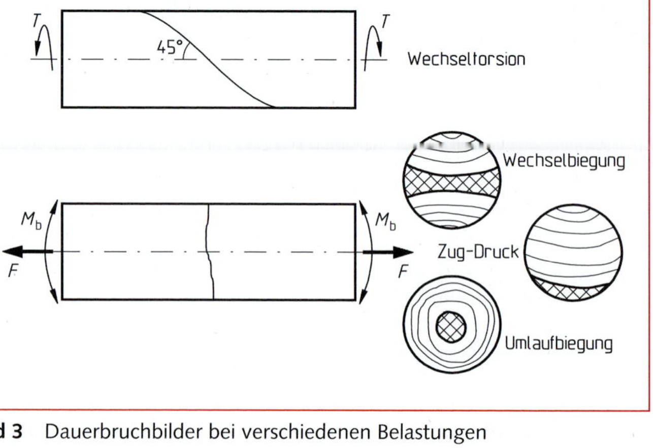

Bild 3 Dauerbruchbilder bei verschiedenen Belastungen

Pleuelschraube ▶ Bild 1 S. 286 hatte der Dauerbruch über 90 % der Gesamtfläche erfasst, bevor der Restgewaltbruch eintrat. Die Belastung konnte also noch von 10 % der Gesamtfläche übertragen werden, die Schraube war eigentlich überdimensioniert. Ist dagegen die Dauerbruchfläche klein, so war die Nennbelastung hoch, der Restgewaltbruch ist schon nach kurzer Risswachstumsphase eingetreten.

15.4.4 Ermittlung der Zeitfestigkeit und der Langzeitfestigkeit (DIN 50100: 2016)

In der DIN 50100: 2016 ist die Vorgehensweise zur Ermittlung der Langzeitfestigkeit (bisher Dauerfestigkeit genannt) und der Zeitfestigkeit beschrieben. Üblicherweise werden dafür kleine, ungekerbte Probestäbe mit Durchmessern zwischen 5 bis etwa 20 mm eingesetzt. Größere Probendurchmesser erfordern besonders bei Zugschwellbelastung sehr große und dementsprechend teure Prüfmaschinen.

Zur Ermittlung werden meist Prüfmaschinen eingesetzt, die eine sinusförmige Belastung mit konstanter Frequenz zwischen konstanten Oberwerten und Unterwerten erzeugen (**Einstufenversuch** oder **Wöhlerversuch**). Bei von Probe zu Probe zunehmender Belastung brechen die Proben bei kleineren Lastspielzahlen, bei abnehmender Belastung brechen sie bei größeren Lastspielzahlen oder sie laufen durch, d. h. sie brechen nicht. Um den Zeitaufwand für die Versuche zu beschränken, ging man früher von 6 bis 10 Proben je Versuch aus. Allerdings ist dadurch die Aussagegenauigkeit sehr gering. In der DIN 50100: 2016 wird daher von einer Mindestprobenzahl von 10 oder mehr sowohl im Zeitfestigkeitsbereich als auch im Langzeitfestigkeitsbereich ausgegangen.

Da die Zeit- bzw. Langzeitfestigkeit von vielen Einflussgrößen abhängt, wie nachfolgend noch gezeigt wird, müssen an die Proben besondere Anforderungen gestellt werden, damit die Streuungen im Versuch nicht zu groß werden. Die Proben müssen aus dem gleichen Werkstoff, aus einer Herstellungscharge, d. h. aus einer Gieß-, Schmiede- oder Walz- und Wärmebehandlungscharge gefertigt werden. Zusätzlich ist auf größtmögliche Konstanz der weiteren Fertigungsparameter besonders bei den letzten Arbeitsschritten (z. B. Feindrehen oder Schleifen) zu achten. Auch die Prüfbedingungen dürfen nicht variieren.

Die Proben einer Versuchsserie werden nacheinander mit derselben Prüfmaschine geprüft. Nach dem Einbau wird, wenn erforderlich oder möglich, zunächst die statische Mittellast eingestellt. **Diese muss bei allen nachfolgenden Versuchen der Versuchsserie konstant sein!** Anschließend wird die Maschine gestartet und bei den ersten Lastwechseln die Lastamplitude eingestellt. Die Prüffrequenzen liegen meist bei 25 oder 50 Hz, erreichen bei einigen Prüfmaschinentypen aber auch Werte um 120 Hz oder noch höher. Bei letzteren ist aber unbedingt die Probentemperatur zu beachten. Zur Erfassung der Lastspielzahlen dienen heute meist elektronische Lastwechselzähler. Bei Probenbruch schaltet die Prüfmaschine automatisch ab, sodass die Bruchlastspielzahl abgelesen werden kann.

Gezählt werden im Zeitfestigkeitsbereich die Anzahl der Lastwechsel bis zum Bruch der Probe (**Bruchlastspielzahl**). Im Bereich der Langzeitfestigkeit tritt häufig kein Probenbruch auf. Um trotzdem vertretbare Versuchszeiten zu erhalten, wurden aus den Erfahrungen vieler Schwingversuche **Grenzschwingspielzahlen N_G** festgelegt. Erreicht eine Probe die Grenzschwingspielzahl ohne erkennbare Schädigung, wird sie als Durchläufer bezeichnet. Die Grenzschwingspielzahlen sind werkstoffabhängig. Als Beispiel für übliche Grenzschwingspielzahlen nennt die DIN 50100: 2016 für kubisch-raumzentrierte Werkstoffe, z. B. ferritische Stähle oder Gusseisen, 5×10^6 Lastwechsel. Schwingversuche mit wesentlich höheren Lastspielzahlen haben gezeigt, dass bei diesen Werkstoffen oberhalb von 10^7 Lastwechseln die Wahrscheinlichkeit für einen Dauerbruch so gering ist, dass von einer theoretisch unbegrenzten Lastspielzahl ausgegangen werden kann. Bei Werkstoffen mit kubisch-flächenzentriertem Kristallgitter oder hexagonal dichtest gepackten Werkstoffen, z. B. austenitische Stähle, Aluminium, Kupfer, Nickel und andere Nichteisenmetalle, ist keine feste Grenzschwingspielzahl angebbar, da zum Erreichen höherer Lastspielzahlen die Belastung weiter abgesenkt werden muss. Die DIN 50100: 2016 nennt für diese Werkstoffe 10^7 Lastwechsel, die Erfahrung zeigt aber, dass oft bis zu wesentlich höheren Lastspielzahlen geprüft werden muss.

Die erreichten Schwingspielzahlen werden grundsätzlich im doppeltlogarithmischen Maßstab aufgetragen: Auf der x-Achse die Lastspielzahlen, auf der y-Achse die Lastamplituden.

Nach DIN 50100: 2016 wird für die Ermittlung der Zeitfestigkeitsgerade das Perlschnurverfahren oder das Horizontenverfahren, für die Langzeitfestigkeit das Treppenstufenverfahren verwendet.

Perlschnurverfahren: Die Proben werden auf verschiedenen Lasthorizonten im Zeitfestigkeitsbereich geprüft. Auf einem Lasthorizont können mehrere Proben geprüft werden. Anschließend werden die Versuche mit einer Regressionsrechnung mit der Methode der kleinsten Fehlerquadrate in Richtung der Lastspielzahlen ausgewertet. Mit dieser Stichprobe werden Mittelwert und Standardabweichung und die Neigung der Zeitfestigkeitsgeraden der Grundgesamtheit aller Proben abgeschätzt. Die Treffsicherheit dieser Schätzung hängt von der Zahl der Proben der Stichprobe ab. Näheres dazu siehe DIN 50100: 2016.

Horizontenverfahren: Bei diesem Verfahren werden die Proben auf zwei möglichst weit auseinanderliegende Lasthorizonte L_{a1} und L_{a2} geprüft. Der obere Lasthorizont soll möglichst nahe am Übergang zur Kurzzeitfestigkeit liegen (Bruchlastspielzahlen zwischen etwa 40000 und 60000). Die Proben dürfen makroskopisch keine plastischen Verformungen aufweisen. Der untere Lasthorizont soll möglichst nahe am Übergang zur Dauerfestigkeit liegen (Bruchlastspielzahlen zwischen 300000 und 1000000), es dürfen aber keine Durchläufer auftreten. Für beide Lasthorizonte werden anschließend jeweils Mittelwert und Standardabweichung berechnet. Ziel ist es auch bei diesem Verfahren, Mittelwert und Standardabweichung und die Neigung der Zeitfestigkeitsgeraden der Grundgesamtheit aller Proben abzuschätzen. Die Treffsicherheit dieser Schätzung hängt von der Zahl der Proben der Stichprobe ab. Näheres dazu siehe DIN 50100: 2016.

Treppenstufenverfahren: Zur Ermittlung der Langzeitfestigkeit werden Schwingversuche auf Lasthorizonten durchgeführt, auf denen sowohl Brüche als auch Durchläufer auftreten. Der Versuchsablauf ist so, dass bei Auftreten eines Bruches auf einem Lasthorizont die nächste Probe auf einem tieferen Lasthorizont geprüft wird. Tritt dagegen ein Durchläufer auf, so wird die nächste Probe auf einem höheren Lasthorizont geprüft. Der Abstand der Lasthorizonte muss einem äquidistanten Stufensprung d_{log} entsprechen. Durch diese Versuchsdurchführung konzentrieren sich die Ergebnisse um den Mittelwert der Langzeitfestigkeit. Ziel dieses Verfahrens ist es, mit relativ wenigen Proben den Mittelwert und die Standardabweichung der Langzeitfestigkeit der Grundgesamtheit aller Proben abzuschätzen. Die Treffsicherheit dieser Schätzung hängt von der Zahl der Proben der Stichprobe ab. Näheres dazu siehe DIN 50100: 2016.

▶ Bild 1 zeigt beispielhaft das Ergebnis des Perlschnurverfahrens im Zeitfestigkeitsbereich und des Treppenstufenverfahrens im Langzeitfestigkeitsbereich. Eingezeichnet sind jeweils nur die Linien mit einer Ausfallwahrscheinlichkeit von 50 %. Diese beiden Linien ergeben zusammen die **Wöhlerlinie**.

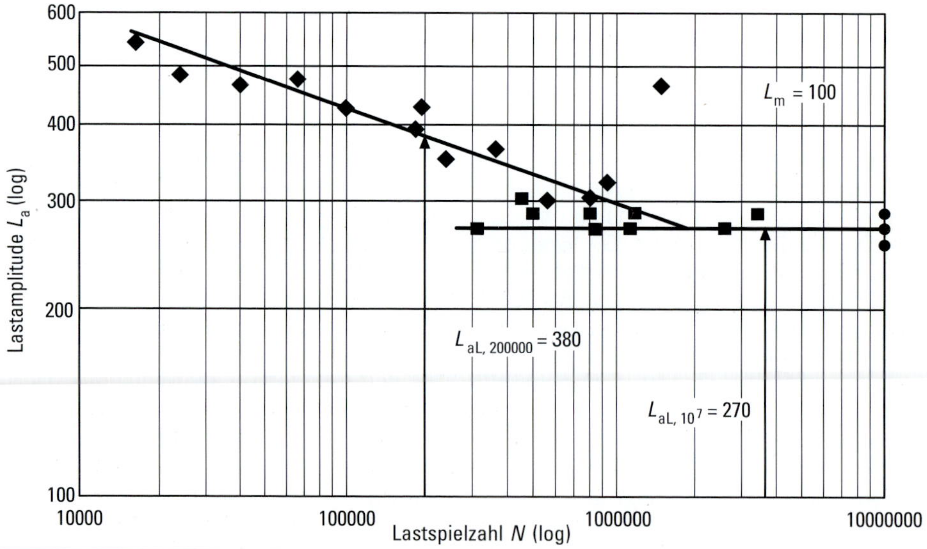

Bild 1 Wöhlerschaubild, Auswertung im Zeitfestigkeitsgebiet mit dem Perlschnurverfahren.

♦ = Versuche im Zeitfestigkeitsgebiet, ■ = Versuche im Langzeitfestigkeitsgebiet, ● = Durchläufer; L_m = Mittelwert der Last, $L_{aL,200000}$ = zeitfeste Lastamplitude für eine Lastspielzahl von 200000, $L_{aL,10^7}$ = langzeitfeste Lastamplitude. Alle Werte für eine Ausfallwahrscheinlichkeit von 50 %.

Mit dieser Wöhlerlinie können die Zeit- und die Langzeitfestigkeit des geprüften Werkstoffes für eine Bruchwahrscheinlichkeit von 50 % angegeben werden (▶ Bild 1 S. 288). Da aber Zeit- und Langzeitfestigkeit entscheidend von der Höhe der Mittelspannung abhängen, ist letztere bei der Angabe der Ergebnisse unbedingt zu berücksichtigen.

Für die Langzeitfestigkeit gilt dementsprechend:

Die Langzeitfestigkeit mit einer Ausfallwahrscheinlichkeit von x % ist die Summe aus einer Mittellast L_m und der bei dieser Mittellast dauerfest ertragbaren Lastamplitude $L_{A,x\%}$:

$$L_{D,x\%} = L_m \pm L_{A,x\%}$$

Für die Zeitfestigkeit gilt dementsprechend:

Die Zeitfestigkeit mit einer Ausfallwahrscheinlichkeit von x % ist die Summe aus einer Mittellast L_m und der bei dieser Mittellast bis zu einer Lastspielzahl N ohne Bruch ertragbaren Lastamplitude $L_{A,N,x\%}$:

$$L_{Z,N,x\%} = L_m \pm L_{A,N,x\%}$$

Diese beiden Definitionen sind **nicht** in der DIN 50100: 2016 enthalten. Diese Norm befasst sich nur mit der Ermittlung der ertragbaren Lastamplituden und erwähnt den Einfluss des statischen Anteils der Last auf die Ergebnisse von Schwingversuchen an keiner Stelle. Die statische Mittellast ist aber entscheidend für die Größe der ertragbaren Lastamplituden und darf daher auf keinen Fall bei der Angabe der Ergebnisse von Schwingversuchen vernachlässigt werden. Ausgenommen davon sind lediglich Versuche mit umlaufender Biegung, die vom Prinzip her immer reine Wechsellastversuche sind.

Statistische Durchführung und Auswertung von Wöhlerversuchen

Entgegen den Vorgaben der DIN 50100:1978 ordnen sich die Versuchspunkte von Wöhlerversuchen nicht auf einer Linie an. Durch nicht vermeidbare Werkstoff-, Proben- und Versuchsabweichungen streuen die Versuchsergebnisse teilweise sehr stark. Großzahluntersuchungen zeigen im Zeitfestigkeitsbereich Streuungen bei den Bruchlastspielzahlen von 1 : 3 bis 1 : 10 (▶ Bild 1). Auch im Übergangsbereich zur Dauerfestigkeit liegen die Streuungen ähnlich hoch. Aus der Wöhlerlinie wird das **Wöhlerstreuband**.

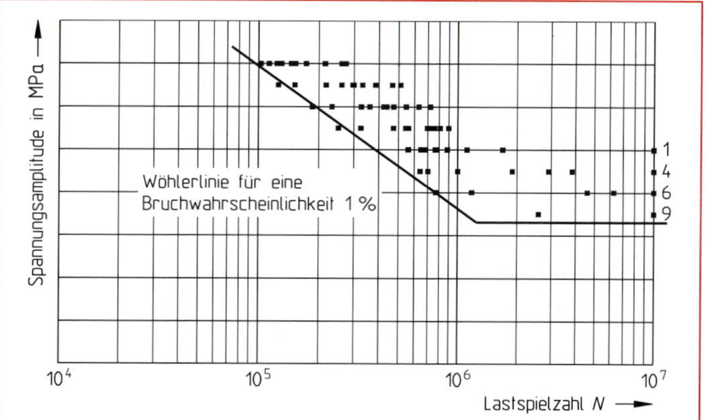

Bild 1 Ergebnisse eines Wöhlerversuches mit 80 Proben auf 8 Beanspruchungshorizonten

Um gesicherte Aussagen über die Zeit- und Dauerfestigkeit zu erhalten, sollten daher 20 bis 40 Proben je Versuchsreihe eingesetzt werden. Die Proben werden auf jeweils 2 bis 3 Spannungsstufen im Zeitfestigkeitsgebiet bzw. Dauerfestigkeitsgebiet geprüft. Anschließend werden die Ergebnisse mittels statistischer Berechnungsverfahren ausgewertet. Damit werden den Spannungsamplituden im Dauerfestigkeitsbereich Bruchwahrscheinlichkeiten zugewiesen: Eine Bruchwahrscheinlichkeit von 1 % bedeutet, dass bei dieser Spannungsamplitude eine von 100 Proben vor Erreichen der Grenzlastspielzahl durch Dauerbruch versagt. Im Zeitfestigkeitsgebiet werden die Bruchwahrscheinlichkeiten den Bruchlastspielzahlen einer Spannungsamplitude zugeordnet: Hier bedeutet eine Bruchwahrscheinlichkeit von 1 %, dass bei der gegebenen Spannungsamplitude eine von 100 Proben vor Erreichen der geforderten Bruchlastspielzahl bricht, 99 Proben halten länger als diese Bruchlastspielzahl.

In der Praxis wird mit Bruchwahrscheinlichkeiten 0,01 bis 0,001 % gearbeitet. Aufgrund der statistischen Gesetzmäßigkeiten sind zur Feststellung derartig niedriger Bruchwahrscheinlichkeiten aber sehr große Probenzahlen erforderlich.

15.4.5 Dauerfestigkeitsschaubilder

Bei einem Wöhlerversuch werden alle Proben bei einer Mittelspannung geprüft. Wird das zu dimensionierende Bauteil bei einer anderen Mittelspannung eingesetzt, muss ein neuer Wöhlerversuch bei dieser Mittelspannung durchgeführt werden. Da dies sehr zeit- und kostenintensiv ist, werden bei der Dimensionierung Dauerfestigkeitsschaubilder eingesetzt, die die dauerfest ertragbaren Spannungsamplituden in Abhängigkeit von der Mittelspannung zeigen. Um ein Dauerfestigkeitsschaubild zu erstellen, sind mindestens drei Wöhlerversuchsreihen mit unterschiedlichen Mittelspannungen erforderlich (▶ Bild 1). Üblich sind Mittelspannung = 0 (reiner Wechselversuch) und zwei unterschiedlich hohe Mittelspannungen im Zugschwellbereich. Werden die Wöhlerversuche nach statistischen Regeln durchgeführt und ausgewertet, sind den Kurven im Dauerfestigkeitsschaubild ebenfalls Bruchwahrscheinlichkeiten zuzuordnen.

Im deutschen Maschinenbau ist das Dauerfestigkeitsschaubild nach Smith weit verbreitet, das in ▶ Bild 1 schematisch dargestellt ist. Auf der Abszisse wird die Mittelspannung aufgetragen, auf der Ordinate die dauerfest ertragbare Spannungsamplitude. Die obere Grenzlinie ist die dauerfest ertragbare Oberspannung, die untere entsprechend die dauerfest ertragbare Unterspannung. Die Grenzlinien schneiden sich etwa in der Zugfestigkeit (strichlierte Verlängerungen). Da Oberspannungen oberhalb der Streckgrenze große plastische Wechselverformungen hervorrufen und sehr schnell zum Schwingbruch führen, wird das Schaubild nach oben durch die Streckgrenze abgeschnitten. Die von der Streckgrenze und der 45°-Linie schräg nach unten führende Linie ist aus Symmetriegründen erforderlich.

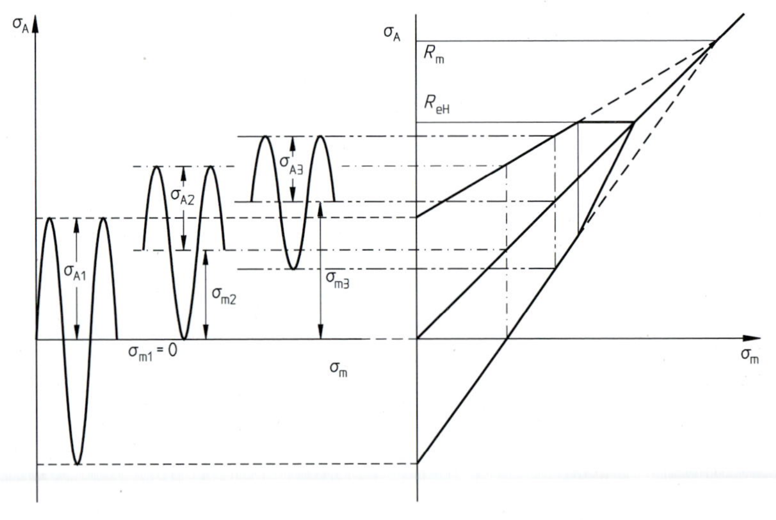

Bild 1 Schematisiertes Dauerfestigkeitsschaubild nach Smith: Mittelspannungen und zugehörige dauerfest ertragbare Schwingamplituden, Übertragung und Konstruktion des Smith-Diagramms.

Kennzeichnend für das Smith-Diagramm ist die Linie unter 45° zu den Koordinatenachsen, sofern beide Achsen gleich geteilt sind. Diese Linie gibt ebenfalls die Mittelspannung an. Die dauerfest ertragbare Spannungsamplitude σ_{Ax} für eine gegebene Mittelspannung σ_{mx} ist der senkrechte Abstand zwischen der Oberspannungslinie und der 45°-Linie bzw. zwischen der 45°-Linie und der Unterspannungslinie bei der Mittelspannung σ_{mx}.

▶ Bild 1 zeigt das Dauerfestigkeitsschaubild nach Haigh, das vor allem in der Betriebsfestigkeit eingesetzt wird. Auch hier wird auf der Abszisse die Mittelspannung und auf der Ordinate die Spannungsamplitude aufgetragen. Grenzlinie ist in diesem Fall die dauerfest ertragbare Spannungsamplitude. Sie wird ebenfalls durch die Streckgrenze abgeschnitten. Die dauerfest ertragbare Spannungsamplitude σ_{Ax} für eine gegebene Mittelspannung σ_{mx} ist der senkrechte Abstand zwischen der Abszisse und der Grenzlinie bei der Mittelspannung σ_{mx}. Zusätzlich sind in diesem Diagramm Linien konstanter Spannungsverhältnisse R eingezeichnet.

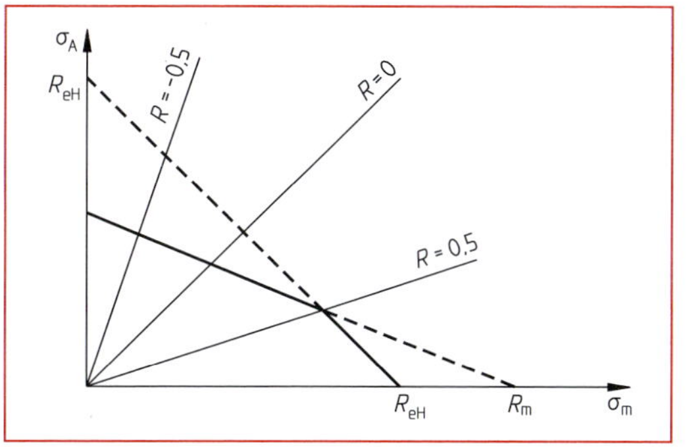

Bild 1 Schematisiertes Dauerfestigkeitsschaubild nach Haigh: Gleiche Werte und gleicher Maßstab wie Bild 1

15.4.6 Einflussgrößen auf die Dauerfestigkeit

Die Dauerfestigkeit wird meist mit kleinen, ungekerbten Probestäben mit geschliffenen oder polierten Oberflächen ermittelt. Bauteile sind demgegenüber in der Regel größer, weisen konstruktiv bedingte Kerben unterschiedlichster Art auf und haben aus Kostengründen oft eine rauere Oberfläche. Diese Veränderungen haben eine deutlich niedrigere Belastbarkeit der Bauteile zur Folge.

Die Dauerhaltbarkeit (Gestaltfestigkeit) von Bauteilen ist niedriger als die Dauerfestigkeit von Probestäben.

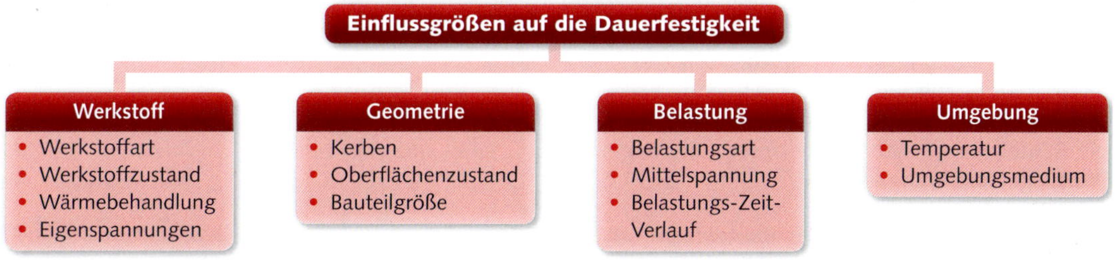

Bild 2 Einflussgrößen auf die Dauerfestigkeit von Bauteilen

Werkstoffart: Maßgebliche Einflussgröße ist der Kristallgittertyp. Werkstoffe mit kubischraumzentriertem Kristallgitter haben eine echte Dauerfestigkeit, während bei Werkstoffen mit kubischflächenzentriertem Kristallgitter auch bei hohen Lastwechselzahlen nur mit einer Zeitfestigkeit gerechnet werden kann.

Werkstoffzustand: Die Herstellung des Werkstoffes durch Erschmelzen, Vergießen und Umformen bestimmt maßgeblich den Reinheitsgrad, den Verschmiedungsgrad und das Gefüge. Allgemein gilt: Je inhomogener ein Werkstoff ist, umso niedriger ist die Dauerfestigkeit. Zu berücksichtigen ist dabei auch die Bauteilgröße, da mit ihr die Gefügeinhomogenität zunimmt und die Bauteile nicht mehr durchvergütet werden können (= technologischer Größeneinfluss).

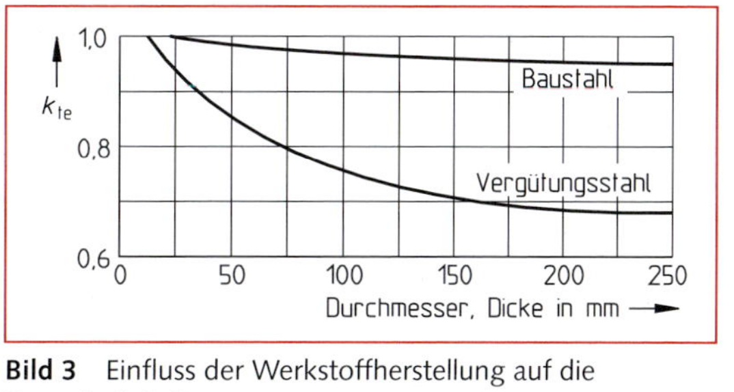

Bild 3 Einfluss der Werkstoffherstellung auf die Dauerfestigkeit

Wärmebehandlung: ▶ Bild 1 zeigt die Abhängigkeit der Biegewechselfestigkeit von der Härte. Der Anstieg der statischen Festigkeit durch Härten oder Vergüten wird nur zu weniger als der Hälfte in einen Dauerfestigkeitsanstieg umgewandelt. Dies gilt auch nur bei ungekerbten Probestäben. Bei gekerbten Bauteilen ist der Dauerfestigkeitsanstieg noch deutlich geringer und ist bei scharf gekerbten Bauteilen vernachlässigbar. Ab einer Härte von etwa 400 HV bzw. Zugfestigkeiten oberhalb ca. 1 400 MPa steigt die Dauerfestigkeit nicht mehr weiter an. Ursache ist die hohe Kerbempfindlichkeit der hochfesten Werkstoffe, die schon auf kleinste Inhomogenitäten im Gefüge oder auf Oberflächenrauigkeiten mit Dauerbruch reagieren.

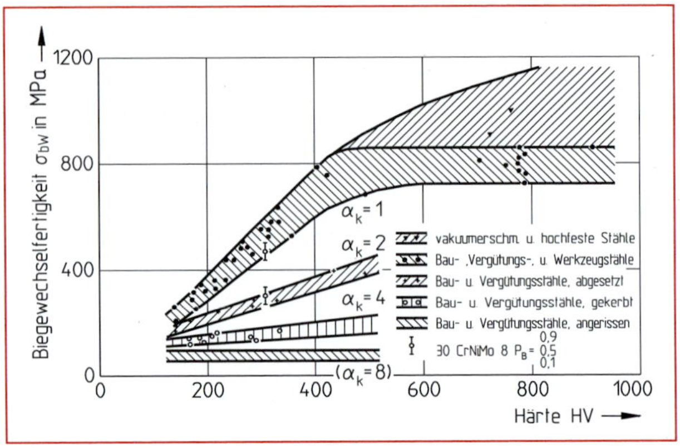

Bild 1 Abhängigkeit der Biegewechselfestigkeit von der Härte bei unterschiedlichen Spannungsformzahlen (nach Wiegand und Tolasch[1])

[1] H. Wiegand und G. Tolasch, Härtereitechnische Mitteilungen 22 (1967)

Eigenspannungen: Dies sind mechanische Spannungen, die in einem Bauteil wirken ohne äußere Belastung. Ursachen sind unter anderem Gefügeinhomogenitäten, ungleichmäßige Abkühlung bei einer Wärmebehandlung oder beim Schweißen, ungleichmäßige plastische Verformungen, Schleifen mit hohen Abtragsleistungen. Eigenspannungen wirken wie statische Lastspannungen. Bei schwingbelasteten Bauteilen überlagern sie sich additiv den Lastmittelspannungen. Zugeigenspannungen verschieben daher das Beanspruchungsniveau in den Zugschwellbereich, wodurch die dauerfest ertragbare Spannungsamplitude verringert wird. Druckeigenspannungen vermindern die Gesamtbeanspruchung, die dauerfest ertragbare Spannungsamplitude wird höher. Zugeigenspannungen müssen daher vermieden werden. Dagegen werden heute systematisch Randschichtverfestigungsverfahren wie Einsatzhärten, Nitrieren, Oberflächenabschreckhärten, Festwalzen oder Kugelstrahlen eingesetzt, um in Bauteiloberflächen dauerfestigkeitssteigernde Druckeigenspannungen zu erzeugen (▶ S. 91 ff.).

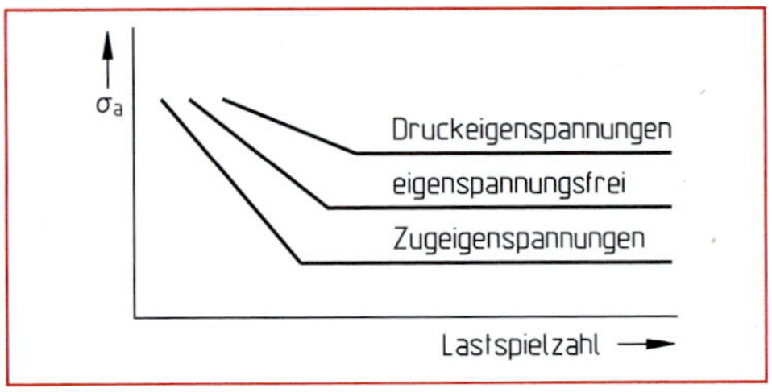

Bild 2 Wirkung von Eigenspannungen auf die dauerfest ertragbare Spannungsamplitude

Kerben: Alle Änderungen der Bauteilform, an denen die Kraftflusslinien umgelenkt werden wie z. B. Querschnittsänderungen, Bohrungen und Winkel, oder Steifigkeitssprünge wie Wellen-Naben-Verbindungen führen zu örtlich begrenzten Spannungsspitzen (▶ Bild 3). Ihre Höhe ist abhängig von der Kerbgeometrie und wird durch die elastizitätstheoretisch berechenbare Spannungsformzahl α_k oder k_t beschrieben:

$$\alpha_k = \frac{\sigma_{max}}{\sigma_{nenn}}$$

Die Spannungsspitzen setzen die Dauerfestigkeit immer herab. Der Dauerfestigkeitsverlust wird durch die Kerbwirkungszahl β_k oder k_f beschrieben:

$$\beta_k = \frac{\sigma_A}{\sigma_{AK}} = f(\alpha_k, \text{Werkstoff})$$

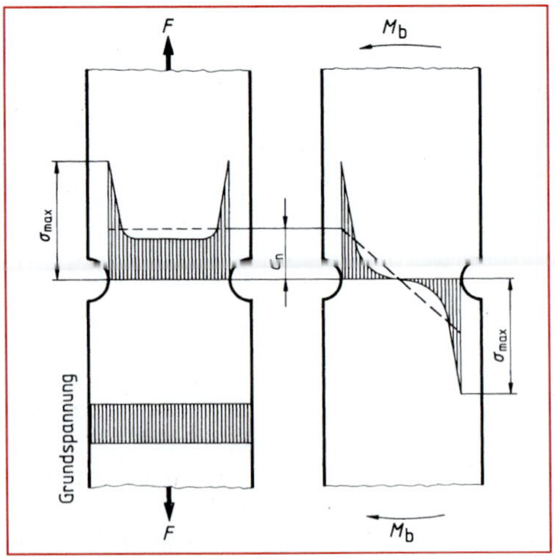

Bild 3 Spannungsverteilung in gekerbten Proben bei Zug- und Biegebelastung

Die Kerbwirkungszahl kann nur experimentell bestimmt werden. Zu ihrer Ermittlung sind zwei Wöhlerversuche erforderlich. σ_A ist die dauerfest ertragbare Spannungsamplitude der ungekerbten Probe, σ_{AK} die der gekerbten (▶ Bild 1). Mit der Kerbwirkungszahl wird nicht nur der Einfluss der Bauteilgeometrie beschrieben, sondern auch der Werkstoffeinfluss. Letzterer ist nicht mit einer allgemein gültigen mathematischen Formel beschreibbar, sodass es keine universelle Berechnungsformel für die Kerbwirkungszahl geben kann.

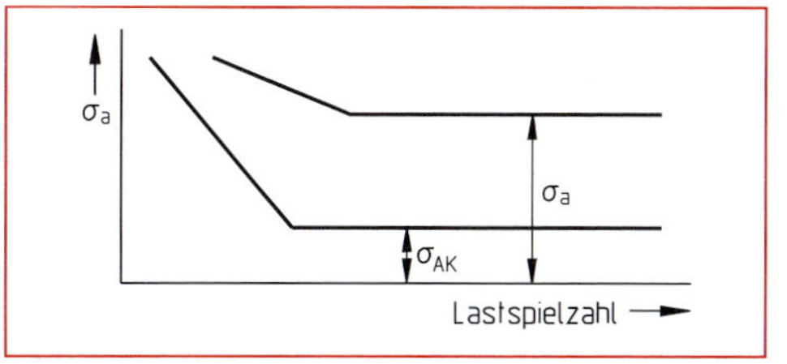

Bild 1 Wöhlerlinien für ungekerbte und gekerbte Proben

Bei zäheren Werkstoffen wird die Spannungsspitze durch kleine plastische Verformungen teilweise abgebaut, sodass der Dauerfestigkeitsverlust kleiner ausfällt. Bei hochfesten, nicht plastisch verformbaren Werkstoffen wirkt die Spannungsspitze dagegen in voller Höhe schädigend. Zähe Werkstoffe sind kerbunempfindlich, spröde Werkstoffe sind kerbempfindlich.

$$1 \leq \beta_k \leq \alpha_k$$

kerbunempfindlicher ← Werkstoff → kerbempfindlicher

Lamellares Gusseisen gilt trotz seiner Sprödigkeit als besonders kerbunempfindlicher Werkstoff. Ursache sind die Graphitlamellen, die als innere Kerben den Werkstoff bereits so stark schwächen, dass äußere Kerben kaum Wirkung zeigen. Wenn die äußeren Kerben deutlich größer werden als die Graphitlamellen, wird der Kerbeinfluss messbar.

Oberflächenzustand: Oberflächenrauigkeiten wirken wie kleine Kerben, sodass mit zunehmender Oberflächenrauigkeit die Dauerfestigkeit niedriger wird. Der Kerbeinfluss wird durch höhere Werkstofffestigkeiten verstärkt (Kerbempfindlichkeit). Der Rauigkeitseinfluss wird durch den Oberflächenfaktor k_{Of} beschrieben:

$$k_{Of} = \frac{\sigma_{A\ rau}}{\sigma_{A\ ideal\ glatt}}$$

▶ Bild 2 zeigt diesen Faktor in Abhängigkeit von der Rauigkeit und der Zugfestigkeit.

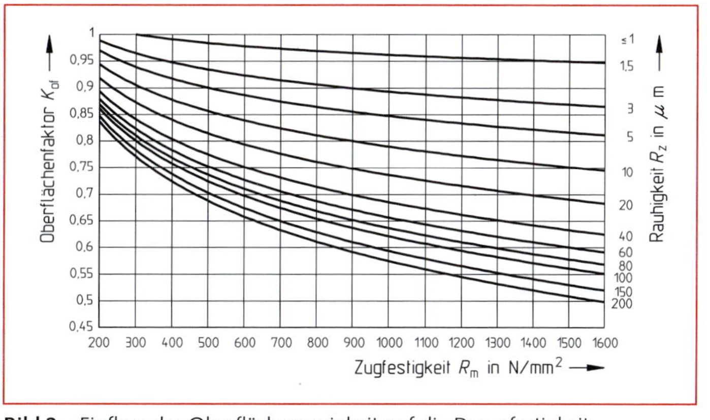

Bild 2 Einfluss der Oberflächenrauigkeit auf die Dauerfestigkeit

Bauteilgröße: Mit zunehmender Bauteilgröße wird die Dauerfestigkeit herabgesetzt. Dies ist nicht nur auf die Veränderungen des Werkstoffzustandes zurückzuführen (▶ S. 291), sondern auch auf Änderungen der Spannungsmechanik in größeren Bauteilen. Ausschlaggebend ist das Spannungsgefälle, z. B. bei biegebeanspruchten Bauteilen die Abnahme der Spannung zur neutralen Faser hin (▶ Bild 3 S. 292). Je kleiner der Durchmesser ist, umso stei-

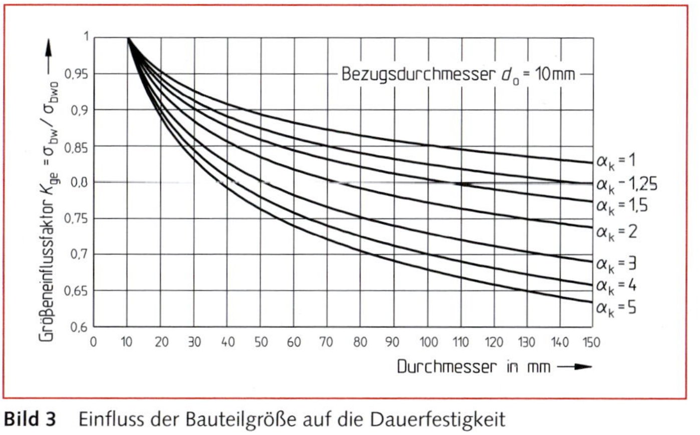

Bild 3 Einfluss der Bauteilgröße auf die Dauerfestigkeit

ler ist dieses Spannungsgefälle. Damit liegen aber hoch beanspruchte Werkstoffbereiche unmittelbar neben niedriger beanspruchten Bereichen. Infolge der unterschiedlichen elastischen Verformungen übernehmen die niedriger beanspruchten Bereiche einen Teil der Beanspruchung: Sie stützen die hoch beanspruchten Bauteilzonen (geometrische Stützwirkung). Je größer der Bauteildurchmesser wird, umso flacher ist dieses Spannungsgefälle und umso geringer ist die Stützwirkung, die Dauerfestigkeit wird kleiner. Der geometrische Größeneinfluss ist im Größeneinflussfaktor erfasst:

$$k_{ge} = \frac{\sigma_{\text{A Bauteil}}}{\sigma_{\text{A Probe}}}$$

$\sigma_{\text{A Bauteil}}$ ist die dauerfest ertragbare Spannungsamplitude eines Bauteils mit größerem Durchmesser, $\sigma_{\text{A Probe}}$ die einer kleinen Probe. Der geometrische Größeneinfluss wird durch Kerben stark erhöht, da diese das Spannungsgefälle verstärken (▶ Bild 3 S. 292). Diese Abhängigkeiten sind in ▶ Bild 3 S. 293 zusammengefasst.

Belastungsart: Werden gleichartige Proben mit unterschiedlichen Belastungen geprüft, ist folgende Reihenfolge der Dauerfestigkeitswerte festzustellen:

Wechselbiegung > Umlaufbiegung > Zug-Druck-Belastung > Torsion

Als Ursachen sind auch hier das Spannungsgefälle und damit zusammenhängend das hoch beanspruchte Werkstoffvolumen zu nennen. Während bei Wechselbiegung nur zwei Linien auf der Bauteiloberfläche die hohen Spannungen erfahren, wird bei Umlaufbiegung die gesamte Oberfläche und bei Zug-Druck-Belastungen das gesamte Volumen hoch beansprucht. Mit zunehmendem beanspruchten Volumen wird aber auch die Wahrscheinlichkeit für einen dauerbruchauslösenden Fehler, z. B. eine Oberflächenverletzung, einen nichtmetallischen Einschluss o. ä., in diesem Volumen größer, sodass ein Dauerbruch schon bei niedrigerer Belastung auftreten kann. Die Torsion erzeugt im Bauteil einen zweiachsigen Spannungszustand, der ebenfalls die Dauerfestigkeit absenkt.

Die Formeln für die Abschätzung der Dauerfestigkeit aus der Zugfestigkeit in der Tabelle 1 zeigen diese Abhängigkeiten für die Wechselfestigkeit ($\sigma_m = 0$).

	Umlaufbiegewechselfestigkeit	Zug-Druck-Wechselfestigkeit	Torsionswechselfestigkeit
Baustahl	0,5 R_m	0,45 R_m	0,35 R_m
Vergütungsstahl	0,44 R_m	0,41 R_m	0,3 R_m
Aluminium	0,4 R_m	0,3 R_m	0,25 R_m

Tabelle 1 Schätzfunktionen zur Ermittlung der Wechselfestigkeit ($\sigma_m = 0$) aus der Zugfestigkeit

Mittelspannung: Bei den meisten Werkstoffen nimmt die dauerfest ertragbare Spannungsamplitude mit zunehmender Mittelspannung deutlich ab, sie sind mittelspannungsempfindlich. Ursache sind plastische Wechselverformungen, die mit steigender Spannung zunehmen und den Dauerbruch einleiten. Diese Mittelspannungsempfindlichkeit zeigt sich deutlich in den Dauerfestigkeitsschaubildern nach Smith und Haigh (▶ S. 290 f.). Mathematisch beschrieben wird sie in der Formel von Goodman:

$$\sigma_{A(\sigma_m \neq 0)} = \sigma_{A(\sigma_m = 0)} \cdot \left(1 - \frac{\sigma_m}{R_m}\right)$$

Belastungs-Zeit-Verlauf: Einstufige Beanspruchungen mit konstanter Mittelspannung, konstanter Spannungsamplitude und konstanter Frequenz wie im Wöhlerversuch sind im realen Betrieb die absolute Ausnahme. Regelfall ist die mehr oder weniger zufällige Folge von Spannungen und Frequenzen. Die Beanspruchungen in der Radaufhängung eines Fahrzeuges hängen beispielsweise von der Beladung (Mittelspannung), vom Fahrbahnzustand (Spannungsamplitude) und von der Geschwindigkeit (Frequenz) ab. Meist treten im Betrieb nur wenige Beanspruchungen oberhalb der Dauerfestigkeit auf, dagegen sehr viele weit unterhalb. Folge ist, dass die Betriebszeit zufallsartig beanspruchter Bauteile meist höher ist als die einstufig beanspruchter Bauteile. Weitere Erläuterungen dazu sind im Kapitel Betriebsfestigkeit (▶ S. 295 f.) zu finden.

Temperatur: Wie die statische Festigkeit nimmt auch die Dauerfestigkeit mit zunehmender Bauteiltemperatur ab. Dies ist darauf zurückzuführen, dass mit zunehmender Temperatur die Wanderung von Versetzungen erleichtert wird. Die Wärme kann dem Bauteil durch erhöhte Umgebungstemperaturen zugeführt werden, sie entsteht aber auch im Bauteil selbst durch Umsetzung der zugeführten Verformungsarbeit. Frequenzen um 100 Hz und Oberspannungen in der Nähe der Streckgrenze können sehr schnell Temperaturen von 500 °C und mehr hervorrufen.

Umgebungsmedium: Jede Art von Korrosion hat eine mehr oder weniger starke Aufrauung der Oberfläche zur Folge. Daraus ergibt sich zwangsläufig eine Kerbwirkung und eine Absenkung der Dauerfestigkeit. Kommt der Korrosionsangriff nicht zum Stillstand, wird die Kerbwirkung mit zunehmender Betriebszeit immer größer, die Dauerfestigkeit nimmt zeitabhängig ab. Man spricht in diesem Fall auch von der **Korrosionszeitfestigkeit**. Die Korrosionszeitfestigkeit kann mit zunehmender Betriebszeit durchaus gegen 0 gehen. Der Korrosionsangriff beginnt häufig nicht unmittelbar mit dem Auftreffen des Korrosionsmediums auf die Bauteiloberfläche, sondern zeitverzögert. Auch dieser Zeiteffekt muss insbesondere bei der Ermittlung von Wöhlerlinien unter Korrosion beachtet werden. Sind die Versuchszeiten zu gering, können schwerwiegende Fehleinschätzungen Folge sein. Die Grenzlastspielzahlen sollten daher zwischen $5 \cdot 10^7$ und 10^8 Lastwechseln liegen.

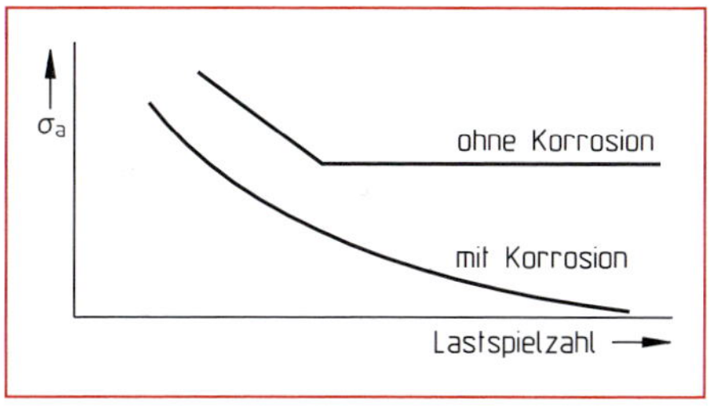

Bild 1 Wöhlerlinien mit und ohne Korrosion

15.4.7 Betriebsfestigkeit

▶ Bild 2 zeigt einen schematischen Beanspruchungs-Zeit-Verlauf für eine zufallsartige Belastung. Typisch sind schnell wechselnde Mittelspannungen, Spannungsamplituden mit unterschiedlicher Höhe und wechselnde Frequenzen.

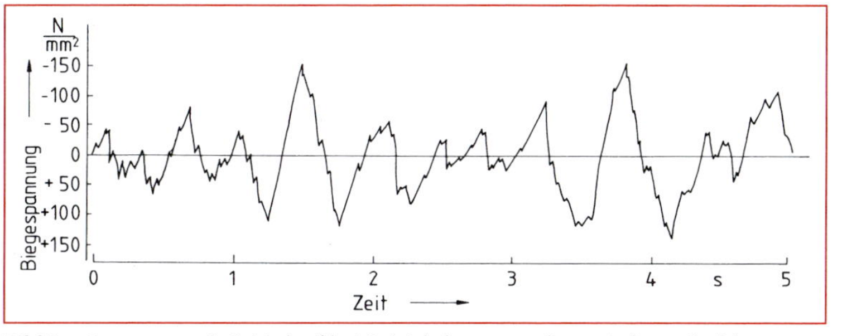

Bild 2 Spannungs-Zeit-Verlauf bei Betriebsbeanspruchung (schematisch)

Hohe Spannungsamplituden treten relativ selten auf, dagegen sind Beanspruchungen im Bereich knapp über bis weit unter der dauerfest ertragbaren Spannungsamplitude sehr häufig. Aufgrund der ständig wechselnden Amplitudenhöhe ist eine Auslegung auf Zeitfestigkeit nicht zulässig. Die Bauteile so zu dimensionieren, dass sie auch bei den seltenen hohen Spannungsamplituden dauerfest sind, wäre dagegen sehr unwirtschaftlich.

Die betriebsfeste Dimensionierung von Bauteilen muss nicht nur die Beanspruchungshöhe, sondern auch die Häufigkeit der unterschiedlich hohen Spannungsamplituden berücksichtigen. Dadurch erhält

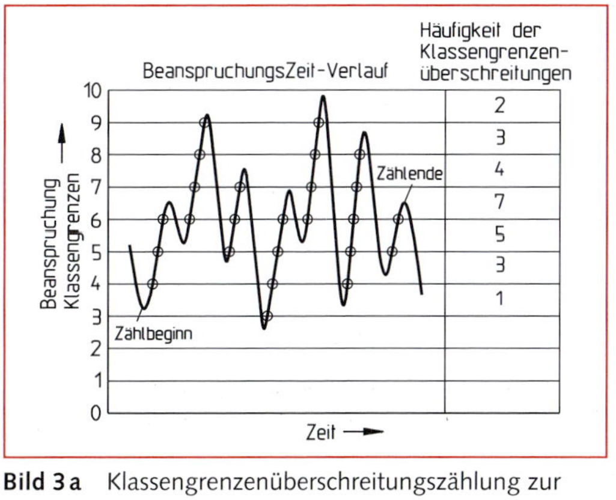

Bild 3 a Klassengrenzenüberschreitungszählung zur Ermittlung des Beanspruchungskollektivs

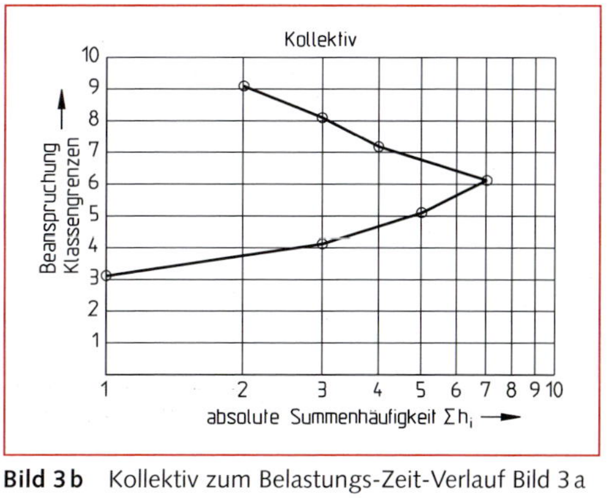

Bild 3 b Kollektiv zum Belastungs-Zeit-Verlauf Bild 3 a

man Bauteile, die unter den gegebenen Beanspruchungen zwar nicht dauerfest sind, aber die vorgesehene Betriebsdauer ohne Schädigung überstehen.

Erster Schritt ist daher die messtechnische Erfassung der Beanspruchungs-Zeit-Verläufe von Bauteilen im realen Betrieb. Dazu werden heute durchwegs Dehnungsmessstreifen (▶ S. 333) verwendet, die auf die zu untersuchenden Bauteile aufgeklebt werden. Die Messsignale werden aufgezeichnet und anschließend mit Zählverfahren ausgewertet. Dazu wird der Beanspruchungsbereich in gleichbreite Klassen unterteilt und die Häufigkeit, mit denen die Betriebsbeanspruchungen in den verschiedenen Klassen auftreten, gezählt. Die verschiedenen Zählverfahren erfassen unterschiedliche Ereignisse, z. B. die Anzahl der Klassengrenzenüberschreitungen (▶ Bild 3 S. 295). Zählergebnis ist in allen Fällen das **Beanspruchungskollektiv**, das ist die Summenhäufigkeitsverteilung der Beanspruchungen. Das Beanspruchungskollektiv wird meist auf 10^6 oder 10^7 Lastwechsel hochgerechnet und ist dann Basis für eine **Betriebsfestigkeitsabschätzung** oder einen **Betriebsfestigkeitsversuch**.

Betriebsfestigkeitsversuch. Bei dieser Versuchstechnik wird unterschieden zwischen dem Blockprogrammversuch und dem Zufallslastenversuch. Für den **Blockprogrammversuch** wird das Beanspruchungskollektiv durch Kollektivtreppung in meist 8 Beanspruchungsstufen aufgeteilt (▶ Bild 1 a). Die Beanspruchungshöhe und die Stufenhäufigkeit werden in den Blockprogrammautomaten der Prüfmaschine einprogrammiert. Nach dem Versuchsstart stellt der Automat nacheinander die verschiedenen Beanspruchungsstufen ein (▶ Bild 1 b) und wiederholt dies bis zum Bauteilbruch. Jeder komplette Durchlauf des Beanspruchungskollektivs wird dabei als eine **Teilfolge** gezählt. Als Lebensdauer des Bauteils wird die Anzahl der durchlaufenen Teilfolgen bis zum Bruch gewertet.

Der **Zufallslastenversuch** wurde erst mit der Einführung der servohydraulischen Prüfmaschinen möglich. Diese Maschinen bestehen aus einem Belastungsrahmen mit einem zweiseitig wirkenden Hydraulikzylinder, dessen Arbeitsräume über ein schnell umsteuerbares Ventil mit Drucköl versorgt werden. Dadurch kann die Belastungsrichtung sehr schnell umgekehrt werden. Die Ansteuerung erfolgt über einen elektronischen Regelkreis, der maschinenseitig die momentan wirkende Kraft oder die momentane Kolbenstellung erfasst und mit einem Sollwert vergleicht. Als Sollwert wurden früher die auf Magnetband aufgezeichneten Beanspruchungszeitverläufe aus dem realen Betrieb eingesetzt. Heute werden sie überwiegend mit Hilfe schneller Computer aus den Beanspruchungskollektiven generiert.

Während Blockprogrammversuche überwiegend an Bauteilen oder bauteilähnlichen Proben durchgeführt werden, werden in Zufallslastenversuchen Bauteile, Bauteilgruppen oder sogar komplette Fahrzeuge oder Flugzeuge geprüft, wobei teilweise 30 und mehr Belastungszylinder gleichzeitig aus verschiedenen Richtungen und an verschiedenen Punkten angreifen.

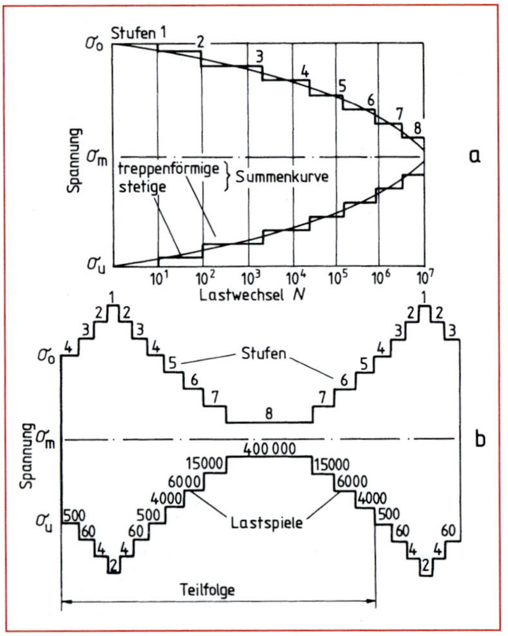

Bild 1 Beanspruchungskollektiv und Blockprogrammversuch
a) Beanspruchungskollektiv mit Summenhäufigkeitskurve aus dem Zählverfahren und Kollektivtreppung für die Rechnung oder den Blockprogrammversuch,
b) Aufteilung der Stufenhäufigkeiten im Blockprogrammversuch

Bei einer Betriebsfestigkeitsabschätzung wird das Beanspruchungskollektiv rechnerisch mit der Bauteilwöhlerlinie verglichen. Die Bauteilwöhlerlinie muss dazu in einem Wöhlerversuch am echten Bauteil ermittelt werden, was besonders bei komplizierten Bauteilen sehr kostenintensiv und auch zeitaufwendig ist. Ist der Bauteilversuch z. B. bei sehr großen Bauteilen nicht möglich, muss die Bauteilwöhlerlinie aus der Werkstoffwöhlerlinie (▶ S. 288) mithilfe der Einflussfaktoren auf die Dauerfestigkeit (▶ S. 291 ff.) errechnet werden. Bei der Betriebsfestigkeitsabschätzung wird ebenfalls ein Stufenkollektiv eingesetzt. Den einzelnen Laststufen wird ein Schädigungswert entsprechend ihrem Verhältnis zur Zeitfestigkeit zugeordnet. Anschließend werden die Schädigungswerte der einzelnen Laststufen addiert (lineare Schadensakkumulationshypothese nach Palmgren und Miner). Erreicht diese Schadenssumme den Wert 1, ist mit einem Dauerbruch des Bauteils zu rechnen. Diese Schadenssummenrechnung liefert aber nur Anhaltswerte für die zu erwartende Betriebsdauer. Problematisch sind besonders die Bewertung der Spannungsamplituden unterhalb der dauerfest ertragbaren Spannungsamplitude und das mathematische Modell der Schadensakkumulation.

Sowohl aus dem Betriebsfestigkeitsversuch als auch aus der Betriebsfestigkeitsabschätzung kann die Lebensdauerlinie abgeleitet werden (▶ Bild 1). Sie entspricht der Wöhlerlinie des Einstufenversuchs, gilt aber nur für das ihr zugrundeliegende Beanspruchungskollektiv. Ändert sich dieses durch veränderte Betriebsbedingungen, muss auch die Lebensdauerlinie neu ermittelt werden. Die Lebensdauerlinie wird heute übereinstimmend nach dem Begründer der systematischen Betriebsfestigkeitsforschung als **Gassnerlinie** bezeichnet.

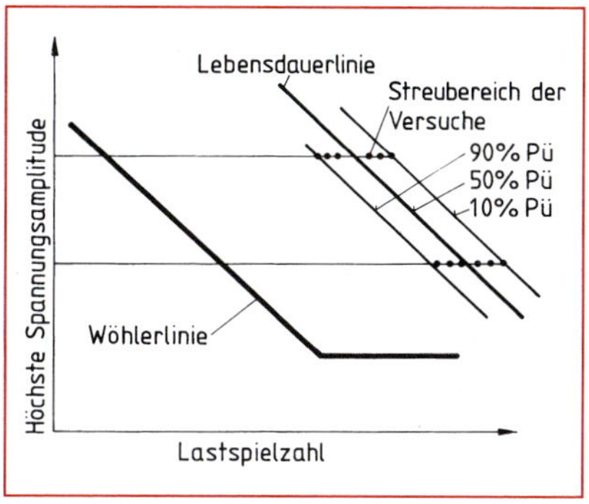

Bild 1 Wöhlerlinie und Lebensdauerlinie. Die Linien $P_ü$ = 10 %, 50 % und 90 % kennzeichnen die Überlebenswahrscheinlichkeit. $P_ü$ = 90 % heißt, dass 90 von 100 Bauteilen bei einer gegebenen Beanspruchung die Lebensdauerlinie ohne Schädigung erreichen.

Aufgaben:

1. Was ist ein Dauerbruch?
2. Erläutern Sie die Kennzeichen eines Dauerbruchs auf der Bruchfläche.
3. Erklären Sie mithilfe eines Schaubildes die Begriffe **a)** Mittelwert der Last, **b)** Lastamplitude, **c)** Oberwert der Last und **d)** Unterwert der Last.
4. Kennzeichnen Sie mithilfe der in Frage 3 verwendeten Begriffe eine Druckschwell-, eine Zugschwell- und eine Wechselbelastung.
5. Wie sind die Zeitfestigkeit und die Langzeitfestigkeit definiert?
6. Was wird in einem Dauerfestigkeitsschaubild dargestellt?
7. Nennen Sie die wichtigsten Einflussgrößen auf die Dauerhaltbarkeit von Bauteilen.
8. Warum ist die Dauerhaltbarkeit von Bauteilen niedriger als die Dauerfestigkeit (= Langzeitfestigkeit) von Probestäben (aus dem gleichen Werkstoff mit gleicher statischer Festigkeit)?
9. Erklären Sie den Begriff Betriebsfestigkeit.
10. Welche Verfahren werden angewandt zur Ermittlung der Betriebsfestigkeit?

15.5 Festigkeitsprüfungen mit langzeitig ruhender Belastung

15.5.1 Zeitstandversuch unter Zugbeanspruchung nach DIN EN ISO 204: 2019

Bei erhöhter Temperatur kann die plastische Dehnung metallischer Werkstoffe bei geringer konstanter Belastung mit der Zeit zunehmen.

Die zeitabhängige Vergrößerung der Dehnung eines Werkstoffes bei konstanter Belastung und Temperatur bezeichnet man mit Kriechen.

Die Grundvorgänge beim Kriechen sind das Klettern von Versetzungen und das Abgleiten von Korngrenzen, ▶ S. 31. Das diffusionsgesteuerte Klettern von Stufenversetzungen nimmt erst bei solchen Temperaturen einen größeren Umfang an, die höher sind als das ≈ 0,4-fache der Schmelztemperatur des Werkstoffes. Mit zunehmender Temperatur nimmt auch der Korngrenzenanteil an der plastischen Dehnung zu.

Der Kriechwiderstand eines Werkstoffes hängt von der Höhe seines Schmelzpunktes und von der Korngröße ab. Hochwarmfeste Werkstoffe sollten grobes Korn besitzen.

Bei den metallischen Werkstoffen für Bauteile, die bei hohen Temperaturen eingesetzt werden (z. B. Turbinenschaufeln, Brennkammern, Reaktorgefäße, Heißdampfleitungen), wird das Verhalten bei langzeitiger Kriechbelastung/Zeitstandverhalten im *Zeitstand- oder Kriechversuch* geprüft, z. B. einachsiger Zeitstandversuch unter Zugbeanspruchung nach DIN EN ISO 204: 2019. Diese Versuche werden bei gleichbleibenden Temperaturen und mit gleichbleibenden Belastungen (Standbelastungen) von Proben bis zum Bruch der Proben durchgeführt. Dabei werden die Dehnungen der Proben in Abhängigkeit von der Belastungszeit (Zeitstandverhalten) ermittelt.

Zeitstandfestigkeit bei Prüftemperatur T: Das ist die Anfangsspannung σ_0, die bei einer bestimmten Prüftemperatur T nach einer bestimmten Beanspruchungsdauer t_u (Bruchzeit) unter konstanter Zugkraft zum Bruch führt. Das Formelzeichen ist R_u, dem als zweiter Index die Bruchzeit t_u in Stunden und als dritter Index die Prüftemperatur T in °C angefügt sind:

Beispiel: $R_{u\,100000/550}$ = Zeitstandfestigkeit für 100 000 h bei 550 °C

Zeitdehngrenze bei Prüftemperatur T: Das ist die Anfangsspannung σ_0, die bei einer bestimmten Prüftemperatur T nach einer bestimmten Beanspruchungsdauer t_{px} (Dehngrenzzeit) unter konstanter Zugkraft zu einer vorgegebenen plastischen Dehnung x führt. Das Formelzeichen ist R_p, dem als zweiter Index der Grenzbetrag der plastischen Dehnung x in Prozent, als dritter Index die Dehngrenzzeit t_{px} in Stunden und als vierter Index die Prüftemperatur T in °C angefügt sind:

Beispiel: $R_{p0,2/1\,000/650}$ = Zeitdehngrenze für eine plastische Dehnung von 0,2 % nach 1 000 h bei 650 °C

Zeitbruchdehnung: Das ist die bleibende Verlängerung ($l_{ru} - l_{r0}$) der Probe, gemessen nach dem Bruch, bezogen auf die Anfangsbezugslänge l_{r0}, angegeben in Prozent. Das Formelzeichen ist A_u, dem als Hochzahl die Prüftemperatur T in °C und als Index die Anfangsspannung σ_0 in MPa angefügt werden.

Beispiel: $A^{500}_{u\,100}$ = Zeitbruchdehnung, ermittelt bei 500 °C mit einer Anfangsspannung von 100 MPa

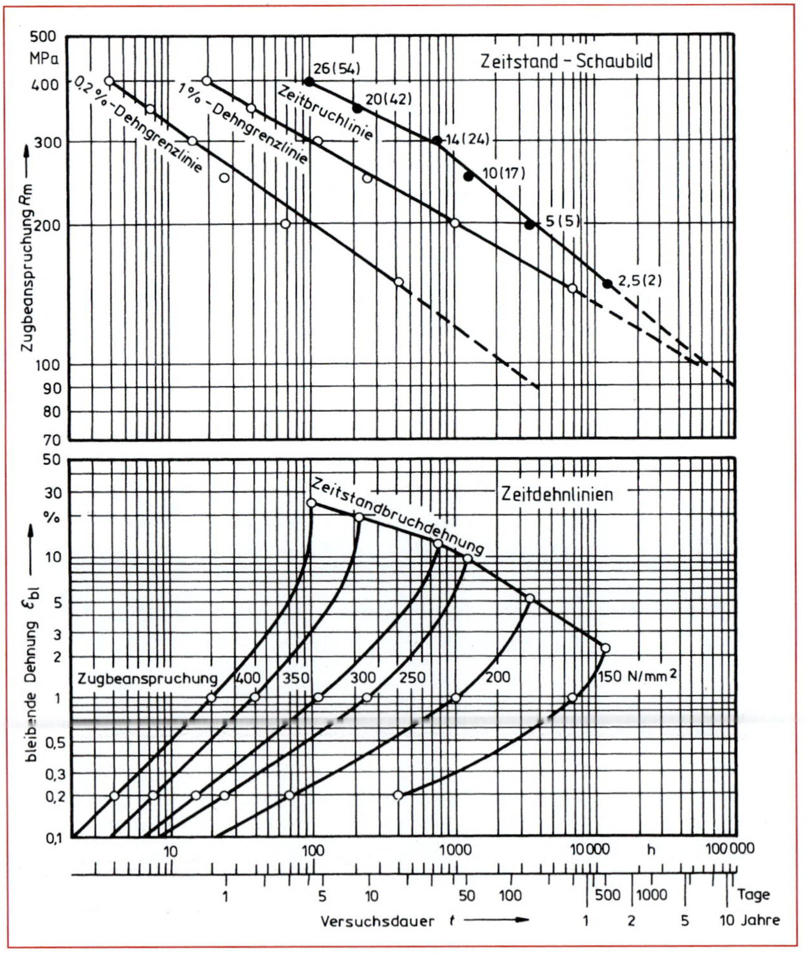

Bild 1 Zeitdehnlinien und Zeitstand-Schaubild für Zugbeanspruchungen. Die Diagramme gelten für eine bestimmte Temperatur.

15.5.2 Relaxationsversuch unter Zugbeanspruchung nach DIN EN 10319-1: 2003

Werden Bauteile auf eine bestimmte Dehnung vorgespannt, so ist mit zunehmender Belastungszeit ein Abfall der Vorspannung feststellbar (▶ Bild 1). Dies kann z. B. bei statisch hoch vorgespannten Schrauben beobachtet werden, deren Losdrehmoment nach längerer Zeit deutlich niedriger ist als das Anzugsmoment, oder bei Schraubenfedern, die nach längerer statischer Belastung nicht mehr auf ihre Anfangslänge zurückfedern.

Ursache der Relaxation sind zeitabhängige Versetzungsbewegungen und Korngrenzengleitungen wie beim Kriechen (▶ S. 31), die auch bei Lastspannungen unterhalb der Streckgrenze auftreten.

Bei Metallen tritt eine merkbare Relaxation nur auf, wenn die Werkstoffe bei Raumtemperatur nahe der Streckgrenze vorgespannt sind. Mit zunehmender Betriebstemperatur nimmt die Relaxation deutlich zu. Viele Polymerwerkstoffe zeigen dagegen schon bei Raumtemperatur ein besonders ausgeprägtes Relaxationsverhalten.

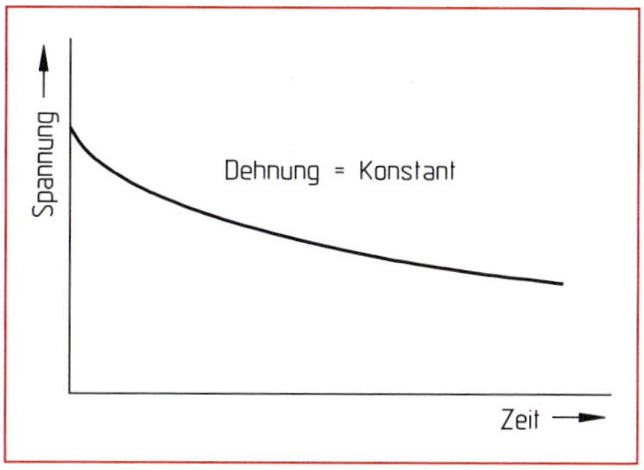

Bild 1 Relaxation: zeitabhängiger Spannungsverlust bei konstanter Dehnung

Zur Bestimmung der Relaxation metallischer Proben werden diese über eine längere Zeit und bei konstanter Temperatur mit einer konstanten Nenndehnung beaufschlagt. Aufgenommen wird der Abfall der Spannung über der Zeit, die Spannungsrelaxationskurve (▶ Bild 1). In der DIN EN 10319-1: 2003 sind keine Kennwerte vorgeschrieben, die aus den Versuchsergebnissen abzuleiten sind. Es wird auf die jeweiligen Erzeugnisnormen verwiesen. Nicht genormt sind dementsprechend die bisher üblichen Angaben der **Zeitspanndehnung** $\varepsilon_{\sigma(t)}$, bei der die Spannung nach einer vorgegebenen Zeit auf einen bestimmten Wert abgesunken ist, und des **Relaxationsmoduls** $E_r(t) = \sigma(t)/\varepsilon$, dem Verhältnis der zeitabhängigen Spannung zur konstanten Dehnung. Der Relaxationsmodul gilt allerdings nur für diejenige Dehnung, mit der er ermittelt wurde. Andere Dehnungen führen zu anderen Werten.

15.6 Härteprüfung metallischer Werkstoffe

15.6.1 Grundprinzipien der Härteprüfung

Härte ist der Widerstand eines Körpers gegen das Eindringen eines anderen härteren Körpers.

Härte ist dementsprechend eine relative Messgröße, sie ist nur messbar im Vergleich zur Härte eines anderen härteren Körpers.

Zur Ermittlung der Härte werden folgende Verfahren eingesetzt:

- Eindrücken eines Prüfkörpers mit einer statischen Prüfkraft. Nach Wegnahme der Prüfkraft wird die verbleibende Eindruckgröße (Durchmesser, Diagonale oder Eindrucktiefe) gemessen.
- Eindrücken eines Prüfkörpers mit einer schlagartigen Prüfkraft. Gemessen wird die verbleibende Eindruckgröße (▶ siehe oben).
- Ritzen der zu prüfenden Oberfläche mit einem speziell angeschliffenen Diamanten unter konstanter Prüfkraft und mit konstanter Geschwindigkeit. Gemessen wird die Tiefe oder die Breite der Ritzspur.
- Messung der Rücksprunghöhe oder der Aufprall- und Rückprallgeschwindigkeit eines Prüfkörpers, der aus einer definierten Höhe bzw. mit einer definierten Geschwindigkeit auf die Bauteiloberfläche auftrifft.

Mit den Härteprüfverfahren werden überwiegend die plastischen Verformungseigenschaften der Metalle ermittelt („bleibende" Eindrucktiefe usw.).

15.6.2 Härteprüfung nach Brinell

Die Härteprüfung nach Brinell ist genormt in der DIN EN ISO 6506-1: 2015. Teil 2 der Norm enthält Angaben zur Überprüfung und Kalibrierung der Prüfmaschinen, Teil 3 die Angaben zur Kalibrierung der Härteprüfplatten und Teil 4 die Tabellen zur Bestimmung der Brinellhärte aus den Eindruckdurchmessern.

Bei der Härteprüfung nach Brinell wird ein kugelförmiger Eindringkörper mit einer statischen Prüfkraft in den zu prüfenden Werkstoff eingedrückt. Nach Wegnahme der Prüfkraft und des Eindringkörpers wird der Durchmesser des verbleibenden Eindruckes gemessen und daraus die Oberfläche des kalottenförmigen Eindruckes berechnet. Maß für die Härte ist der Quotient aus Prüfkraft dividiert durch die Kalottenoberfläche.

Eindringkörper ist eine polierte Kugel aus Hartmetall. Die Beschränkung der Anwendung auf Härten kleiner 650 HBW ist ersatzlos gestrichen. Die Kugeldurchmesser D sind 1 mm; 2,5 mm; 5 mm oder 10 mm. Der Kugeldurchmesser ist so groß wie möglich zu wählen, damit der Prüfeindruck einen möglichst großen, für die Probe repräsentativen Bereich erfasst. Bei ausreichender Probendicke ist bevorzugt der Kugeldurchmesser 10 mm anzuwenden.

Beanspruchungsgrad

Um gleiche Prüfbedingungen zu gewährleisten, müssen den unterschiedlichen Kugeldurchmessern verschiedene Prüfkräfte zugeordnet werden. Hierzu wurde der Beanspruchungsgrad definiert:

$$\text{Beanspruchungsgrad} = 0{,}102 \cdot \frac{F}{D^2}$$

Der Beanspruchungsgrad ist als Näherungswert für die Flächenpressung zwischen Kugel und Prüfstückoberfläche anzunehmen. Der Faktor 0,102 dient zur Umrechnung der Krafteinheit „Newton" (N) in „kilogrammforce" (kgf) gleich „kilopond" (kp). Diese Umrechnung ist erforderlich, weil Kräfte nur noch in der Einheit „Newton" angegeben werden dürfen, bei der Brinellprüfung aber nach wie vor mit der Einheit „Kilopond" gearbeitet wird.

Werkstoff	Brinellhärte	Beanspruchungsgrad $0{,}102 \frac{F}{D^2}$ in MPa
Stahl, Nickel- und Titanlegierungen		30
Gusseisen[1]	<140 ≥ 140	10 30
Kupfer und Kupferlegierungen	<35 35 ... 200 >200	5 10 30
Leichtmetalle und Leichtmetalllegierungen	<35 35 ... 80 >80	2,5 5, 10, 15 10, 15
Blei und Zinn		1
Sintermetalle	siehe ISO 4498-1	

[1] Bei Gusseisen müssen Kugeldurchmesser > 2,5 mm eingesetzt werden.

Tabelle 1 Richtwerte für den Beanspruchungsgrad (nach DIN EN ISO 6506-1: 2015). Andere Prüfkräfte und Beanspruchungsgrade können aufgrund gesonderter Vereinbarung verwendet werden.

Berechnung der erforderlichen Prüfkraft: $F = \text{Beanspruchungsgrad} \cdot \frac{D^2}{0{,}102}$

Prüfkräfte

Die Prüfkräfte liegen zwischen 9,807 N und 29 420 N. Die Prüfkraft ist so zu wählen, dass der bleibende Eindruckdurchmesser d zwischen den Werten $0{,}24 \cdot D$ und $0{,}6 \cdot D$ liegt.

Prüfzeit

Die Prüfkraft ist stoß- und erschütterungsfrei aufzubringen. Die Aufbringzeit bis zum Erreichen der Prüfkraft muss nominell bei 7 Sekunden liegen mit einem Toleranzbereich von 2 bis 8 Sekunden. Die Haltezeit der Prüfkraft ist 14 Sekunden mit einer Toleranz von 10 bis 15 Sekunden. Sind für bestimmte Metalle, z.B. Blei und Zinn, längere Einwirkdauern der Prüfkraft gefordert, sind diese mit einer Grenzabweichung von ±2 Sekunden einzuhalten.

Ermittlung des Härtewertes

Der Eindringkörper wird senkrecht auf die Prüffläche aufgesetzt. Die Prüfkraft wird stoßfrei auf den Nennwert gesteigert und über die vereinbarte Zeit konstant gehalten. Nach Ablauf dieser Zeit wird entlastet und der Eindringkörper von dem Eindruck weggenommen. Die optische Messung des Eindruckdurchmessers kann manuell oder mit einem automatischen Messsystem erfolgen. Bei manueller Messung ist der Durchmesser in zwei zueinander etwa senkrechten Richtungen zu messen. Aus den beiden Werten wird der mittlere Eindruckdurchmesser berechnet. Mit diesem Wert und dem Kugeldurchmesser wird die kalottenförmige Oberfläche des Eindruckes berechnet:

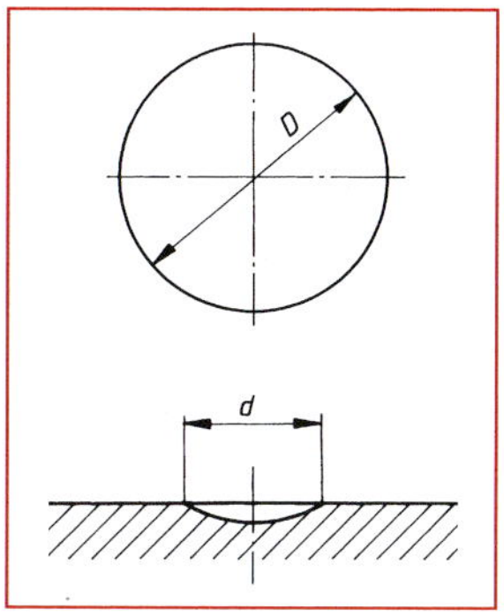

Bild 1 Messgrößen der Brinellhärteprüfung

$$A = \frac{\pi \cdot D \cdot (D - \sqrt{D^2 - d^2})}{2}$$

Der Brinellhärtewert ist der Quotient aus Prüfkraft dividiert durch die Kalottenoberfläche:

$$\text{Härtewert} = \frac{2 \cdot F \cdot 0{,}102}{(\pi \cdot D \cdot (D - \sqrt{D^2 - d^2}))}$$

Der Faktor 0,102 dient zur Einheitenumrechnung: 1 kp = 9,80665 N. Die Umrechnung ist erforderlich, da die Kräfte in der Einheit „N" angegeben werden müssen, die Brinellprüfung aber nach wie vor auf der Krafteinheit „kgf" = „kp" basiert.

Normgerechte Angabe eines Brinell-Härtewertes (nach DIN EN ISO 6506-1: 2015)

245 HBW 2,5/187,5/20

245	Brinellhärtewert = Prüfkraft/Kalottenoberfläche
HBW	Härte nach Brinell, Eindringkörper gehärtete Hartmetallkugel (Wolframkarbid) In älteren Werkstofftabellen ist sehr häufig die Angabe „HB" oder „HBS" zu finden. Damit wird die Prüfung mit der gehärteten Stahlkugel gekennzeichnet.
2,5	Kugeldurchmesser in mm
187,5	Prüfkraft in kgf
20	Prüfzeit in Sekunden

Ergänzende Vorschriften

Die Prüfung ist an einer glatten und ebenen Oberfläche vorzunehmen, die frei von Zunder, Fremdkörpern und Schmierstoffen ist. Die Oberflächenbearbeitung muss so sein, dass eine exakte Messung der Durchmesser möglich ist. Bei der Probenvorbereitung sind Änderungen des Werkstoffzustandes z.B. durch Erwärmung oder Kaltverfestigung auf ein Minimum zu beschränken.

Der Abstand des Mittelpunktes eines Prüfeindruckes vom Rand des Prüfstückes darf nicht kleiner als das 2,5-fache des mittleren Eindruckdurchmessers sein.

Der Abstand der Mittelpunkte zweier nebeneinander liegender Prüfeindrücke muss mindestens das Dreifache des mittleren Eindruckdurchmessers betragen. Diese Maßgaben verhindern, dass durch Randeinflüsse (Ausweichen des Werkstoffes) oder durch Verfestigungsvorgänge im Umkreis eines Prüfeindruckes die Messergebnisse verfälscht werden.

Die Mindestprobendicke muss mindestens das 8-fache der Eindrucktiefe h betragen. Auf der Probenrückseite dürfen nach der Prüfung keine Verformungsspuren sichtbar sein.

Vor- und Nachteile des Brinellverfahrens

Wegen der großen Prüfkugeldurchmesser ist das Brinellverfahren besonders gut geeignet für die Prüfung heterogener Werkstoffe wie Gusseisen. Die große Prüfkugel erfasst gleichmäßig härtere und weichere Gefügebestandteile und mittelt dadurch schon bei der Prüfung.

Nachteilig sind die hohen Prüfkräfte, mit denen dünne Bleche oder Oberflächenschichten durchgedrückt werden, und vor allem die begrenzte Eigenhärte der Prüfkörper trotz der inzwischen vorgeschriebenen Verwendung der Hartmetallkugel.

15.6.3 Härteprüfung nach Vickers

Die Härteprüfung nach Vickers ist eine Weiterentwicklung des Brinellverfahrens. Die Anregung dazu kam durch die relativ geringe Härte der früher benutzten gehärteten Stahlkugeln. Genormt ist das Vickersverfahren in der DIN EN ISO 6507-1: 2018. Teil 2 der Norm enthält die Angaben zur Überprüfung und Kalibrierung der Prüfmaschinen, Teil 3 die Angaben zur Kalibrierung der Härtevergleichsplatten und Teil 4 die Tabellen zur Bestimmung der Vickershärte aus den Eindruckdiagonalen.

Bei der Härteprüfung nach Vickers wird ein pyramidenförmiger Eindringkörper aus Diamant mit einer statischen Prüfkraft in den zu prüfenden Werkstoff eingedrückt. Nach Wegnahme der Prüfkraft und des Eindruckkörpers werden die beiden Diagonalen des verbleibenden Eindruckes gemessen. Aus dem Mittelwert der beiden Diagonalen wird die Oberfläche des pyramidenförmigen Eindruckes berechnet. Maß für die Härte ist der Quotient aus Prüfkraft dividiert durch die Eindruckoberfläche.

Eindringkörper

Vierseitige Pyramide mit quadratischer Grundfläche, Spitzenwinkel zwischen den Flanken 136°, Spitze nicht abgerundet, Werkstoff **Diamant**.

Prüfkräfte

Bei der Vickersprüfung werden drei Prüfkraftbereiche unterschieden:
- normaler Prüfbereich (Makrohärte): $49{,}03\ \text{N} \leq F \leq 980{,}7\ \text{N}$
- Kleinlastbereich (Kleinlasthärte): $1{,}961\ \text{N} \leq F < 49{,}03\ \text{N}$
- Mikrobereich (Mikrohärte): $0{,}09807\ \text{N} \leq F < 1{,}961\ \text{N}$

Die Prüfkräfte sind je nach Prüfbereich so zu wählen, dass die Eindruckdiagonalenlängen zwischen 0,020 und 1,4 mm liegen.

Im normalen Prüfbereich sind Vickerseindrücke, die mit unterschiedlichen Prüfkräften erzeugt werden, geometrisch ähnlich: Wird die Prüfkraft z. B. verdoppelt, ist die Eindruckoberfläche ebenfalls doppelt so groß. Diese geometrische Ähnlichkeit gilt nur eingeschränkt im Kleinlast- und nicht im Mikrobereich, da hier die elastische Verformung unter dem Eindringkörper nicht vernachlässigt werden kann.

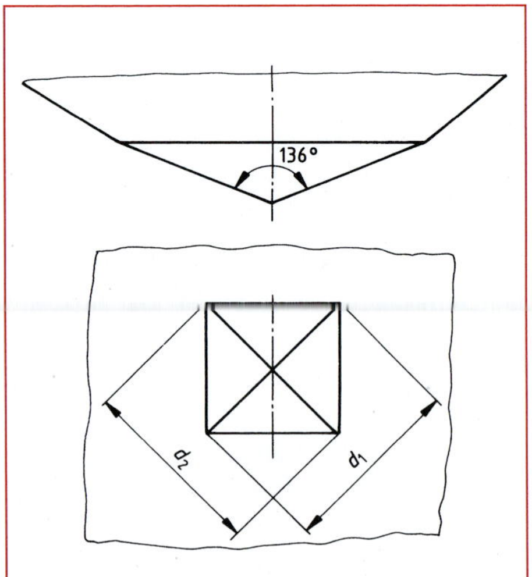

Bild 1 Messgrößen der Vickershärteprüfung

Prüfzeit

Hier gelten die gleichen Bedingungen wie bei der Brinellprüfung.

Ermittlung des Härtewertes

Der Eindringkörper wird senkrecht auf die Prüffläche aufgesetzt. Die Prüfkraft wird stoßfrei auf den Nennwert gesteigert und anschließend 10 … 15 Sekunden konstant gehalten. Nach Ablauf dieser Zeit wird entlastet und der Eindringkörper von dem Eindruck weggenommen. Mithilfe einer Messlupe oder eines Messmikroskops, das in stationäre Prüfgeräte sehr häufig eingebaut ist, werden anschließend die beiden Eindruckdiagonalen ausgemessen. Aus dem arithmetischen Mittelwert der beiden Eindruckdiagonalen und dem Sinus des halben Spitzenwinkels wird die Oberfläche des pyramidenförmigen Eindruckes berechnet:

$$A = \frac{d^2}{(2 \cdot \sin(136/2))}$$

Die Vickershärte ist der Quotient aus der Prüfkraft dividiert durch die Eindruckoberfläche:

$$\text{Härtewert} = F \cdot 0{,}102 \cdot 2 \cdot \frac{\sin(136/2)}{d^2}$$

Der Faktor 0,102 dient zur Einheitenumrechnung: 1 kp = 9,80665 N. Die Umrechnung ist erforderlich, da die Kräfte in der Einheit „N“ angegeben werden müssen, die Vickersprüfung aber ebenfalls nach wie vor auf der Krafteinheit „kgf“ = „kp“ basiert.

Normgerechte Angabe eines Vickers-Härtewertes (nach DIN EN ISO 6507-1: 2018)

485 HV 30/20	485	Vickershärtewert = Prüfkraft/Eindruckoberfläche
	HV	Härte nach Vickers
	30	Prüfkraft in kgf
	20	Prüfzeit in s

Ergänzende Vorschriften

Der Abstand des Mittelpunktes eines Prüfeindruckes vom Rand des Prüfstückes oder vom benachbarten Eindruck darf nicht kleiner als das 2,5-fache der mittleren Eindruckdiagonalen sein.

Die erforderliche Mindestdicke der Probe muss das 1,5-fache der mittleren Eindruckdiagonalen betragen.

Vor- und Nachteile des Vickersverfahrens

Der große Vorteil des Vickersverfahrens ist seine universelle Einsetzbarkeit: Durch den Eindringkörper aus Diamant gibt es keine Einschränkung der prüfbaren Werkstoffe, durch die freie Anpassung der Prüfkräfte an den zu prüfenden Werkstoff sind von sehr weichen (Blei, Zinn) bis zu sehr harten Metallen (Werkzeugstähle, Hartmetalle) alle Metalle prüfbar. Dünne Bleche und Oberflächenschichten können ebenfalls durch Verringerung der Prüfkraft geprüft werden (höhere Vergrößerungen zum Ausmessen der Eindruckdiagonalen erforderlich). Die Eindrücke sind sehr klein (größte Diagonale 1,4 mm), sodass das Verfahren als nahezu zerstörungsfrei anzusehen ist.

Vickers- und Brinellhärtewerte können ineinander umgerechnet werden. In der Literatur wird der Umrechnungsfaktor für Stähle bis 450 HBS mit HBS = 0,95 · HV angegeben. Nach DIN EN ISO 18265: 2014 kann bei vergüteten Stählen bei Prüfung mit der Hartmetallkugel etwa mit dem Faktor HBW = 0,98 · HV gearbeitet werden (▶ S. 306).

Wegen der kleinen Eindrücke ist das Vickersverfahren nur für homogene bzw. feinkörnige Werkstoffe geeignet. Die Oberflächen sollten feinstbearbeitet, möglichst geschliffen sein.

Brinell- und Vickershärteprüfung sind relativ zeitaufwendig, da zu der Dauer des Prüfkraftanstieges und der Prüfkraftkonstanz noch die Zeit für das Ausmessen des Eindruckes und der Berechnung des Härtewertes hinzukommt. Letzteres kann zwar heute durch Rechnereinsatz erheblich beschleunigt werden, das Ausmessen dagegen bereitet mit den heute zur Verfügung stehenden Bildverarbeitungssystemen noch Probleme, besonders bei nicht feinstbearbeiteten Oberflächen.

15.6.4 Härteprüfung nach Rockwell

Die Härteprüfung nach Rockwell wurde entwickelt, um den Zeitaufwand für das Ausmessen und Berechnen des Härtewertes deutlich zu verringern. Im Unterschied zu den Verfahren nach Brinell und Vickers wird die bleibende Eindrucktiefe als Maß für die Härte des Werkstoffes herangezogen. Die Härteprüfung nach Rockwell ist genormt in der DIN EN ISO 6508-1: 2016. DIN EN ISO 6508-2: 2015 enthält die Angaben zur Kalibrierung der Prüfmaschinen und Eindringkörper. Im Teil 3, ebenfalls von 2015, sind die Angaben zur Kalibrierung der Härtevergleichsplatten enthalten.

Eindringkörper

- Kegel aus Diamant mit kreisförmiger Grundfläche, Spitzenwinkel von 120° und Spitzenradius 0,2 mm (Skalen A, C, D, 15 N, 30 N, 45 N).
- Kugel aus Hartmetall mit Durchmesser 1,5875 mm (Skalen B, F, G, 15T, 30T, 45T) oder 3,175 (Skalen E, H, K). Es können auch Kugeln mit Durchmessern 6,350 mm oder 12,70 mm verwendet werden, wenn das in der Produktspezifikation oder in besonderen Vereinbarungen festgelegt ist (siehe hierzu auch ASTM E 18). Stahleindringkugeln dürfen nur noch für die Prüfungen nach der Skala HR30TSm und HR15TSm verwendet werden.

Prüfkräfte

Die Gesamtprüfkraft setzt sich bei der Rockwellprüfung zusammen aus einer Prüfvorkraft F_0 und einer Prüfzusatzkraft F_1. Für die verschiedenen Skalen sind unterschiedliche Kombinationen von Eindringkörpern, Prüfvorkräften und Prüfzusatzkräften genormt, die in der ▶ Tab. 1 zusammengefasst sind.

Prüfzeit

Der Eindringkörper ist auf die Prüffläche aufzusetzen und die Prüfvorkraft F_0 stoß- und erschütterungsfrei und ohne Überschwingen aufzubringen. Die Einwirkdauer der Prüfvorkraft darf 3 s nicht überschreiten. Anschließend ist die Prüfzusatzkraft F_1 stoß- und erschütterungsfrei und ohne Überschwingen aufzubringen. Die Einwirkdauer der Prüfzusatzkraft muss 4 ± 2 s betragen. Die Prüfzusatzkraft F_1 muss danach so zurückgenommen werden, dass die Prüfvorkraft F_0 weiter wirkt. Nach kurzer Stabilisierung ist der Härtewert abzulesen.

Härteskala	Symbol für die Härte	Eindringkörper	Prüfvorkraft F_0 in N	Prüfzusatzkraft F_1 in N	Prüfgesamtkraft F in N	Anwendungsbereich
A	HRA	Diamantkegel	98,07	490,3	588,4	20…95 HRA
B	HRBW	Kugel 1,5875 mm	98,07	882,6	980,7	10…100 HRBW
C	HRC	Diamantkegel	98,07	1 373	1 471	20…70 HRC
D	HRD	Diamantkegel	98,07	882,6	980,7	40…77 HRD
E	HREW	Kugel 3,175 mm	98,07	882,6	980,7	70…100 HREW
F	HRFW	Kugel 1,5875 mm	98,07	490,3	588,4	60…100 HRFW
G	HRGW	Kugel 1,5875 mm	98,07	1373	1471	30…94 HRGW
H	HRHW	Kugel 3,175 mm	98,07	490,3	588,4	80…100 HRHW
K	HRKW	Kugel 3,175 mm	98,07	1373	1471	40…100 HRKW
15N	HR15N	Diamantkegel	29,42	117,7	147,1	70…94 HR15N
30N	HR30N	Diamantkegel	29,42	264,8	294,2	42…86 HR30N
45N	HR45N	Diamantkegel	29,42	411,9	441,3	20…77 HR45N
15T	HR15TW	Kugel 1,5875 mm	29,42	117,7	147,1	67…93 HR15TW
30T	HR30TW	Kugel 1,5875 mm	29,42	264,8	294,2	29…82 HR30TW
45T	HR45TW	Kugel 1,5875 mm	29,42	411,9	441,3	10…72 HR45TW

Skalen A, C, D: Abstand Bezugslinie 0,2 mm mit Unterteilung N = 100 Rockwelleinheiten
Skalen B, E, F, G, H, K: Abstand Bezugslinie 0,26 mm mit Unterteilung N = 130 Rockwelleinheiten
Skalen N, T: Abstand Bezugslinie 0,1 mm mit Unterteilung N = 100 Rockwelleinheiten

Tabelle 1 Prüfbedingungen der Härteprüfung nach Rockwell (nach DIN EN ISO 6508-1: 2016)

Ermittlung des Härtewertes

Die Rockwellhärte wird in drei aufeinanderfolgenden Arbeitsschritten ermittelt (▶ Bild 1):

Aufbringen der Prüfvorkraft: Der Eindringkörper ist in der Prüfmaschine federnd gelagert. Das Prüfstück wird über einen Spindeltrieb von unten gegen den Eindringkörper gefahren. Dadurch wird die Feder zusammengedrückt. Bei einem bestimmten Federweg erreicht die Federkraft den Wert der Prüfvorkraft. Gleichzeitig wird der Eindringkörper um eine von der Härte des Werkstoffes abhängige Tiefe in die Oberfläche eingedrückt (h_0). Nach Erreichen der Prüfvorkraft wird die Eindringtiefenmesseinrichtung auf 0 gestellt (Bezugslinie), d. h. die Eindringtiefe h_0 wird nicht erfasst.

Aufbringen der Prüfzusatzkraft: Zusätzlich zur Prüfvorkraft wird die Prüfzusatzkraft stoß- und erschütterungsfrei aufgebracht und über die erforderliche Prüfzeit konstant gehalten. Der Eindringkörper dringt unter dieser Kraft eine weitere Strecke (h_1) in die Oberfläche ein. Auch diese Eindringtiefe wird nicht registriert.

Entlasten auf Prüfvorkraft: Im letzten Schritt wird durch Wegnahme der Prüfzusatzkraft auf die Prüfvorkraft entlastet. Die elastische Rückverformung infolge der Entlastung hebt den Eindringkörper wieder etwas an. Die Differenz h zwischen dieser Eindringtiefe nach Entlastung auf Prüfvorkraft und der Eindringtiefe h_0 wird gemessen (= bleibende Eindringtiefe h) und dient als Kenngröße für die Härte des geprüften Werkstoffes.

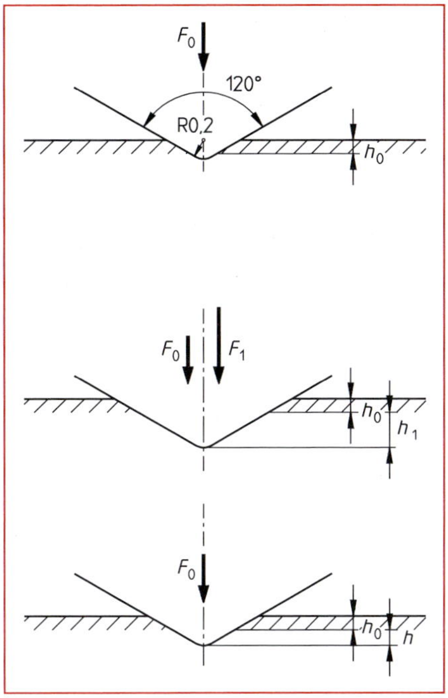

Bild 1 Messablauf bei der Rockwellhärteprüfung

Als Maß für die Härte des Werkstoffes wird die bleibende Eindrucktiefe benutzt. Diese bleibende Eindrucktiefe ist für weiche Werkstoffe groß, für harte Werkstoffe dagegen klein. Bei unveränderter Übernahme der bleibenden Eindrucktiefe als Härtemaß ergäbe sich eine Skala, bei der mit zunehmender Härte die Zahlenwerte immer kleiner werden. Dies widerspricht allen anderen Härteprüfverfahren und auch der üblichen Anschauung. Daher wurde die Härteskala nach Rockwell wie folgt definiert:

Parallel zur Bezugslinie (Eindringtiefe h_0) wird in einer Tiefe von 0,2 mm (Skalen A, C und D) bzw. 0,26 mm (Skalen B, E, F, G, H und K) eine weitere Linie gezogen. Diese wird mit „0" bezeichnet. Der Abstand der beiden Linien wird in 100 bzw. 130 Skalenteile unterteilt, sodass ein Skalenteil gleich 0,002 mm (= 1 Rockwelleinheit) ist. Die Rockwellhärte ist dann nicht gleich der bleibenden Eindringtiefe h, sondern gleich der Differenz HR = 100 – h (A, C, D) bzw. 130 – h (B, E, F, G, H, K).

Bei den Kleinlastverfahren N und T ist die maximale Eindringtiefe auf 0,1 mm festgelegt. Sie wird ebenfalls in 100 Skalenteile unterteilt, woraus sich die Rockwelleinheit = 0,001 mm ergibt.

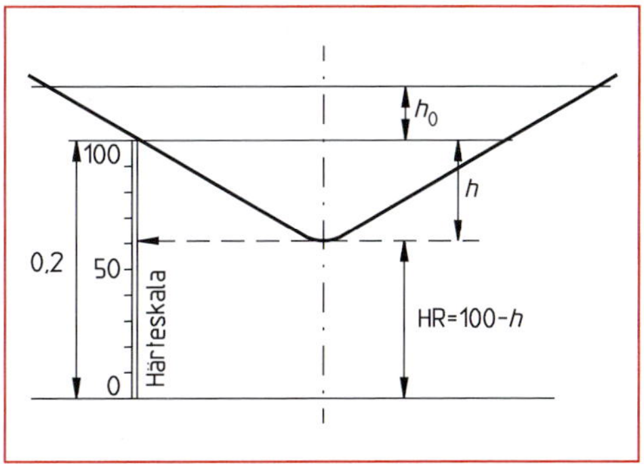

Bild 2 Härteskala nach Rockwell A, C und D

Die Härteprüfgeräte für das Rockwellverfahren sind mit Messeinrichtungen versehen, die direkt die Rockwellhärte als Differenz 100 – h bzw. 130 – h in Rockwelleinheiten anzeigen. Umrechnungen sind daher nicht erforderlich.

Normgerechte Angabe eines Rockwell-Härtewertes (nach DIN EN ISO 6508-1: 2016)

55 HRC	55	Differenz 100 – *h* in Rockwelleinheiten
	HR	**H**ärte nach **R**ockwell
	C	Rockwellskala C
80 HRBW	80	Differenz 130 – h in Rockwelleinheiten
	HR	**H**ärte nach **R**ockwell
	B	Rockwellskala B
	W	Prüfung mit Hartmetallkugel

Ergänzende Vorschriften

Der Abstand des Mittelpunktes eines Prüfeindruckes vom Rand der Probe muss größer sein als das 2,5-fache des Eindruckdurchmessers, mindestens jedoch 1 mm.

Der Abstand zweier Prüfeindrücke muss größer sein als das 4-fache des Eindruckdurchmessers, mindestens jedoch 2 mm.

Die Probendicke muss so groß sein, dass nach der Prüfung keine Verformung auf der Probenrückseite erkennbar ist. Die Mindestdicke der Probe oder der zu prüfenden Schicht muss beim Kegel mindestens das 10-fache und bei der Kugel mindestens das 15-fache der bleibenden Eindringtiefe betragen.

Vor- und Nachteile des Rockwellverfahrens

Das Rockwellverfahren zeichnet sich gegenüber allen anderen Härteprüfverfahren durch seine Schnelligkeit und Einfachheit aus. Rockwellhärtewerte sind innerhalb weniger Sekunden ablesbar. Weiterhin ist dieses Verfahren uneingeschränkt automatisierbar, da die Eindrucktiefenwerte elektronisch erfasst und weiterverarbeitet werden können.

Nachteilig sind die hohen Prüfkräfte, besonders bei der Prüfung dünner Prüfstücke oder Oberflächenschichten. Die Prüfkräfte können nicht an den zu prüfenden Werkstoff angepasst werden, da jede Rockwellskala nur für die genormte Zusammenstellung Eindringkörper, Prüfvorkraft und Prüfzusatzkraft definiert ist. Die Härtewerte der verschiedenen Rockwellskalen sind nicht ineinander umrechenbar. Auch gibt es kein allgemeingültiges Verfahren zur Umwertung der Rockwellhärtewerte in Härtewerte anderer Härteprüfverfahren.

Weiche Werkstoffe sind mit dem Rockwellverfahren nicht prüfbar, da die bleibende Eindringtiefe größer als 0,2 bzw. 0,26 mm wird.

Sehr harte und spröde Werkstoffe sind mit dem Rockwell-C-Verfahren nicht prüfbar, da in der Kontaktzone zwischen Eindringkörper und Werkstoffoberfläche durch die hohe Prüfkraft und durch den kleinen Eindringkörper extrem hohe Zugspannungen auftreten können, die bei Erreichen der Zugfestigkeit des Probenwerkstoffes zum Bruch führen. Plastisch verformbare Werkstoffe bauen die hohen Zugspannungen sehr schnell ab, da mit zunehmender Eindringtiefe die tragende Fläche zwischen Eindringkörper und Probenwerkstoff größer wird.

15.6.5 Umwertung von Härtewerten nach DIN EN ISO 18265: 2014

Exakt vergleichbar sind nur Härtewerte, die mit dem gleichen Härteprüfverfahren unter gleichen Prüfbedingungen ermittelt worden sind.

Unter den Eindringkörpern der verschiedenen Härteprüfverfahren liegen sehr unterschiedliche Spannungszustände vor. Dementsprechend unterschiedlich sind die Werkstoffreaktionen. Daher ist es nicht möglich, die Härtewerte der verschiedenen Prüfverfahren ineinander umzurechnen. Dies ist aber immer wieder erforderlich, wenn kein geeignetes Prüfgerät vorhanden ist oder wenn das geforderte Prüfverfahren nicht durchführbar ist, z. B. Prüfung nach HRC bei randschichtgehärteten Bauteilen mit Verfestigungstiefen unter 1 mm.

Basierend auf sehr umfangreichen Versuchsreihen stellt die DIN EN ISO 18265: 2014 für derartige Umwertungen in den Anhängen A bis F Tabellen und Diagramme als Anhaltswerte bereit, mit denen die

Härtewerte der unterschiedlichen Prüfverfahren einander zugeordnet werden können. **Zu beachten ist, dass diese Tabellen und Diagramme lediglich informativ sind, d. h. keinen Normcharakter haben.**

Die Anhänge A bis F enthalten Tabellen für unlegierte und niedriglegierte Stähle und Stahlguss, Vergütungsstähle, Kaltarbeitsstähle, Schnellarbeitsstähle, Hartmetalle und Nichteisenmetalle und -legierungen. Mit der Neuausgabe 2014 wurde der Anhang G mit den beiden Werkzeugstählen 1.1243 und 1.2714 ergänzt.

Bei Umwertungen mittels dieser Tabellen muss allerdings generell mit großen, quantitativ kaum fassbaren Streuungen gerechnet werden. Ursachen dafür sind unter anderem systematische Abweichungen, die auf werkstoffbedingte Unterschiede im Verformungsprozess unter den verschiedenen Eindruckkörpern zurückzuführen sind. Weiterhin wurden die Brinell- und Rockwell-B-Werte nahezu ausschließlich mit Stahlkugeln ermittelt, während heute die Hartmetallkugeln zwingend vorgeschrieben sind. Auch gelten heute andere Festlegungen bei den Prüfzeiten der Rockwellprüfung.

Eine Ausnahme stellen die Brinell- und Vickersprüfung dar. Bei einem Eindruckdurchmesser von 0,375 · Kugeldurchmesser *D* bilden die Tangenten an die Kugel einen Spitzenwinkel von 136° (▶ Bild 1). Für den Bereich 0,25 · *D* bis 0,5 · *D* gelten die Beanspruchungsbedingungen unter der Brinellkugel und dem Vickersdiamanten daher als vergleichbar. In der Literatur werden Umrechnungsfaktoren von HBW = 0,98 · HV bzw HBS = 0,95 · HV angegeben.

Werden Umwertungen auf Basis der Tabellen aus der DIN EN ISO 18265: 2014 durchgeführt, sind die erhaltenen Werte wie folgt anzugeben:

Umwertung ISO 18265 – 50,5 HRC – B.2 - HV
Normnummer – Härtewert nach Umwertung – verwendete Tabelle – ursprüngliches Prüfverfahren

Sind Härteumwertungen unumgänglich, wird zur Verringerung der beschriebenen Unsicherheiten empfohlen, für die in Frage kommenden Werkstoffe auf Basis eigener Untersuchungen Umwertetabellen zu erstellen und deren Anwendung zwischen Lieferant und Abnehmer zu vereinbaren.

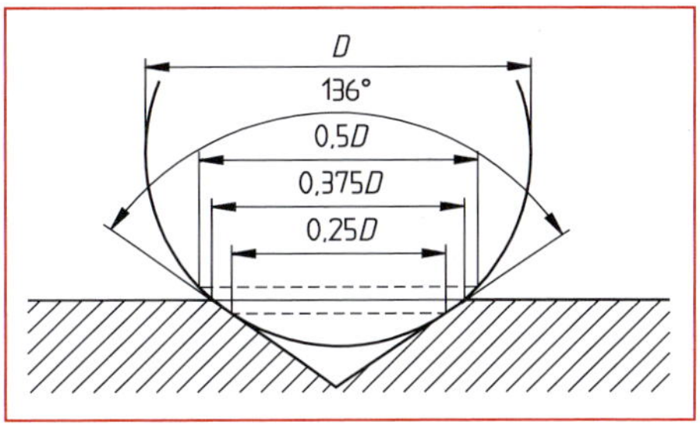

Bild 1 Vergleich zwischen Brinellkugel und Vickersdiamant

Sehr häufig besteht der Wunsch, aus Härtewerten auf die Zugfestigkeit zu schließen. In vielen Untersuchungen wurden auch positive Korrelationen zwischen Zugfestigkeit und Härte nachgewiesen. Aufgrund der nicht vergleichbaren Belastungsbedingungen kann es allerdings keine gesicherte mathematisch-physikalisch begründbare Funktion zwischen den Ergebnissen der beiden Prüfverfahren geben. Auf dieser Basis wurde eine statistisch begründete lineare Beziehung ermittelt, die aber einen beschränkten Gültigkeitsbereich hat: Der Proportionalitätsfaktor weist je nach Wärmebehandlungszu-

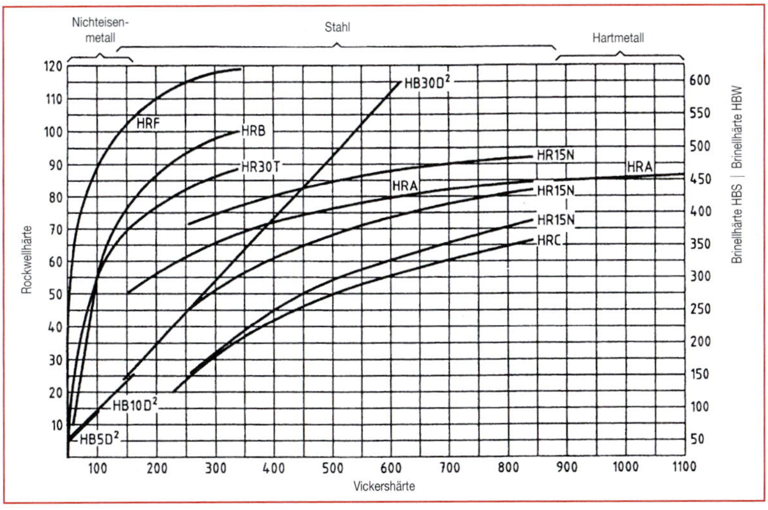

Bild 2 Umwertungsbereiche der verschiedenen Härteprüfverfahren nach DIN EN ISO 18265: 2014

stand, gekennzeichnet durch das Streckgrenzenverhältnis R_e/R_m (▶ S. 278), erheblichen Schwankungen auf, bei Streckgrenzenverhältnissen zwischen 0,45 bis 0,59 liegt er bei Werten um 3,5, bei Streckgrenzenverhältnissen von 0,9 bis 0,99 beträgt er nur noch etwa 3,14.

$R_m = (3{,}14 \text{ bis } 3{,}52) \cdot \text{HV} \quad (R_m \text{ in MPa})$

Umwertungen aus der Härte in die Zugfestigkeit gelten daher als am wenigsten gesichert.

Bei der Anwendung der DIN EN ISO 18265: 2014 sollte mit aller Sorgfalt geprüft werden, ob die Voraussetzungen für eine Umwertung erfüllt sind!

15.6.6 Instrumentierte Eindringprüfung zur Bestimmung der Härte und anderer Werkstoffparameter nach DIN EN ISO 14577-1: 2015, Martenshärte

Die Standardhärteprüfverfahren Brinell, Vickers und Rockwell prüfen die plastischen Verformungseigenschaften der Werkstoffe, da die Messwerte erst nach Wegnahme der Prüfkraft ermittelt werden. Härte ist aber der Widerstand eines Körpers gegen das Eindringen eines anderen härteren Körpers. Nach dieser Definition müssen auch die elastischen Eigenschaften berücksichtigt werden, die jedoch nur bei Messung unter Prüfkraft erfasst werden können.

Diesem Mangel hilft die instrumentierte Eindringprüfung (anfangs Universalhärteprüfung genannt) ab. Durch kontinuierliche Aufzeichnung des Kraft-Eindringtiefen-Verlaufs und Messung der Eindringtiefe unter Prüfkraft wird zusätzlich zum plastischen Eindringwiderstand auch der elastische Eindringwiderstand des Werkstoffes erfasst.

Das Verfahren wurde etwa ab 1980 bis zur heutigen Anwendungsreife entwickelt, wozu unter anderem die Fortschritte in der hochauflösenden Messtechnik für Kräfte und Verformungen und auch in der Rechnertechnik zur Datenerfassung und Auswertung erheblich beigetragen haben.

Mit dem Verfahren kann auch die Eindringhärte H_{IT} als Maß für die bleibende Verformung bestimmt werden. H_{IT} korreliert mit der Vickershärte. Die Umwertung kann nach Anhang F DIN EN ISO 14577-1: 2015 mit folgender Formel durchgeführt werden: $\text{HV} = 0{,}09453 \cdot H_{IT}$ (HV in kgf/mm^2 und H_{IT} in MPa).

Aus dem Kraft-Eindringtiefen-Verlauf können noch weitere Werkstoffeigenschaften errechnet werden: der Eindringmodul E_{IT}, das Eindringkriechen C_{IT} und die Eindringrelaxation R_{IT} sowie der elastische und plastische Anteil der Eindringarbeit. Die Vorgehensweisen dafür sind in der DIN EN ISO 14577-1: 2015 festgelegt.

Eindringkörper nach DIN EN ISO 14577-1: 2015

- gerade Diamantpyramide mit quadratischer Grundfläche, Spitzenwinkel zwischen den Flanken 136°, Spitze nicht abgerundet (Vickers-Pyramide).
- Diamantpyramide mit dreieckiger Grundfläche mit einem Winkel $\alpha = 65{,}27°$ zwischen der Achse der Diamantpyramide und einer der Seitenflächen (modifizierte Berkovich-Pyramide)
- Hartmetallkugel (besonders zur Ermittlung des elastischen Werkstoffverhaltens)
- kugeliger Diamanteindringkörper (wegen der Kristallstruktur des Diamants ist keine ideale Kugelform möglich. Es sind daher kugelähnliche Vielflächner.)

Prüfbereiche

Es werden drei Prüfbereiche unterschieden:
- Makrobereich: $2\text{ N} \le F \le 30\text{ kN}$
- Mikrobereich: $F < 2\text{ N}$ und $h > 0{,}0002\text{ mm}$ (h = Eindringtiefe)
- Nanobereich: $h \le 0{,}0002\text{ mm}$

Prüfzeit

Die DIN EN ISO 14577-1: 2016 enthält keine Angaben für die Prüfzeiten. In der DIN EN ISO 14577-3: 2016 werden für die Kalibrierung von Referenzproben folgende Zeiten angegeben: Aufbringzeit der Prüfkraft 30 s, Haltezeit der Prüfkraft 30 s, Rücknahmezeit der Prüfkraft 10 s.

Ermittlung des Härtewertes Martenshärte

Der Eindringkörper wird kraft- oder eindringtiefengesteuert in die Oberfläche der Probe eingedrückt. Dabei werden sowohl während der Belastung als auch während der Entlastung Prüfkraft und Eindringtiefe gemessen und registriert. Ergebnis ist der in ▶ Bild 1 S. 310 dargestellte Zusammenhang zwischen Prüfkraft und Eindringtiefe. Aus der Kurve des Kraftanstiegs wird **ein** Wertepaar Prüfkraft-Eindringtiefe herausgenommen, vorzugsweise bei Erreichen der vorgewählten Prüfkraft (F_{max}; h_{max}). Es können auch andere Wertepaare verwendet werden, jedoch muss die Eindringtiefe 0,0002 mm überschritten sein.

Größtes Problem ist die Festlegung des 0-Punktes, der für jeden Prüfvorgang einzeln ermittelt werden muss. Es ist der Punkt der ersten Berührung der Eindringkörperspitze mit der Probenoberfläche. Die Messunsicherheit des Nullpunktes muss unter 5 nm bzw. unter 1 % der größten Eindringtiefe liegen.

Zur Festlegung des Nullpunktes schlägt die Norm zwei Verfahren vor:

a) Der Nullpunkt wird durch Extrapolation einer Ausgleichsfunktion (z. B. Polynom 2. Grades) bestimmt, in die Wertepaare zwischen 0 und 10 % der maximalen Eindringtiefe eingesetzt werden. Die Unsicherheit des berechneten Nullpunktes ergibt sich aus der Ausgleichsrechnung, der Ausgleichsfunktion und der Länge der Extrapolation.

b) Der Nullpunkt wird mithilfe des ersten Kraftanstieges ermittelt. Die Stufenhöhe in Kraft oder Weg muss an diesem Berührungspunkt so klein sein, dass die Unsicherheit des Nullpunktes geringer ist als der geforderte Grenzwert.

Die Messunsicherheit des Nullpunktes muss angegeben werden und darf für den Makro- und Mikrobereich 1 % der maximalen Eindringtiefe nicht überschreiten. Die Messunsicherheit des Nullpunktes für den Nanobereich darf 1 % überschreiten für den Fall, dass sie bestimmt und im Prüfbericht angegeben wird.

Mit dem so bestimmten Nullpunkt wird die Eindringtiefe h und daraus die Eindringoberfläche $A_s(h)$ berechnet:

Vickers-Eindringkörper ($\alpha = 136°$)

$$A_s(h) = \frac{4 \cdot \sin\frac{\alpha}{2}}{\cos^2\frac{\alpha}{2}} \cdot h^2 = 26{,}43 \cdot h^2$$

Berkovich-Eindringkörper ($\alpha = 65{,}03°$)

$$A_s(h) = \frac{3 \cdot \sqrt{3} \cdot \tan\alpha}{\cos\alpha} \cdot h^2 = 26{,}43 \cdot h^2$$

Der Härtewert wird analog zu den Standardhärteprüfverfahren berechnet mit

$$\text{Härtewert} = \frac{F}{A_s(h)} = \frac{F}{26{,}43 \cdot h^2} \text{ in } \frac{\text{N}}{\text{mm}^2}$$

Der so berechnete Härtewert wird als **Martenshärte HM** bezeichnet

Normgerechte Angabe des Härtewertes nach DIN EN ISO 14577-1: 2015

HM 0,5/20/30 = 8700 N/mm²

HM	Härte nach Martens
0,5	Prüfkraft in **N**
20	Dauer des Prüfkraftanstiegs in s
30	Haltezeit der Prüfkraft in s
8700	nach dem Gleichheitszeichen folgt der Härtewert mit der Einheit N/mm²

Ergänzende Vorschriften

Die Mindestabstände von Eindrücken zum Rand der Probe müssen mindestens das 3-fache des Eindruckdurchmessers betragen. Der Mindestabstand zwischen einzelnen Eindrücken muss größer sein als das 5-fache des größten Eindruckdurchmessers. Der Eindruckdurchmesser ist der Durchmesser des Eindrucks gemessen an der Probenoberfläche, der durch einen kugeligen Eindringkörper erzeugt wird. Für Eindrücke, die nicht kreisförmig sind, ist der Eindruckdurchmesser der Durchmesser des kleinsten umschließenden Außenkreises. An den Ecken des Eindrucks auftretende Risse sollten bei der Bestimmung des Eindruckdurchmessers einbezogen werden.

Die Probendicke sollte mindestens das Zehnfache der Eindringtiefe oder das Dreifache des Eindruckdurchmessers betragen. Der größere Wert gilt. Bei der Prüfung von Beschichtungen sollte die Schichtdicke als Probendicke betrachtet werden.

Einsatzbereiche der Härteprüfung nach Martens

Die Einsatzbereiche der Härteprüfung nach Martens dürften vergleichbar sein mit den Einsatzbereichen des Vickersverfahrens. Als Vorteil gegenüber der Vickersprüfung ist die verkürzte Prüfzeit (vergleichbar dem Rockwellverfahren) und die objektive Erfassung der Messwerte zu nennen. Insbesondere entfallen die subjektiven Einflüsse beim Ausmessen der Eindruckdiagonalen. Demgegenüber steht allerdings der wesentlich höhere apparative Aufwand für die Messung der Eindringtiefe und der Prüfkraft sowie deren Registrierung und Auswertung.

Das Verfahren ist geeignet für die Prüfung dünner metallischer und nichtmetallischer Schichten sowie auch generell für die Prüfung nichtmetallischer Werkstoffe. Bild 1 zeigt die Kraft-Eindringtiefen-Kurven für Polystyrol 143E und einen Wälzlagerstahl 100Cr6, die mit exakt gleichen Prüfparametern aufgezeichnet wurden. Die Martenshärte des Polystyrols liegt bei HM 200/20/0 = 183 N/mm^2 und die des 100Cr6 bei HM 200/20/0 = 5675 N/mm^2.

Die Gegenüberstellung zeigt, dass dieses Verfahren echte Vergleichswerte auch für sehr unterschiedliche Werkstoffe liefert.

Hinweise zur Berechnung der Messunsicherheit sind der DIN EN ISO 14577-1: 2015 enthalten.

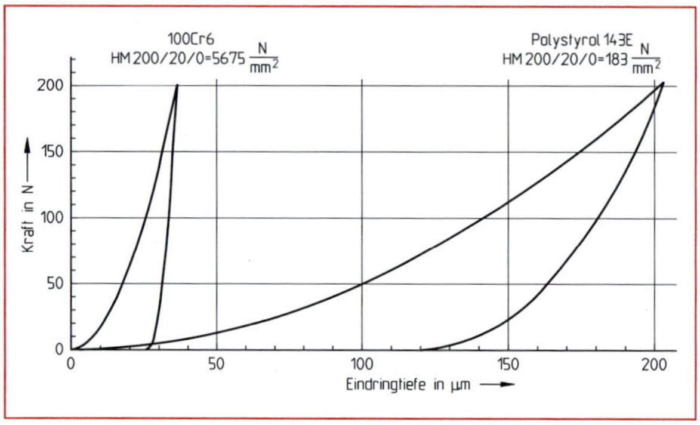

Bild 1 Kraft-Eindringtiefen-Verläufe für den Wälzlagerstahl 100Cr6 und das Polystyrol 143E

Aufgaben:

1. Was versteht man unter Härte eines Werkstoffs?
2. Nennen Sie die vier Prinzipien, mit denen die Härte eines Werkstücks ermittelt werden kann. Welche Messgrößen werden bei diesen Prinzipien zur Kennzeichnung der Härte benutzt?
3. Beschreiben Sie die Vorgehensweise bei der Härteprüfung nach Brinell.
4. Erklären Sie die folgende Angabe: 265 HBW 5/250/30.
5. Beschreiben Sie die Vorgehensweise bei der Härteprüfung nach Vickers.
6. Erklären Sie die folgende Angabe: 640 HV 30.
7. Beschreiben Sie die Vorgehensweise bei der Härteprüfung nach Rockwell.
8. Erklären Sie die folgenden Angaben: 60 HRC; 50 HRB.
9. Warum sind Umwertungen von Härtewerten eines Verfahrens in Härtewerte eines anderen Verfahrens sehr kritisch zu sehen?
10. Vergleichen Sie die beiden Härteprüfverfahren nach Vickers und nach Martens. Welcher wesentliche Unterschied besteht zwischen den beiden Verfahren?

15.7 Tragbare Härteprüfung

Tragbare Härteprüfgeräte ermöglichen die Härteprüfung an Proben und Bauteilen, die zu groß und zu schwer sind, um sie auf ortsfesten Härteprüfmaschinen zu prüfen. Mit ihnen können Härteprüfungen bei Inspektionen vor Ort, an eingebauten Teilen oder bei Schadensfällen durchgeführt werden, wenn also das Bauteil nicht zum Prüfgerät, sondern das Prüfgerät zum Bauteil transportiert werden muss.

Die klassischen Prüfverfahren nach Brinell, Vickers und Rockwell sind wegen des erforderlichen Ausmessens der Härteeindrücke und/oder der hohen Prüfkräfte in tragbaren Geräten nur schwer zu realisieren. Daher wurden in Anlehnung an die klassischen Verfahren tragbare Härteprüfgeräte entwickelt.

Die Entwicklung eines tragbaren Härteprüfgerätes bedeutet aber immer auch die Einführung einer neuen Härteskala, da mindestens ein Parameter, meist die Prüfkraft, geändert werden muss.

Mit diesen Geräten können also keine Brinell-, Vickers- oder Rockwellhärtewerte ermittelt werden, weil sie nicht nach den genormten Prüfverfahren arbeiten. Wenn also ein Vergleich erforderlich ist, müssen die Härtewerte dieser Prüfgeräte umgewertet werden mit allen sich daraus ergebenden Einschränkungen. Die heute handelsüblichen tragbaren Härteprüfgeräte haben in der Regel interne Umwertungsformeln gespeichert, die auf umfangreichen Messungen der jeweiligen Hersteller beruhen. Die DIN EN ISO 18265: 2014 kann für diese Verfahren nicht angewendet werden.

15.7.1 Härteprüfung nach Leeb (DIN EN ISO 16859: 2016)

Verfahrensbeschreibung

Bei diesem Verfahren trifft ein Schlagkörper mit einer definierten Geschwindigkeit, d. h. mit einer bestimmten kinetischen Energie, auf die zu prüfende Werkstoffoberfläche. Beim Aufprall wird die kinetische Energie des Schlagkörpers in elastische und in plastische Verformungsarbeit umgewandelt. Da der Schlagkörper nur ein geringes Eigengewicht hat, wird er durch die elastische Rückverformung der Werkstoffoberfläche zurückgeworfen. Die Rückprallgeschwindigkeit ist geringer, da die plastische Verformungsarbeit „verloren" ist und dementsprechend nichts zum Rückprall beiträgt. Gemessen werden die Geschwindigkeiten des Schlagkörpers vor und nach dem Aufprall. Das Verhältnis der beiden Geschwindigkeiten zueinander ist proportional zur Höhe der plastischen Verformungsarbeit und kann daher als Messgröße für die Härte des Werkstoffs herangezogen werden.

Das **Schlaggerät** (▶ Bild 1) besteht aus einem Rohr, in dem der Schlagkörper nahezu reibungsfrei gleitet. Zunächst wird die Schlagfeder durch Herunterschieben des Griffstücks vorgespannt. Der Schlagkörper wird dabei durch eine Klemme gefasst und festgehalten. Durch Drücken des Auslöseknopfes wird der Schlagkörper frei gegeben und von der vorgespannten Feder in Richtung der Werkstoffoberfläche beschleunigt.

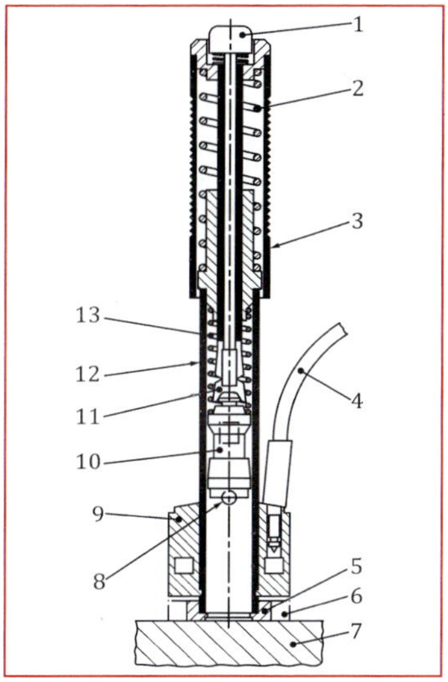

Bild 1 Schlaggerät für die Härteprüfung nach Leeb nach DIN EN ISO 16859: 2016

1. Auslöseknopf, 2. Ladefeder, 3. Laderohr, 4. Kabel zum Anzeigegerät, 5. kleine Anschlagkappe, 6. große Anschlagkappe, 7. Probe, 8. Eindringkörper Kugel, 9. Spule mit Halterung, 10. Schlagkörper, 11. Fangzange, 12. Führungsrohr, 13. Schlagfeder

Schlagkörper

Der **Schlagkörper** besteht aus einem Führungsstück, in das ein Permanentmagnet eingebaut ist, und trägt an der unteren Fläche den eigentlichen Eindringkörper. Je nach Schlaggerät haben die Schlagkörper unterschiedliche Abmessungen und Massen.

Eindringkörper

- Kugel aus Hartmetall mit einem Durchmesser 3 mm (Schlaggeräte D, DC, D+15, DL, C)
- Kugel aus Hartmetall mit einem Durchmesser 5 mm (Schlaggerät G)
- Kugel aus Keramik mit einem Durchmesser 3 mm (Schlaggerät S)
- Kugel aus polykristallinem Diamant (PKD) mit einem Durchmesser 3 mm (Schlaggerät E)

Ermittlung des Härtewertes

Der Härtewert ist der Quotient aus Rückprallgeschwindigkeit und Aufprallgeschwindigkeit multipliziert mit 1 000.

$$HL = \frac{v_R}{v_A} \times 1\,000$$

Normgerechte Angabe des Härtewertes nach DIN EN ISO 16859: 2016

570 HLD

570	Quotient aus Aufprall- und Rückprallgeschwindigkeit multipliziert mit 1 000
HL	Härte nach Leeb
D	verwendetes Schlaggerät D

Ergänzende Vorschriften

Dicke und Masse des Prüfstücks: Um zu gewährleisten, dass die gesamte kinetische Energie des Schlagkörpers in elastische und plastische Verformungsarbeit umgesetzt wird und nicht das Bauteil beschleunigt, ist für die Schlaggeräte D, DC, D+15, DL, S, E eine Mindestprüfstückmasse von 5 kg und eine Mindestdicke von 25 mm vorgeschrieben, für das Schlaggerät G eine Mindestprüfstückmasse von 15 kg und eine Mindestdicke von 70 mm.

Erfüllt das Prüfstück diese Forderungen nicht, muss es an eine entsprechend große Masse angekoppelt werden. Hierzu werden die Berührflächen des Prüfstücks und der Koppelmasse mit einer speziellen Koppelpaste bestrichen und aufeinander gefügt.

15.7.2 Härteprüfung nach Rockwell mit mechanischer Eindringtiefenmessung (DIN 50157: 2008)

Verfahrensbeschreibung

Die Geräte arbeiten nach dem Rockwellprinzip: Es wird eine Prüfvorkraft F_0 aufgebracht, dann eine Prüfzusatzkraft F_1, diese wird gehalten und zurückgenommen, sodass wieder die Prüfvorkraft F_0 wirkt. Die Kräfte werden von Hand oder durch einen im Messgerät eingebauten Mechanismus aufgebracht. Während des Eindringvorgangs wird die Eindringtiefe bei Erreichen einer festgelegten Prüfvorkraft und bei der Entlastung von der Prüfzusatzkraft ebenfalls wieder bei der Prüfvorkraft gemessen. Aus der Differenz der Eindringtiefen beider Messungen wird vom Gerät über eine Kalibrierkurve die Härte bestimmt.

Eindringkörper

- Kegel aus Diamant mit 120° Spitzenwinkel und einem Abrundungsradius von 0,2 mm (Rockwelldiamant nach DIN EN ISO 6508: 2016)
- Kegelstumpf aus Diamant mit 80° Spitzenwinkel oder mit 100° Spitzenwinkel und einem Plateau mit 0,06 mm Durchmesser. Die bearbeitete Mantelfläche des Kegelstumpfes muss mindestens 0,7 mm lang sein.
- Kugel aus Hartmetall mit Durchmesser 1,5875 Durchmesser (Rockwellkugel nach DIN EN ISO 6508: 2016)

Prüfkräfte

Die Prüfvorkräfte liegen im Bereich zwischen 10 N und 100 N, die Prüfgesamtkräfte zwischen 50 N und 1 000 N.

Prüfzeiten

Die Prüfzeiten, nach Herstellerangaben, entsprechen den Zeiten in DIN EN ISO 6508-1.

Normgerechte Angabe des Härtewertes nach DIN 50157: 2008

50 H MM HRC	50	Härtewert, den das Gerät aus der Eindringtiefenmessung ermittelt hat
	H	Härte
	MM	**M**obil (transportabel) **M**echanisch
	HRC	umgewertetes Verfahren

15.7.3 Härteprüfung nach Vickers oder Rockwell mit elektrischer Eindringtiefenmessung (DIN 50158: 2008)

Verfahrensbeschreibung

Ein Eindringkörper aus Diamant in Form eines Kegels oder einer Pyramide, der mit einer leitfähigen Schicht versehen ist, wird von Hand mit kontinuierlich steigender Kraft in die Oberfläche des zu prüfenden Teils eingedrückt. Die Maximalkraft ist frei wählbar. Die leitfähige Schicht bildet dabei eine elektrische Brücke zwischen dem zu prüfenden Teil und der Fassung des Diamanten, deren elektrischer Widerstand hauptsächlich von dem Widerstand dieser Schicht abhängig ist. Je größer die Eindringtiefe ist, umso mehr nimmt dieser Widerstand ab. Der elektrische Widerstand ist also ein Maß für die Eindringtiefe. Das Gerät erfasst die aufgebrachte Kraft und den gemessenen elektrischen Widerstand und zeichnet so eine Kraft-Widerstandskurve auf.

Eindringkörper

Die Eindringkörper sind mit einer elektrisch leitfähigen Oberfläche versehen sein, die durch Ionenimplantation oder CVD-Beschichtung mit dotiertem Diamant hergestellt werden kann.

- Diamantpyramide nach DIN EN ISO 6507: 2016 (Vickers-Diamant)
- Diamantkegel nach DIN EN ISO 6508: 2016 (Rockwell-Diamant)
- Diamantkegel mit dem Spitzenwinkel 100°

Prüfkräfte

Die Geräte arbeiten im Kraftbereich zwischen 10 N und 100 N.

Ermittlung des Härtewertes

Vor jeder Prüfung muss an einer Härtevergleichsplatte mit bekannter Härte eine Referenzkurve aufgenommen werden. Erst danach darf das zu untersuchende Teil geprüft werden. Die Messwerte werden anschließend über die Referenzkurve in Härtewerte nach Vickers oder Rockwell umgewertet.

Der Bereich der messbaren Härtewerte erstreckt sich von 80 HV bis 1 100 HV.

Normgerechte Angabe des Härtewertes nach DIN 50158: 2008

350 H ME HV	350	Härtewert, umgewertet über die Referenzkurve
	H	Härte
	ME	**M**obil (transportabel)/**E**lektrisch Härte
	HV	umgewertetes Verfahren

15.7.4 UCI-(Ultrasonic-Compact-Impedance-)Verfahren (DIN 50159: 2015)

Verfahrensbeschreibung

Ein Schwingstab, an dessen unterem Ende ein Vickers-Eindringkörper befestigt ist, wird mit einer Ultraschallfrequenz zu Schwingungen angeregt. Dieser Schwingstab wird mit einer definierten Prüfkraft in die Oberfläche des zu prüfenden Werkstücks eingedrückt. Durch den Widerstand des Werkstoffs ändert sich die Resonanzfrequenz des Schwingstabs.

Bei weicheren Werkstoffen wird die Kontaktfläche zwischen Diamant und Werkstoff größer, die Frequenzänderung wird größer. Bei härteren Werkstoffen wird die Kontaktfläche kleiner, die Frequenzänderung wird kleiner. Maß für die Härte des geprüften Werkstoffes ist die Verschiebung der Resonanzfrequenz.

Eindringkörper

Diamantpyramide nach DIN EN ISO 6507: 2016 (Vickers-Diamant)

Prüfkräfte

Je nach zu prüfenden Teilen von 1 N bis 10 N bei beschichteten Bauteilen, 50 N bei oberflächengehärteten Bauteilen bis 98 N bei der Schweißnahtprüfung

Ermittlung des Härtewertes

Vor Beginn der eigentlichen Prüfung muss das Gerät auf den zu prüfenden Werkstoff justiert werden. Dazu werden in eine Referenzprobe möglichst aus dem gleichen Werkstoff mit etwa gleicher bekannter Vickershärte (am besten eine kalibrierte Prüfplatte) 10 Härteeindrücke mit dem UCI-Gerät gesetzt. Der Mittelwert aus diesen 10 Messungen wird dann über die Gerätesoftware auf den bekannten Vickershärtewert eingestellt. Durch diese Justierung werden die elastischen Eigenschaften (effektiver Elastizitätsmodul, Querkontraktionszahl u. Ä.) bei der nachfolgenden Prüfung berücksichtigt. Nach der Justierung wird die Sonde möglichst senkrecht auf die zu prüfende Oberfläche aufgesetzt und die Prüfkraft stetig zunehmend stoß- und schwingungsfrei aufgebracht. Schwingungen, Bewegungen und Winkeländerungen der Sonde gegenüber der Werkstückoberfläche können das Messergebnis deutlich verfälschen.

Auf Basis der Justierung bestimmt die Auswerteelektronik die Härte als Funktion des Kehrwerts der Frequenzverschiebung. In der Norm sind keine Hinweise auf den Berechnungsalgorithmus zu finden.

Es sind mindestens 3 Messungen durchzuführen. Daraus ist der arithmetische Mittelwert zu berechnen und als Härtewert anzugeben.

Normgerechte Angabe des Härtewertes nach DIN 50159: 2015

530 HV 10 (UCI)	530	Härtewert, den das Gerät aus der Frequenzverschiebung ermittelt hat
	HV	Härte nach Vickers
	10	Prüfkraft in **kgf** (kilogramm force, 1 kgf = 9,80665 N)
	(UCI)	geprüft mit dem UCI-Verfahren

Ergänzende Vorschriften

Die Sonde muss möglichst senkrecht auf die Oberfläche aufgesetzt werden. Winkeländerungen >5° aus der Senkrechten führen zu nicht vernachlässigbaren Fehlern. Daher sollten nach Möglichkeit Stative eingesetzt werden. Der Abstand zum Rand des Werkstücks muss mindestens 5 mm betragen. Der Abstand zwischen zwei Härteeindrücken muss bei härteren Werkstoffen (Stähle, Kupferlegierungen) mindestens 1 mm, bei weicheren Werkstoffen (Leichtmetall, Blei, Zinn) mindestens 3 mm betragen.

Aufgaben:

1. Warum sind die Härtewerte, die mit tragbaren Härteprüfgeräten ermittelt werden, nicht mit Brinell-, Vickers- oder Rockwellhärtewerten vergleichbar?
2. Beschreiben Sie das Härteprüfverfahren nach Leeb. Wie wird mit diesem Verfahren die Härte eines Werkstoffes bestimmt?
3. Das UCI-Verfahren ist ebenfalls ein genormtes Härteprüfverfahren. Erläutern Sie, auf welche Weise bei diesem Verfahren der Härtewert eines Werkstoffes ermittelt wird.

16 Technologische Prüfungen

Technologische Prüfungen, früher Brauchbarkeitsprüfungen genannt, sollen zeigen, wie sich der Werkstoff bei seiner Verarbeitung verhält. Die bei den Prüfungen auftretenden Kräfte werden in der Regel nicht gemessen, sodass Prüfungen dieser Art schnell und ohne besondere Geräte mit Werkstattmitteln durchgeführt werden können.

16.1 Allgemeine technologische Prüfungen

Stauchversuche (Druckversuche)

Stauchversuche werden in Anlehnung an die DIN 50106:2016 (▶ Seite 279) durchgeführt. Allerdings werden keine Werkstoffkennwerte ermittelt, sondern nur das Verformungsverhalten der Werkstoff unter Druck- bzw. Stauchbeanspruchung beurteilt. Die Versuche werden bei Raumtemperatur oder auch bei erhöhter Temperatur durchgeführt, wenn das Umformverhalten bei höheren Temperaturen zu beurteilen ist.

16.2 Technologische Prüfungen bestimmter Erzeugnisformen

Prüfung von Rohren

Innendruckversuche sollen die Dichtheit von Rohren und Behältern bis zu einem festgelegten Innendruck nachweisen. Die Durchführung ist in verschiedenen Normen festgelegt.

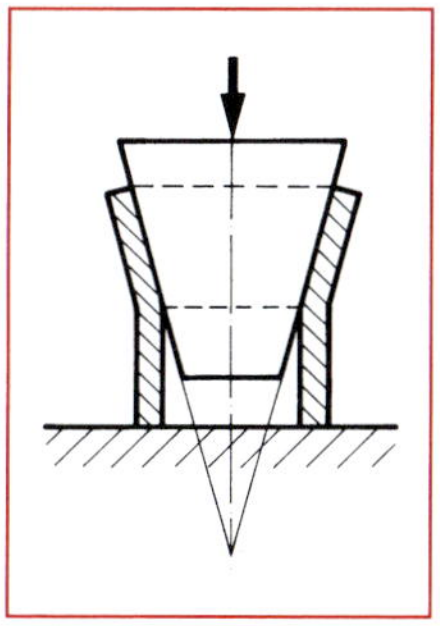

Bild 1 Aufweitversuch an Rohren nach DIN EN ISO 8493: 2004

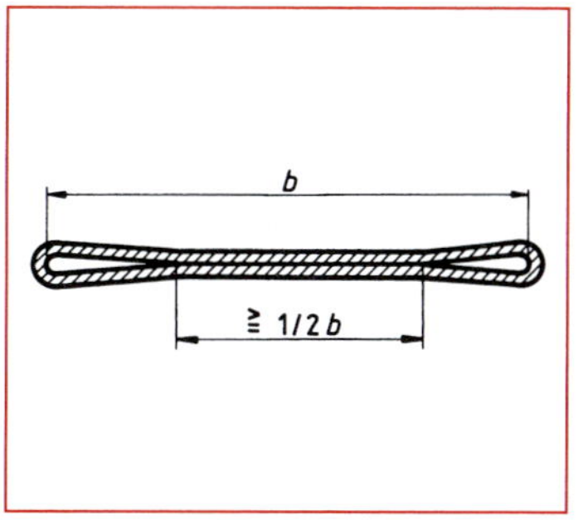

Bild 2 Ringfaltversuch an Rohren nach DIN EN ISO 8492: 2014

Aufweitversuche sind genormt in der DIN EN ISO 8493: 2004. Die Norm sollte angewendet werden für Rohre mit einem Außendurchmesser bis maximal 150 mm, bei Leichtmetallen bis 100 mm, und Wanddicken bis maximal 10 mm. Die wesentlichen Vorgaben sind: Ein konischer Dorn mit einem Winkel von 30°, 45° oder 60° oder einem anderen in der Erzeugnisnorm festgelegten Winkel wird in das Rohr eingedrückt (▶ Bild 1). Die Dornoberfläche muss ausreichend hart und poliert sein. Der Dorn kann gefettet sein. Die Länge des Rohres muss bei Kegelwinkeln kleiner 30° etwa 2 *D*, bei größeren Winkeln etwa 1,5 *D* sein. Die Auswertung erfolgt nach den jeweiligen Erzeugnisnormen. Ist dort nichts festgelegt, so gilt das Fehlen mit bloßem Auge sichtbarer Risse als Nachweis für das Bestehen der Prüfung.

Ringfaltversuche sind genormt in der DIN EN ISO 8492: 2014. Die Norm ist beschränkt auf Außendurchmesser *D* bis 600 mm und Wandstärken bis 15 % des Außendurchmessers. Der Versuch wird auf Prüfmaschinen mit parallelen und ebenen Druckplatten durchgeführt. Die Platten müssen größer sein als 1,6 · *D* und als die Breite der Proben nach dem Falten. Die Druckplatten müssen mindestens so lang sein wie die Proben. Die Rohre werden bis zu einem in der Erzeugnisnorm angegebenen Abstand der Druckplatten zusammengedrückt. Eine andere Variante ist das Dichtfalten (▶ Bild 2), bei dem sich die Innenwände mindestens über die Hälfte der Innenbreite *b* des gefalteten Rohres berühren müssen. Die Auswertung erfolgt nach den jeweiligen Erzeugnisnormen. Ist dort nichts festgelegt, so gilt das Fehlen mit bloßem Auge sichtbarer Risse als Nachweis für das Bestehen der Prüfung.

Prüfungen von Blechen

Mit dem Tiefungsversuch nach Erichsen (DIN EN ISO 20482: 2014) wird die Tiefziehfähigkeit von Blechen geprüft. Analog zu einem Tiefziehwerkzeug besteht das Prüfgerät aus der Matrize, dem Stempel und dem Blechhalter (▶ Bild 1). Das zu prüfende Blech wird zwischen Matrize und Blechhalter eingespannt. Dann wird der kugelförmige Kopf des Stempels zunächst mit der Probe in Berührung gebracht. Anschließend wird der Kopf soweit eingedrückt, bis in der entstandenen Einbeulung (dem „Näpfchen") ein durchgehender Riss erkennbar wird. Gemessen wird die Einbeultiefe, die dem Stempelweg von der Berührung bis zur Rissbildung entspricht.

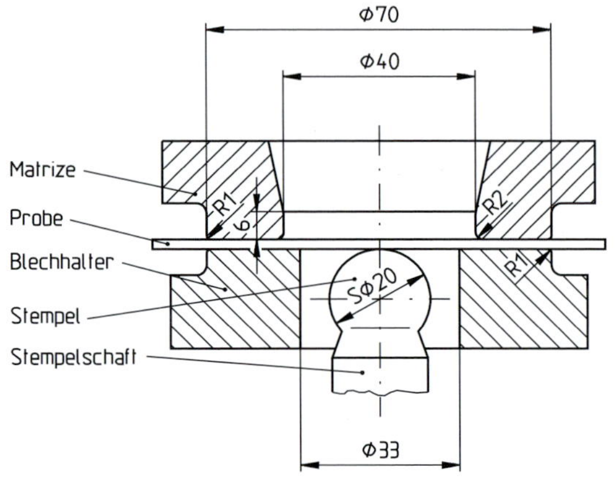

Bild 1 Tiefungsversuch an Blechen und Bändern (nach Erichsen) entsprechend DIN EN ISO 20482: 2014

Püfung von Drähten und Drahtseilen

Die Eigenschaften von Drahtseilen werden im Wesentlichen durch die Eigenschaften der Einzeldrähte bestimmt. Daher müssen nach DIN EN 12385-1: 2009 alle Einzeldrähte vor dem Verseilen geprüft werden und die gleiche Nennzugfestigkeit aufweisen. Nach anderen Teilen der Norm sind auch Prüfungen an Einzeldrähten nach dem Verseilen durchzuführen. Weiterhin schreibt die Norm die Ermittlung der Bruchkraft des Seils vor. Zur Prüfung der mechanischen Eigenschaften der Einzeldrähte werden *Hin- und Herbiegeversuche* (DIN EN 10218-1: 2012), *Verwindeversuche* und *Zugversuche* durchgeführt.

Bild 2 Hin- und Herbiegeversuch an Drähten nach DIN EN 10218-1: 2012

16.3 Schweißnahtprüfungen

Bei der Prüfung von Schweißungen unterscheidet man *technologische Prüfungen* und *Festigkeitsprüfungen.*

Technologische Biegeversuche geben Aufschluss über die Verformungsfähigkeit geschweißter Stumpfnähte. Gleichzeitig eignet sich die Faltprobe auch zur Beurteilung der Schweißausführung, sofern die Probe an der Schweißnaht bricht. Die Vorgaben für die Lage der Schweißnaht zur Beanspruchungsrichtung, die Art der Probenentnahme, die Probenvorbereitung und die Versuchsdurchführung sind der DIN EN ISO 5173: 2012 zu entnehmen. Die Versuchsdurchführung entspricht weitgehend dem Biegeversuch nach DIN EN ISO 7438: 2016 (▶ S. 279). Nach dem Versuch wird lediglich eine Sichtprüfung der Oberflächen durchgeführt. Die Befunde werden protokolliert und in den Prüfbericht aufgenommen. Die erforderlichen Inhalte des Prüfberichts sind der Anwendungsnorm zu entnehmen.

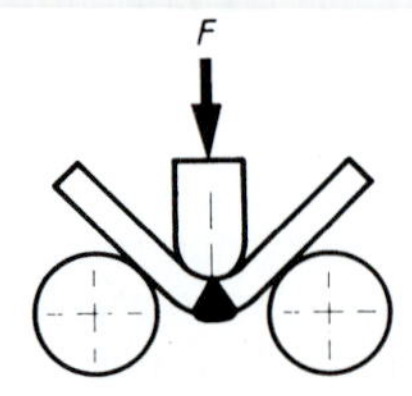

Bild 3 Technologischer Biegeversuch

Bruchprüfungen nach DIN EN ISO 9017: 2013 dienen zur Feststellung der Art, Lage, Größe und Verteilung von inneren Unregelmäßigkeiten in Schweißnähten wie Porositäten, Risse, Bindefehler, ungenügende Durchschweißungen und Einschlüsse. Sie können auch zur Prüfung und Überwachung der Schweißer herangezogen werden. Geprüft werden Schmelzschweißnähte an Metallen, deren Dicke gleich oder größer als 2 mm ist. Je nach Form der zu prüfenden Schweißung sind besondere Prüfstücke zu fertigen: Stumpfschweißnaht an Blechen, Stumpfschweißnaht an Rohren, Kehlnahtschweißung an Blechen und Kehlnahtschweißung zur Verbindung eines Rohres mit einem Blech. Aus den Prüfstücken werden anschließend die Proben für die Prüfung durch spanende Verfahren herausgearbeitet. Die Prüfung kann durch Schlagbelastung mit einem Hammer auf die einseitig eingespannte Probe, durch quasistatische Biegebelastung in einem Schraubstock, in einer Biegeprüfmaschine oder einer Werkstattpresse oder durch eine Zugprüfung erfolgen. Der Bruch kann unterstützt werden durch eine Einkerbung in der Schweißnahtüberhöhung (Längskerbe), durch Einkerben der beiden Schweißnahtkanten (Seitenkerben) oder durch Entfernen der Schweißnahtüberhöhung. Die Kerbform kann spitz, rund oder rechteckig sein. Für zähe Werkstoffe wird die Spitzkerbe empfohlen, damit der Bruch sicher in der Schweißnaht erfolgt. Beurteilt wird die Art, Lage, Größe und Verteilung der Unregelmäßigkeiten in der Schweißnaht. Dazu können auch optische Hilfsmittel, z. B. eine Lupe bis 5-fache Vergrößerung, benutzt werden. Die Bewertung der Qualität der Schweißnaht erfolgt nach der DIN EN ISO 5817: 2014 oder DIN EN ISO 10042: 2006 bzw. prEN ISO 10042: 2017.

Als *Festigkeitsprüfung* sind folgende Versuche genormt:

Zugversuche an schmelzgeschweißten Stumpfnähten dienen zur Beurteilung der mechanischen Belastbarkeit der Schweißnähte. Für die Versuchsdurchführung gelten die allgemeinen Festlegungen der DIN EN ISO 6892-1: 2017 (▶ Seite 271 ff.). Die Vorgaben für die Probenentnahme, die Probenabmessungen und die Hinweise zur Probenbearbeitung sind in der DIN EN ISO 4136: 2013 enthalten. Die Schweißnaht liegt immer quer zur Belastungsrichtung. Neben den Prüfergebnissen nach DIN EN ISO 6892: 2017 ist die genaue Bruchlage in Bezug zur Schweißnaht festzustellen und aufzuzeichnen. Makroätzungen zur Lagebestimmung der Schweißnaht sind zulässig. Weiterhin ist die Bruchfläche zu beurteilen und Unregelmäßigkeiten, die die Prüfung nachteilig beeinflussen könnten, sind nach Art, Größe und Anzahl aufzuzeichnen.

Kerbschlagbiegeversuche und Bruchprüfungen dienen zur Beurteilung der Eigenschaften von Schweißnähten bei einmaliger bzw. wiederholter schlagartiger Beanspruchung. Für die Versuchsdurchführung bei einmaliger schlagartiger Beanspruchung gelten die Festlegungen der DIN EN ISO 148-1: 2017. Die DIN EN ISO 9016: 2013 enthält die Angaben für die Lage der Proben in der Schweißnaht und die Probenbezeichnungen. In der DIN EN ISO 9017: 2018 sind die Größe der Proben und die Verfahren zur Bruchprüfung aufgelistet, die Hinweise über Art, Größe und Verteilung von inneren Fehlern in der Schweißnaht liefern können.

Aufgaben:

1. Welchen Zweck haben technologische Prüfungen?
2. Nennen Sie die Prüfungen, die an Rohren, Behältern, Blechen und Drähten durchgeführt werden. Geben Sie dazu die Normen an.
3. Nennen und erläutern Sie vier Versuche zur Beurteilung von Schweißnähten.

17 Zerstörungsfreie Prüfung metallischer Werkstoffe

Im Gegensatz zu den bisher besprochenen Prüfverfahren werden bei den zerstörungsfreien Prüfungen die Bauteile nicht zerstört oder in ihrer Funktion eingeschränkt. Sie können daher problemlos in der Fertigung eingesetzt werden.

Zerstörungsfreie Prüfverfahren sind jedoch nur dazu geeignet, Fehlstellen in Werkstoffen oder Bauteilen sichtbar zu machen. Sie liefern keine Aussagen über die mechanische Belastbarkeit von Werkstoffen und Bauteilen.

Zerstörungsfreie Prüfung von Werkstoffen und Bauteilen			
Verfahren		**Wirkungsweise**	**Anwendung**
Oberflächenrissprüfung	Farbeindringprüfung	Durch Kapillarwirkung wird das flüssige Farbeindringmittel in die Risse eingesaugt. Nach dem Reinigen der Oberfläche bildet sich in einem kapillaraktiven Entwickler eine breite Farbspur.	Beliebig geformte Bauteile aus beliebigen Werkstoffen. Die Risse müssen von der Oberfläche ausgehen oder bis an die Oberfläche reichen.
Magnetpulverprüfung	Pol- und Wechselstrom Magnetisierung und Entmagnetisierung	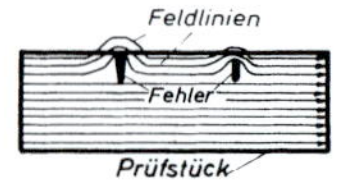	Zerstörungsfreier Nachweis von Rissen, Fremdeinschlüssen und Härtezonen in oder nahe der Oberfläche von magnetisierbaren Werkstücken
Ultraschallprüfung	Durchschallungsverfahren	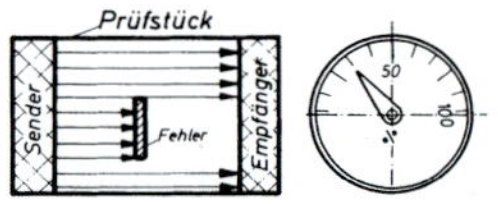	Nachweis der Kontur von Fehlern, die senkrecht zur Schallausbreitungsrichtung liegen
	Impuls-Echo-Verfahren	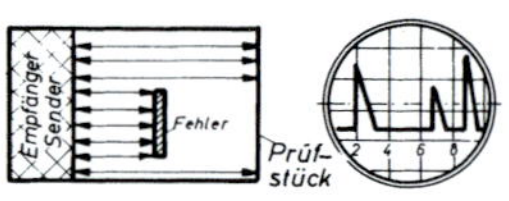	Nachweis der Kontur und der Tiefenlage von Fehlern, die senkrecht zur Schallausbreitungsrichtung liegen und Wandstärkenmessung
Röntgen- und Gammaprüfung	Film oder Leuchtschirm	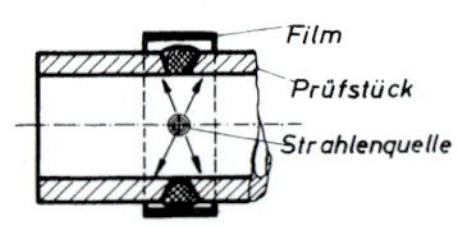	Zerstörungsfreier Nachweis von Lunkern, Schlackeeinschlüssen, Seigerungen u. Lage von Füllkörpern im Innern beliebiger Werkstücke
Elektromagnetische Induktionsverfahren	Wirbelstromverfahren	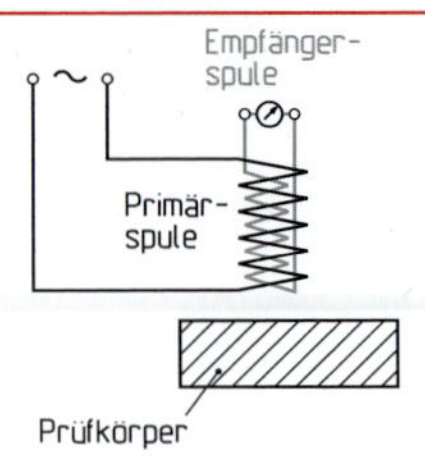	Nachweis von Oberflächenrissen und Kavitäten bis wenige mm Tiefe

Tabelle 1 Zerstörungsfreie Prüfung von Werkstücken

17.1 Oberflächenrissprüfung

Bei den Oberflächenrissprüfverfahren wird versucht, die Breite der Fehlstellen optisch soweit zu vergrößern, dass sie mit bloßem Auge oder mit einfachen optischen Hilfsmitteln z. B. einer Lupe erkennbar werden.

Farbeindringprüfung

Die Farbeindringprüfverfahren nutzen die Kapillarwirkung feiner Risse oder Fehlstellen in der Oberfläche von Bauteilen aus. Sie sind daher nur geeignet für Fehler, die von der Oberfläche ausgehen oder bis an die Oberfläche heranreichen. Im Bauteilinneren liegende Risse und Fehlstellen können nicht nachgewiesen werden.

Farbeindringprüfverfahren sind für Bauteile aus allen Werkstoffen anwendbar.

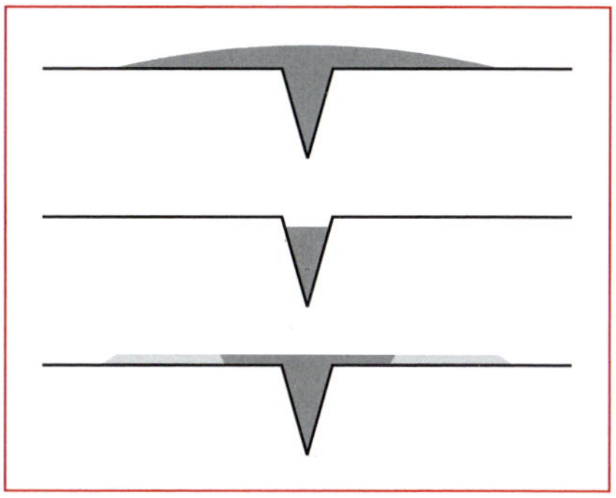

Bild 1 Farbeindringprüfung

Die Farbeindringprüfverfahren sind in der DIN EN 10228-2: 2016 genormt.

Der Ablauf ist entsprechend Bild 1 wie folgt: Auf die gründlich gereinigte und entfettete Bauteiloberfläche wird das flüssige Farbeindringmittel aufgetragen. Es kann aufgestrichen oder aufgesprüht werden. Kleinere Bauteile können auch in ein Bad eingetaucht werden. Durch Kapillarwirkung wird das Eindringmittel in die Risse „eingesaugt". Die Einwirkdauer sollte zwischen 5 und 60 Minuten liegen. Sie ist abhängig vom Fehlertyp, von der Fehlergröße, vom Eindringmittel, vom Werkstoff und anderen Einflussgrößen. Im nächsten Arbeitsschritt wird die Bauteiloberfläche sauber abgespült. Es dürfen keine Reste des Eindringmittels auf der Oberfläche zurückbleiben, weil sie Fehler vortäuschen würden. Dritter Arbeitsschritt ist das Entwickeln. Auf die getrocknete Bauteiloberfläche wird der Entwickler, meist Kreide, entweder aufgestäubt (Trockenentwicklung), aufgestrichen oder aufgesprüht (Nassentwicklung). Der Entwickler ist ebenfalls kapillaraktiv und saugt das Farbeindringmittel aus dem Riss, sodass sich über dem Riss eine breite Farbspur bildet. Die Entwicklungsdauer sollte zwischen 10 und 30 Minuten liegen. Durch die breite Farbspur werden auch sehr feine Risse deutlich erkennbar (▶ Bild 2). Die Erkennbarkeit kann durch Zumischung fluoreszierender Bestandteile und Betrachtung unter UV-Licht noch wesentlich verbessert werden.

Bild 2 Oberflächenrissprüfung nach dem Farbeindringverfahren
Die dunklen (roten) Linien an den Ecken der aufgeschweißten Platte kennzeichnen mit dem bloßen Auge nicht erkennbare Haarrisse (weiße Oberfläche = Entwickler).

Für die Farbeindringprüfung ist eine glatte Oberfläche vorteilhaft. Bei rauen Oberflächen bleiben Reste des Eindringmittels beim Abspülen in den Rauigkeitstälern und werden erst vom Entwickler herausgesaugt. Dadurch werden Fehler vorgetäuscht.

17.2 Magnetpulververfahren

Das Magnetpulververfahren nutzt die Verdrängung der magnetischen Feldlinien an Oberflächenrissen oder oberflächennahen Rissen, nichtmetallischen Einschlüssen oder Lunkern.

Voraussetzung für das Magnetpulververfahren sind Bauteile aus magnetisierbaren Werkstoffen.

Die Magnetpulverprüfverfahren sind in der DIN EN 10228-1: 2016 genormt.

Die magnetischen Feldlinien magnetisierter Bauteile werden an den Fehlstellen abgelenkt und gehen durch die Luft, wenn sich die Fehlstellen nahe genug an der Werkstückoberfläche oder in der Oberfläche befinden. Wird auf die Oberfläche ein magnetisierbares Pulver aufgebracht, sammelt es sich an den verdrängten Feldlinien und bildet „Pulverraupen". Ähnlich den Farbeindringprüfverfahren wird dadurch die Fehlstelle deutlich vergrößert angezeigt und erkennbar. Die Erkennbarkeit kann durch Zumischung fluoreszierender Bestandteile und Betrachtung unter UV-Licht noch wesentlich verbessert werden.

Als *magnetisierbares Pulver* dient reines Eisenpulver, das aufgestreut oder in Mineralöl aufgeschlämmt (Magnetöl) wird. Zum besseren Erkennen wird *gefärbtes Eisenpulver* oder *Magnetöl* mit fluoreszierenden Zusätzen verwendet.

Für die *Magnetisierung* der Werkstücke sind unterschiedliche Geräte entwickelt worden: *Polmagnetisierungsgeräte* (Querrisse), *Geräte mit Wechselstromdurchflutung* (Längsrisse), *Stoßmagnetisierungsgeräte* und *kombinierte Magnetisierungsgeräte.*

17.3 Ultraschallprüfung

Hinweise zur Durchführung der Ultraschallprüfung sind in den Normen DIN EN 10228-3: 2016 und DIN EN 10228-4: 2016 enthalten.

Die Ultraschallprüfung nutzt die Reflexion von Schallwellen an den Grenzflächen zwischen Medien mit höherer Dichte und Medien mit geringerer Dichte. Mit diesen Verfahren sind Fehlstellen in größerer Tiefe zu finden.

Für eine optimale Fehleranzeige sollten die zu prüfenden Werkstoffe möglichst homogen und die Hauptausdehnung der Fehlstellen senkrecht zur Schallausbreitungsrichtung sein.

Ultraschall wird durch Anlegen einer hochfrequenten elektrischen Spannung an ein Quarzkristallplättchen erzeugt. Dadurch wird das Plättchen zu mechanischen Schwingungen angeregt (piezoelektrischer Effekt). Umgekehrt erzeugen mechanische Schwingungen in dem Quarzkristallplättchen elektrische Spannungen. Koppelt man das Quarzkristallplättchen über ein Zwischenmedium an eine Werkstückoberfläche an, breiten sich die mechanischen Schwingungen als Ultraschallimpuls im Werkstoff aus. Er durchläuft das Werkstück mit einer für den Werkstoff charakteristischen Schallgeschwindigkeit. Diese beträgt bei Stahl etwa 5,9 km/s, bei Gusseisen je nach Graphitausbildung etwa 3,5 bis 5 km/s und bei Aluminium etwa 6,3 km/s.

Zum Schutz vor Beschädigung wird das Quarzkristallplättchen nicht direkt an die Bauteiloberfläche angekoppelt, sondern über einen Block aus Methylmetacrylat („Acrylglas"). Damit keine Schwächung des Signals an der Grenzfläche Acrylglas-Werkstoff auftritt, wird ein Ankopplungsmedium aufgebracht, z. B. Vaseline, Mineralöl oder Tapetenkleister. Sehr häufig wird die Ultraschallprüfung auch in einem Wasserbecken durchgeführt, in dem keine direkte mechanische Ankopplung des Ultraschallprüfkopfes an die Werkstückoberfläche erforderlich ist.

Bei der Prüfung von Metallen liegen die Anregungsfrequenzen zwischen 0,25 und 6 MHz, also weit oberhalb der Hörbarkeitsgrenze, daher der Begriff „Ultraschall". Die Schallwellen laufen geradlinig durch den Werkstoff. Trifft eine Schallwelle senkrecht auf eine ebene Grenzfläche auf, wird sie in eine reflektierte und durchgehende Welle aufgespaltet. Treffen Schallwellen schräg auf eine ebene Grenzfläche, so treten je nach Wellenart, Winkel und Werkstoffen Reflexion, Brechung und Wellenumwandlung auf. Aus einer einfallenden Longitudinalwelle entstehen z. B. gebrochene und reflektierte Longitudinalwellen (Schwingungsrichtung der Schallwelle parallel zur Ausbreitungsrichtung) und Transversalwellen (Schwingungsrichtung der Schallwelle senkrecht zur Ausbreitungsrichtung).

Fehler, deren größte Ausdehnung senkrecht zur Schallausbreitung liegt, werden sehr gut nachgewiesen, da eine große Reflexionsfläche vorhanden ist. Fehler, deren größte Ausdehnung parallel zur Schallausbreitung liegt, können dementsprechend kaum nachgewiesen werden.

Beim Durchschallungsverfahren sitzen Ultraschallsender und Empfänger auf den gegenüberliegenden Seiten des Bauteils. Ist in einem Bauteil kein Fehler vorhanden, so kommt nahezu die gesamte Schallintensität am Empfänger an. Trifft das Schallfeld auf eine Fehlstelle, so ist das am Empfänger ankommende Signal deutlich geschwächt bis nicht mehr vorhanden. In der Regel wird lediglich die Schwächung der Schallintensität mit einer Analoganzeige angezeigt. Mit diesem Verfahren kann nur die Fehlerausdehnung senkrecht zur Schallausbreitungsrichtung geprüft werden. Es eignet sich aber gut zur kontinuierlichen Prüfung von Bändern und Blechen (▶ Tab. S. 318).

Beim Impuls-Echo-Verfahren (▶ Tab. S. 318) wird nur ein Prüfkopf benutzt. Er wird abwechselnd als Sender und Empfänger geschaltet. Die Impulsfolgefrequenz ist geräteabhängig z. B. 240 Hz. Das Gerät sendet über den Ultraschallprüfkopf einen kurzen Impuls in das Werkstück, schaltet anschließend für eine (im Vergleich zur Sendezeit) längere Phase auf Empfang und nimmt in dieser Zeit die Ultraschallimpulse auf, die an der Rückwand oder an Fehlstellen im Werkstoff reflektiert wurden. Die Darstellung erfolgt auf einer Kathodenstrahlröhre oder einer ähnlich aufgebauten Flüssigkristallanzeige. Gleichzeitig mit der Aussendung des Schallimpulses wird der Strahl der Anzeige in der X-Ablenkung gestartet. Reflektierte Schallimpulse („Echos") werden durch Ablenkung des Strahles in Y-Richtung dargestellt. Die Höhe der Y-Ablenkung ist abhängig von der Intensität des Echos. Aus der Messung der Laufzeit (X-Ablenkung) von der Aussendung des Schallimpulses bis zum Eintreffen des reflektierten Signals kann über die Schallgeschwindigkeit die Dicke des Bauteils (Rückwandecho) oder die Tiefenlage des Fehlers (Fehlerecho) errechnet werden. Die Ausdehnung des Fehlers quer zur Schallausbreitungsrichtung kann durch systematisches Abtasten („Scannen") der Oberfläche ermittelt werden. Kann der Prüfkopf an verschiedenen Seiten des Bauteils angekoppelt werden, ist auch eine dreidimensionale Erfassung des Fehlers möglich. Heute sind auch Ultraschallgeräte im Handel, die eine direkte Anzeige der Fehlerkontur auf einem Computermonitor ermöglichen. Derartige Geräte werden auch in der Medizin eingesetzt zur Untersuchung innerer Organe.

17.4 Prüfung mit Röntgen- und Gammastrahlen

17.4.1 Eigenschaften der Röntgen- und Gammastrahlen

Röntgen- und Gammastrahlen sind wie das sichbare Licht *elektromagnetische Schwingungen*, Bild 1, deren Energie um so größer ist, je kürzer die Wellen sind. Sie durchdringen Stahl bis etwa 300 mm, Kupfer bis 50 mm und Leichtmetall bis 400 mm Dicke. Sie wirken auf photographische Schichten ähnlich wie das sichtbare Licht und schädigen lebende Zellen.

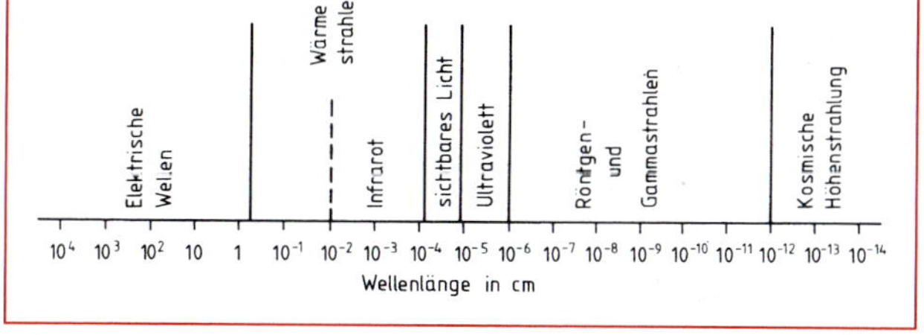

Bild 1 Wellenlängen der elektromagnetischen Strahlung

Bei der Prüfung mit Röntgen- und Gammastrahlen sind die besonderen Strahlenschutzvorschriften zu beachten (DIN 54115-1: 2006).

17.4.2 Entstehung der Röntgenstrahlen

Röntgenstrahlen entstehen, wenn schnelle Elektronen auf feste Körper auftreffen und gebremst werden.

Von der Bremsstelle gehen zwei Strahlenarten aus:

das Bremsspektrum/weißes Röntgenlicht, in dem alle Wellenlängen von 0,3 bis 1,5 nm (1 nm = 10^{-9} m) vorkommen (polychromatische Strahlenbündel), und

die charakteristische/Eigen-Strahlung, die nur aus wenigen Wellenlängen, $K_{\alpha 1}$-, $K_{\alpha 2}$- und $K_{\beta 1}$-Strahlung (monochromatische Strahlenbündel) besteht.

Röntgenstrahlen werden in *Röntgenröhren* erzeugt. In ihnen werden die Elektronen von weiß glühenden Wolframdrähten (Glühkatode) abgegeben und in *hochevakuierten Röhren* durch ein elektrisches Hochspannungsfeld beschleunigt. Aus der angelegten Röhrenspannung und dem Anodenwerkstoff ergibt sich die *Wellenlänge,* die mit zunehmender Spannung kürzer und damit durchdringender (= härter) wird. Nach dem Durchdringungsvermögen unterscheidet man *harte* und *weiche Röntgenstrahlen.*

In einer Ringröhre aus Glas oder Porzellan, dem sog. *Betatron*, können Röntgenstrahlen mit sehr kurzer Wellenlänge erzeugt werden.

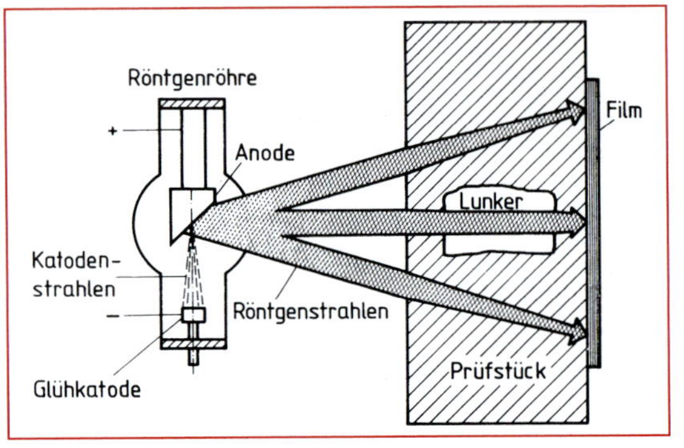

Bild 1 Schema der Röntgendurchstrahlung eines Prüfstückes mit Lunker. Geringe Strahlenschwächung im Bereich des Lunkers

17.4.3 Quellen der Gammastrahlen

Gammastrahlen werden von *radioaktiven* (strahlenaussendenden) *Elementen* als Begleiterscheinung des Atomkernzerfalls ausgesendet.

Die *wichtigsten Gammastrahler* für die Werkstoffprüfung sind *Radium, Radon, Mesothor* (natürliche) und *Cobalt, Tantal, Caesium, Thulium* (künstliche).

Gammaquellen sind im Gegensatz zu Röntgeneinrichtungen sehr klein, sie werden in zylindrischer Form von 2 bis 6 mm Durchmesser und Höhe geliefert. Da die gefährliche Strahlung nicht abgestellt werden kann, erhöht die für Lagerung und Handhabung notwendige Bleiverpackung jedoch das Gewicht der Einrichtung erheblich.

17.4.4 Durchführung der Röntgen- und Gammaprüfung

Von der Strahlenquelle wird das Schattenbild des Prüfstückes auf eine photographische Schicht geworfen.

An Werkstofftrennungen, die ihre größte Ausdehnung parallel zur Strahlungsrichtung haben, wird der Strahl weniger geschwächt als im umgebenden Material. Der dahinterliegende Film wird stärker geschwärzt.

Die *Güte des Schattenbildes* wird nach DIN EN ISO 19232-1: 2013 mit *Drähten* unterschiedlicher Dicke kontrolliert, die auf das Prüfstück aufgelegt und auf dem Röntgenfilm als helle Streifen abgebildet werden. Auf dem Schattenbild müssen die der Dicke des Prüfstückes zugeordneten Drähte sichtbar sein. Normale Schattenbilder können auf das 5-fache vergrößert werden.

Die direkte Beobachtung des Prüfstückes auf einem Leuchtschirm, die sog. Durchleuchtung mit Röntgenstrahlen, ist für Stahldicken bis zu 20 mm anwendbar.

17.5 Zerstörungsfreie Werkstoffprüfung mit elektromagnetischem Induktionsverfahren (Wirbelstromprüfung)

Eine von einem hochfrequenten Wechselstrom durchflossene Erregerspule wird über die Oberfläche eines elektrisch leitfähigen Werkstoffes geführt. Durch Induktion werden in der Oberfläche des Werkstoffes Wirbelströme erzeugt. Das Magnetfeld dieser Wirbelströme ist gemäß der Lenz'schen Regel dem Magnetfeld des Erregerstromes entgegengesetzt gerichtet. In einer konzentrisch zur Erregerspule angeordneten Empfängerspule wird dadurch ein Strom mit einer definierten Spannung induziert, der proportional ist zur Differenz der beiden Magnetfelder. Die Spannung an der Empfängerspule wird gemessen. Ändert sich nun die Leitfähigkeit des Werkstoffes beispielsweise durch einen Riss oder einen Hohlraum nahe der Oberfläche, so ändern sich auch die Wirbelströme und damit das von ihnen erzeugte Magnetfeld: Die Spannung an der Empfängerspule ändert sich. Der Wert der Spannungsänderung ist ein Maß für die Größe des Risses oder des Hohlraums.

Das Verfahren ist ebenfalls schon sehr lange zur Oberflächenrissprüfung eingeführt. Zu beachten ist aber, dass Spannungsänderungen auch durch Gefügeänderungen im Werkstoff (veränderte elektrische Leitfähigkeit), durch Abstandsänderungen des Spulensystems von der Werkstoffoberfläche und durch Oberflächenrauigkeiten hervorgerufen werden können und damit zu Fehlinterpretationen führen. Wichtigste Maßnahme zur Vermeidung solcher Fehlanzeigen ist die Führung des Spulensystems mit konstantem Anpressdruck und konstanter Geschwindigkeit über die Werkstoffoberfläche, z. B. durch eine Prüfvorrichtung.

Aufgaben:

1. Nennen Sie den wesentlichen Vorteil der zerstörungsfreien Prüfverfahren.
2. Welche beiden Prüfverfahren sind für die Erkennung von feinen Oberflächenrissen bzw. oberflächennahen Rissen geeignet? Beschreiben Sie kurz die beiden Verfahren.
3. Nennen und erläutern Sie kurz die beiden Ultraschallprüfverfahren.
4. In welchen Fällen wird die Ultraschallprüfung vorzugsweise eingesetzt?
5. Wie entstehen Röntgenstrahlen?
6. Nennen Sie einige radioaktive Elemente, die in der zerstörungsfreien Werkstoffprüfung eingesetzt werden.
7. Beschreiben Sie kurz die Einsatzbereiche der Röntgen- bzw. Gammastrahlenprüfung. Welche Fehler werden mit diesen beiden Prüfverfahren bevorzugt erkannt?
8. Warum müssen bei diesen beiden Prüfverfahren die Strahlenschutzvorschriften unbedingt beachtet werden?
9. Erläutern Sie die elektromagnetische Induktionsprüfung (Wirbelstromprüfung). Welche Schäden werden bei diesem Prüfverfahren erkannt?

18 Spektrochemische Analyse von Werkstoffen

Durch spektrochemische Analyse können alle in einer Legierung enthaltenen Metalle schnell und sicher bestimmt werden.

Die spektrochemische Analyse beruht darauf, dass jedes zum Leuchten angeregte Element Licht mit bestimmten Wellenlängen aussendet und dass die Elemente an der Art des ihnen eigenen Lichtes erkannt werden können.

Wie eine Zündkerze im Verbrennungsmotor werden bei der *Spektralanalyse* das Prüfstück und ein Vergleichsstück aus reinem Eisen durch Stromstöße zum Funkensprühen (Lichtaussendung) angeregt. Das vom Prüfstück und das vom Vergleichsstück ausgesendete Licht wird, jedes für sich getrennt, in einem *Spektrographen* mit einem Prisma oder einem Gitter in seine einzelnen Wellenlängen zerlegt und auf eine Mattscheibe projiziert. Die einzelnen Wellenlängen werden auf der Mattscheibe als *Linien* sichtbar, eine Erscheinung, die schon von der Dispersion des weißen Lichtes her bekannt ist.

Die Linien der beiden Proben erscheinen im Gesichtsfeld des Spektrographen übereinander (▶ Bild 1). Da jedes Element eine mehr oder weniger große Anzahl Linien erzeugt, durch die jede Elementart gekennzeichnet ist, können mit einer zum Spektrographen gehörigen *Wellenlängenskala* Art und Menge des leuchtenden Elements bestimmt werden. Die Eisenlinien werden dabei zum Vergleichen benützt.

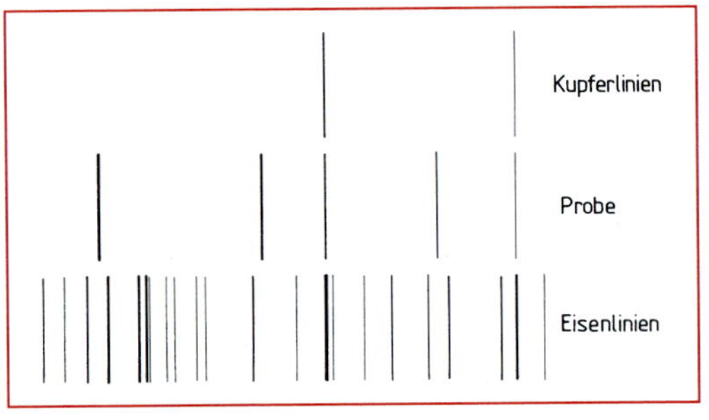

Bild 1 Bleiprobe mit Kupfergehalt
Aus den Eisenlinien, die ohne Knick die Fortsetzung der Kupferlinien bilden, kann die Menge des Kupfers der zum Gerät gehörenden Wellenlängenskala entnommen werden.

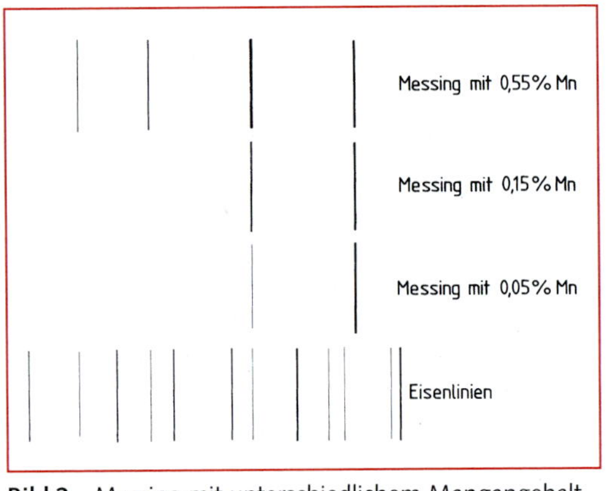

Bild 2 Messing mit unterschiedlichem Mangangehalt

Durch spektrochemische Analysen werden die Legierungsbestandteile aller Metalle zahlenmäßig erfasst.

19 Untersuchung des mikroskopischen Aufbaus der metallischen Werkstoffe

Untersuchungen des mikroskopischen Aufbaus der Werkstoffe haben den Zweck, die Werkstoffeigenschaften aus dem atomaren Aufbau der Werkstoffe abzuleiten. Die Methoden dazu sind:

Chemische Analyse zur Bestimmung der Elemente.

Beugung von Röntgenstrahlen zur Bestimmung von Kristallstrukturen;

Lichtmikroskopie zur Untersuchung von Gefügen;

Elektronenmikroskopie zur Untersuchung von Baufehlern, homogenen Phasenbereichen, Oberflächen und Kristallstrukturen.

Feldionenmikroskopie zur Untersuchung von Baufehlern im kleinsten Bereich, z. B. Punktfehler.

19.1 Bestimmung von Kristallstrukturen durch Beugung von Röntgenstrahlen

Wenn Wasserwellen mit geringer Amplitude auf ein Hindernis (z. B. ein senkrecht in das Wasser gehaltenes Lineal) treffen, verlaufen die von den Enden des Hindernisses ausgehenden Wellen auch in das Gebiet hinter dem Hindernis; man sagt: Die Wellen werden gebeugt. Das hier für Wasserwellen Gesagte gilt in entsprechender Weise auch für die Ausbreitung des Lichtes.

Die Bestimmung von Kristallstrukturen durch Beugung von Röntgenstrahlen kann nach dem *Laue-/Debye-Scherrer-Verfahren* erfolgen.

Laue-Verfahren. Weißes Röntgenlicht, dessen Wellenlängen dem Atomabstand im Kristallgitter der Werkstoffe vergleichbar sind, wird auf einen Kristalliten gerichtet, sodass Beugungserscheinungen eintreten (▶ Bild 1). Die Auswertung des Beugungsbildes ermöglicht eine Strukturanalyse, d. h. eine Bestimmung der Atomanordnung im Gitter.

Debye-Scherrer-Verfahren. Monochromatische Röntgenstrahlen werden auf ein mit Kristallpulver gefülltes Glasröhrchen gelenkt. Diese Strahlen werden unter einem bestimmten Winkel abgebeugt, so dass sich um den Einfallsstrahl Strahlenkegel bilden, die auf einem breiten Film dunkle Kreise, auf einem schmalen Film dunkle Kreissektoren erzeugen (▶ Bild 2). Aus den Abständen der Kreise/Kreissektoren ermittelt man die Abstände der Gitterebenen in der Probe.

Regellos orientierte Kristalle führen zu einer gleichmäßigen Schwärzung der Ringe, Texturen zu einer ungleichmäßigen. Die Breite der Ringe wird durch Verzerrungen, z. B. nach einer Verformung, vergrößert.

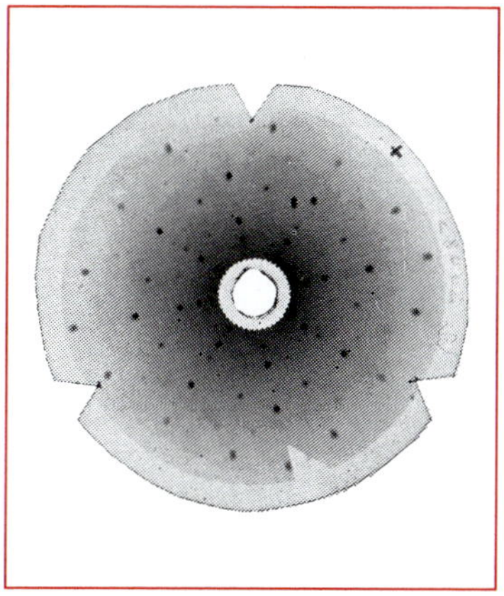

Bild 1 Laue-Aufnahme
Einkristall. Abstand Probe-Film: 26 mm, 0,1 mm dicke Al-Folie vor dem Film.

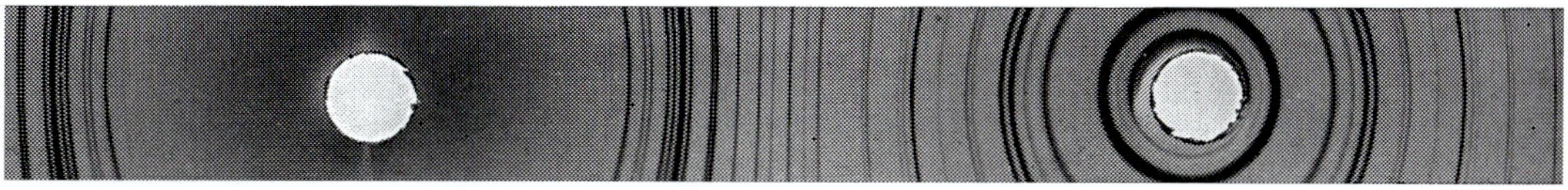

Bild 2 Ausschnitt aus einer Debye-Scherrer-Aufnahme
Monochromatische Strahlung 15 mA, 23 kV, 24 h belichtet. Probe: FE_3C.

19.2 Optische Verfahren zur Untersuchung des mikroskopischen Aufbaus der Werkstoffe

Mit optischen Geräten werden kleine Strukturen erkennbar, die das menschliche Auge nicht mehr erkennen kann. Bei der Anwendung sind jedoch die physikalischen Grenzen der Abbildungssysteme zu beachten. Wichtigste Größen sind die

- Auflösung, das ist der kleinste Abstand zweier nebeneinander liegenden Linien, bei dem diese gerade noch getrennt erkennbar sind,
- Schärfentiefe, das ist der größte Abstand zweier Punkte in Blickrichtung, bei dem beide gerade noch scharf abgebildet werden.

Auflösung und Schärfentiefe hängen in erster Linie von der Wellenlänge des Lichtes ab. Je kürzer diese ist, umso größer werden sie.

	Vergrößerung	Auflösung	Schärfentiefe	Betrachtete Objekte
Auflichtmikroskop	bis 1 000fach (1 500-fach)*	0,3 µm bei 1 000-fach	0,2 µm bei 1 000-fach	Gefügebestandteile
Rasterelektronen-mikroskop	200 000	0,01 µm	35 µm	raue Oberflächen, Bruchflächen, Gefüge
Durchstrahlungs-elektronenmikroskop	1 000 000	0,001 µm	nur ebene Abbildung	Versetzungen, Verformungszwillinge, Ausscheidungen

* Mit einem optischen Öl als Medium zwischen Objektiv und Objekt wegen der geringeren Lichtbrechung

Neben diesen optischen Verfahren werden heute auch Verfahren zur Abbildung von Oberflächen eingesetzt, die auf anderen physikalischen Prinzipien beruhen:

- Rasterkraftmikroskopie: Die Oberfläche wird mit einer Nadel abgetastet, deren Spitze nur wenige Atome dick ist. Dargestellt werden die „Rauigkeiten". Die Darstellung einzelner Atome in der Oberfläche ist möglich.
- Rastertunnelmikroskopie: Sensor ist ebenfalls eine Nadel mit wenigen Atomen Durchmesser. Als Messsignal werden die „Tunnelströme" genutzt, die sich unter bestimmten Voraussetzungen zwischen Oberflächenatomen und der Nadel ausbilden. Auch mit diesem Verfahren sind einzelne Atome abbildbar.

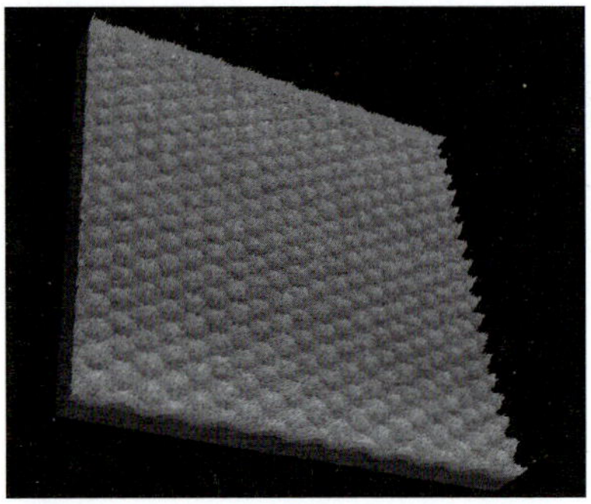

Bild 1 Graphit, Aufnahme mit einem Rastertunnelmikroskop in atomarer Auflösung. Die Kantenlänge beträgt 2 nm.

Lichtmikroskopie

Metalle, Keramiken und Polymere sind bis auf wenige Ausnahmen lichtundurchlässig und können nur im Auflicht betrachtet werden. Das auftreffende Licht wird von der Oberfläche mehr oder weniger stark reflektiert und als Abbild der Oberfläche vom Auge wahrgenommen.

▶ Bild 2 zeigt stark vereinfacht den Aufbau eines Auflichtmikroskops, häufig auch „Metallmikroskop" genannt. Das von der Lichtquelle ausgestrahlte Licht wird durch einen Kondensor gleichgerichtet und über eine Planglasplatte durch das Objektiv auf die Probe gelenkt. Die Probenoberfläche wirft das Licht mehr oder weniger stark zurück durch das Objektiv und durch die Planglasplatte in das Okular, mit dem das Bild der Oberfläche betrachtet wird.

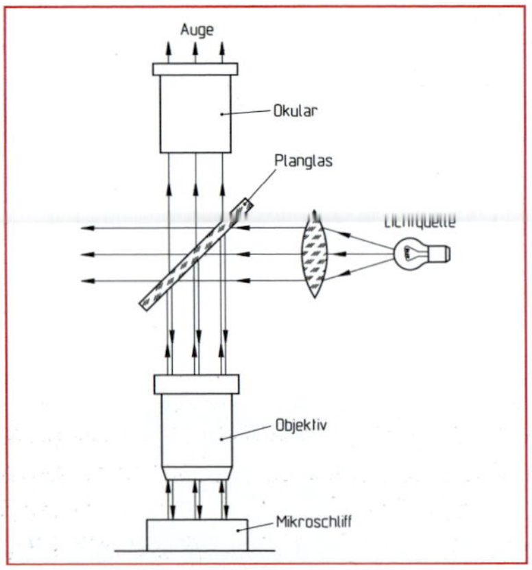

Bild 2 Prinzipdarstellung eines Auflicht- oder Metallmikroskops

Objektiv und Okular sind mit höchster Präzision hergestellte Linsensysteme, die speziell für die Anwendung in Metallmikroskopen berechnet wurden. Es können verschiedene Objektive mit verschiedenen Okularen kombiniert werden, um unterschiedliche Vergrößerungen zu erreichen. Standard sind die Vergrößerungen 50-fach, 100-fach, 200-fach, 500-fach und 1 000-fach.

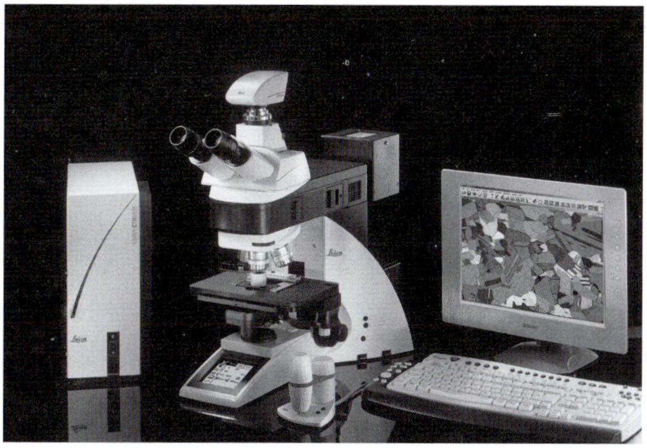

Bild 1 Auflichtmikroskop für metallografische Untersuchungen

Aufgrund der geringen Schärfentiefe des Lichtmikroskops müssen Proben, die mit dem Metallmikroskop betrachtet werden sollen, extrem eben sein. Bei 1 000-facher Vergrößerung darf die größte Welligkeit nicht größer als 0,2 µm sein, um eine scharfe Abbildung der Fläche zu erreichen. Daher werden die Proben in mehreren Arbeitsschritten geschliffen und poliert. Die fertige Probe wird als „metallografischer Schliff" bezeichnet.

Herstellung der metallografischen Schliffe

Erstes Ziel der Präparation ist eine möglichst plane Oberfläche, wobei die zulässige Welligkeit sich nach der geforderten Vergrößerung bei der Betrachtung richtet (so plan wie nötig).

Anhaltswerte für die mindest erforderliche Welligkeit liefert das Bild 2, das die Schärfentiefe in Abhängigkeit von der Vergrößerung zeigt.

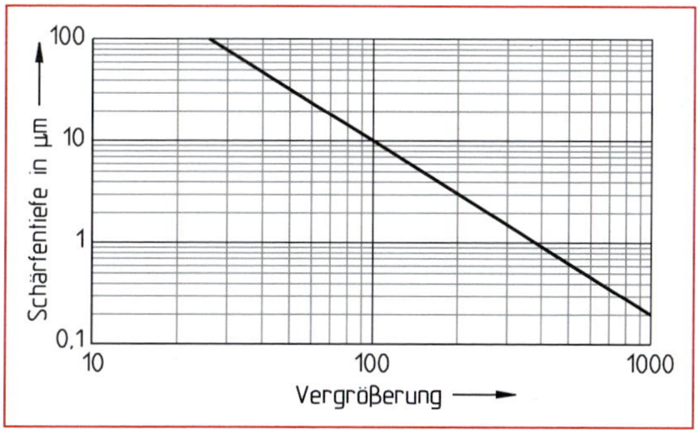

Bild 2 Schärfentiefe in Abhängigkeit von der Vergrößerung

Da die Proben für die metallografische Untersuchung in der Regel aus größeren Bauteilen herausgetrennt werden müssen, sind sie an den Trennflächen plastisch verformt. Auch das nachfolgende Schleifen und Polieren erzeugt in der Probenoberfläche plastische Verformungen. Diese überdecken das „wahre Gefüge", sodass die nachfolgende Betrachtung im Metallmikroskop zu falschen Ergebnissen führen kann.

Zweites Ziel der Präparation ist die Freilegung des „wahren Gefüges" ohne störende plastische Verformungen.

Folgende Arbeitsschritte sind erforderlich:

- **Trennen:** Die Probengröße liegt meist bei 10 bis 50 mm Kantenlänge oder Durchmesser. Aus größeren Bauteilen muss daher die Probe in einer festzulegenden Orientierung herausgetrennt werden. Die Lage ist beispielsweise abhängig von der Lage der hoch beanspruchten Zonen, der Bruchflächen oder ähnlichen Kriterien. Grundsätzlich können alle Trennverfahren eingesetzt werden. Es ist jedoch darauf zu achten, dass sich die Schnittflächen nicht erwärmen, damit sich das Gefüge nicht durch Wärmeeinflüsse verändert. Daher muss immer für eine ausreichende Kühlung gesorgt werden.
- **Einbetten:** Um die Proben besser spannen bzw. handhaben zu können, werden sie in Kunststoffmassen eingebettet oder in einem speziellen Schliffhalter fixiert. Um beste Ergebnisse zu erreichen, sollten die Proben vor dem Einbetten gereinigt und entfettet werden. Man unterscheidet die beiden

Verfahren Warmeinbetten und Kalteinbetten. Beim Warmeinbetten werden die Proben in einer Einbettpresse unter Druck und Temperatur in eine duroplastische Masse auf Phenolharzbasis eingepresst. Beim Kalteinbetten werden Gießharze auf Epoxid- oder Polyesterbasis oder selbstpolymerisierende Acrylmassen eingesetzt. Erforderlich sind hier lediglich Gießformen, im einfachsten Fall Ringe aus Kunststoffrohren. ▶ Bild 1 zeigt links eine in Phenolharz und rechts eine in Epoxidharz eingebettete Probe.

Bild 1 Eingebette und geschliffene Proben, links Phenolharzpressmasse, rechts Epoxidharzgießmasse

- **Schleifen:** Zum Schleifen werden Flachschleifmaschinen eingesetzt. Werkzeugträger ist eine rotierende Scheibe (Schleifteller, Drehzahlen zwischen 150 und 300 min^{-1}). Die Proben können auf dieser Scheibe mit Hand geführt werden. Sollen mehrere Proben gleichzeitig bearbeitet werden, werden sie in einem Probenhalter befestigt, der in einen exzentrisch über dem Schleifteller montierten Antrieb eingesetzt wird. Probenhalter und Schleifteller rotieren mit gleicher Drehrichtung, durch die exzentrische Anordnung und die unterschiedlichen Drehzahlen ist gewährleistet, dass die Schleifkörner immer unterschiedliche Probenbereiche bearbeiten. Die Schleifpapiere werden auf den Schleifteller aufgeklebt. Während des Schleifens wird mit Wasser gekühlt, um das Gefüge nicht durch Wärme zu verändern, aber auch um die abgetragenen Metallpartikel aus dem Arbeitsraum herauszuspülen. Geschliffen wird in mehreren Schritten mit Schleifpapieren abnehmender Körnung (220, 320, 500, 1 000, 1 200) und zwar jeweils solange, bis die Schleifspuren des vorangegangenen Schleifprozesses nicht mehr zu sehen sind. Grundidee dabei ist, dass mit den Schleifriefen des vorangegangenen Arbeitsganges auch die plastisch verformte Zone abgetragen wird. Mit jeder feineren Körnung wird auch die Verformungszone immer dünner.
- **Polieren:** Um höchste Planheit und niedrigste Rauigkeit zu erreichen und das wahre Gefüge freizulegen, wird die Probe geläppt und anschließend poliert. Charakteristisch für beide Verfahren ist, dass die Schleifpartikel nicht mehr in einem Träger gebunden sind, sondern lose zwischen Werkzeug und Werkstück rollen. Es werden die gleichen Maschinen eingesetzt, die auch zum Schleifen verwendet werden. Um die Schleifpartikel zu halten, wird der Schleifteller mit Vliesstoff (Filz), Gewebe (Webfilz, Billardtuch) oder auch Verbundtüchern (Flocksamt) bezogen. Geläppt wird mit Aluminiumoxid der Körnung 6 µm oder Diamantsuspension gleicher Korngröße. Wichtig für das Polierergebnis ist die Härte des Tuches. Harte Tücher tragen weiche Gefügebestandteile stärker ab, sodass auf der Probe eine Reliefstruktur entsteht, die das wahre Gefüge überdeckt. Als Poliermittel werden eingesetzt: Tonerde (Aluminiumoxid Al_2O_3) in Korngrößen zwischen 0,5 und 3 µm oder Diamantsuspension in Korngrößen von 1 µm. In beiden Fällen wird destilliertes Wasser als Schmiermittel verwendet.

Nach dem Polieren ist die Oberfläche spiegelglatt und eben. Sie zeigt keine Struktur. Unter dem Mikroskop sind allenfalls nichtmetallische Einschlüsse wie Schlacken, Oxide, Sulfide, Graphiteinschlüsse bei Gusseisen (▶ Seiten 140 und 141) bzw. Poren, Gasblasen oder Risse zu erkennen.

- **Ätzen zur Gefügeentwicklung:** Durch Ätzen wird auf der Schlifffläche ein gefügeabhängiges Oberflächenrelief erzeugt, das die auftreffenden Lichtstrahlen im Metallmikroskop in unterschiedliche Raumrichtungen reflektiert (▶ Bild 1 S. 329). Wird das Licht direkt in das Objektiv zurückgespiegelt, erscheint dieser Bereich hell. An schrägen Oberflächenbereichen wird das Licht zur Seite gestreut, diese Bereiche erscheinen dunkler. Um das Gefüge zu entwickeln, wird die Schlifffläche mit unterschiedlichen Ätzmitteln betupft oder in diese Ätzmittel eingetaucht. Die eingesetzten Ätzmittel sind zwar sehr niedrig konzentriert, bei der Anwendung sind aber Sicherheitshinweise zum Umgang mit ätzenden Flüssigkeiten zu beachten. Gebräuchliche Ätzmittel für die Bau- und Vergütungsstähle sind eine 3 %-ige alkoholische Salpetersäure oder eine 4 %-ige Pikrinsäure. Je nach Metall/Legierung und gewünschter Gefügeentwicklung steht heute eine Vielzahl weiterer Ätzmitteln zur Verfügung. Nach dem Ätzen wird der Schliff zunächst gründlich unter fließendem Wasser gereinigt, damit keine Säurereste auf das Mikroskop verschleppt werden, und getrocknet. Damit ist der Schliff bereit für die Untersuchung mit dem Metallmikroskop.

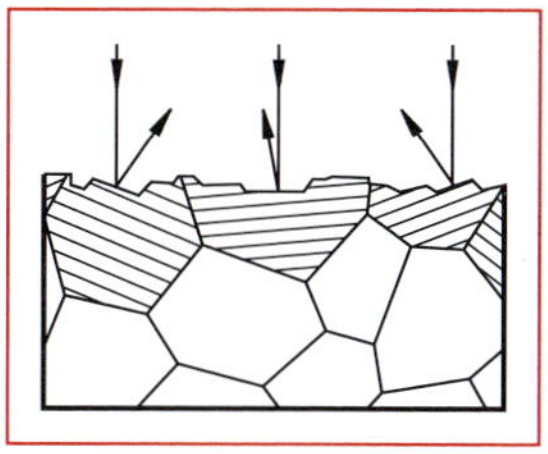

Bild 1 Oberflächenrelief mit unterschiedlichen Reflexionswinkeln

Beispiele für Gefügebilder der unterschiedlichen Werkstoffe sind in den verschiedenen Kapiteln zu finden.

19.3 Elektronenmikroskopie

Die mit Elektronenstrahlen arbeitenden Elektronenmikroskope übertreffen die Lichtmikroskope hinsichtlich Auflösungsvermögen und Vergrößerung um ein Vielfaches. Ursache ist die sehr viel kleinere Wellenlänge der Elektronenstrahlung im Vergleich zum sichtbaren Licht.

Man unterscheidet:

Durchstrahlungs-Elektronenmikroskopie, EM, bei der Elektronenstrahlen die unter 10 nm dünnen Präparate, sog. Dünnschliffe, durchdringen und vergrößerte Abbildungen, z. B. von Gefügephasen, erzeugen. Ein Elektronenmikroskop neuer Art ist das in Japan hergestellte **Atomic Resolution Microscope (ARM),** mit dem Atome erstmals sichtbar gemacht werden konnten, ▶ Bild 4, S. 23.

Raster-Elektronenmikroskope, REM, bei der ein Elektronenstrahl von etwa 50 nm Durchmesser ein quadratisches Oberflächenfeld der beliebig dicken Probe zeilenförmig in einem Raster abtastet. An der jeweiligen Auftreffstelle des Elektronenstrahls werden Sekundärelektronen ausgelöst, die eine vergrößerte Abbildung der Probenoberfläche aufzeichnen.

Der Vorteil der REM ist ihre außergewöhnliche Schärfentiefe:
bei V = 50 : 1 etwa 10 mm, bei V = 10000 : 1 noch 1 µm.

Die Rasterelektronenmikroskopie wird in allen Bereichen der Oberflächenuntersuchung eingesetzt, in denen eine Präparation der Oberfläche, z. B. in Form eines metallografischen Schliffes zum Verlust der gesuchten Informationen führen würde. Dazu zählen in erster Linie Bruchflächenuntersuchungen (▶ Bild 2 S. 286), aber auch Gefügeuntersuchungen, ▶ Bilder 1 und 2 S. 142 und Bild 1 S. 143, oder Bauteiluntersuchungen, z. B. in der Mikromechanik oder Mikroelektronik. Auch in Biologie und Medizin sind Rasterelektronenmikroskope heute unverzichtbar.

Aufgaben:

1. Erklären Sie die beiden Begriffe Auflösung und Schärfentiefe.
2. Nennen und erklären Sie die beiden wichtigen Ziele bei der Präparation eines metallografischen Schliffs.
3. Welche Vorteile bieten Rasterelektronenmikroskope bzw. Elektronenmikroskope gegenüber Lichtmikroskopen hinsichtlich Auflösung und Vergrößerung? Worauf sind diese Vorteile zurückzuführen?

20 Prüfungen verschiedener Art

20.1 Prüfung der Ein- und Durchhärtbarkeit von Stählen

Aufgrund der größeren Wärmespeicherung und der verzögerten Wärmeabgabe über die Oberfläche sind Bauteile mit größeren Querschnitten nicht durchhärtbar (▶ S. 104 ff.). Die Ein- oder Durchhärtbarkeit kann jedoch durch Zugabe bestimmter Legierungselemente verbessert werden.

Zur Prüfung dieser Ein- oder Durchhärtbarkeit wird der Stirnabschreckversuch (Jominy-Versuch) nach DIN EN ISO 642: 2000 durchgeführt. Dazu wird eine zylindrische Probe, Durchmesser 25 mm und Länge 100 mm, zunächst auf eine festgelegte Temperatur im Austenitgebiet (▶ Eisen-Kohlenstoff-Schaubild S. 73) erwärmt und eine ebenfalls festgelegte Zeit gehalten. Anschließend wird sie mit einem Wasserstrahl nur über eine Stirnfläche abgekühlt (▶ Bild 1). Durch das Temperaturgefälle vom noch heißen Ende des Zylinders zur abgeschreckten Stirnfläche wird die Wärmeabfuhr in größeren Bauteilvolumina simuliert. Es ergibt sich ein Gefälle der Abkühlgeschwindigkeit, die direkt an der abgeschreckten Stirnfläche sehr hoch ist und über die Länge des Zylinders abnimmt. Nach dem vollständigen Abkühlen auf Raumtemperatur wird der Zylinder auf der Mantelfläche angeschliffen. Auf dieser Fläche wird an vorgegebenen Punkten die Härte geprüft.

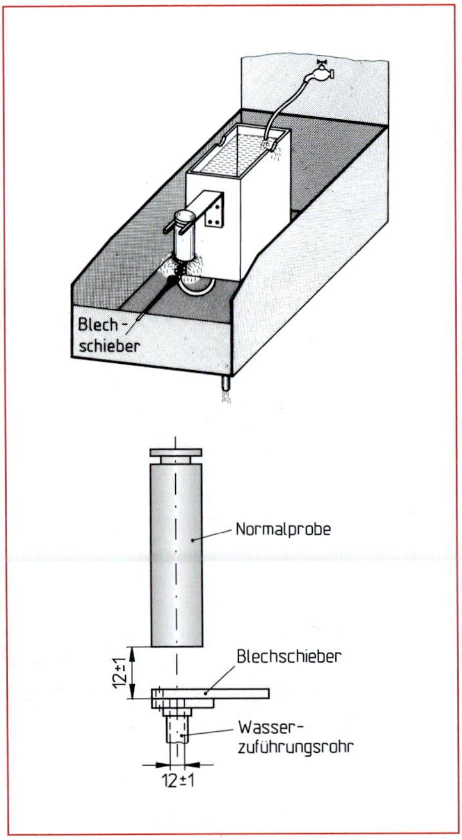

Bild 1 Durchführung des Stirnabschreckversuches

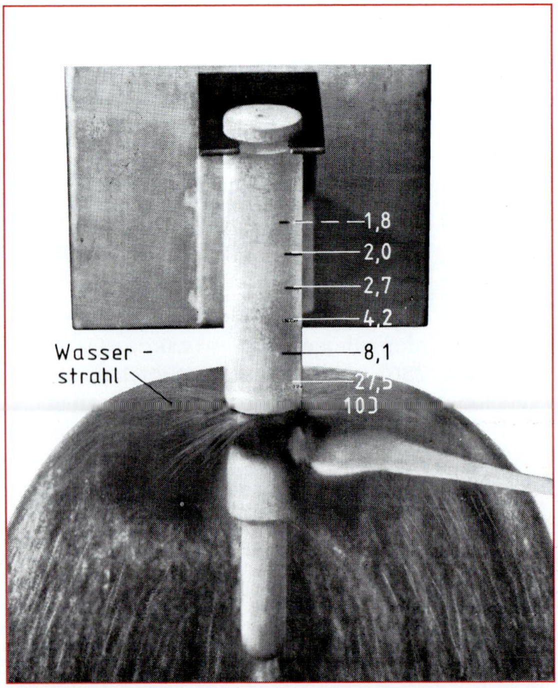

Angenäherte Abkühlungsgeschwindigkeit in °C/s

Entsprechend dem Gefälle der Abkühlgeschwindigkeit nimmt die Härte in Abhängigkeit vom Abstand von der abgeschreckten Stirnfläche ab (► Bild 1). Je flacher diese Kurve verläuft, umso besser ist die Ein- und Durchhärtbarkeit eines Stahles. Die Stirnabschreckkurven der Vergütungsstähle sind in den Teilen 1, 2 und 3 der DIN EN ISO 683: 2018 enthalten. Die Ein- und Durchhärtbarkeit ist dementsprechend eine zu gewährleistende Eigenschaft dieser Stähle.

Die Stirnabschreckkurven können allerdings nicht direkt auf Bauteile übertragen werden, da die realen Abkühlbedingungen sehr stark von der Bauteilform beeinflusst werden. Die tatsächlichen Härtetiefenverläufe sind daher immer am Bauteil zu überprüfen.

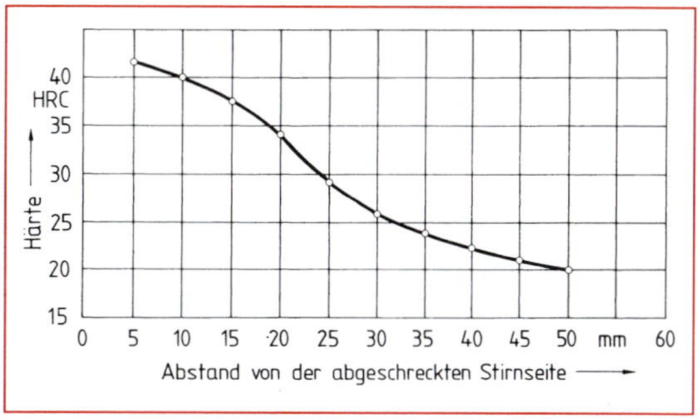

Bild 1 An einer abgeschreckten Stirnabschreckprobe festgestellter Härteverlauf

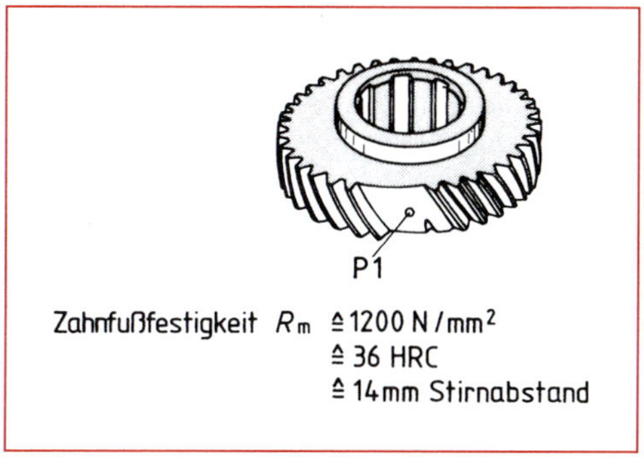

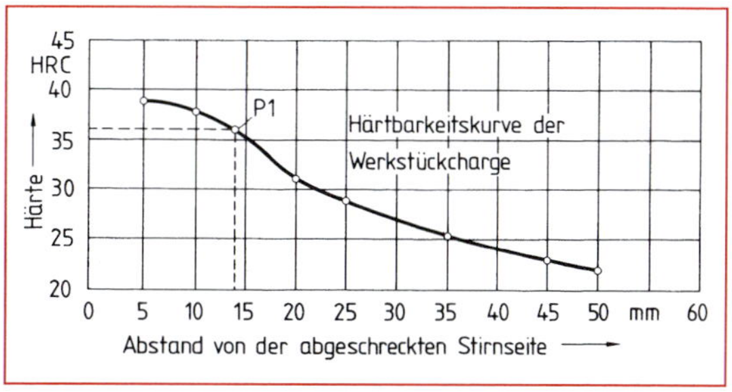

Bild 2 An einem abgeschreckten Zahnrad festgestellter Härteverlauf

20.2 Ermittlung mechanischer Spannungen in Schrauben und Konstruktionsteilen unter Belastung

Die unter Belastung auftretenden elastischen Dehnungen werden gemessen und über das Hookesche Gesetz die zugehörigen Spannungen berechnet. Für die schwierige Umrechnung bei elastisch-plastischer Verformung kann kein einheitliches Verfahren angegeben werden.

20.2.1 Ermittlung mechanischer Spannungen in Schrauben unter Belastung

Hoch belastete Schrauben, z. B. Zylinderkopf- und Pleuelschrauben, Schrauben des Kfz-Lenk- und Bremssystems, werden zur Erhöhung ihrer Dauerfestigkeit und Sicherung gegen Lockern bei der Montage bis zur 0,2 %-Dehngrenze plastisch gelängt. Beim Anziehen dieser Schrauben mit herkömmlichen Druckluftschraubern oder handgeführten Schraubwerkzeugen ergeben sich wegen der unbekannten Reibungskräfte im Gewinde und auf der Auflagefläche der Mutter Abweichungen bis zu 25 % vom Sollwert. Die von den Dehnungen der Schrauben gesteuerten Schrauber schließen den Einfluss der Reibungskräfte aus: Sie zeichnen die Dehnung der Schrauben beim Anziehen elektronisch auf und schalten den Anziehvorgang ab, wenn die Gerade des elastischen Bereiches sich zu krümmen beginnt.

Im Einzelfalle kann die Längung der Schraube beim Anziehen mit einer auf das Schraubenende aufgesetzten Messuhr ermittelt werden.

20.2.2 Ermittlung mechanischer Spannungen in Konstruktionsteilen unter Belastung

Übersichtsverfahren

Bei der Beanspruchung von Bauteilen treten die höchsten Spannungen meist an den Bauteiloberflächen auf. Bei komplizierten Bauteilen werden die höchstbeanspruchten Stellen und die Spannungsrichtungen mit einem Übersichtsverfahren ermittelt. Anschließend können die Spannungen in den Hauptspannungsrichtungen mit Einzel-Dehnungsmessstreifen, ► S. 333, genau gemessen werden.

Reiß-/Sprödlackverfahren

Bei diesem Verfahren wird das zu untersuchende Bauteil mit sog. Reiß-/Sprödlack bestrichen. Nach dem Auftrocknen des Lackes wird das Bauteil betriebsmäßig belastet. Dabei wird der Spannungsverlauf an der Oberfläche des Bauteils durch Risse im Lack sichtbar.

Optische Verfahren

Die Verfahren der Spannungsoptik beruhen darauf, dass durchsichtige Körper durch mechanische Spannungen optisch doppelbrechend werden und dass die Doppelbrechung in polarisiertem Licht erkennbar ist.

In der ebenen Spannungsoptik[1] werden belastete Scheiben aus durchsichtigem Stoff (Acrylglas) mit eben polarisiertem Licht durchleuchtet. Dabei werden die Spannungen in den Scheiben als dunkle Streifen (Isoklinen) sichtbar.

Beim Erstarrungsverfahren wird das zu untersuchende Bauteil als Modell aus transparentem Kunststoff nachgebildet. Das Modell wird bei der Erweichungstemperatur des Kunststoffes belastet. Die Erstarrung erfolgt unter Belastung, d.h. im aufgezwungenen Verformungszustand, so dass auch die Doppelbrechung erstarrt. Das erkaltete Modell wird in Scheiben zerschnitten. Bei der Durchleuchtung der Scheiben mit zirkular polarisiertem Licht werden die **räumlichen Spannungszustände** in den Scheiben als farbige Streifen (Isochromaten) sichtbar.

Beim Photostress-Verfahren wird auf die Oberfläche des zu untersuchenden Bauteils eine dünne Photostress-Plastik-Schicht aufgetragen, die bei betriebsmäßiger Belastung doppelbrechend wird. Bei Beobachtung der Plastikschicht mit einem für diesen Zweck entwickelten Reflexionspolariskop sieht der Beobachter die bei Belastung auftretenden **Oberflächenspannungen** als farbige Streifen = Isochromaten (Farbgleichen).

Aus den Isochromaten lassen sich die Richtungen und die Höhen der Hauptspannungen ermitteln.

Elektrische Verfahren

Die elektrischen Prüfverfahren dienen zur Ermittlung der Größe von Oberflächenspannungen innerhalb des elastischen Bereiches. Sie beruhen auf der Anwendung von **Messwertumformern,** welche die den mechanischen Spannungen proportionalen Dehnungen in dehnungsproportionale elektrische Werte umwandeln. Die Prüfung erfolgt in mehreren Schritten:

Kraft → Dehnung der Probe → Messwertumformung → Verstärkung der elektrischen Werte → Anzeige oder Registrierung

Anzeige nennt man die Sichtbarmachung eines Ergebnisses ohne Ergebnisspeicherung, z.B. durch Zeigerinstrumente oder Zähler.

Bei der *Registrierung* wird das Ergebnis angezeigt und gespeichert, z.B. durch Lichtstrahl-Oszillographen oder Zifferndrucker. Regelfall ist heute die digitale Registrierung mit dem PC.

---

[1] Demonstrationsversuche dieser Art sind mit billigen Polarisationsfiltern und Acrylglasscheiben einfach durchführbar. Sie zeigen sehr anschaulich die ungleiche Spannungsverteilung an Kerben und Querschnittsübergängen.

Dehnungsmessstreifen-Technik

Metallische Körper werden bei Zugbeanspruchung länger und dünner und ihr elektrischer Widerstand wird durch die Querschnittsverringerung größer.

Die Dehnungsmessstreifen-Technik beruht darauf, dass sich der elektrische Widerstand metallischer Leiter proportional zu ihrer Spannung/Dehnung ändert[1].

Die Elektrischen-Widerstands-Dehnungsmessstreifen mit gebundenem metallischen Messgitter, kurz: Dehnmessstreifen, **DMS**, bestehen aus einem System von dünnen metallischen Drähten oder Folien. Bei der Durchführung der Prüfung wird ein DMS in der vermuteten oder durch ein Übersichtsverfahren ermittelten Spannungsrichtung auf die Probe geklebt und diese in ein Prüfgerät, z. B. in eine Zugprüfmaschine, eingebaut.

Bei der Belastung der Probe werden Probe und DMS in gleichem Maße gedehnt. Die dehnungsproportionale Widerstandsänderung des DMS dient als Maß für die Dehnung der Probe. Um aus Widerstandsänderungen elektrische Messwerte zu erhalten, muss der DMS mit Gleich-/Wechselspannung gespeist werden. Hierzu dient ein für diesen Zweck entwickeltes Gerät, das mit dem DMS eine *Wheatstonesche Brückenschaltung*[2] bildet und die erforderliche Speisespannung U_E liefert. Durch die Widerstandsänderung des DMS wird die Brückenschaltung verstimmt, und an ihrer Ausgangsklemme entsteht die gegenüber U_E kleinere elektrische Spannung U_A. Der Wert U_A/U_E ist der Widerstandsänderung und damit der Probendehnung proportional, er wird über einen Verstärker einem Anzeige-/Registriergerät zugeführt.

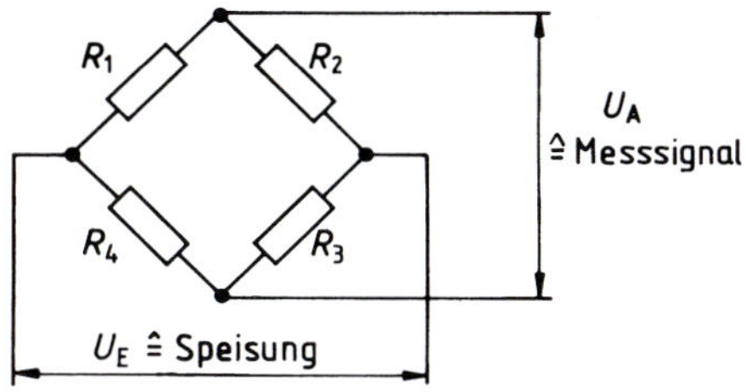

$$\frac{U_A}{U_E} = \frac{R_1}{R_1 + R_2} - \frac{R_4}{R_3 + R_4}$$

Bild 1 Wheatstonesche Brückenschaltung. Zwischen den vier gleichen Widerständen ist eine Brücke mit Messgerät gelegt. Bei Dehnung der Probe wird der Widerstand des auf die Probe aufgeklebten DMS, z. B. R_1, größer, bei Stauchung kleiner.

Die angezeigten/registrierten elastischen Dehnungen werden in Spannungen umgerechnet:

Spannung = elastische Dehnung · *E*-Modul, ▶ S. 16 und 277

Aus plastischen Dehnungen können Spannungen nur ermittelt werden, wenn der elastische Anteil bekannt ist.

Anwendung der DMS-Technik. Nur bei Werkstoffen, die dem Hookeschen Gesetz gehorchen und deren E-Modul bekannt ist, z. B. Stahl.

Gusseisen, bei dem schon kleinste Dehnungen elastische und plastische Anteile haben, kommt für die DMS-Technik nicht in Betracht, und manche Tempergusssorten verhalten sich ähnlich.

Nichteisenmetall-Legierungen haben, je nach Höhe der Legierungsgehalte, unterschiedliche E-Moduli, z. B. schwankt der E-Modul der Cu-Zn-Legierungen zwischen 80000 MPa und 125000 MPa.

Die Prüfung von Bauteilen aus einer Charge mit unbekanntem elastischem Verhalten kann jedoch mit einem Anzeigegerät durchgeführt werden, dessen Skala mit einer Probe aus derselben Charge geeicht worden ist (▶ Bild 2).

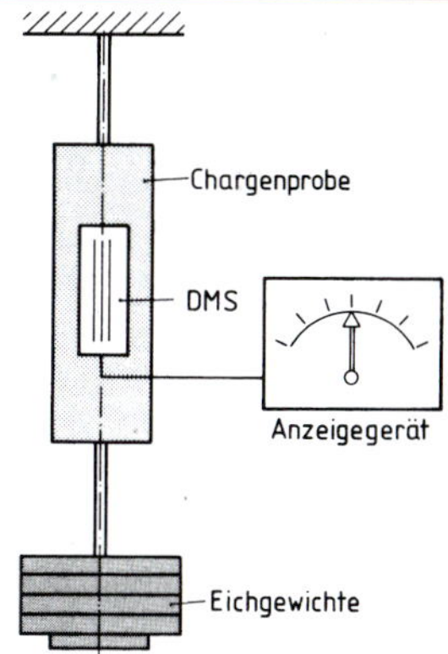

Bild 2 Eichung der Skala eines Anzeigegerätes mit einer Chargenprobe. Die Eichgewichte werden nacheinander aufgelegt. Aus jeder Belastung der Probe wird die zugehörige Probenspannung errechnet. Mit den errechneten Werten wird die Skala des Anzeigegerätes geeicht.

---

[1] Thomson (Kelvin), engl. Physiker, entdeckte 1856 die Abhängigkeit des elektrischen Widerstandes elektrischer Leiter von deren Durchmesserverkleinerung bei mechanischer Zugbeanspruchung.

[2] Charles Wheatstone, engl. Physiker, 1802 bis 1875.

Ein anderes wichtiges Anwendungsgebiet der DMS-Technik ist die Waagentechnik, in der, z. B. bei den Ladentischwaagen, die mechanischen Waagen von elektromechanischen Waagen verdrängt werden. Auf die Messkörper der netzgespeisten Wägezellen der elektromechanischen Waagen werden die DMS aufgedampft. Das gleichzeitige Aufdampfen größerer Stückzahlen verringert die Herstellungskosten. Die Messfehler der Wägezellen sind kleiner als 0,015 %.

Anhang

Zusatzsymbole zu den Stahlbezeichnungen nach DIN EN 10027-1: 2017 (► S. 110 ff. und ► S. 117 ff.)

Stahlbezeichnungen nach dem Verwendungszweck und den mechanischen und physikalischen Eigenschaften (Auszug):

<table>
<tr><th colspan="2">Hauptsymbole</th><th colspan="2">Zusatzsymbole</th></tr>
<tr><th>Buchstabe</th><th>Eigenschaft</th><th>Gruppe 1</th><th>Gruppe 2</th></tr>
<tr>
<td>(G = Stahlguss)
S = Stähle für den Stahlbau</td>
<td>nnn = festgelegte Mindeststreckgrenze $R_{e\,min}$ in MPa für den kleinsten Dickenbereich</td>
<td><table>
<tr><th colspan="3">Kerbschlagarbeit in Joule</th><th>Prüftemp.</th></tr>
<tr><td>27 J</td><td>40 J</td><td>60 J</td><td>°C</td></tr>
<tr><td>JR</td><td>KR</td><td>LR</td><td>+20</td></tr>
<tr><td>JO</td><td>KO</td><td>LO</td><td>0</td></tr>
<tr><td>J2</td><td>K2</td><td>L2</td><td>−20</td></tr>
<tr><td>J3</td><td>K3</td><td>L3</td><td>−30</td></tr>
<tr><td>J4</td><td>K4</td><td>L4</td><td>−40</td></tr>
<tr><td>J5</td><td>K5</td><td>L5</td><td>−50</td></tr>
<tr><td>J6</td><td>K6</td><td>L6</td><td>−60</td></tr>
</table>
A = Ausscheidungsgehärtet
M = Thermomechanisch gewalzt
N = Normalgeglüht oder normalisierend gewalzt
Q = Vergütet
G = andere Merkmale, wenn erforderlich mit 1 oder 2 Ziffern</td>
<td>C = Mit besonderer Kaltumformbarkeit
D = Für Schmelztauchüberzüge
E = Für Emaillierung
F = Zum Schmieden
H = Hohlprofile
L = Für tiefere Temperaturen
M = Thermomechanisch gewalzt
N = Normalgeglüht oder normalisierend gewalzt
P = Spundwandstahl
Q = Vergütet
S = Für Schiffbau
T = Rohre
W = Wetterfest
an = Chemische Symbole für zusätzliche vorgeschriebene Elemente</td>
</tr>
<tr>
<td>(G = Stahlguss)
P = Druckbehälterstähle</td>
<td>nnn = festgelegte Mindeststreckgrenze $R_{e\,min}$ in MPa für den kleinsten Dickenbereich</td>
<td>M = Thermomechanisch gewalzt
N = Normalgeglüht oder normalisierend gewalzt
Q = Vergütet
B = Gasflaschen
S = Einfache Druckbehälter
T = Rohre
G = andere Merkmale, wenn erforderlich mit 1 oder 2 Ziffern</td>
<td>H = Hochtemperatur
L = Tieftemperatur
R = Raumtemperatur
X = Hoch- und Tieftemperatur</td>
</tr>
<tr>
<td>L = Stähle für Leitungsrohre</td>
<td>nnn = festgelegte Mindeststreckgrenze $R_{e\,min}$ in MPa für den kleinsten Dickenbereich</td>
<td>M = Thermomechanisch gewalzt
N = Normalgeglüht oder normalisierend gewalzt
Q = Vergütet
G = andere Merkmale, wenn erforderlich mit 1 oder 2 Ziffern</td>
<td>a = Anforderungsklassen, falls erforderlich mit einer nachfolgenden Ziffer</td>
</tr>
<tr>
<td>E = Maschinenbaustähle</td>
<td>nnn = festgelegte Mindeststreckgrenze $R_{e\,min}$ in MPa für den kleinsten Dickenbereich</td>
<td>G = andere Merkmale, wenn erforderlich mit 1 oder 2 Ziffern oder wenn Kerbschlageigenschaften festgelegt sind entsprechend den Regeln der Baustähle</td>
<td>C = Eignung zum Kaltziehen</td>
</tr>
</table>

Fortsetzung von Seite 334

Hauptsymbole		Zusatzsymbole	
Buchstabe	**Eigenschaft**	**Gruppe 1**	**Gruppe 2**
B = Betonstähle	nnn = charakteristische Streckgrenze R_e in MPa für den kleinsten Abmessungsbereich	a = Duktilitätsklasse, falls erforderlich mit 1 oder 2 nachfolgenden Kennziffern	
Y = Spannstähle	nnn = Nennwert für R_m in MPa	C = kaltgezogener Draht H = Warmgewalzte oder warmgewalzte und behandelte Stäbe Q = vergüteter Draht S = Litze G = andere Merkmale, wenn erforderlich mit 1 oder 2 Ziffern	
D = Flacherzeugnisse zum Kaltumformen	Cnn = kaltgewalzt Dnn = warmgewalzt, bestimmt für unmittelbare Kaltumformung Xnn = Walzart (warm oder kalt) nicht vorgeschrieben jeweils gefolgt von zwei Symbolen	D = Für Schmelztauchüberzüge ED = Für Direktemaillierung EK = Für konventionelle Emaillierung H = Für Hohlprofile T = Für Rohre an = Chemische Symbole für zusätzliche vorgeschriebene Elemente, falls erforderlich zusammen mit einer einstelligen Zahl, die dem mit 10 multiplizierten mittleren Legierungsgehalt entspricht G = andere Merkmale, wenn erforderlich mit 1 oder 2 Ziffern	
H = Flacherzeugnisse aus höherfesten Stählen zum Kaltumformen	Cnnn*) = Kaltgewalzt, festgelegte Mindeststreckgrenze in MPa Dnnn*) = warmgewalzt für unmittelbare Kaltumformung, festgelegte Mindeststreckgrenze in MPa Xnnn*) = Walzart nicht vorgeschrieben, Mindeststreckgrenze in MPa	B = Bake Hardening C = Komplexphase I = Isotroper Stahl LA = Niedrig legiert M = Thermomechanisch gewalzt oder kaltgewalzt P = Phosphorlegiert T = TRIP-Stahl (TRansformation Induced Plasticity) X = Dualphase Y = Interstitialfree steel G = andere Merkmale, wenn erforderlich mit 1 oder 2 Ziffern	D = Für Schmelztauchüberzüge *) Folgt den Buchstaben C, D bzw X ein großes T, ist die nachfolgende drei- oder vierstellige Zahl die festgelegte Mindestzugfestigkeit in MPa

Stahlbezeichnungen nach der chemischen Zusammensetzung (unlegierte Stähle mit Mn < 1 %)

(▶ S. 111 und ▶ S. 121 ff.)

Hauptsymbole		Zusatzsymbole	
Buchstabe	**C-Gehalt**	**Gruppe 1**	**Gruppe 2**
(G = Stahlguss) (wenn erforderlich) C = Kohlenstoff	nnn = 100 x mittlerer prozentualer C-Gehalt des vorgeschriebenen Bereiches	E = Vorgeschriebener max. S-Gehalt R = Vorgeschriebener Bereich des S-Gehaltes D = Zum Drahtziehen C = Zum Kaltumformen, z. B. Kaltstauchen, Kaltfließpressen S = Für Federn U = Für Werkzeuge W = Für Schweißdraht G = andere Merkmale, wenn erforderlich mit 1 oder 2 Ziffern	an = Chemische Symbole für vorgeschriebene zusätzliche Elemente mit einer einstelligen Zahl, die dem mit 10 multiplizierten mittleren Legierungsgehalt entspricht

Bezeichnungssystem nach DIN EN 1560: 2011 für Gusseisenwerkstoffe: Bezeichnungen durch Kurzzeichen (▶ S. 136 ff.)

Position	1	2	3	4		5				6
						5.1	5.2	5.3	5.4	
Symbol	EN-	GJ	(Buchstabe)	(Buchstabe)	Zugv.	-(n)nnn	(-nn)	Buchstabe	(-Buchstaben)	(-Buchstabe)
					Härte	-Buchstaben	nnn			
					ch. Z.	-X	Buchstabenfolge	n-n(-n)		
					ch. Z.	-X	nnn	Buchstabenfolge	n-n(-n)	

Pos.	Symbol	Bedeutung
1	EN-	Europäische Norm (Die Angabe ist nicht erforderlich, wenn die Nummer der Europäischen Werkstoffnorm dem Kurzzeichen vorangestellt ist.) Der Bindestrich ist obligatorisch zur Trennung des EN-Nummernblockes vom Merkmaleblock
2	GJ	Gusseisen (Um Verwechslungen zu vermeiden, wurde das „I" von Iron durch „J" ersetzt.)

Position 3 – wahlfrei – Graphitstruktur

L	lamellar
S	kugelig
M	Temperkohle (einschließlich entkohlend geglühter Temperguss)
V	vermicular
N	graphitfrei ledeburitisch (Hartguss)
Y	Sonderstruktur, in der jeweiligen Werkstoffnorm ausgewiesen

Position 4 – wahlfrei – Mikro- o. Makrostruktur

	Gefüge:
A	Austenit
R	Ausferrit
F	Ferrit
P	Perlit
M	Martensit
L	Ledeburit
	Wärmebehandlung:
Q	abgeschreckt
T	abgeschreckt und vergütet
B	Temperguss: schwarz, nicht entkohlend geglüht
W	weiß, entkohlend geglüht

Position 5 – eines der untenstehenden Bezeichnungssysteme muss gegwählt werden

mechanische Eigenschaften

5.1 oblig.	(n)nnn	Zugfestigkeit: 3- oder 4-stellige Zahl für den Mindestwert in MPa
5.2 wahlfr.	(-nn) oder (-nn)	durch Bindestrich getrennt: Bruchdehnung: 1- oder 2-stellige Zahl oder Schlagzähigkeit: 1- oder 2-stellige Zahl für die verbrauchte Schlagenergie in J
5.3 oblig.	C	Probestückherstellung: einem Gussstück entnommenes Probestück
5.4 wahlfr.	RT LT	Prüftemperatur beim Kerbschlagbiegeversuch (obligatorisch, wenn bei 5.2 die Schlagzähigkeit angegeben ist): Raumtemperatur Tieftemperatur
5.1	HB HV HR	Härteprüfverfahren Brinellhärte Vickershärte Rockwellhärte
5.2	nnn	Zahlenwert der Härte

chemische Zusammensetzung

5.1	X	Kennzeichen für hochlegierte Klassen
5.2	Buchst.-folge	Chem. Symbole der wesentlichen Legierungselemente nach fallenden Gehalten sortiert
5.3	n-n(-n)	Prozentsatz x 10, auf ganze Zahlen gerundet, durch Bindestriche getrennt oder Prozentsatz x 1, auf ganze Zahlen gerundet, bei hochlegierten Sorten
5.2	nnn	Kohlenstoffgehalt x 100 in %, jedoch nur bei signifikantem C-Gehalt
5.3	Buchst.-folge	Chem. Symbole der wesentlichen Legierungselemente nach fallenden Gehalten sortiert
5.4	n-n(-n)	Prozentsatz x 1, auf ganze Zahlen gerundet, durch Bindestriche getrennt oder Prozentsatz x 10, auf ganze Zahlen gerundet, bei hochlegierten Sorten

Position 6 – wahlfrei – zusätzl. Anforderung

D	Rohgussstück
H	wärmebehandeltes Gussstück
W	Schweißeignung für Verbindungsschweißungen
Z	zusätzliche Anforderungen, die in der Bestellung festgelegt sind

Bezeichnungssystem nach DIN EN 1560: 2011 für Gusseisenwerkstoffe: Bezeichnungen durch Nummern (▶ S. 137 ff.)

Position	1	2	3	4	5	6
Symbol	5	.	n	n	n	n

Pos.	Symbol	Bedeutung
1	5	Gusseisen
2	.	Punkt

Pos.	Symbol	Bedeutung	Pos.	Symbol	Bedeutung	Pos.	Symbol	
3		Kennzeichnung der Graphitstruktur	4		Kennzeichnung der Matrixstruktur	5 u. 6	nn	Zählnummer zwischen 00 und 99, die den einzelnen Werkstoff darstellt. Diese Zahlen werden durch CEN/TC 190-Arbeitsgruppen zugewiesen, die mit den jeweiligen Werkstoffnormen befasst sind.
	1	lamellar		1	Ferrit			
	2	vermicular		2	Ferrit/Perlit			
	3	kugelig		3	Perlit			
	4	Temperkohle (einschließlich entkohlend geglühter Temperguss)		4	Ausferrit			
	5	graphitfrei ledeburitisch (Hartguss)		5	Austenit			
	6	Reserve		6	Ledeburit			
	7	Reserve		7	Reserve			
	8	Reserve		8	Reserve			
	9	Andere		9	Andere			

Numerisches Bezeichnungssystem nach DIN EN 573-1: 2005 für Aluminium und Aluminium-Knetlegierungen (Halbzeug und Vormaterial) (▶ S. 158)

Pos.	1	2	3	4	5	6	7	8	9	10
	EN	Leerstelle	A	W	–	Zahl	Zahl	Zahl	Zahl	Buchstabe

Pos.	Symbol	Bedeutung
1	EN	Europäische Norm
2	Leerst.	
3	A	**A**luminium
4	W	**W**rought product Kneterzeugnisse
5	–	Bindestrich

Pos.	Symbol	Bedeutung	Pos.	Symbol	Bedeutung	Pos.	Symbol	Bedeutung
6	1	unleg. Aluminium	7	0 1–9	natürliche Verunreinigungsgrenzen eine oder mehrere besondere Verunreinigungen oder Legierungselemente	8 u. 9	ZahlZahl	Mindestanteil Al = 99,**XX** % ZahlZahl = 0,XX · 100
	 2 3 4 5 6 7 8 9	Al-Leg. mit Hauptleg.-element Kupfer Mangan Silizium Magnesium Magnesium u. Silizium Zink sonstige Elemente nicht verwendet	7	0 1–9	Originallegierung Legierungsabwandlungen, die Ziffern werden nacheinander zugeordnet	8 u. 9	ZahlZahl	Zählnummern ohne besondere Bedeutung
10	Buchst. A bis Z außer I, O, Q	nationale Varianten Die Buchstaben werden in alphabetischer Reihenfolge zugeordnet.						

Beispiele:

EN AW-1098: Aluminium für Halbzeug (AW), unlegiert (1) mit natürl. Verunreinigungsgrenzen (0) und einem Mindestanteil Aluminium von 99,**98** % (98)

EN AW-5052: Aluminium für Halbzeug (AW) mit Hauptlegierungselement Magnesium (5) in Originalzusammensetzung (0), laufende Leg.-nummer 52

Bezeichnungssystem mit chemischen Symbolen für Aluminium und Aluminiumlegierungen nach DIN EN 573-2: 1994 (Halbzeug und Vormaterial, nicht jedoch für Masseln und Gusserzeugnisse, Verbundprodukte und pulvermetallurgische Werkstoffe) (▶ S. 158)

Diese Bezeichnungen dienen hauptsächlich zur Ergänzung des numerischen Bezeichnunssystems nach DIN EN 573-1: 2005 und werden üblicherweise in eckigen Klammern den numerischen Bezeichnungen nachgestellt. Nur in Ausnahmefällen kann die Bezeichnung mit chemischen Symbolen alleine verwendet werden. In diesen Fällen müssen die Positionen 1–6 der eigentlichen Werkstoffbezeichnung vorangestellt werden.

Voranzustellende Symbole bei alleiniger Verwendung der Bezeichnungen mit chemischen Symbolen:

Pos.	*1*	*2*	*3*	*4*	*5*
	EN	Leerstelle	A	W	–

Pos.	**Symbol**	**Bedeutung**
1	EN	Europäische Norm
2	Leerst.	
3	A	**A**luminium
4	W	**W**rought product Halbzeug
5	–	Bindestrich

Bezeichnungen für unlegiertes Aluminium:

Pos.	*6*	*7*	*8*	*9*
	Al	Leerstelle	Reinheitsgrad	chem. Symbol

Pos.	**Symbol**	**Bedeutung**
6	Al	Aluminium
7	Leerst.	
8	XX,X oder XX,XX	Reinheitsgrad in % mit einer oder zwei Dezimalstellen

Pos.	**Symbol**	**Bedeutung**
9	chem. Symbol	Wird ein Element mit geringem Massengehalt zugegeben, folgt sein chem. Symbol dem Reinheitsgrad ohne Leerzeichen

Bezeichnungen für legiertes Aluminium:

Pos.	*6*	*7*	*8*	*9*	*10*	*11*	*12*
	Al	Leerstelle	chem. Symbol	Massenanteil	chem. Symbol	Massenanteil oder chem. Symbol	chem. Symbol

Pos.	**Symbol**	**Bedeutung**
6	Al	Aluminium
7	Leerst.	
8	chem. Symbol	Hauptlegierungselement mit dem größten Massenanteil
9	chem. Symbol	Hauptlegierungselement mit dem zweitgrößten Massenanteil oder in alphabetischer Reihenfolge
12	chem. Symbol (Buchst.)	weiteres Legierungselement oder Zusatzbuchstabe in Klammern, um Verwechslungen mit Leg.-el. zu vermeiden

Pos.	**Symbol**	**Bedeutung**
9	X o. X,X	Massenanteil in % dieses Leg.-el.
11	X o. X,X oder chem. Symbol	Massenanteil in % dieses Leg.-el. oder weiteres Legierungselement

Numerisches Bezeichnungssystem nach DIN EN 1780-1: 2003 für unlegiertes Aluminium, legiertes Aluminium und Vorlegierungen (Masseln, Gussstücke und Luft- und Raumfahrtwerkstoffe). Gegenüber der Ausgabe 1996 wurden die unlegierten Sorten gestrichen. (▶ S. 159)

Pos.	*1*	*2*	*3*	*4*	*5*	*6*	*7*	*8*	*9*	*10*
Symbol	EN	Leerstelle	A	Buchstabe	–	Zahl	Zahl	Zahl	Zahl	Zahl

Pos.	Symbol	Bedeutung
1	EN	Europäische Norm
2	Leerst.	
3	A	**A**luminium
4	B C M	**B**loc metal = Masseln **C**asting = Gussstück **M**aster alloy = Vorlegierung
5	–	Bindestrich
6	 2 4 5 7	Al-Leg. mit Hauptleg.-element Kupfer Silizium Magnesium Zink
	9	Vorlegierung

Pos.	Symbol	Bedeutung
7	 1 1 2 3 4 5 6 7 8 1 1	Legierungsgruppe AlCu AlSiMgTi AlSi7Mg AlSi10Mg AlSi AlSi5Cu AlSi9Cu AlSi(Cu) AlSiCuNiMg AlMg AlZnMg
7 u. 8	ZahlZahl	Ordnungszahl des Hauptlegierungselementes im Periodensystem

Pos.	Symbol	Bedeutung
8	0–9	Diese Zahl wird willkürlich gesetzt.
9	Zahl	Diese Zahl ist im Allgemeinen 0
10	0 oder 1–9	Diese Zahl ist immer 0 mit Ausnahme der Legierungen für Luft- und Raumfahrtanwendungen nach DIN EN 2032-1
9 u. 10	ZahlZahl	chronologische Zahlen; für Pos. 10 gilt: gerade: geringer Verunreinigungsgr. ungerade: hoher Verunreinigungsgrad

Bezeichnungssystem mit chemischen Symbolen für unlegiertes Aluminium, legiertes Aluminium und Vorlegierungen nach DIN EN 1780-2: 2003 (Masseln und Gussstücke) (▶ S. 159)

Diese Bezeichnungen dienen hauptsächlich zur Ergänzung des numerischen Bezeichnungssystems nach DIN EN 1780-1: 2003 und werden üblicherweise in eckigen Klammern den numerischen Bezeichnungen nachgestellt. Wird die Bezeichnung mit chemischen Symbolen alleine verwendet, müssen die Positionen 1–6 der eigentlichen Werkstoffbezeichnung vorangestellt werden. Gegenüber der Ausgabe 1996 wurden die unlegierten Sorten gestrichen.

Voranzustellende Symbole bei alleiniger Verwendung der Bezeichnungen mit chemischen Symbolen:

Pos.	*1*	*2*	*3*	*4*	*5*	*6*
	E	N	Leerst.	A	Buchstabe	–

Pos.	Symbol	Bedeutung
1 u. 2	EN	Europäische Norm
3	Leerst.	
4	A	**A**luminium
5	B C M	**B**loc metall = Masseln **C**asting = Gussstück **M**aster alloy = Vorlegierung
6	–	Bindestrich

Bezeichnungen für legiertes Aluminium:

Pos.	*7*	*8*	*9*	*10*	*11*	*12*	*13*	*14*
	Al	Leerst.	chem. Symbol	Massenanteil	chem. Symbol	Massenanteil oder chem. Symbol	chem. Symbol oder Buchstabe	(chem. Symbol)

Pos.	Symbol	Bedeutung	*Pos.*	Symbol	Bedeutung
7	Al	Aluminium			
8	Leerst.				
9	chem. Symbol	Hauptlegierungselement mit dem größten Massenanteil	*10*	X o. X,X	Massenanteil in % dieses Leg.-el.
11	chem. Symbol	Hauptlegierungselement mit dem zweitgrößten Massenanteil oder in alphabetischer Reihenfolge	*12*	X o. X,X oder chem. Symbol	Massenanteil in % dieses Leg.-el. oder weiteres Legierungselement
13	chem. Symbol (chem. Symbol) (Buchst.)	weiteres Legierungselement oder Hauptverunreinigung in Klammern oder kleiner Buchstabe in Klammern, um Verwechslungen mit Leg.-el. zu vermeiden	*14*	(chem. Symbol)	weitere Verunreinigung in Klammern, wenn zwei Legierungen ähnlicher Zusammensetzung sonst nicht unterschieden werden können.

Bezeichnungssysteme nach DIN EN 1754:2015 für Anoden, Blockmetalle und Gussstücke aus Magnesium und Magnesiumlegierungen

Bezeichnungen durch Nummern: (▶ S. 161)

Das Bezeichnungssystem wird entsprechend der DIN EN 10027-2 gebildet.

Die Bezeichnung muss aus sechs Zeichen bestehen.

Pos.	1	2	3	4	5	6
Symbol	n	.	n	n	n	n

Pos.	Symbol	Bedeutung
1	3	Nichteisen-Leichtmetall
2	.	Der Punkt ist obligatorisch.
3	5	Magnesium
4	1 2 3	Anode Blockmetall Gussstücke
5	 0 1 2 3 4 5 6 7 8 9	Legierungsgruppe Mg MgAl, MgAlZn MgAlMn, MgAlSi, MgAlRE[1] MgMn, MgZnCu MgZr, MgZnZr, MgZnREZr[1] MgREAgZr[1],MgREGdZr[1] MgYREZr[1] MgZnThZr nicht belegt nicht belegt

Pos.	Symbol	Bedeutung
6	0…9	Eine einstellige Ziffer ist für den jeweiligen Werkstoff anzuwenden. Diese Nummern werden vom CEN/TC 190 vergeben

[1] RE = Seltene Erden
(en: Rare earth elements)

Bezeichnungssysteme nach DIN EN 1754:2015 für Anoden, Blockmetalle und Gussstücke aus Magnesium und Magnesiumlegierungen

Bezeichnungen durch Werkstoffkurzzeichen mit chemischen Symbolen: (▶ S. 161)

Es darf nur eine Bezeichnung mit dem Kurzzeichen für unlegiertes Magnesium bzw. für die jeweilige Magnesiumlegierung geben.

Pos.	1	2	3	4	5 ff.
Symbol	EN-	M	Buchstabe	Mg	

Pos.	Symbol	Bedeutung
1	EN-	Europäische Norm. Die Vorsilbe EN darf nur für genormte Werkstoffe verwendet werden. Der Bindestrich ist obligatorisch.
2	M	Magnesium
3	 A B C	Kurzzeichen für die Produktform Anode Blockmetall Gussstück
4	Mg	Magnesium

Pos.	Symbol	Bedeutung
5 ff.	nn,n(n)	unlegiertes Magnesium: Auf das chemische Symbol Mg (Position 4) folgt dessen Mindestanteil in % mit einer oder zwei Dezimalstellen.
	XXnn(YYnn)	Magnesiumlegierungen: Auf das chemische Symbol Mg (Position 4) folgt das chemische Symbol XX des Hauptlegierungselements und dessen Massenanteil in %. Sind weitere Legierungselemente YY enthalten, so sind deren chemische Symbole jeweils gefolgt von den Massenanteilen in % nach abnehmenden Massenanteilen anzugeben. Es dürfen maximal vier Legierungselemente verwendet werden.

Numerisches Bezeichnungssystem nach DIN EN 1412: 2017 für Kupfer und Kupferwerkstoffe
(▶ S. 170)

Pos.	*1*	*2*	*3*	*4*	*5*	*6*
Symbol	C	Buchstabe	Zahl	Zahl	Zahl	Buchstabe

Pos.	**Symbol**	**Bedeutung**
1	C	Kupferwerkstoff
2	Buchstabe	B = Werkstoffe in Blockform (z. B Masseln) zum Umschmelzen bei der Herstellung von Gusserzeugnissen C = Werkstoffe in Form von Gusserzeugnissen F = Schweißzusatzwerkstoffe und Hartlote M = Vorlegierungen R = Raffiniertes Kupfer in Rohformen S = Werkstoffe in Form von Schrott W = Knetwerkstoffe X = nicht genormte Werkstoffe
3 bis 5	ZahlZahlZahl	Diese Zahlen müssen einen Wert zwischen 000 und 999 bilden. Dabei gilt: 000–799: genormter Kupferwerkstoff*) 800–999: nicht genormter Kupferwerkstoff*)
6	Buchstabe	Bezeichnung der Werkstoffgruppe: A oder B: Kupfer C oder D: Niedriglegierte Kupferlegierungen (Legierungselemente weniger als 5 %) E oder F: Kupfersonderlegierungen (Legierungselemente mindestens 5 %) G: Kupfer-Aluminium-Legierungen H: Kupfer-Nickel-Legierungen J: Kupfer-Nickel-Zink-Legierungen K: Kupfer-Zinn-Legierungen L oder M: Kupfer-Zink-Legierungen (Zweistofflegierungen) N oder P: Kupfer-Zink-Blei-Legierungen (Zweistofflegierungen) R oder S: Kupfer-Zink-Legierungen (Mehrstofflegierungen)

*) Genormter Kupferwerkstoff: Kupferwerkstoff, der in einer Europäischen Norm festgelegt ist.
nicht genormter Kupferwerkstoff: Kupferwerkstoff, der nicht in einer Europäischen Norm festgelegt ist, jedoch in Europa hergestellt und/oder verwendet wird.

Literaturvorlagen für Kapitel 11
(▶ S. 222 bis 229)

- acatech – Deutsche Akademie der Technikwissenschaften: Stellungnahme: Additive Fertigung, München 2016
- Berger, U.; Hartmann, A.; Schmid, D.: 3D-Druck – Additive Fertigungsverfahren. Rapid Prototyping / Rapid Tooling / Rapid Manufacturing. Europa-Lehrmittel, Haan-Gruiten 2017
- Caviezel, C.; Grünwald, R.; Ehrenberg-Silies, S.; Kind, S.; Jetzke, T.; Bovenschulte, M.: Additive Fertigungsverfahren (3D-Druck) – Innovationsanalyse. Arbeitsbericht Nr. 175, Büro für Technikfolgen-Abschätzung beim Deutschen Bundestag (TAB), Berlin, 2017
- Gebhardt, A., Kessler, J.; Thurn, L.: 3D-Drucken-Grundlagen und Anwendungen des Additive Manufacturing (AM), 2. Auflage, Carl Hanser Verlag, München 2014
- Pickert, C.; Wirth, M.: Additive Fertigungsverfahren. CEDIFA Arbeitsbericht 1, Universität Würzburg, 2013
- Verein Deutscher Ingenieure e. V. Fachbereich Produktionstechnik und Fertigungsverfahren: Additive Fertigungsverfahren – Handlungsfelder, 2016

Sachwortverzeichnis

Notizen